Contraste insuffisant

NF Z 43-120-14

Z 757

JUGEMENS
DES
SAVANS
SUR LES
PRINCIPAUX OUVRAGES
DES
AUTEURS.
PAR
ADRIEN BAILLET.

Revûs, corrigés, & augmentés par M. DE LA MONNOYE
de l'Académie Françoise.

TOME SEPTIEME.

Les Satires personnelles qui portent le titre d'ANTI.

A PARIS.

Chés
- CHARLES MOETTE, ruë de la Bouclerie, près le Pont S. Michel.
- CHARLES LE CLERC, Quai des Augustins.
- PIERRE MORISSET, ruë Saint Jacques.
- PIERRE PRAULT, Quai de Gêvres.
- JACQUES CHARDON, Imp. Libraire, ruë du Petit-Pont.

M. DCCXXII.
Avec Approbations & Privilége du Roi.

A MONSIEUR D'ARZEILLE
SIEUR DE LA
COUR-D'ORONNE, (1) &c.

Monsieur,

J'ai souffert volontiers que vous m'accusassiés de lenteur, lorsqu'il s'agissoit de vous envoyer l'Ecrit que je vous avois promis, parce que je ne voulois pas vous donner sujet de vous plaindre de mon éxactitude.

Si je vous avois crû de l'humeur de ceux qui préferent la promptitude à la prudence lorsqu'il s'agit de leur service, je n'aurois pas resisté si opiniâtrément à l'impétuosité de mon naturel, qui ne me permettoit presque pas d'écouter ou de suivre autre chose que le zéle que j'avois de satisfaire incessamment à la demande que vous m'aviés faite de cet Ecrit.

Mais prévoyant l'usage que vous en deviés faire, je me suis persuadé que le Public, auquel vous aviés intention de le communiquer ne m'auroit point pardonné ma précipitation avec autant de facilité que vous. Que n'aurois-je pas dû appréhender de sa severité d'ailleurs, si faute d'avoir pris un peu de

---

1 ¶ D'Arzeille par transposition de lettres est Dezallier Libraire de Baillet. La Cour- d'Oronne c'est la Couronne d'or nom de l'enseigne de Dezallier.

loisir, je lui avois donné lieu de s'appercevoir de mes négligences & des défauts de ma mémoire?

Le détail que je vous fais dans cet Ecrit de la première Conversation que nous avons euë avec Mr de Rintail, vous paroitra peut-être assés bien circonstancié pour vous faire juger qu'il demandoit plus de tems qu'il n'en faut pour une simple Lettre de civilité. Quant à la fidelité que j'ai tâché d'y apporter, je la crois si bien garantie par la bonne opinion que vous avés de ma sincerité, que je la mettrois volontiers à l'épreuve de tous les soupçons. En cas de scrupule, je suis prêt à produire Mr de Brillat pour mon garant. Comme il a eu grande part à cette Conversation & à toutes les suivantes, & comme il m'a beaucoup aidé à rappeller les choses dans l'ordre, & même dans les termes qu'elles ont été dites, c'est à son témoignage que vous pouvés vous en rapporter.

Sa mémoire seule étoit capable de me fournir tout ce que j'aurois pû souhaiter pour mon dessein, & j'aurois toujours pû me contenter de ce qu'il m'auroit dicté sans préparation. Mais pour ne rien omettre de ce qui pourroit rendre votre satisfaction & celle de vos Amis plus entiere, j'ai obtenu de Mr de Rintail qu'il me preteroit ses cahiers, afin de ne me point écarter de la suite qu'il a gardée, & de ne laisser échapper aucun des ANTI dont il a fait le dénombrement.

Il faut, s'il vous plaît, que vous me passiés le mot d'Anti, & que vous accoutumiés votre oreille, toute délicate qu'elle est, à le souffrir. Il vous sera aisé de juger que je ne voudrois pas l'employer, si j'avois trouvé quelque chose de plus court & de plus propre pour marquer en un seul mot tout ce que j'ai dessein de vous faire savoir dans le récit de cette premiére Conversation, & dans celui des trois suivantes que j'espere vous envoyer au plutôt.

On peut dire que ce terme d'Anti est l'ame de tout l'ouvrage dont il est question, & que vous prétendés publier sous le titre de SATIRES PERSONNELLES: On peut dire qu'il en fait toute l'essence. Enfin c'est assés qu'il serve à le caractériser & à le faire distinguer de tous les ouvrages qui ont paru jusqu'ici dans le monde, pour me donner la liberté d'en user.

Je consens que vous le fassiés consacrer, en telle sorte qu'il ne soit permis à personne de l'employer à d'autres usages.

On n'accusera pas au reste Mr de Rintail de l'avoir fait. Aussi, quand le Public seroit tenté de l'adopter ou de se l'approprier, Mr de Rintail n'auroit rien à y revendiquer: & il seroit peut-être aussi mal reçu dans ses oppositions, qu'un homme qui dans une Supplique régulière oseroit proposer un pareil mot à l'Assemblée de Messieurs de l'Académie Françoise pour lui faire obtenir ſes Lettres de naturalité dans notre Langue.

Vous verrés donc, Monſieur, dans ce que je vous envoye aujourd'hui, & dans ce que je vous prépare pour la ſemaine prochaîne, une ſuite aſſés nombreuſe d'Anti, ou de piéces, ſatiriques pour la plupart, dont les titres ſont aſſés ſouvent monſtrueux, & preſque toujours offenſans. Vous n'en trouverés pas devant les Anti-Catons, ni après l'Anti-Baillet. Ce ſont les deux termes que Mr de Rintail a mis à ſon Recueil des Anti, quelque recherche qu'il ait pû faire pour tâcher d'en faire remonter l'origine & l'uſage juſqu'à la plus haute antiquité.

Mais vous me permettrés de vous dire que je ne vois point par quel titre ce Recueil pourroit avoir merité le nom que vous voudriés lui donner de Prodrome ou Précurſeur de l'Anti-Menage, ou même de Premier Anti-Menage, comme s'il devoit être ſuivi d'un ſecond & d'un troiſiéme.

Je ne voudrois pas nier que l'Anti-Baillet de Mr Menage eût donné occaſion à ce Recueil. Mais que doit on raiſonnablement conclure de-là, ſinon, que c'eſt indirectement à Mr Menage que le Public aura obligation de l'utilité ou du divertiſſement qu'il pourra trouver dans cet Ecrit que je vous adreſſe pour lui?

S'il falloit appeller Anti-Menage un Ecrit hiſtorique comme eſt ce Recueil, parce qu'il ne s'eſt point preſenté de prétexte aſſés honnête pour louer ou congratuler Mr Menage lorſqu'on s'eſt trouvé engagé à rapporter en ſon rang la Satire ou l'invective qu'il vient de publier ſous le nom d'Anti-Baillet: n'auroit-on pas autant de raiſon de lui donner auſſi le nom d'Anti-Céſar, d'Anti-Cardan, d'Anti-Coignet, d'Anti-Scherzer, d'Anti-Hotman, d'Anti-Beni, &c.? Il n'y a pas un de ces titres qui ne ſe fût trouvé pour le moins auſſi propre & auſſi juſte pour cet Ouvrage, que celui d'Anti Menage, puiſqu'on n'a pas crû devoir y épargner Céſar pour ſes Anti Catons, ni Cardan pour ſon Anti-Gorgias, ni Du Coignet pour ſon Anti-Coton, ni Scherzer pour ſon Anti-Bellarmin, ni Hotman pour ſon Anti-Choppin, ni Beni pour ſon Anti-Cruſca &c. On n'a pas même eu pour la plus grande partie de ces Auteurs l'indulgence dont on a bien voulu uſer à l'égard de Mr Menage par rapport à ſon Anti-Baillet.

D'ailleurs je ſai de Mr de Rintail que ce ſeroit cauſer à Mr Baillet un chagrin très-ſenſible de faire porter à mon Ecrit le titre ſurprenant de Prodrome à l'Anti-Menage. Cette conduite pourroit déterminer le Public à croire que Mr Baillet ſe prépareroit à faire porter la peine du Talion à Mr Menage: penſée qui ne ſeroit pas moins injurieuſe aux inclinations de Mr Baillet & aux diſpoſitions préſentes de ſon ame, qu'elle paroit contraire aux maximes du Chriſtianiſme, & peu conforme même à la politeſſe du ſiécle où nous vivons.

Je veux croire qu'on ne s'aviseroit pas d'attribuer à Mr Baillet un Ecrit qui porte mon nom. Cependant les habitudes qui me tiennent aussi étroitement uni avec lui qu'avec Messieurs de Rintail & de Brillat pourroient bien rendre nos correspondances suspectes d'un peu trop d'intelligence mutuelle dans mon Ecrit, pour empêcher le monde de penser qu'il auroit consenti qu'on lui laissât porter le titre de Prodrome à l'Anti-Menage.

Ainsi, Monsieur, j'ai tout sujet d'esperer que vous & vos amis voudrés bien travailler avec moi pour épargner à Mr Baillet le déplaisir qu'il pourroit avoir dans la suite de se voir compté pour un mot parmi les Auteurs Satiriques; & pour ôter à Mr Menage la consolation d'avoir pû trouver un compagnon dans l'art de dire de gros mots, & le plaisir d'avoir sû attirer un Anti-Menage contre son Anti-Baillet.

Toutes les conversations que nous avons euës sur ce sujet, se réduisent à quatre Entretiens dont je vous ai promis autant de Rélations différentes, que j'espere vous envoyer à diverses fois par la commodité de notre Ordinaire. Ces Entretiens ne sont pas égaux, parce qu'ils n'ont pas été tenus dans une Assemblée de l'espéce de celles qui réglent leur commencement & leur fin sur l'horloge. Leur inégalité n'aura rien qui puisse vous déplaire, & vous remarquerés aisément que leur matiére & quelques incidens survenus à la conversation l'ont renduë nécessaire.

Le premier est le plus court de tous, parce qu'il ne contient presque que les vuës générales du dessein qu'avoit eu Mr de Rintail, avec quelques exemples d'Anti qu'il ne vouloit point renfermer dans la généalogie de l'Anti-Baillet de M. Menage. Il finit par la division & la methode qu'il a voulu observer dans la lecture qu'il nous a faite de ses cahiers.

C'est au second Entretien que commencera tout serieusement l'histoire des Prédécesseurs de l'Anti-Baillet. Vous verrés à la tête du troisiéme une autre espéce de petit Entretien qui vous paroîtra étranger à notre sujet. C'est pour vous seul que j'ai eu soin de le copier en faveur de cette curiosité que vous m'avés témoignée de savoir à quels ouvrages sont presentement occupés certains Auteurs qui sont de la connoissance de nos amis. Si vous êtes resolu de faire part au Public de cette digression d'un quart d'heure, faites-moi au moins l'amitié d'ordonner qu'on la distingue de caractéres d'avec le reste des Entretiens, afin que le Lecteur ne soit point obligé de recourir à d'autres témoignages qu'à celui de ses yeux pour se persuader que cela n'est pas du corps de l'ouvrage. Les conversations ont leurs intermédes aussi bien que les Représentations du Théatre. Les nôtres n'en auroient pourtant pas eu; si, lorsqu'il étoit question de notre troisiéme Entretien sur les Anti, nous n'avions été prévenus par une compagnie étrangére qui se trouva chés Mr de Rintail avant que nous y fussions arrivés. Ce qui s'y dit jusqu'à ce que la Compagnie se retira, concernoit les nouvelles de la literature, & le récit succint que je vous en ferai est ce que j'appelle l'interméde de nos conversations, qui par la différence des caractéres de son impression avertira le Lecteur de passer droit au commencement de notre troisiéme Entretien s'il ne veut point s'arrêter à la lecture de ce petit interméde.

Le quatriéme Entretien vous paroitra le plus long de tous, parce que Mr de Rintail se voyant à la fin de la liste des Anti qu'il appelloit les Prédécesseurs de l'Anti-Baillet, fit scrupule de nous laisser revenir une cinquiéme fois chés lui pour entendre la lecture d'une autre espéce d'Anti qu'il appelloit Réels. Comme il ne prétendoit pas faire la Critique de ces derniers qui n'avoient rien de commun avec l'Anti-Baillet, il en retrancha un grand nombre en notre présence (1), & il fut abreger ce qu'il en voulut retenir, de telle sorte que ce que vous en verrés, ne vous paroitra que comme une dépendance du dernier Entretien; mais qui étoit nécessaire au dessein qu'il avoit de montrer à Mr Menage des modéles sur lesquels il auroit pû réformer le titre de sa Satire.

Vous ne comprendrés peut-être pas entiérement ma pensée que vous n'ayés lû la Relation que je vous envoye de notre premier Entretien. C'est là que vous verrés la différence qu'il établit entre les Anti Personnels qu'il appelle les Prédécesseurs naturels de l'Anti-Baillet, & les Anti Réels au nombre desquels il estime que Mr Menage devoit ranger son ouvrage pour en rendre au moins le titre irrépréhensible.

Pour ce qui est de la forme de ces Entretiens je ne prétens point prévenir la pensée que vous en pourrés avoir. Mais je me flate que le Public y fera aussi peu de réfléxion que les Personnes qui les ont tenus. Je puis vous assurer que nous n'avons pas pris garde s'il y avoit parmi les Anciens & les Modernes des Dialogistes dont il fallut suivre ou éviter les traces dans nos Entretiens. Ni Mr de Rintail, ni Mr de Brillat, ni moi, n'avons mis en aucune délibération si l'on prendroit Platon, ou Ciceron, ou Lucien, pour modéle. On s'est assemblé de bonne foi, non pas tant pour discourir ou pour agiter des questions, que pour entendre lire. Il est vrai que l'interruption de cette lecture faite de tems en tems par des personnes libres, qui n'ayant ni supérieur ni inférieur dans leur assemblée avoient la liberté de proposer, de répondre & de répliquer, semble avoir donné la forme de Dialogues à nos Entretiens. Mais on reconnoîtra bientôt que ces Entretiens ne sont pas de la nature de ces Dialogues où l'on dit peu de choses en beaucoup de paroles. Vous y verrés

---

1 Entre autres les Antirrhetiques du P. Sirmond contre P. Aurelius, & du P. Hard. contre Janus Pidius Valens; Les Antidotes figurés; Les Antimoines figurés; Les Antilogies; Les Antithéses; Les Antigraphes; Les Antichariteis; Les Anti-Bibliques; &c. Item les Anti pour les A e des Latins comme les Anti-Diluviens; Les Anti-Camerales, &c.

les matiéres fort ferrées, sur tout dans les trois derniers Entretiens où nous avons fait scrupule d'interrompre la lecture de Mr de Rintail par mille questions qui se présentoient d'elles-mêmes à chaque article, & qui auroient prodigieusement étendu & multiplié nos conversations.

La mode des Dialogues est revenuë parmi les Gens de Lettres en ces dernires tems: & Mr de la Motte (1) *le Vayer n'auroit plus aujourd'hui autant de raison qu'il en pouvoit avoir autrefois de se plaindre du mépris qu'on faisoit de son tems du genre d'écrire par Dialogues.*

La Critique, la Philosophie, la Théologie & tant d'autres belles connoissances ont été depuis peu traitées si agréablement avec le tour aisé du Dialogue, que je ne doute presque pas que ce succès ne fasse bientôt naître l'envie de l'employer pour expliquer plus galamment l'Algébre & l'Arabe qu'on n'a fait jusqu'à présent.

Il faut avouer que rien n'a encore été inventé de mieux pour tâcher de civiliser les esprits des Gens de Lettres dans ces derniers siécles, où les Savans n'ont pas été accusés d'excès dans leur politesse. Les éxemples de l'incivilité de nos Saumaises, de nos Scaligers & de nos autres Critiques ont fait ouvrir les yeux à ceux qui sont venus après eux. On a eu recours à Platon, à Ciceron & aux autres Anciens pour apprendre à converser savamment en se formant sur le goût, & en même tems sur la politesse des anciens Grecs & des anciens Romains. En un mot, il semble que ce soit à l'artifice du Dialogue que l'on soit redevable d'une partie des honnêtetés qui se pratiquent un peu plus communément qu'auparavant dans l'art d'écrire.

Mais ce seroit rendre un bon office aux Savans de les avertir de bonne heure qu'ils ayent à prévenir deux désordres considérables qui commencent à se glisser avec beaucoup de licence dans la pratique des Dialogues. Le premier de ces désordres est le mauvais choix que la plupart de nos Dialogistes font de leurs Personnages. Quelques-uns manquent de jugement dans ce choix, lorsqu'ils admettent des Entreparleurs incapables de soutenir le personnage qu'il leur font faire, & qui ne savent pas conserver dans la suite le caractére qu'ils leur ont destiné dès le commencement, ni maintenir également la vrai-semblance qui doit au moins tenir la place de la verité dans le Dialogue. D'autres ont quelquefois la malice de choisir des Adversaires

1 Orafii Tuberonis Epift.

¶ Il y a ici plusieurs fautes tant dans le texte que dans la citation.

I. C'est la *Mothe* le Vayer qu'il faloit écrire, & non pas la *Motte* le Vayer.

II. Ce n'est point en Latin, ni sous le nom d'*Orasius Tubero* que la Mothe le Vayer s'est plaint du mépris qu'on avoit de son tems pour les compositions en Dialogues.

III. Il n'y a point d'Epitres Latines d'Orasius Tubero. La Mothe le Vayer n'ayant, quelque nom qu'il ait pris, jamais écrit qu'en François.

IV. Ce qu'on allégue de la Mothe le Vayer n'est dans aucune de ses Lettres, mais au commencement du Traité qui a pour titre: *De la lecture de Platon & de son éloquence.*

aussi ignorans & aussi foibles qu'ils le souhaitent, pour les opposer à ceux qu'ils ont intention de rendre victorieux. S'ils prennent des combatans de forces égales, ils ne gardent pas long-tems la fidélité qu'ils leurs doivent également. Ils ménagent mal les circonstances d'où dépend le gain d'une cause qu'ils veulent faire perdre, ou la perte de celle qu'ils veulent faire gagner. Ils distribuent les bons & les mauvais raisonnemens à qui il leur plaît, & ils font céder le solide à ce qu'il y a d'éblouissant & de trompeur quand ils le jugent à propos.

L'autre désordre est moins considérable, en ce qu'il ne regarde que les noms qu'ils ont coutume de donner à leurs Personnages dans leurs Dialogues. Mais l'imprudence qui paroit souvent dans ces dénominations n'est point capable de produire de bons effets dans l'esprit d'un Lecteur qui se persuade que ces noms ne doivent pas être les fruits du hazard. C'est un divertissement assés burlesque d'entendre tenir des discours séditieux à un Irenée; de voir qu'un Philalethe ou un Alethophile dise des faussetés de sens froid, qu'un Philadelphe parle mal de ses freres & médise de son prochain, qu'un Theophile ou un Philothée confonde l'amour de la créature avec celui de Dieu, qu'un Eudoxe pense mal, & qu'un Euloge ne sache point parler. Rien n'est plus commun parmi les Modernes que ces Dialogistes qui ont tâché d'attraper le tour des Anciens, & qui n'en ont pû prendre que les noms.

J'ose espérer que l'on ne nous imputera rien de semblable dans nos Entretiens, dès que l'on s'appercevra que nous n'avons pas affecté d'y faire sentir indiscrétement un goût d'Antique. Nous ne nous sommes pas donné des noms d'un sens recherché; nous n'en avons pas emprunté des Anciens, parce que la fiction n'a point eu de part à la matiére de nos conversations; & nous ne craignons pas qu'aucun Moderne s'avise de reclamer des noms qui nous sont propres, & qui sont d'ailleurs dans l'usage de notre Nation.

Au reste, il vous est assés inutile de sçavoir que c'est dans le cabinet de Mr de Rintail que nous avons eu nos Entretiens sur les Anti: Mais il ne vous sera pas indifférent sans doute d'apprendre que le jeune Mr de saint Yon a toujours été des nôtres. Ce jeune Seigneur qui ne quitte Mr de Rintail que très-rarement, est le fils aîné de Mr le Marquis de Valbeil, Comte de Favieres, Baron de Hautefeuille & Gouverneur de la Ville & Citadelle de Montpelier. Il a souhaité d'être de toutes nos conversations. Mais quoiqu'il ait toujours eu assés de modestie pour protester qu'il ne vouloit se mêler d'autre chose que de nous écouter, vous verrés néanmoins de tems en tems qu'il n'a pas laissé de jouer un rôle dans chaque conversation.

Vous trouverés encore quelques autres Personnes, comme Mr Terlaine d'Alby dans le second Entretien, & Mr Bertier d'Allure dans le quatriéme.

Mais ces Messieurs n'avoient pas été choisis par Mr de Rintail comme Mr de Brillat & moi. Ce n'est que la rencontre ou quelque incident étranger qui les a fait entrer dans nos conversations, & je ne vous crois pas trop curieux de les connoître plus particuliérement.

Pour Messieurs de Brillat & de Rintail, je me contenterai de vous dire que l'amitié qui est entre eux & moi est si ancienne, si étroite & si naturelle, que j'ai tout sujet de croire que nous avons été faits l'un pour l'autre. La conformité qui se trouve dans notre état, dans emplois & dans nos études, mais beaucoup plus encore dans nos inclinations ne contribuë pas peu à entretenir entre nous une sympathie parfaite dont la nature nous avoit donné d'abord les semences. Si je ne puis vous faire croire sur les apparences extérieures que nous n'avons qu'une tête à trois, comme il est certain que nous n'avons qu'un cœur : il faut au moins que vous soyés persuadé que nous tenons à une chaîne qui nous rend inséparables de sentimens & d'interêts.

Ainsi, Monsieur, il suffit que j'aye l'honneur d'être connu de vous, pour que vous puissiés connoître aussi ces deux autres Messieurs : & comme nous sommes en usage de répondre l'un pour l'autre, je ne crains pas d'être désavoué d'eux en vous offrant leurs services avec ceux de

Votre très-humble & très-obéissant
serviteur,
Albert Lainier de Verton.

A Paris le XXII. de Mars 1685.

DES

DES
SATYRES (1) PERSONNELLES
TRAITÉ
HISTORIQUE ET CRITIQUE
De celles qui portent le Titre d'*Anti* (2).

PREMIER ENTRETIEN
Entre Messieurs de Saint Yon, de Rintail, de Brillat,
& de Verton.

Envoyé à Mr de la Cour d'Oronne.

Ous nous entretenions insensiblement des choses qui faisoient alors le sujet ordinaire des conversations. Nous parlions de l'accident des Villes de Naples & de Benevent, de la fortune de Soliman III. de la derniére Ambassade de Siam, de la catastrophe de l'Angleterre : & sans y songer nous entrions déja dans les matiéres qui regardent l'Electorat de Cologne, les Bulles

---

1 ¶ Je pense avoir déja observé que Baillet écrit toujours *Satyre* quoique ce mot, dans le sens qu'il lui donne, vienne du Latin *Satira*, & non pas du Grec Σάτυρος.

2 * Ce Traité a été imprimé pour la premiére fois en 2. vol. *in-12.* à Paris 1689. *

des Evêques, & la nature des excommunications de Rome, lorsque Mr de Brillat dit à Mr de Rintail qu'il lui demandoit une tréve pour les nouvelles étrangéres. Les affaires des Grands, dit-il, ne nous regardent pas. Nous ne sommes pas faits apparemment pour gouverner ni pour réformer les Etats de ce monde. Laissons là le Pape & le Turc; je suis bien-aise de vous avertir que nous ne sommes venus aujourd'hui Mr de Verton & moi que pour entendre la lecture du Recueil que vous avés fait des *Anti*.

Vous commencés de bonne heure à vous divertir, lui dit Mr de Rintail. Vous devriés vous souvenir que ce n'étoit qu'en riant & sans aucune conséquence que je vous dis l'autre jour que je vous ferois voir mes *Anti*. Je sai de bonne part que Mr de Verton n'a pas oublié ce mot, qu'il en a déja prévenu cinq ou six personnes de Lettres en une seule compagnie: mais je doute qu'il pût être au goût de tout le monde, tout nécessaire qu'il vous paroisse pour caractériser mon Recueil.

Je vis bien à sa mine que je ne devois pas négliger de mettre ma discrétion à couvert, & je lui répondis que je ne voyois rien de trop nouveau ni de trop surprenant dans le terme d'*Anti*. Que si le Mascurat de Naudé, qui n'étoit pas d'une profession à faire de nouveaux établissemens dans la République des Lettres, avoit eu assés de crédit pour faire recevoir celui de *Proto*; je ne voyois pas beaucoup de danger à exposer celui d'*Anti*, venant d'une personne qui avoit quelque caractére dans le monde au-dessus de Mascurat.

Le jeune Mr de S. Yon qui nous écoutoit tranquilement, se mit à rire du plaisant effet que ces expressions produisoient dans son imagination. Mais pour lui faire connoître que je voulois bien entendre raillerie avec lui, je lui dis que Mascurat marque au commencement de ses Entretiens avec Saint Ange (1) que Mr *Renaudot l'avoit fait le* P R O T O *de son Imprimerie contre les Médecins de Paris*.

Mr de S. Yon, me répondit d'un air enjoué qu'il ne pouvoit qu'admirer la facilité des Magistrats qui gouvernent la République des Lettres, en ce qu'ils avoient bien voulu accepter le terme de *Proto* qui leur étoit proposé par un homme d'aussi petite considération qu'étoit Mascurat. Car je vous dirai par la permission de Mr de Rintail, ajouta-t-il, que j'ai lû tous ces Entretiens de Mascurat & de Saint Ange, que cette lecture m'a diverti fort agréa-

1 Pag. 78.

blement, & que j'en ai tiré même quelque utilité. Mais après tout, ce ne sont que des Entretiens de la lie du peuple, tels que les Artisans ont coutume de fournir entre eux, lorsqu'ils boivent ensemble; & si vous vous en souvenés, Saint Ange n'étoit qu'un petit Libraire de bale, & Mascurat un drole qui savoit quelque chose, mais qui de méchant Imprimeur étoit devenu Colporteur de livres bleus, de gazettes, & d'autres feuilles volantes.

A dire le vrai, reprit Mr de Brillat, le mot de *Proto* a bien de l'air d'un terme de boutique où il me semble que les expressions les plus nobles, & les locutions les plus rélevées, tombent souvent dans le Comique & le bas burlesque. Mais, continua-t-il, on peut très-volontiers passer cela soit à des Ouvriers d'Imprimerie, soit à des Valets de Collége, soit même à des Clercs de Notaires & de Procureurs qui entendent souvent parler de *Proto-Notaires*, *Proto-Coles*, &c.

Patience, dis-je, vous ne vous souvenés pas qu'on ne parle plus de la sorte, mais qu'il faut prononcer PROTE-COLE, PROTE-NOTAIRE : *c'est comme parlent ceux qui parlent bien* (1).

Vous ne voyés pas, ajouta Mr de Rintail, que Mr de Verton nous débite du *Menage* tout pur : je ne croyois pas qu'il eût seulement lû une page des Ouvrages de cet Auteur. Mais Mr Menage voudroit-il que nous dissions aussi *Prote-Syncelle*, *Prote-Pape*, &c (2) ?

Non, répondis-je : parce que Mr Menage n'avoit entrepris d'établir cette prononciation que pour les *Proto* qui auroient trois O de suite, comme sont les deux premiers mots que Mr de Brillat vient d'alléguer, & comme pourroient être encore *Proto-Forestier*, *Proto-trone*, &c. que je ne prononcerois pas impunément de la sorte en présence de Mr Menage (3).

Si nous nous engageons dans des discours vagues, dit Mr de Brillat, nous perdrons le tems que nous avons destiné pour voir les *Anti*. Encore une fois croyés que cela doit faire tout le sujet de la visite que nous vous rendons aujourd'hui. Dans quelque digression que vous vous laissiés engager, je vous ferai toujours revenir à ce point-là.

---

1 Observat. sur la L. Fr. ch. 167. p. 375. seconde Edition.
2 V. Codin de Offic. Const.

3 ¶ Il se moque de Ménage avec raison. L'usage est pour Protocole, & pour Protonotaire.

ANTI en général.

MR de Rintail vid bien alors que nous ne demandions pas à perdre notre tems, & il prit le porte-feuille où étoient les cahiers dont il vouloit nous faire la lecture. Il nous fit connoître d'abord que ce que nous appellions les *Anti*, n'étoit autre chose que des Ecrits Satiriques pour la plupart, c'est-à-dire des *Satires Personnelles*, dont les Auteurs avoient eu intention de choquer leurs Adversaires dès le premier mot du Titre.

Sur ce que je témoignai être en peine de savoir s'il prenoit le mot de *Satire* dans le sens naturel & dans sa première signification, & pourquoi il spécifioit ces sortes de Satires par le nom de *Personnelles*, il nous dit que les Satires dont il nous parloit n'avoient rien de commun avec celles des Anciens Grecs, & qu'on ne pouvoit pas aisément les rapporter à aucune des espèces qu'on a vû introduites parmi les Romains : mais que la plupart pouvoient être appellées des *censures accompagnées d'invectives & de médisances*. Je les appelle *Personnelles*, continua-t-il, afin de les mieux distinguer des Satires *Réelles*.

Monsieur, dit le jeune Mr de Saint Yon parlant à Mr de Rintail, je ne comprens pas bien la force de ces termes. Est-ce que les Satires personnelles sont moins réelles que les autres ?

Ce n'est point cela, repartit Mr de Rintail, le terme de *Réel* ne veut pas dire en cette occasion quelque chose de *vrai*, d'*effectif*, de *solide*. *Réel* doit se prendre ici comme on le prend dans les Livres de Droit, & suivant la notion que nous donne son étymologie de la manière que l'on dit *Servitude réelle*, *Action réelle*. Ainsi une Satire réelle est celle qui ne regarde que les choses sans en vouloir à la personne ; elle ne s'en prend qu'aux vices de l'ame ou aux erreurs de l'esprit ; au lieu que les Satires personnelles attaquent directement la personne du Vicieux ou de l'Errant, si bien qu'elles paroissent opposées encore plus que les autres au premier institut de la Satire.

Je l'interrompis pour le prier de nous en nommer quelques-unes de l'une & de l'autre espèce, afin de rendre encore plus nette & plus distincte l'idée qu'il nous en vouloit donner.

Je ne prétens pas, me dit-il, m'engager présentement à vous répondre du fonds de ces Ouvrages, dont quelqu'un de nos amis aura peut-être occasion de traiter plus à propos dans quelque tems.

Mais pour ne m'arrêter qu'au Titre, & pour me renfermer dans les bornes de notre espéce que vous appelés des *Anti*, je vous nommerai parmi les *Satires personnelles* des *Anti-Catons*, des *Anti-Choppins*, des *Anti-Cottons*, & d'autres de cette nature que vous allés voir dans ma liste: & parmi les *Satires réelles*, je mets les *Anti-Paradoxes*, les *Anti-Sophistiques*, les *Anti-Grammaires*, les *Anti-Rosaires*, &c. Si quelqu'un a eu raison de dire (1) que le Titre d'un Livre doit en être l'abrégé, qu'il en doit renfermer tout l'esprit & tout le sens autant qu'il est possible: ou les Anti-Bellarmins, les Anti-Baronius, les Anti-Copernics, les Anti-Walenburchs sont de méchans Livres, ou il n'y a pas un mot dans ces sortes de Livres qui ne soit directement contre la personne de Bellarmin, de Baronius, de Copernic, des deux Wallembourg, &c.

Je trouve, dit Mr de Brillat, votre argument fort embarassant pour la réputation des *Anti*. Vous les réduisés avec votre dilemme à la nécessité d'être mal faits en qualité de Livres qui ne répondent pas à leur Titre, ou de passer pour des Satires personnelles qui ne valent guéres mieux que des Libelles diffamatoires lorsque le corps du Livre est conforme à la tête.

C'est pour lors, reprit Mr Rintail, qu'on peut considérer les *Anti* ausquels on attache les noms des personnes à qui on en veut, comme des poteaux ou des pieux où sont liés ceux contre lesquels on prétend décocher ses traits avec plus d'assurance. C'est ainsi qu'on se fait une butte de son Adversaire: c'est le moyen de ne le perdre jamais de vûë; en un mot, c'est le secret de le massacrer à son aise.

Vous êtes donc persuadé, lui dis-je, que ceux qui ont attaché le nom de leur Adversaire à un *Anti* (permettés-moi d'user de vos termes) ont eu dessein d'attaquer la personne de l'Adversaire.

C'est, repliqua-t-il, la première pensée que nous donne le Titre de ces sortes d'Ouvrages, & si l'on veut suivre les Maximes de la Jurisprudence qui se pratique dans la République des Lettres à l'égard des Livres, on a droit de juger leurs Auteurs sur le seul Titre; & ils ne pourront pas se plaindre que leurs Juges commettent aucune injustice à leur égard.

Mais, dit Mr Brillat, s'ils étoient reçus à prouver que leur Titre n'est pas juste, & que leur Ouvrage n'a rien de commun avec lui, ne devroit-on pas réformer le jugement qu'on auroit prononcé contre eux?

Je crois au moins que cela se pourroit faire, répondit Mr de Rintail,

---
1 Tom. 1. des Jugem. des Sav. pag. 259.

mais en même tems on ne pourroit fe difpenfer de les condamner fur un autre chef qui leur feroit beaucoup plus fenfible. On les obligeroit de renoncer à la qualité d'Auteur, ou de fe contenter de celle de méchant Auteur. De forte que pour peu que l'on connoiffe le génie de la plupart des Auteurs, on fe perfuadera aifément qu'il y en a peu qui n'aimaffent mieux paffer pour des médifans, que pour de malhabiles gens; & qui ne vouluffent, pour ainfi dire, vendre leur ame afin de fauver leur efprit.

Mais tout perfuadé que je fuis que le Titre d'un Livre eft fouvent la marque du jugement de fon Auteur : je ne voudrois pourtant pas accufer indifféremment d'inhumanité, & de malignité, tous les Ouvrages dont j'ai à vous parler dans notre Entretien, encore qu'il foit difficile de trouver plufieurs *Anti* en Titre de Livres, qui ne laiffent dans l'efprit l'idée de quelque chofe de cruel ou de malhonnête envers ceux qui en font le fujet. Il y a toujours dans un *Anti* de cette nature je ne fai quoi qui choque d'abord, ou du moins qui arrête l'efprit du Lecteur, & qui réveille rudement fon imagination. De forte que nous avons toujours quelque violence à nous faire pour tâcher de fufpendre le préjugé où nous fommes pour l'ordinaire à l'égard de ces fortes d'Ecrits, lors même qu'on eft perfuadé d'ailleurs qu'il n'y a rien de trop fatirique dans le corps de l'Ouvrage, & que leurs Auteurs ont eu intention de prendre les interêts de la juftice ou de la vérité, foit dans la Religion comme les Auteurs des *Anti-Socins*, & de l'*Anti-Alcoran*, foit dans la Politique comme l'Auteur de l'*Anti-Machiavel*, foit même dans la Philologie comme l'Auteur des *Anti-Triftans*. Je ne fuis pas au refte de l'opinion de ceux qui voudroient bannir les *Anti* du commerce des Lettres, fous prétexte qu'ils ont pour l'ordinaire une apparence monftrueufe. Quelques difficiles que foient ceux qui fe difent Gens de Lettres, je ne les crois ni plus délicats, ni plus dégoûtés que la Nature-même qui fouffre bien d'autres monftres parmi les Plantes & les Animaux, je ne dis pas feulement dans les déferts de la Libye, ou dans les Pays abandonnés du Genre humain, mais encore dans nos jardins (1) & dans nos baffe-courts où l'on a vû & fouffert de tout tems les Mulets (2) & les *Burdons* (3), pour me fervir des termes des Latins; les *Hibrides*, (4) les *Mufmons* (5), & les *Tityres* (6). Les *Anti* tirent pour la plupart leur origine de deux efpéces encore plus

1 Pefcheprune, Pommepoire, Arbres greffés.
2 D'un Afne & d'une Cavale.
3 D'un Cheval & d'une Afneffe.
4 D'un Verrat & d'une Laye, ou d'un Sanglier & d'une Truie.
5 D'un Belier & d'une Chévre.
6 D'un Bouc & d'une Brebis.

éloignée que celles qui composent tous ces Monstres domestiques dont nous venons de parler. La première de ces espéces est toujours grecque comme personne n'en doute : L'autre est tantôt Latine comme dans l'Anti-Silvius, l'Anti-Claudien, l'Anti-Martin, l'Anti-Fontaine, &c. Tantôt Italienne, Françoise, Allemande, selon le nom de ceux qui en font le sujet ; quelquefois même Hébraïque & Arabes comme dans les Anti-Jésuites, & l'Anti-Alcoran.

Je ne voulus pas laisser continuer Mr de Rintail, voyant qu'il commençoit à tourner ses raisonnemens en plaisanterie, & qu'il étoit plus d'humeur à se divertir sur les *Anti*, qu'à nous faire des leçons graves & sérieuses. C'est pourquoi je lui dis, comme si j'eusse voulu enchérir sur son rafinement, que je ne doutois pas que tous les *Anti* qui ne sont pas composés de deux espéces Grecques ne fussent au moins monstrueux par la tête : & qu'ainsi j'opinois à leur laisser le nom de *Satires*.

Quoi, dit le jeune Mr de Saint Yon, ces *Satyres*, ces monstres humains qui demeuroient dans les bois, qu'on faisoit passer à nos Ancêtres pour des Demi-Dieux tout velus, qui avoient des cornes à la tête, & des pieds de chévre ?

L'application n'est pas mauvaise, repartit Mr de Brillat, & je suis ravi que Mr de Saint Yon ait si bonne grace dans ses jeux d'esprit. En effet je ne vois rien qui nous empêche de comparer le Titre des *Anti* à la tête des Satyres.

Mr de Rintail l'interrompit en disant qu'il nous falloit rentrer dans notre sérieux, & laisser de bonne foi aux *Anti* le Titre de Satires personnelles, qu'il leur avoit donné d'abord sans s'arrêter à des équivoques. Que cette expression étoit plus douce que celle de *Libelles diffamatoires* dont j'étois presque d'avis que nous nous servissions, & qui dans le fonds ne convenoit pas à la moitié des *Anti*.

Mr de Brillat auroit été fort éloigné de me donner son approbation, lui que le seul nom de Satire faisoit trembler, tant l'expression lui paroissoit odieuse.

Je n'ai jamais pû, dit-il, réconcilier mon esprit avec l'idée que je me suis autrefois formée des Ouvrages qui portent le Titre de Satires, qu'en y joignant des noms aussi heureux que ceux d'Horace, de Despreaux, &c.

Vous voulés peut-être nous faire connoître par-là, reprit Mr de Rintail, que votre esprit s'apprivoiseroit plutôt avec des Satires en Vers, au moins celles qui auroient le sel & les agrémens de ces deux Auteurs, qu'avec des Satires en Prose. Si cela est, j'ai grand sujet de craindre pour nos *Anti*, car je ne puis vous diffimuler que la plupart font écrits en Profe. Demandons à Mr de Verton, dit-il en fouriant, ce qu'il en penfe: & prions-le de nous dire ingénûment s'il n'auroit pas auffi bonne opinion d'un *Profateur* fatirique, que d'un Poëte fatirique.

Apprenés, lui dis-je, pour lui rendre fa plaifanterie, que *Profateur* ne vous appartient pas, & qu'il n'a point été fait pour vous. Il a été forgé dans la boutique de l'*Obfervateur de la Langue Françoife*, & il n'en eft pas encore forti. Il y a même beaucoup d'apparence que fon Auteur foit par jaloufie, foit par amour propre, foit par honte, foit par tel autre motif qu'il vous plaira, l'a retenu pour lui feul, & qu'il s'eft réfervé le droit de s'en fervir à l'exclufion des autres.

Mais, repartit Mr de Brillat, croyés-vous qu'*Obfervateur* ne foit pas unique auffi-bien que *Profateur*. Etes-vous tellement ennemi des périphrafes, que de n'aimer pas mieux dire l'*Auteur des Obfervations fur la Langue Françoife*, que l'*Obfervateur de la Langue Françoife*.

Non, lui repliquai-je, le nom d'*Obfervateur* ne me paroît pas unique, vous ne m'accuferés pas de l'avoir fait, ou de me l'être attribué par voie d'ufurpation, fi vous fongés qu'il s'eft communiqué dans le monde par l'ufage qu'en ont fait d'Ablancourt, Patru, & plufieurs autres bons Ecrivains qui ont vécu devant, & après eux. Quand d'Ablancourt, Patru, & tous les bons Ecrivains viendront à me manquer, j'aurai mon recours à l'Auteur d'une groffe Lettre Apologétique forgée en 1688. fur l'enclume de Pierre Marteau dans la boutique duquel vous favés que la plupart des Libelles des Mécontens du tems ont pris naiffance; & je vous ferai voir en moins de vingt-deux pages dans la feconde partie de cette Lettre Apologétique, qu'on appelle *Obfervateur* un Auteur d'Obfervations dont on a voulu faire les éloges.

Quant au mot de *Profateur*, on fait affés dans le monde que celui qui s'étoit vanté de l'avoir fait, n'en a jamais pû avoir le débit, & qu'il n'a pas eu le crédit de le faire recevoir.

Il eft plus aifé, dit Mr de Rintail, de faire de la fauffe monnoie, que de lui donner du cours. Je vous trouve bien délicats fur la nouveauté, & fur la mine étrangére de *Profateur*. Un petit mouvement de compaffion pour fa difgrace, m'avoit porté à l'expofer. Mais puifqu'il n'a point le bonheur d'agréer à Mr de Verton, renvoyons-le à fon Obfervateur fans le maltraiter: & au lieu d'appeller ceux des Auteurs de nos *Anti* qui ont écrit en Profe des *Profateurs* fatiriques, contentons-nous de les qualifier d'Auteurs de Satires en Profe.

Mr

Mr de Brillat qui venoit d'entendre dire que les *Anti* quoique du nombre des Satires n'avoient pourtant rien qui approchât du caractére de celles des Anciens Grecs ou de celles des Romains, me dit en me regardant qu'il se souvenoit pourtant que Varron avoit introduit parmi les Romains une espéce nouvelle de Satire où la Prose se trouvoit mêlée parmi les Vers.

Je l'avouë, dit Mr de Rintail, mais ce mélange de Prose & de Vers, de Philosophie & de belle Litérature, n'empêchoit pas que ces Satires ne fussent toujours de vrais Poëmes, comme Ciceron appelle celle de Varron, *Poëma elegans & varium* (1). Quoique nous ayons perdu ces agréables Satires de Varron, il nous en est resté néanmoins assés de morceaux pour juger de la variété des sujets que ce savant homme y avoit traités. Ce qui nous suffit pour faire voir que les Auteurs de nos *Anti* ne doivent rien prétendre à la gloire de ces ingénieux Ecrivains de l'Antiquité.

Je crus que Mr de Rintail alloit intéresser l'honneur de tous les Satiriques modernes dans celui de ses *Anti*. Je voulus donc le prévenir en lui disant que j'étois très-persuadé que beaucoup d'Auteurs de ces deux derniers siécles soit dans leurs Satires de Prose pure, soit dans celles de Prose mélée qui portent ordinairement le nom de ce Menippe de Gadare ancien Philosophe Cynique, avoient attrapé un peu le goût de Varron, de Seneque (2), de Petrone, de Lucien, & de Julien l'Apostat. Je m'offris même à lui en nommer sur le champ plus d'une trentaine des plus belles.

Si c'est pour me convaincre, repartit Mr de Rintail, je vous en dispense. Je suis entiérement de votre avis pourvû que vous ne prétendiés pas faire entrer nos *Anti* dans ce nombre. Au lieu de cette délicatesse, de ce sel ingénieux, de cet enjoument de style, de cette agréable raillerie, de ces maniéres fines & adroites qui font le prix de ces belles Satires dont vous voulés me parler, vous ne trouverés dans la plupart de nos *Anti* que des traits de colére, des déclarations de chagrin, des effusions de bile, souvent de la malignité, & de la médisance, quelquefois des injures, des calomnies, des excès de brutalité que nous ne pouvons point pallier plus favorablement qu'en les appellant des duretés de style, & des grossiéretés de maniéres.

Il n'importe, dit Mr de Brillat, voyons toujours la liste de vos *Anti*; nous n'éxigerons pas d'eux ce qu'ils n'ont pas reçû de leurs Auteurs.

1 Academ. q. lib. 1.   2 Sur la mort de Claudius.

ANTI des Anciens.

ANTI-CATON.

1. ALors Mr de Rintail prit son premier cahier, & nous dit : Je n'en ai point encore pû trouver de plus anciens que les deux *Anti-Catons*. S'il y en a eu, la Postérité s'est si peu intéressée à leur conservation, qu'elle en a laissé perdre la mémoire, sans en sauver même les noms. Il faut avouer qu'elle n'a pas été beaucoup plus curieuse au sujets des Anti-Catons : mais au moins n'a-t-elle pû empêcher que le nom n'en soit venu jusqu'à nous par les soins de Suetone (1), de Quintilien (2), de Juvenal (3), de Plutarque (4), & de Servius (5), que je vous nomme tous cinq avec honneur par une espéce de reconnoissance pour nous en avoir conservé la mémoire.

Si l'on se souvient que l'Auteur de ces deux Piéces étoit Jules Cesar, doutera-t-on que la réputation d'un si grand homme n'ait un peu aidé le Titre de ces Piéces à passer avec elle jusqu'à ces derniers siécles?

Vous me surprenés, dit Mr de Brillat : Quoi, Cesar se donner le loisir de faire des Satires ? Oui Cesar, repartit Mr de Rintail, & pour vous étonner davantage, Cesar occupé de toutes les affaires de l'Empire, embarassé dans les guerres civiles entre la défaite de Pompée le Grand, & celle de son fils. Car il étoit à la veille de la bataille de Munde en Espagne, lorsqu'il y travailla, si nous en croyons Suetone.

Pour reprendre la chose un peu plus haut, vous me permettrés de vous dire qu'au mois d'Octobre de l'année que se donna la bataille de Pharsale, Ciceron (6) qui ne s'y étoit pas trouvé sous prétexte d'une maladie qui lui étoit survenuë, ayant appris que Cesar étoit arrivé à Tarente pour revenir à Rome, partit de Brindes où il s'étoit retiré depuis le mois de Juin pour aller au devant de lui. Vous savés l'accueil que lui fit Cesar, & la distinction honorable qu'il mit entre lui & les autres qu'il reçût dans ses bonnes graces dès qu'il fut arrivé à Rome. Ciceron voulut profiter de cette favorable conjonâure, & s'étant renfermé dans son cabinet pendant que Cesar étoit allé en

---

1 Suet. Vit. Jul. cap. 56.
2 Quintil. Instit. lib. 3. cap. 7.
3 Juvenal. Sat. 6.
4. Plut. vit. Ciceron.
5 Servius in 8. Æneid.
6 Cicer. lib. 14. Epist. ad Famil. xx.

Afrique contre Caton, Scipion, Petrejus, & le Roi Juba, il s'appliqua à faire des Livres, & à écrire des Lettres aux uns & aux autres.

Ayant appris la mort de Caton, il composa un Livre des louanges de ce grand homme; & sans éxaminer s'il seroit dans l'approbation de Cesar, il donna aux vertus de Caton tout le jour, & tout l'éclat que son éloquence fut capable de produire. L'Ouvrage portoit le nom même de *Caton* pour Titre. Mais ce beau Titre joint à l'excellence du Livre, & au mérite de son Auteur, ne l'a pû garentir de la perte que nous avons fait de cet Ouvrage. Cependant Cesar étoit de retour à Rome au milieu des honneurs de quatre triomphes qu'il venoit de remporter, & dans les commencemens embarassans de sa nouvelle dignité de Dictateur perpétuel. Il étoit occupé à lire, & à écouter tout ce qui l'abordoit de tous les côtés de l'Empire, à écrire, & à répondre à toute la terre. Il étoit actuellement enfoncé dans des opérations abstraites de Mathématiques, dans les supputations épineuses d'Astronomie & de Chronologie pour régler le cours du Soleil, pour réformer les Fastes & l'année des Romains. Enfin il falloit partir incessamment pour la Guerre d'Espagne contre le jeune Pompée. Toutes ces occupations ne l'empéchérent pas d'éxaminer le Caton de Ciceron. Et quoiqu'il s'y trouvât intéressé d'une maniére qui lui faisoit connoître que Ciceron s'étoit peu soucié de l'offenser indirectement en faisant le Panégyrique du plus ancien & du plus envénimé de ses ennemis; quoiqu'il n'y remarquât aucune des mesures que l'Auteur auroit dû prendre pour les égards dûs à sa nouvelle Souveraineté, il voulut faire voir encore en cette rencontre qu'il sçavoit aussi-bien se vaincre lui-même que ses ennemis, & n'employer que la plume contre Ciceron. Il s'y comporta avec autant de soin & de zèle que s'il avoit eu le loisir de Ciceron. Et ce qu'il y a de bien remarquable, c'est qu'en attaquant les mœurs de Caton & en faisant la peinture de ses vices, il épargna toujours Ciceron, contre lequel il auroit dû ce semble décharger particuliérement son chagrin, s'il en falloit juger par la conduite déréglée de nos derniers Faiseurs d'*Anti* qui n'ayant pas la modération au moins apparente de Cesar, n'auroient pas manqué d'appeller un Ouvrage de cette Nature *Anti-Ciceron* plutôt qu'*Anti-Caton*. Mais Cesar jugeoit sagement que ce n'étoit point la personne qui avoit fait le Livre, mais le sujet même du Livre qu'il falloit combatre.

Loin de cela (1), Plutarque nous fait remarquer que Cesar donna de

1 Plut. Vit. Ciceron.

grands éloges d'ailleurs à Ciceron, & qu'il *loua hautement dans l'Anti-Caton, les mœurs & l'éloquence de Ciceron comme étant semblable à celle de Pericles & de Theramenes.*

Ce témoignage, dis-je en interrompant Mr de Rintail, suffit seul pour faire voir que l'*Anti-Caton* ne devroit pas être mis au rang des Satires personnelles. Si nos Modernes n'ont point trouvé d'autre modéle que celui-là pour établir leurs Satires d'*Anti* dans l'Antiquité Romaine, je les plains de s'être trompés si lourdement : & si l'*Anti-Caton* n'est point une Satire faite contre la personne de Ciceron, je les tiens déchûs en éxemples de plusieurs centaines d'années, & je les crois réduits à placer leur origine dans la barbarie des siécles les plus grossiers.

Quelque chose que nous puissions dire de la prudence, & de la circonspection prétenduë de Cesar, reprit Mr de Rintail, Ciceron n'en a point paru moins inquiet que s'il eût été Caton lui-même. A voir l'embarras qu'il fit paroître dans ses Lettres au sujet de l'Anti-Caton, vous diriés qu'il s'y agissoit de sa vie & de ses mœurs, & que Cesar y avoit fait une information de ses vices & de ses déréglemens, plutôt que de ceux de Caton. Mr de Saint Yon nous pourra dire les termes ausquels il marque ses inquiétudes sur ce sujet à son ami Attique.

Alors le jeune Mr de Saint Yon dit qu'il se souvenoit fort bien que c'étoit à Hirtius que Ciceron, Attique, & les autres devoient la connoissance qu'ils avoient de l'Anti-Caton de Cesar, & que Ciceron avoit été amplement informé du sujet de cette Satire par un Ecrit qu'Hirtius lui avoit adressé exprès, & qu'il appelle tantôt un *Livre*, & tantôt une simple *Lettre*. Mr de Saint Yon savoit tous ces endroits de Ciceron par cœur. Néanmoins comme il est déja grand ennemi de l'ostentation pour un enfant de son âge, il aima mieux prendre à la tablette de Mr de Rintail, le volume des Epitres à Attique, & nous lire les endroits qu'il avoit remarqués touchant l'Anti-Caton. J'eus la curiosité de les copier sur la lecture qu'il nous en fit, & je vous les envoye pour vous épargner la peine de les chercher dans l'original. Le premier porte (1): *Hirtii Epistolam si legeris, quæ mihi quasi* Πρόπλασμα *videtur ejus vituperationis quam Cæsar scripsit de Catone, facies me, quid tibi visum sit, si tibi erit commodum, certiorem.* Le second vous fera peut-être conjecturer qu'Attique lui en ayant mandé son sentiment, lui remplit l'esprit de confiance & de courage au sujet de l'Anti-Caton. C'est pourquoi il lui récrit pour le porter à divulguer l'Ecrit d'Hirtius, & à

---

1 Epistola 41. lib. 12. ad Atticum.

en faire multiplier les copies par ſes gens, afin que la maniére dont il étoit traité dans l'Anti-Caton, pût contribuer à rehauſſer encore le mérite & le prix de ſon Panégyrique de Caton. *Illius* (Hirtii) *Librum quem ad me miſit de Catone proptereà volo divulgari à tuis, ut ex iſtorum vituperatione ſit illius major laudatio* (1). C'eſt à quoi il l'éxhorte dans une autre Lettre (2) en ces termes: *Tu verò pervulga Hirtium ; id enim ipſum putaram quod ſcribis ; ut cùm ingenium amici noſtri probaretur,* ὑπόθεσις *vituperandi Catonis irrideretur.*

Vous jugeriés peut-être ſur ces expreſſions que Ciceron auroit pris l'Anti-Caton pour un Ouvrage qui lui auroit été injurieux, ou qu'il ſe ſeroit rangé du côté de ceux qui ne l'approuvoient pas. Mr de Saint Yon nous lût encore quelques paſſages qu'il avoit retenus, pour nous ôter cette penſée, & pour appuyer ce que Mr de Rintail avoit avancé de la modération de Ceſar. Voici les termes auſquels Ciceron (3) s'en eſt expliqué ſur la ſeule lecture qu'il avoit faite de l'Ecrit d'Hirtius (qui étoit auprès de Ceſar à la guerre d'Eſpagne lorſqu'il le lui envoya) avant que d'avoir vû l'Anti-Caton. *Qualis futura ſit Cæſaris vituperatio contra laudationem meam perſpexi ex eo libro quem Hirtius ad me miſit, in quo colligit vitia Catonis, ſed cum* MAXIMIS LAUDIBUS MEIS. *Itaque miſi librum ad Muſcam, ut tuis Librariis daret. Volo enim eum divulgari, quod quò faciliùs fiat imperabis tuis.*

Vous voyés, Monſieur, que l'amour propre de Ciceron trouvoit une bonne partie de ſon compte dans la maniére dont Ceſar l'avoit traité, & que tout Panégyriſte qu'il s'étoit fait des vertus de Caton, l'intérêt de cet ami mort lui étoit un peu moins précieux que le ſien.

Ciceron étant parvenu, enfin à pouvoir lire l'Anti-Caton, ne rétracta point l'approbation qu'il lui avoit donnée par avance. Il voulut même la confirmer par une Lettre de compliment qu'il en écrivit à Ceſar, & il en donna avis à ſon ami Attique (4), après que Balbus & Oppius qui avoient marqué à Ceſar la ſatisfaction que Ciceron avoit reçuë de la lecture de l'Anti-Caton, lui eurent mandé qu'ils n'avoient jamais rien lû de meilleur que cette Lettre qu'il leur avoit adreſſée (5), & qu'ils n'avoient pas manqué de la faire tenir à Ceſar par le moyen de Dolabella, comme Ciceron les en avoit priés.

Il mande encore à Attique dans une autre Lettre qu'il lui écrivit

---

1 Epiſt. 44. libri 12. ad Atticum.
2 Epiſt. 45. lib. ejuſd.
3 Epiſt. 40. lib. ejuſdem.
4 Epiſt. 50. lib. 13. Me legiſſe libros contra Catonem, & vehementer probaſſe.
5 Reſcripſerunt nihil unquam ſe legiſſe melius, &c. *ibidem.*

depuis (1), que s'il ne lui avoit pas envoyé une copie de sa Lettre à Cesar, ce n'étoit point par aucune appréhension qu'il eût de passer auprès de lui pour un des flateurs de Cesar & des esclaves de sa nouvelle fortune. ,, Je lui ai écrit, dit-il, comme à un égal sans bassesse &
,, sans oublier le rang que je tenois avant la révolution des affaires. Si
,, j'ai dit du bien de son Ouvrage contre Caton, c'est que je n'ai osé
,, trahir ma conscience ni contredire ma pensée ; & quoique d'un
,, autre côté, il semble que je lui aye parlé avec assés peu de ména-
,, gement, je suis pourtant très-persuadé que ma liberté ne l'offen-
,, sera point. *Nec mehercule scripsi aliter, ac si πρὸς ἴσον ὁμοιένque scriberem Bene enim existimo de illis libris ut tibi coram. Itaque scripsi & ἀκολακεύτως & tamen sic, ut nihil eum existimem lecturum libentiùs.*

Mr de Saint Yon remettoit le volume des Lettres à Attique, lorsque Mr de Brillat s'avisa de dire que sur ce qu'il venoit d'entendre de Ciceron, il lui paroissoit que Cesar ne s'étoit pas contenté d'un Livre contre Caton.

Non dit Mr de Rintail, il est constant qu'il en avoit composé deux, & l'on peut dire que ce n'étoient pas même deux Livres d'un seul Ouvrage, mais deux Traités séparés & connus parmi les Anciens sous le Titre de *Premier* & de *Second Anti-Catons*. Il les avoit faits de suite sans attendre que Ciceron ou quelque autre Partisan de Caton eussent répondu au premier pour leur opposer le second. S'il l'avoit attendu, il n'en auroit jamais fait plus d'un, puisque la passion de répondre sans vouloir céder, de parler le dernier, & d'avoir toujours raison ne paroissoit pas si violente en ces tems-là qu'elle semble l'avoir été dans ces derniers siécles, où nous voyons que les seconds, les troisiémes & les quattriémes *Anti-Pappus*, *Anti-Pareus*, *Anti-Sturmius* : *Anti-Tristanus*, &c. ne font que des repliques qui ont été faites à des réponses, & des *tripliques* lancées contre des *dupliques*, s'il est permis d'employer ces expressions devant des gens qui ont l'oreille aussi délicate que vous. Il n'y a donc eu, repliquai-je, que l'abondance de la matiére qui ait porté Cesar à faire un second Livre des vices de Caton ? Combien de Volumes auroit-il fallu pour décrire ceux de Clodius, de Salluste, de Verrès, de Catilina & de quantité d'autres auprès desquels Caton étoit un grand Saint?

Vous ne doutés pas, reprit Mr de Rintail, que Caton n'ait eu ses défauts. Peut-être auroit-on été obligé de lui en imputer de chimériques ou de lui attribuer ceux d'autrui, s'il en avoit fallu trouver suffi-

---

1 Epist. 51. lib. 13.

famment pour remplir deux gros Livres. Mais on jugera aisément que Cesar n'aura pas été obligé de recourir à cet artifice, lorsqu'on saura que ses deux Anti-Catons n'étoient que de fort petits Traités.

Puisque ce sont des Ouvrages perdus, dit Mr de Brillat, il vous sera aisé de leur donner tel poids & telle mesure que vous jugerés à propos, sans qu'on puisse vous obliger à la garantir.

Je ne parle pas tout-à-fait en l'air, répondit Mr de Rintail, & si vous vouliés un garant, je pourrois vous livrer Juvenal qui témoigne assés les avoir mesurés.

Je m'en rapporte volontiers, repartit Mr de Brillat, à Mr de Saint Yon qui pourra nous répondre la-dessus (1), car pour moi je ne me souviens plus de cela.

Je vous sai bon gré, continua Mr de Rintail, de l'avoir oublié, & je serois fâché que Mr de Saint Yon en eût jamais chargé sa mémoire. L'endroit se trouve dans une Satire (2) qui devroit être supprimée pour son infamie, & que je souhaiterois perduë à la place des Anti-Catons. Je ne crois pas que personne ait jamais mieux réussi à deshonorer Cesar; rien n'est plus propre pour nous inspirer de l'aversion & de l'horreur des deux Anti-Catons, que la place que ce Poëte lui a donnée au milieu de ses ordures. Ainsi je crois que pour épargner notre imagination, nous devons parler d'autre chose.

Mais encore, lui dis-je, faites-nous connoître au moins en géneral, & en des termes honnêtes ce que Juvenal a voulu dire. La chose ne vaut pas la peine de se gêner, reprit-il: vous saurés à peu près ce qu'il faut savoir de sa pensée, si vous vous souvenés de ce que vous disiés l'autre jour chés un Libraire de la ruë S. Jacques en voyant passer Mr de la Renaudiere: *Que son nés étoit plus long que deux des Sermons de Mr l'Abbé*.......... (3)

Laissons-là Mr l'Abbé, dit Mr de Brillat, il est de nos amis. Il n'a pas besoin de nous pour devenir ridicule. N'insultons point à la briéveté de ses Sermons. S'il en faisoit de plus longs, ce seroit encore pis.

---

1 ¶ Ceci suppose que Baillet avoit expliqué à son Disciple agé pour lors de 12. à 13. ans cet endroit de Juvénal. §

2 Sat. 6.

3 ¶ Il auroit falu pour rendre la comparaison juste que les Sermons de cet Abbé eussent été roulés comme Juvenal donne à entendre que l'étoient alors les livres, appelés par cette raison *volumina* du verbe *volvere*.

ANTI-HOMERE, ou ANT-HOMERE.

2 MR. de Saint Yon qui avoit souvent jetté les yeux sur le cahier de Mr de Rintail pendant qu'il nous en faisoit la lecture voyant que personne ne parloit plus, s'avisa de lui dire. Vous avés avancé devant ces Messieurs que de tous vos *Anti*, vous n'en aviés pas trouvé de plus anciens que les deux *Anti-Catons*; & que s'il y en a eu, la Postérité en a perdu la mémoire. Cependant je viens d'appercevoir un *Anti-Homere*, & un *Anti-Gorgias* dans la suite de ceux que vous avés recueillis. Si l'Anti-Homere en veut au Patriarche des Poëtes; si l'Anti-Gorgias regarde ce fameux Rhéteur de Leontie (1) qui vivoit du tems de la guerre du Peloponese, & qui selon que je me souviens de vous l'avoir oui dire lorsque j'étudiois ma Rhétorique, a été l'un des principaux Auteurs de l'Art-Oratoire chés les Grecs : il faut que les Anti-Catons cédent le pas à l'Anti-Homere, & à l'Anti-Gorgias comme à leurs Anciens. Car je ne mets pas beaucoup moins de quatre cens ans entre Gorgias & Caton ; & ceux qui travaillent à rapprocher Homere le plus près de nous qu'il leur est possible, ne feront jamais difficulté de nous accorder qu'en matiére d'Antiquité, Homere a pour le moins sur Gorgias la supériorité & l'avantage que celui-ci pourroit avoir sur Caton.

Ce n'est point par les personnes qui sont l'objet de nos *Anti*, dit Mr de Rintail, mais par les Auteurs qui les ont composés, que nous considérons le tems de leur antiquité. Oui Homere & Gorgias ont paru dans le monde long-tems avant Caton: mais l'Auteur des Anti-Catons a vécu près de 200. ans avant celui de l'Anti-Homere, & plus de 1600. devant celui de l'Anti-Gorgias.

Nous attendons, reprit Mr de Brillat, que vous nous contiés l'histoire de ces deux Auteurs, le récit que vous en ferés sera le meilleur moyen de nous persuader de ce que vous nous en dites.

Je n'ai que deux mots à vous dire de celui qui a fait l'*Anti-Homere*, repartit Mr de Rintail. Cet Auteur n'est autre qu'un Grammairien d'Alexandrie nommé *Ptolomée*, & surnommé *Chennus* qui vivoit du

---

1 ¶ Il paroit que comme de *Byzantium* on ne dit pas *Byzantie* mais *Byzance*, on devroit aussi de *Leontium* dire plutot *Léonce* que *Léontie*. Je croirois même que comme en retenant la terminaison Latine on dit en François *Latium*, *Ætium*, *Clusium*, &c. Le meilleur seroit d'y dire aussi *Leontium*. Il sembleroit si l'on disoit *Leontie* que ce seroit un féminin qui viendroit de *Leontia*.

tems

tems des Empereurs Trajan, & Adrien (1). C'est ce qu'on peut vous *Anti-Homere.*
rapporter sur la foi de Suidas à qui nous avons l'obligation de nous
avoir fait connoître au moins les noms de divers Auteurs, & les Titres de plusieurs de leurs Ouvrages que le tems & la barbarie nous
ont fait perdre. Suidas (2) nous apprend que ce Ptolomée étoit fils
d'Hephæstion, & cette circonstance peut nous servir comme une petite lumière capable de nous faire découvrir le même Auteur dans la
Bibliothéque de Photius Patriarche de Constantinople (3). Là nous
trouvons un abrégé assés curieux de l'*Histoire nouvelle* de Ptolomé fi s
d'Hephæstion. Mais, bon Dieu, quelle Histoire! Nous trouverions peut-
être moins à redire au Titre de cet Ouvrage, s'il ne s'y étoit point
appliqué plus sérieusement que Lucien dans son *Histoire véritable*,
ou Rabelais dans son *Pantagruel*. Avouons pourtant que l'extrait que
nous en donne Photius, n'est point inutile à ceux qui recherchent les
Antiquités fabuleuses, & que Ptolomée avoit l'esprit entiérement
tourné vers la Fable autant qu'on en peut juger encore par d'autres
de ses Ouvrages, & sur tout par son Roman du Sphinx dont Suidas
fait mention.

Il ne faut pas douter, lui dis-je, que son *Anti-Homere* ne soit de
cette catégorie. A juger de l'Ouvrage par ce Titre, je n'attens rien
moins qu'une réformation de la Mythologie d'Homere, ou quelque
Critique de ce Pere des Fables.

C'est se laisser prendre à l'ambiguité de cet *Anti*, me répondit-il,
que d'avoir cette pensée. Il faut vous guérir de votre erreur, en vous
disant que l'Anti-Homere, ou plutôt *l'Anthomere*, comme il a plû à
Ptolomée de l'appeller par syncope, étoit un Poëme Grec qui paroît
n'avoir pas eu d'autre rapport avec les Ouvrages d'Homere, que celui
d'être divisé en Vingt-quatre Livres comme son Iliade, ou comme
son Odyssée. C'est au moins l'opinion d'un Savant de ces derniers
siécles (4) qui semble avoir voulu porter ses vûës plus loin que Suidas
qui s'étoit contenté de nous dire que l'Anthomere étoit un Poëme
de vingt-quatre Livres, sans éxaminer les intentions de l'Auteur dans
son Titre, & sans y chercher autre chose que des mots.

---

1 ¶ Après l'Anticaton, il y avoit lieu de parler d'un *Anti* plus ancien de quelque cent ans que celui de ce Ptolomée, savoir de l'*Antibucolica* dont il est fait mention dans la vie de Virgile publiée sous le nom de Tiberius Claudius Donatus, en cet endroit où il est dit que les Bucoliques de Virgile ayant paru, un badin qui n'est point nommé eu parodia ridiculement deux Eglogues, & intitula ces parodies *Antibucolica*. Ce passage est corrompu dans les éditions communes, mais voici comme il se lit dans les plus correctes: *Prolatis Bucolicis, innominatus quidam rescripsit Antibucolica, duas modo Eclogas, sed insulsissime* παρῳδήσας.

2 Suid. Lexic.
3 Myriobibl. sect. 190.
4 Voss. de Histor. Græc. lib. 2.

Anti-Homere. J'entens, lui repliquai-je, ce qu'a voulu dire votre Savant. Il faut selon lui que nous confidérions Ptolomée comme un Singe d'Homere, au lieu d'un Adverfaire que le Titre d'Anthomere fembleroit d'abord repréfenter à notre efprit.

Eft-il poffible, dit Mr de Rintail en fe tournant vers Mr de Brillat, que nous ne venions pas à bout d'ôter à Mr de Verton le préjugé odieux où il paroît être à l'égard des *Anti*. J'attens au moins ce bon effet de ce que je pourrai vous dire dans la fuite de mon cahier, lorfqu'il fera queftion de l'Anti-Claudien. J'efpére vous faire voir en cet endroit qu'il peut fe trouver des *Anti* de fimple imitation, comme il y en a de contradiction ou d'oppofition.

Pour moi, dit Mr de Brillat, je n'ofe pas condamner Mr de Verton fi promptement, & je ne le juge pas extrémement coupable de préoccupation pour n'avoir pas une opinion fort avantageufe du Poëme d'un Egyptien fur un Titre d'Anti-Homere, lorfqu'on préfume avec lui que le mérite de cet Ouvrage confiftoit peut-être dans l'induftrie que l'Auteur avoit euë, de couper fon Poëme en vingt-quatre morceaux, afin de le rendre au moins par cette confidération, femblable à l'un des deux célébres Poëmes d'Homere.

Pauvre induftrie, repartit le jeune Mr de Saint Yon! S'il fuffifoit de faire des Poëmes Grecs de vingt-quatre Livres pour mériter le Titre d'*Anti-Homere*, il n'en faudroit que douze en Vers Latins pour porter celui d'*Anti-Virgile*. L'Ignatiade du P. le Brun, le Conftantin du P. Mambrun feroient à ce compte-là des plus parfaits d'entre les *Anti-Virgiles*, fur tout lorfqu'on y joindroit leurs Eglogues & leurs Géorgiques fpirituelles.

On peut vous paffer votre réfléxion, dit Mr de Rintail à Mr de Saint Yon. Mais les deux Poëtes dont vous venés de nous parler, ont été trop judicieux pour fouffrir à la tête de leurs Poëfies un Titre d'auffi mauvais augure que celui d'Anti-Virgile. L'un d'eux ne voulant pas nous laiffer perdre fon modéle de vûë a mieux aimé faire porter à fon Ouvrage le nom de *Virgile Chrétien*. Il a fait encore l'*Ovide Chrétien*, comme le P. Jonin avoit fait l'*Anacreon Chrétien*, le *Bion Chrétien*, & comme deux Poëtes Latins d'Allemagne nous ont donné des *Terences Chrétiens*. Ces Auteurs pouvoient alléguer deux prétextes affés fpécieux pour appeller leurs Ouvrages *Anti Terence*, *Anti-Bion*, &c. l'un d'avoir tâché d'imiter ces Anciens Poëtes dans le ftyle & la méthode, l'autre de s'être étudié à oppofer des fentimens Chrétiens à ce qu'ils pouvoient avoir de profanes. Mais enfin ils n'ont pas jugé à propos de deshonorer leur Ouvrage.

ANTI-GORGIAS.

3   JE prévois, interrompit Mr de Brillat, que vous allés nous engager dans de longs égaremens qui aboutiront à des embarras infinis, si vous n'abandonnés la foule des Imitateurs qui ont pû attacher leurs modéles à des *Anti*, & qui n'en ont rien fait. Croyés-moi, rentrons dans notre sujet, & dites-nous l'Auteur & la matiére de l'Anti-Gorgias dont vous nous avés déja prévenus.

Cet Auteur, répondit Mr de Rintail, n'est autre que Jerôme Cardan de Milan Philosophe & Médecin connu de presque toute la Terre. Son Ouvrage est entre les mains de tout le monde, mais il ne parut qu'en 1566. pour la premiére fois. Je veux dire qu'il étoit déja sur l'âge lorsqu'il y travailla & qu'il avoit soixante-six ans lorsqu'il l'envoya imprimer à Bâle.

Il n'y a pas huit jours, lui répondis-je, que j'ai lû les trois amples Traités que Cardan a faits touchant ses propres Ouvrages. Il en donne ce me semble un assés grand détail, & on a tout sujet de croire que la liste qu'il en fait dans tous ces Traités doit être éxacte. Cependant je ne me souviens pas d'y avoir remarqué l'Anti-Gorgias.

Je ne m'en étonne pas, repartit Mr de Rintail, parce que l'Anti-Gorgias n'étoit pas encore au jour lorsque Cardan fit & refit le catalogue de ses Ouvrages. Mais il n'en est pas moins de lui, & il n'est pas le seul des Traités de Cardan qui se trouve exclus du catalogue. On a eu soin de l'inférer dans le premier des dix grands Volumes de l'édition magnifique qui se fit de toutes les œuvres de Cardan *in-folio* l'an 1663. a Lyon, & qui fut dédiée au Premier Président de Lamoignon. Si vous en doutés encore après ces apparences, il faut vous renvoyer à l'Histoire que Cardan a faite lui-même de sa propre vie un an avant sa mort. Vous y trouverés l'Anti-Gorgias, & vous pourrés même corriger la faute de l'endroit où l'on a marqué mal à propos que cet Ouvrage est en cinq Livres.

Quel démélé donc Jerôme Cardan avoit-il eu avec Gorgias, dit Mr de Brillat? De quoi s'est-il avisé d'attaquer un mort depuis deux mille ans?

L'Anti-Gorgias, repartit Mr de Rintail, n'est pas contre la personne de cet ancien Gorgias qui étoit de Léontie en Sicile, qui avoit été disciple d'Empedocle, & qu'on prétend avoir vécu cent huit ou neuf ans, mais contre le Gorgias de Platon, c'est-à-dire, contre le Dia-

Anti-Gorgias, logue auquel ce Philosophe avoit mis le nom de Gorgias, pour servir de Titre à tout ce qu'il vouloit nous débiter sur la Rhétorique. Il est vrai que c'est chés l'un & chés l'autre le nom d'un seul & même Gorgias: mais il semble que Cardan loin de vouloir l'attaquer, ait eu intention de réhabiliter sa réputation qu'il croyoit avoir été mal ménagée par Platon. C'est en quoi l'on peut établir la principale différence de l'Anti-Gorgias d'avec l'Anti-Caton ; quoiqu'il semble que Cardan ait eu dessein d'imiter Cesar dans ce Titre, & qu'il se soit abstenu peut être d'appeller son Ouvrage *Anti-Platon*, parce que Cesar n'avoit pas nommé le sien *Anti-Ciceron*. C'est à ceux qui peuvent deviner, repliquai-je, le détail des choses qui se trouvoient particularisées dans le Caton de Ciceron, à nous justifier le Titre de Cesar. Mais pour moi qui me souviens d'avoir lû autrefois le Gorgias de Platon, je cherche dans tout ce que j'ai retenu de ce Dialogue, de quoi soutenir le Titre de Cardan, & je ne trouve rien.

Aussi faut-il avouer, dit Mr de Rintail, qu'il seroit très-difficile de remarquer dans tout cet Ouvrage de Cardan autre chose que le Titre qui fût satirique, ou diffamant. Je vous ai déja dit que c'est une espéce d'Apologie pour le vrai Gorgias, ce seroit donc sur la tête de Platon que les efforts de Cardan devroient être tombés. Cependant il n'y est parlé de Platon que pour un trait d'Histoire qui ne regarde point le sujet qui est en question : & Cardan a eu si grand soin de faire paroître sa modération selon moi, ou peut-être, sa dissimulation selon vous, qu'il n'a pas même voulu reconnoître qu'il étoit redevable à Platon, de la matiére qu'il a traitée, de la forme de son Dialogue, & des noms-mêmes des Personnages qu'il y a introduits, de peur de nous faire réfléchir le moins du monde sur ce Philosophe.

Vous savés Messieurs, continua-t-il, que Platon dans le Dialogue qu'il a intitulé Gorgias, ne s'est point tant étudié à nous donner des régles pour l'Art de la Rhétorique, qu'à réfuter les Sophistes qui en abusoient par leur malice, ou qui le deshonoroient par leur ignorance. Il paroît que Cardan s'y est trompé, lorsqu'il a cru que Platon avoit condamné l'usage de la Rhétorique en général, sans considérer qu'il n'en vouloit qu'à celle qui étoit débitée par ces Charlatans & ces faux Rhéteurs. De quelque maniére que nos Critiques veuillent expliquer la pensée que Ciceron en a euë (1), je ne me départirai jamais de l'opinion où j'ai toujours été, que Platon dans la premiére partie de son Gorgias, avoit à la vérité songé à détruire la fausse Rhétorique

---

1 Lib. 1. de Orat.

mais que dans la seconde, il avoit travaillé à établir la véritable, c'eſt-à-dire celle qui peut ſervir à nous retirer du vice, à réformer nos mœurs, & à nous faire embraſſer la vertu.

Anti-Gorgias.

Cardan n'a pû ſouffrir apparemment que Platon ait fait triompher Socrate des Sophiſtes & des Rhéteurs dans ſon Dialogue. C'eſt pourquoi il a entrepris dans le ſien de rétablir l'honneur des Rhéteurs, & de rendre Gorgias victorieux de Socrate, & des autres Philoſophes qui n'avoient pas aſſés bonne opinion de l'Art Oratoire, & qui le croyoient fort inutile, & ſouvent nuiſible au bien de l'Etat, & des Particuliers.

Mais dans le fonds l'on ne voit pas que Cardan ſoit fort éloigné des ſentimens de Platon lorſqu'il s'agit d'expliquer ſa penſée ſur les biens & les maux de ce monde, ſur le bon & le mauvais uſage de la Rhétorique. Il veut auſſi-bien que lui, qu'elle puiſſe nous ſervir à bien vivre, & il ſemble qu'il en ait voulu faire la principale maxime de ſon Anti-Gorgias, puiſqu'il en a fait le Titre de ſon Ouvrage en ajoutant: *De recta vivendi ratione.*

Cela ne l'a point empêché de garder la bien-ſéance entre les Philoſophes, & les Orateurs. Vous croiriés peut-être que ce ſeroit celle de parler en Chrétien parce qu'il faiſoit profeſſion au moins extérieure du Chriſtianiſme, & qu'il devoit être mieux inſtruit que Platon: mais vous vous tromperiés. La bien-ſéance qu'il a gardée, eſt de s'être rendu un Caſuiſte plus facile, & plus accommodant que Platon, ſur les injures, ſur la vengeance, ſur l'uſage des honneurs, des richeſſes, & des plaiſirs de cette vie, parce qu'il n'avoit pas crû pouvoir mieux plaider la cauſe des Rhéteurs & des Orateurs, qu'en tâchant de rendre un peu odieuſe la ſévérité des maximes de la Philoſophie que Platon faiſoit ſoutenir à Socrate.

Vous pourrés juger, Monſieur, du plaiſir que nous devions avoir d'entendre parler Mr de Rintail. Mais Mr de Brillat qui ſongeoit à la ſuite des *Anti*, & qui commençoit à ſe plaindre de la briéveté du tems que nous avions à lui donner, jugea à propos de l'interrompre ſur le fonds de la doctrine de l'Anti-Gorgias, pour lui demander quelque choſe de la conſtitution de la piéce.

Si jamais l'Anti-Gorgias tombe ſous la main de quelque Critique ſévére, reprit Mr de Rintail, il n'aura pas moins à craindre pour ſa forme, que pour ſa matiére. Le Critique ſur toutes choſes voudra ſavoir ce qu'étoit devenuë la mémoire & le jugement de Cardan, lorſqu'ayant voulu contrefaire Platon, & qu'ayant donné à ſon Anti-Gorgias la même époque pour les tems, que celle du Gorgias de ce

Anti-Gorgias. Philofophe, il a oublié de tems en tems, ou perdu de vûë le modéle qu'il avoit à fuivre. Il n'a point manqué d'emprunter tous les cinq perfonnages que Platon avoit fait parler dans fon Dialogue : mais il devoit aufli fe mettre lui-même à la place de Platon, & faire au moins comme s'il n'avoit eu aucune connoiffance de tout ce qui eft arrivé dans le monde depuis le tems auquel Platon faifoit fon Dialogue. Cependant il a eu affés peu de difcrétion pour faire dire à Gorgias dès le commencement de fon Ouvrage, que Socrate étant mort, il étoit d'avis qu'on l'épargnât ; quoique Socrate parle enfuite jufqu'à la fin de l'Entretien, & qu'il y dife lui-même qu'il avoit alors près de foixante-dix ans. Si j'ajoute que Socrate & Gorgias y parlent non feulement de plufieurs Athéniens qui leur ont été poftérieurs, & de diverfes autres perfonnes de la Gréce qu'ils n'ont pas pû connoître, mais encore de quelques Romains de diftinction, comme d'Attilius Regulus, de Craffus, de Pompée, &c. vous n'aurés pas fujet de me demander d'autres preuves de ce que je viens de vous dire touchant le jugement, ou la mémoire de Cardan. Paffons à l'Anti-Claudien.

☞ Avant que de changer de difcours, je fouhaiterois, lui dis-je, que vous nous vouluffiés au moins fixer les deux extrémités de la vie de Cardan. Vous ne fauriés croire combien l'efprit trouve de fatisfaction dans la connoiffance de la vie & des mœurs d'un Auteur, quand il s'agit de fes Ecrits.

Je fuis affés de votre goût, me répondit-il, & ce n'étoit que pour abréger que je voulois paffer ici ces circonftances. J'avois marqué d'abord la naiffance de Cardan au vingt-quatriéme jour d'Août à fix heures quarante minutes du foir de l'an 1501. fuivant le Tomafini au premier Tome de fes éloges. L'Abbé Ghilini eft d'accord avec lui, à un jour près qu'il lui donne de plus. La plupart des autres Auteurs conviennent de la même année, & du même mois, fans s'embaraffer trop du jour. Mais je ne puis me vanter de pouvoir accorder cela avec ce que dit Cardan lui-même au 2. chapitre de fa vie, où il marque fa naiffance *au premier jour d Octobre* à 1. heure & 35. ou 36. minutes après minuit de l'an 1508. *Ortus fum anno* M. D. VIII. *Kalendis Octobris, horâ noctis primâ* (1) *exactâ, fed paulo magis dimidia, & tamen beffe minore.*

On dit communément qu'il naquit à Milan, & il eft inutile de produire une foule d'Auteurs qui l'ont ainfi avancé après que Cardan nous a affuré lui même que Milan étoit fa patrie. Cependant il dit en

---

1 Il ne comptoit pas à la Romaine.

un autre endroit (1) qu'il étoit né à Pavie, & qu'il ne fut transporté à Milan qu'en la quatriéme année de sa vie.

Pour ce qui regarde sa mort, je ne sai personne qui ait nié qu'elle soit arrivée à Rome, & que son corps ait été transporté ensuite à Milan pour être mis avec son pere dans l'Eglise de Saint Marc. On ne dispute non plus de l'année 1576. que des lieux : mais il n'en est pas de même du jour de la mort. Selon Mr de Thou, c'étoit le vingt-un de Septembre, mais c'étoit le vingt-huit d'Avril selon Mr Naudé. Il a vécu 76. ans achevés selon Silvaticus & divers autres Auteurs : mais il s'en faut trois jours selon Mr de Thou qu'il n'ait vécu 75. ans entiers.

Vous voyés, Messieurs, les embarras où se jettent ceux qui ont recours à des calculs trop scrupuleux; & je ne puis assés admirer le bon-heur de M. M.......de M. V........ (2) & de leurs semblables qui ont enlevé d'abord les suffrages de la Populace, sans leur donner des preuves de leur exactitude, & sans qu'elle les ait rendus responsables de leurs supputations Chronologiques. Je ne leur porte pas envie : mais je vous promets que dans la suite de nos *Anti*, je ne m'amuserai plus à des supputations si scrupuleuses. Finissons seulement ce qui regarde Cardan, & disons que si au lieu de ce qu'on lit dans la vie qu'il a écrite: *Ortus sum an.* M. D. VIII. *Kalend. Octobr.* nous disions en séparant les chiffres : *Ann.* M. D. VIII. *Kalend. Octobr.* C'est-à-dire 1500. le 24. de Septembre, nous rapprocherions Cardan plus près des autres, & nous trouverions sans nous arrêter à ceux qui l'ont fait naître en 1501. qu'il auroit effectivement vécu 76. ans. Je ne vous dis rien de ses actions, de ses emplois, de ses mœurs, & de ses Ecrits. Vous pourrés consulter pour toutes ces choses, outre sa vie écrite par lui-même, celle que Mr Naudé en a faite, son Traité des horoscopes, & les trois Catalogues raisonnés qu'il a faits de ses propres Ouvrages.

ANTI-PAPINIEN ou ΑΝΤΙΠΑΠΙΝΙΑΝΟΣ. *Voyés les* ANTI *dans la Jurisprudence, art.* 127.

---

1 Cap. 4. de vit. propr.   2 ¶ M. M. & M. V. sont M. Mezerai & Mr Varillas.

ANTI-CLAUDIEN.

4. MR de Rintail reprenant la suite de son cahier qu'il avoit interrompuë au sujet du jeune Mr de Saint Yon nous dit ensuite. L'Auteur de l'*Anti-Claudien* est beaucoup plus ancien que celui de l'Anti-Gorgias, mais il n'étoit pas contemporain de son Adversaire prétendu. La distance des tems qui se sont écoulés entre l'un & l'autre n'est pas fort différente de celle qui se trouve entre le siécle de Claudien & celui de Gorgias.

Sur ce que je lui demandai si l'on pouvoit savoir le nom de l'Auteur, celui de son Adversaire & le sujet de l'Ouvrage, il me promit satisfaction en ajoutant néanmoins que ces trois choses n'avoient pas toujours été dans l'évidence où on a tâché de les mettre depuis quelque tems.

Premiérement pour ce qui est de l'Auteur de l'Anti-Claudien, nous dit-il, il est constant que c'est un Flamand du treiziéme siécle nommé *Alain de l'Isle*, surnommé *le Grand*, & qualifié du Titre de *Docteur Universel*. C'étoit un fait tout connu & tout public de son tems. Henri de Gand qui lui étoit contemporain, qui lui étoit lié d'amitié, & qui mourut même un an devant lui (je parle toujours selon l'opinion commune pour les tems ausquels Alain a vécu) n'avoit pas fait difficulté de le garantir dans son Livre des Auteurs Ecclésiastiques. On avoit eu grand soin de marquer son nom à la tête de la plupart des copies qu'on avoit tirées de cet Ouvrage. Cependant je ne sai comme il est arrivé que sur les éditions de Bâle en 1556. & d'Anvers en 1621. diverses personnes sembloient avoir voulu douter qu'Alain fût l'Auteur de l'Anti-Claudien, sous prétexte que l'Ouvrage étoit Anonyme dans l'une & l'autre de ces éditions. Mais s'il y a jamais eu de l'incertitude sur ce point, on peut dire qu'elle a été fixée par Dom Charles de Visch Prieur de N. D. de Dunes en Flandres qui fit réimprimer l'Anti-Claudien avec les autres Ouvrages d'Alain de l'Isle à Anvers *in-folio* l'an 1653. Cet Alain passoit pour le plus habile homme de son siécle dans les sciences humaines comme dans la Théologie. Nous l'appellons communément Docteur de Sorbonne par une espéce d'anticipation. Car encore que Robert Sorbon soit mort plus de vingt ans avant lui, il est bon de vous dire qu'Alain avoit renoncé au Doctorat plus de quarante ans avant que Robert se fût avisé d'établir la Maison ou le Collége de Sorbonne.

Mais

Mais si vous m'obligiés à vous marquer précisément les deux extré- Anti-Claudien. mités de sa vie, le point de sa naissance & celui de sa mort : vous me jetteriés de nouveau dans les embarras d'une supputation scrupuleuse de Chronologie où j'ai promis de ne plus retomber en vous parlant de Cardan. Je ne m'arrête pas à Tritheme qui a mis sa mort en 1300. je veux m'en tenir, si vous le souhaités, au marbre de son Epitaphe où on lit à Cisteaux.

*Mille ducenteno nonageno quoque quarto
Christo devotus mortales exuit artus.*

Vous voyés que le voilà mort en 1294. Souvenés-vous qu'il assista au Concile Oecuménique de Latran sous le Pape Innocent III. en 1215. (1) qu'il étoit déja Frere Lay, ou Convers de la Maison de Cisteaux depuis plusieurs années après avoir gardé les brebis pendant quelques autres années dans l'enclos du Monastére. Ajoutés à ces notions qu'avant que de se retirer à Cisteaux, il avoit été Recteur de l'Université de Paris, qu'il avoit paru dans le monde avec éclat pendant plusieurs années en qualité de Docteur à la tête des Théologiens, & qu'il avoit composé un très-grand nombre d'Ouvrages. Joignés-y diverses circonstances de l'Université de ces tems-là qui font connoître qu'il devoit avoir plus de cinquante ans lorsqu'il renonça au monde. Après cela vous m'avouerés que je dois laisser à d'autres le soin de placer sa naissance où ils pourront. Chrysostome Henriquez qui en a fait un Bienheureux de son Ordre, prétend au trente de Janvier dans son Ménologe, qu'il a vécu plus de cent seize ans. Mais si Alain de l'Isle est l'Auteur du Commentaire que nous avons sur les *Prophéties de Merlin* (2), comme il n'est presque pas permis d'en douter, rien n'empêche qu'on ne lui donne *cent quatre-vingts* ans de vie, parce que cet Alain non content de marquer qu'il étoit natif de l'Isle, assure qu'il se souvenoit du tems auquel Thierri d'Alsace avoit été fait Comte de Flandre ; & qu'il étoit encore petit garçon lorsqu'il lui vit faire son entrée, ce qui arriva vers l'an 1128. C'est vous réduire à l'impossible de rien croire de tout ce que je viens de vous dire. Sur ma parole vous pouvés oublier ces difficultés, & adopter, si vous le jugés plus à propos l'opinion d'Alberic, ou Aubry Moine de Cisteaux dans l'Abbaye des Troisfontaines au Diocèse de Châlons en Champagne. Cet Auteur qui a poussé sa Chronique jusqu'en 1241. seulement, (circonstance essentielle à notre remarque) met la mort d'Alain

---

1 Au rang des Laïcs quoiqu'il fût Prêtre. 2 Merlin Ambros. Angl. edit. 1608. Francofurti.

Anti-Claudien.

de l'Isle en 1202. en ces termes: *Apud Cistercium mortuus est hoc anno* (MCCII.) *Magister Alanus de Insulis Doctor famosus, & Scriptor ille Anti-Claudiani*, &c.

Voilà, Messieurs, ce que je voulois vous dire; mais sans rien conclure sur ce qui regarde la personne de l'Auteur de l'Anti-Claudien, il faut maintenant vous contenter sur celle de son Adversaire qui est le second point que vous m'avés demandé.

Il semble d'abord que cet Adversaire soit un Claudien, & que l'*Anti* auquel il se trouve attaché comme un prisonnier avec son soldat, nous le montre au doigt. Il faut avouer qu'Alain de l'Isle n'a pû envisager d'autre Claudien dans son Titre, que le fameux Poëte Latin de ce nom, qui vivoit du tems des Empereurs Arcade, & Honorius. Mais après tout, on ne voit pas qu'Alain de l'Isle ait commis des actes d'hostilité contre le Poëte Claudien hors de son Titre. C'est sans doute ce qui a fait dire à quelques Auteurs (1) que l'*Anti-Claudien* n'a point été composé contre Claudien, mais à l'imitation de Claudien, comme si son Auteur avoit voulu se mettre en paralléle avec ce Poëte.

Cette remarque parut frapper le jeune Mr de Saint Yon qui interrompit Mr de Rintail; pour nous dire qu'effectivement l'ἀντὶ des Grecs ne marque pas toujours *opposition*, mais qu'il insinuë tantôt une *alternative*, ou un *réciproque*, tantôt une *permutation* ou un échange, quelque-fois une *comparaison* ou un *paralléle*, quelquefois une *considération*, une *subrogation*, un *retour d'action*, un *motif*, une *cause*.

La réfléxion de Mr de Saint Yon n'est pas à mépriser, reprit Mr de Rintail, & s'il falloit même à toute rigueur raisonner de l'ἀντὶ des Grecs par l'*adversus* des Latins, nous pourrions alléguer l'Epigramme qu'Ennodius Evêque de Pavie a faite sur les Mâles de notre Pays à l'imitation de celle que Claudien avoit composée sur le même sujet. Ce seroit suivre du moins la pensée du P. Sirmond Jésuite, qui veut que le Titre de l'Epigramme d'Ennodius qui porte: *Adversus Claudianum*, ne soit pas une promesse d'opposition; mais seulement d'imitation (2). Le P. Schott de la même Compagnie, qui travailloit sur le même Auteur dans le même tems, en a été si persuadé, qu'il aime mieux que l'on sépare les mots d'*adversus Claudianum* pour dire *ad Versus Claudiani*, que de souffrir qu'on entende l'endroit d'autre chose que d'une simple imitation.

Mais pour ne point user de reserve avec vous, j'ajouterai qu'il s'est

---

1 Th. Demster hist. Eccl. Scot. Carol. Visch. præf. ad Alan.

2 Not. ad Carm. Ennod.

trouvé un ancien Auteur dont nous ne connoissons pas le nom, dans un sentiment assés éloigné de celui de ces deux Peres. J'appelle ancien pour cette fois seulement un homme du quatorze ou du quinziéme siécle, qui a fait le sommaire de l'Anti-Claudien qui se trouve à la tête de l'Ouvrage. Cet Auteur prétend qu'Alain ne lui a fait porter le Titre d'Anti-Claudien que par rapport à son sujet ; parce que la matiére qu'il y traite, semble être contraire à celle que Claudien agite dans les commencemens de son Poëme contre Rufin. Comme Claudien fait assembler dans son premier Livre tous les vices, & toutes les pestes du genre humain pour pervertir Rufin, ou pour en composer un abrégé de tout ce qu'il y a de plus méchant dans le monde : de même Alain ramasse les vertus pour former l'homme de bien, ou l'homme véritablement heureux : & cet homme selon notre Auteur anonyme, s'appelle *Anti-Rufin*, comme l'Ouvrage d'Alain s'appelle Anti-Claudien, parce que c'est tout le contraire de Rufin.

Vous voyés, Mr de Verton, qu'insensiblement je satisfais au troisiéme chef de votre demande : & pour continuer, j'ajouterai en deux mots qu'encore qu'il soit assés difficile de suivre sans interruption & sans égarement la pensée d'Alain, qui n'est pas lui-même toujours fort suivi, on voit qu'il a eu intention de traiter de quatre choses qui font tout dans le monde ; de Dieu, de la Nature, de la Fortune, & du Péché ou du Vice. L'Ouvrage se divise en neuf Livres ; il avoit d'abord pour Titre *Anti-Claudianus* de *Anti-Rufino* : mais pour expliquer plus nettement ce que c'étoit que cet Anti-Rufin, on a ajouté : *De Officio Viri boni & perfecti, Libri novem carmine Cyclopædiam universam, & multas res divinas ac humanas complectentes.*

Les Ouvrages de Dieu devoient ce semble tenir le premier rang : mais Alain a jugé à propos de commencer par ceux de la nature ; parce que selon Saint Paul (1), les œuvres invisibles de Dieu, sa puissance éternelle, ses grandeurs, sa divinité deviennent comme visibles en se faisant connoître par ses Ouvrages sensibles depuis la création du Monde. Ce n'est donc qu'en second lieu qu'il parle des œuvres de Dieu. Après il traite de celles de la Fortune & ensuite de celles du Vice.

Après sa proposition & son invocation, il introduit la Nature qui délibére sur la production d'un homme qui seroit accompli. Comme la Nature n'en peut venir à bout étant seule, elle assemble les Vertus

1 Ad Rom. F. 20.

Anti-Claudien. avec lesquelles elle tient conseil. On conclud que la Prudence sera députée vers le Ciel pour présenter à Dieu les vœux de la Nature & des Vertus, & pour le prier d'envoyer une ame pure & sans tache dans un corps, afin que cette union puisse faire un Homme heureux & accompli par le ministére de la Nature & des Vertus. Tout cela se trouve accompagné de fictions qui sont assés ingénieuses & qui ne laissent pas d'avoir leur agrément au milieu de ces nuages qui nous dérobent la connoissance de ce qu'il a voulu dire dans la plus grande partie de son Ouvrage. Dieu après avoir donné une audience favorable à l'Ambassade, crée une ame sur l'idée qu'on lui avoit proposée, & la commet aux soins de la Prudence pour la conduire surement en terre en lui recommandant de prendre garde sur tout aux malignités que les Planétes pourroient *influer* dans leur passage. La Prudence ayant remis son dépôt entre les mains de la Nature & des Vertus, la Nature lui fit un Corps, & les Vertus des ornemens chacune selon son état. Il n'y eut que la Noblesse qui ne pouvant rien contribuer de son fonds eut recours à la Fortune qui se transporta sur l'heure chés la Nature avec tous ses avantages pour en combler le nouvel Homme.

Sa perfection ayant donné de la jalousie à l'Enfer, Alecto l'une des Furies leve une armée de Vices qui viennent attaquer l'Homme, mais qui sont mis en déroute par ce nouveau Samson.

L'Auteur inconnu du Sommaire qui se trouve à la tête de l'Ouvrage, prétend que la matiére en est double, qu'elle est premiérement historique sous cette apparence continuelle de fiction; & qu'en second lieu elle est encore mystique, terme qui à mon avis doit s'entendre plutôt du sens que nous appellons Allégorique ou de celui qu'on nomme Tropologique, que du véritable Mystique à qui l'Ecole a donné le nom d'Anagogique. Quoique ce soit un Poëme assés Philosophique, Alain ne s'est pourtant attaché à aucune sorte particuliére de Philosophie. On y trouve divers traits de Morale & quelquefois de Mathématiques, mais qui sont souvent tournés d'une maniére Scholastique qui l'a fait considérer comme un adroit Sophiste par quelques Critiques. Enfin il n'a point oublié d'y faire entrer un peu de Théologie, de sorte qu'assaisonnant toutes ces choses de la Fable Païenne qu'il y répand en divers endroits, il a fait de tous ces mélanges une bigarrure continuelle dont la bizarrerie ne laisse pas d'avoir son prix autant que les choses irréguliéres en peuvent avoir.

Je vous avouë que nous fumes un peu surpris d'entendre parler si

avantageusement de l'Anti-Claudien, & Mr de Brillat me prévint Anti-Claudien.
lorsqu'il dit à Mr de Rintail. Si vous continués, vous pourrés bien
vous brouiller avec Mr Baillet votre ami & le notre. L'idée qu'il nous
a voulu donner de l'Anti-Claudien dans son Recueil de Jugemens
sur les Poëtes Latins, pourra-t-elle se concilier avec tout le bien que
vous venés de nous en dire ?

Oui, nous répondit-il, si vous y joignés aussi le mal que j'en ai dit.
Mr Baillet en a dit du bien & du mal. Quai-je fait autre chose ? Il a
même ajouté plus que moi une circonstance qui est avantageuse à
l'Anti-Claudien. C'est l'honneur d'avoir non seulement été traduit
en François depuis près de deux cens ans, mais d'avoir encore été
réduit en un bel abrégé & enrichi de digressions morales par Adam de
la Bassée Chanoine de l'Isle qui étoit un homme d'importance vivant
sur la fin du quatorziéme siécle.

5   Sont-ce-là les Prédécesseurs de l'Anti-Baillet dont vous nous Anti en général.
promettiés l'histoire, dit Mr de Brillat à Mr de Rintail ? Sont-
ce-là ces Ancêtres dont la race est devenuë si odieuse ? Si le recit que
vous avés à nous faire des suivans, n'a rien de plus affreux que ce que
nous venons d'entendre, je crains de ne pas remporter chés moi
toute l'aversion que Mr de Verton m'en avoit donnée en venant ici.

Ayés patience, Monsieur, vous ne voyés pas, lui dis-je, que Mr
de Rintail a voulu imiter ces Généalogistes ingénieux d'Espagne, &
de Flandre, qui pour faire plus d'honneur à leur Noblesse, savent
trouver les moyens d'en faire remonter l'antiquité jusqu'à Japhet.
Mr de Rintail nous fait assés connoître qu'il n'a point eu l'intention de
nous persuader que l'Anti-Baillet & ses semblables soient descendus
en droite ligne de ces anciens *Anti*.

Trouvés-moi, répondit Mr de Rintail, quelque origine qui ne
soit point fabuleuse, dès que vous cherchés à la placer dans l'Antiquité. Ne vous souvenés-vous pas qu'une Maison ne passe pas pour
être des plus illustres lorsqu'on ne sauroit reculer sa généalogie au
de-là de l'Histoire, & la faire passer jusqu'aux tems Héroïques. Je
parle à des gens qui ont lû Diodore de Sicile, & qui par conséquent
ne m'obligeront pas de leur donner une explication des tems Héroïques ou Fabuleux. Je ne me suis pas engagé à vous faire voir que
l'Anti-Baillet & ses semblables fussent de la même espéce que ces
anciens dont je vous ai rapporté quatre éxemples. Loin de vous faire
croire qu'ils fussent même du nombre de ces Descendans infotunés

qui font dégénérés, & qui ont laiflé effacer les traces que leurs Aïeux leur avoient marquées, je fuis prêt de vous montrer que leur véritable origine n'eft pas fort éloignée de nous. Vous aurés fans doute aflés de pénétration pour juger qu'ils ne doivent leur naiffance qu'à la corruption du genre humain qui s'eft gliflée enfin dans la République des Lettres depuis deux cens ans avec autant de licence, qu'il s'en pourroit trouver dans l'armée la plus mal difciplinée des Barbares, ou dans une fociété de Bohemiens & de Brigands. Après cela je vous permettrai de comparer leur origine avec celles des Infectes qui naiflent de la corruption de la terre, je veux dire de l'infection & de l'ordure.

J'aurois fouhaité, pour l'Anti-Baillet & fes femblables, pouvoir découvrir une fource plus pure, & moins proche de nous: mais pourquoi n'eft-elle pas plus incertaine, & plus obfcure ? Ne fait-on pas que ce n'eft qu'à la faveur de l'incertitude & de l'obfcurité que les d'Hozier, les du Bouchet, les du Chefne peuvent conduire furement de certaines Généalogies, annoblir de certaines Maifons, purifier leurs origines, & faire remonter leurs fources jufqu'à la belle Antiquité.

Croyés-vous, lui dis-je en l'interrompant, que Mr de Brillat & moi nous nous intereffions fi fort dans l'honneur, ou dans la fortune de vos *Anti* ? Qu'ils s'en prennent à leur deftinée, ou à l'état de leur nature, s'ils ne peuvent pas être autre chofe que ce qu'ils font. Mais voyons toujours ces Prédéceffeurs de l'Anti-Baillet, voyons fi vous pourrés nous faire fentir cette grande différence que vous prétendés mettre entre eux & les quatre anciens dont vous venés de nous faire l'hiftoire.

6 MR de Rintail changeant auffi-tôt de cahier, nous dit d'un air de compaffion qu'il ne pouvoit nous diffimuler que la plupart de ces *Anti* Modernes & Prédéceffeurs de l'Anti-Baillet avoient eu le malheur de naître dans l'Héréfie, c'eft-à-dire dans des Sociétés féparées de notre Communion; qu'il en avoit auffi apperçû quelques-uns parmi les Catholiques, mais qu'il n'affuroit pas que ceux d'entre eux qui avoient pris des maniéres fatiriques, même contre la perfonne des Hérétiques, n'euffent pas deshonoré l'Eglife. Il ajouta que les moins raifonnables à fon fens, étoient ceux qui fous le nom odieux d'*Anti* avoient prétendu traiter les matiéres de Religion qui demandent d'être maniées avec toute la fageffe, & tout le refpect poffible.

ANTI EN GENERAL.

Je pris occasion de cette pensée, pour lui demander s'il y avoit du dessein dans son Recueil, & s'il y avoit fait entrer quelque division pour donner de l'ordre, ou de la méthode à la liste de ses *Anti*.

Il me répondit que ceux qui pourroient trouver du dessein dans son Recueil en la maniére que je l'entendois, seroient plus ingénieux que lui ; que son intention avoit été simplement de faire un Catalogue plus ou moins raisonné, selon que les sujets lui avoient paru plus ou moins importans. Pour la méthode qu'il y avoit gardée, il nous dit qu'il n'avoi pas crû devoir s'assujettir à l'ordre des tems, parce qu'il ne s'agissoit que d'Ecrivains modernes des deux derniers siécles, & que plusieurs avoient vécu dans les mêmes tems.

Il s'étoit contenté d'une espéce de division que je veux vous rapporter ici avant que de finir la rélation de ce premier Entretien, afin de n'être pas obligé de la répéter à la tête du second dont je vous rendrai bon compte au premier jour. Il avoit partagé son Recueil, ou son Catalogue raisonné en deux principales parties. La premiére comprenoit les *Anti* que l'on trouve à la tête des Ouvrages de Théologie, & la seconde étoit pour ceux qui regardent les sciences humaines.

Division de ce Traité.

La premiére partie se trouvoit encore divisée en divers chapitres assés inégaux entre eux suivant le nombre des *Anti* qu'ils contenoient. Le 1. Chapitre étoit destiné aux *Anti* des Protestans en général contre les Catholiques ; le 2. à ceux des Protestans en particulier contre eux-mêmes, & premiérement des Luthériens contre les Calvinistes ; le 3. à ceux des Luthériens contre les Luthériens leurs confréres ; le 4. à ceux des Calvinistes contre les Luthériens ; le 5. à ceux des Calvinistes contre d'autres Calvinistes ; le 6. à ceux des Protestans en général contre les Sociniens & contre les Juifs ; le 7. à ceux des Catholiques contre les Protestans ; le 8. à ceux de quelques Catholiques entre eux : mais ce dernier Chapitre étoit si peu de chose, que Mr de Rintail vouloit que nous le comptassions pour rien.

La seconde partie du Recueil qui étoit pour les Sciences humaines, avoit aussi ses Chapitres différens. Le 1. contenoit les *Anti* dans le Droit & la Politique ; le 2. dans la Philosophie & les Mathématiques ; le 3. dans la Médecine ; le 4. dans l'Histoire sacrée & profane ; le 5. dans les belles Lettres.

Voilà, Monsieur, quelle étoit la division des *Anti* qu'il appelloit personnels, & qu'il nous faisoit considérer comme des Piéces satiriques & injurieuses au moins dans leur Titre. Il avoit fait un autre cahier pour les *Anti* réels qui ne regardent que les choses sans en vouloir aux personnes : il n'en désapprouvoit pas le Titre, & nous disoit que

32   Satires Personnelles. I. Entretien.

la plupart des *Anti* personnels auroient eu plus de justesse, s'ils n'avoient été que réels. Il nous en a promis la lecture & de mon côté je vous en promets au moins un abrégé en son tems.

    Mr de Rintail avoit donc pris déja le cahier sur lequel il avoit à nous entretenir touchant les *Anti* des Protestans contre les Catholiques, & il commençoit à nous faire faire quelques réflexions générales sur les *Anti-Becans*, & les *Anti-Bellarmins* qui se rencontroient les premiers sur sa feuille, lorsque nous vîmes entrerchés lui une compagnie qui lui fit remettre le cahier dans le tiroir de sa table. C'étoient le P. Briet, & le P. de Billy accompagnés de l'Abbé Nitar de Bellay. Le premier en qualité de parent, & les deux autres comme alliés de Mr de Rintail ne devoient pas être du nombre des Fâcheux dont la présence fait suspendre la liberté des Entretiens, & qui troublent ce que la familiarité peut avoir d'agrément dans une Compagnie. Mais nonobstant leur privilége, Mr de Rintail nous fit assés connoître qu'il ne les avoit pas choisis pour être ses Auditeurs dans la lecture de ses *Anti*. Les deux Peres & Mr l'Abbé sembloient n'être venus que pour complimenter Mr de Saint Yon sur le succès d'une nouvelle expédition de Mr le Marquis de Valbeil son Pere, & pour apprendre des nouvelles d'Angleterre. Mr de Brillat s'étant levé & moi avec lui, nous prîmes congé de Mr de Saint Yon qui nous somma de revenir, & Mr de Rintail nous dit adieu tout bas pour trois jours.

Je suis, Monsieur, votre, &c.
Alb. Lain de Verton.

SATIRES

SATIRES PERSONNELLES.

SECOND ENTRETIEN,

Où commence l'Histoire des Prédécesseurs de l'Anti-Baillet.

Entre Messieurs de Saint Yon, de Rintail, de Brillat, Terlaine, & de Verton.

Envoyé à Mr de la Cour d'Oronne.

ANTI des Modernes.

PREMIERE PARTIE.

ANTI qui se trouvent à la tête des Ouvrages de Théologie.

J'AI consideré, Monsieur, la satisfaction que vous m'avés témoignée de la Rélation que je vous ai envoyée de notre premiére conversation avec Mr de Rintail comme un engagement honnête à vous envoyer encore celle de la seconde, & à vous faire espérer celles des suivantes si vous continués d'en être content.

Au bout des trois jours marqués par Mr de Rintail, je fus chés Mr de Brillat que je trouvai levé de table & tout prêt de me venir prendre si je ne l'avois prévenu. Il avoit donné à diner à Mr *Terlaine d'Alby* qui soit par conjecture, soit par l'entretien qu'il avoit eu à table, s'étoit douté que Mr de Brillat devoit donner l'après midi à Mr de Rintail qu'il avoit vû depuis notre premiére visite. Il nous surprit lorsqu'il nous fit connoître qu'il savoit le sujet de l'Entretien que nous devions avoir avec Mr de Rintail, & voyant que nous ne le preſſions pas de ſe joindre à nous pour aller à l'Hotel de Valbeil, il ſe pria lui-même en nous aſſurant qu'il ne gâteroit rien, & que tout nouvellement converti qu'il étoit il ne ſeroit point ſcandaliſé de ce qu'il nous entendroit dire des Proteſtans.

Nous trouvâmes Mr de Rintail ſeul, & comme je ſavois que Mr de Saint Yon étoit dans ſes éxercices, je menai ma compagnie pour le ſaluer. Dès qu'il nous eût apperçû, il finit avec ſon Maître de Mathématiques, & il remercia pour ce jour-là ſon Maître à danſer en notre conſidération. Il nous fit remonter enſuite dans le Cabinet de Mr de Rintail qui avoit déja le cahier en main. Chacun prit ſon ſiége. Mr de Rintail s'adreſſant à Mr Terlaine, lui dit. Nous allons mettre à l'épreuve les reſtes de l'affection que vous pourriés avoir conſervés pour vos anciens confréres.

Sont-ce des Satires que vous allés débiter contre eux, lui répondit Mr Terlaine? Non, repartit Mr de Rintail, ce ſont des Satires qu'ils ont faites contre les Catholiques; & je ſai que les honnêtes gens de votre caractére ne ſont point pour ceux qui font ſouffrir, mais pour ceux qui ſouffrent les injures. Je prévois que vous aurés à ſouffrir vous-même, ſi je vous remets devant les yeux les marques qui nous ſont reſtées de leurs emportemens contre nous.

Il n'eſt pas extraordinaire à des nouveaux Convertis, reprit Mr Terlaine, de conſerver encore après leur converſion des reſtes de leurs premiéres habitudes. Conſtantin & Clovis ne ſe dépouillérent pas aiſément de certaines inclinations qu'ils avoient euës dans leur Paganiſme. Mais par la grace de Dieu je ne me trouve point obligé de changer d'inclination pour le point dont vous allés nous entretenir. Avant la grace que Dieu m'a faite de me reſtituer à ſon Egliſe je vivois dans la Société des Prétendus Réformés, ſans approuver les excès de leur plume, & je n'avois même guères de commerce qu'avec les plus modérés & les plus éclairés de leur Communion. En tout cas, je puis vous répondre pour éviter les longs raiſonnemens que Terlaine Catholique a renoncé ſincérement aux interêts de Terlaine Proteſtant.

Et moi, je ſuis perſuadé, dit Mr de Brillat, qu'il n'y a point de Proteſtant, fût-ce Mr Jurieu, qui ne fût très-content de la modération & de la briéveté de Mr de Rintail, s'il étoit préſent à la lecture qu'il va nous faire de ſes *Anti*.

Je ſuis ravi, reprit Mr de Rintail, que vous ayés mis en jeu ma briéveté avec ma modération. Je ne vous dédirai pas, & vous allés voir que mon Recueil est moins un Commentaire Historique qu'un simple Catalogue des *Prédécesseurs de l'Anti-Baillet*.

CHAPITRE I.

ANTI des Protestans contre les Catholiques, ou
ANTI-Catholiques Protestans.

ANTI-BECAN.

8 LE premier que je trouve non pas dans l'ordre des tems, mais dans celui de mon cahier, est l'*Anti-Becan*, dont il est fait mention dans les Indices des Livres défendus par l'Inquisition Espagnole & Romaine.

Vous débutés, dit Mr Terlaine, par un endroit qui n'est pas capable d'augmenter de beaucoup l'aversion que les Catholiques François pourroient avoir pour l'*Anti-Becan*. Ils n'ont pas coutume de s'effrayer au mot d'Inquisition, & j'ai connu tel Auteur en France qui souhaitoit de voir son Ouvrage dans l'*Index*, afin que cet honneur pût lui donner du cours & de la réputation.

Ha! Monsieur, dis-je à Mr Terlaine, vous m'avouerés que voilà déja un petit trait des impressions que vous pouvés avoir reçûës autrefois parmi vos Messieurs de la Religion prétenduë Réformée. Car enfin sans la glose que vous venés de donner à la pensée de Mr de Rintail, je n'y aurois apperçû autre chose qu'une citation fort indifférente des Livres de l'*Index*, que l'on peut ce me semble alléguer avec aussi peu de conséquence que nous ferions des Auteurs sujets à révision.

Ne contestés pas, Messieurs, reprit Mr de Rintail, sur l'autorité des Censeurs de Rome ou de Madrid. Elle nous est ici fort inutile. Ils n'ont censuré qu'un *Anti-Becan*, parce qu'ils n'en ont pas connu davantage. Ils n'en ont marqué ni l'Auteur, ni le pays, ni l'âge, ni le sujet; de sorte que de tous les *Anti-Becans* qui se sont élevés dans la République des Lettres, nous n'en pourrions pas convaincre un seul en particulier d'avoir été mis dans leur *Index*.

Vous me surprenés, dit Mr de Brillat, avec votre multitude d'*Anti-Becans*. Il faut que cette race d'*Anti* soit bien féconde pour en pro-

Anti-Becan. duire tant de chaque espéce différente.

Je ne vous en rapporterai que trois de l'espéce dont nous parlons maintenant, répartit Mr de Rintail, parce que les autres me sont inconnus. De ces trois Anti-Becans il y en a deux qui doivent leur naissance à des Luthériens, & un qui doit la sienne à un Calviniste.

§. I.

Le premier est celui d'un Allemand nommé Jean-Mathias Mayfart qui le fit paroître à Leipsick en deux tomes *in-8°*. l'an 1627. Ce Mayfart étoit actuellement Régent du Collége de Coburg lorsqu'il fit son *Anti-Becan*. Il n'avoit alors que trente-sept ans, mais il y avoit près de trois ans qu'il s'étoit fait passer Docteur en Théologie Luthérienne dans l'Université de Jhéne. C'est une circonstance que je vous rapporte, afin que vous l'excusiés de s'être mêlé d'écrire sur des matiéres Théologiques lorsqu'il ne passoit encore que pour un Humaniste. Depuis ce tems-là il fut Professeur en Théologie dans la Ville d'Erphord ou Erfurt qui est la principale de Turinge. Après il parvint aux premiers honneurs de la Profession, je veux dire à la dignité d'Ancien ou *Senieur du Ministére* & à celle de *Pasteur des Prédicateurs* parmi les Luthériens, & il mourut en 1642. âgé de 52. ans

Voilà, dit Mr de Brillat, le portrait d'un homme assés heureux qui a fait fortune parmi les gens de sa sorte; mais je voudrois celui d'un homme habile dans sa profession.

Je ne vous conseille pas, lui répondit Mr Terlaine, de presser Mr de Rintail sur l'habileté de Mayfart après ce que j'ai vû de lui lorsque je m'appliquois à la lecture de toutes sortes de Protestans. Cet Auteur a perdu presque toute mon estime depuis que je suis tombé sur son *Suscitabulum proponens absurda absurdorum absurdissima*.

Mais au moins, repartit Mr de Brillat, que prétendoit Mayfart dans son *Anti-Becan* ? A qui en vouloit-il ?

Mayfart, dit Mr de Rintail, en vouloit à un célébre Théologien de l'Eglise Romaine. Vous savés que Becan Jésuite du Brabant qui a professé la Théologie avec succès en diverses Villes de l'Allemagne, & qui fut ensuite Confesseur de l'Empereur Ferdinand II. avoit composé un *Manuel des Controverses* qui fut jugé très-utile pour ramener les Protestans à l'Eglise, & qui est effectivement l'un des meilleurs Ouvrages de ce Pere. Les Pasteurs & Docteurs Luthériens qui trouvoient à redire de jour en jour au nombre de leurs

Ouailles crurent qu'ils devoient s'en prendre au Manuel des Contro- *Anti-Becani* verses de Martin Becan, & ils employérent tout ce qu'ils avoient d'industrie & de capacité pour repousser cet Adversaire. Ehinger, Hannekin & plusieurs autres firent voler divers Libelles: mais personne ne se montra plus animé que notre Mayfart, qui voulut faire de son *Anti-Becanus* un rempart à l'Hérésie.

§. II.

Le second ANTI-BECAN Luthérien, continua Mr de Rintail, a pour Auteur un autre Allemand nommé Gilles Hunnius, dont j'aurai encore occasion de vous parler dans la suite de mon Recueil. Je me contente de vous dire ici que son Ouvrage parut *in*-4°. dans une des principales Villes de la Saxe (1) plusieurs années avant celui de Mayfart; & que s'il falloit juger de ces Ouvrages par la réputation de leurs Auteurs, celui de Hunnius devroit être un peu moins mauvais que celui de Mayfart.

§. III.

Le troisiéme ANTI-BECAN est celui de Jean Crocius Calviniste, ou si vous voulés, Luthérien-Calviniste du Lantgraviat de Hesse qui a fait grand bruit en Allemagne par ses Ecrits, & qui a eu encore plus d'affaires à démêler avec les Protestans qu'avec les Catholiques, sur divers points de Théologie, & sur la conciliation de la Confession de Genève avec celle d'Ausbourg.

Ce Crocius dont je vous entretiendrai encore ailleurs, avoit commencé de bonne heure à plaider contre le P. Becan. Il y avoit déja vingt-trois ans qu'il avoit publié contre lui son Enneade de Dissertations Théologiques à Francford, lorsqu'en 1643. il s'avisa de faire imprimer son *Anti-Becan* in-4°. dans la Ville de Cassel.

Tous ces Anti-Becans, dit Mr de Brillat, sont-ils demeurés sans replique? Oui, lui répondit Mr de Rintail, au moins de la part du Pere Becan qui étoit mort avant que ceux de Mayfart & de Crocius eussent paru dans le monde; & je suis persuadé qu'il n'auroit eu que du mépris pour eux, s'il eût vécu assés long-tems pour les voir naître, ou qu'il les auroit traité avec autant d'indifférence, qu'il avoit fait celui de Hunnius.

Il faut être bien malhonnête homme, dis-je en me tournant vers Mr Terlaine, pour attaquer ainsi le nom, & la personne des morts, sur tout lorsqu'on n'a point eu de différends avec eux de leur vivant.

---

1 On en vit une édition nouvelle en 1625.

Anti-Becan. — Que voulés-vous, me repartit Mr Terlaine? S'il y a des personnes modérées parmi les Hérétiques, comme j'en ai connu plusieurs certainement parmi les Protestans; croyés que ce n'est pas l'esprit de l'Hérésie qui leur inspire la modération : c'est souvent le tempérament, c'est quelquefois l'éducation.

Revenons Messieurs, dit Mr de Rintail, à la demande de Mr de Brillat. Je vous ai répondu que les Anti-Becans étoient demeurés sans replique de la part de Becan: mais sa cause qui étoit celle de l'Eglise Catholique, n'est pas demeurée sans défense. Elle fut avantageusement vangée par divers Auteurs Catholiques; & il se trouva entre les autres un Jésuite de Westphalie nommé Melchior Cornæus qui voulut en particulier faire une réponse à l'*Anti-Becan* de Crocius; comme nous l'apprenons du P. Sotwel. Son Livre a pour Titre. *Animadversiones in Anti-Becanum Joannis Crocii Professoris Cassellensis.* Il fut imprimé à Maïence *in*-4°. l'an 1647. Mais je ne puis vous dire si cet Ouvrage est différent d'un autre allégué par Mr Lipen dans son premier Tome des Théologiens sous le Titre de *Theologorum Moguntinensium Animadversiones in Anti-Becanum contra Crocium* imprimé in-4°. dans la même Ville. Il n'est pas incroyable que le P. Cornæus soit devenu en cette occasion le Sécretaire de la Faculté de Théologie à Maïence, où il a vécu fort long-tems premiérement en qualité de Professeur en Théologie, puis en celle de Recteur du Collége, & enfin comme Théologal, ou Prédicateur des Dominicales.

Quoiqu'il en soit, Crocius ne trouva pas qu'on eût assés ménagé son Anti-Becan, il songea quelque tems après à le venger de son Adversaire, & l'an 1654. il fit paroître à Marpurg dans cette inténtion un Livre Latin intitulé *Anti-Becani justa vindicatio.* Crocius fit si bien par cet Ouvrage, qu'il s'attira quatre ans après un *Anti-Crocius* que l'on vit sortir de la Ville de Wurtzbourg en Franconie de la part du Pere Melch. Cornæus, qui par ce moyen ôta à Crocius l'occasion de tirer vanité d'avoir écrit le dernier.

☞ Le P. Becan étoit né l'an 1563. dans une Bourgade du Brabant nommée Hilverenbeck au Pays de Kempenland, ou pour parler plus juste dans le quartier d'Oosterwick. Il se fit Jésuite en 1583. il professa la Philosophie pendant quatre ans, & la Théologie pendant vingt-deux à Wurtzbourg en Franconie, à Maïence, à Vienne en Autriche. Après il fut Confesseur de l'Empereur Ferdinand II. & il mourut de la colique à Vienne le 24. de Janvier de l'an 1624.

ANTI-BELLARMIN.

9. NE croyés pas, Messieurs, continua Mr de Rintail, que sous le Titre d'*Anti-Bellarmin* je veuille vous faire l'Histoire des Ecrits qu'on a publiés contre le célébre Cardinal Bellarmin, ou même vous donner une liste de ses Adversaires. Vous en trouverés des Catalogues tout faits lorsque vous en serés en peine, mais je vous conseille d'y joindre en même tems celui de ses Défenseurs qui a été composé par Berald Italien. Il ne s'agit ici que de cinq ou six de ses Adversaires qui semblent avoir voulu prendre à partie le nom ou la personne de Bellarmin, au lieu de se réduire à l'éxamen de ses Ecrits.

§. I.

Le premier de ces Adversaires outrageans qui soient venus à ma connoissance, est un Luthérien du commencement de notre siécle nommé Samuel Huber qui voulut diviser son ANTI-BELLARMIN en six Livres & le publia l'an 1607. in 8°. à Goslar Ville Impériale de la Saxe dans le Duché de Brunswick sous le Titre d'*Anti-Bellarminus, id est, confutatio eorum quæ adversus Christianam Fidem disputavit Robertus Bellarminus* (1). Voilà le Titre d'une Edition que je n'ai point vûë, & pour vous dire, ce que j'en pense, cette Edition *in-8°*. ne m'est pas moins suspecte que le Titre.

Si je n'avois eu l'avantage, dit Mr Terlaine, de connoître Bellarmin d'ailleurs, j'aurois juré sur l'expression de ce Titre que cet Auteur étoit quelque Juif ou quelque Déiste du caractére de ce Spinosa que nous avons vû mourir en Hollande depuis dix ou onze ans (2). C'est ainsi que de faux Titres imposent à ceux qui ne connoissent point d'ailleurs les Livres ausquels on les fait porter. Je donnerois volontiers ma voix pour condamner ces Faussaires, & j'estime que l'on devroit considérer plus qu'on ne fait, les fâcheuses conséquences que peut produire la licence qu'on se donne de mettre dans un Titre tout ce que l'on veut, ou ce qu'une passion déréglée peut suggerer à un Auteur.

Il se peut faire, continua Mr Terlaine, que ce Samuel Huber ait

---

1 L'édition in-fol. porte un Titre un peu différent.

2 ¶ Spinosa mourut l'an 1677. dans sa 45. année.

Anti-Bellarmin. montré sur son étiquette plus de fiel & de malignité qu'il ne s'en trouve dans le fond de son sac; & je n'ai pas ouï parler de lui comme d'un Adversaire capable de faire grand tort à la réputation de Bellarmin, moins encore à la cause de l'Eglise Catholique.

C'étoit un esprit assés chagrin, reprit Mr de Rintail, sujet à tomber de tems en tems dans la mélancholie. Il ne se pouvoit peut-être rien ajouter au zèle qu'il témoignoit pour son Luthéranisme. Cependant vous diriés que les Catholiques lui étoient plus indifférens que les Calvinistes, & qu'il avoit entrepris une guerre irréconciliable avec ces derniers. Mais ses Ecrits étant composés pour la plus grande partie en Allemand, ils n'ont pas fait grand bruit parmi les Calvinistes de France & d'Angleterre.

Après tout, Messieurs, je crois que Mr Terlaine auroit témoigné un peu plus de compassion pour Huber, s'il avoit vû le Titre de l'Edition de son Anti-Bellarmin *in-folio*. Du moins ne le soupçonneroit-il pas d'avoir voulu donner lieu aux Ennemis de l'Eglise Catholique d'accuser un si docte & si pieux Cardinal d'Athéïsme ou de Déïsme comme Joseph Scaliger avoit l'effronterie de le publier (1). Car enfin s'il prétend dans ce Titre que Bellarmin *a écrit contre la Foi de* Jesus-Christ, au moins reconnoît-il au même endroit que ç'a été *pour la défense de la Religion Romaine.*

Je vous ai marqué plus haut que l'Edition *in-8°*. m'est fort suspecte aussi-bien que son Titre, nonobstant l'autorité de deux ou trois savans d'Allemagne & d'Angleterre sur laquelle on prétend qu'il est en cette forme dans la Bibliothèque d'Oxford. Quelle apparence y a-t-il qu'un Livre d'une grosseur aussi monstrueuse qu'est l'Anti-Bellarmin de Huber ait été imprimé en deux formes différentes dans une même année & dans une Ville où le commerce des Lettres n'est pas fort grand. Mes yeux me montrent tous les jours que l'Edition *in-folio* est de l'an 1607. à la réserve des deux derniers Tomes ou Livres qui sont de 1609. Draudius qui nous donne d'ailleurs un détail assés éxact de l'impression des six Tomes *in-folio*, nous en représente encore une autre Edition faite à Francford chés Feyrabendt en la même forme & en la même année de 1607. Cela ne sert qu'à multiplier nos difficultés sur un Ouvrage qui devoit ce semble être aussi incommode à ses Libraires qu'il l'a été au Public, à moins qu'on ne dise que le Libraire de Goslar se seroit accommodé avec celui de Francford, & que celui-ci auroit fait une premiere feuille pour lui.

1 ¶ Dans le 2. Scaligerana au mot *Bellarminus.*

Ce Huber, ou Hubern comme il eſt appellé dans les Livres écrits en Allemand, étoit un Suiſſe de la Ville de Berne; mais ayant quitté ſon pays, il ſe fit Luthérien & alla profeſſer la Théologie à Wittemberg en Saxe. Il ſe brouilla avec ſes Collégues & divers autres Théologiens de ſa propre Communion ſur le ſujet de l'Election ou de la Prédeſtination qu'il croyoit univerſelle tant pour les enfans du Diable que pour ceux de Dieu. Il n'étoit pas moins extraordinaire ſur la Juſtification & la Rédemption: de ſorte qu'ayant fait beaucoup d'Ecrits pour la défenſe de ſes opinions, il eſt devenu Chef d'un Schiſme & d'une Secte nouvelle parmi les Luthériens qui porte le nom de *Huberianiſme.*

§. II.

Le ſecond ANTI-BELLARMIN dont j'ai à vous dire un mot eſt le dernier de tous dans l'ordre des tems: mais grace à la réputation de ſon Auteur, il devient inſenſiblement le premier dans l'eſprit des Proteſtans de l'Allemagne. Cet Auteur eſt feu Mr Schertzer mort depuis cinq ou ſix ans, chargé de titres & de dignités. Il publia ſon *Anti-Bellarmin* à Leipſick l'an 1681. in-4°. ſous le titre de *Johannis Adami Scherzeri ingenui Præſulatus Miſn. &c. Anti-Bellarminus, ſive in quatuor Tomos controverſiarum Rob. Franc. Rom. Bellarmini Polit. Jeſ. E. R. Card. Presb. & Archiep: Capuani Diſputationes Academicæ* (1). Mais vous, Mr de Verton, que vous ſemble d'un ſi beau Titre où l'on donne quatre noms propres, & quatre appellatifs à Bellarmin?

Pure turlupinade, lui répondis-je, mais il eſt probable que Mr Schertzer vouloit nous apprendre que Bellarmin s'appelloit François Romulus.

Paſſons-lui cela, reprit Mr Terlaine: mais croyés que ſi j'étois en peine de ſavoir de quel pays, ou de quelle profeſſion étoit ce Cardinal, je ne m'aviſerois pas d'aller chercher un *Anti-Bellarmin.* Pour moi, dit le jeune Mr de Saint Yon, quand j'ai entendu prononcer tant de noms, & tant de qualités au commencement de l'Anti-Bellarmin, j'ai conçû auſſi-tôt l'idée de quelque Oraiſon funébre qu'on auroit voulu faire de Bellarmin.

J'ai vû, dit Mr de Brillat, le petit Extrait que Meſſieurs Menken, Rechemberg, &c. ont publié de l'Anti-Bellarmin de Scherzer au premier Tome de leurs Actes des Savans à Leipſick: mais le Titre qu'ils en repréſentent, n'a rien de cette affectation à laquelle vous donnés tous un tour ſi ridicule.

1 Witten Memor. Theolog.

Anti-Bellarmin. Ces Messieurs, repartit Mr de Rintail, avoient des liaisons particuliéres avec Mr Scherzer; ils ont employé leur prudence pour ménager la réputation de leur ami, si bien qu'ils se sont contentés de rapporter les noms, & une partie des qualités de l'Auteur de l'Anti-Bellarmin en retranchant celles de Bellarmin, sachant bien qu'on devoit les chercher ailleurs.

Mais si quelque zélé du nombre de ceux qui ne sauroient souffrir qu'on ait ainsi profané le grand nom de Bellarmin, avoit quelque *Anti-Scherzer* en tête, il pourroit pour vanger Bellarmin de Scherzer en explication de son Titre, ranger ainsi les qualités de Mr Scherzer à la tête de son Ouvrage.

Incomparabilis Theologus
Vir
Summe Reverendus, Magnificus,
Amplissimus, atque Excellentissimus.
SS. Theologiæ Doctor,
Ejusdemque in alma Philuræa (1)
Professor Primarius.
Ingenui Præsulatus Misnensis (2),
ou bien,
Canonicorum Ingenuæ Misenensis,
Custos, Cantor, ac demum
Præpositus ac Senior.
Capituli ad D. Petri Budissinens. resp. itidem (3)
Præpositus ac Senior.
Polonicæ Nationis (4), *& Facultatis Theologicæ*
Senior ac Decanus.
Synedrii Electoralis (5) *ac Ducalis*
Assessor.
Majoris Principum Collegii collegiatus, ejusdem Decanus Procancellarius,
Ac bis Præpositus.
Alumnorum Electoralium Ephorus.
Academiæ Decemvir.

Ah, le grand homme, m'écriai-je! qui a sû réunir tant d'offices & tant de bénéfices sans incompatibilité: il ne falloit pas un homme

1 Nom de l'Université de Leipsick.
2 Misnie ou Meissen.
3 A Bautzen dans la Luzance.
4 Dans l'Université de Leipsick.
5 Saxoniæ

I. PART. CHAP. I. ANTI-CATHOLIQUES PROTESTANS.   43
moins bien escorté contre un Bellarmin. Un homme si qualifié mé- Anti-Bellarmin.
rite bien que vous nous disiés un mot de sa vie, afin de nous faire
mieux connoître son mérite.

☞ C'est une justice que je dois à sa mémoire, me répondit Mr
de Rintail. Vous saurés donc que Mr Scherzer étoit un Bohémien
fils d'un Avocat d'Egra; qu'il vint au monde l'an 1628. que son Pere
ayant été chassé du pays pour le fait de Religion, il fut le compagnon
de son éxil n'étant encore qu'un enfant; qu'il fit ses études comme il
pût en diverses Villes d'Allemagne, jusqu'à ce qu'en 1550. il vint à
Leipsick qui devoit être le lieu de sa stabilité. Au bout de quelque
tems il fut incorporé à l'Université, & déclaré capable d'entrer dans
toutes les Charges. En 1658. il fut fait Professeur en Hébreu; il
passa Docteur en Théologie l'an 1666. après quoi on le fit Professeur
dans la sacrée Faculté où tous les honneurs & les plaisirs vinrent le
chercher. Il avoit épousé deux femmes, l'une en 1659. & l'autre en
1670. mais il eut le déplaisir de les voir mourir toutes deux devant
lui avec la plûpart des enfans qu'il en avoit eus. On prétend que
ces malheurs domestiques contribuérent un peu à lui avancer ses
jours. C'étoit dommage : car Mr Scherzer étoit l'un des plus galants
Théologiens, & des plus mignons Ecclésiastiques que les Luthériens
eussent encore eus parmi eux. J'ai oui dire à un Gentilhomme de
Saxe qui avoit étudié sous lui en Théologie, qu'il appréhendoit tellement de rien faire qui parût indigne du nom qu'il portoit, qu'il
n'oublioit rien pour mériter la qualité de courtisan, & pour s'attirer
les bonnes graces du beau séxe (1).

Après cela, interrompit Mr Terlaine, je ne serai pas surpris que
l'on vienne nous dire que l'Anti-Bellarmin de Scherzer est plus
enjoué que celui de Huber que l'on nous fait passer pour un mélancholique.

Vous jugés bien, reprit Mr de Rintail, qu'un homme qui fait
son étude de la complaisance, ne doit pas être si sévére en matiére
de conscience, & qu'il ne croit pas devoir s'assujettir aux maximes
étroites de la bonne foi. Il met son industrie & son mérite à savoir
dupper agréablement; & pour revenir à l'Auteur de l'Anti-Bellarmin,
j'ajouterai que le Gentilhomme dont je vous ai parlé, me témoigna
être dans une étrange surprise de voir qu'un aussi honnête homme
que Mr Scherzer, pour lequel il avoit eu une estime presque infinie,
eût imposé dans ses Ecrits, & dans ses discours mille faussetés aux Ca-

1 Scherzer, veut dire un homme qui fait l'agréable, le poli, le plaisant, le rieur, &c.

F ij

Ant. Bellarmin. tholiques, pour les rendre odieux à ses Ecoliers, & à ses bonnes amies. Le Gentilhomme s'étoit éclairé & convaincu par lui-même de la mauvaise foi; personne ne lui avoit donné d'instructions là-dessus parmi les Catholiques de France; ce qu'il avoit appris à Leipsick joint à ce qu'il a entendu & lû parmi nous, a produit cet effet.

Pour finir ce que j'avois commencé à vous dire de la vie de Mr Scherzer, j'ajouterai qu'il mourut le vingt-troisiéme jour de Décembre l'an 1683. *avec une foi & une espérance d'Achille* (1), dit Mr le Recteur de l'Université de Leipsick dans son Oraison funébre, où il nous apprend que ce *fut principalement dans sa derniére maladie, qu'il se rendit vrai Théologien de Pratique*, comme il l'avoit été de spéculative pendant sa vie.

§. III.

Après ces deux Anti-Bellarmins d'une forme gigantesque, je veux vous en faire voir un autre, qui semble néanmoins avoir voulu passer pour un ANTI-BELLARMIN en petit. C'est celui de Conrad Vorstius qui parut dans la Ville de Hanaw l'an 1610. *in-*4°. sous le titre d'*Anti-Bellarminus contractus*. Cela vous doit suffire pour vous faire juger que ce n'est qu'un abrégé des Controverses émuës entre les Catholiques & les Protestans. J'ajouterai que c'est en faveur des derniers que cet Anti-Bellarmin fut dressé, parce que nonobstant son Titre, vous auriés peut-être fait scrupule de le croire, lorsqu'on vous auroit averti que son Auteur étoit de Cologne, c'est-à-dire d'une Ville où les Habitans sont assés bons Catholiques.

Il est vrai que Vorstius étoit né à Cologne l'an 1569. mais il n'y passa point sa vie. Il fut quelque tems Professeur en Théologie à Steinfurt & ailleurs jusqu'à ce qu'en 1610. sa réputation l'ayant fait connoître en Hollande, les Curateurs ou Eschevins de la Ville de Leyde, ou plutôt les Remontrans le firent venir pour succéder à Arminius dans la chaire de Professeur en Théologie. Mais il est inutile de vous dire ici combien il fut traversé non seulement par les Gomaristes de Hollande & les Religionnaires du Prince d'Orange, mais encore par les Protestans d'Angleterre & sur tout par le Roi Jacques, qui fit brûler son Traité *De Deo* l'an 1611. par la main du bourreau (2). Les alarmes qu'on avoit prises sur sa vocation n'étoient pas sans fondement. Car il étoit déja dans l'ame ce dont il s'étoit rendu suspect dans l'esprit des plus clair-voyans, je veux dire Socinien. Il

---

1 Achilleâ fide ac spe. 2 V. Præstantium Theol. Epistol. Ecclc. (Remonstr.) in-fol.

mourut tel à Tonning l'an 1622. le 29. de Septembre, c'eſt-à-dire ſelon nous le 9. d'Octobre.

§. IV.

Le quatriéme ANTI-BELLARMIN eſt celui d'un autre Allemand nommé George Albert ou Albrecht. Quoiqu'il eût entrepris d'attaquer tous les quatre Tomes des Controverſes, il paroît n'avoir voulu chicaner Bellarmin que ſur l'intelligence des ſaintes Ecritures, c'eſt ce qui l'a porté à donner à ſon Livre le Titre d'*Anti-Bellarminus Biblicus*. L'Ouvrage eſt diviſé en deux parties, & il fut imprimé à Nordlingue l'an 1634. *in*-4°. (1)

Cet Albrecht étoit du Palatinat de Baviére, il naquit à Pilenhof au Duché de Neubourg l'an 1601. le premier jour d'Août. Son Pere étoit Miniſtre à Auſbourg, & ſa mere fille de Miniſtre du même lieu, c'eſt en quoi conſiſtoit ſon origine Lévitique dont il ſe vantoit. Après avoir reçû les dégrés à Tubingue, & s'être éxercé quelque tems dans Straſbourg à faire des Catéchiſmes & des Homélies, il s'en retourna à Auſbourg où ſon pere le fit Diacre avec les autres Miniſtres. En 1629. le huitiéme d'Août il fut chaſſé d'Auſbourg avec les autres Miniſtres Luthériens par les Impériaux ; il fit pendant quelque tems les fonctions de Prédicant à Gaildorf au Duché de Limbourg juſqu'a ce qu'en 1641. il fut appellé pour être Paſteur, & Surintendant de Nordlingue en Suabe.

Y a-t-il compatibilité, dit le jeune Mr de Saint Yon entre la Charge de Surintendant, & celle de Paſteur ? Qu'eſt-ce qu'une Surintendance en Allemagne ? Meſſieurs les Proteſtans qui ont prêché ſi haut la Réformation, ſouffrent-ils que leurs Paſteurs joignent des emplois ſéculiers avec le Miniſtére Eccléſiaſtique ?

Mr de Saint Yon a raiſon, reprit Mr de Rintail en ſe tournant vers nous, de nous arrêter ici. C'eſt l'équivoque du nom de *Surintendant* qui le brouille, & qui en brouilleroit bien d'autres qui ont quatre & cinq fois ſon âge. A dire le vrai, nous ne nous croyons pas obligés en France de ſavoir ſi un Surintendant en Allemagne n'eſt autre choſe qu'un Inſpecteur général ſur le Clergé d'un Diocèſe où il n'y a plus d'Evêque depuis que les Proteſtans ſe ſont rendus les maîtres des Villes Epiſcopales, & Archiépiſcopales. Mais cela ſuffit pour nous faire connoître les deux choſes dont Mr de Saint Yon eſt en peine. 1. Que la Surintendance n'eſt pas un emploi ſéculier parmi les Proteſtans. 2. Qu'elle n'eſt pas plus incompatible avec le Miniſtére de

---

1 Georg. Hauffen. ap. Wit. Memor Theolog. pag. 664.

Anti-Bellarmin. leurs Pasteurs, qu'un Grand-Vicariat d'Evêché avec une Cure parmi les Catholiques.

Enfin le Surintendant Albrecht ayant eu quinze enfans de sa femme, mourut le vingt-uniéme de Novembre de l'an 1647. âgé seulement de quarante-six ans. On dit une chose remarquable de lui, qu'en moins de 22. ans qu'il fut Ministre, il fit 2712. Prônes ou Homélies, & qu'il en fit 707. à Nordlingue.

§. V. & VI.

Je passerai légérement sur les deux ANTI-BELLARMINS qui me restent dans mon Mémoire. Le premier est celui d'un Amandus Polanus à Polansdorf qui naquit à Oppaw en Silesie l'an 1561. le seiziéme de Décembre, & mourut l'an 1610. le dix-huitiéme de Juillet dans la Ville de Bâle ou il étoit Professeur des saintes Ecritures depuis quatorze ans. L'Ouvrage qu'il a fait contre Bellarmin, est appellé dans les Ecrits de quelques Auteurs *Anti-Bellarminus*, mais son véritable Titre est *Collegium Anti-Bellarminianum*, qui semble avoir quelque chose de moins dur, & qui ne veut dire autre chose qu'un Recueil de Thèses opposées à celles de Bellarmin. Il fut imprimé à Bâle l'an 1613. *in-8°*.

Le second est celui de Louis Crocius Théologien Calviniste de Breme, parent de ce Jean Crocius dont je vous ai déja parlé. Mais on peut dire que ce n'est un Anti-Bellarmin qu'en la maniére de celui de Polanus à Polansdorf, ou que c'en est un en abrégé comme celui de Vorstius. Il est réduit à 54. Thèses ou Disputes *Anti-Bellarminiennes* pour parler comme Crocius, & il fut imprimé à Breme l'an 1632. *in-8°*. Je n'ajoute rien au sujet de Crocius, parce qu'il sera encore question de lui sous notre Anti-Crocius. Ainsi, Messieurs, il ne vous reste plus qu'à me remercier d'avoir enfin fini mes Anti-Bellarmins parce que je présume que vous n'en étiés pas moins las que moi.

ANTI-BERTIUS.

10   Près que Mr de Rintail eût cessé de parler, Mr de Brillat prit la parole, & dit en s'adressant à lui. Vous ne jugés pas assés équitablement de notre retenuë, & de notre discrétion. J'aurois eu vingt questions différentes à vous faire sans le scrupule que j'ai eu de vous interrompre. Je m'assure que ces Messieurs ne conviendront pas que ce soit être las que de ne vous pas fatiguer d'interrogations: condamnés notre silence tant qu'il vous plaira, mais ne discontinués pas votre lecture.

Continuons donc, repartit Mr de Rintail, puisque vous affectés de paroître infatigables, mais soyons plus courts dans la suite de nos *Anti*.

L'ANTI-BERTIUS que je trouve dans mon cahier immédiatement après le dernier des Anti-Bellarmins a été composé par un Hérétique nommé Jean Corberus Allemand de Franconie autant que je puis m'en souvenir. Ce Bertius contre lequel il a été dressé, n'est autre que le Géographe Pierre Bertius qui mourut à Paris l'an 1629. & Mr de Verton qui paroît si curieux de recueillir toutes les Epitaphes de nos Eglises & de nos Cimetiéres, nous dira si celle de Bertius se trouve encore dans l'Eglise des Carmes où il se fit enterrer.

☞ Etoit-ce un François, dit Mr de Saint Yon? Non, reprit Mr de Rintail. Il étoit né à Biévre ou Beveren en Flandre sur les confins des Diocèses de Bruge & d'Ypre l'an 1565. le 14. de Novembre. A sept ans il fut transporté en Angleterre par motif de Religion, & cinq ans après à Leyde en Hollande, où il passa la plus grande partie de sa vie à régenter, soit après soit devant un assés long voyage qu'il fit dans les Pays Septentrionaux (1). Dans les bruits survenus en Hollande, entre les Gomaristes & les Arminiens, il se trouva lié d'interêt & d'inclination avec les derniers, & par conséquent du nombre des plus foibles. Le désir de s'éclaircir à fonds des matiéres contestées l'ayant porté à revoir l'Ecriture & les Peres avec toute l'éxactitude dont il étoit capable, la bonne foi qu'il y apporta lui fit remarquer que les uns & les autres étoient dans l'erreur, & pour ne point abuser de la grace que Dieu lui fit de lui ouvrir les yeux, il se fit Catholique, & il

---

1 Voss. de scient. Mathemat.   Swert. &c.
Val. And. Dessel.

quitta la Hollande en 1620. pour fe retirer à Paris où il enfeigna pendant quelque tems au Collége de Boncourt comme Profeſſeur Royal, ayant été gratifié par le Roy Louis XIII. dès l'an 1618. du titre de Géographe de Sa Majeſté avec penſion.

Vous favés qu'il eſt aſſés ordinaire à ceux des nouveaux Convertis à qui Dieu a donné du talent pour écrire, de publier les motifs de leur converſion tant pour édifier les Catholiques que pour exciter les autres Errans à ſuivre leur éxemple. Ce fut pour avoir voulu pratiquer cette louable coutume que Bertius s'attira un *Anti-Bertius* de la part des Proteſtans.

Il avoit fait imprimer à Paris chés Claude Morel en 1620. *in-4°.* puis à Anvers en 1621. *in-8°.* un difcours Latin contenant les raiſons qui l'avoient porté à quitter l'Héréſie pour l'Eglife Catholique & à tranfporter fon ménage de Leyde à Paris. Voſſius fon Ecolier & fon ſucceſſeur dans la chaire de Profeſſeur, Grotius Penſionnaire de Roterdam, & les autres favans les plus modérés de Hollande n'y trouvérent point à redire au moins publiquement. Je ne connois qu'un Allemand, qui eſt ce Corber dont je vous ai parlé, lequel n'étant pas fatisfait de la conduite de Bertius ni du Difcours où il en avoit expliqué les motifs, fit une efpéce d'Invective ou de Satire contre lui, & la mit en lumiére à Nuremberg l'an 1623. *in-4°.* fous le Titre d'*Anti-Bertius*, feu, *Refutatio XII. Rationum quas Petrus Bertius pro ſua ad Romanam Eccleſiam acceſſione in lucem prodire juſſit.*

ANTI-CICHOU.

11 §. I. JE me trouve obligé, continua Mr de Rintail, de recourir à la conjecture pour vous parler de l'ANTI-CICHOU. Son Auteur qu'il ne m'a point encore été poſſible de découvrir perfonnellement juſqu'ici, étoit un Socinien autant que j'ai pû me l'imaginer fur la maniére dont je l'ai vû allégué dans les Ecrits de divers Auteurs. S'il eſt permis de pouſſer la conjecture plus loin, j'oſe vous dire que l'Auteur de l'Anti-Cichou m'a paru n'être autre qu'un Gentilhomme Polonois nommé Jonas Slichting, ou du moins André Wiſſowatz autre Gentilhomme de Pologne petit-fils de Socin qui mourut à Amſterdam en 1678. Tous deux ont écrit contre le Pere Nicolas Cichou ou Cichovius Jéfuite Polonois : mais comme les Livres de Wiſſowatz contre Cichou ſont encore manufcrits, il ne nous reſte plus que Slichting à qui nous puiſſions attribuer l'*Anti-Cichou,*

I. PART. CHAP. I. ANTI-CATHOLIQUES PROTESTANS. 49

Cichou, quoique de quatre ou cinq Ouvrages que nous avons de lui imprimés contre le P. Cichou, il n'en paroisse aucun sous le Titre d'*Anti-Cichou*. S'il étoit vrai que ce Titre eût disparu nonobstant la conservation de l'Ouvrage qui le portoit, il y auroit lieu ce semble d'attribuer la chose à la discrétion de ceux qui ont eu soin des éditions postérieures.   Anti-Cichou.

Mais leur industrie auroit été inutile pour en faire périr la mémoire, à moins que de supprimer en même tems la Réfutation que Mr Fellwinger Professeur d'Altorf en Franconie a faite de l'Anti-Cichou. Tant que ce monument durera, il reprochera aux Sociniens qui se piequent d'honnêteté & de modération à notre égard au-dessus des Protestans, que l'Auteur de leur Anti-Cichou s'est écarté de leur méthode dès le Titre de son Ouvrage.

Que dites-vous, interrompit Mr de Brillat? Un Professeur d'Altorf réfuter l'Anti-Cichou, une piéce faite contre un Catholique Romain? Quoi un Protestant seroit venu au secours d'un Jésuite? Et vous passés si légérement sur une merveille aussi rare, aussi singuliére que celle-là?

Ne croyés pas, répondit Mr de Rintail, que Mr Fellwinger ait eu intention de rendre service au Pere Cichou. Il y a dans les Livres des Sociniens de quoi donner de l'éxercice aux Protestans encore plus qu'aux Catholiques. Mr Fellwinger dans la Réfutation de l'Anti-Cichou ne s'est intéressé que pour les Protestans, croyés qu'il n'y est pas beaucoup plus favorable au Pere Cichou qu'à son Adversaire. Si le Pere Cichou n'a point jugé à propos de réfuter l'Anti-Cichou pour les Catholiques, j'estime que c'est, parce qu'il se voyoit attaqué personnellement dans cet Ouvrage, & qu'il appréhendoit de mêler ses propres interêts dans la cause de Dieu. Mais ne vous imaginés pas que les Sociniens, les Samosaténiens ou Arriens comme il vous plaira, ayent eu lieu de se glorifier du généreux mépris que fit ce Pere de cette piéce satirique. Il les a vigoureusement poussés en toute autre occasion, & nous avons de lui plus de six Volumes qui en feront foi à toute la Postérité.

☞ Jonas Slinchting ou Schlighting Sieur de Buckowiecz que je prens pour l'Auteur de l'Anti-Cichou étoit d'une famille très-noble dans la Pologne. Il vint au monde l'an 1592. & ayant fait ses prémiéres études, il employa sa jeunesse à faire divers voyages pour étudier le Monde, connoître les mœurs des Peuples, la Police des Etats, & la différence des Sectes dans la Religion. Après son retour dans la Pologne il professa publiquement le Socinianisme. Il fut d'abord Mi-

Tome VII. G

Anti-Cichou. nistre de ceux de sa sorte à Rackaw ou Racovie, & ensuite à Lucklawicz. Mais les Remarques qu'il avoit faites sur le Sermon de Vechner touchant le commencement de l'Evangile de Saint Jean ayant été déférées à la Diéte de Warsovie l'an 1647. il fut condamné, & chassé du pays après que son Livre qui contenoit sa Confession de foi eût été brûlé par la main du boureau. Il erra quelque tems le long du Nieper & de la Mer noire parmi les Cosaques, les Tartares & les Turcs, jusqu'à ce qu'en 1654. il se cacha dans Lucklawicz pour écrire contre Josué de la Place, Ministre de Saumur, & contre le Pere Cichou dont il est question. L'an 1655. il se mit sous la protection du Roi de Suéde qui faisoit la guerre en Pologne. En 1657. il se retira à Stetin en Poméranie chés son allié Stanislas Lubieniecki qui étoit de sa Secte. Mais ne s'y croyant pas en sureté à cause des Guerres, il en sortit en 1660. au mois de Février ayant perdu sa femme quelque tems auparavant sur la fin du siége de la Ville. Mais il fut pris à Stargard par les Soldats de l'Electeur de Brandebourg, mené prisonnier au Château de Spandaw le 23. de Février, puis conduit à Berlin devant l'Electeur qui le mit en liberté & l'honora même de sa table. Il se retira ensuite à Zelichow chés une Dame nommée Elizabeth Falkenrehd, & il y mourut le premier jour de Novembre de l'an 1661. âgé de 69. ans (1).

Pour le P. Nicolas Cichou, il étoit de la grande Pologne, & il vint au monde l'an 1598. Il fut reçû chés les Jésuites l'an 1615. & son humilité lui ayant fait demander seulement le rang de Frere servant, on le fit portier pendant trois ans. Mais les Supérieurs ayant remarqué qu'il étoit capable d'autre chose, le retirérent pour le mettre à l'étude, où il fit de si grands progrès qu'il enseigna la Philosophie à Posna pendant trois ans, la Théologie Scholastique pendant cinq, & l'Ecriture-Sainte pendant trois autres années. Après il fit diverses Missions, & il réussit si bien dans la guerre qu'il déclara aux Sociniens que son Livre intitulé le *Credo* des Arriens fut cause de la proscription ou bannissement géneral de tous les Sociniens hors du Royaume de Pologne sous peine de la vie sans excepter la Noblesse. Le P. Cichou mourut à Cracovie le 27. de Mars de l'an 1669. âgé de 71. ans.

1 ¶ Sandius qui dit 59. se trompe. ¶

ANTI-COCHLÉE.

¶ 1
§. 2.

Les Luthériens comptent l'ANTI-COCHLÉE au nombre des trophées qu'ils ont prétendu dresser à l'honneur de leur Parti pour nous faire insulte. C'est peut-être le plus ancien des *Anti* que les Protestans ayent imaginé contre les Catholiques. L'Auteur de l'Anti-Cochlée étoit un Lorrain natif de Dieuse du côté de l'Alsace nommé Wolffgang Musculus (1). Il étoit né l'an 1497. d'un pauvre Tonnelier qui n'ayant pas le moyen de le nourrir, l'envoya chercher son pain de porte en porte, en chantant selon la coutume des Mendians de ces pays-là. Il trouva moyen d'aller à l'école par la charité d'une bonne veuve qui l'entretint jusqu'à l'âge de quinze ans, qu'il entra dans un Monastère de Bénédictins (2) où il fut reçu gratuitement à cause qu'il avoit bonne voix. Il y prit les Ordres sacrés, & y demeura jusqu'à l'âge de trente ans. La lecture des Livres de Luther avoit commencé dès l'an 1518. à le pervertir, de sorte qu'ayant conçû le dessein d'apostasier, il refusa la Charge de Prieur, dont les Religieux ses confréres vouloient le revêtir. Au lieu de cela il sollicita une jeune fille parente du Prieur qu'il avoit fait élire à sa place. (3). Le Prieur pour les congédier de meilleure grace, leur fit un beau festin, à la fin duquel Musculus fit un adieu si pernicieux aux Moines ses confréres, que de six qu'ils étoient restés en tout, il y en eut trois qui le suivirent dans l'Apostasie peu de jours après.

Le Prieur (4) non content de l'avoir bien régalé, lui donna encore de l'argent pour faire le voyage de Strasbourg où il épousa publiquement la fille qu'il avoit enlevée au sortir du Couvent. Ayant mangé l'argent de son Prieur avec sa nouvelle épouse, il tomba dans une gueuserie si affreuse qu'il fut obligé de mettre sa femme en service, & d'apprendre un métier pour gagner du pain de son côté. Il se mit en apprentissage chés un Tisserand Anabaptiste qui le mit dehors au bout de deux mois. Musculus se vit ensuite contraint de porter la hotte, & de servir les Maſſons jusqu'à ce qu'étant parvenu à la connoissance de Bucer qui étoit Ministre de Strasbourg, il devint son Copiste. Les Protestans comptent parmi ses mortifications les plus héroïques celle d'avoir couché sur la dure, parce qu'il avoit eu la générosité d'abandonner à sa femme le lit qu'il avoit apporté de son Couvent, d'autant

1 Meusel.
2 Welfrich au Palatinat.
3 Melch. Ad. Vit. Theol. Germ.
4 Brisacius.

Anti-Cochlée. qu'elle en avoit besoin pour ses couches. La fortune commençant à le regarder un peu plus volontiers, il fut fait Diacre de la nouvelle Eglise de Strasbourg, & enfin Ministre à Ausbourg en 1531. l'année d'après la fameuse Confession des Protestans dressée en cette Ville. L'an 1541. Messieurs d'Ausbourg le députérent à la Diéte de Ratisbonne, & il fut le Sécretaire de la Conférence qui s'y tint entre Eckius & Melanchthon. Il fit dans la même Diéte deux Sermons sur la Messe qu'il fit imprimer à Wittemberg, puis à Ausbourg avec une addition *des abus étrangers de la Messe*.

Vous savés, Messieurs, ce que signifie *Abus de la Messe* dans la bouche des Protestans en général, & particuliérement dans celle des transfuges qui ont abandonné l'Eglise Catholique.

Jean Cochlée qui étoit l'un de ces Avocats volontaires qui s'étoient alors chargés de la cause de l'Eglise sans commission, ne jugea point à propos de laisser Musculus triompher si vainement de l'un de nos mystéres. Il fit pour réfuter ses deux Discours imprimés, un Traité Latin sous le Titre de *Sacerdotii & Sacrificii novæ Legis Defensio adversùs Wolfgangi Musculi arrosiones*, & il le publia l'an 1544. à Ingolstadt en Baviére. Musculus répondit par l'*Anti-Cochlée* qu'il composa en Latin & en Allemand, & qu'il publia dès la même année sous le Titre d'*Anti-Cochlæus, id est, adversùs Libellum pro Sacerdotii ac Sacrificii novæ Legis defensione*. Cet Ouvrage ne demeura pas sans replique de la part de Cochlée à qui les Livres ne coutoient plus guères depuis qu'il s'étoit aguérri contre Luther, Melanchthon, & les autres Prédicateurs du nouvel Evangile en Allemagne. Ceux qui ont eu soin de recueillir les Ouvrages de Musculus, ne parlent d'aucune réponse qu'il ait opposée à la Replique sur l'Anti-Cochlée. Mais pour peu qu'on réfléchisse sur l'humeur de Musculus, on jugera aisément que ce fut moins la volonté que la commodité qui lui manqua. L'arrivée de Charles-Quint à Ausbourg en 1547. ne put apporter que de l'embarras & du désordre à ses affaires, & l'*Interim* qui fut reçû par les Habitans de la Ville l'année suivante, l'obligea d'en sortir après dix-huit ans de ministére. Il erra long-tems de Ville en Ville par la Suisse, & les pays voisins, jusqu'à ce qu'il trouva une retraite stable dans la Ville de Berne où il mourut l'an 1563.

Mr Terlaine voyant que Mr de Rintail finissoit pour passer à un autre *Anti*, prit la parole, & nous dit. Rien au monde à mon avis ne satisfait plus l'esprit de l'homme que l'histoire de son semblable. Le moyen de combler le contentement que nous venons de recevoir au sujet de l'Auteur de l'Anti - Cochlée, est de nous dire aussi quelque chose de la vie de Cochlée.

☞ Il suffit de vous dire que Cochlée étoit Catholique, répondit Mr de Rintail, pour vous faire connoitre qu'il ne me seroit pas aussi aisé de vous raconter son histoire, que celle de Musculus. Vous savés que les Catholiques, hors les Religieux, n'ont pas témoigné autant de curiosité, qu'en ont fait paroître les Hérétiques des derniers siécles pour publier la vie, ou les éloges de leurs Hommes illustres. D'ailleurs il s'en faut beaucoup que Cochlée tienne parmi les Catholiques un rang égal à celui que les Protestans ont donné à Musculus parmi eux. Musculus est un de leurs Héros, Cochlée n'a point encore été retiré de la foule de nos Controversistes du commun, pour faire distinction. Messieurs les Pasteurs, & autres Ministres Ecclésiastiques des Protestans trouvent dans leurs familles toujours quelques personnes interessées à leur réputation, & particuliérement leurs Enfans qui publient tantôt la vie, tantôt les éloges, & quelquefois l'Apologie de leur Pere. La mémoire des Ecclésiastiques de l'Eglise Romaine est souvent en danger par cet endroit de tomber dans l'oubli: ils n'ont point d'enfans qui puissent leur rendre ces devoirs de piété, & s'ils ont des neveux, ils paroissent souvent plus curieux de recueillir leur Bénéfice, ou leur succession, que leurs actions. Il semble que Cochlée ait tâché de pourvoir en quelque maniére à ce défaut en publiant le Catalogue de ses propres Ouvrages. Mais ce Catalogue ne sert qu'à nous faire voir qu'il a trop écrit. Il est vrai qu'il a souvent dit quelque chose de lui-même dans ses Préfaces. Mais avec tous ces secours, je ne puis vous dire autre chose de Cochlée, sinon qu'il étoit né à Nuremberg, ou plutôt à Wendestein autre Ville de Franconie l'an 1503. Qu'il fut pendant quelque tems Doyen de l'Eglise de Notre-Dame à Francfort sur le Mein. Qu'ayant été obligé de sortir de ce lieu par la violence des Hérétiques, il se rétira à Maïence où on le fit Chanoine de Saint Victor: Que selon Olearius il avoit été auparavant Chanoine à Worms où il avoit commencé à lever l'étendart contre Luther: Qu'enfin il se transporta à Breslaw en Silésie où il fut revêtu d'un autre Canonicat: Que selon Aubert le Mire, il mourut dans cette Ville l'an 1552. & fut enterré dans l'Eglise de Saint Jean-Baptiste, mais que selon Simler, sa mort arriva dans la Ville de Vienne en Autriche en l'année que nous venons de marquer.

ANTI-COPPENSTEIN.

12. DÈs que Mr de Rintail eut nommé l'*Anti-Coppenstein* pour nous en faire l'histoire, ce nom me frappa d'abord, & je lui demandai si ce n'étoit pas encore un Allemand? Oui, me répondit-il, & vous en aurés peut-être meilleure opinion de l'*Anti-Baillet*. Comment cela, reprit Mr de Brillat? C'est, dit Mr de Rintail, qu'encore que l'Anti-Baillet ne soit point un Allemand de naissance, la plupart de ses Prédécesseurs ont été Allemands. Vous l'avés vû dans tous les Anti-Becans, dans tous les Anti-Bellarmins; dans l'Anti-Bertius, & l'Anti-Cochlée, mais vous le verrés encore mieux dans les *Anti* suivans.

Pourquoi donc, repliquai-je, voudriés-vous que nous en eussions meilleure opinion de l'Anti-Baillet?

Si ce n'est pas un grand avantage à l'Anti-Baillet, repartit Mr de Rintail, d'avoir eu des Allemands pour Ancêtres, ou pour Prédécesseurs; vous ne disconviendrés pas au moins que ce ne soit pour lui beaucoup d'honneur de pouvoir se vanter d'une origine semblable à celle des Peuples les plus célébres qui soient aujourd'hui dans la partie la plus considérable de l'Europe. Ne reconnoissons-nous pas en France les anciens Francs, les Bourguignons, une partie des Gots, & les Normans pour nos Ancêtres? Les Italiens peuvent-ils renoncer les Ostrogots, les Herules, les Huns, & les Lombards? Les Espagnols ne doivent-ils pas une partie de leur naissance aux Wisigots, & aux Vandales? l'Angleterre n'est-elle pas encore peuplée par les Descendans des Pictes, des Angiles, & des Saxons?

Voilà, dit Mr Terlaine, des origines tout-à-fait Allemandes, ou du moins Germaniques, pour parler un peu plus juste. Il faudroit que l'Anti-Baillet fût bien fier, je dis plus, bien ingrat, & bien dénaturé pour refuser de reconnoître des Peres, & des Aïeux d'un pays qui en a donné à tout ce qu'il y a de plus noble, & de plus qualifié dans l'Europe.

Quoiqu'il en soit, reprit Mr de Rintail, l'*Anti-Coppenstein* étoit d'Allemagne comme plusieurs autres *Anti*. Il fut mis en lumiére l'an 1626. *in*-4°. dans la Ville d'Erfurt en Turinge sous le Titre d'*Anti-Coppensteinius, sive, Spongiæ Coppensteinianæ contra Papæo-Calvinismum directa modesta & methodica Refutatio*. Il avoit pour Auteur un Théologien Protestant nommé Jean Himmelius qui avoit publié contre les Calvinistes, & contre nous quelques *Papæo-Calvinifme* que je n'ai point vû, & qui n'est peut-être autre chose que le Livre intitulé *Calvino-Papifmus, five Harmonia Calvino-Papiftica Theoretico-practica,* & imprimé dans la même Ville d'Erfurt *in-4°.* l'an 1624.

Anti-Coppenstein.

Un Auteur Catholique nommé Jean-André Coppenstein entreprit de repousser cet Adversaire, & voulut lui montrer que ce n'étoit pas aux Catholiques Romains, mais aux Luthériens qu'il devoit associer les Calvinistes. Il donna pour Titre à son Ouvrage *Concordia Lutherano-Calvinistica* qui fait partie de son *Luthero-Calvinifme* composé de trois Tomes *in-4°.* en 1624.

Himmelius ne manqua point de repliquer par un nouveau Livre, qu'il intitula *Concordia concors Papæ-Calvinistica oppofita Concordiæ Lutherano-Calvinisticæ Joh. Andreæ Coppensteinii*, & qu'il fit imprimer à Jhéne (1) dans les terres du Duc de Saxe-Weimar l'an 1625. *in-4°.*

Coppenstein ne crut pas devoir laisser ce dernier Ouvrage sans Réponse. Celle qu'il lui prépara, fut publiée l'année suivante à Francford sur le Mein *in-8°.* sous le Titre de *Spongia concordiæ Papæ-Calvinisticæ, quam Joh. Himmelius Concordiæ Lutherano-Calvinisticæ oppofuerat, &c.* Il seroit superflu maintenant de vous dire que c'est ce Livre de l'Eponge qui a fait naître l'*Anti-Coppenftein.*

Je trouve, dit Mr de Brillat, la fuite historique que vous venés de nous donner des Ecrits à qui l'Anti-Coppenstein est redevable de ce qu'il est, assés courte, & assés claire. Nous ne serions pas moins curieux d'apprendre aussi quelque chose de la vie de son Auteur, & de celle même de Coppenstein. Souvenés-vous donc de ce que Mr Terlaine vous a dit sur ce sujet à l'occasion de l'Anti-Cochlée.

☞ Je ne me suis pas trompé, répartit Mr de Rintail, lorsque j'ai répondu à Mr Terlaine que la vie & les actions des Ecrivains Catholiques, sur tout de ceux qui n'ont été d'aucun Ordre Régulier, nous sont ordinairement moins connuës que celles des Ecrivains Protestans. Admirés tant qu'il vous plaira cette bizarrerie, & tirés-en telles conséquences que vous voudrés. Je vous dirai que Jean Himmelius naquit à Stolpe en Poméranie l'an 1581. le jour de Saint Jean l'Evangéliste qui étoit un Mardi, & qu'il fut jumeau d'une sœur qui vécut un an moins que lui. Il étudia en diverses Villes de la Saxe qu'il est peu utile de vous nommer. Après quelques voyages qu'il

1 ¶ Il faut écrire & prononcer *Iéne*, comme on écrit & prononce *Jambe*, *Ionie*, &c.

fit jusqu'aux extrémités de l'Allemagne, le Marquis de Bade George Frederic le fit Principal du Collége de Durlach; & au bout de quatre ans, c'est-à-dire en 1612. il eut le même emploi à Spire pendant deux ans, après lesquels on le fit Théologal, ou Prédicateur de la Ville. Il passa Docteur en Théologie à Giessen en 1615. Ayant été ensuite ordonné Ministre à la Luthérienne, il devint Professeur en Théologie au Collége de Sall, je veux dire dans l'Université de Iéne en Saxe. Il avoit épousé deux femmes dont la premiére lui avoit donné beaucoup d'enfans. Il mourut l'an 1642. après avoir choisi lui-même le texte de son Oraison funébre.

Pour Coppenstein, il faut vous avouer que je n'ai encore pû découvrir ni le lieu, ni le tems de sa naissance, & de sa mort. J'ignore encore quels ont été ses emplois & sa profession; je sai seulement qu'il a trompé quelques Auteurs qui l'ont pris en quelques rencontres pour un Calviniste sur les Titres de quelques Livres mal énoncés. Ses Ouvrages qui sont en assés grand nombre, & d'une maniére de controverse assés approchante de celle de Cochlée, sont tous suffisans pour détromper ceux qui seroient encore dans cette opinion, & entre les autres, celui qui parut à Francfort l'an 1627; sous le titre. *Re-excalvinizatio catechetica adversus Blasium Tigurinum Calvino-Heidelbergensis Catechismi Excalvinizati Recalvinizatorem.*

ANTI-CORNÆUS.

13 L'ANTI-CORNÆUS est encore un fruit des Luthériens d'Allemagne. Il a pour Auteur un Théologien de Rostock nommé Jean-George Dorschæus, mais il faut vous dire en deux mots ce qui a donné occasion à cet *Anti*. Il paroit que le Pere Wolffgang Herman, ou quelque autre Jésuite d'Allemagne avoit intenté procès aux Protestans de la Confession d'Ausbourg, pour n'avoir pas bien expliqué le Myſtére de la Sainte Trinité. Dorschæus voulant justifier ses Confréres contre cette accusation, composa un Livre Latin qu'il fit imprimer à Francford l'an 1645. *in*-12. sous le Titre de *Interventio pro Mysterio SS. Trinitatis ad actionem læsæ SS. Trinitatis, Ecclesiis August. Confess. à Jesuitis intentatam contra Wolffg. Hermannum.* Non content de s'être porté pour défenseur des siens, il voulut attaquer les nôtres à son tour, & dressa une accusation contre les Catholiques touchant le même Myſtére, & principalement sur la Divinité du Fils de Dieu. Il publia ce nouvel écrit à Strasbourg l'an 1646. *in*-12. sous le

I. PART. CHAP. I. ANTI-CATHOLIQUES PROTESTANS.

le Titre de *Detectio malæ fidei Papalis circa probationes SS. Trinitatis, & sigillatim Deitatis Filii Dei adversùs Wolfg. Hermannum.*   Anti-Cornæus.

Nous ne voyons pas que le Pere Wolfgang Herman (hors son Anti-Muller) ait entrepris de répondre à ces deux Libelles. Il ne crût peut-être pas devoir y perdre le tems qu'il employoit plus utilement à des Ouvrages de piété, & de Théologie Ascétique. Mais le Pere Melchior Cornæus se chargea de cette commission d'autant plus volontiers, qu'il faisoit sa principale occupation de combattre les Protestans par des Ecrits Polémiques. Il repoussa rudement Dorschæus sur le Mystére de la Sainte Trinité, & sur divers autres sujets que le même Auteur avoit remués de son tems. Voilà ce qui irrita ce Protestant contre le P. Cornæus, & qui lui fit composer l'Ouvrage dont il est question. Il le fit imprimer à Strasbourg l'an 1649. in-4°. sous le Titre d'*Anti-Cornæus, sive, Vindiciæ Interventionis pro Mysterio Trinitatis contra Cornæum*, &c. Cet Ouvrage réveilla le Pere Wolffgang Herman qui avoit affecté de ne point répondre à Dorschæus sur les choses dans lesquelles il l'avoit attaqué personnellement. Voyant donc que ce n'étoit point de l'interet particulier de Cornæus son confrére ni du sien propre, mais de la cause publique de l'Eglise Catholique qu'il s'agissoit en cette rencontre, il prit la plume pour réfuter Dorschæus avec quelques autres Protestans dans un Livre écrit en Allemand dont j'espére vous parler en un lieu plus commode.

☞ Jean-George Dorschæus étoit né à Strasbourg l'an 1597. le 13. de Novembre d'un pere qui étoit de Würtzbourg en Franconie, mais qui étoit venu se marier à Strasbourg. Ayant fait ses études dans son pays, il fut établi Ministre d'Ensisheim en Alsace l'an 1622. deux ans après il fit un long voyage dans les principales Universités de Franconie, de Hesse & de Saxe, & fut rappellé à Strasbourg au bout de trois ans pour remplir une Chaire de Théologie. Si nous en croyons Mr. Quistorp Ministre de Rostock, il ne manquoit dèslors à Dorschæus que la seconde qualité de celles que l'Apôtre requiert dans un Evêque. Cette qualité si importante est celle *d'avoir une femme*, suivant l'explication que cet Auteur grave donne aux paroles de Saint Paul (1). Si bien que Dorschæus voyant qu'il tenoit à si peu de chose pour devenir un Evêque complet prit une femme qui ne lui donna que six enfans quoi qu'il eût vécu vingt-sept ans avec elle. L'an 1653. il quitta la Ville de Strasbourg pour aller s'ha-

---

1 Ad Timoth. c. 3. *unius uxoris virum*. Quistorp. ap. Wit. memor. Theol. pag. 1349.

bituer à Rostock Ville Hanséatique du Duché de Mecklebourg dans la Basse Saxe près de la Mer Baltique. En 1654. il y fut reçû premier Professeur en Théologie & en 1657. il se remaria à une veuve du pays. Mais il fallut quitter cette nouvelle épouse avec la vie le jour de Noël de l'an 1659. après 62. ans & plus d'un mois de vie.

Tel a été l'Auteur de l'Anti-Cornæus, il est juste que je vous apprenne aussi ce que je sai de Cornæus. Il n'aquit à Brilow dans la Westphalie l'an 1598. il fut reçû dans la Compagnie de Jesus l'an 1618. & y enseigna le Grec & la Rhétorique jusqu'à ce que l'armée des Suédois qui s'étoit répanduë dans l'Allemagne lui servit de prétexte pour se retirer en France durant la Guerre. Il professa la Philosophie à Toulouse pendant sept ans. Après son retour en Allemagne, il enseigna la Théologie Scholastique & la Controverse à Maïence & à Würtzbourg durant l'espace de quinze ans. Il fut aussi Recteur des Colléges de sa Compagnie dans ces deux Villes, puis Prédicateur de Dominicales à Maïence où il mourut le treize de Mars l'an 1665.

☞ On parle d'un autre ANTI CORNÆUS fait par le Sieur Seldius Luthérien. Je pourrai vous en dire un mot à l'article 27.

ANTI-COSTER.

14 Vous avés peut-être oui dire, continua Mr de Rintail, que les Calvinistes ont presque toujours affecté de paroître plus sérieux que les Luthériens dans leurs écrits.

Je ne vous dirai rien de leur sérieux, dit Mr de Brillat, mais il m'a toujours paru qu'ils étoient moins féconds dans leurs Satires (1).

Leurs Satires, ajouta Mr Terlaine, ne sont peut-être pas si nombreuses que celles des Luthériens. Mais je vous répons qu'elles sont souvent plus vives, plus serrées & qu'elles ne leur cédent pas en aigreur.

Joignés, reprit Mr de Rintail, vos sentimens sur les Satires des Calvinistes avec ce que je vous dis de leur sérieux, & vous ne serés pas surpris de m'entendre dire que les Calvinistes ayent fait moins d'*Anti* que les Luthériens, soit qu'ils ayent appréhendé que l'idée de ce Titre ne donnât quelque caractére de badinerie à leurs Satires,

1 ¶ Baillet a voulu dire *moins feconds en Satires.* ¶

I. Part. Chap. I. Anti-Catholiques-Protestans. 59
soit qu'ils ayent eu plus de soin de renfermer leur fiel dans les choses que dans les mots. Ceux qui ont vû l'Anti-Coster, l'Anti-Coton & d'autres semblables Satires des Calvinistes contre les Catholiques ne me demanderont pas d'autres preuves de ce que je vous dis.

Anti-Coster.

L'Anti-Coster a pour Auteur un fameux Calviniste, je dis plus, un Chef de Sectes parmi les Calvinistes, c'est-à-dire, François Gomar Pere des Contre-Remontrans appellés Gomaristes de son nom. Pour savoir l'Histoire de son Anti-Coster, il faut remarquer que le Pere François Coster Jésuite avoit composé en Latin un Abrégé ou Manuel des Controverses, qu'il fit imprimer pour la première fois l'an 1585. à Cologne ; puis réimprimer avec des corrections & des augmentations à Tournon en 1591. & en diverses autres Villes Catholiques sous le Titre d'*Enchiridion Controversiarum præcipuarum nostri temporis de Religione*. La multitude des éditions de cet Ouvrage jointe à diverses Traductions qui s'en firent en Flamand, en Allemand, en François, en Italien, & peut-être en Espagnol, allarma un peu les Protestans qui prévoyoient ce qu'ils avoient à craindre de ce Livre pour leur parti. Gomar fut un de ceux qui firent paroître le plus d'inquiétude sur ce sujet. Il entreprit de refuter le Manuel du P. Coster, & il voulut faire voir en même tems qu'il en vouloit aussi à la personne de l'Auteur par le Titre d'*Anti-Costerus* qu'il donna à sa Réponse. Il divisa son Ouvrage en deux parties dont la première fut imprimée à Anvers *in-8°.* l'an 1599. & la seconde à Leyde l'année suivante dans la même forme. Gomarus prétendoit faire voir dans le premier Livre de la première partie de l'Anti-Coster en quoi consiste la différence qu'il y a entre les Hérétiques & les Catholiques, & dans le second il avoit entrepris de traiter de l'Ecriture-Sainte. Mais pour la seconde partie, elle étoit destinée à représenter *le miroir de la vraie Eglise de* Jesus-Christ. C'est au moins ce qu'il faisoit espérer au Public dans les Titres de ces deux Volumes.

Le Pere Coster qui avoit d'ailleurs assés bonne opinion du savoir & de l'esprit de Gomar, & qui voyoit qu'il ne s'étoit pas rendu méprisable parmi ceux de sa communion, ne jugea point à propos de le mépriser. Il lui prépara diverses Réponses moins pour ses interêts personnels que pour la cause publique de l'Eglise. Il commença par un petit Avis qu'il lui adressa sous le Titre d'*Epistola ad Franciscum Gommarum Anti-Costerum*, & qu'il fit imprimer à Cologne l'an 1600. *in-8°*. Ce Prélude fut suivi peu d'années après d'une Apologie reguliére pour son Manuel des controverses. Elle parut dans la même Ville & dans la même forme l'an 1604. Dès la même année il fit encore

H ij

Anti-Coster. imprimer dans la même Ville un Traité de l'Eglise contre le même Anti-Coster. Non content d'avoir tant travaillé en Latin, il écrivit encore en Flamand contre lui sous le Titre de *Bouclier des Catholiques contre l'Hérésie*, & il fit imprimer cet Ouvrage à Anvers l'an 1606. Mais j'ai oui dire à des personnes qui ont vû ce Bouclier que ce n'est autre chose que son Manuel des controverses tourné en Flamand augmenté de quelques réfléxions contre l'Anti-Coster.

☞ François Gomar étoit né à Bruges en Flandre l'an 1562. Il fut élevé de bonne heure dans le Calvinisme. Mais il n'étoit encore qu'au milieu de ses études, lorsqu'il passa en Angleterre avec plusieurs autres personnes de la nouvelle Secte qui appréhendoient pour la liberté de leur Religion dans un pays ou les Catholiques étoient les Maîtres. De-là il passa en Allemagne, & acheva ses études de Théologie à Heidelberg. Après il fut Ministre ou du moins Prédicateur à Francford sur le Mein, jusqu'à ce qu'il fut appellé à Leiden pour y enseigner la Théologie. Depuis il fut Pasteur à Middelbourg en Zelande où il enseigna aussi l'Hébreu & la Théologie après s'être marié à Leyde. Il devint ensuite Professeur en Théologie dans l'Université de Groningue. Vous savés ce qu'il a fait & écrit contre les Remontrans, principalement après la mort d'Arminius leur chef, j'ajouterai seulement qu'il mourut l'an 1641. âgé de 79. ans.

Ne croyés pas que le Pere François Coster soit moins célèbre parmi nous. Il naquit à Malines en Brabant l'an 1531. & il alla étudier à Rome l'an 1552. dans le nouveau Collége des Jésuites. Saint Ignace de Loyola qui vivoit encore, l'envoya à Cologne en 1556. pour tâcher de mettre la doctrine & les études de sa Compagnie en réputation dans le Collége des trois Couronnes qui étoit nouvellement établi. Il y enseigna l'Ecriture-Sainte & l'Astronomie avec tant de succès, qu'il donna envie à plusieurs Enfans de la Ville d'embrasser l'Institut de Saint Ignace. Il passa Docteur en Théologie dans l'Université de la Ville le dixiéme de Décembre 1564. Ayant fait les quatre vœux solennels, il fut souvent Recteur de Collége, & trois fois Provincial. C'étoit un homme infatigable aux éxercices de la pénitence sur lui-même, & de la charité sur les autres. Je vous ai fait remarquer au sujet de Dorschæus, & de divers autres Auteurs d'*Anti*, que les Pasteurs, & les autres Ecclésiastiques des Protestans font souvent consister la perfection de leur état dans les plaisirs d'une vie conjugale, & qu'ils enchérissent même sur le Précepte de Saint Paul qui ne veut point de bigames. Coster au contraire auroit pû mettre sa gloire & son honneur dans la proffession d'une Virginité chrétienne. Car selon Alegambe, il avoit avoué ingénûment qu'il l'avoit toujours conservée inviolablement, sans qu'une seule pensée y eût jamais donné la moindre atteinte. Il mourut à Bruxelles le sixiéme de Décembre de l'an 1619. sans avoir jamais eu d'autre maladie que celle qui le fit sortir de ce monde à 88. ans.

ANTI-COTON.

15 §. 1. DE tous les Prédécesseurs de l'Anti-Baillet, je n'en connois pas qui ayent tant fait de bruit que l'ANTI-COTON. L'avantage qu'il a d'être connu de tout le monde, pourroit me dispenser de vous en faire de longs discours. (Souvenés-vous, Monsieur, que c'est toujours Mr de Rintail qui parle.) Mais quoiqu'il n'y ait point de Satire plus connuë que celle-là, on auroit sujet de dire qu'il y a peu d'Auteurs moins connus que celui de cette Satire; & ce n'est pas à moi qu'il faut vous adresser, si vous êtes en peine de le connoître.

C'est une affaire, lui dis-je, qui paroît être du ressort de l'un de nos amis qui s'est chargé de la *Découverte des Auteurs déguisés*, nous le consulterons sur ce fait. Passés de l'Auteur à l'Ouvrage, & lisés au moins ce que vous en avés recueilli sur votre cahier.

Je veux, repartit-il, vous épargner la peine de consulter l'ami dont vous parlés j'ai fait cette démarche avant vous, & si vous n'êtes pas plus difficile que moi, vous vous contenterés de la réponse qu'il me fit, lorsque je le priai de me dire quel étoit l'Auteur de l'Anti-Coton.

Il me dit qu'il croyoit le Pere d'Orléans plus savant que lui sur ce sujet: mais qu'avant la publication que ce Pere avoit faite de la vie du Pere Coton, il n'avoit sû que deux personnes soupçonnées d'avoir composé l'*Anti-Coton*.

La premiére de ces deux personnes est le fameux Ministre Pierre du Moulin à qui les deux tiers des Calvinistes donnoient l'Anti-Coton dans le tems de la nouveauté (1). Il me montra sur ce sujet un endroit de la vie que l'on a faite de ce Ministre en Latin, & je

---

1 ¶ Casaubon en parle avec mépris dans sa Lettre 708. de la derniére édition, mais Casaubon & du Moulin n'étoient pas amis. ¶

62 Satires Personnelles. II. Entretien.

Anti-Coton. fus si surpris de l'air décisif dont l'Auteur de cette vie en a parlé, que je voulus prendre le passage sur mes tablettes pour en faire part à d'autres. Il porte ces termes (1) : *Post nefariam magni Regis cædem Molinæus Librum edidit cui titulus est* Anti-Coton. *Libro nomen suum non apposuit Molinæus. Eum tamen Libri Auctorem fuisse nemo dubitavit* (2). Mais vous allés voir que cet Auteur a trop avancé, lorsqu'il a prétendu que personne n'a douté de ce fait.

L'autre personne est un nommé *Pierre du Coignet*, qui dans l'esprit de divers François, & de quelques Anglois (3) a passé long-tems pour l'Auteur de cette Satire. Il semble même qu'il ait été reconnu pour tel par plusieurs Jésuites, du nombre desquels je ne puis vous nommer présentement que le Pere Richeome, & le Pere Garasse. Leur soupçon avoit pour fondement les trois lettres Capitales P. D. C. avec lesquelles l'Auteur de l'Anti-Coton avoit signé son Epitre dédicatoire à la Reine.

Je me souviens, dit Mr de Brillat, d'un *Pierre du Coignet*, c'està dire d'un fantôme ridicule que la populace autrefois animée par les Partisans de la Cour de Rome avoit formé pour lui servir de jouet sur le nom du célébre *Pierre de Cuigneres* Avocat Général du Parlement de Paris, Défenseur rénommé de la Souveraineté de nos Rois, & des Droits de leur Couronne.

Je m'étois imaginé d'abord, reprit Mr de Rintail, que l'on pouvoit avoir eu recours à un semblable spectre pour remplir le vuide des trois Lettres capitales de notre Auteur : Mais je me suis blâmé moi-même de cette précipitation depuis que j'ai appris qu'il y avoit eu dans Paris un Pierre du Coignet vivant du tems de Henri le Grand, & qu'il étoit l'ami d'Etienne Pasquier (4).

D'Etienne Pasquier, dit Mr Terlaine ; il n'en faut pas d'avantage pour le juger capable d'avoir fait l'Anti-Coton. Mais étoit-ce un Calviniste ?

Je ne connois pas assés du Coignet pour vous dire de quelle Religion il étoit, repartit Mr de Rintail. A vous dire le vrai, j'appréhende que quelque censeur ne vienne m'accuser d'avoir mal

---

1 Pag. 705. Coll. Batef. edit. Londin.
2 ¶ Ces paroles qui se lisent tout à la fin du 4. chap. de l'Anti-Coton ; car ce sont *mots trop difficiles pour nous qui n'entendons que le Latin d'Accurse*, pourroient faire croire que c'est plutot l'ouvrage d'un Jurisconsulte que d'un Théologien. §
3 Th. Hyd. & alii pass. Alb. Idal. N.
4 ¶ Il est fait mention d'un Ogier Coignet pag. 592. du Dialogue des Avocats par Loisel. Cet Ogier mal nommé Ange pag. 530. du même Dialogue, étoit, sinon ami, du moins contemporain de Paquier. La prétenduë amitié de celui-ci & de Pierre du Coignet, est une fiction burlesque du P. Garasse dans ses Recherches des Recherches de Paquier. §

I. PART. CHAP. I. ANTI-CATHOLIQUES PROTESTANS. 63

placé l'Anti-Coton en le mettant au rang des Satires des Hérétiques contre les Catholiques. J'avouë que la plupart de ceux qui l'ont refuté par leurs Ecrits, nous ont dépeint fon Auteur comme un Hérétique & comme un des plus fins, & des plus diffimulés d'entre les Huguenots de France, qui avoit affecté de paroître Catholique pour mieux jouer fon perfonnage (1). Mais d'un autre côté lorfque je vois que de divers Ecrivains des Jéfuites qui en ont parlé, les uns l'ont exhorté à faire pénitence de fes médifances, & de fes menfonges, comme on exhorteroit de mauvais Catholiques; & que les autres nous affurent qu'il s'eft repenti férieufement, & qu'il s'eft fait Religieux pour avoir lieu de rendre fa pénitence plus folide, & plus perfévérante : je me crois obligé de reconnoître que fi du Coignet étoit Huguenot, il n'eft pas l'Auteur de l'Anti-Coton. Ainfi, Meffieurs, vous me voyés rentrer dans l'état d'où j'avois effayé de fortir, j'entens, dans mon ignorance.

J'avois donc raifon, Monfieur, lui répondis-je, de vous dire que vous pouviés laiffer l'Auteur, & vous contenter de nous faire l'hiftoire de l'Ouvrage.

Pour ne vous pas refufer cette fatisfaction, dit Mr de Rintail, je commencerai l'hiftoire de l'Anti-Coton par un petit Ecrit que le Pere Coton publia quelques mois après la mort du Roi Henri le Grand le douze de Juillet de l'an 1610. à Paris *in-8°.* fous le Titre de *Lettre déclaratoire de la doctrine des Peres Jefuites conforme aux Décrets du Concile de Trente*. Cette Lettre étoit adreffée à la Reine Régente Mere de Louis XIII. & on lui marquoit que les ennemis de la Compagnie de Jefus voulant profiter de l'abfence des principaux de fes Peres occupés à la tranflation du cœur du Roi à la Fléche, avoient répandu des calomnies atroces contre la Compagnie à l'occafion d'un mauvais Livre compofé par Mariana Jéfuite Efpagnol. Comme fi les Jéfuites de France devoient être refponfables des opinions particuliéres d'un étranger qu'ils avoient condamné dans une affemblée Provinciale, auffi-bien que le Parlement de Paris (2).

Cette Lettre ayant donné du chagrin à ceux qui fouhaitant de nuire aux Jéfuites, n'étoient pas contens que le Pere Coton fe rangeât fi volontiers du côté du Parlement & de la Sorbone, ne manqua point d'attirer divers Libelles fur la perfonne du Pere Coton, & fur toute fa Compagnie. Mais il n'en parut pas de plus violent

---

1 Exa. Categ. pag. 39.   2 Mercure François année 1610. fol. 494 1. 500.

violent que la fameuse Satire de l'ANTI-COTON qui effaça presque tous les autres Libelles par son éclat. Cette Satire fut mise au jour dans Paris le douziéme Septembre de la même année 1610. sans nom d'Auteur & d'Imprimeur sous le Titre d'*Anti-Coton*, ou, *Réfutation de la Lettre déclaratoire du Pere Coton*, *&c*. C'est un Ouvrage de cinq chapitres qui se trouva en très-peu de tems répandu dans les principales Villes du Royaume.

Les ennemis du Pere Coton, ou plutôt de la Compagnie entiére des Jésuites craignant que cette Satire composée en Langue vulgaire ne pût point franchir les limites de la France, usérent de tant de diligence pour la traduire en Latin, qu'elle se trouva dès la même année exposée en vente à la Foire de Francford. L'année suivante, il en parut encore une Version Angloise imprimée à Londres *in-*4°. & une autre en Italien presque dans le même tems sans qu'on y exprimat le lieu de l'impression. Mais cette Version Italienne fut la plus mal traitée de toutes pour avoir osé paroître en un Pays d'Inquisition (1).

Alors le jeune Mr de Saint Yon me dit à l'oreille qu'il savoit bien la disgrace qui étoit arrivée à l'Anti-Coton Italien. Je lui demandai quelle étoit cette disgrace: Il me répondit en riant, *qu'il avoit été immolé à Vulcain par un Sacrificateur de la race de Monsignor Gigolo*.

Mr de Rintail qui l'entendit, ne put s'empêcher de sourir. Il faut, dit-il, passer ces expressions échappées à un jeune Humaniste qui aime quelquefois à se divertir. Mr de Saint Yon s'expliquera d'une maniére plus simple, & plus grave, lorsque l'âge l'aura meuri.

Revenons à l'Anti-Coton François, dit Mr de Brillat, & apprenés-nous quelle fut sa fortune.

Ses avantures, reprit Mr de Rintail, furent assés bizarres, selon qu'il lui arriva de tomber dans les mains de personnes bien ou mal intentionnées pour l'Etat, ou pour les Jésuites. Vous pourrés les apprendre plus surement du Pere d'Orléans Jésuite qui en a rapporté une partie dans la vie du Pere Coton que vous voyés sur cette tablette parmi mes Livres. Il suffira que je vous fasse la lecture de cet endroit.

Aussi-tôt Mr de Saint Yon se leva pour prendre le Livre sur la tablette, & demanda à Mr de Rintail qu'il lui fût permis de faire lui-même la lecture à la compagnie. Nous fûmes ravis d'entendre lire

1 Decr. Cong. 16. Mart. 1621. Ind. Al. VII.

I. Part. Chap. I. Anti-Catholiques Protestans 65
avec tant de grace & de netteté, & peut-être contribua-il un peu au
contentement que nous eûmes de ce que le Pere d'Orleans a écrit
de l'Anti-Coton. Comme je fai que vous n'avés pas le Livre, j'ai
voulu vous épargner la peine de le chercher, en copiant l'endroit
que je vous envoye (1).

Anti-Coton.

,, Le Pere Coton ne fut pas plutôt retourné à la Cour, qu'il trouva
,, la fameuse Satire de l'Anti-Coton qui couroit le monde. C'étoit
,, un Libelle où toute la haine des ennemis de la Compagnie, &
,, toute l'envie de ceux du Pere Coton s'étoit répanduë avec d'autant
,, moins de ménagement, qu'elle avoit été plus long-tems retenuë
,, par l'autorité du feu Roi ; de forte que comme un torrent qui
,, vient une fois à forcer fes digues, fait payer fon retardement par
,, tout où il porte fes flots, de même la fureur de ceux qui ne pou-
,, voient fouffrir ni la profpérité des Jéfuites, ni la faveur du Pere
,, Coton, ne trouvant plus dans fon chemin le Grand Henri pour
,, l'arrêter, répandit fur eux tout le fiel qui peut entrer en des ames
,, déterminées à ne rien épargner pour nuire.

,, On douta fi l'on répondroit. Le ferviteur de Dieu ne le vouloit
,, pas. Il avoit appris du feu Roi fon Maître que ces Satires ne dé-
,, crient que leurs Auteurs, dont le nom feul fert d'Apologie à ceux
,, contre qui ils écrivent. Il étoit perfuadé que de tels Ouvrages
,, portent avec eux leur contre-poifon dans la paffion qui y paroît,
,, comme le monftre de Tobie portoit dans fon fiel le remède de
,, fon venin ; & l'expérience lui ayant fait voir que ce grand nombre
,, de Libelles qu'on a faits de tous tems contre la Compagnie, ne
,, l'avoit pas empêchée jufques-là de devenir affés confidérable
,, pour mériter la haine des Libertins, il regardoit ces fortes d'écrits
,, comme des armes émouffées qui au lieu de faire des plaies par leurs
,, calomnies, peuvent fervir par des avertiffemens utiles de préferva-
,, tifs contre de véritables fautes.

,, Mais l'ufage du tems étoit de répondre, & des Gens fages ayant
,, remontré au Pere Coton, qu'il falloit quelque-fois convaincre la
,, médifance, pour la décréditer, l'obligérent à faire la Réponfe
,, qui parut au Libelle de l'Anti-Coton, où après avoir refuté ce
,, que fes Adverfaires objectoient à la Compagnie en général, il fit
,, voir la fauffeté de ce qu'ils lui impofoient à lui en particulier par
,, des témoignages fi authentiques de Villes & de Provinces en-
,, tiéres, qu'il eût pû ôter pour jamais l'envie d'écrire aux faifeurs

1 Liv. 3. pag. 148. & fuiv.
Tome VII.

Anti-Coton. „ de Libelles, si telles Gens n'aimoient mieux souffrir la confu-
„ sion d'être repris de mensonge que de se priver du plaisir de
„ médire.

„ Mais il n'y eut point de meilleure Apologie pour le Pere Coton
„ & pour sa Compagnie que l'horreur extrême qu'eut la Reine &
„ la plus saine partie de la Cour d'un Libelle si emporté. Ainsi il
„ fit du bien aux Jésuites, au lieu de leur faire du mal. Car comme
„ la Reine avoit bien vû que cet Ouvrage n'avoit été mis en lumiére
„ qu'à dessein de l'aliéner de cet ordre, & de faire perdre au Pere
„ Coton, en le lui rendant odieux, la place qu'il tenoit auprès du
„ Roi, elle s'attacha d'autant plus à vouloir qu'il accompagnât le
„ jeune Monarque dans tous ses éxercices de dévotion. Elle donna
„ même aux Ennemis du Serviteur de Dieu le chagrin de lui con-
„ server l'emploi de Confesseur du Roi qu'il éxerça publiquement à
„ la cérémonie du Sacre..........

„ Telle fut la destinée de cette Satire. L'Anti-Coton (ajoute le Pere
„ d'Orleans dans la suite de son Livre) en pouvoit avoir une plus
„ glorieuse à ceux contre qui il avoit été fait, si la modestie de celui
„ qui y étoit le plus intéressé, l'eût voulu permettre. L'Auteur étoit
„ un homme en qui la haine n'avoit pû étouffer la conscience. Les
„ remords en furent si vifs, qu'ils l'obligérent à quitter le monde,
„ & à se retirer dans un Cloître pour y faire pénitence de son péché.
„ Sa retraite n'appaisa pas la syndérèse: plus il approcha de Dieu,
„ plus Dieu lui fit sentir la nécessité de réparer l'injure qu'il avoit
„ faite à son prochain. Dans cet état, il s'adresse au saint Homme, &
„ lui fait offre de se retracter de tout ce qu'il avoit dit dans l'Anti-
„ Coton par un Ecrit public, & authentique. On peut juger quel
„ avantage une pareille rétractation auroit donné dans le monde à
„ la cause des Jésuites. Le Serviteur de Dieu ne voulut pas néan-
„ moins donner cet embarras à ce Religieux, ni faire cette confu-
„ sion à ses ennemis. Le Public ayant fait justice à l'innocence, il
„ crut qu'il devoit faire quelque miséricorde au crime, sur tout dans
„ un homme qui le reconnoissoit, & qui en faisoit une si grande
„ pénitence.

Voilà, Monsieur, ce que j'ai tiré du Livre du Pere d'Orleans sur l'Ouvrage & l'Auteur de l'Anti-Coton dans le dessein de vous faire plaisir. Je reviens à la suite du cahier de Mr de Rintail qui reprit la parole après que Mr de Saint Yon eut cessé de lire. Ne vous imaginés pas, nous dit-il, que la Réponse dont il est parlé dans la vie du Pere Coton ait été la seule que l'on ait opposée à l'Anti-Coton.

I. Part. Chap. I. Anti-Catholiques Protestans. 67

Ce Pere avoit peut-être raison, lorsqu'il estimoit qu'on devoit aban- Anti-Coton. donner cette Satire à sa mauvaise fortune, & la laisser périr dans l'oubli & dans le mépris du genre humain. Mais s'étant laissé persuader par d'autres raisons, qu'il devoit une Apologie publique à sa Compagnie, & à soi-même, son éxemple eut tant de suite, que l'on vit naître en fort peu de tems neuf ou dix autres Réponses qui par leur grosseur, & par la qualité de leurs Auteurs, firent certainement plus d'honneur à l'Anti-Coton qu'il n'en méritoit.

Ces Réponses, dit Mr de Brillat, ont-elles fait restitution à l'Anti-Coton? Lui ont-elles renvoyé ses injures, & ses médisances? N'ont-elles rien laissé perdre?

Voudriés-vous, reprit Mr de Rintail, qu'on eut tout ramassé? Le moyen de ne rien laisser tomber? Ce que je puis vous dire, c'est qu'il s'en trouve parmi ce grand nombre qui n'ont pas moins de feu que l'Anti-Coton, & qui n'ont pas même fait difficulté de porter sur leur front un caractére de véritable Satire. Mais vous remarquerés s'il vous plaît, que pas une n'a été caractérisée du nom d'*Anti*; & que de tous ceux qui ont attaqué du Moulin, ou du Coignet qu'ils croyoient caché sous le masque d'Anti-Coton, il ne s'en est pas trouvé qui eussent voulu donner à leur Réponse le Titre d'*Anti-Coignet*, ou d'*Anti-Moulin*. Car vous me permettrés de compter pour rien ce que l'un d'entre eux a dit de lui-même pour plaisanter par une piéce élégiaque insérée dans une espéce de Satire Ménippée lorsqu'il s'est appellé *Anti-Molendinus*, *Anti-Carentonius*.

Je ne m'assujettirai pas, continua Mr de Brillat, à vous marquer l'ordre des tems ausquels ces Réponses commencérent à paroître: mais je vous dirai qu'on délibéroit encore à Paris si l'on devoit répondre à l'Anti-Coton, lorsqu'on vit sortir une Réponse des Presses d'Ingolstad Ville de Baviere.

Vous me surprenés, dit Mr Terlaine; il faut qu'il y ait du mystére dans ce que vous dites.

Il n'y en a pas plus que dans votre étonnement, repartit Mr de Rintail. Vous connoissés Jacques Gretser ce fameux Jésuite Allemand l'un des plus vigoureux Athlétes que la Compagnie de Jésus ait fournis à l'Eglise Romaine contre les Protestans; cet homme qui jettoit les Livres en moule; à qui les Volumes ne coûtoient que ce que les pots coûtent à un habile Potier. Gretser n'eut pas plutôt vû un éxemplaire de la Traduction Latine de l'Anti-Coton tout fraichement arrivée à la Foire de Francfort, qu'il prit la plume pour le refuter, ne jugeant pas qu'il fut besoin de délibération pour

I ij

repousser un mal si présent. Il écrivit sa Réponse en Latin, & la publia dès l'an 1610. sous le Titre de *Lixivium Anonymo Fabulatori, seu, ut vocant, Novellanti qui cædem Henrici IV. Regis Galliæ in Jesuitas confert.* L'Ouvrage fut jugé digne d'être lû par les femmes, & par le petit peuple d'Allemagne, afin de prévenir les esprits contre la Satire. Ce fut dans cette intention que le Pere Conrad Wetter prit la peine de traduire en Langue vulgaire l'Ouvrage de son confrére, & lui donna un Titre équivalent à celui que Gretser avoit mis au Latin, si ce n'est qu'il ajouta que *cette lessive étoit pour laver la tête mal-saine d'un Ministre anonyme* pour faire voir qu'on croyoit en Allemagne que l'Anti-Coton étoit l'ouvrage d'un Ministre.

Je ne prétens pas me servir de cet éxemple pour rélever le zéle des Allemans au-dessus de celui des François. Il se trouva dans notre pays bien des Gens qui ne furent pas les maîtres de leur indignation, & qui ne crurent pas devoir imiter la patience de Pere Coton. On en apperçût des marques dans la conduite de ceux qui publiérent dans Paris *le Fleau d'Aristogiton* quelques mois après l'Anti-Coton, dont on peut dire qu'il pressoit les talons dans toutes les maisons de la Ville où il entroit.

Peu de tems après, mais toujours la même année, on vid venir sur les rangs diverses autres personnes qui faisoient profession de n'épouser dans cette querelle que les intérêts communs de l'Eglise Catholique.

Tels furent Mr de Montreal, Mr Pelletier, & Mr de Courbouzon Montgommery (1), que le Pere Richeome appelle des *Gentilshommes d'honneur & de vertu, & très-bien informes des maximes de la secte de l'Anti-Coton & de la doctrine des Jésuites* (2). Cet Auteur ajoute que *beaucoup d'autres personnes* (3) *sous divers noms donnérent alors plusieurs piéces de leurs éloquens & pieux Ecrits en faveur de la cause des Jésuites, & qu'ils soutinrent vaillamment le droit de leur Compagnie.* Je n'assurerai pas que Montreal, Pelletier, & Courbouzon fussent des noms empruntés par ceux qui ne vouloient point paroître sur la Scéne le visage découvert: mais je puis vous dire que l'année 1610. n'étoit pas encore expirée que l'on vid sortir de la Presse à

---

1 ¶ Bayle a fort bien remarqué au mot *Gournai*, lettre C. que l'écrit de Louis de Montgommery Sieur de Courbouzon n'a point paru après le *fleau d'Aristogiton*, puisque *le fleau d'Aristogiton* est l'écrit propre de Louis de Montgommery qui ne s'y qualifie pourtant point Sieur de Courbouzon. §

2 Pag. 177. de l'Examen categ. & pag. 37.

3 Il y eut une Femme de ce nombre; mais on se contente de l'appeller Amazone sans la nommer.

I. PART. CHAP. I. ANTI-CATHOLIQUES PROTESTANS. 69
Niort en Poitou *in-8°*. un Libelle contre le dernier en faveur de l'Anti- Anti-Coton. Coton sous le Titre de *Remerciment des Beurriéres de Paris au sieur de Courbouzon.*

L'année suivante produisit encore un grand nombre de Réponses à l'Anti-Coton. Je me souviens entre les autres de celle de Behote, de celle d'Eudémon-jean, & de celle de Bonald. Adrien Béhote n'étoit point de la Compagnie du Pere Coton. C'étoit un Archidiacre de Rouen à qui l'on a donné la qualité de pieux, & de discret pour son tems. Son Livre parut à Rouen l'an 1611. *in-8°*. sous le Titre de *Réponse à l'Anti Coton pour la défense des Peres Jésuites*. Pour André Eudæmon-jean, c'étoit un Jésuite Grec venu de la Canée en Candie, & issu de la famille Impériale des Palæologues de Constantinople. Ayant été élevé à Rome, il mit toute son étude dans la Controverse qu'il employa ensuite contre les Protestans. Il ne crut pas sortir des desseins qu'il avoit pris de consacrer ses talens à la défense de l'Eglise Catholique, lorsqu'il entreprit de refuter l'Anti-Coton. Ce qu'il fit sur ce sujet parut à Maïence l'an 1611. *in-8°*. sous le Titre de *Confutatio Anti-Cotoni, quâ respondetur calumniis ex occasione cædis Regis Christianissimi, & sententiâ Marianæ ab Anonymo quodam in Petrum Cotonem & Socios ejus congestis.*

La réponse de François Bonald à l'Anti-Coton fut encore une des productions de l'an 1611. *in-8°*. je sai que le P. Alegambe, le P. Sotwel, & les autres qui ont tâché de recueillir les Ecrits du P. Bonald n'ont point fait mention de cet Ouvrage, mais je veux vous montrer un chemin plus court pour abréger la peine que vous donneroit cette recherche. Vous voyés sur ma table ce volume *in-8°*. couvert d'un parchemin usé de vieillesse, prenés la peine de l'ouvrir, & vous y trouverés la Réponse de Bonald qui fait la troisiéme des piéces de ces tens-là qui se trouvent ramassées dans ce Recueil. Bonald étoit un Jésuite de Mande en Givaudan qui mourut à Moulins trois ans après la publication de sa Réponse à l'Anti-Coton.

Nous pourrions compter aussi parmi les productions de la même année deux autres Ouvrages composés par deux Peres de la même Compagnie, l'un en Latin par Jean Perpezat Jésuite de Brive au Diocése de Saint Flour, imprimé à Lyon *in-8°*. sous le Titre d'*Apologetica Responsio adversus Anti-Cotoni & Sociorum criminationes*: L'autre en Anglois par Thomas Owen ou Odoënus Jésuite d'Angleterre, publié à Saint Omer sous un Titre assés semblable. Mais l'un & & l'autre de ces Ouvrages ne sont que des Traductions du François

Anti-Coton. de la Réponse Apologétique dont il est parlé dans la vie du Pere Coton, & c'est par un erreur qui ne se trouve pas dans Alegambe, que Sotwel a écrit (1) que le Latin du Pere Perpezat est une traduction du François du P. Louis Richeome.

Je replique pour Sotwel, dit Mr Terlaine en interrompant Mr de Rintail ; je me souviens d'avoir vû autrefois une Réponse de Richeome à l'Anti-Coton en François. Est-il impossible que le Latin de Perpezat soit une Traduction du François de Richeome ?

Il n'y a, reprit Mr de Rintail, qu'une difficulté qui m'empêche de vous avouer que cela est possible. C'est que Richeome n'a publié son écrit que deux ans après Perpezat. Mais quand vous voudrés vous convaincre que la chose, possible ou non, n'est point ainsi actuellement, confrontés Perpezat avec Richeome.

L'Ouvrage de ce dernier que vous qualifiés de Réponse, fut imprimé à Bourdeaux l'an 1613. *in-* 8°. sous le Titre d'*Examen catégorique du Libelle Anti-Coton, auquel est corrigé le Plaidoyé de Maitre Pierre de la Marteliere, Avocat au Parlement de Paris, & plusieurs calomniateurs des Peres Jésuites réfutés, & les Droits inviolables de la Majesté & Personne des Rois défendus.* Le Livre est gros, mais sa Grosseur ne doit pas être un préjugé contre la diligence de son Auteur, qui n'a jamais été accusé de paresse quand il étoit question de prendre la plume pour la défense de sa Compagnie. Il l'avoit envoyé à Paris dès l'an 1611. pour y subir la Presse ; mais les Jésuites & quelques Seigneurs de la Cour, estimant que les Réponses qu'on avoit déja faites à l'Anti-Coton étoient suffisantes, le Pere Richeome acquiesça pour quelque tems à leur sentiment, jusqu'à ce que s'étant apperçû que l'Anti-Coton donnoit encore quelque signe de vie, il crut *qu'il falloit continuer la batterie par reprises réitérées, & le lapider à plusieurs bras & cailloux,* pour me servir de ses expressions (2).

Je souhaiterois, dit Mr de Brillat, qu'en nous faisant le dénombrement de tant de Réponses, vous voulussiés nous distinguer celles que vous disiés porter un caractére de Satire d'avec celles qui sont de simples Réfutations ou des Défenses Apologétiques.

Jusqu'ici, repartit Mr de Rintail, je ne vous ai point donné lieu de me soupçonner de dissimulation en faisant passer des Satires pour Réponses. Je ne connois que deux Satires de celles qu'on a pû répandre contre l'*Anti-Coton*, encore n'ont-elles pas deux Auteurs différens. La premiére est le Testament d'Anti-Coton avec com-

---

1 Pag. 487.   2 Epitr. au Chancel. de Silleri.

I. PART. CHAP. I. ANTI-CATHOLIQUES PROTESTANS. 71

mentaire, dressé sur le modéle ancien du fameux Testament de Anti-Coton Grunnius Corocotta Porcellius que Mr de Saint Yon vous récitera par cœur quand il vous plaira. Cette piéce a pour Titre *Testamentarius Anti Cotonis Codex nuper inventus & ad fidem Manuscriptæ membranæ castigatus reformatusque.* Cet Ouvrage n'est point différent de celui qui court par le monde sous le nom d'*Elixir Calvinistique*, & qui paroît avoir été imprimé à Anvers, quoique la premiére feuille marque que ce fut à Charenton chés Jean le Meusnier l'an 1615. *in-8°.* L'autre Satire avoit paru dès l'année précédente sous le Titre d'*Horoscopus Anti-Cotonis, ejusque Germanorum Martillerii & Hardivillerii vita, mors, cenotaphium, Apotheosis.* Elle est du même Auteur, de la même forme & de la même boutique que l'Elixir; & quoique le nom du lieu de l'Impression n'y soit pas marqué, celui de l'Imprimeur Jerôme Verdussius nous fait assés connoître la Ville d'Anvers. Mais il est à remarquer que ni le Pere Coton ni les autres Peres Jésuites n'ont voulu prendre aucune part à ces Libelles, ne jugeant pas que leur Compagnie eût besoin de recourir à la Satire pour se défendre. En quoi l'on peut dire que l'Inquisition des Pays étrangers s'est trouvée d'accord avec eux, puisque nous trouvons l'Horoscope de l'Anti-Coton dans l'*Index* des Livres défendus(1).

Est-ce donc à dessein, lui dis-je, que vous vous êtes abstenu de nommer l'Auteur de ces deux Satires? Sont-elles anonymes, & du nombre de ces Enfans qui ne connoissent pas leurs Peres, ou qui n'en sont pas reconnus?

Elles sont de cette derniére espéce, me répondit-il, quoiqu'elles ne soient pas anonymes. Je vous dirai, si vous le souhaités le nom de leur Auteur, mais je ne crains pas de l'exposer par cet endroit au danger de vous le rendre reconnoissable. Il s'est appellé André Scioppius, frere de Gaspar (2).

C'est se mocquer de nous, repartit Mr de Brillat, de nous dire qu'un homme est frere de Gaspar Scioppius, & de prétendre qu'il ne laissera pas de nous être inconnu. Y a-t-il un nom plus connu dans toute la République des Lettres que celui de Scioppius?

Assurément, ajouta Mr Terlaine, il y a du mystére à tout cela. Je me picque un peu de science généalogique dans les familles des

---

1 Pag. 153. Ind. Sotomajor.

2 Scioppius pour les Italiens, Schoppius pour les Allemans.

¶ Ce faux André Scioppius Auteur de l'*Horoscopus* & de l'*Elixir* n'est autre que le P. Garasse Jésuite, comme le reconnoit Baillet lui même dans sa Liste alphabétique des Auteurs déguisés, & après lui Bayle au mot *Scioppius*, lettre S. ¶

[Anti-Coton.] Savans. Mais je suis prêt de parier, ou que Gaspar Scioppius n'a point eu de frere, ou qu'il n'en a point eu qui ait écrit. Je sai qu'il y avoit au commencement de notre siécle un André Schoppius dans la Saxe qui étoit Luthérien, mais on ne me persuadera pas qu'il fût proche parent de Gaspar.

Vous êtes trop bon, dit Mr de Rintail à Mr Terlaine, de vous arrêter à la propriété des mots. Vous qui avés été nourri & formé parmi les Protestans, vous êtes encore excusable de ne connoître point d'autre fraternité ni d'autre paternité que la naturelle. André Scioppius pouvoit être frere de Gaspar comme Saint Augustin l'étoit de Petilien, aux termes de Saint Augustin. Je dis plus, Gaspar pouvoit sans mentir, & dans le langage ordinaire à l'égard des Religieux, appeller André son frere. Mais j'ai à vous prier de ne me pousser point à l'extrémité sur la révélation du secret que je veux garder à notre prétendu Scioppius. Croyés seulement qu'en matiére de Satires s'il n'étoit point le frere de Gaspar il meritoit de l'être.

Ce n'étoit pas à un homme de ce caractére que la Compagnie des Jésuites avoit confié sa cause & sa défense. Cet honneur avoit été conféré tout d'une voix à l'Auteur de la *Réponse Apologétique à l'Anti-Coton*, qui parut dès l'an 1611. au mois de Janvier imprimée à Paris. Le Public eut pour cet Ouvrage toute la considération que mérite une piéce autorisée, aussi fut-ce sur lui que tomba principalement le chagrin des amis ou des défenseurs de l'Anti-Coton. Je ne mets pas de ce nombre ceux qui portérent la Faculté de Théologie assemblée en Sorbone le premier jour de Février de la même année à examiner quelque point de cette Réponse, parce qu'ils ont protesté dans la même assemblée qu'ils ne prétendoient pas *noter cette Apologie*, en quelque façon que ce fût, mais seulement demander à la Faculté un éclaircissement sur l'autorité du Concile de Constance, de crainte que sur la foi de cet Ouvrage on ne crût que *Mariana ne fût d'accord avec les Décrets de Sorbone* touchant une opinion condamnée par le Parlement & par la Sorbone même (1).

Je n'y mets pas même ceux de la même Faculté qui ont fait un Extrait de l'Examen catégorique de l'Anti-Coton, ni quelques personnes qualifiées dans le Clergé (2) que l'on accuse en l'air d'avoir dit du bien de l'Anti-Coton, & du mal de la Réponse Apologétique, parce que notre créance n'est pas pour les rapports légers &

---

1 Canons des Concil. avis & cens. in-8. pag. 39. & 232. Item Recueil d'Actes in-4. &c.

2 Perroniana pag. 12.

lés discours frivoles. Mais je ne puis me dispenser d'y mettre le célébre Humaniste Isaac Casaubon qui fit une grosse Dissertation Latine contre la Réponse Apologétique, où il attaque diverses personnes de la Compagnie de Jésus. Ce qui ne l'empêcha pas de l'addresser à un Jésuite de ses amis nommé Fronton du Duc à qui il l'envoya au mois de Juillet de l'an 1611. Elle se trouve imprimée parmi ses Lettres au nombre 624. (1)

☞ Voilà, Messieurs, ce que j'avois à vous dire de l'Histoire de l'Anti-Coton. Vous me dispenserés de vous faire celle de Pierre du Moulin puisque vous ni moi ne le croyons pas Auteur de cette Satire. Pour celle du Pere Coton, souffrés que je vous renvoye aux Auteurs de sa Compagnie qui ont fait sa vie ou ses éloges, & contentés-vous de savoir qu'il étoit né à Néronde au Pays de Forez le 7. de Mars de l'an 1564. & qu'il mourut à Paris le 19. de Mars de l'an 1626.

1 Edit. Græv. 1656. pag. 705.

ANTI-CUYCKIUS.

15
§. 2. N'Attendés pas, Messieurs, continua Mr de Rintail, une Histoire de l'ANTI-CUYCKIUS aussi longue que celle que je vous ai faite de l'Anti-Coton. Tous les Catholiques qui sont devenus les objets de la Satire ou des *Anti* des Hérétiques, ne sont point de la réputation du P. Coton. A Dieu ne plaise pourtant que je voulusse rien diminuer de celle du savant & pieux Prélat Henri Cuyckius. Peu d'Athlétes de l'Eglise Catholique ont fourni une carrière plus honorable contre les Hérétiques des Pays-Bas : il étoit même l'ami particulier des Jésuites & peut-être du P. Coton. Ce fut à la priére de leur Provincial des Pays-Bas & pour faire honneur à leur Compagnie qu'il traduisit quelques Rélations de leurs Missions Orientales. Mais avec tout cela, je n'ai pas entrepris de vous faire voir que l'Anti-Cuyckius ait donné autant d'éclat au mérite de Cuyckius que l'Anti-Coton a fait à celui du Pere Coton.

L'Auteur de l'Anti-Cuyckius étoit un Prêtre Brabantin qui avoit apostasié parmi les nouveaux Réformés de Hollande. Il s'appelloit Henri Boxhorn ou Boxhornius, & quelquefois Boxhorinck, mais je ne vous dirai pas si c'est par corruption, ou si c'étoit le nom de sa famille qu'il avoit changé contre celui de Boxhorn, soit pour cacher

<small>Anti-Cuickius.</small> la bassesse de son extraction sous le nom d'une Noblesse empruntée, soit pour se déguiser à ses Compatriotes & à ses anciens confréres de Religion. Sa chute ne fut pas indifférente à Cuyckius qui avoit un amour très-sincére & très ardent pour la vérité Orthodoxe & pour la gloire de l'Eglise Catholique. Il en eut une véritable compassion; & il ne pût s'empêcher de lui en écrire pour l'exhorter à rentrer dans le sein de l'Eglise qu'il avoit abandonnée. Son exhortation fut imprimée à Louvain l'an 1596. *in*-8°. avec d'autres piéces sous le Titre d'*Epistola Parænetica*, &c. Mais elle trouva Boxhornius dans de si mauvaises dispositions, que loin de produire l'effet qu'elle devoit avoir suivant l'intention de son Auteur, elle l'irrita & l'aigrit jusqu'à le mettre en fureur, & à lui faire vomir mille injures contre un bienfaiteur qui n'avoit eu que de la charité pour lui.

Cuyckius ne se rebuta point & lui récrivit avec plus de force que la premiére fois, mais avec aussi peu de fruit. Ce fut ce second effort qui lui attira un *Anti-Cuyckius* de la part de Boxhornius qui de Renegat voulut s'ériger en Auteur Polémique. Cette Satire fut imprimée à Leyde en Hollande *in*-8°. l'an 1598. Si elle n'a point eu d'autre suite, je crois qu'on peut s'en prendre au mépris qu'en fit Cuyckius.

☞ Henri Boxhornius étoit de cette partie du Brabant qui obéït maintenant aux Hollandois, d'une naissance que personne ne lui reprochoit & d'une parenté à l'obscurité de laquelle on ne trouvoit point à redire. Mais lorsqu'il fut question de prendre une femme à la place de son Bréviaire & de se rendre homme de qualité, il se dit de la Maison des Boxhorns, Noblesse connuë dans le Brabant. Cuyckius crut qu'il devoit revoquer la chose en doute pour rabatre quelque chose de sa vanité, quoique cela ne fût point essentiellement nécessaire à leur controverse. Boxhornius avoit fait ses études à Louvain avec assés de succès, & ayant embrassé l'état Ecclésiastique, il se mit sur les bancs de Théologie & fut licencié dans la Faculté.

Il devint ensuite Doyen du Chapitre de Tienen ou Tillemont en Brabant, & son zèle pour l'Eglise Romaine le fit choisir pour être Inquisiteur. Mais le dégoût du célibat & l'amour des nouveautés le pervertirent, & lui firent prendre parti dans les Hérésies du tems. Il fut Ministre premiérement à Berg ou Monts près de Cléves dans les terres de l'Electeur de Brandebourg, puis à Woerden petite ville de Hollande à cinq milles de Leyden, & enfin à Bréda dans le Brabant Hollandois dans le tems que le Prince Justin de Nassaw étoit Gouverneur de cette Ville. Sa fille mariée à un Ministre de Berg-op-

Zoom nommé Jacques Zuers, fut mere de Marcus Zuerius Boxhornius qui s'est fait connoître par ses écrits.

Henri Cuyckius étoit aussi du Brabant Hollandois, ou pour parler plus juste de la Gueldre unie, puisqu'il étoit natif de Culembourg Ville située sur le Leck entre la Seigneurie d'Utrecht & la Bétuve. Il fit ses Humanités à Utrecht sous George Macropede ou Langwelt qui passoit pour le premier Maître du Pays. Après on l'envoya à Louvain faire sa Philosophie avec son frere Corneille. Il passa ensuite dans l'Ecole de Théologie où il fut Bachelier. Il y avoit neuf ans qu'il étoit à Louvain lorsqu'il fut engagé d'enseigner la Théologie chés les Chanoines Réguliers de Saint Martin, puis à Sainte Gertrude. Ensuite il fut Professeur de la Philosophie Morale dans l'Université pendant quatorze ans. Après il prit le bonnet de Docteur en Théologie; il fut Vicaire Général de l'Archevêque de Malines, & son Official; puis Doyen de Saint Pierre de Louvain, & enfin Evêque de Ruremonde dans la Gueldre Espagnole. Il mourut le septiéme jour d'Octobre de l'an 1609. dans sa Maison Episcopale.

ANTI-FONTANUS.

16. JE vous citerai seulement l'ANTI-FONTANUS de Jean Botsaccus imprimé à Dantzick *in*-12. l'an 1646. puis je passerai à un autre *Anti*.

Pourquoi tant de précipitation, dit Mr de Brillat à Mr de Rintail ? Avés-vous remarqué que nous ayons bâillé durant l'histoire de l'Anti-Coton, & de l'Anti-Cuyckius ? si c'est vous-même qui vous lassés, donnés-moi votre cahier, je vous soulagerai du moins en ce qu'il n'y aura qu'à lire.

Je ne m'estime pas moins courageux que vous, lui répondit Mr de Rintail. Ce n'est pas la fatigue que m'a pû donner la lecture de ces deux *Anti* qui me fait passer si légérement sur l'*Anti-Fontanus*. C'est le défaut de connoissance pour cet *Anti* dont je n'ai jamais vû d'éxemplaire. Je ne sai pas même si ce Fontanus qu'on attaque dans cet Ouvrage étoit Catholique, ou Protestant; parce que Botsaccus écrivoit assés indifféremment contre les Catholiques, les Protestans, & les Sociniens même, comme vous le verrés lorsque je vous parlerai de son *Anti-Crellius* & de son *Anti-Stegmannus*. De quinze ou seize Fontanus de ma connoissance, je n'en vois pas un que l'on puisse prendre pour l'Adversaire de Botsack. Je n'ai donc rien à vous dire jusqu'à ce que quelqu'un de vous, ou de vos amis m'ait procuré la lecture de l'Anti-Fontanus.

Sachons au moins, dit Mr Terlaine, qui étoit ce Bosaccus, cet Auteur de tant d'*Anti*. Il faut, répondit Mr de Rintail, vous réserver cela pour l'Anti-Crellius. Voyons maintenant l'*Anti-Forer*.

ANTI-FORER.

17. Our vous dédommager de l'Anti-Fontanus, je vous donne deux ANTI-FORERS. Vous y mettrés le prix qu'il vous plaira : ils viennent tous deux d'Allemagne. L'un est de Pregitser, & l'autre de Haberkorn tous deux Théologiens Protestans.

L'ANTI-FORER de Pregitzer vid le jour à Tubingue en Suabe l'an 1624. dans la forme que nous appellons *in*-4°. L'Auteur en vouloit au Pere Laurent Forer, l'un des plus ardens des Controversistes de l'Eglise Catholique qui fussent en Allemagne après Gretzer. Ce Pere avoit fait imprimer à Dilling l'an 1623. *in*-4°. un Traité Latin pour la défense des vœux Monastiques qui se pratiquent parmi nous. Voilà tout le sujet de l'*Anti-Forer*, dans lequel Pregitzer a ramassé tout ce qu'il a eu de force pour attaquer les vœux & le célibat.

Cette dispute, dit Mr Terlaine, n'a-t-elle pas eu de suite ? Je n'ai remarqué que cela dans mon cahier, repartit Mr de Rintail. Il me paroît que le Pere Forer ne faisoit point grand cas de son Adversaire, & qu'il aima mieux combattre contre un autre Protestant de l'Université de Tubingue nommé Melchior Nicolai qui lui disputa toutes ses victoires avec plus d'opiniâtreté.

☞ Il faut avouer pourtant que Pregitzer n'étoit pas en petite considération parmi les siens. Il s'appelloit Jean Ulric, il étoit né l'an 1577. dans un village de Souabe nommé Custerding à trois quarts de lieuë de Tubingue; & je m'étonnerois qu'il eût lâché si-tôt le pied devant le Pere Laurent Forer lui qui avoit une barbe capable de faire peur à une armée de François.

Ce petit mot étoit sans doute pour le jeune Mr de Saint Yon qui se mit à rire, & qui repliqua sur le champ qu'il ne faudroit pas oublier cet article dans la continuation que l'on feroit de l'*Apologie de Pierius pour les grandes barbes des gens d'Eglise*. Mr de Rintail pour divertir la compagnie, nous dit que cette petite plaisanterie étoit

I. P.rt. Chap. I. Anti-Catholiques-Protestans. 77

fondée sur ce qu'un jour les Officiers de l'armée Françoise qui étoit Anti-Forer.
en quartier d'hiver à Tubingue, ayant apperçû Mr le Docteur Pregitzer dont la mine leur avoit frappé l'imagination, allérent trouver Mr de Turenne leur Général pour l'en divertir, en lui disant, qu'ils *venoient de voir un homme qui avoit plus de barbe lui seul que tous les hommes de France ensemble.* C'étoit sans y penser faire l'éloge de Pré„ gizer, dit gravement un Auteur Allemand dans son Panégy„ rique (1), parce qu'ils faisoient voir combien les Allemands sont „ plus graves que les François lorsqu'ils ne vivent pas à la Françoise, „ étant certain que si sa barbe ne marquoit pas en lui un grand Phi„ losophe, elle faisoit voir au moins que c'étoit un homme, selon le „ même Panégyriste.

Il fut d'abord Diacre, puis Pasteur, Doyen, & Inspecteur de divers Eglises de son voisinage. Après il fut Professeur en Théologie à Tubingue, & Recteur de l'Université à diverses fois, puis Doyen de la Faculté de Théologie; jusqu'à ce qu'en 1652. le Duc Eberhard de Wirtemberg le fit Prévôt de l'Eglise de Tubingue, & Chancelier de l'Université. Il mourut l'an 1656.

L'Anti-Forer de Haberkorn est un peu plus récent. Son Auteur le publia à Giessen dans la Hesse l'an 1654. *-in- quarto* Ce Protestant prétendoit répondre sous ce Titre à quatre questions qui avoient été proposées aux Luthériens par le Pere Forer, & par d'autres Auteurs Catholiques sur la nature de la nouvelle Réformation, sur l'état de l'Eglise avant Luther, sur son invisibilité, & sur la propagation des Enfans de Dieu par le ministére d'un Sacerdoce corrompu. Le Pere Forer étoit encore au monde pour lors. Et si son grand âge, ou ses autres occupations l'empêchérent d'entrer encore en lice avec les Adversaires de l'Eglise Catholique, il y a grande apparence qu'il se déchargea du soin de réfuter Haberkorn sur quelqu'un de ses Confréres plus jeune & moins occupé. Mais ce Pere étoit mort depuis quelques années, lorsque Haberkorn entreprit la défense de son *Anti-Forer* Il donna d'abord les Réponses qu'il avoit préparées sur la matiére de l'Eglise (2), & sur quelques autres sujets, & il les fit imprimer à Giessen *in-quarto* l'an 1662. sous le Titre de *Vindiciæ Anti-Foreri*, &c. Deux ans après il mit en lumiére le reste de ses défenses dans la même Ville sous le Titre d'*Apologia pro Anti-Forero in* XXXV. *disputationib.* &c.

1 Tob. Wagner in vit. Pregitzeri pag. 1171. ap. Witt.   2 Lipen. Bibl. Theol. Real.

Anti-Forer.

Voilà, Messieurs, ce que j'avois à vous dire de notre second Anti-Forer, & de sa suite; & il y a lieu de s'étonner que Mr Henning Witte avec toute sa curiosité, & son éxactitude n'ait fait aucune mention de ces trois Ouvrages dans le Catalogue qu'il nous a donné des Livres de Pierre Haberkorn.

☞ Il étoit né à Butisbach dans la Wétéravie l'an 1604. le neuviéme de Mai (1). Il fit sa Théologie à Marpurg, où il passa Docteur de la Faculté, & à l'âge de trente-deux ans il fut retenu pour professer la Physique. Mais au bout d'un an le Lantgrave de Hesse le fit Prédicateur de sa Cour, & vers le même tems il prit une femme qui lui donna quatorze enfans, & quarante-six petits-fils qu'il eut le plaisir de voir naître. Il mourut l'an 1676. âgé de près de 72. ans.

Pour le Pere Forer qui s'est trouvé en butte aux traits satiriques de ces deux Adversaires, il étoit né à Lucerne parmi les Suisses l'an 1580. Il fut reçû dans la Compagnie de Jesus âgé de vingt ans & fit les quatre vœux (2). Il enseigna d'abord la Philosophie, puis la Théologie Morale, & la Controverse. Après il fut Chancelier de l'Université de Dilling, puis Recteur du Collége de Lucerne, & enfin Confesseur de l'Evêque d'Ausbourg. Il mourut d'apopléxie à Ratisbonne le septiéme Janvier de l'an 1659. (3).

1 Mich. Heiland apud Witt. Theol.
2 Nath. Sotwel.
3 ¶ Scioppius sous le nom d'Alphonsus de Vargas a plus maltraité le P. Forer que n'ont fait Haberkorn ensemble & Prégitzer. §.

ANTI-GARASSE.

18 M R. Terlaine ayant entendu prononcer le nom d'*Anti-Garasse* (1) à Mr de Rintail, parut surpris comme un homme qui se réveille brusquement. Quoi, s'écria-t-il, le Pere Garasse a été aussi honoré d'un *Anti*? J'en ai d'autant meilleure opinion de lui, & je veux le considérer dans la suite plus que je n'ai fait jusqu'ici. Assurément, lui dit Mr de Rintail, il n'appartient pas à tout le monde de parvenir à l'honneur de voir son nom attaché à un *Anti*. C'est toujours un service que l'on reçoit de ses ennemis: c'est un moyen que ceux-ci ont trouvé d'immortaliser les noms sans qu'on soit obligé de leur en témoigner aucune reconnoissance.

Il n'y a qu'un François, dit Mr de Brillat, qui ait été capable de faire un Anti-Garasse, non plus qu'un Anti-Coton.

Il paroît, reprit Mr de Rintail, que c'est en faveur des Allemans que vous voulés parler: mais les deux exemples que vous venés de nous alléguer, ne seront pas les seuls qui pourront faire voir que l'on a très-grande raison de dire que les Allemans ne sont pas les seuls Auteurs d'*Anti*. Je suis persuadé comme vous que l'Auteur de l'*Anti-Garasse* (2) est un François. Mais du tems du Pere Garasse, il y avoit tant de François du nombre de ceux qu'il consideroit comme des Athées, comme des Libertins, ou comme des Hérétiques, & par conséquent comme des gens capables de faire des *Anti-Garasses* qu'il n'a point été nécessaire de jetter les yeux sur des Catholiques

---

1 ¶ Il n'y a jamais eu de livre imprimé sous le titre d'*Anti-Garasse*, mais seulement une Réponse au P. Garasse, intitulée *Défense pour Etienne Paquier* &c. imprimée à Paris in-8. l'an 1624. Elle a été attribuée avec beaucoup de vraisemblance à Nicolas & Gui Paquier enfans d'Etienne par le soin desquels on présume qu'elle a été faite. Ce n'est que pour abréger qu'on a dit l'Anti-Garasse, de même qu'au lieu des *Recherches des Recherches d'Etienne Paquier*, bien des gens disent l'*Anti-Recherches* ou l'*Anti-Paquier*. Bayle dans son Dictionnaire attribue aux enfans d'Etienne Paquier la Défense qui parut pour leur pére, mais il faut entendre par-là que pour venger sa mémoire ils empruntérent quelque bonne plume. Nul des enfans d'Etienne Paquier n'étoit capable d'une composition si vive. Qu'on voie ce que Nicolas Paquier a essayé la dessus dans le 10. livre de ses Lettres; rien n'est plus froid, ni plus languissant. ¶

2 Imprimé en 1626.
¶ Le livre vulgairement nommé l'*Anti-Garasse*, quoiqu'il n'ait, comme je l'ai remarqué, jamais eu d'autre titre que *Défense pour Etienne Paquier &c*. fut imprimé l'an 1624. & non pas l'an 1626. ce fut à la vérité en 1626. que la *Somme des fautes de la Somme Théologique du P. Garasse*, fut imprimée, livre qui auroit bien pu être intitulé l'*Anti-Garasse*, mais qu'il ne paroit pas que Baillet ait eu en vuë. ¶

Anti-Garaſſe. pour cela. Cependant je ne ſai comme il eſt arrivé qu'il n'y ait preſque eu que des Catholiques au moins de profeſſion, qui ayent été accuſés de ce fait. Je connois des Auteurs & des gens qui ne ſont pas Auteurs, leſquels ne font point difficulté d'attribuer l'*Anti-Garaſſe* à Etienne Paſquier Avocat Général de la Chambre des Comptes. Et leurs raiſonnemens ſur ce point ne paroiſſent pas trop éloignés de la vraiſemblance (1), lorſque l'on conſidére la Compagnie des Jéſuites, ou même la ſeule perſonne du Pere Garaſſe par rapport à Paſquier. Ceux qui ont vû le Livre anonyme intitulé les *Recherches des Recherches* écrit contre Paſquier, & qui ſavent que le Pere Garaſſe en eſt l'Auteur ſelon la remarque même des Peres Alegambe, & Sotwel ne ſeront pas en peine de trouver les motifs qui auroient pû porter Etienne Paſquier à faire un Anti-Garaſſe. Mais d'un autre côté les parens & les amis de Paſquier qui ſe trouvent encore en aſſés grand nombre au Palais, ne veulent pas comprendre qu'un homme de ſa gravité, établi dans la Magiſtrature eût voulu ſe deshonorer de la ſorte par une ſi méchante Satire.

Cette réfléxion fit ſouvenir le jeune Mr de Saint Yon de ce qu'il avoit vû dans Mr Naudé ſur ce ſujet, & il nous dit que ſon Maſcurat lui avoit paru raiſonner d'aſſés bon ſens touchant l'Anti-Garaſſe, & les autres Satires du même caractére. Il fut prié de nous faire part de l'endroit de Naudé, & Mr de Rintail ayant ſouffert volontiers cette interruption, Mr de Saint Yon ouvrit un Livre intitulé *Jugement de tout ce qui a été imprimé contre le Cardinal Mazarin*, & il nous lut ce qui ſuit aux termes de Maſcurat.

,, *Poggius* n'a point noirci la bonne renommée de *Laurent Valle* en
,, le chargeant des plus horribles médiſances que l'eſprit humain
,, pouvoit inventer. Les deux célébres Philoſophes *Patrice*, & *Liceti*
,, n'ont jamais été ſoupçonnés de toutes les vilenies dont *Angelutius*
,, & *Caſtro* les rendoient coupables. Cet impudent *Maſtigophore de*
,, *Fuſil* n'a en rien flétri la bonne renommée de Mr Vivien. L'ANTI-
,, GARASSE, les Recherches des Recherches, l'Anti-Coton, le Banquet des
,, *ſept ſages*, le *Comædin Provençal*, la *Milliade*, qui ſont les plus ſan-
,, glantes Satires de notre tems, n'ont apporté ni honte ni dommage
,, aux *Garaſſes, Paſquiers, Cotons, Servins, Luines, & Richelieux* contre
,, qui elles étoient faites. Et pourquoi cela? Parce que, comme
,, Claudien diſoit fort ſagement: *Opprobriis ſtat nulla fides*. Au con-

---

1 ¶ Le P. Garaſſe n'ayant écrit qu'en 1622. contre Etienne Paſquier, il n'y a nulle vraiſemblance à ſuppoſer que celui-ci, qu'on ſait qui mourut en 1615. lui ait répondu par un *Anti-Garaſſe*. §

traire

„ traire Saint Chryſoſtome maintient que l'offenſé en ce combat
„ eſt beaucoup plus avantagé que celui qui offenſe.

Maſcurat, dit Mr de Rintail, eſt du ſentiment de toutes les perſonnes d'eſprit. C'eſt pour cela que je ne ſuis pas ſurpris que ceux qui s'intéreſſent encore maintenant à la mémoire d'Etienne Paſquier prétendent le diſculper de l'*Anti-Garaſſe* dont ils aiment mieux charger le Poëte Théophile (1) grand Adverſaire du P. Garaſſe qui a vécu dix ans depuis la mort de Paſquier (2).

D'autres eſtiment, ajouta Mr Terlaine, que l'Auteur de l'Anti-Garaſſe étoit un Huguenot diſſimulé, & je vous nommerois quelques Religieux de ce ſentiment ſi vous en étiés en peine.

Paſquier & Théophile reprit Mr de Rintail, ont paſſé pour tels dans l'eſprit de ceux qu'ils avoient autrefois attaqués par d'autres Satires, quoiqu'on les vît aller à la Meſſe, & le dernier eſt encore aujourd'hui conſideré comme un Libertin. Avec ce denoument vous pourrés expliquer la penſée de ceux dans les Ecrits deſquels vous avés lû que l'Anti-Garaſſe eſt une production de l'Héréſie, ou de l'Athéiſme.

☞ Je ne vous dirai rien de la vie, & de la mort de l'Auteur de cette Satire juſqu'à ce que nous le connoiſſions avec toute l'évidence néceſſaire. Pour le Pere Garaſſe, vous ſerés bien aiſe de ſavoir qu'il étoit fils d'un habitant de la Ville d'Engoulême, qu'il nâquit l'an 1585. Qu'il fut reçû chés les Jéſuites l'an 1600. dans le tems du Jubilé ſéculaire. Qu'il fit ſes quatre vœux l'an 1618. & qu'il mourut de la peſte dans l'Hôpital de Poitiers le quatorziéme jour de Juin 1631. âgé de quarante-ſix ans.

---

1 ¶ Il y a deux piéces de Théophile contre le P. Garaſſe, l'une Latine, *Theophilus in carcere*, l'autre Françoiſe: *Apologie de Théophile*, mais on n'a non plus donné à l'une ni à l'autre le titre d'*Anti-Garaſſe*, qu'à la *Cenſure* qu'en 1623. le Prieur François Ogier, alors fort jeune publia contre la *Doctrine curieuſe* du même P. Garaſſe, ni qu'à la *Somme des fautes &c.* de laquelle j'ai parlé ci-deſſus.

2 ¶ Paquier mourut le dernier d'Aout 1615. & Théophile le 25. Septembre 1626. onze ans & 24. jours par conſéquent après Paquier. ¶

ANTI-GESAVITE, ou ANTI-ESAU.

19. Q Uel monftre d'*Anti* allés-vous nous faire voir, dit Mr de Brillat à Mr de Rintail, de quel Pays nous eft venu ce nouvel *Anti*?

De Leipſick, répondit Mr de Rintail. Mais n'allés pas juger du mérite de cette belle & célébre Ville par une production qui lui fait ſi peu d'honneur. La Ville de Leipſick peut être conſidérée comme l'Athéne de la Saxe pour les Savans qu'elle renferme aujourd'hui; mais la beauté & la vertu d'une mere ne la rendent pas toujours aſſés heureuſe pour n'avoir point d'enfans difformes & vicieux.

Votre Anti-Geſavite, lui dis-je, pourroit bien être quelque ſotte alluſion à l'Anti-Jéſuite des Proteſtans (1). Et moi, reprit Mr Terlaine, j'eſtime qu'il y a encore plus de malignité que de puérilité dans la fiction de ce fantôme, & je m'imagine entrevoir l'oppoſition qu'on auroit voulu faire du nom d'un fameux Réprouvé ou qui eſt au moins la figure des Réprouvés avec le nom du Sauveur du Monde que porte une Société célébre dans l'Eglife (2).

C'eſt, repartit Mr de Rintail, tout ce qu'il vous plaira; je dis plus, c'eſt ce que je me ſoucie peu de ſavoir. Je me contenterai de vous dire qu'un Jéſuite d'Allemagne nommé Jean de Mulhauſen ayant mis au jour un Livre contre David Pareus Calviniſte, Profeſſeur en Théologie à Heidelberg ſous le Titre de *ſpeculum Miſeriarum*. Un autre Profeſſeur en Théologie à Leipſick, mais Luthérien nommé Jean Mulman voulut entrer dans la querelle de Pareus, & publia ſon *Anti-Geſavite* contre le Pere Jéſuite l'an 1594. *in*-12. puis l'an 1608. *in*-4°. à Leipſick ſous le Titre de *Diſputationes Anti-Geſaviticæ de Verbo Dei ſcripto, in quibus ſpeculum miſeriarum ſive mendaciorum contra Mulmannum à Johanne Mulhuſiano Apoſtata fabricatum frangitur, tunditur, cernitur* (3).

Vous voyés que c'eſt ſa propre cauſe que ce Mulman entreprend de défendre quoiqu'il paroiſſe que ſon Adverſaire n'en ait voulu qu'à Pareus avec qui Mulman ne devoit pas avoir d'ailleurs grande liaiſon, lui qui avoit pris la plume contre les Calviniſtes en d'autres occaſions. Pour ſoudre la difficulté nous dirions que Jean de Mul-

---

1 Il eſt ainſi appellé dans Lipen, &c.
2 C'eſt dans le même eſprit que Gretſer eſt appellé outrageuſement Monachus *Eſavvita* par Leonhard Hutter. Et *Eſavviticus* par Hailbrunner.
3 Ap. Witt. tom. 1. Theol. pag. 76.

haufen auroit encore fait un *speculum Miseriarum* différent de celui que nous avons cité, si quelqu'un l'avoit dit avant nous. Il est vrai qu'il fit depuis un supplément à son Ouvrage intitulé : *Auctarium speculi Miseriarum* imprimé à Maïence *in-*8°. l'an 1606. Mais cela regarde encore Pareus. Toutefois il se peut faire que Mulman ait considéré comme écrit contre lui un Livre où il avoit peut-être été repris & noté en passant.

☞ Jean Mulman étoit né dans une bourgade appellée Pegaw le 28. (18.) de Juin de l'an 1573. A vingt & un ans il vint à Leipsick faire sa Philosophie & sa Théologie. En 1599. il fut fait Diacre à Naumbourg; en 1604. Pasteur ou Ministre à Lauch; & neuf mois après Archidiacre de Saint Nicolas à Leipsick. Il y passa Licentié en Théologie l'an 1606. & fut ensuite Professeur en cette Faculté après la mort de Zacharie Schilter. Il se maria pour la première fois en 1599. & pour la seconde en 1608. Ayant laissé des Enfans de ces deux lits, il mourut l'an 1613. âgé de quarante ans & quelques mois.

Jean de Mulhausen dont le surnom paternel étoit Spitznaes, étoit né à Mulhausen Ville Impériale de Turinge, de parens Luthériens, & fut élevé dans la Religion du Pays. Parmi les préjugés dont les Protestans ont coutume de prévenir leurs enfans contre la Religion Catholique, on lui avoit fait entendre que le Pape étoit un monstre, & une bête à cornes. Lorsqu'il fut en état de voyager, il alla à Rome, & l'une de ses curiosités fut de voir le Pape. Il s'attendoit à voir un monstre, & se préparoit à compter ses cornes; mais il fut si surpris de voir que le Pape n'étoit qu'un homme, que le dépit d'avoir été si grossiérement trompé jusqu'alors, le jetta heureusement dans l'Eglise Catholique, & de-là dans la Société des Jésuites où il fut admis le vingt-quatriéme jour de Juin de l'an 1585. Voilà ce qui lui a attiré le nom d'Apostat de la part de son Adversaire dans le Titre de son Anti-Gesavite. Après la Philosophie, il enseigna la Théologie à Maïence pendant huit ans. Mais ayant été établi Préfet, ou Principal du Collége des Jésuites de Treves, il y mourut d'apopléxie le dix-huitiéme jour de Septembre de l'an 1609.

ANTI-GONTIER, ANTI-GOURNAY.

20   Voici, Messieurs, continua Mr de Rintail, une autre Satire contre quelqu'un des membres de la même Compagnie. Elle a deux Titres, celui d'ANTI-GOURNAY, & celui d'ANTI-GONTIER; je veux dire que c'est un monstre à deux têtes.

Le monstre, dit le jeune Mr de Saint Yon, n'est donc pas encore si effroyable que Cerbere.

Je n'ai presque rien à vous dire sur ce sujet, reprit Mr de Rintail en tournant la tête vers Messieurs Terlaine, & de Brillat, parce que je ne suis pas encore parvenu à pouvoir rencontrer cette piéce. Je vous avouë que le Titre d'*Anti-Gournay* (1) est un myftére pour moi, & j'ai sujet de douter même si je comprens quelque chose à celui d'*Anti-Gontier*. Il est vrai que le premier de ceux que j'aurois pû prendre pour objet de cette Satire, & qui soit venu à ma rencontre, a été le Pere Gontier, ou Gontery Jésuite célébre du tems de Henri IV. né à Turin en Piémont, mais élevé en France, & accoutumé à prêcher, à disputer, & à écrire en notre Langue. Cependant je trouve dans l'un des Livres du Pere Richeome que le Pere Theron autre Jésuite de ces tems-là, est traité dans l'*Anti-Gontier* comme le Pere Coton dans la Satire de l'Anti-Coton. Je vous rapporterai mot pour mot l'endroit de mon Auteur avec lequel je finirai.

L'*Anti-Gournai*, ou *Anti-Gontier* doit être mis ès premiers rangs entre les tiens (2), (il parle des compagnons ou associés de l'Anti-Coton, des conjurés contre la Compagnie des Jésuites) „ ton fils „ spirituel *Anti-redoublé* te ressemblant comme le corbeau ressemble „ au corbeau, Auteur à deux Titres, & Serpent à deux têtes. Son

---

1 ¶ Bayle dans l'endroit que j'ai cité plus haut en son Dictionnaire au mot *Gournay*, lettre C. rapporte quelques passages du Libelle intitulé *Remerciment des Beurieres au sieur de Courbouzon*, desquels il conclud, sur ce que la Demoiselle de Gournay y est maltraitée, qu'elle avoit apparemment écrit quelque chose pour les Jésuites à l'occasion de l'Anti-Coton. C'est aussi elle indubitablement que le P. Richeome dans son *Examen catégorique du Libelle Anti-Coton*, désigne sous le nom d'*Amazone*. A l'égard du P. Gontier ce furent plutôt ses Prédications qui lui attirérent l'*Anti-Gontier* qu'aucunes Apologies qu'il eût publiées pour sa Société contre le même Anti-Coton. Le Pere Théron fut mêlé dans cette Satire par rapport à quelques vers de sa façon qui déplurent aux Adversaires des Jésuites. Touchant le talent de ce Pere pour la poësie Latine, voyés Balzac Lettre 5. du 6. livre à Chapelain, où *Téron* est écrit pour *Théron*. ¶

2 Exam. Catégor. du Lib. Anti-Co. pag. 255. 256.

„ œuvre eſt Françoiſe, & de grande importance, & doit être en-
„ tenduë de tous. C'eſt pourquoi il la gloſe en Grec par des additions
„ de trois à quatre Vers qui déclarent fort bien le ſens de ſa tête. Il ne
„ vomit que cantharides, que chiens, que ſcorpions, que mou-
„ cherons, que crocodiles, que viperes, que peſtes, & autres
„ ordures, & bêtes abominables. Il parle à trois Langues: Grec,
„ Latin, & François comme un Démon, & comme Toi. Et comme
„ un Serpent monſtrueux il jette le venin de toutes contre les Jéſuites,
„ leſquels il tuë, & chaſſe à grand erre, & dit que le loup ſauvage les
„ chaſſe, & dit vrai. C'eſt le loup infernal qui nous chaſſe par les hur-
„ lemens des Miniſtres qu'il a rendu Loups. Il te faudra prendre
„ garde à la ſanté de cettui-ci ſur tous, tu lui es obligé : car il louë
„ comme bon ſerviteur ton œuvre; qu'il appelle beau, docte, &
„ très-utile Livre, & en fait l'abrégé. Il calomnie le Pere Theron de
„ même façon que tu as calomnié le Pere Coton, &c.

L'Auteur de l'Anti-Gontier m'étant inconnu, je n'ai rien à vous dire de ſon hiſtoire, diſpenſés-moi auſſi de vous faire celle du Pere Gontier, & du Pere Theron, afin de paſſer plutôt à un autre Anti.

ANTI-GRETSER.

21 JE connois peu d'Auteurs Catholiques qui ſe ſoient expoſés perſonnellement au chagrin, & à la mauvaiſe humeur des Proteſtans plus que Jacques Gretſer. C'étoit un homme de cœur à qui les dangers en matiére de Controverſe n'avoient jamais fait tourner le dos. Il attaqua ſouvent, & fut attaqué à ſon tour par divers ennemis de l'Egliſe Romaine. Vers le commencement de notre ſiécle, un habile Luthérien envoya de Wittemberg en Saxe un ANTI-GRETSER contre lui.

Si vous éties en peine de ſavoir ce que Gretſer a fait de ſon côté contre Hunnius, je vous citerois ſon *Labyrinthe* (1); & un autre Ouvrage où il répond aux Thèſes de Hunnius, imprimés l'un & l'autre l'an 1602. c'eſt-à-dire l'année même du fameux Colloque de Ratiſbonne dont il eſt tant parlé dans ces Ouvrages. Mr de Rintail paſſoit déja aux circonſtances de la vie de Hunnius, lorſque je pris la liberté de lui dire qu'en mon particulier je n'avois plus grand ſujet

---

1 Ce Labyrinthe eſt attribué ailleurs au P. Adam Tanner par Alegambe & Sotwel, ſelon Mel. Ad. tom. 1. p. 729.

Anti-Gretser. d'être satisfait de sa briéveté, d'autant qu'il suppofoit souvent les choses au lieu de les expliquer, comme si ceux qui l'écoutoient, eussent été obligés de les savoir comme lui.

Voudriés-vous, me répondit-il, que je m'étendisse en des récits d'affaires qui n'ont rien d'essentiel à mon dessein, qui n'ont pas même de rapport nécessaire avec mon sujet? Pour vous marquer néanmoins les égards que j'ai pour tout ce qui vient de vous, je vous dis en deux mots, mais sans conséquence pour l'avenir, que Phi-

De Neubourg. lippes-Louis Duc Palatin de Neubourg, & Maximilien Duc de Baviére dans le dessein de contribuer quelque chose à la réünion des esprits sur les points de la Religion dans leurs Etats, convoquérent une assemblée de Théologiens tant Luthériens que Catholiques à Ratisbonne. Le Colloque commença sur la fin de l'an 1601. & ne finit apparemment qu'au commencement de l'année suivante. C'est l'expédient que je trouve pour accorder six ou sept Auteurs partagés dont les uns mettent le Colloque en 1601. & les autres en 1602. Notre Hunnius fut l'un des principaux Théologiens qui s'y trouvérent du côté des Luthériens; & je vous nomme le P. Gretser & le P. Tanner tous deux Jésuites entre les autres Théologiens que produifit le Duc de Baviére. Il en fut de ce Colloque comme des combats où la Victoire ne se régle pas sur le nombre des morts. Chacun prétendit en être sorti avec avantage, on en fit des Rélations de part & d'autre, & des Traités tant en Latin qu'en Allemand jusqu'au nombre de plus de vingt. Parmi ces Ecrits j'en ai remarqué un en Langue vulgaire concernant le triomphe des Jésuites imprimé à Tubingue Ville Luthérienne l'an 1603. in-4°. & un en Latin composé par Hunnius & publié à Wittemberg en Saxe la même année en la même forme sous le Titre d'*Epistola Consolatoria cum notis*. Je vous laisse à conjecturer de ces deux écrits de quel côté la Victoire s'étoit rangée, il me suffit de vous dire que Hunnius tâcha de vanger son parti par un *Anti-Tanner* dont je vous parlerai ailleurs, & par l'*Anti-Gretser* sur lequel le P. Gretser ne put s'empêcher de faire des Réfléxions. Elles furent imprimées à Ingolstad quelque tems après, & insérées depuis parmi quelques autres de ses œuvres sous le Titre d'*Admonitio de Anti-Gretsero*.

Ce n'est pas assés d'avoir contenté Mr de Verton, continua Mr de Rintail en s'adressant à Messieurs de Brillat & Terlaine, il faut aussi donner quelque chose à votre satisfaction, vous qui demandés toujours des circonstances de la vie des Auteurs des Ouvrages desquels on vous entretient.

I. PART. CHAP. I. ANTI-CATHOLIQUES PROTESTANS.

Anti-Gretſer.

☞ Gilles Hunnius naquit dans un Village du Duché de Würtemberg en Soüabe appellé Winend l'an 1550. le 21. de Décembre jour de Saint Thomas. Il fit ſes premiéres études dans les Monaſtéres d'Adelberg & de Maulbrunn où il trouva des camarades dont il ne fut guéres ſatisfait. Il fit enſuite ſa Théologie à Tubingue où il devint Préfet des Bourſiers du Duc de Würtemberg. Après il fut Théologal à Marpourg dans le Lantgraviat de Heſſe. Il prit une femme qui lui fit pratiquer le précepte de Saint Paul en le garantiſſant de l'irrégularité qui produit la Bigamie (1). Vous comprenés bien la nature de cette obligation qu'il avoit à ſa fidéle compagne. Il eut beaucoup de combats à livrer & à ſoutenir tant de la part des Sacramentaires ou Calviniſtes-Zuingliens, que de celle des Flacciens ou Illyriciens, c'eſt-à-dire, des Luthériens rigides. A propos de quoi il eſt bon de remarquer que ce fut lui qui après l'an 1580. introduiſit dans les Ecoles Luthériennes l'opinion contraire au dogme de la Prédeſtination abſoluë qui avoit été enſeigné communément entre les Luthériens pendant près de 40. ans. Ce qui le fit accuſer de Pélagianiſme par ſes Confréres. L'an 1592. il fut fait Profeſſeur en Théologie à Wittemberg en Saxe & *Aſſeſſeur du Conſiſtoire* ; & deux ans après Paſteur & Surintendant de la Ville & Diocèſe de cette Ville. Il mourut le 4. d'Avril de l'an 1603.

Jacques Gretſer naquit à Marckdorff bourgade près du lac de Conſtance ſur les confins de la Soüabe & des Suiſſes vers l'an 1561. Il entra chés les Jéſuites l'an 1577. à Ingolſtad en Baviére où il enſeigna depuis la Philoſophie, la Théologie Morale & Scholaſtique. Vous ſavés qu'il avoit joint une érudition fort diverſifiée avec une vivacité d'eſprit ſurprenante. De ſorte que ſes Compatriotes qui ne ſavoient pas qu'il avoit encore plus d'humilité que de ſcience, députérent un jour à Ingolſtad pour le tirer & le faire peindre, afin de pouvoir conſerver dans leur Hotel de Ville le portrait d'un homme qui faiſoit tant d'honneur à ſa Patrie. Il renvoya les députés avec indignation, diſant *que s'ils étoient curieux d'avoir ſon portrait, ils n'avoient qu'à faire peindre un Aſne* (2) : en quoi je trouve que ſa vertu étoit un peu moins facile & moins complaiſante que celle de quelques-uns de nos ſavans Réguliers qui veulent bien s'humaniſer juſqu'à ſouffrir qu'on les tire & qu'on multiplie leurs portraits par le monde.

Gretſer mourut à Ingolſtad le 29. de Janvier de l'an 1625. âgé de 63. ans.

*Remettés ici l'*ANTI-HUNNIUS *dont il eſt parlé à l'article 79.*

1 Unius uxoris maritus Vit. Hun. p. 730. M. Adam.   2 Aleg. & Sotwel. Bibl. S. J.

ANTI-JANSENIUS.

22. SI vous n'eussiés nommé cet *Anti*, dit Mr de Terlaine à Mr de Rintail, j'allois vous demander s'il n'y avoit eu que des Jésuites parmi les Catholiques qui eussent eté exposés à la Satire, ou si vous voulés, à l'inhumanité des Hérétiques.

Pour moi, ajouta Mr de Brillat, je ne suis pas surpris d'entendre parler d'un *Anti-Jansenius*, quand je songe au grand nombre des Adversaires que Jansenius a eus dedans & dehors l'Eglise.

Je vous demande un peu de patience, reprit Mr de Rintail, afin de n'aller pas trop vîte dans nos jugemens, & de ne point confondre les objets de nos *Anti*.

L'Auteur de mon Anti-Jansenius étoit un Luthérien, Ministre de Hambourg, nommé Jean Müller qui n'avoit pû digérer l'affront que lui avoit fait Jansenius en réfutant un écrit qu'il avoit composé en faveur de son Luthéranisme. Le Livre de Jansenius sur ce sujet fut imprimé à Anvers l'an 1631. *in* 8°. sous le Titre de *Defensio Fidei Catholicæ & Apostolicæ Romanæ, opposita Appositioni necessariæ Joannis Mulleri Lutherani Prædicantis Hamburgensis.*

Muller se sentant poussé avec un peu plus de vigueur qu'il n'auroit souhaité pour la cause qu'il défendoit, prit à parti la personne-même de Jansenius, & se mit en devoir de lui répondre. Mais n'ayant pas meilleure opinion de la patience d'autrui que de la sienne, il lâcha par avance un précurseur de son *Anti-Jansenius*, je veux dire un prélude de la Réponse qu'il méditoit contre son Adversaire. Cela fut imprimé à Hambourg l'an 1632. *in* 12. sous le Titre de *Prodromus Anti-Jansenii*.

Mais l'année n'étoit pas encore à son mois de Décembre lorsqu'on vit enfin paroître la Réponse dans la même Ville, *in*-4°. sous le Titre d'*Anti-Jansenius, hoc est, necessaria Responsio ad defensionem Fidei Catholicæ Romano-Apostolicæ*, ce qui fut réimprimé deux ans après dans la même Ville *in*-8°.

Voilà ce que je sai de cet Anti-Jansenius. Vous voyés que son histoire est courte. Quoi, dit Mr Terlaine, Jansenius en seroit demeuré là? Quoi il auroit fini le premier? Peut-être que non, répondit Mr de Rintail, si ses Supérieurs ne l'eussent occupé aux Missions & aux Prédications. Je vous dirai néanmoins qu'un de ses freres (selon la chair & le sang) s'étoit chargé de repliquer pour lui

contre

I. PART. CHAP. I. ANTI-CATHOLIQUES PROTESTANS.

contre Muller, mais l'Ouvrage fit naufrage avec son Auteur, qui Anti-Janfenius. périt malheureusement sur mer l'an 1636. dans un voyage qu'il faisoit de la Hollande à Rome.

Mr de Brillat ne paroissant pas entiérement satisfait de cette histoire prit la parole. C'est un énigme que vous nous proposés, dit-il, plutôt qu'un récit historique, que nous venons d'entendre. Vous nous avés parlé de Supérieurs à l'égard de Janfenius, comme s'il avoit été quelque Moine : & vous voulés sans doute nous faire deviner qu'il pourroit avoir eu des freres de Couvent lorsque vous nous avés cité un de ses freres selon *la chair & le sang*.

☞ Si vous croyés plaisanter, vous vous trompés vous-même, repartit Mr de Rintail; je vois bien maintenant que l'équivoque du nom de cet Auteur a mis de la confusion dans vos idées. Aprenés donc que ce Jansenius étoit un Religieux Dominicain de Hollande, nommé *Nicolas*, & surnommé quelquefois *Boy*. Il étoit natif de Ziriczée en Zelande, Licencié en Théologie, & célébre Prédicateur dans la Ville d'Anvers. Mais étant allé en Dannemarck en qualité de Missionnaire Apostolique pour travailler à la conversion des Peuples, il y mourut peu de tems après avoir publié ce qu'il avoit écrit contre Muller. Il avoit trois freres tous Religieux de Saint Dominique comme lui, savoir Leonard, Cornelius & Dominique; singularité que j'ai voulu vous faire remarquer. Cornelius étoit celui dont je vous ai parlé, qui se noya en allant à Rome, & qui avoit fait l'Apologie de Nicolas. Il portoit la qualité de Lecteur en Théologie à Boulogne, & il étoit au moins le troisiéme de son nom, & l'onze ou douziéme de son surnom dans la République des Lettres.

Pour Jean Muller Auteur de l'Anti-Jansenius, il étoit né a Breslaw en Silésie le seiziéme Juin de l'an 1598. Il fit ses études dans sa Ville natale, puis à Wittemberg, & ensuite à Leipsick. Après il fut Professeur en Philosophie à Wittemberg, & il compta pour beaucoup l'honneur qu'on lui fit de le loger dans la chambre que le Patriarche Luther avoit habitée lorsqu'il demeuroit à Wittemberg. Deux ans après il fut Inspecteur à Lunebourg, & Ministre ou Pasteur de la Paroisse de Saint Michel, & enfin Pasteur de Saint Pierre & Saint Paul à Hambourg en 1626. Il passa Docteur en Théologie à Wittemberg l'an 1641. & il fut créé Sénieur, ou l'Ancien du Ministére de la Ville & Diocése de Hambourg en 1648. Il étoit Bigame avant que d'être Docteur en Théologie. Il s'étoit marié pour la première fois en 1623. & pour la seconde en 1629. Il eut la joie de voir sortir de l'un & de l'autre lit des enfans, & des petits-fils; puis il mourut subitement comme il alloit monter en chaire le jour de Saint Michel 29. de Septembre de l'an 1672. âgé de 74. ans seize semaines & deux jours.

ANTI-JESUITES.

23. QU'avés-vous donc fait de l'Anti-Jansenius de Mr Moraines, dit Mr Terlaine à Mr de Rintail lorsqu'il le vit passer à d'autres *Anti* ? Je vous ai écouté sans interruption, & sans impatience jusqu'à la fin de votre Anti-Jansenius de Muller, mais il n'est plus tems de dissimuler. Si je ne connoissois d'ailleurs l'Anti-Jansenius de Moraines, je ne me serois pas apperçu de votre omission, pour ne pas dire de votre infidélité.

Si vous connoissés ce Mr Moraines, répondit Mr de Rintail, vous devés vous souvenir que ce n'étoit pas un Hérétique; & que je ne vous parle ici que des *Anti* d'Hérétiques contre les Catholiques. Le seul Titre d'ANTI-JESUITE en feroit foi, quand tous les autres *Anti* de la conversation d'aujourd'hui feroient venus à me manquer.

Je ne sai si vous avés pris garde que les Hérétiques ont presque toujours fait l'honneur aux Jésuites de rendre le nom de leur Compagnie réciproque avec celui de l'Eglise Romaine. La notion du nom de Jésuite est souvent aussi étenduë dans la plupart des Ecrits des Protestans que celle du nom de Catholique : de sorte que soit qu'ils y ayent voulu entendre finesse, soit qu'ils ayent agi bonnement, ils n'ont jamais fait difficulté de publier que la doctrine des Jésuites est celle des Catholiques Romains, & la doctrine des Catholiques Romains celle des Jésuites.

Je vous vois venir, dit Mr de Brillat, vous tendés à nous faire conclurre qu'un *Anti-Jésuite* n'est donc autre chose qu'un *Anti-Catholique*, ou pour parler comme les Protestans un *Anti-Papiste*.

Vous l'avés dit, repartit Mr de Rintail; mais quoique personne ne s'avisât de chicaner les Protestans sur l'intention qu'ils ont euë de confondre l'espéce avec le genre, les Jésuites auront toujours sujet de leur reprocher cet esprit de singularité qui leur a fait inventer le nom d'Anti-Jésuite depuis que la Providence a fait venir Saint Ignace dans ce monde.

Où étoient donc, reprit Mr Terlaine, les Anti-Jésuites avant

I. PART. CHAP. I. ANTI-CATHOLIQUES PROTESTANS.

Saint Ignace ? Car enfin je ne suis pas en peine de trouver des Anti-Catholiques avant lui. Je ne vous oblige pas de me montrer des Anti-Papes avant Saint Pierre.

Vous croyés me surprendre, repliqua Mr de Rintail, en me faisant des questions semblables à celles que Tertullien faisoit aux Hérétiques de son tems lorsqu'il leur demandoit où étoient les Marcionites avant Marcion. Mais je veux à mon tour vous faire une question; & sur la réponse que vous me donnerés, je vous promets de régler la mienne. *Jesus Fils de Marie est-il le Christ* ? Oui certainement, répondit Mr Terlaine, & je tiens pour blasphémateur, & pour Juif tout homme qui oseroit répondre autrement que moi à une pareille question. Vous m'avouerés donc aussi, repartit Mr de Rintail, que tout ce qui est opposé au *Christ* l'est aussi à *Jesus*. Je l'avouë, repartit Mr Terlaine. Si-bien repliqua Mr de Rintail, qu'un *Ante-Christ* est un *Anti-Jesus*, & réciproquement un Anti-Jesus sera un Ante-Christ. Je le veux encore, dit Mr Terlaine : un Anti-Jésuite sera donc la même chose aussi qu'un Anti-Chrétien, reprit Mr de Rintail.

Alors Mr Terlaine se trouvant un peu embarassé, lui répondit : Je ne suis pas assés exercé dans l'art des Sophismes pour vous débrouiller ce qui fait ma difficulté dans votre raisonnement. J'aime mieux vous accorder votre conclusion, que de retourner en Logique : mais quelle conséquence prétendés-vous en tirer ?

Je prétens, dit Mr de Rintail, vous faire conclurre qu'il y a eu des Anti-Jésuites dès qu'il s'est trouvé des Anti-Chrétiens dans le monde, & qu'ils sont par conséquent aussi anciens que Saint Jean l'Evangéliste.

Alors Mr de Brillat voulant tirer Mr Terlaine d'intrigue, dit que Mr de Rintail ne parloit que dans un sens général qu'on ne pouvoit pas nier, mais que Mr Terlaine qui n'envisageoit que le sens particulier n'avoit pas eu tort de rapprocher les *Anti-Jésuites* au deça de Saint Ignace. Mais, ajouta-t-il, ceux qui aiment les longues généalogies ne pouvant faire remonter cette race d'*Anti*, je veux dire des ennemis des Jésuites, au-dessus de ce saint Patriarche, pourront la faire descendre jusqu'à la fin des siécles.

Il faut, dit Mr Terlaine, être inspiré pour parler de la sorte, je ne vous trouve pas assés obscur pour un Prophéte, & je vous estime un peu trop hardi pour un homme qui n'a pas tout le crédit qu'il lui faudroit pour pouvoir cautionner l'avenir. Mais tout de bon, est-ce par inspiration que vous avés appris qu'il y auroit des Anti-

Jéſuites juſqu'à la fin du monde?

Je crois voir la penſée de Mr de Brillat, reprit Mr de Rintail ; ou il me dira que je me trompe, ou il veut dire que l'on verra des Anti-Jéſuites tant qu'il y aura des Jéſuites. Mais il me permettra de lui dire que je ne ſouſcrirois pas volontiers à ſon ſentiment.

A vous dire le vrai, je ſuis aſſés de l'avis d'un Pere Jéſuite qui a publié depuis quelque tems *la Défenſe des nouveaux Chrétiens*, &c. contre un Moraliſte de Port-Royal, & contre un Miniſtre de Roterdam. Cet Auteur s'explique aſſés nettement ſur la durée qu'il donne aux Ennemis de ſa Compagnie que j'appelle toujours *Anti-Jéſuites*.

Vous allés l'entendre parler (1). ,, Leur grand crime, (dit-il par-
,, lant des Jéſuites) & qui ſera toujours irrémiſſible, c'eſt d'avoir
,, des Prédicateurs dans les Chaires, des Ecoliers dans leurs Col-
,, léges, & des perſonnes qui ſuivent leur direction : c'eſt d'avoir
,, quelque part aux emplois Eccléſiaſtiques, & à la confiance des
,, Princes. Tant qu'ils ſeront coupables de ces péchés-là, tant qu'ils
,, auront quelque crédit dans le monde, & quelque zèle pour la
,, Religion, jamais ils ne ceſſeront d'être des eſprits &c. Cela veut
,, dire qu'ils ne manqueront jamais d'*Anti-Jéſuites*. Mais, continuë
,, l'Auteur, s'ils venoient quelque jour à ne plus prêcher, ne plus
,, confeſſer, ne plus enſeigner, ne plus écrire, ne plus ſe mêler
,, d'aucune des fonctions qui regardent le Prochain, ne plus s'op-
,, poſer aux entrepriſes des Ennemis de la Foi : alors ils peuvent
,, s'aſſurer, &c. . . . . . c'eſt-à-dire qu'ils verront tomber alors tous les *Anti-Jéſuites* à leurs pieds, & diſparoître leur nom & leur mémoire de deſſus la terre.

Si les Jéſuites continuent de prêcher, d'écrire & de diriger juſqu'à la fin des ſiécles ; ou l'on me prendra pour un faux Prophéte, ou l'on verra les Anti-Jéſuites durer juſques-là : & joindre leurs forces avec celles de l'*Ante-Chriſt* pour venir fondre ſur notre Poſtérité.

Après tout il faut avouer qu'on n'a preſque vû que des Hérétiques qui ayent oſé porter le nom d'Anti-Jéſuites à la tête de leurs Livres. Leurs autres ennemis ſe ſont ſouvent contentés de l'être ſous le maſque ſans en prendre la qualité. N'attendés pas que je vous donne ici quelque ample Catalogue des premiers. Je ne me ſuis jamais

---

1 l'art. 1. pag. 2. 5.

I. PART. CHAP. I. ANTI-CATHOLIQUES PROTESTANS.

senti trop de passion pour les lire, moins encore pour en faire des Recueils.

Le premier que je trouve sur ma feuille est l'ANTI-JESUITE de *Jean de Serre* Ministre Huguenot. C'est une piéce que je confondrois volontiers avec l'*Anti-Jésuite* qui parut *in*-8°. du tems de Henri le Grand sans nom d'Auteur, d'année, ni de lieu d'impression, circonstances ordinaires des Satires & Libelles diffamatoires. Je ne crois pas même qu'on le doive distinguer de celui dont le Pere Richeome fait mention parmi les Camarades de l'Anti-Coton. Voici ce qu'il en dit aux termes du langage de son siécle (1). Entre „ les premiers (il parle à l'Anti-Coton) est l'*Anti-Jésuite* ton Colla-„ téral, & *Anti* comme toi. Ce pauvre Pantois passionné est toujours „ à la grosse haleine & n'en peut plus ; tant il est échauffé & harassé „ à crier & heurler contre les Jésuites. Il les veut chasser de la „ France à fine force & sans rémission, & avec eux le Code & „ le Digeste, le Droit Canon, les Langues Latine & Grecque, & „ tous les bons Livres, afin que personne ne soit plus savant que „ lui.

Le second, continua Mr de Rintail disant qu'il ne s'arrêtoit pas éxactement à l'ordre des tems; le second, dit-il, est une piéce Latine pareillement anonyme, intitulée *Gratianus Anti Jesuita*, id est, *Canonum ex scriptis veterum Theologorum à Gratiano in illud volumen, quod Decretum appellatur, collectorum, & Doctrinæ Jesuiticæ ex variis istius sectæ Matæologorum scriptis excerptæ collatio, à quodam studioso veritatis instituta.*

Les Hérétiques firent imprimer cet Ouvrage pour la premiére fois l'an 1586. *in*-8°. & ils le remirent sous la Presse à Giessen l'an 1615. Je ne vous dirai rien du chagrin & de l'indignation avec laquelle les Catholiques regardérent ce Livre: je me contenterai de vous faire remarquer qu'on a eu grand soin de l'inférer dans l'index du Pape Alexandre VII. & dans celui de Sotomajor, je veux dire qu'il a été proscrit par les Inquisitions de Rome & d'Espagne (2).

Le troisiéme *Anti-Jésuite* est un Calviniste des plus animés contre les Catholiques. Comme il étoit fort connu sous son nom, & par ses emportemens, il eut la discrétion de se cacher sous le masque de Joachimus Ursinus ; mais il fut assés hardi pour se donner le surnom d'*Anti-Jésuite*, au lieu de la laisser porter au Titre de son Livre.

---

1 Exam. Cat. p. 250. 2 Ind. lib. prohib. Alex. VII. p. 56. Ind. Ant. Sotomay. p. 474.

Anti-Jéſuites. C'eſt donc ſous le nom de *Joachimus Urſinus Anti Jeſuita* que cet ennemi de l'Egliſe Romaine fit paroître une groſſe & ſanglante Satire en Latin non pas contre les Jéſuites en particulier quoique ç'eût été ſon intention, mais contre les Religieux & le Clergé, & généralement contre tous les Chrétiens qui font profeſſion de la foi Catholique ſous la direction du Pape & des autres Succeſſeurs des Apôtres. L'Ouvrage de cet Anti-Jéſuite a pour Titre, *Je uitici Templi ſtupenda.* 1°. *de Idololatrica invocatione, & ſalutatione Angelica, unà cum horrendis blaſphemæ adorationis & ſuperſtitioſæ conſecrationis creaturarum exemplis.* 2°. *De Patrociniis Sanctorum quos Monachi quibus rebus Deos atque Deas tutelares aſſignarint.* 3°. *De Sanctorum reliquiis &c.* & il fut imprimé à Francford *in-*8°. puis à Amberg en la même forme l'an 1610. Je ne vous dis rien maintenant de l'Auteur de cette Satire, mais nous pourrons y revenir lorſque je vous parlerai de l'Anti-Machiavel.

Celui que j'ai à vous propoſer comme le quatriéme des *Anti-Jéſuites* de mon cahier, continua Mr de Rintail, vient d'un Luthérien d'Allemagne nommé Herman Samſon, & il ſe trouve renforcé d'un autre Anti-Jéſuite que ce Samſon lui donna pour être le compagnon inſéparable de ſa fortune. Ils parurent enſemble à Gieſſen au Lantgraviat de Heſſe l'an 1605. *in-*4°. ſous le Titre Latin de *Anti-Jeſuita primus, & ſecundus, ſive, Diſcuſſio & Confutatio ſolida quæſtionum aliquot quas Laurentius Nicolai Jeſuita tractat initio Libri ſui quem inſcripſit:* Confeſſio Chriſtiana de via Domini, &c. Le Livre que le Luthérien attaquoit par ſes deux Anti-Jéſuites, avoit été publié à Cracovie en Pologne dès l'an 1604. *in-*4°. & le Pere Laurent Nicolaï de Nortwergue y avoit montré les veſtiges du chemin que les Peuples de Danemarck, de Nortwegue, & de Suéde avoient tenu dans le Chriſtianiſme depuis ſix cens ans pour faire voir combien les Prétendus Evangéliques ou Réformés de ces Pays s'étoient écartés de cette route. Le procès que Samſon voulut lui ſuſciter ſur ce ſujet, n'eut pourtant pas beaucoup de ſuite ; ainſi je finirai en vous diſant en deux mots quels étoient ces deux perſonnages.

☞ Herman Samſon qui s'eſt acquis beaucoup de réputation parmi les Proteſtans, étoit natif de Riga en Livonie qui eſt maintenant de la domination des Suédois. Il fut élevé en Allemagne, & fit ſes études à Wittemberg, à Roſtock, &c. Il retourna enſuite dans ſon Pays où on le fit profeſſeur en Théologie, Paſteur dans la principale Egliſe, & Surintendant (à la Luthérienne) de tout le Dioceſe de Riga. Il mourut dans cette Ville l'an 1643.

Le Pere Laurent Nicolaï portoit véritablement le surnom de Nortwegue qui étoit celui de sa famille, quoiqu'il fût d'ailleurs natif du Royaume de ce nom. Il vint au monde l'an 1538. il étoit déja Prêtre, & Docteur en Théologie lorsqu'il entra dans la Compagnie des Jésuites. Il y vêquit pendant 59. ans tant en Pologne, en Autriche, en Bohéme, en Moravie, & dans les Pays-Bas, qu'en Suéde, & en Dannemarc. Il mourut à Vilna dans la Lithuanie le cinquiéme jour de Mai de l'an 1622. âgé de 84. ans.

Enfin, Messieurs, je veux à quelque prix que ce soit vous tenir la parole que je viens de vous donner, de finir ici l'article des *Anti-Jésuites*. C'est pour y être encore plus fidéle que je supprime ce que j'avois à vous dire de ceux de divers Protestans tels que Misler, Christians, Affelman, Grawer, Meyfart, & de quelques autres *Anti-Jésuites* que personne n'ose reclamer, & qui ont été abandonnés dès leur naissance comme des enfans illégitimes, ou comme des avortons, par ceux qui leur avoient donné le jour.

ANTI-KEDDIUS.

24 JE vous ai délivrés, continua Mr de Rintail, des Anti-Jésuites généraux comme de Satires vagues, dont le récit ne pouvoit contribuer qu'à vous ennuyer. Mais ayant commencé une fois à vous faire un détail des Anti-Jésuites personnels, il me semble que je ne suis plus libre de soustraire à votre raillerie, & à votre censure l'*Anti-Keddius*, & les autres *Anti* qui attaquent quelques particuliers d'entre les Jésuites à qui ces *Anti* satiriques n'ont pas fait moins d'honneur que les Anti-Becans, les Anti-Bellarmins, l'Anti-Cornée, l'Anti-Coster, l'Anti-Coton, les Anti-Forers, l'Anti-Garasse, & l'Anti-Gretser dont nous avons déja parlé, en ont procuré contre l'intention de leurs Auteurs, aux Jésuites qu'ils attaquoient.

Le Pere Keddius, ou Keddens Jésuite Allemand a l'obligation de son *Anti* à un Protestant nommé Jean Reinboth, c'est une particularité que je n'ai trouvé que dans le Livre qu'un autre Protestant nommé Bosius, a fait pour servir d'entrée à la connoissance des Auteurs Ecclésiastiques (1). Dans le dessein de m'éclaircir sur ce fait, j'ai consulté la liste que Mr Witten nous a donnée des Ecrits

---

1 Pag. 46. Introd. in Not. Script. Eccles.

Anti-Keddins. de Reinboth, j'y ai remarqué véritablement trois Ouvrages composés en Allemand contre le Pere Keddens: mais l'omission de celui qui porte le Titre satirique d'Anti-Keddius servira plutôt à nous persuader que la liste de ses Ecrits n'est point compléte qu'à nous prouver que Reinboth n'ait point fait d'*Anti-Keddius*.

☞ Jean Reinboth étoit né à Altenbourg en Misnie le quatorziéme de Février de l'an 1609 (1) Il fit ses études à Leipsick, & à Iéne, puis à Rostock, & à Coppenhague. Il passa ensuite du Dannemarck en Hollande à Leyde, & de Hollande en Angleterre à Oxford. Le Roi de Dannemarck Christiern IV. l'ayant rappellé, le fit établir Pasteur à Saint Nicolas de Flensburg, & lui donna la Prévôté des Eglises dépendantes de cette Ville avec la direction de son Conseil dant le même lieu. Au bout de deux ans, ce Prince le commit sur tout le Diocèse de Hattersleben, & le fit Pasteur, ou Prédicateur de la Cour. Mais six ans après il fut choisi par Frederic Duc de Slefwick & de Holstein, pour être Surintendant Général des Eglises de cette Duché, & il alla pour cet effet prendre le bonnet de Docteur en Théologie à Rostock. il se maria par trois fois, & vit ses trois femmes mourir devant lui. Le jour de sa mort arriva le vingt-septiéme de Juillet de l'an 1673. après soixante-quatre ans quatre mois & treize jours de vie.

Pour ce qui regarde le Pere Josse Kedd (car son surnom s'écrit ainsi aussi-bien que *Keddens* & *Kede*, & en Latin *Keddius*) vous saurés qu'il nâquit à Emmerick dans le Duché de Cléves l'an 1597. & qu'il se fit Jésuite à vingt ans. Après avoir enseigné les belles Lettres, & la Philosophie pendant quelque tems, il se donna à la Prédication, aux Missions, & à la Controverse; il mourut à Vienne en Autriche le vingt-septiéme Mars de l'an 1657.

1 Witt. Memor. Theol. pag. 1780.

ANTI

ANTI-KIRCHER.

25 SI tous les *Anti* m'étoient aussi inconnus que celui que je viens de vous nommer, je ne vous donnerois pas la peine de revenir ici pour en écouter la suite, & cette seconde conversation que nous avons à leur sujet, seroit assurément la derniére. Je ne puis vous nier que je connoisse au moins deux *Anti-Kirchers*, mais je vous avouë aussi que je n'en sai presque autre chose que le nom.

§. I.

Le premier se trouve écrit en Allemand par un Luthérien nommé Jean Conrad Schragmuller, & il parut l'an 1654 *in-quarto* dans la Ville de Dortmund qui appartient aujourd'hui au Marquis Electeur de Brandebourg, & qui est située entre la Westphalie, & le Comté de la Marck. Il ne s'agissoit pas d'un différend personnel entre Kircher, & Schragmuller, mais des matiéres contestées entre l'Eglise Romaine, & la Secte des Luthériens : ainsi vous pouvés juger du tort qu'a eu ce Protestant d'appeller son Ouvrage Anti-Kircher.

§. II.

Le second quoiqu'un peu plus personnel, semble d'ailleurs un peu moins choquant par le tour que son Auteur lui a donné. Aussi l'Auteur étoit-il plus en réputation d'habileté, & de discrétion, que Schragmuller, quoiqu'il n'eût que 31. ans lorsqu'il le fit paroître à Konisberg en Prusse l'an 1643. *in-24*. Cet Auteur étoit le fameux Abraham Calovius chef de Secte parmi les Luthériens modernes opposé à George Calixte, & aux Calixtins qui vous sont peut-être plus connus sous le nom de Syncrétistes. Le dessein de Calovius n'étoit pas en apparence de dire des injures à Kircher, mais seulement de réfuter les raisons, ou les motifs qu'il avoit allégués de sa conversion. C'est peut-être suivant cette pensée qu'il avoit intitulé son Libelle : *Examen Anti-Kircherianum* plutôt qu'*Anti-Kircherus*. Passons à un autre *Anti*.

ANTI-LEON, ou plutôt ANTI-LEONIS.

26 IL me semble, dit Mr Terlaine à Mr de Brillat, que Mr de Rintail oublie ici sa méthode. Il vient de nous entretenir de l'Anti-Kircher sans nous avoir dit un mot de la vie, ou de la mort de ce Kircher qui est devenu l'objet de la Satire Luthérienne.

Vous n'auriés pas lieu de me faire ce reproche, répondit Mr de Rintail, si j'avois pû déterrer son regiftre baptistére, ou son obituaire. Des quatre Kirchers Allemands que je connois pour s'être faits Auteurs, & dont il y en a eu deux Jésuites, le nôtre qui portoit le nom de Jean, est celui de la vie & des emplois duquel je suis le moins instruit. Je crois que s'il étoit mort Luthérien, Mr Henning Witten lui auroit fait l'honneur de le placer dans ses mémoires avec tant d'autres qui n'en étoient pas plus dignes que lui: un autre de ses Confréres auroit fait quelque oraison funébre de lui, ou son éloge historique. Il se peut faire aussi que si Kircher en passant du Luthéranisme à l'Eglise Romaine se fût rendu Religieux dans quelque Monastére, quelque Bibliothécaire ou autre curieux de son Ordre auroit pris le soin de recueillir ses actions & ses écrits & de le mettre parmi les Hommes illustres de l'Ordre qu'il auroit embrassé. Mais j'ai trop bonne opinion de votre mémoire pour vous répéter ce que je vous ai dit dans l'article de l'Anti-Cochlée sur ce sujet, lorsque vous étiés en peine de savoir pourquoi les Ecrivains Protestans nous sont généralement plus connus que les Ecrivains Catholiques; & pourquoi parmi ces derniers les Ecrivains Réguliers de quelque robe que ce soit le sont ordinairement plus que les autres Catholiques.

Suivant ce raisonnement, continua Mr de Rintail, je pourrois plus facilement vous rapporter quelque chose de la vie de Marquardus Leonis contre lequel on a publié l'ANTI-LEON, ou plutôt *Le Collegium Anti-Leoninum*. Il est vrai que ce Leonis ou de Leon étoit un Religieux de Saint François, & qu'il doit par conséquent tenir son rang parmi les *Ecrivains illustres* de son Ordre. Car il suffit d'être *Ecrivain* pour être *illustre* parmi les Religieux qui ont publié les *Hommes illustres* de leur Ordre. Aussi voyons-nous que Wadding ne l'a point oublié dans le Recueil qu'il nous a donné des Ecrivains de l'Ordre des Fréres Mineurs. Mais il en a parlé d'une maniére si séche que je ne puis après lui vous dire autre chose de Marquardus

I. PART. CHAP. I. ANTI-CATHOLIQUES PROTESTANS. 99

Leonis, sinon que c'étoit un Cordelier Allemand de la Province de Strasbourg dont il a été même Provincial par deux fois, qu'il a été aussi Définiteur Général de son Ordre, & Professeur ou Lecteur émérite en Théologie : enfin qu'il a fait tant en Allemand qu'en Latin quelques Ouvrages pour le service de l'Eglise Catholique. Je ne connois ni le jour ni le lieu de sa naissance, de sa mort, & de sa profession. Ainsi l'on peut dire qu'il est trop connu pour un Religieux qui a fait profession d'une vie cachée & intérieure, & qu'il ne l'est point assés pour un Homme illustre. Ce n'est pas sur lui qu'en doit retomber la faute, c'est sur Wadding, qui pour la curiosité & l'éxactitude doit baisser le Pavillon devant Melchior Adam, Henning Witten, & les autres Protestans qui ont recueilli les Hommes illustres de leur Secte. Comme l'Auteur de l'*Anti-Leon*, c'est-à-dire Jean Himmelius, n'étoit pas sur les derniers rangs parmi eux, on s'étonnera encore moins qu'il soit beaucoup plus connu dans la République des Lettres que le Pere Marquard Leonis, & que sa vie qui se trouve dans les Mémoires de Mr Witten soit bien circonstanciée. Souvenés-vous que je vous en ai fait un petit abrégé lorsque je vous ai entretenu de l'Anti-Coppenstein.

Son Anti-Leon fut imprimé à Iéne l'an 1630. in-4°. sous le Titre de *Collegium Anti-Leoninum*, c'est-à-dire, Recueil de Thèses dressées contre une *Catéchèse* ou exposition de la Foi que le Pere Marquard Leonis avoit publiée.

ANTI-MARCEL, ou ANTI-MARCELLIUS.

27   Tout *hibride*, & monstrueux que l'ANTI-MARCEL est en lui-même, continua Mr de Rintail, il vous paroîtra sans doute moins barbare que la plupart des autres *Anti* que vous venés de voir avant l'Anti-Leon. Il a l'air extérieur aussi Romain qu'un Anti-Caton, ou un Anti-Claudien [1] : c'est pourtant encore une production de l'Allemagne moderne. Son Auteur étoit un homme considéré parmi les Protestans, & il s'appelloit Jean-Christophle Seldius. Son Adversaire étoit un Jésuite nommé Henri Marcel, ou plutôt Marcelli qui n'étoit pas moins considéré parmi les Catholiques. Le Pere Marcelli avoit fait une *Protestation Chrétienne* pre-

[1] ¶ Il n'y a pourtant point eu de famille Romaine du nom de *Marcellius*. ¶

Anti-Marcel. miérement en Allemand imprimée à Bamberg l'an 1645. *in-douze*; puis en Latin imprimée l'année suivante à Würtzbourg en la même forme. L'Ouvrage ne plut pas au sieur Seldius qui trouvoit que les intérêts de sa Secte n'y étoient point ménagés. Il prit l'Auteur à partie, & l'appella personnellement. Nous ne voyons pas que le Pere Marcelli acceptât le défi. Mr Seldius ne laissa point de passer outre, & attaqua d'abord le Pere Marcelli par un Livre intitulé, *Topica Marcelliana in sex locos Jesuiticæ Theologiæ proprios digesta, & per Thesim, Ecthesim, Apodixim, & Antithesim resoluta*, imprimé à Coburg l'an 1648. *in douze*.

Cet Ouvrage fut suivi de l'Anti-Marcellius dont il est ici question. Il fut imprimé l'année suivante dans la même Ville, & en même forme sous le titre d'*Anti-Marcellius*, hoc est, *Refutatio Protestationis Christianæ & salutaris in sola Religione Catholica assecurata ab Henrico Marcellio Jesuita Bambergensi*. Seldius n'étant pas content de n'avoir écrit que contre la Protestation Chrétienne de Marcelli, entreprit encore son Traité de la Justification, & il produisit un nouvel Anti-Marcellius sous le Titre d'*Exercitationes Anti-Marcellianæ, quibus Controversiæ* XVI. *de Justificatione ab Henrico Marcellio motæ deciduntur*. Cet Ouvrage fut imprimé dans la même Ville de Coburg l'an 1650. *in-douze*: mais il ne fut pas le dernier de ceux que Seldius voulut écrire contre Marcelli, puisque l'année suivante il en fit paroître encore un autre de la même forme, & dans le même lieu sous le titre de *Theologiæ Marcellianæ, & Hæreticæ Parallelismus geminus*. Les Auteurs de sa vie imprimée dans les Mémoires de Mr Witte, ne font mention dans le dénombrement de ses œuvres que d'une première partie de l'Anti-Marcellius sous le titre d'*Anti-Marcellii pars prior Exegetica & Polemica*. Vous avés pû remarquer que les deux Anti-Marcellius dont je viens de vous donner les titres, sont des Ouvrages purement Polémiques sans qu'il y paroisse rien d'Exégétique. Cependant pour ne pas multiplier nos *Anti* sans nécessité, je crois que c'est de l'un des deux que l'on peut entendre cet *Anti-Marcellius Exégétique & Polémique*.

Les mêmes Auteurs allèguent aussi, un Anti-Cornæus comme un Ouvrage composé par le même Seldius contre un autre Jésuite nommé Melchior Cornæus. Mais je n'ai point eu assés d'éclaircissement à son sujet pour vous en parler en son lieu à la suite de l'Anti-Cornæus de Dorschæus.

☞ Seldius naquit à Hilperthuis en Franconie le premier de

Mai de l'an 1612. Ayant perdu son Pere à douze ans, sa mere l'emmena à Eisfeldt qui étoit son pays, & le mit aux petites écoles jusqu'à la fin de l'an 1628. qu'on l'envoya à Coburg Ville & Duché à la Maison de Saxe dans la Franconie. En 1636. il alla étudier dans l'Université de Iéne, en Saxe où il passa Maître ès Arts, après il fut à Wittemberg, où on le fit premiérement Adjoint, puis Doyen de la Faculté de Philosophie l'an 1644. La guerre l'ayant empêché de passer en Dannemarck pour occuper une Chaire de Théologie à Sore, il fut fait Ministre de Romhild l'an 1645. Il passa Licencié en Théologie la même année, & prit le bonnet de Docteur la suivante avec une femme qu'il épousa en même tems. En 1664. il fut fait premier Ministre, & Surintendant Général du Diocèse de Coburg, & Principal du Collége de la Ville. Il mourut le quatorziéme jour de Septembre l'an 1676.

Pour le Pere Henri Marcelli, il étoit né l'an 1593. à Sonimor village du Diocèse de Bosleduc en Brabant. Il entra chés les Jésuites à Treves l'an 1613. & fit les quatre vœux dans la Société. Il enseigna la Philosophie, & les Mathématiques à Maïence : mais la guerre des Suédois l'en ayant chassé, il vint à Rheims où il enseigna la Théologie morale. Après son retour en Allemagne il professa la Théologie à Molsheim, puis à Bamberg où il prit le bonnet de Docteur. Il mourut en cette Ville le 25. d'Avril l'an 1664.

ANTI-MARTYR.

28 CE n'est pas seulement l'Ordre de Saint Dominique, mais tout le Genre Humain qui a dû consentir que le nom d'un infame Parricide appellé de son vivant frere Jacques Clement fût effacé de ses Régistres. C'est contre ce scélérat que l'*Anti-Martyr* fût publié en François l'an 1590. & je ne sai pourquoi son Auteur a fait difficulté d'y mettre son nom.

Je m'apperçois, dit Mr de Brillat, que vous allés vous adoucir à l'égard de vos *Anti* ; il semble que si vous trouvés mauvais que l'Auteur de l'Anti-Martyr ne vous ait pas fait connoître son nom, ce n'est que par le désir que vous auriés de dire du bien de lui, & de le féliciter de son Ouvrage.

Vous voyés, reprit Mr de Rintail, que je vous donne des marques de ma bonne foi. Si j'ai inféré l'Anti-Martyr dans ma liste, ce n'est pas pour le condamner entiérement, mais pour faire une exception à la régle que je vous ai apportée des Satires personnelles. Aussi voyons-nous que le Titre de cet Ouvrage nous fait moins remarquer la personne du Criminel, que la qualité de son crime. Autrement vous ne devés pas douter qu'il n'eût appellé son Livre *Anti-Clement* plutôt qu'*Anti-Martyr*, & qu'il ne lui eût donné un style, & un air de Satire. Je ne prétends pas excuser & moins encore justifier l'Auteur de tout ce qu'il a avancé contre son devoir sous prétexte de défendre la justice. Mais je prendrois volontiers la défense du Titre de l'Anti-Martyr, sachant l'illusion dans laquelle les séditieux & les rebelles avoient fait tomber Jacques Clement pour lui persuader qu'il pourroit acquérir la gloire du Martyre par un crime détestable.

Je tiens donc que l'Anti-Martyr est bien nommé, sans vouloir entrer dans la discussion de l'Ouvrage. Mais je suis persuadé que vous n'en voudriés pas dire autant de l'*Anti-Mayer*.

ANTI-MAYER, ou ANTI-MEJER.

29 D'Où est venu ce nouvel *Anti*, à qui en veut l'*Anti-Mayer*, dit Mr Terlaine?

Vous jugés aisément, répondit Mr de Rintail, que celui à qui il en veut n'est pas un François, je vous dis la même chose de son Auteur. L'Anti-Mayer parut au monde pour la première fois dans la Ville de Iéne en Saxe l'an 1626. *in-4°*. & on le vit renaître ensuite à Leipsick en 1633. *in-12*. Il avoit pour pere ce Jean Himmelius dont je vous ai déja parlé au sujet de l'Anti-Coppenstein, & de l'Anti-Leon, & dont j'aurai encore à vous parler dans cinq ou six articles de nos Entretiens.

☞ Mais pour ce qui regarde celui qui est attaqué personnellement dans la Satire, je ne vous céle point la surprise où j'ai été de voir que Mr Lipenius (1) ait pris cet homme pour un Calviniste du nombre de ceux que les Luthériens ont considéré comme leurs Adversaires. Vous saurés cependant que Christophle Mayer ou Meyer étoit un Catholique, & qui plus est un Jésuite natif d'Ausbourg sur les confins de la Souabe vers la Bavière, Ville célèbre au moins par la Confession des Luthériens. Il vint au monde l'an 1568. Il remplit

---

1 Tom. 1. Theol. pag. 431.

diverses Chaires à Paſſaw (1) en Baviére, à Brixen au Comté de Tirol, à Gracz en Stirie, & à Vienne en Autriche où il mourut le onziéme d'Octobre de l'an 1626. âgé seulement de cinquante-huit ans dont il en avoit paſſé quarante-quatre dans la Compagnie de Jeſus.

1 Quelqu'un a dit mal à propos à Padouë, & à Breſee.

ANTI-MOGUNTIN.

30 L'*Anti-Moguntin* ou plutôt les *Anti-Moguntines* (continua Mr de Rintail en excuſant la Barbarie de cet *Anti*) n'ont pas été dreſſées contre un ſimple particulier d'entre les Catholiques. Elles attaquent une Faculté entiére de Théologie qui ſubſiſte encore dans l'Univerſité de Maïence; & vous voyés que c'eſt le nom de cette Ville que George Calixte a voulu attacher à ſon *Anti*.

C'eſt donc George Calixte qui eſt l'Auteur des *Anti-Moguntines*, dit Mr de Brillat?

Oui, repartit Mr de Rintail, c'eſt ce fameux Calixte le Pere des Calixtins, qui a eu preſque autant à combattre & à ſouffrir de la part des Luthériens ſes Confréres, qu'Arminius & les Remontrans après lui de la part des Calviniſtes. Il étoit né dans un Village du Holſtein en Baſſe Saxe au Dioceſe de Sleſwick près de la Ville de Flenſburg le quatorziéme jour de Décembre de l'an 1586. Son Pere qui avoit été écolier de Melanchthon à Wittemberg lui donna les premiers principes des Langues Grecque & Latine, après il l'envoya étudier à Flenſburg & de-là à Helmſtadt dans l'Univerſité qui porte le nom de Jules Duc de Brunſwick-Lunebourg. Il commença à enſeigner la Théologie dès l'an 1609. mais l'envie de voyager lui fit interrompre cette profeſſion pour aller viſiter les Univerſités d'Allemagne, & les Gens de Lettres répandus de côté & d'autre. Etant retourné à Helmſtat petite ville du Duché de Brunſwick du côté de Magdebourg d'où il étoit parti, il reprit ſa Profeſſion l'an 1611. & ſe mit à faire des Livres. Après il entreprit un plus long voyage en Hollande, en Angleterre, & en France: & des diverſes habitudes qu'il contracta avec les Savans de différente Religion & de divers génies, il ſe forma cet eſprit ſyncrétiſtique que vous ſavés. Il fut établi Profeſſeur ordinaire en Théologie à Helmftadt l'an 1614. pour commencer l'année fuivante, & il prit le bonnet de Docteur en 1616. Après il fut fait Abbé de Lutter par le Duc Augufte de Brunfwick-Lunebourg; & il époufa en 1619. une veuve dont il eut quatre enfans. Après trente-cinq ans de vie conjugale, il perdit avec fa femme & la fanté & le goût pour la vie, fi bien qu'ayant langui près de deux ans il mourut l'an 1656. le dix-neuviéme jour de Mars.

Ses *Anti-Moguntines* parurent à Helmftat *in*-4°. l'an 1644. mais il ne faut pas les confondre avec un autre Ouvrage publié la même année dans la même Ville fous le Titre Latin de Réponfe 1. aux défenfes des Théologiens de Maïence.

ANTI-PAPISTE.

31 AH! s'écria le jeune Mr de Saint Yon, vous voila enfin parvenu au plus ridicule de vos *Anti*. Mr Terlaine, dit Mr de Rintail, n'étoit pas fans doute de cet avis-là avant fon retour à l'Eglife Romaine. Le tems de mes tentations eft paffé, repartit Mr Terlaine, ainfi vous viendriés trop tard maintenant pour me furprendre avec de pareilles queftions. Si vous vouliés vous fouvenir de la bonne opinion que vous témoigniés avoir de ma retenuë, même avant notre réunion, vous en uferiés fans doute avec plus de referve à mon égard.

Mr de Brillat, & Mr de Verton, continua Mr de Terlaine, fauront répondre quand il leur plaira de l'inclination que j'ai toujours euë pour la paix de l'Eglife, & pour la réconciliation des efprits divifés fur la Religion, lors même que je fongeois le moins à quitter les Proteftans. Je ne pouvois fouffrir que ces derniers qui ne font jamais difconvenus qu'ils fe foient féparés d'eux-mêmes, donnaffent aux Catholiques des noms qui fentent le Schifme & le parti pour tâcher de les rendre odieux. Je voyois qu'encore que le nom de *Papifte* pût avoir autant d'étenduë que celui de *Catholique*, leur intention étoit de donner un air de nouveauté à l'Eglife Romaine, afin de la faire paffer pour une Secte particuliére fi cela eût été en leur pouvoir, & de lui faire perdre infenfiblement fon ancien nom de *Catholique*. Je trouvois plufieurs de mes amis Proteftans comme moi dans les mêmes fentimens; & nous nous moquions affés fouvent des Ecrivains de notre prétenduë Réforme qui employoient le mot de *Catholique* pour marquer ceux de leur parti, fans même avertir leur Lecteur de cette nouveauté. De sorte que les Protestans mêmes qui ne pouvoient se défaire de l'habitude d'entendre ceux de l'Eglise Romaine par le mot de *Catholique*, y ont été pris les premiers, & sont tombés dans le désordre, & dans la confusion sans y penser en lisant ces sortes de Livres. Je vous avouë que c'est l'un des embarras qui m'a dégouté de la grosse *Panstratie* de Chamier, & de divers autres Ouvrages de cette nature. Les plus sensés d'entre les Protestans se sont apperçu de cet inconvénient, & ils y ont remédié d'assés bonne foi depuis ces tems-là. Mais en restituant le nom de Catholique, ils n'ont pas repris celui de *Papiste*, dont les Catholiques n'ont aucun besoin. Loin de cela, ils semblent en avoir voulu faire la butte de leurs traits, & de leurs cailloux pour percer & lapider les Catholiques, au moins en effigie. Ainsi ils n'ont osé prendre la qualité d'*Anti-Catholiques* : mais ils n'ont pas eu honte de prendre celle d'*Anti-Papistes* à la tête de leurs Ouvrages. En quoi je les trouve moins judicieux que les Hérétiques de l'ancienne Eglise qui appelloient les Catholiques Psychiques, Capitolins, Homousiens, & tout ce qu'il vous plaira. Car vous ne voyés pas que Tertullien, ni aucun autre Montaniste se soit appellé *Anti-Psychique* ; que les Novatiens se soient qualifiés d'*Anti-Capitolins*, ni que les Arriens (1) ayent voulu porter le Titre d'*Anthoumousiens*.

Ainsi Monsieur, continua Mr Terlaine parlant à Mr de Rintail, désabusés-vous à mon sujet, & permettés moi de vous dire avec Mr de Saint Yon que l'Anti-Papiste me paroît le plus ridicule de vos *Anti*, à moins qu'on ne voulût prendre pour *Anti-Papistes* ceux qui témoigneroient autant d'opposition ou d'aversion que j'en pourrois avoir pour le mot ridicule de *Papiste*.

Si les Protestans, reprit Mr de Rintail, avoient prévû que le terme d'*Anti-Papiste* pourroit être pris en ce dernier sens, ils n'auroient pas été si curieux de le mettre à la tête de leurs Livres. De près d'une vingtaine de ces sortes d'*Anti-Papistes* que j'ai recueillis dans mon cahier, je n'en ai pas remarqué un que l'on pût dire qui seroit le fruit d'une semblable réfléxion. De sorte que si vous me permettés de juger de tous ceux que je n'ai pas vûs par ceux dont je viens de vous parler, je conclurai qu'il n'y en a point qui dans la pensée même des Protestans, ne soit réciproque avec le terme d'*Anti Catholique*, ni par conséquent qui ne mérite d'être rejetté des Catholiques avec indignation.

1 ¶ Il faut écrire *Arien*. ¶

Vous me difpenferés donc de vous les citer, & de vous en faire connoître les Auteurs qui font prefque tous étrangers, & prefque auffi éloignés de nos mœurs, que de notre Communion. Ainfi je paſſe pour abréger ma lecture à d'autres *Anti* plus particuliers.

ANTI-PISTORIUS.

32. JEan Piſtorius Catholique d'Allemagne s'eſt trouvé honoré de trois *Anti* par les Adverfaires de notre Religion depuis qu'il eut abandonné leur Communion & leur parti.

§. 1.

Le premier des trois, eſt l'*Anti-Piſtorius* de Chriſtophle Agricola le Grifon qui eſt le mafque d'un Proteſtant (1) que vous pourrés trouver levé parmi les Pfeudonymes de celui qui s'eſt chargé du foin de nous découvrir les Auteurs déguifés. Son Livre parut à Francford *in*-8°. fous le Titre de *Chriſtophori Agricolæ Rhæti* ANTI-PISTORIUS ; *five , Exceptio prior contra primam Theſim Dodecamorii Symboli quod Piſtorius defendendum fuſcepit Badæ Marchionum*. Mais ayant remarqué le peu d'effet qu'avoit eu cette premiére attaque, il revint à la charge quelque tems après, fans néanmoins vouloir paffer pour aggreffeur ; & feignant de fe mettre fimplement fur la défenfive contre les attaques de Piſtorius, il publia à Francford l'an 1592. *in*-4°. un nouveau Livre intitulé *Anti - Piſtorianum propugnaculum , five , Exceptio poſterior ad primam Theſeon Piſtorian. Acroama Catholicum pro Tabulis divini juris contra Hæreticos Scripturi-fugas.*

§. 2.

Le fecond *Anti-Piſtorius* que j'ai remarqué eſt celui de Conrad Vorſtius cet Arminien, ou (fi vous l'aimés mieux) ce Demi-Socinien dont je vous ai déja parlé au Chapitre de nos Anti-Bellarmins. Ce qu'il fit contre Piſtorius parut dans la Ville de Hanaw *in*-8° l'an 1607. en deux parties féparées fous le Titre de *Teſſaradecas Anti-Piſtoriana, feu, Reſponſio ad Librum Johannis Piſtorii de quatuordecim articulis in Religione controverſis.*

---

1 ¶ David Schram mort l'an 1615. touchant lequel on peut voir les Pfeudonymes de Placcius, article 62.

§. 3.

Mais je crois qu'il est à propos que je vous arrête un peu plus long tems sur notre troisiéme *Anti-Pistorius*, & que je prenne cette occasion pour vous dire un mot de la personne & des Ecrits de Pistorius aussi-bien que de l'Auteur de cette derniére Satire.

Jean Pistorius de Nidde à qui nous sommes redevables de quantité d'Ouvrages, Historiques, Philosophiques & Théologiques, avoit été d'abord Médecin de profession ; il s'étoit fait ensuite Jurisconsulte, & en cette qualité il étoit devenu Chancelier du Marquisat de Bade qui est une Principauté de l'Empire. S'étant appliqué à la lecture des Ouvrages de Luther avec beaucoup d'assiduité, il fut par la miséricorde de Dieu récompensé de la droiture de son cœur & de la sincérité qu'il avoit apportée à cette étude. Je veux dire qu'il renonça à la Secte de Luther qu'il avoit suivie jusqu'alors, & embrassa la Communion de l'Eglise Romaine. Peu de tems après il procura le même avantage au Prince Jacques Marquis de Bade qu'il rendit Catholique par les instructions qu'il lui fit sur les vérités de notre Religion. Voila le crime capital que les Protestans eurent à lui reprocher, voila toute la source de leur haine, & de la guerre qu'ils lui déclarérent depuis dans leurs Ecrits.

Pistorius ayant perdu sa femme eut la dévotion d'entrer dans la Cléricature & il y reçût l'Ordre de la Prêtrise. Ce fut pour lors que se voyant revêtu de ce caractére, il crut devoir sacrifier tous ses talens à l'honneur de l'Eglise Catholique, & qu'il entreprit de défendre par ses Ecrits la vérité Orthodoxe contre les Protestans. Comme il avoit été de leur nombre, & qu'il connoissoit mieux leur foible que la plupart des autres Controversistes, on doit moins s'étonner du succès qu'eurent ses Ecrits & ses Prédications. La réputation qu'il y acquit porta l'Empereur Rodolphe à l'attirer auprès de sa personne. Il le fit son Confesseur, & voulut qu'il fût aussi Conseiller de sa Cour. Le Pape Clement VIII. de son côté lui donna la Prévoté de l'Eglise Cathédrale de Breslaw en Silésie. Mais lorsqu'il fut question de prendre possession de ce Bénéfice, il trouva tant de résistance de la part de quelques Ecclésiastiques & de quelques Réguliers sous prétexte qu'il n'avoit point pris les dégrés ordinaires dans aucune des Universités Catholiques, que le Pape fut obligé de donner deux Brefs consécutifs pour les réduire, & de les menacer même

108 SATIRES PERSONNELLES. II. ENTRETIEN.

Anti-Piftorius. de l'Excommunication. Je ne puis vous dire ce que fit Piſtorius ni ce qu'il devint depuis ce tems-là, & il faut vous renvoyer à d'autres mieux informés que moi pour vous apprendre le tems & le lieu de ſa mort.

Mais je ne demeurerai pas ſi court ſur ce qui concerne l'Auteur de notre troiſiéme & dernier *Anti-Piſtorius*.

Il s'appelloit Balthaſar Mentzer, & il vint au monde dans Allendorff petite Bourgade du Lantgraviat de Heſſe du côté de la Thuringe le vingt-ſeptiéme jour de Février de l'an 1565. A douze ans ſon pere le mit au Collége de Hersfeld; à dix-huit on le fit paſſer Bachelier en Philoſophie à Marpurg; à dix-neuf Maître ès Arts; à vingt Major ou grand Bourſier: à vingt-quatre il fut commis ſur l'Egliſe de Kirtoff par Louis Lantgrave de Heſſe. Il tint pendant ſept ans ce riche Bénéfice en qualité de Paſteur, juſqu'à ce qu'il devint Profeſſeur en Théologie à Marpurg, & Principal des Penſionnaires ou Bourſiers du Lantgrave.

Il n'eut jamais qu'une femme à la fois; miracle d'Allemagne, qu'on veut nous faire paſſer pour la plus ſurprenante merveille de la vie de cet *irrépréhenſible* Paſteur. Mr Terlaine n'en croira rien ſi je ne lui en produis des témoignages. Qu'il écoute donc le Panégyriſte de B. Mentzer dans la belle Oraiſon funébre qu'il prononça à ſon honneur (1).

Unius uxoris maritus fuit Mentzerus. Hic ronchos audio: Ohe! Mentzerus unius uxoris maritus! At comprime ſpiritum Montaniſta, & quicunque κωλύεις γαμεῖν. A Mentzero diſce, quid ſit unius uxoris eſſe maritum, ſic ille. (Ecoutés ce qui ſuit, ce ſont les paroles de notre *incomparable Théologien*. Mentzer que le Panégyriſte cite dans ſon diſcours funébre) ,, Verbis iſtis Apoſtolicis ubi ſcribit Epiſcopum
,, & Diaconum debere eſſe unius uxoris virum, prohibitum eſſe
,, ſacris Ordinibus ordinare eos qui quovis modo digami fuerint
,, apertè falſum eſt. Nam Apoſtolus diſertè affirmat, Rom. 7. 2. 3.
,, mortem liberare à lege uxoris vel viri: & Corinth. 1. c. 7. v. 39.
,, ait: Mulier alligata eſt legi quanto tempore vir ejus vivit. Quod
,, ſi dormierit vir ejus, libera eſt ad nubendum cui vult, tantum in
,, Domino. Et 1. Timoth. 5. 14. Volo, inquit Apoſtolus, juniores
,, (*viduas*) nubere, filios procreare, domum adminiſtrare. Idem eſt
,, judicium de viris viduis. Hæc vero verborum Apoſtoli vera ſenten-
,, tia eſt, Epiſcopum non debere eſſe contaminatum peccatis contra

---

1 Menon Hanneken apud Witten Memor. Theol. pag. 237.

I. Part. Chap. I. Anti-Catholiques Protestans.

„ sextum præceptum, sed unius uxoris esse virum, hoc est, castè Anti-Pistorius.
„ vivere in legitimo conjugio secundùm ipsius Dei institutionem.
„ Opponitur igitur particula (*unius uxoris vir*) quibusvis con-
„ junctionibus cum sexto præcepto pugnantibus, et in primis scor-
„ tationi et (simultaneæ) Polygamiæ. *Hactenus Mentzerus,*
(continuë le Panégyriste) *qui & ibidem explicationem istam pluribus
rationibus stabilit, adversusque Adversariorum strophas masculè defendit.
Hinc nequicquam fremente & stridente Montanistico spiritu, piâ animi*
παῤῥησία *primo, post primum secundo, post secundum etiam tertio conjugio
se obstringi passus est.*

Ha! que de Montanistes parmi nous, à ce compte là, dit Mr de Brillat?

C'est la premiére fois de ma vie, ajouta le jeune Mr de SaintYon, que j'ai entendu un Commentaire Luthérien sur l'Ecriture. Si tous les Commentateurs Protestans sont de ce caractére, je les trouve divertissans. Je n'oublierai pas sur toutes choses la belle explication des trois mots de Saint Paul *unius uxoris vir* pour un Evêque.

Vous voyés, reprit Mr de Rintail, que le Prélat de Kirtoff (1) en dépit du Paraclet Cataphrygien, se laissa enchaîner dans les liens de trois mariages non *simultanées*, mais consécutifs par une *pieuse liberté d'esprit* (2). Mais ne croyés pas qu'il ait jamais péché par une indulgence aussi philosophique que l'Empereur Marc Aurele, ou par une bêtise aussi burlesque que l'Empereur Claudius. Il a toujours eu grand soin d'ôter à toutes ses trois femmes les moyens de faire la Faustine, ou la Messaline.

Je cherchois depuis long tems, dit, Mr Terlaine, la raison pour laquelle les Luthériens d'Allemagne témoignent faire tant de cas de la Théologie de B. Mentzer, & paroissent si affectionnés à sa mémoire. Je crois l'avoir trouvée, puisque selon la Morale de ce Docteur, il semble que la Poligamie *simultanée* ne sera défenduë aux Laïcs Luthériens qu'en cas qu'ils voulussent passer à l'Etat Ecclésiastique pour être Pasteurs, c'est-à-dire Diacres, & Evêques selon Saint Paul.

Pour moi, Monsieur, j'aurois eu grande envie de dire mon mot comme les autres sur une matiére si réjouissante. Mais voyant que notre tems s'usoit en réfléxions, j'interrompis Mr Terlaine pour prier Mr de Rintail de continuer sa lecture. Il le fit d'autant plus

1 Antistes Eccles. Kirtorff ibid p. 235.   2 Pia animi παῤῥησία

volontiers qu'il craignoit que quelques-uns des honnêtes Importuns du tems ne vinssent troubler la Compagnie avant qu'il eût achevé.

Je passe, dit-il, les autres circonstances de la vie de Mentzer pour venir droit à son *Anti-Pistorius*. Pistorius avoit publié l'an 1599. un Livre sous le Titre de *Guide* par lequel il avoit intention de faire rentrer dans les voies de la vérité ceux que l'Hérésie avoit séduits. Mentzer voyant que cela regardoit les Luthériens comme les autres Sociétés séparées de l'Eglise Catholique, entreprit de s'opposer au dessein de Pistorius. C'est ce qu'il tâcha de faire en deux manières, premiérement par un Ouvrage Latin composé de quatorze Disputes, & ensuite par un Livre écrit en Allemand sous le Titre de *Guide Evangélique*. L'Ouvrage Latin parut à Marpurg pour la première fois l'an 1600. & ensuite l'an 1612. ou plutôt 1614. *in-*4°. sous le Titre de *AntiPistorius, seu, Disputationes Theologicæ, & Scholasticæ de quatuordecim præcipuis Religionis Christianæ quibusdam capitibus contra Johannem Pistorium*. Et l'année 1600. ne se passa point qu'il ne mit au jour une défense de cet Ouvrage contre les Adversaires qu'il avoit eus dès sa naissance. Il la publia dans la même Ville, mais dans la forme *in-*8°. sous le Titre d'*Apologia Disputationis* 1. *AntiPistorianæ*.

Mentzer après avoir professé la Théologie tant à Marpurg qu'à Giessen autre Ville du Lantgraviat de Hesse vers la Franconie pendant l'espace de trente-un ans, mourut l'an 1627. dans cette derniére Ville.

ANTI-PUCCIUS.

33 JE me contenterai de vous nommer l'ANTI-PUCCIUS, continua Mr de Rintail, jusqu'à ce que quelqu'un veuille m'en apprendre quelque chose de plus que le nom. J'ai trouvé, je ne me souviens pas en quel endroit, que cet *Anti* avoit pour Auteur Luc Osiander fils d'André, pere d'un autre André, & Luthérien de la Confession d'Ausbourg qui mourut en 1604. Professeur en Théologie à Tubingue en Souabe. Il se peut faire que son *AntiPuccius* prétendu ne seroit autre chose qu'un Ouvrage qu'il fit imprimer en 1593. *in-quarto* contre un François Puccius pour refuter l'Ecrit que cet Auteur avoit publié l'année précédente à

Goude en Hollande fous le Titre *De Chrifti Servatoris efficacitate in omnibus hominibus affertio Catholica.* Anti-Puccius.

Si la chofe étoit auffi certaine que je la trouve probable, je conclurois à reléguer cet *Anti* parmi ceux que les Hérétiques ont dreffé les uns contre les autres, & dont j'efpére vous entretenir dans la premiére converfation que nous aurons enfemble. Car ce François Puccius ne me paroît autre que l'Auteur du Puccianifme, c'eft-à-dire d'une nouvelle Secte qui a duré trois jours, & qui eft demeurée enfevelie fous les Pierres dont elle fut accablée par les Calviniftes, les Luthériens, & les Catholiques.

En remontant un peu plus haut, je trouve que ce Puccius pourroit bien être le même que Francefco Pucci de Florence (1), qui s'étoit retiré à Bâle, & qui eut quelque conteftation avec l'Héréfiarque Socin fur l'état du premier Homme avant fa chute l'an 1577. & qui tenoit l'immortalité de toutes les créatures, & par conféquent de l'homme par la création.

Mais je n'affurerai pas que ce Florentin foit le même que ce Francifcus Puccius Filidinus, dont il eft parlé dans la premiére claffe de l'Index des Auteurs & des Livres condamnés fous le nom du Concile de Trente, où l'on a remarqué que c'eft fauffement que cet homme a pris le nom des Pucci.

Vous en jugerés, Meffieurs, comme il vous plaira; pour moi je fuis d'avis d'abandonner l'*Anti-Puccius*, & de paffer à l'*Anti-Sixtus*.

1 ¶ C'eft celui-la même. Bayle au mot *Puccio* en parle affés au long. Voyés auffi plus bas l'article 69. ¶

ANTI-SIXTE.

34 L'Auteur de l'ANTI-SIXTE (1), c'eſt-à-dire de la Satire qu'on publia ſous ce nom contre le Pape Sixte-Quint pendant les troubles du Royaume, n'étoit pas un des fauteurs de la Ligue ni des Factions Eſpagnolle & Italienne, comme il vous eſt aiſé de juger. Mais d'un autre côté ſi l'on veut s'en rapporter à quelques Religieux, à des Italiens ou à des Eſpagnols, on s'imaginera qu'il étoit engagé dans le parti des Huguenots. C'eſt ce qui le porta peut-être à ſupprimer ſon nom pour nous ôter ſa connoiſſance. Mais nous avons appris par d'autres voies qu'il n'étoit autre que Mr du Fay, petit-fils du Chancelier de l'Hoſpital. Pour donner plus d'étenduë à cette découverte, j'ajouterai que cet Auteur eſt le même que celui à qui les fins connoiſſeurs attribuent un autre Livre anonyme qui parut en ces tems-là ſous le Titre d'*Excellens & libres diſcours*, &c. Si je vous apprens qu'il a fait encore deux autres Ouvrages du même caractére, dont le premier s'appelle l'*Anti-Eſpagnol* (2), ou Exhortation à rentrer ſous l'obéiſſance de Henri IV. & l'autre, *Francophile contre les conſpirations du Roi d'Eſpagne, du Pape, & des Rebelles de France*; vous n'aurés pas de répugnance à croire qu'il a été très-capable de faire l'*Anti-Sixte*. Mais ſi par reſpect pour le Saint Siége vous n'oſés prononcer ſur la Religion de l'Auteur de l'Anti-Sixte, vous ne ferés pas difficulté de reconnoître ailleurs que l'Auteur de l'Anti-Eſpagnol étoit un Catholique zélé pour ſon Roi contre le Pape & le Roi d'Eſpagne.

---

1 ¶ Bayle page 3049. de la 3. édition trouve que Baillet ne caractériſe pas bien l'Anti-Sixte, & croit que ce livre eſt peut-être le même qui a pour titre : ,, Moyens ,, d'abus, entrepriſes, & nullités, du reſ- ,, crit, & bulle du Pape Sixte V. du nom, ,, en date du mois de Septembre 1585. con- ,, tre le Séréniſſime Prince Henri de Bourbon ,, Roi de Navarre, & Henri de Bourbon ,, Prince de Condé, par un Catholique, ,, Apoſtolique, Romain, mais bon Fran- ,, çois, & très-fidéle ſujet de la Couronne ,, de France. Mais il ſe trompe, ce livre n'étant autre que celui qu'indique Mr de Thou l. 82. de ſon Hiſt. page 48. & qu'il dit être de Pierre de Beloy Avocat du Roi au Parlement de Touloufe.

2 ¶ Dont il eſt parlé n. 122. ¶

ANTI-SOCOLOVIUS.

35 UN Polonois nommé Socolow, qui étoit né, ou du moins qui avoit été élevé dans les opinions nouvelles de ceux qui se sont séparés de l'Eglise Romaine, ayant depuis reconnu la vérité de la Religion Catholique dans ses lectures & dans ses conversations : s'étoit fait un devoir de conscience de changer de parti. Il avoit même fait quelque chose de plus en publiant les motifs de sa conversion, soit pour sa propre justification, soit pour contribuer à la conversion des autres égarés. C'est, Messieurs, contre ces motifs qu'un Protestant d'Allemagne nommé Sebastien Finck, a mis en lumière l'*Anti-Socolovius*. L'Ouvrage est écrit en Allemand. C'est ce qui m'oblige d'en demeurer là en vous marquant que le Livre paroît imprimé à Schleusing *in*-12. l'an 1633. La datte pourroit être suspecte de falsification par l'inadvertance de quelque Ouvrier d'Imprimerie, s'il étoit évident que ce Socolovius fût le même que Stanislas Socolow, qui étoit cinquante ans auparavant dans le sein de l'Eglise Catholique, & qui a publié pendant plus de trente ans divers Ouvrages pour la défense de la vérité à Cracovie, à Ingolstadt, à Cologne & dans diverses autres Villes soumises au S. Siége.

Si d'un autre côté je connoissois aussi particuliérement ce Sebastien Finck que je pourrois faire Gaspar Finck, ou deux ou trois Allemands du même nom ; il me seroit moins difficile de juger de la datte de l'impression de son Livre, dont je n'ai jamais vû que le titre :

ANTI-STAPLETON.

36 Voici, Messieurs, le premier des *Anti* qu'il me souvienne d'avoir vû sortir de l'Angleterre, continua Mr de Rintail. Vous allés voir deux Combattans qui ont fait plus de bruit dans le monde que Finck & Socolow. Mais je veux auparavant vous faire remarquer à la gloire de la Nation Angloise que ces Ecrivains dans leurs plus grands emportemens contre l'Eglise Romaine, se sont très-rarement déshonorés par ces Satires ridicules qui portent le Titre d'*Anti*.

Vous me surprenés, dit Mr de Brillat. Quoi parmi tant d'esprits déréglés depuis l'Apostasie de ces Insulaires ? Quoi parmi tant d'ennemis bizarres de l'Eglise Romaine, parmi ces monstrueux Chrétiens dont l'Angleterre a produit tant d'espéces différentes sous les noms

Anti-Stapleton. d'Indépendans, de Familistes, d'Anabaptistes de nouvelle espéce, de Quouacres ou Trembleurs, de Sabbataires & Anti-Sabbataires, de Hétéringhtoniens, de Brownistes, de Séparatistes, de Nonconformistes, de Robinsoniens, de Barrowistes, de Fanatiques, de Seckers & Waiters, d'Erastiens, &c ? Quoi dit-il, parmi tant d'Adversaires de notre Religion, si peu d'*Anti* contre nous?

Les différends, repartit Mr de Rintail, que ces Sectataires ont eu à déméler avec les Conformistes & les Puritains, avec les Episcopaux & les Presbytériens, les ont tellement occupés, qu'ils n'ont guéres eu le loisir de songer à nous : & je puis vous assurer que l'*Anti Stapleton* ne nous est pas venu de leur part. Il a pour Auteur un célébre Théologien de l'Eglise Anglicane nommé Guillaume Whittacker, ou, selon notre maniére de prononcer, Ouitacre, qu'Amesius n'a point fait difficulté de ranger parmi les Puritains, quoiqu'il fût membre du Clergé.

Whittacker étant à Cambridge avoit écrit sur l'Ecriture-Sainte en 1588. mais il s'en étoit acquitté d'une maniére conforme aux préjugés de sa Secte. Il avoit entrepris de combattre principalement Bellarmin, espérant d'acquérir quelque nom aux dépens de celui d'un Adversaire si formidable. Bellarmin ne lui fit pas l'honneur de lui répondre, de sorte que Whittacker le jugeant un peu trop indifférent, fit un nouveau Livre sur le même sujet, qu'il fit imprimer deux ans après dans la même Ville. Quoiqu'il eut employé dans ce nouvel Ouvrage tout ce qu'il croyoit capable de réveiller un homme en léthargie, il eut d'un côté le chagrin de n'avoir pû émouvoir Bellarmin, & de l'autre il se vit repoussé par un Docteur de Louvain auquel il n'avoit point songé. C'étoit un Catholique Anglois, nommé Thomas Stapleton, retiré aux Pays-Bas Espagnols, mais que le grand âge & les fréquens combats pour la Foi Catholique avoient rendu expérimenté dans la Théologie Polémique contre les Hérétiques de son tems.

Stapleton fit donc un Ouvrage divisé en trois Livres pour défendre contre Whittacker la cause que Bellarmin avoit soûtenuë touchant l'autorité de l'Eglise sur ce qui concerne l'approbation ou l'explication de l'Ecriture, & il le publia à Anvers *in*-8°. l'an 1592. pour la premiére fois.

Whittacker se sentit rudement poussé dans cet Ouvrage, mais le déplaisir qu'il en conçût n'étoit pas l'unique source de son ressentiment contre Stapleton. Il se souvenoit encore de la mortification qu'il avoit reçûë de sa part peu de tems auparavant au sujet de son mariage, à l'occasion duquel il se trouvoit raillé de nouveau dans ce dernier Ouvrage. De forte qu'il ne crut pas pouvoir se vanger de lui qu'en lui oppofant son *Anti-Stapleton*, qu'il fit publier dans la même Ville de Cambridge l'an 1594. *in-8°*. conjointement avec fa Duplique touchant l'autorité & l'*autopiſtie* de l'Ecriture-Sainte.

Anti-Stapleton.

☞ Voila ce que je fai de l'Anti-Stapleton, mais voici deux mots de la vie & des emplois de fon Auteur & de fon Adverfaire. Guillaume Whittacker naquit dans le hameau de Holme, dépendant de la Paroiffe de Brundley au Duché de Lancaftre l'an 1548. (1).

A treize ans on le mit au Collége à Londres, ou il avoit fon oncle maternel Doyen de Saint Paul, qui l'envoya à dix-huit ans faire fa Philofophie au Collége de la Trinité dans l'Univerfité de Cambridge, où il paffa Bachelier & Maître ès Arts. Peu de tems après il fit fes effais de litérature par des verfions Grecques qu'il fit du Catéchifme & de la Liturgie. Il étoit encore fort jeune lorfqu'on le fit Préfident des Actes de Philofophie. Mais il fe défit de cet emploi pour s'appliquer à la Théologie & à la lecture des Peres, & l'on remarque que pour ménager fa fanté au milieu de fes travaux, il fe divertiffoit l'été à l'arc, à l'arbalête & à la pêche, & l'hiver aux échecs: Etant devenu Profeffeur Royal en Théologie en 1579. il fe mit à écrire de la controverfe contre Campian, Durée, Sanders, Rainold, Bellarmin & notre Stapleton. Il paffa Docteur en Théologie de la Faculté de Cambridge l'an 1582. & il devint Principal du Collége de S. Jean l'Evangélifte en 1586. Il paffa à de fecondes noces, & il mourut un Jeudi quatriéme jour de Décembre de l'an 1595. dans la 47. année de fon âge.

Stapleton étoit de Heimfeld, petite Ville du Comté de Southfex (2) & il vint au monde la même année & le même mois que Thomas Morus fut décapité. Le nom de Thomas qu'on lui donna au baptême lui plut fi fort, que pour en rehauffer la beauté il fit un Livre des trois illuftres Thomas, favoir; Didyme l'Apôtre, Becket l'Archevêque de Cantorbery, & Morus Chancelier d'Angleterre. Il fit fes études à Winchefter & à Oxford, après quoi il fut Chanoine de la Cathédrale de Chefter. Mais la face de l'Eglife ayant changé en Angleterre, il fe retira à Douay, où on le fit Profeffeur des Saintes Ecritures après qu'on eût reconnu fon mérite. Le Roi d'Efpagne l'honora enfuite d'une chaire de Profeffeur Royal en Théologie à Louvain, où il fut fait auffi Chanoine de S. Pierre, & Doyen du Collége de Hilvarbeck. Ce fut en vain que le Pape Clement VIII. voulut l'attirer à

1 Ex Abd. Afthon & M. Adam.   2 D'autres on dit à Chefter.

Rome avec de grands avantages. Il mourut à Louvain le douziéme jour d'Octobre de l'an 1598.

ANTI-TANNER.

37 HA, dit Mr Terlaine entendant prononcer l'*Anti-Tanner*, c'est l'*Anti* que vous nous avés promis lorsque vous faisiés l'Histoire de l'*Anti-Gretser*.

Vous me faites plaisir de vous en souvenir, répondit Mr de Rintail; puisque j'ai à faire à des Auditeurs qui ont si bonne mémoire, ils me dispenseront de répéter tout ce que j'ai dit en cet article touchant le Colloque ou la Conférence de Ratisbonne tenuë au commencement de notre siécle entre les Catholiques & les Luthériens par les soins du Duc de Baviére & du Duc Palatin de Neubourg.

J'abrége donc ce qui me reste à vous dire de l'*Anti-Tanner*. Les Protestans qui jusqu'ici n'ont pas eu sujet de se plaindre de leur stérilité pour les Satires, firent paroître deux *Anti-Tanners* en une même année. L'un est celui de Gilles Hunnius, dont je vous ai parlé, comme étant l'Auteur de l'Anti-Gretser. Il avoit vû la part que le Pere Tanner avoit euë au Colloque, & il avoit lû la Rélation historique que ce Pere en avoit faite pour faire cesser tous les faux bruits que les Hérétiques avoient répandus parmi le Peuple contre la vérité de ce qui s'étoit passé au Colloque. Mais il n'avoit pas été satisfait d'un récit trop peu favorable à son parti. Pour prévenir les effets qu'il craignoit de sa lecture, il fit une contre-Rélation, c'est-à-dire, une Histoire à sa mode du Colloque de Ratisbonne, qui parut en 1602. à Wittemberg en Saxe. Le Pere Tanner ne crut pas devoir laisser cet écrit sans Réponse : & non content d'avoir fait réimprimer sa Rélation en Latin & en Allemand à Munich en Baviére, il publia encore des Réfléxions sur celle de Hunnius sous le Titre d'*Examen Narrationis quam Historicæ Relationis nomine insignitam de Colloquio Ratisbonensi edidit Ægidius Hunnius Prædicans* à Munich 1602. in-4°. C'est contre ce dernier Ouvrage que Hunnius écrivit son *Anti-Tanner*, qu'il fit imprimer dès la même année à Wittemberg. Cet Auteur ne survêquit pas long-tems à son Anti-Tanner, & il mourut dès le commencement du mois d'Avril de l'année suivante, comme je vous l'ai fait remarquer dans l'abrégé de sa vie. Cet accident ne fit point perdre au Pere Tanner le dessein d'une Replique. Il en publia une dans laquelle il donna une Défense de sa premiére Réfutation de l'Anti-Tanner, & des Remarques sur la mort de son Auteur. Elle parut à Munich l'an 1603. *in-4°*. intitulée *Apologeticus pro compendiaria Relatione de Colloquio Ratisbonensi 1601. adversùs Anti-Tannerum, cum appendice de morte Ægidii Hunnii*.

§. II.

L'autre *Anti-Tanner* a pour Auteur un Théologien de la même Secte nommé Jacques Hailbronner. Je ne puis vous dire s'il y avoit eu du complot & de la convention entre Hunnius & lui, mais je trouve une correspondance admirable d'humeurs comme de sentimens entre eux, lorsque je vois que tout éloignés qu'ils étoient de pays, ils ne laissérent pas de composer, & de faire imprimer en même tems & sur le même sujet chacun un Livre sous un Titre tout semblable. Car ce fut en 1602. que Hailbronner fit paroître son *Anti-Tanner* contre la Rélation que le Pere Tanner avoit faite du Colloque de Ratisbonne, mais ce fut à Francford qu'il la fit imprimer. Le Pere Tanner ne lui fit pas l'honneur de lui répondre, ainsi l'affaire finit de côté-là.

☞ Hailbronner ou Heilbrunnern étoit né l'an 1548. dans Eberting, Village du Baillage de Vaihing au Duché de Würtemberg en Souabe. Il fit ses études à Studtgard, & fut l'un des Boursiers du Duc Christophle dans Alpirsbach. Il alla continuer ensuite ses études à Maulbronn, puis à Tubingue, où il passa Maître ès Arts, & se mit sur les bancs de la Théologie. En 1573. il fit quelques voyages, & à son retour il se maria dans Tubingue le 12. de Juillet 1575. & trouva de l'emploi dans la Ville des Deux-Ponts, ou Zweibruck jusqu'en 1580. Il passa Docteur en Théologie à Tubingue l'an 1577. (1) Il fut apellé ensuite dans diverses fonctions de Prédicateur, de Pasteur & d'Inspecteur dans le Palatinat du Rhin & dans le Duché de Würtemberg, où il ne put s'accommoder. L'an 1581. on le fit Surintendant du Diocèse d'Amberg au Palatinat de Baviére, qui étoit alors du haut Palatinat du Rhin, dépendant du Comte Electeur, mais il y fut long-tems inquiété par son Prédécesseur qui avoit été déposé. Après un long & fâcheux procès, il fut obligé d'en sortir l'an 1585. & il passa à Neubourg, où il fut Prédicateur pendant près de trente ans. Il se trouva au fameux Colloque de Ratisbonne, qui commença au mois de Novembre de

1 Ex Thummio apud H. Witt.

l'an 1601. où lui & les autres Proteſtans prétendirent vainement avoir eu l'avantage ſur les Docteurs Catholiques. C'eſt le ſujet de ſon *Anti-Tanner* auſſi-bien que de celui de Hunnius. Le Prince Palatin Wolfgang Guillaume qui avoit procuré avec ſon Pere Philippe-Louis Duc de Neubourg le Colloque de Ratiſbonne pour les Proteſtans, comme le Duc de Baviére pour les Catholiques, s'étant enſuite converti à l'Egliſe Romaine, Hailbronner ſe vit obligé de ſortir de ſon emploi, & vint ſe refugier dans ſon pays au Duché de Würtemberg l'an 1615. Il perdit ſa femme dans ce voyage après quarante ans de ſociété conjugale. Peu de téms après le Duc le fit Abbé de Bebenhus & Surintendant Général des Egliſes qui en dépendoient. Auſſi-tôt il ſe remaria, quoiqu'il fût dans la ſoixante-huitiéme année de ſon âge, puis il mourut d'apopléxie le ſix de Novembre 1619. (1).

Je ne ſerai pas ſi long dans l'abrégé que je veux vous faire de la vie d'Adam Tanner. Il étoit d'Inſpruck au Comté de Tirol, & étoit venu au monde l'an 1572. Il fut reçû chés les Jéſuites l'an 1590. & après deux ans de Noviciat il acheva chés eux la Philoſophie qu'il avoit commencée dans le monde. On le mit d'abord à la Théologie ſans lui faire enſeigner les Humanités ni la Philoſophie ſelon la coutume de la Compagnie. Il profeſſa la Langue ſainte à Ingolſtadt; la Controverſe, puis la Morale à Munich. Après le Colloque de Ratisbonne, d'où Alegambe dit qu'il ſortit triomphant avec Gretſer & les autres Catholiques, il prit le bonnet de Docteur, & enſeigna la Scholaſtique à Ingolſtadt pendant quinze ans. Il fit les quatre vœux le 29. d'Août de l'an 1617. Il fut Profeſſeur en Théologie à Vienne après Bécan, puis Chancelier de l'Univerſité de Prague. Mais les Suédois étant entrés en Bohème, il voulut s'en retourner dans ſon pays du Comté de Tirol, & il mourut en chemin travaillé d'hydropiſie & de léthargie dans le petit village d'Uncken le vingt-cinquiéme jour de Mai de l'an 1632.

Voyons l'*Anti-Valerien* qui ſuit l'Anti-Tanner dans mon cahier.

---

1 Je crois qu'il faut le 26. d'Avril.

ANTI-TRINITAIRES.
ANTI-SABBATAIRES.
ANTI-SCRIPTURISTES, &c.

38 JE m'apperçois, dit Mr Terlaine, que vous vous attachés à quelque ordre alphabétique dans le dénombrement de vos *Anti*. Oui, répondit Mr de Rintail, mais seulement suivant les classes différentes dans lesquelles je les ai rangés, de sorte que vous me voyés à la fin de mon alphabet, parce que je me trouve à la fin des *Anti* des Hérétiques contre les Catholiques. Quand je vous ferai voir ceux des Hérétiques contre les Hérétiques, ce qui sera le sujet de notre première conversation, vous me verrés commencer de nouveau le même ordre alphabétique.

§. I.

Permettés-moi donc, repartit Mr Terlaine, de vous faire remarquer qu'en passant de l'Anti-Tanner à l'Anti-Valerien, vous omettés les *Anti-Trinitaires*. Vous ne me persuaderés pas que cette race d'*Anti* vous est inconnuë après tout l'éclat & les bruits qu'elle a faits dans l'Europe, s'étant multipliée jusqu'à fournir à Christophle Sandius de quoi faire du simple recueil de leurs Titres un juste Volume qu'on a imprimé après sa mort sous le Titre de *Bibliotheca Anti-Trinitariorum*.

Je ne vous nierai pas, repliqua Mr de Rintail, que cette Bibliothèque soit un Recueil d'écrits contre le Mystére de la Sainte Trinité, & contre la créance que les Catholiques, les Luthériens & les Calvinistes ont sur ce point. Mais croyés-vous que le titre odieux qu'on a mis à la tête de ce Recueil, soit celui que les Auteurs des écrits particuliers qui y sont rapportés auroient voulu donner à leurs Ouvrages. Je n'en connois pas un qui se soit qualifié d'Anti-Trinitaire, quoique les deux tiers le fussent dans le cœur comme dans leurs Ouvrages. Les Protestans se sont donnés eux-mêmes la qualité d'Anti-Papistes, comme nous l'avons vû, lorsqu'ils ont attaqué ceux qui reconnoissent l'autorité spirituelle du Pape. Les Sociniens & les nouveaux Ariens plus adroits & plus délicats empoisonneurs n'ont pas jugé à propos de les imiter dans ces maniéres offensantes, quoique plusieurs d'entre eux

Anti-Trinitaires. ne se soient pas moins ouvertement déclarés contre la Sainte-Trinité, que les Protestans contre le Pape. Je ne me souviens pas d'avoir remarqué d'autre *Anti* personnel dans toute cette Bibliothèque que l'*Anti-Wujeck* de Socin, outre ce que je vous ai rapporté de Vorstius. Car j'excepte toujours du nombre des Titres Satiriques les *Anti-réels*, tels que les Antapologies, les Anticrises, les Antapodixes que les Sociniens ont eu occasion d'employer aussi fréquemment que leurs Adversaires sans attaquer les Personnes.

§. II.

J'aurois à mon tour, poursuivit Mr de Rintail, quelque sujet de trouver à redire à l'éxactitude de Mr de Terlaine, qui n'a point remarqué l'omission des ANTI-SABBATAIRES & des ANTI-SCRIPTURISTES entre l'*Anti-Puccius* & l'*Anti-Sixtus*.

Les Anti-Sabbataires sont incomparablement moins nombreux & moins à craindre que les Sociniens, & je les crois aujourd'hui fort affoiblis, & renfermés dans les Isles Britanniques. J'ai évité à dessein de vous en parler, parce que je n'ai connu leurs personnes & leurs Ecrits que dans les Ouvrages de ceux qui les ont refutés ou de ceux qui nous en ont fait l'Histoire (1): leurs Livres ne sont pas encore venus jusqu'à moi. Cependant ils ne sont pas en si petit nombre que vous pourriés vous l'imaginer, & Wilkinson (2) les appelle *gigantea Anti-Sabbathariorum volumina* dans la Lettre qu'il écrivit l'an 1653. à un Curé d'Angleterre nommé Daniel Cawdrey qu'il louë d'avoir heureusement combattu ces Adversaires du Dimanche ou du Sabbat des Chrétiens. Il nomme parmi les principaux de ces Anti-Sabbataires, Trask, Broad, Oockford, Braburn, Pocklington, Heylin, Down, Ironsid, Fisher qui se qualifioit d'Ecuyer, & François White Evêque d'Ely.

§. III.

Les Anti Sabbataires doivent être considérés comme étrangers à notre sujet, s'ils ne se sont donnés eux-mêmes cette qualité à la tête de leurs Livres, soit pour attaquer soit pour deshonorer leurs Adversaires.

Qui m'empêche, reprit Mr Terlaine, d'en dire autant des *Anti-Scripturistes* que vous venés de nommer? Rien ne vous en empêche,

1 Kemp. de trib. Hierarch. p. 334. 2 P. 151. Opusc. in VIII. de jure divin. Diei Dominic.

répondit

répondit Mr de Rintail. Vous pourrés même ajouter que ces derniers qui font une branche séparée des Indépendans, & qui peuvent passer pour les Freres des Trembleurs, sont encore plus éloignés de notre sujet que les Anti-Sabbataires. Il en est de ces Sectaires comme des *Anti-Sacramentaires*, des *Anti-Adiaphoristes*, des *Anti-Mariens*; des *Antidico-Marianites*, des *Anti-Tactes*, des *Anti-Nomiens*, & des autres Hérétiques anciens & nouveaux dont vous ne seriés pas d'avis que j'eusse chargé mon cahier.

Je suis pour vous, dit Mr de Brillat, contre les amateurs de digressions; je suis assuré que Mr Terlaine consent maintenant que vous passiés à votre Anti-Valerien.

ANTI-VALERIEN.

39. CEt *Anti-Valerien* dont j'ai peu de choses à vous dire, repartit Mr de Rintail en reprenant la suite de son cahier, est une invective de controverse écrite par un Luthérien de ces derniers tems contre un célébre Capucin de Milan nommé Valeriano Magni, que nos Ecrivains François appellent souvent Valere le Grand, & les Latins, Valerius Magnus & non pas de Magnis.

Le Protestant, reprit Mr Terlaine, ignoroit apparemment le surnom du Pere Capucin, puisqu'il n'a point appellé son Ouvrage *Anti-Magni*. Autrement je l'accuserois d'avoir eu moins d'adresse, & moins d'expérience que ses confréres, qui attachent non pas les noms de batême, mais les surnoms de leurs Adversaires à leurs *Anti*. Autant que je puis m'en souvenir, nous ne vous avons pas encore entendu alléguer d'Anti-Martin, d'Anti-Robert, d'Anti-Pierre, d'Anti-Jacques, ni d'Anti-Thomas.

A dire vrai, ajouta Mr de Brillat, je ne trouverois pas les Becans, les Bellarmins, & les autres assés bien désignés par ces sortes d'*Anti*, parce qu'enfin ils n'ont pas été les uniques Martins, ni les uniques Roberts de ce monde, & que cette pratique pourroit rendre les titres de ces Satires encore plus équivoques, qu'ils ne paroissent monstrueux.

Vos réfléxions, dit Mr de Rintail, sont bonnes pour d'autres que des Capucins. Ces Religieux pour nous persüader que c'est sans réserve qu'ils renoncent au monde & à ses dépendances, lorsqu'ils font leurs vœux solemnels, ont coutume de laisser à la porte de leur Couvents les surnoms de leur famille, se contentant d'un nom de

Anti-Valerien. Calendrier auquel ils ajoutent ordinairement celui du lieu de leur naiſſance. Ainſi vous m'avoüerés qu'un *Anti-Magni* n'auroit pas été propre à marquer une Satire faite contre une perſonne qui ne ſe faiſoit connoître dans le monde que ſous le nom de Valerien de Milan. Je ne diſconviens pas que ſa réputation extraordinaire n'ait fait faire une exception à cette pratique, & qu'on ne l'ait appellé auſſi fort communément Valerius Magnus : mais comme ſa famille étoit aſſés illuſtre, & nombreuſe dans tout le Milanez, on auroit été en danger de prendre un Magni pour un autre. Il eſt vrai que c'eſt retomber par un autre endroit dans l'inconvénient de l'équivoque. Mais enfin je ne prétens pas juſtifier le titre d'Anti-Valerien plutôt que celui d'Anti-Magni ; & vous trouverés bon s'il vous plaît qu'un Catholique ne ſe croye pas obligé de s'intéreſſer dans l'imagination, ou dans la paſſion de l'un des ennemis de ſon Egliſe.

 L'Auteur de l'*Anti Valerien* qui étoit un Théologien Allemand nommé Haberkorn, conſervoit depuis plus de dix ans la volonté de vanger ſon parti de la plaie que le Pere Valerien lui avoit faite, par un Livre de Controverſe imprimé à Vienne en Autriche l'an 1641. ſous le titre de *Judicium de Acatholicorum, & Catholicorum regula credendi*. Ce qu'il fit dans cette intention, parut à Gieſſen l'an 1652. *in-4°.* ſous le titre d'*Anti-Valerianus*, id eſt *ſolida & ſuccincta Refutatio duorum Tractatuum fallaciſſimorum Valeriani Mediolanenſis Papiſtæ, quos vocat Judicium de Acatholicorum, & Catholicorum regula credendi*, &c.

 Ce fut vers le même tems que l'on pratiqua une entrevûë entre le Pere Valerien & le Sieur Haberkorn ; & il ſeroit à ſouhaiter que ce Pere ſe fut donné la peine d'écrire & de publier une Rélation de la Conférence qu'ils eurent enſemble ſur le même ſujet, comme Haberckorn eut la curioſité d'en compoſer une de ſon côté pour tâcher de prévenir le Public à ſon avantage. Mais ſes Miſſions & les mouvemens continuels que lui donnoient ſon état de vie ambulante ne lui en laiſſèrent pas le loiſir. C'eſt ce qui me donne lieu de finir cet article en vous diſant un mot de la vie de l'un & de l'autre.

 ☞ Pierre Haberkorn naquit à Butſbach dans la Weteravie Province d'Allemagne entre le Rhin & le Lantgraviat de Heſſe le neuviéme jour de Mai de l'an 1604. Il devint orphelin dans ſon bas âge, mais il trouva des perſonnes charitables qui firent enſorte que cette diſgrace ne ſe répandit pas ſur ſes études. A vingt-deux ans il alla étudier en Théologie dans l'Univerſité de Marpurg ; à trente-deux, il devint Profeſſeur en Phyſique, & il prit les dégrés de la Faculté de Théologie. Dix ans après, il fut fait premier Inſpecteur ou Surintendant du Diocèse de Gieſſen qui eſt du Lantgraviat auſſi-bien que Marpurg. L'Univerſité de la Ville de Gieſſen ayant été rétablie pendant qu'il y demeuroit ; il ſuccéda à ſon beau-pere Fewrbon dans la chaire de premier Profeſſeur en Théologie. Il mourut il y a environ treize ans (1) après en avoir vécu près de 72. & en avoir paſſé 42. & quatre mois avec ſa femme.

Le Pere Valerien étoit de la Noble Maiſon des Magni, comme je vous l'ai déja fait remarquer. Il naquit à Milan ou dans le Milanez vers l'an 1587. mais ce ne fut qu'en recevant l'habit de Capucin qu'il prit le nom de Valerien. Il fut long-tems Maître des Novices & ſouvent Gardien des Maiſons de ſon ordre. Il profeſſa auſſi la Philoſophie & la Théologie, & comme il étoit fort expérimenté dans la Controverſe, le Pape Urbain VIII. qui avoit beaucoup d'eſtime & de conſidération pour lui, le fit Miſſionnaire Apoſtolique par toute l'Allemagne, la Pologne, la Bohème & la Hongrie, & le déclara chef des Miſſions du Nord. On étoit perſuadé qu'il n'étoit pas moins expérimenté dans la Politique que dans la Théologie, c'eſt ce qui porta les Puiſſances de l'Europe à l'envoyer en diverſes Ambaſſades. Il ſe trouva par ces routes fort près du Cardinalat, mais le généreux mépris qu'il avoit fait des grandeurs de la terre, le fit réduire aux fatigues de la Miſſion, où il travailla avec tant de zèle qu'en 1618. il fut aſſommé (2) par les Hérétiques & paſſa long-tems pour mort. Il eut auſſi beaucoup à ſouffrir de la part des Péripatéticiens qui le conſidéroient comme l'ennemi de leur Ariſtote. On le jetta dans un affreux cachot ſous quelque prétexte de nouvelle entrepriſe ; mais il en ſortit à ſon honneur avec l'aſſiſtance de l'Empereur Ferdinand III. Il ſe retira ſur la fin de ſes jours à Saltzbourg où il mourut âgé de 75. ans, dont il en avoit paſſé 60. dans l'Ordre des Capucins. L'Hiſtoire de ſa mort ſe trouve dans un petit Livre imprimé l'an 1662. *in-12.* ſous le titre : *Relatio veridica de pio obitu R. P. Valeriani.*

1 ¶ C'eſt à dire vers 1676.
2 ¶ Le mot *aſſommé* de la manière dont il eſt ici employé, ne peut ſignifier que *tué.* ¶

ANTI-VENATOR.

40   Vous avés pû remarquer, Messieurs, continua Mr de Rintail, quelques Auteurs d'*Anti* qui ont pris le masque pour attaquer leurs Adversaires. Vous avés entendu ce que je vous ai dit d'un Christophle Agricola, & vous vous souviendrés s'il vous plaît de l'observation que je vous fais faire maintenant lorsque j'aurai à vous parler dans les autres Entretiens d'un Antonin Moraines, d'un Nicodeme Turlupin, d'un Humannus Erdemannus & de quelques autres de la même espéce. Mais vous n'aviés pas encore apperçû jusqu'ici qu'aucun de ces Auteurs eût jetté le masque sur son *Anti*.

Je crois être entré tout d'un coup dans votre pensée, dit Mr Terlaine : Vous voulés parler de ces Auteurs Satiriques qui voulant attacher le nom de leur Adversaire à un *Anti*, semblent imiter les bourreaux, qui pour quelques considérations couvriroient le visage de ceux qu'ils attachent au gibet pour........

Vos expressions sont un peu fortes, répondit Mr de Rintail en l'interrompant, mais à cela près, vous n'avés pas mal rencontré. L'*Anti-Venator* dont il s'agit ici n'est pas une Satire composée contre un homme qui ait porté véritablement le nom de Venator. C'étoit un Catholique d'Allemagne nommé J. Gaspar Jager. Mais l'Auteur de cet *Anti* appellé Martin Beer Luthérien de profession qui avoit eu diverses disputes avec Jager sur les matiéres controversées de la Religion, ne jugea point à propos de faire connoître au Public le nom de son Adversaire. Il s'avisa donc de tourner son surnom qui en langue vulgaire signifie un Chasseur, en un autre qui exprime la même chose en Latin. Puisqu'il vouloit bien se donner cette licence, il lui étoit libre d'éviter le reproche d'avoir produit un monstre dans la composition de son *Anti-Venator*. Il ne tenoit qu'à lui de chercher dans la Langue Grecque quelque chose de plus sortable à son Anti. Il pouvoit choisir entre *Anti-Thereute* & *Anti-Cynegete*. Vous m'avoüerés que son Adversaire avoit mieux rencontré que lui, lorsque pour déguiser aussi le nom de Beer qui veut dire un Ours en Allemand, au lieu de recourir au mot Hybride d'*Antursus* ou *Ant-Ursinus*, il a employé assés ingénieusement celui d'*Antarctique* dont je vous parlerai plus à propos lorsqu'il sera question des *Anti* composés par des Catholiques.

Je ne sai presque rien de la vie de Mr Beer, ni de celle de Mr

Jager. Le premier eſt peut-être encore au nombre des vivans, étant né l'an 1617. à Nuremberg. Il ne manquera pas d'être plus connu parmi nous, je veux dire parmi les étrangers lorſque la Providence l'aura fait partir de ce monde. Nous pouvons à coup ſûr attendre ſon Oraiſon funébre, ou un Programme de l'abrégé de ſa vie de la part de quelque collégue ou de quelque ami. Nous avons tout ſujet d'eſpérer cela de Mr Henning Witten qui nous prépare les Mémoires hiſtoriques & Panégyriques d'une ſeconde centaine de Théologiens Proteſtans d'Allemagne, dont la plupart ſont beaucoup moins célébres que Mr Beer.

Pour Mr Jager, je crains fort qu'il ne demeure dans l'oubli malgré tout ſon mérite, & les ſervices qu'il a rendus à l'Egliſe. Je ne vous alléguerai pourtant pas d'autre raiſon de mon appréhenſion, ſinon que c'eſt un Auteur Catholique, & que je n'ai trouvé nulle part qu'il fût d'aucun Ordre Religieux.

ANTI-WAGNERECK.

41 J'Ai deux *Anti* à vous produire de l'eſpéce que je viens de vous nommer, dit Mr de Rintail qui affectoit de paroître infatigable dans la converſation. Tous deux ont été dreſſés contre le Pere Wagnerech, ou plutôt Wangnereck Jéſuite d'Allemagne.

§. I.

Le premier ANTI-WAGNERECK a pour Auteur un Théologien Proteſtant de Souabe nommé Wilderfin, ou plutôt Wilderſohn qui le fit imprimer à Tubingue l'an 1660. *in* 4°. Leur conteſtation regardoit l'origine de l'ame raiſonnable, & immortelle. Il s'agiſſoit de ſavoir ſi elle eſt créée, ou inſpirée immédiatement de Dieu à meſure qu'il ſe forme des corps; ou ſi elle vient par propagation des parens aux enfans, *ex Traduce*. Les Proteſtans ſont aſſés partagés ſur ce point, & le ſieur Wilderſohn étoit du nombre de ceux qui n'ont pas honte de vouloir paſſer pour des *Traduciens*. Le Pere Wagnereck qui ſoutenoit l'opinion communément reçûë parmi les Catholiques, entreprit d'écrire ſur ce ſujet; & non content d'avoir expliqué toute la queſtion, & les raiſons des Théologiens de l'Egliſe Romaine dans ſon Traité *de Traduce* qui parut à Dillingue l'an 1628. *in*-8°. Il fit un ſecond Ecrit ſur la même matiére, pour réfuter les Théologiens

Anti-Wagnereck. Proteſtans, & ſur tout les Prédicans de la Ville d'Auſbourg. Ce ne fut que long-tems après que Wilderſohn voulut réveiller la querelle en faveur de ſes confréres par ſon Anti-Wagnereck auquel il donna le ſecond titre d'*Apologeticus pro Traduce oppoſitus ſophiſmatis & argutiis Henr. Wagnereckii, &c.*

§. II.

Le ſecond ANTI-WAGNERECK eſt l'un des plus modernes d'entre les *Anti*, & je crois que ſon Auteur eſt encore au monde. C'eſt le ſieur Balthaſar Bebelius Docteur en Théologie, & Profeſſeur dans l'Univerſité de Straſbourg. Il étoit âgé de cinquante ans, lorſqu'il publia ſon Anti Wagnereck, ou *Anti- Wangnereccius* à Straſbourg *in-quarto* l'an 1682. Ce n'eſt proprement qu'un petit Recueil de Thèſes Théologiques que ſes écoliers ſoutinrent ſous lui, & voici en peu de mots ſelon Meſſieurs de Leipſick ce qui donna occaſion à cette compilation (1).

Jean Kircher de Tubingue qui a fait le ſujet des Anti-Kirchers de Schragmuller, & de Calovius, dont je vous ai parlé dans l'article vingt-cinq, ayant quitté la Communion des Luthériens pour entrer dans l'Egliſe Catholique, crut devoir rendre compte de ſon changement au Public. Dans cette intention, il fit imprimer les motifs de ſa converſion, & l'une de ſes raiſons, étoit que les Luthériens n'admettant pas d'autre fondement de leur créance que la Sainte Ecriture par elle-même, étoient ſouvent embarraſſés ſur le ſens de la parole de Dieu, ſur l'autorité, & le nombre des Livres Canoniques, ſur leur certitude, & que les deux tiers des Sectateurs de Luther, ne pouvant ni entendre, ni même lire l'Ecriture, ils ne ſavoient le plus ſouvent à quoi s'en tenir. Au lieu que dans l'Egliſe Romaine on trouve tout ce qui eſt néceſſaire pour mettre ſon eſprit, & ſa conſcience en repos. Un Théologien de Straſbourg nommé Dorſchæus écrivit contre lui l'an 1641. & voulut répondre à ſon *Aitiologie* par un *Hodegétique*, ou *Guide*, qui demeura long-tems ſans replique, juſqu'à ce que le Pere Henri Wangnereck ſe chargea du ſoin d'en faire une à la ſollicitation de Jean Abbé d'Elching. La replique porte le nom d'Anti-Dorſchæus, comme je vous le ferai voir une autre fois. J'avouë que le Pere Sotwel n'a point inſéré cet Ouvrage parmi ceux du Pere Wangnereck : mais il eſt probable qu'il ne l'ait pas crû de lui, ou qu'il n'ait pas jugé à propos de le reconnoître, ſous prétexte qu'il paroît

---

1 An. 1682. pag. 249.

sous un nom étranger. C'est contre cet Anti-Dorschæus, ou si vous l'aimés mieux, contre le défenseur de Kircher que le sieur Balthazar Bebelius a composé l'*Anti-Wangnereck* pour vanger son Prédécesseur Dorschæus. L'Ouvrage n'a point dû lui couter beaucoup de veilles. La fatigue a été de mettre douze disputes en un Corps de Thèses après les avoir fait soutenir à ses Ecoliers.

☞ Le Pere Wangnereck étoit de Munich en Baviére. Il vint au monde l'an 1595. & il fut admis dans la Compagnie des Jésuites l'an 1611. Il y enseigna les Humanités pendant cinq ans, la Philosophie pendant quatre, la Théologie Scholastique pendant huit, la Controverse pendant sept, la Morale je ne sai combien de tems, & le Droit Canon pendant quatre ans. Il fut Chancelier de l'Université de Dilling près de huit ans. Après quoi il s'appliqua à la Prédication & aux Missions. Il mourut d'apopléxie qui le prit à table le onziéme de Novembre. de l'an 1664. à Dilling.

ANTI-WALEMBOURG.

42 IL étoit assés juste, poursuivit Mr de Rintail sans interruption, que Messieurs de Walembourg Théologiens, Hollandois de naissance eussent part à la gloire de Bellarmin du côté de la Satire des Hérétiques, puisqu'ils ont travaillé avec autant de zèle que lui à la défense de la foi Catholique contre ces Adversaires de l'Eglise Romaine. Vous n'ignorés peut-être pas que le mérite de ces deux illustres Freres Adrien & Pierre tous deux Evêques suffragans dans les Electorats du Rhin leur a attiré les injures & les mauvais traitemens des Ministres des Eglises protestantes d'Allemagne ; qu'ils ont été glorieusement pour eux qualifiés Faux Prophétes. *Videntes non Videntes* par les uns, & Visionnaires de Hollande, *Onirocritæ Batavi*, par les autres dans les titres même de leurs Ouvrages Polémiques, & des Satires qu'ils ont faites contre eux ; & que leur réputation a donné même un peu de cette émulation que nous appellons jalousie à quelques particuliers d'entre les Ecrivains Catholiques. Ainsi vous serés moins surpris d'apprendre qu'il a déja paru dans le monde quelques *Anti-Walembourgs* du caractére des Anti-Bellarmins. Je ne vous en nommerai que deux, parce qu'il n'en est pas encore venu d'autres à ma connoissance.

§. I.

ᶠ Le premier est celui d'un Professeur en Théologie Luthérienne dans l'Université de Giessen nommé Pierre Haberckorn dont je vous ai déja entretenu plus haut au sujet de l'Anti-Valerien. Son *Anti-Walemburch* est un Recueil de sept disputes contre Messieurs les deux Freres touchant la question de savoir où étoit l'Eglise avant Luther. Cet Ouvrage parut à Giessen l'an 1658. *in*-4°.

§. II.

Le second est celui d'un autre Luthérien de la Basse Allemagne nommé J. Arndt ou Arndius. Ce n'est pas le Mystique Arndius Surintendant de Lunebourg & Pasteur de Zell mort en 1621. si fameux par ses Livres de Dévotion & par les persécutions que lui firent souffrir les Protestans & sur tout les Calvinistes qui prétendoient le faire passer pour un Quiétiste & un Illuminé. C'est un autre de même nom qui peut avoir été son fils ou son petit-fils, & qui s'étant jetté dans la Controverse voulut attaquer Messieurs de Walembourg sur les Motifs du Prince Ernest Lantgave de Hesse pour abjurer le Luthéranisme & rentrer dans le sein de l'Eglise Catholique. On peut dire que la Conversion du Prince n'étoit pas moins l'Ouvrage de ces Messieurs que le Livre des Motifs. C'est ce qui fit tourner contre eux la colère d'une infinité de Luthériens & de quelques Calvinistes, & qui fit tomber sur leur tête une grêle d'écrits Polémiques & Satiriques. Je vous permets de mettre en ce rang l'*Anti-Valembourg* de J. Arndius qui parut à Gustrow au Duché de Mecklebourg l'an 1664. *in-quarto*.

ANTI-WUJECK.

43 NOus finirons notre conversation des *Anti* dressés contre les Catholiques par l'*Anti-Wujeck* de Socin. Cet Hérésiarque dans une Lettre écrite à un Seigneur Polonois nommé Christophle de Morstein dattée du troisiéme Février 1595. faisant le dénombrement des Ouvrages qu'il avoit composés jusqu'alors, y marque précisément un *Anti-Wujeck* écrit en Polonois, & finit son Catalogue en ajoutant que son *Anti-Wujeck* écrit en Latin, étoit actuellement sous la presse (1).

1 Bibl. Anti-Trinit. pag. 65.

Vous

I. PART. CHAP. I. ANTI-CATHOLIQUES PROTESTANS.

Vous voyés, Messieurs, ajouta Mr de Rintail, que l'Anti-Wujeck Anti-Wujeck. Polonois est venu au monde devant l'Anti-Wujeck Latin, selon le témoignage même de son Auteur. Vous remarquerés cependant que l'Anti-Wujeck Latin a été composé avant le Polonois qui n'en est qu'une version. Le Traducteur Stoïnski, dit Pierre Statorius le jeune, fut si diligent, qu'il fit cette Version dès la même année que l'original Latin étoit sorti de la plume de Socin. Ce fut en 1592. Elle sortit de la presse l'année suivante *in-8°*. & l'*Anti-Wujeck* Latin ne parut que deux ans après, c'est-à-dire en 1595. Cet original de Socin se trouve réimprimé dans le corps de ses œuvres Polémiques. Mais ses disciples qui ont procuré cette dernière édition prétendant peut-être sauver une partie de la réputation de leur Maître, ont eu la discrétion de supprimer le titre satirique d'*Anti-Wujeckus*, jugeant qu'il n'étoit bon qu'à décrier sa mémoire, & à le rendre haïssable dans l'esprit de ceux qui prennent les injures pour de la fausse monnoie dans les Livres. C'est ce qui fait que nous ne trouvons plus d'autre titre à la tête de cet Ouvrage, que celui de *Responsio ad Libellum Jacobi Wujecki Jesuitæ Polonice editum, de Divinitate Filii Dei, & Spiritûs sancti. Ubi eâdem operâ refellitur quidquid Robertus Bellarminus disputationum suarum tomo primo secundæ Controversiæ generalis libro primo de eadem re scripsit.*

Les Peres Alegambe, & Sotwel nous representent le Livre du Pere Wujeck auquel Socin a voulu répondre, comme un Ouvrage écrit en Latin, & ils le distinguent d'avec ceux qu'il a écrits en Langue vulgaire: mais il est croyable qu'ils ont pris une version Latine de l'Ouvrage, pour son original qui fut imprimé l'an 1590. Socin nous apprend qu'il fut composé en Polonois, & les divers passages qu'il en cite en cette Langue, ne nous permettent pas d'en douter. Il ajoute qu'encore qu'il portât le nom du Pere Wujeck, c'étoit pourtant l'Ouvrage de Bellarmin de qui Wujeck témoignoit publiquement l'avoir reçû. Cela nous porte naturellement à croire que Bellarmin aura envoyé des mémoires Latins à Wujeck qui les aura mis en Polonois. Ainsi les Peres Alegambe & Sotwel auront eu raison de le compter parmi des Livres originairement écrits en Latin.

Quoi, dit Mr Terlaine, Socin persuadé qu'un Ouvrage auquel il répond est de Bellarmin, a eu la malhonnéteté d'attaquer la personne d'un autre? Quand j'étois parmi les Protestans, j'entendois les Sociniens nous reprocher à toute heure nos duretés à l'égard des Catholiques, & vanter hautement leur modération, & leurs complaisances. Il faut avouer que Socin, & ses disciples n'approchent pas des Saumaises, & des Scaligers dans l'art de dire des injures. Mais que les Sociniens viennent dorefnavant nous faire parade de leur honnêteté jusqu'aux titres de leurs Livres, je leur objecterai l'*Anti-Wujeck* comme une marque de l'incivilité de leur Patriarche.

☞ Le Pere Jacques Wujeck, reprit Mr de Rintail étoit né à Wagrowieck en Pologne l'an 1540. Il fit ses premiéres études dans son pays, & alla faire sa Philosophie à Vienne en Autriche où il prit le bonnet de Maître ès Arts. Il passa ensuite à Rome où il se fit Jésuite l'an 1565. Il y enseigna les Mathématiques, après quoi il retourna en Pologne où il prit le bonnet de Docteur en Théologie, & fit ses quatre vœux le douziéme Juillet de l'an 1571. Il fut Précepteur de Sigismond Batori de Transilvanie par ordre du Roi Etienne, puis Recteur de divers Colléges & Maisons Professes, Vice-Provincial, &c. Il mourut le vingt-septiéme Juillet de l'an 1597.

Pour ce qui regarde la vie de Fauste Socin, je me contenterai de vous dire qu'il étoit de Siéne en Toscane, fils & petit-fils de Jurisconsultes, parent des Papes Pie II. Pie III. Paul V. & de divers Princes d'Italie du côté de sa mere. Il vint au monde le cinquiéme jour de Décembre de l'an 1539. Après avoir passé douze ans à la Cour du grand Duc de Toscane, il quitta son pays & tout ce qu'il y possédoit, & se retira l'an 1574. en un éxil volontaire dans lequel il fut errant sans feu, & sans lieu jusqu'à ce qu'en 1579. il s'établit en Pologne. Il mourut le troisiéme jour de Mars de l'an 1604. dans Lucklavicz qui est une bourgade du Palatinat de Cracovie où il est enterré. Nous avons sa vie dont l'Auteur ne s'est nommé que Chevalier Polonois. Cet Auteur n'est autre que Samuel Przipcow.

Après cette lecture, Mr de Rintail remettant son cahier dans le porte-feuille, dit qu'il vouloit ménager notre curiosité pour la premiére visite. Mr Terlaine d'Albi se leva en témoignant que la satisfaction qu'il venoit de recevoir de la lecture des *Anti* des Protestans contre les Catholiques, lui faisoit souhaiter avec passion de revenir avec nous le lendemain pour entendre ceux des Protestans contre des Protestans. Il prit congé du jeune Mr de Saint Yon, & de Mr de Rintail. Nous en fîmes autant que lui, & nous nous retirâmes ensemble. J'espére, Monsieur, travailler dès ce soir à mettre en ordre la Rélation de l'entretien que nous eûmes le lendemain sur les *Anti* des Luthériens contre les Calvinistes sur ceux des Luthériens contre les Luthériens leurs Confreres; sur ceux des Calvinistes contre les Luthériens ; sur ceux des Calvinistes contre d'autres Carvinistes ; sur ceux des Protestans en général contre les Sociniens, & contre les Juifs ; & enfin sur ceux des Catholiques contre les Protestans, ou d'autres Adversaires. Je serai court autant qu'il me sera possible dans une si ample matiére. Cependant je suis toujours,

Monsieur, votre très-humble, &c.
Alb. Lain. de VERTON.

SATIRES PERSONNELLES.

TROISIE'ME ENTRETIEN.

Suite des Prédécesseurs de l'Anti-Baillet.

Entre Messieurs de Saint Yon, de Rintail, de Brillat, & de Verton.

Envoyé à Mr de la Cour d'Oronne.

44. NOUS fûmes très-ponctuels Mr de Brillat & moi, à nous rendre le lendemain chés Mr de Rintail où Mr Terlaine avoit promis de nous devancer. Mais au lieu de lui, nous trouvâmes une compagnie de quatre personnes Régulières, toutes de ma connoissance. C'étoient Dom André Taillebi, avec Dom Leandre Tibial ; & le Pere René d'Abilliat avec le Pere Trajan de Bille. Comme les Gens de Communautés ont toujours dîné une heure avant les Gens du siécle, ils s'étoient rencontrés à l'Hotel de Valbeil de fort bonne heure, & s'étoient saisis de Mr de Rintail au sortir de table. Après les civilités données & renduës de part & d'autre suivant les formules ordinaires, le jeune Mr de Saint Yon m'attaqua avec son air enjoué. Sieur de Verton, me dit-il, les Reverends Peres vous garantiront de la peur que vous témoigniés hier que les Armes n'arrêtent le cours des Lettres. Ecoutés-les discourir sur les nouvelles de Litérature qu'ils viennent d'entamer, & vous verrés si les Gens de Lettres s'épouvantent de la Guerre dans leur cabinet. Je connoîtrois mal, lui répondis-je, le caractére & l'humeur de Dom Leandre, si je le croyois jamais dépourvû de nouveautés en matiére de Livres.

Nous parlions dit ce Pere, de deux Commentaires sur la Régle de Saint Benoît ; de deux Histoires Ecclésiastiques dont on fait déja grand bruit dans la République des Lettres, quoique de ces quatre Ouvrages il n'y en ait encore qu'un qui soit imprimé, puis supprimé ; de quelques nouvelles Vies de

III. ENTRETIEN. 133

Saint Louis différentes de celles qui parurent l'année précédente ; & de ce que quelques particuliers méditent sur la nouvelle critique des Annales de Baronius & sur le Livre de l'Antiquité des Tems.

Avant-hier, reprit Dom André Tailleby, je vis dans notre Bibliothèque l'Abbé Barillon du **Teertre**. Il venoit chercher, mais inutilement, dans les œuvres du vénérable Bede la prétenduë prophétie de ce Pere sur les révolutions présentes. Il me donna un petit mémoire de desseins & de Livres nouveaux ausquels on travaille. Comme il m'a recommandé de recueillir le sentiment de nos amis sur ces Ouvrages, j'ai apporté le mémoire pour le faire voir, & vous en demander votre pensée.

Mr de Rintail prit le mémoire, & lût tout haut les titres de divers Ouvrages, entre autres.

1°. Un Calendrier Historique *divisé en trois cens soixante-six parties. Par Mr* Tibere Dallain *du Pays de Forets. Chaque partie contenant un jour de l'année à commencer par les Calendes de Janvier ; ensorte que sous le titre de chaque jour tous les faits qui sont marqués de ce jour dans toutes sortes d'Histoires se trouvent rangés dans un ordre chronologique devant & après* Jesus-Christ *jusqu'à present.*

Chaque jour sera donc un volume, dit le jeune Mr de Saint Yon, & le Calendrier Historique sera donc un Livre de 366. volumes ? Apparemment, répondit le P. Tailleby. Je devine, reprit Mr de Saint Yon, que le volume du Bissexte sera plus des trois quarts moins gros que les autres, mais il ne sera pas moins curieux.

Il est certain, dit le P. de Bille, que le Public auroit besoin d'un Ouvrage de cette nature pour trouver précisément les dattes des naissances, des morts, des réceptions aux charges & aux professions, des Traités de Paix, & autres Concordats, des Mariages, des Combats les plus célébres, en un mot de tout ce qui doit être caractérisé par les tems.

2°. Ecoutés, poursuivit Mr de Rintail, le titre d'un autre Livre. Penitenciel *général de tous les siécles de l'Eglise & de tous les lieux de la Chrétienté, où l'on fait voir par la diversité des pratiques sur le sujet de la pénitence que l'Eglise n'a presque jamais gardé l'uniformité dans ce point de Discipline ; & où l'on réduit en méthode les Canons des Conciles & les Statuts des Eglises particuliéres suivant les espéces differentes du péché. Par* Antoine Birart de Ruelle *Licencié.*

Que pensés-vous de cet Ouvrage, dit le P. Tailleby ? le dessein ne vous paroît-il pas beau ? Oui répondit Mr de Rintail pourvû qu'il soit judicieusement

R iij

exécuté. Vous avés grande raiſon, repartit le *Pere d'Abilliat*, *de demander beaucoup de jugement pour un Compilateur de Canons ſur la Pénitence. Sans cette belle qualité, un homme avec toute ſa diligence & toute ſa fidélité prétendra témérairement mettre ſur les péchés d'aujourd'hui les taxes ſpirituelles qu'on impoſoit dans l'Egliſe primitive, ſans ſonger ſi nous ſommes aſſés forts pour les ſupporter. On y ſatisfaiſoit aiſément alors, parce que c'étoit le ſiécle d'or de l'Egliſe, au lieu que nous ſommes maintenant dans le ſiécle de fer.*

3°. Tables Chronologiques *où l'on voit les principaux Faits hiſtoriques déduits par une ſuite continuelle d'années diviſées par Décades, avec un dénombrement des Hommes illuſtres à la fin de chaque ſiécle, par le ſieur* Albert Vinet de Lorraine. *J'ai vû cet Ouvrage*, dit D. Leandre Tibial, *& j'en connois l'Auteur. Il étoit fort jeune quand il s'y appliqua. Il étoit alors plein de ſon Scaliger & de ſon Pere Petau ; le deſſein d'arranger toute l'Hiſtoire dans ſa tête pour ſon uſage particulier lui fit ramaſſer divers Hiſtoriens bons & mauvais, il en fit une compilation qu'il réduiſit en table ſelon la méthode de Helvicus qu'il n'avoit pourtant jamais vûe non plus qu'aucun autre Chronologie de cette nature. Mais ayant découvert depuis ce tems-là divers Ouvrages de la même eſpéce, il renonça au deſſein de publier le ſien ; & je m'étonne que Mr l'Abbé Barillon l'ait mis dans le mémoire qu'il a donné à D. André Tailleby parmi les Livres qui doivent voir le jour.*

4°. De ſcriptis Parrhiſiacis Auctorum Catholico-Romanæ fidei addictorum. Collectore Aſdrubale Tilejano, &c. *Ah ! dit Mr de Brillat, j'ai connu le pauvre Mr Tilejan ſur la fin de ſes jours. Mr Terlaine d'Alby, avec lequel il ſe convertit de fort bonne foi, nous en auroit dit des nouvelles s'il étoit venu aujourd'hui. Il nous montra quelque tems avant ſa derniére maladie cet Ouvrage Latin que nous prenions d'abord pour un Recueil des* Illuſtres Pariſiens, *mais il nous déſabuſa en nous diſant qu'il changeroit* Parrhiſiacis *en* Parrheſiaſticis. *C'étoit une Critique curieuſe des Auteurs Catholiques qui ſe ſont diſtingués par la liberté qui regne dans leurs Ecrits ; tels que ceux qui ſont recueillis dans les trois gros volumes de* Goldaſt, *dans le* Faſciculus Rerum *expetendarum, tels que l'Auteur de l'*Onus Eccleſiæ, *Paul Sarpy, De Thou, Richer, de Launoy, &c. Mais comme il l'avoit compoſé avant ſa converſion, il craignit de cauſer quelque ſcandale en le publiant. Il le déchira en notre préſence & le jetta dans le feu en nous prenant pour témoins du ſacrifice qu'il en faiſoit à l'Egliſe Catholique.*

5°. Des fameux Pédans de l'Antiquité & des derniers tems, *avec un Catalogue des Livres qui portent le titre de* Maſtix, *où l'on fait voir que les Pédans de plume ſont plus vains, & plus inſupportables que les Pédans de férule ou de langue. Par le Sieur A.* L'Etabli d'Abeville.

6°. Le Provincial de l'Empire depuis Auguſte juſqu'à Conſtantin le Grand, *pour ſervir d'éclairciſſement à l'Hiſtoire des Martyrs de l'Egliſe primitive par Mr* Bertier. *Eſt-ce Mr* Bertier d'Allure, *dit le P. d'Abilliat*; Non, *lui répondis-je*, *c'eſt Mr* Bertier de Verton *mon parent. Son Ouvrage eſt une Hiſtoire des Provinces de l'Empire par les Proconſuls, les Préſidens, les Préfets, les Procurateurs, les Recteurs & Correcteurs, & les autres Magiſtrats, Intendans & Juges des Provinces & des Villes de l'Empire. Il y corrige divers endroits des Actes des Martyrs & de nos Martyrologes. Après cela il pourra travailler à un ſecond* Provincial de l'Empire *depuis Conſtantin juſqu'à Juſtinien.*

7°. L'Eſprit de l'Egliſe, dans l'Obſervation de ſa Diſcipline. *Par Mr* Tarin d'Abeille. *Je ſai ce que c'eſt*, *ajouta Mr de Rintail. L'Auteur prétend faire voir quelle a été l'intention de l'Egliſe dans divers établiſſemens, dont les plus Gens de bien abuſent quelquefois en ne croyant point mal faire. On y trouvera quelque choſe d'aſſés remarquable, par exemple, ſur les trois baſſes Meſſes que les Particuliers ſe contentent de dire ou d'entendre immédiatement l'une après l'autre la nuit de Noël, ſur le feſtin du* Medianox, *ſur l'arrangement des Heures Canoniales, ſur les Pélerinages & les Confrairies, ſur l'âge légitime du jeûne de l'Egliſe, & ſur les petits rafinemens dont on s'eſt aviſé pour chicaner avec Dieu ſur ce point & ſur diverſes autres pratiques de Devotion. On y verra ſi c'eſt la prudence qui fait avancer l'*Office du lendemain *des l'après-midi de la veille, & ſi c'eſt la négligence qui fait différer* Matines *à ſon lever*; *S'il eſt défendu de ſéparer* Laudes *d'avec* Matines, *les* Nocturnes *l'un d'avec l'autre, lorſqu'on dit ſon Office chès ſoi. Si c'eſt au Commandement de Dieu ou à celui de l'Egliſe que déſobéiſſent ceux qui ſe contentent d'entendre le Dimanche une courte Meſſe, & donnent le reſte du jour à la chaſſe, à la promenade inutile, où à d'autres parties de divertiſſement. Si après la Meſſe il eſt plus à propos de ſanctifier le jour du Seigneur chés ſoi dans la retraite, la priere, la lecture de piété, & l'inſtruction de ſes Gens, que d'aller ſatisfaire ſa curioſité d'Egliſe en Egliſe, chercher les beaux Sermons, les belles Muſiques, les Vêpres & les Saluts les plus pompeux. On y trouvera une agréable comparaiſon d'un Pariſien avec un Payſan ſur l'aſſiſtance à la Paroiſſe: le Pariſien debout pendant la Meſſe le côté vers* l'Autel, promenant ses yeux sur tout le monde, causant avec son voisin, ajustant continuellement sa perruque & sa cravate, distrait d'ailleurs par le tintamarre des Aveugles, des Bedeaux & des Marguilliers, par le bon air des belles Quêteuses, par la longue file des femmes qui vont à l'offrande, par la foule de ceux qui le pressent & qui le poussent ; qui reconduit une Demoiselle après la Messe, lui donne à dîner, joue avec elle, ou la meine à la promenade : Le Paysan qui fait marcher devant lui ses enfans à la Messe de Paroisse, leur fait rendre compte à la maison des prieres qu'ils ont faites & des instructions qu'ils ont entenduës au Prône, leur fait lire l'Epitre & l'Evangile du jour, ou quelque Livre de pieté, les reconduit l'après midi au Catéchisme & à Vépres.

8°. Histoire des Sacremens de l'Eglise, *par le Sieur* Eilin d'Albattre.

Histoire de la Messe, *par le même.*

Histoire de l'Office de l'Eglise, *par le même.*

Histoire de l'Avent, du Carême, & des Quatre-tems, *par le même.*

Histoire des Processions, des Pélerinages & des Confrairies *par le même.*

Histoire de l'Eau-benîte, du Pain-benit, du Cierge-Beni, du Rameau-beni, &c. *par le même.*

Le tout sans recourir aux origines douteuses, & sans entrer dans une dispute de Controverse, où l'on pretend ne rien avancer qui ne puisse être approuvé par les Protestans qui ont du savoir & de la raison, & qui sont Maîtres de leurs préjugés.

Il y auroit, dit Mr de Rintail, beaucoup de choses à dire sur tous ces Ouvrages curieux, mais achevons votre mémoire.

9°. Martyrologe de corruption divisé en trois parties, dont la premiére contient les Hérétiques anciens, & autres excommuniés, dont l'Eglise a condamné la mémoire, & qu'on a pourtant fait glisser dans nos Martyrologes. La seconde comprend les noms des Saints imaginaires, c'est-à-dire les noms (1) des choses pris par erreur pour des noms d'homme. La troisiéme contient les Saints & les Saintes que les Critiques chagrins nous contestent sous prétexte qu'on a perdu leurs Actes ou que nous n'en avons que de pieux Romans.

L'Auteur de ce Livre, dit D. André Taillebi, n'est pas nommé, mais

---

(1) *Verbi gratiâ,* Ste Synoride. Ste Veronique. Ste Eusebie. S. Eros. S. Viar, &c.

l'Abbé

l'*Abbé Barillon m'a assuré*, *que c'est Mr* Labadie Trinel. *Je ne sai*, *ajouta Dom Leandre, s'il sied bien à un nouveau Converti de remuer ces matiéres dans la conjoncture présente des affaires.*

10°. Invective contre l'Ennemi commun de l'Eglise de JESUS-CHRIST ; Description de la malice avec laquelle il a sû éluder les meilleures intentions du Saint Pere & du Roi Très-Chrétien. *L'Auteur déplore les malheurs de l'Eglise, & exhorte les Fidéles à la priére & à la réformation de leurs mœurs. Il s'est caché sous la devise de* l'Atirail de bien, *ou* Bien de l'Atirail. *A la tête du Livre il y a une Lettre de cet Ennemi de l'Eglise addressée au premier des Réprouvés auquel il marque le désespoir où il sera réduit si jamais le Saint Siége se réconcilie avec l'Eglise Gallicane. L'inscription de la Lettre porte :* Le Diable Tiran à Caïn le Dragon, Salut. *Ce sont autant d'Enigmes pour nous, sinon que* Caïn le Dragon *est l'anagramme de* Leon d'Arcagny, *qui est un Ecclésiastique de ma connoissance. Après l'Epitre suit l'Approbation des Docteurs* J. Os-aigu *&* F. Criard. *Le Privilége joint à cette Approbation ne me persuade pas que nous puissions voir le Livre si-tôt imprimé.*

11°. Nouveau Systême de l'Encyclopédie des Sciences *établi sur les idées & les projets de* Berald Italien, *de* Badelli Aretin : *d'*Abelard Tilien, *de* Jean le Tartron de Breuil, *& autres, par le Sieur* Antoine de la Blurtierre. *Je n'ai pas*, *dit Mr de Rintail, une haute opinion de ce systême, passons Mr de la Blurtierre & ses Auteurs aussi inconnus que lui.*

12°. Lexicon Criticum omnigenæ Historiæ ab *Eridano Allabite* occeptum, à *Liberto Aladanio* Academ. Otioso & Ardente ad umbilicum fere perductum. *Il faudroit voir cet Ouvrage*, *dit Mr de Brillat pour en pouvoir juger. On sait combien nous avons été trompés en France sur le titre de l'*Hiérolexicon *des deux* Magri (1). *Messieurs les Italiens comme les autres aiment la pompe & la magnificence jusqu'aux titres des Livres.*

13°. Disceptatio inter Anastasium ac Cyriacum de rebus ad Rempublicam Christianam pertinentibus Auctore *Alberto Servio Andiliano*. *C'est un titre nouveau*, *dit le P.* Tibial, *d'un Livre qui courut*

---

1 ¶ L'Hiérolexicon des deux Magri, Dominique & Charles, est un Dictionnaire très-utile, dont il est aisé de reconnoitre que Du Cange, qui le cite néanmoins rarement, n'a pas laissé de bien profiter. §

dans le monde il y a sept ou huit ans sous le titre d'Altercatio Harpagi & Hursobii in hortis Gorgiæ Interamnatis Autoliani habita & ab *Udenio de Nully Utopiensi* excepta. Il est visible qu'Udenius de Nully Utopiensis sont des noms négatifs d'un *Auteur supposé*, dont le vrai nom, selon l'*Abbé Barillon*, étoit Servatius Bellarius Andinus que les uns ont pris pour *Maître Servais de Bel-air Angevin*, & les autres pour *Servazzio Bellari Mantouan*.

A propos de l'équivoque Géographique d'Andinus, qui marque un Compatriote de Virgile & un Enfant d'Angers, vous n'avés pas vû une inscription Latine faite pour être à la tête du plaisant Parallèle que le sieur Jaline d'Albret a fait des deux Poëtes Latins, que les faiseurs de bons & de méchans Vers ont pris pour leurs modéles. Elle finit par

UTRIQUE ANDINO.

je veux vous l'envoyer dès demain (1).

14°. De l'Hypocrisie de plusieurs Savans *mal convertis du Judaïsme au Christianisme*, & *de leurs Ecrits pernicieux qui insinuent le Déïsme. Ouvrage composé originairement par* le Rabbin d'Aitel, & *traduit en notre Langue par le Sieur* Elie d'Altinbar.

15°. La Biblioteca Capitolare, c'est-à-dire, *des Chanoines séculiers qui se sont rendus célébres par leurs Ecrits*. L'Auteur s'appelle Dante Alliberi Napolitain (ou si vous l'aimés mieux, Néapolitain).

Nous avons divers Recueils des Hommes Illustres parmi les Chanoines Réguliers, & *le Pere du Molinet peu de tems avant sa mort, m'en fit voir un nouveau qu'il venoit d'achever. Mais personne ce me semble, n'avoit encore pris ce soin à l'égard des Chanoines Séculiers.*

16°. La misére des Gens de Lettres *qui n'ont travaillé que par interêt*

---

1 ¶ L'intelligence de cet endroit dépend de ce qui se trouve dans les Jugemens des Savans sur les Poëtes, article 1535. où il est rapporté que Ménage à qui Gilles Boileau avoit demandé ce qu'il faloit faire pour devenir bon Poëte, lui avoit répondu *Lisés Virgile*, & *mes Vers*. Quoiqu'il n'y ait nulle apparence qu'une pareille réponse ait été faite à Gilles Boilean qui ne se mêloit pas de vers Latins, Baillet n'a pas laissé de prendre cette occasion de turlupiner Ménage par une équivoque maligne sur le mot *Andinus*, qui signifie également un homme natif ou du Village *Andès* près de Mantouë, comme Virgile, ou de la Ville d'Angers, comme Ménage. Il y ajoute dans le même esprit l'inscription UTRIQUE ANDINO, dont il donne même l'explication en faisant remarquer, de peur qu'on ne s'y méprène, que l'*Andinus* d'auprès de Mantouë est le modéle des bons Poëtes, comme l'*Andinus* d'Angers l'est des méchans. ¶

III. ENTRETIEN.

ou par vanité, qui ont été réduits à l'indigence lorsqu'ils penſoient faire fortune, & qui ſont tombés dans le mépris des autres lorſqu'ils ne ſongeoient qu'à leur propre réputation. Traité Hiſtorique, où l'on tâche de faire voir quelles ſont les vûës que doit avoir un Honnête-homme & un Chrétien, lorſqu'il écrit pour le Public. Par Mr Abelli de Ranti.

17°. Hiſtoire des Univerſités *titrées & privilégiées dans toute l'Europe*, par le ſieur Billard de Vacquebelle.

18°. Hiſtoire des Académies des beaux Eſprits, *avec diverſes Réfléxions ſur la bizarrerie des Italiens & la modeſtie des François touchant les titres & les noms de ces Académies,* par Landri Beljatt de Montclair.

19°. Eloges Hiſtoriques des Curés & Prélats du ſecond ordre, *diſtingués par leur Science, avec le Catalogue de leurs Ouvrages, par le Sieur* Irin de la Table. *J'ai vû, dit le Pere d'Abiliat, le Manuſcrit de cet Ouvrage chés un ami de Mr de la Table qui m'en a lû la Préface. Après y avoir fait la peinture d'un véritable Curé, & avoir marqué quelles doivent être ſes occupations, tant pour ſon particulier que pour ſa Paroiſſe, il témoigne ouvertement qu'il n'a recueilli tant d'illuſtres Curés que pour faire une leçon éxemplaire de retraite & d'étude aux Curés de la Campagne qui paſſent cinq ou ſix jours de la ſemaine dans l'oiſiveté ou dans des occupations indignes de leur vocation & de leur caractére. Il finit par une invective contre le mauvais éxemple & la coutume; & pour couvrir d'une confuſion ſalutaire les Curés ignorans & fainéans de l'Egliſe Catholique, il leur promet un Catalogue de Curés ſavans & laborieux parmi les Proteſtans d'Allemagne & d'Angleterre, c'eſt-à dire de Gens mariés, embaraſſés d'un gros ménage, de l'éducation & de l'établiſſement de leurs Enfans & qui par conſéquent ont beaucoup moins de loiſir que les Curés de l'Egliſe Catholique pour l'Etude.*

20. Hiſtoire des Bibliothéques *& autres Tréſors ou Munitions de la République des Lettres, avec quelques réfléxions ſur l'uſage qu'on en doit faire,* par le Sieur Elien d'Albirat.

21. Recueil des Queſtions *inutiles, frivoles & dangereuſes que le raffinement & l'abus de la Scholaſtique a introduit dans les Ecoles, avec une Requête aux Puiſſances pour obtenir leur ſuppreſſion ou leur banniſſement,* par le ſieur Daniel Alibert de Villeneuve.

22. Conjuration générale des Proteſtans & autres Hérétiques du Nord & de l'Occident contre l'Egliſe Catholique concertée ſur les viſions & les inſpirations du Prophète de Roterdam avec l'Hiſtoire des Viſionnaires de l'un & l'autre ſéxe que les Proteſtans ont eu juſqu'ici, par le ſieur Jean Daillé R. B. T. fils d'Adrien, petit-fils de Jean. Je ſuis trompé, dit Mr de Brillat, s'il n'y a point de ſuppoſition dans le nom de cet Auteur. Il eſt vrai que Mr Daillé qui eſt maintenant retiré à Zurich s'appelle Adrien, & que ſon pere s'appelloit Jean, mais je n'ai pas oui dire qu'il ait laiſſé en France un Fils qui s'eſt converti.

23. Des Savans Autodidactes, avec une Diſſertation Problématique où l'on éxamine ſi un bon eſprit peut ſe paſſer de Maîtres & d'Inſtructions de vive voix, par le R. P. Aaron Tertullien de Brie de la Congrégation de la Doctrine Chrétienne.

24. Des Patrons Fauteurs & Promoteurs des Lettres, avec un Diſcours préliminaire où l'on fait voir que ceux qui s'en ſont déclaré les Ennemis, ſont devenus l'horreur du Genre humain, par J. Talon de Trulbierre.

25. Bibliothéque générale de matiéres ſacrées & profanes, c'eſt-à-dire, Théologiques, Juridiques, Hiſtoriques, Phyſiques, &c. qui ont été traitées ſinguliérement par les Auteurs, & éxaminées à fonds, par Antoine Tribler de la Ruë.

26. Orbis Chriſtianus, c'eſt-à-dire, Hiſtoire de l'établiſſement des Siéges Epiſcopaux de l'Egliſe de Jesus-Christ par tout le monde; des tranſlations, des révolutions, des extinctions, des rétabliſſemens, & nouvelles érections qui en ont été faites depuis les Apôtres juſqu'à préſent, le tout ſuivant la méthode des Géographes. Avec un abrégé hiſtorique de tous les Prélats qui ont occupé ces Siéges juſqu'à préſent, autant que l'hiſtoire nous en a conſervé la mémoire, rangés ſelon l'ordre Chronologique, par Renier Bataille de Turon. L'Auteur dit le Pere de Bille, m'a communiqué ſon deſſein qui paroîtroit au-deſſus de ſes forces, s'il n'avoit de grands ſecours du côté des Livres, & des Savans. Si jamais il achéve ſon Ouvrage, il épargnera au Public plus de deux cens volumes in-folio contenant l'hiſtoire des Evêques des Egliſes particuliéres. Il eſpére rectifier beaucoup de choſes dans l'Italia ſacra de l'Abbé Ughelli, dans le Gallia Chriſtiana de Meſſieurs de Sainte Marthe, dans le Theatro de las Igleſias de Eſpaña y de las Indias

de Gilles Gonzales d'Avila en *six volumes, & dans divers autres Recueils de cette nature. Ayant vû l'essai du dessein du Pere Cantel Jésuite par le premier volume de ses* Villes Métropolitaines *, il délibéra d'abandonner le sien, ou de conférer avec lui. Mais la mort précipitée de ce Pere le fit résoudre à le continuer.*

27. Bibliothéque des Auteurs Homonymes, *c'est-à-dire de même nom, & de même surnom, où l'on fait une espéce d'histoire Généalagique de la République des Lettres, & où l'on découvre divers inconveniens venus de ce qu'on a confondu plusieurs Auteurs du même nom, par* Daniel Retabli *du Pays de Hez. Où est le* Pays de Hez, *dit le jeune Mr de Saint Yon, ce n'est pas sans doute le Pays de Hesse en Allemagne* ? *Non, répondit Mr de Rintail en rendant le mémoire des Livres à Dom André Taillebi. Le Pays de Hez est au Nord du pays de Telle.* Obscurum per obscurius, *reprit le Pere d'Abilliat, pour nous qui ne savons pas si bien la Géographie que Mr de Saint Yon. La connoissance de ce qui s'appelle* Pays *aux termes des Géographes, repartit Mr de Rintail, est assés obscure par tout le monde. Un Traité éxact des Pays (* de Pagis *) & une Division raisonnée de la France per* Pagos, *seroit une chose assés nécessaire pour tout le monde. Un de nos amis y songe, c'est Mr* Bridallet ; *mais pour y réussir plus sûrement, je lui conseillerois de joindre à ses propres lumiéres celles des* Valois, *des* Mabillons, *des* Baluzes, *& de ressusciter s'il peut, l'aimable Mr du* Cange.

A ces mots, les quatre Peres se lévérent, & ayant pris congé de Mr de Saint Yon, & de Mr de Rintail, ils nous laissérent la liberté de vacquer à nos *Anti*. Je fus d'avis que Mr de Rintail fît fermer la premiére porte qui est sur l'escalier qui conduit à sa chambre, & à son cabinet, de crainte que de nouvelles compagnies ne vinssent nous enlever encore d'autres quarts d'heure, & je fus obéï sur l'heure. Mr de Rintail bien résolu de ne nous point faire perdre l'après-midi dont nous venions de nous rendre les maîtres, prit le cahier des *Anti* que les Hérétiques ont lancé les uns contre les autres.

ANTI des Proteſtans contre les Proteſtans, ou ANTI Proteſtans Proteſtans.

45 NOUS ſommes rebatus, dit-il, des diviſions & des animoſités qui ont éclaté juſqu'ici entre les Luthériens & les Calviniſtes, & qui vivront apparemment auſſi long-tems que ces deux Sectes. Les Livres qu'ils ont faits pour ſe déchirer les uns les autres dureront plus qu'eux: & ſi nous avons le déplaiſir d'un côté de voir qu'ils ſervent de matiére aux riſées & aux blaſphêmes des Libertins, ce ſeront d'ailleurs des avertiſſemens continuels aux Catholiques contre les horreurs du Schiſme.

Quoique les Calviniſtes n'ayent jamais manqué d'habiles combattans contre les Luthériens, il paroît néanmoins qu'ils ont été les plus maltraités, ou les plus patiens. Que l'on s'en prenne à leur foibleſſe, à leur politique, ou à leur reſpect pour les premiers Auteurs de leur Réformation; la choſe nous eſt égale, & indifférente.

Il eſt conſtant que jamais les Calviniſtes n'ont été amateurs d'*Anti* tant que les Luthériens. Ceux-ci les ont toujours traité avec hauteur, & avec beaucoup de fierté, comme s'ils avoient eu affaire à des ingrats, & à des enfans rebelles à leurs peres. Les Calviniſtes obligés de reconnoître leur filiation ont propoſé ſouvent des voies d'accommodement par des traités *Ireniques*, *Conciliatoires*, *Syncrétiſtiques*, pour me ſervir de leurs termes (1). Les Luthériens ont affecté quelquefois de paroître ſourds; & s'ils ont quelquefois voulu accepter leur réconciliation, ce n'a été qu'à des conditions cruelles pour les Calviniſtes. Point de paix qu'en paſſant ſous le joug.

Les Luthériens parmi leurs invectives, leurs Satires, & autres Ouvrages Polémiques, n'ont pas manqué de lancer un bon nombre d'*Anti*. Les Calviniſtes ont ſouvent eu ſcrupule de leur répondre, & lorſqu'ils l'ont fait, ç'a été rarement par des *Anti*, je veux dire qu'ils ont moins ſouvent rendu malhonnêteté pour malhonnêteté, lors même qu'il leur eſt échappé des mouvemens de vengeance, & des duretés.

---

1. Nicole préjug. cap. 12.   Boſſ. Ev. de Meaux Variations, & c.

Vous vous souviendrés, s'il vous plaît, de ce que je vous dis, si vous êtes tentés dans la suite de notre conversation de me demander pourquoi il y a moins d'*Anti-Luthériens* Calvinistes que d'*Anti-Calvinistes* Luthériens.

CHAPITRE II.

ANTI des Luthériens contre les Calvinistes & autres Sectes Réformés, ou

ANTI - Calvinistes Luthériens.

ANTI-ALSTEDIUS.

46 JE suis d'avis, continua Mr de Rintail, de reprendre l'ordre alphabétique que nous suivions hier dans le dénombrement des *Anti-Catholiques* Protestans : & je vous donne avis que dans cet Entretien & dans les suivans, je tâcherai de me rendre de plus de la moitié plus court que je n'ai été dans les deux précédens. Commençons par l'ANTI-ALSTEDIUS d'un Docteur Luthérien nommé Jean Himmels ou Himmelius. Il fut imprimé à Iéne au Duché de Saxe-Weimar l'an 1629. puis réimprimé en 1631 in-4°. sous le titre d'*Anti-Alstedius, sive, Examen Theologiæ Polemicæ Johannis Henrici Alstedii*.

Ce titre, dit Mr de Saint Yon, me fait souvenir d'une observation que je faisois hier en moi-même sur les Prédécesseurs de l'*Anti-Bailiet* ; & que je n'osois proposer à la Compagnie. Hé! quelle observation, reprit Mr de Rintail?

Je remarquois, repartit Mr de Saint Yon à chaque *Anti* dont vous lisiés le titre que tous ces plaisans Prédécesseurs devoient être d'une naissance bien basse ou du moins d'une origine bien obscure, puisque leurs Auteurs, persuadés sans doute qu'il ne seroit pas possible de les reconnoître par leur nom d'*Anti*, se sont crû obligés d'ajouter tantôt un *ou bien*, & tantôt un *c'est-à-dire*, pour les expliquer. Car autant que je puis m'en souvenir, vous avés dit :

Anti-Bellarminus, sive, *Confutatio*, &c. de Huber.
Anti-Bellarminus, sive, *Disputationes Academicæ*, &c. de Schertzer.
Anti-Bertius, seu, *Refutatio*, &c.
Anti-Cochlæus, id est, *adversus libellum*, &c.
Anti-Coppensteinius, sive, *Spongia*, &c.
Anti-Cornæus, sive, *Vindiciæ*, &c.
Anti-Coton, ou *Réfutation*, &c.
Anti-Jansenius, hoc est, *Necessaria Responsio*, &c.
Anti-Jesuita, id est, *Canonum*, &c.
Anti-Jesuita, sive, *Discussio*, &c. par Samsom.
Anti-Pistorius, sive, *Exceptio*, &c. par Agricola.
Anti-Pistorius, sive, *Disputationes*, &c. par Mentzer.
Anti-Valerianus, id est, *solida Refutatio*, & les autres qui m'ont échappé de la mémoire. Tous ces *sive* & tous ces *id est* marquent assés ce me semble l'inutilité ou la superfluité de ces *Anti*.

Ce sont des Etrangers, repliqua Mr de Rintail, qui ne peuvent se faire entendre sans truchement. On convient qu'ils sont très-superflus & très-inutiles dans la République des Lettres. Mais l'air bouffon des uns, la structure monstrueuse des autres, & la bizarrerie de tous en général peuvent contribuer au divertissement public comme les Tabarins.

Je reviens à l'Anti-Alstedius dont l'Auteur ne peut pas vous être inconnu après l'abregé que je vous donnai hier de sa vie dans l'article de l'Anti-Coppenstein.

☞ Pour Alstedius, je me contenterai de vous dire que c'étoit un Docteur Calviniste de la Réforme de Heidelberg & du Palatinat. Il étoit Professeur dans la Ville de Herborn au Comté de Nassaw-Dillembourg, il fut l'un des Peres qui souscrivirent au fameux Conciliabule de Dordrecht, & il mourut l'an 1638,

ANTI-BARCLAY.

47 Vous le pardonnerés, s'il vous plaît, à l'ANTI-BARCLAY de s'être glissé parmi les *Anti* des Luthériens contre les Calvinistes. Sans cela il couroit risque de se trouver seul de sa bande. Il est vrai que son Auteur qui s'appelle Mr Reiser est un Luthérien, & qui plus est l'un des disciples les plus naturels & les plus zélés du Patriarche d'Islebe. Mais Mr Barclay contre qui l'Anti-Barclay a été dressé, est un Quouacre tout pur, & l'un des principaux chefs des Trembleurs d'aujourd'hui avec Mr Pen Seigneur de Pensilvanie.

Robert Barclay qui est Ecossois de naissance, & qui se qualifie *Serviteur du Seigneur Dieu*, & *serviteur de* JESUS-CHRIST, ayant publié un Livre Latin dédié au Roi Charles II. sous le titre d'*Apologie de la Théologie vraiement Chrétienne* en faveur de sa Secte l'an 1675. (1) reçut tant d'applaudissemens pour ce gros Ouvrage de la part des Trembleurs, & des autres Enthousiastes du Nord, qu'il s'imagina avoir fait merveilles, & qu'il crut avoir solidement établi le Quackérisme, & avoir invinciblement prouvé les principes, & les conséquences de cette Secte contre les Catholiques, & les Protestans. Les premiers se sont contentés d'en rire: mais Mr Reiser du nombre des derniers jugeant que le Livre étoit trop méthodique, & trop doctement écrit pour un Quouacre dont la profession est de renoncer aux lettres, & à la science, entreprit de défendre au moins les Luthériens, & de réfuter ce que Barclay a pû avancer en particulier contre eux. C'est ce qu'il fit par le Livre intitulé *Anti-Barclajus*, id est *Examen Apologiæ quam non ita pridem Robertus Barclajus Scoto Britannus pro Theologia veræ Christiana edidit, institutum in gratiam Evangelicorum (Lutheranorum)* & qu'il fit imprimer à Hambourg *in-*8°. l'an 1683.

☞ Mr Reiser que je crois encore vivant aussi-bien que Mr Barclay, s'appelle L. Antoine, & il est de la Ville d'Ausbourg en Souabe où il a demeuré long-tems. Il a souffert ensuite le bannissement pour sa Religion, & il est devenu depuis ce tems-là Ministre ou Pasteur de la Paroisse de Saint Jacques à Hambourg.

1 Act. Lip. an. 1683. p. 545.

ANTI-BECMAN.

48 J'Ai deux ANTI-BECMANS à vous faire voir, tous deux composés par des Luthériens contre un Auteur Calviniste.

§. I.

Le premier est d'un Christofle Althofer, & l'autre est de ce Jean Himmels Professeur de Iéne en Saxe, dont je vous ai déja parlé fort souvent. Son *Anti-Becman* est postérieur pour le tems à celui d'Althofer, & il parut à Iéne l'an 1633. *in-4°*. Comme c'est un des grands Auteurs d'*Anti*, qu'ayent eu les Luthériens, vous pourrés vous attendre à le voir encore revenir souvent dans la suite de nos Entretiens, & pour ne vous point fatiguer de lui, je passe à l'autre *Anti-Becman*.

§. II.

L'histoire en est courte, en voici deux mots. Le sieur Jean Schroëder premier Ministre, ou Pasteur des Luthériens à Nuremberg ayant écrit l'an 1615. en Allemand, puis l'an 1620. en Latin un Traité de la séance de JESUS-CHRIST à la droite de son Pere, & l'ayant fait imprimer à Giessen au Lantgraviat sous le titre de *Thronus Regalis Christi*, hoc est, *Expositio ardui illius Christianæ fidei articuli de sessione Christi ad dexteram Dei Patris omnipotentis* in-8°. s'attira quelques Adversaires qui l'obligérent de reprendre la plume pour se défendre, & pour expliquer encore mieux son opinion qu'il n'avoit fait. Il s'en acquitta par un nouveau Livre auquel il donna pour titre *Sceptrum Regale Christi, sive, Defensio Throni Regalis Christi*. Et il le fit imprimer l'année suivante (en 1621.) dans la même Ville, & dans la même forme (1). Cet Ouvrage ne fut pas mieux reçû de ses Adversaires que le précédent, du moins ne fut-il pas traité plus favorablement par quelques Calvinistes. Notre Becman fut l'un de ceux qui l'attaquérent : mais Schroëder n'étoit plus au monde pour le défendre, étant mort dès la même année, & dès le vingt-troisiéme jour du mois de Juin.

Les Luthériens de la haute Saxe s'intéressérent particuliérement à la conservation de la mémoire, & de la réputation de leur Confrére, & les principaux d'entre leurs Professeurs de Iéne tels qu'étoient J.

---

1 Christ, Mathias ap. Wit. p. 853. & seqq.

I. PART. CHAP. II. ANTI-CALVINISTES LUTHERIENS. 147

Major, J. Himmelius (qui prit lui-même ensuite la plume pour le même sujet, comme vous venés de l'entendre) & J. Gerhard, chargérent un jeune Théologien nommé Althofer, de la commission de refuter le Livre de Becman, & de rétablir l'honneur de Schroëder (1). C'est ce qu'il a eu intention de faire dans le Livre qu'il composa à l'âge de vingt-trois ans, & qu'il mit au jour dans la Ville de Iéne l'an 1629. *in-8°*. sous le titre d'*Anti-Becmannus*, *sive*, *Apologia Sceptri Regalis Jesu Christi à Joanne Schroedero adornata*.

☞ Cet Althofer étoit né à Herschbrug au territoire de Nuremberg le neuviéme jour de Novembre de l'an 1606. A quinze ans, on l'envoya faire sa Philosophie dans la Ville d'Altorf en Franconie vers le haut Palatinat, où Messieurs de Nuremberg avoient établi une Université dès l'an 1579. Au bout de deux ans, c'est-à-dire en 1623. il passa à Wittemberg, que le Médecin Daniel Sennert lui persuada de changer quelque tems après contre Leipsick à cause de sa mauvaise santé. Après quoi il passa à Iéne où il employa cinq ans à l'étude de la Théologie. Etant retourné dans son Pays après la mort de son pere, il fut fait Diacre du Ministére d'Altorf, puis Professeur en Théologie dans l'Université de cette Ville. L'an 1630. il épousa une femme. Mr Wolfgang Erhardi qui d'ailleurs ne paroît pas un grand Astrologue ni un faiseur d'Almanach parle ainsi de cette conjonction (2). *Concursus horum siderum nequaquam extitit inutilis, sed influente summo Motore, XII. Phases, Liberos intelligo, produxerunt*, &c. Il prit le bonnet de Docteur en Théologie à Iéne le douze de Janvier de l'an 1639. Cinq ans après, il devint Conseiller Ecclésiastique de l'Electeur de Brandebourg & Inspecteur ou Surintendant Général du Diocèse de Culmbach. S'étant mis en chemin pour retourner de la Saxe à Altorf, il fut rencontré par des voleurs ou des soldats qui tuérent son Compagnon à ses côtés. Pour lui, il fut seulement volé, dépouillé, & battu. Il se sauva pieds nuds dans les neiges à Coburg avec de grandes difficultés à cause qu'on étoit dans le fort de l'hyver; mais il en perdit la santé & traîna sa vie jusqu'au onziéme jour de Mai de l'an 1660.

1 Wolfg. Erhard. ap. Wit. p. 1489.   2 Henn. Wit. Memor. Théol. p. 1460.

ANTI-BERGIUS.

49 Vous voyés, (dit Mr de Rintail en continuant toujours sa lecture) que j'avois raison de vous préparer à revoir bientôt le Sieur Himmelius dans notre Compagnie. C'est lui qui a fait l'*Anti-Bergius* contre un Docteur Calviniste employé dans la Marche de Brandebourg, nommé Jean de Berg ou Bergius. Cet Auteur touché des divisions qui augmentoient tous les jours entre les Protestans d'Allemagne qui s'appelloient d'un côté *Evangéliques*, & de l'autre *Réformés*, avoit travaillé à réunir les esprits, & avoit tâché de montrer dans ses écrits que les différends qui se trouvent entre les Luthériens & les Calvinistes ne sont point essentiels à la véritable Religion, & qu'ils ne touchent point les fondemens de la Foi.

Himmelius qui ne savoit user de dissimulation dans son Luthéranisme composa l'*Anti-Bergius* pour lui faire voir que les Calvinistes qui pensoient comme Bergius s'abusoient beaucoup, & que les Luthériens étoient fort éloignés de penser comme eux.

Nous en parlerons encore à l'Anti-Crocius.

ANTI-CALVIN, & ANTI-CALVINISTE.

50 Nous vous attendions Mr de Verton & moi, dit Mr de Brillat, aux Anti-Calvins des Luthériens. Nous n'avons parlé d'autre chose dans les ruës en venant ici que de l'espérance d'en voir une légion sur votre cahier. Je ne veux pas éxaminer la cause du silence qu'il a gardé si éxactement jusqu'ici: pour moi j'ai affecté de ne vous point interrompre dans votre lecture afin de vous laisser arriver plutôt aux Anti-Calvins. Vous n'aviés pas mauvaise raison, repartit Mr de Rintail, de vous figurer une légion d'Anti-Calvins, si vous songiés à l'humeur inéxorable, & à l'infléxibilité des Luthériens pour les Calvinistes. Mais il faut reconnoître de bonne foi que c'est moins la personne de Calvin, que celle de ses sectateurs qui se trouve attaquée dans ces sortes d'*Anti*. Aussi remarquons-nous que la plupart de ces Ouvrages ne sont pas véritablement des *Anti-Calvins*, mais seulement des piéces *Anti Calvinistes*. C'est la pensée que j'ai euë, & que vous pourrés avoir des piéces suivantes.

1. ANTI-CALVINIANUM *Collegium quo disputationibus* XIV. *Matæologia Calviniana profligatur*, &c. à Iéne 1624. 1634. *in*-4°. par le Docteur J. Himmelius mort en 1642.

2. ANTI-CALVINIANUM *Collegium primum* XII. *disputationibus contra Christophorum Masson. Christianum Becman. aliosque Calvinistas &c. in*-4°. à Wittemberg 1645. par J. Scharffius mort en 1660.

3. ANTI-CALVINIANUM *Collegium secundum* X. *Disputationibus* contre les mêmes par le même Auteur dans la même Ville en la même forme l'an 1646.

4. ANTI-CALVINIANUM *Collegium* sur le principe de la Foi par Jacques Martini Professeur de Wittemberg mort en 1649. imprimé à Wittemberg 1642. *in-quarto*.

5. ANTI-CALVINIANUM *Collegium novum* par le même Auteur dans la même Ville en la même forme l'an 1645.

6. ANTI-CALVINIANUM *Collegium* de Jean Adam Schertzer Professeur de Leipsick mort en 1683. Mais l'Ouvrage n'est pas encore imprimé, & il sera libre à celui qui prendra le soin de l'édition d'en changer le titre ou de le laisser comme il jugera à propos, si l'Auteur n'a rien ordonné sur ce sujet dans son testament.

7. ANTI-CALVINIANÆ *Disputationes* est un titre fort commun pour les Ecrits des Luthériens contre les Calvinistes. Ce titre n'étant point personnel non plus que celui d'Anti-Calvinianum Collegium, & plusieurs des suivans, il n'a rien de satirique, ni rien de choquant par lui-même. Ainsi je serois d'avis d'enrôler ces sortes d'*Anti* parmi les *Anti*-réels; & c'est leur faire injustice de les mettre parmi les Prédécesseurs de l'Anti-Baillet. Il faut dire la même chose des suivans que je ne veux point séparer des Anti-Calvinistes Luthériens pour faire plaisir aux Calvinistes.

8. ANTI-CALVINIANÆ *Exercitationes* en deux parties par Gaspar Maurice Pasteur de Hambourg mort en 1675. imprimé à Rostock en 1665. *in*-8°.

Anti-Calvin.

9. ANTI-CALVINISTICUS *Tractatus Gnomoni Apologetico D. Wenceslai Budowetz Baronis à Budowa &c. oppositus* par Mathias Hoë de Hoenegg Prédicateur de l'Electeur de Saxe mort en 1645. imprimé à Leipsick l'an 1618. *in-*4°. Cet Adversaire n'est autre que ce Baron de Budow qui eut la tête coupée à Prague l'an 1621. Cet *Anti-Calvinistique* de Hoë fut attaqué par Martin Borrichius, & défendu par Pierre Alberus: mais je n'approuve pas Borrichius, qui faisant profession du Calvinisme, n'a pas laissé de donner le titre d'*Anti Calvinisticus Tractatus* à un Ouvrage fait sous le même titre par un Luthérien.

10. ANTI-CALVINISTICA *Isagoge* selon le formulaire du Livre de la Concorde par Godefroi Olearius Surintendant Ecclésiastique de Hall en Saxe né vers 1605. & mort depuis quelques années, imprimé à Leipsick 1662. *in-*8°.

11. ANTI-CALVINIANUS *Elenchus* où l'on éxamine comment les Calvinistes sont réprouvés, ou prédestinés pour l'Enfer par le Décret immuable de Dieu selon les Luthériens, par J. Christophle Seldius Surintendant, Ministre de Coburg mort en 1676. Si l'Ouvrage est imprimé, il est posthume.

12. ANTI-CALVINISTICI *Syllogismi* partagés en trois bandes, par Jean Affelman Professeur de Rostock mort en 1624. Ouvrage posthume imprimé à Rostock l'an 1625. *in-*8°. avec les défenses de cette Triade de Syllogismes Anti-Calvinistiques par J. Stecker contre Jean Crocius.

13. ANTI-CALVINIANUS *Speculator*, &c. par Christophle Althofer Professeur d'Altorff, Surintendant Ecclésiastique de Culmbach mort l'an 1660. imprimé à Altorff en 1636. *in-quarto*.

Je ne pense pas, dit Mr de Brillat, que les Catholiques trouvent à redire aux titres de ces piéces Anti-Calvinistiques, & qu'ils songent jamais à faire le procès à leurs Auteurs.

Non pas même aux *Anti-Calvinismes* des Luthériens, répondit Mr de Rintail, quoiqu'ils paroissent un peu plus personnels que les autres Traités Anti-Calvinistiques. J'en ai remarqué deux que je vous citerai pour tous les autres.

14. ANTI-CALVINISMUS *Grundliche* &c. titre Latin d'un Livre composé en Allemand par George Nigrinus de Battenburg mort en 1603. imprimé à Francford sur le Mein l'an 1595. *in-quarto.*

15. ANTI-CALVINISMUS *Orthodoxus*, *XVI. Disputationibus*, &c. par Auguste Varen Professeur à Rostock mort en 1684. imprimé à Rostock l'an 1668. *in-quarto.*

16. & 17. Mais je doute qu'un Critique Catholique qui auroit un peu de délicatesse & de discernement, voulût goûter le titre d'ANTI-CALVINIANUS *Paulus*, que le Sieur Ananie Weber donna au Livre qu'il fit imprimer à Leipsick l'an 1644. *in-quarto.* pour faire voir que les Calvinistes sont plus éloignés de la pensée de Saint Paul qu'ils ne pensent. J'ai vû citer un Livre de même nom d'ANTI-CALVINIANUS *Paulus* attribué à Jean Maukisch Professeur & Principal du Collége de Dantzick (1) imprimé la même année en la même forme & dans la même Ville de Leipsick. Ces circonstances sont presque suffisantes pour rendre la chose suspecte: mais à mon sens c'est encore trop d'un ANTI-CALVINIANUS *Paulus* dans la République des Lettres. L'Auteur me paroît aussi peu discret que celui du Livre intitulé *Anti-Photinianus Esaias*, dont je pourrai vous dire un mot. Un *Calvinus Anti-Paulinus*, un *Photinus Anti-Esaias* sembleroient moins intolérables, parce qu'enfin Saint Paul & Esaie n'ont point souffert de changement à la venuë de Calvin & de Photin dans le monde, & que leur doctrine est toujours demeurée la même. S'il y a eu de l'opposition, elle est venuë de la part de Calvin contre Saint Paul comme de celle de Photin & de Socin contre Esaïe. En un mot vous ne souffririés pas un homme qui diroit qu'Esaïe est un *Anti-Photin* & que Saint Paul est un *Anti-Calvin*, comme si c'étoient Esaïe & Saint Paul qui eussent déclaré la guerre à Photin, & à Calvin, lorsque c'est le contraire. Si l'on ne réprime ces licences, & si on laisse ces indiscrétions impunies, je ne répons pas que les Ridicules qui sont toujours en grand nombre parmi les Ecrivains, ne viennent nous dire *Christus est Anti-Diabolus* pour *Diabolus est Anti Christus.* Vous comprenés mieux que moi l'irrégularité de cette expression, & vous voyés assés où elle méneroit un Théologien qui en voudroit tirer des conséquences.

1 Mort en 1669.

ANTI-CINGLIENS.

51 SI vous faites réfléxion, continua Mr de Rintail, sur l'étroite liaison de sentimens qu'il y a entre les Cingliens & les Calvinistes, vous jugerés aisément qu'il n'y a pas grande différence entre un *Anti-Cinglien* & un Anti-Calviniste lorsqu'il s'agit de combattre les sentimens des uns ou des autres.

Il me semble, dit le jeune Mr de Saint Yon, que par la route de l'orthographe & de la prononciation un Cinglien n'est pas fort éloigné d'un Zwinglien (1).

L'un ressemble si fort à l'autre, repartit Mr de Rintail, & ils ont toujours été de si bonne intelligence ensemble, qu'ils ne se sont jamais mis en colére de se voir confondus & pris l'un pour l'autre: mais il faut avouer qu'on n'a guéres vû de Cingliens, c'est-à-dire des Sacramentaires portant ce nom que depuis Zurich en Suisse jusqu'à Wittemberg en Saxe.

Ainsi je vous permets de prendre indifféremment pour une piéce Anti-Cinglienne ou Anti-Zwinglienne le *Syngramma Anti-Cinglianum*, écrit en Latin & imprimé l'an 1613. *in-quarto*, & un autre Ouvrage, écrit en Allemand par un nommé Pierre Ebert Auteur Saxon, que je ne connois point. Son Livre est intitulé pour une moitié *Synopsis Analytica Syngrammatis Anti-Cingliani*, le reste du titre est semblable au Livre, je veux dire, exprimé en Allemand, & il fut imprimé à Iéne en 1613. *in-quarto* comme le précédent. Il s'agit de savoir si les Cingliens peuvent-être censés de la Confession d'Ausbourg & être soufferts à la Communion des Luthériens.

1 ¶ On trouve toujours *Cinglius* & *Cinglianus* dans les Epitres de Melanchthon quoiqu'il y ait à la table *Zwinglius* & *Zwingliani*.

ANTI-CLUTO.

52 L'ANTI-CLUTON n'est autre chose qu'un Livre de Controverse Protestante composé en Allemand par Michel Walther Luthérien contre un Théologien Calviniste de Frise nommé Jean Cluton sur les différends qui se trouvent entre les Prétendus Evangéliques, & les Prétendus Réformés touchant le Sacrement de l'Eucharistie.

I. PART. CHAP. II. ANTI-CALVINISTES LUTHERIENS. 153

l'Euchariſtie. Il fut imprimé pour la premiére fois à Hambourg l'an 1640. puis à Zell l'an 1644. *in*-4°. & réimprimé une troiſiéme fois en 1660.

Pour le Livre que Cluton avoit fait ſur cette importante matiére en même Langue, il avoit été imprimé dans la ville d'Embden en 1640. *in*-8°.

☞ L'Auteur de l'Anti-Cluton étoit natif de Nuremberg. Sachant lire, écrire, jetter, & calculer à dix ans, on le mit chés un Marchand de Bohème pour apprendre la marchandiſe ; mais ſa mere qui étoit veuve, ayant appris qu'il ſeroit plus propre pour l'étude, le retira à la ſollicitation d'un Marchand de Nuremberg affectionné juſqu'à vouloir l'entretenir de ſon bien dans le Collége. Ayant fait ſa Philoſophie à vingt-un ans, il voulut étudier en Médecine ſous Sennert à Wittemberg: mais ſa mere voulut en faire un homme d'Egliſe, & un Théologien. Après avoir étudié conſidérablement à Gieſſen, & à Wittemberg, il alla s'établir à Iéne, & de là il fut fait Prédicateur de la Cour de Brunſwick Lunebourg. Enſuite le Comte de la Friſe Orientale l'établit ſon premier Prédicateur, & Surintendant Eccléſiaſtique de ſes Terres, & ce fut pour lors qu'il fit ſon Anti-Cluton. L'an 1642. le Prince Frederic Duc de Brunſwick & Lunebourg l'ayant mandé, il l'établit Surintendant Général, c'eſt-à-dire Inſpecteur, ou Prélat de toutes les Egliſes de ſon Duché de Lunebourg. Le jeune Gerhard (Profeſſeur à Iéne comme ſon pere) a eu ſoin de remarquer que notre Walther n'avoit pas vécu comme un Moine reclus ſans compagne (1). Mais en relevant ſon obéïſſance pour l'avis de Saint Paul (*Epiſcopus unius uxoris vir ſit*) il ne devoit pas imiter l'impudence de l'Eſprit Calomniateur qui l'a porté à dire que l'Egliſe Romaine en défendant le mariage aux Eccléſiaſtiques, *leur permet le concubinage par une Bulle, ou une Ordonnance*. Walther mourut l'an 1662. entre les bras de ſa femme qui lui avoit donné quatorze enfans. Ceux qui liront ſon Oraiſon funébre, ou ſon grand Panégyrique fait par le jeune Gerhard, trouveront l'hiſtoire de ſa ſervante encore plus curieuſe que la ſienne.

1 Orat. Funebr. Walthr. p. 1417. Witt. Memor. Theol.

ANTI-CROCIUS (contre Louis.)

53 Les deux Crocius (Jean & Louis) se sont rendus si fameux dans le Lantgraviat de Hesse, la Westphalie, la Basse Saxe, & la Prusse depuis le conciliabule de Dordrecht, qu'il est inutile de vous prévenir à leur sujet. Souvenés-vous seulement qu'ils ont eu prise avec les Catholiques, les Luthériens, & les Calvinistes leurs confréres : mais que je ne vous parle ici que des ... que les Luthériens ont dressés contre eux.

Louis Crocius se qualifioit docteur en Théologie, Ministre de l'Eglise de Brême dans la Paroisse de Saint Martin, Professeur dans l'Ecole illustre de cette Ville tant de l'Ecriture sainte que de la Philosophie morale & pratique. Ajoutons parmi les qualités qu'il fut l'un des Peres du Synode national de Dordrecht tenu en 1618. & 1619. qu'il y dit son avis sur les abus de l'Imprimerie ; qu'il y fit un discours sur la Justification ; & qu'il y fut assés maltraité par Gomarus chef des Contre-remontrans, car vous saurés que c'étoit à la personne de Crocius qu'en vouloit Gomarus lorsqu'il pria le Synode de prendre garde à de certaines gens qui nourrissoient des monstres dans leur sein, & qui vouloient introduire dans les Eglises Réformées le langage des Jésuites en parlant de *détermination*, ou d'*indifférence* (1).

Les Luthériens ne l'ont pas traité avec plus d'indulgence, autant qu'on peut le remarquer par divers Ecrits qu'ils ont faits contre lui, & particuliérement par l'*Anti-Crocius* de Balthazar Mentzer Professeur de Giessen au Lantgraviat de Hesse, dont je vous ai suffisamment entretenu dans notre article de l'*Anti-Pistorius*. Voici en deux mots l'histoire de l'Anti-Crocius de Mentzer.

Vous connoissés sans doute, au moins de réputation, Urbanus Pierius de Birnfeld Théologien de Brême vivant au commencement de notre siécle. Vous pourrés compter sur ma parole que c'étoit un des plus patiens, & des plus rusés Calvinistes qui eussent encore eu affaire à des Luthériens jusqu'alors, & qui leur ayent donné de l'éxercice par leurs détours, & leurs subterfuges. Pierius né, & élevé dans la Marche de Brandebourg, employé long-tems au Ministére dans la Saxe Electorale, persécuté jusqu'au cachot par les Luthériens, retiré depuis dans le haut Palatinat, & enfin établi dans la Ville de

1 Bibl. universf. tom. 4. p. 334.

I. PART. CHAP. II. ANTI-CALVINISTES LUTHERIENS. 155

Brème, se croyant arrivé à la fin de ses jours l'an 1616, qui fut effec- *Anti-Crocius.* tivement la derniére, & la soixante & dixiéme de sa vie, voulut mourir avec la réputation d'un Confeſſionifte, je veux dire d'un Proteſtant de la Confeſſion d'Auſbourg. Pour en faciliter la perſuaſion, il alléguoit qu'il avoit ſigné le *Formulaire de la Concorde*, & qu'il avoit fait ſerment de ne jamais rien dire, ni rien écrire contre la *Confeſſion de Saxe*. Il ajoutoit qu'il y avoit de la dureté à vouloir exclure les Calviniſtes de la Confeſſion d'Auſbourg, & de l'inhumanité à condamner leur doctrine comme contraire à cette Confeſſion. Qu'il ſavoit très-mauvais gré à Balthazar Mentzer, du Paralléle odieux qu'il avoit fait (en 1610.) de la Confeſſion d'Auſbourg, & de la doctrine des Calviniſtes pour montrer qu'elles n'avoient aucun rapport enſemble; & qu'il ne croyoit point avoir manqué contre ſon ſerment, lorſqu'il avoit pris la plume pour réfuter cet Ouvrage de Mentzer.

La mort emporta Pierius au milieu de ſes ſentimens : mais Louis Crocius ſon collégue & ſon ami ne jugeant point à propos de les laiſſer périr, eut ſoin de les renfermer dans des diſputes qu'il publia, & répandit par le monde l'an 1617. tant pour défendre la mémoire de Pierius, que pour montrer au long que les Calviniſtes doivent être aſſociés aux Proteſtans de la Confeſſion d'Auſbourg.

Mentzer trouva dans cet Ouvrage ſon Paralléle rudement attaqué, & il voulut montrer ſur l'heure que la choſe ne lui étoit pas indifférente. Le Livre qu'il fit dans cette intention, parut à Gieſſen l'an 1618. *in-4°.* ſous le titre de *Defenſio Collationis Auguſtanæ Confeſſionis cum Doctrina Zwinglianorum, & Calviniſtarum, oppoſita Urbano Pierio, & Ludovico Crocio* (1).

Crocius étoit à Dordrecht avec ſon Collégue Martinius lorſqu'il entendit parler de ce nouveau Livre de Mentzer, & les occupations que lui donnoient le Synode National, ne lui permettoient pas de l'éxaminer, & d'y répondre ſitôt : mais après la cloture du Synode étant de retour à Brème, il s'y appliqua tout ſérieuſement; & pour rendre ſa réfutation plus ſpécieuſe, il s'érigea en défenſeur de la Confeſſion d'Auſbourg qu'il feignit avoir été fort maltraitée par Mentzer quoique bon Luthérien. Son Livre fut imprimé à Brème l'an 1621. *in-quarto* ſous le titre d'*Apologeticus pro Auguſtana Confeſſione contra Balth. Mentzerum, ejuſque collationem, & defenſionem AntiPierianam.* C'eſt ce dernier Ouvrage qui attira ſur lui l'*Anti-Crocius*,

1 Cet Ouvrage eſt appellé par quelques-uns ANTI-PIERIUS.

V ij

Anti-Crocius. sive, *contra Apologeticum Ludovici Crocii pro Augustana Confessione*, imprimé à Giessen sur la fin de 1622. mais différé à paroître au commencement de 1623. Mentzer indigné qu'un Livre composé selon lui contre la Confession d'Ausbourg portât le titre spécieux d'Apologie de la même Confession, entreprenoit non seulement de détromper le Public dans son Anti-Crocius, mais encore de défendre, & d'expliquer les trois premiers Articles de la Confession d'Ausbourg qui traitent 1. de Dieu. 2. du Péché originel. 3. du Christ.

Crocius ne perdit point de tems, & il dressa une Réplique qui parut presque aussi-tôt que l'Anti-Crocius. Il l'intitula *Assertio Augustanæ Confessionis*; item *Censura collationis*, *Exegesis*, (Ouvrage imprimé dès l'an 1615.), *& Anti-Crocii Mentzeriani*. *Bremæ* 1623. Mais ne croyant pas en avoir assés dit contre l'Anti-Crocius, il composa un nouvel Ecrit pour servir de supplément sous le titre de *Coronis, seu, Anti-Crocii Mentzeriani consideratio.*

Mentzer s'imaginant qu'il falloit écrire, & parler le dernier pour gagner sa cause, composa un nouvel Ouvrage qu'il fit imprimer dès la même année sous le titre d'*Examen Censuræ Crocianæ de collatione Augustanæ Confessionis, & doctrinæ Calvinianæ contra Ludovicum Crocium.* A Giessen 1623. in-4°. Il s'applaudit avec tant de complaisance, que sans attendre le jugement de ses Arbitres il mit à la tête de ce dernier Ouvrage une petite sentence *Chronique* qui marquoit l'année de sa victoire prétenduë en ces termes *tanDeM VICtrIX VerItas.*

ANTI-CROCIUS. (contre Jean.)

54. JE ne sai pas à quel dégré de consanguinité Jean Crocius étoit parent de Louis: je sai seulement qu'il lui étoit contemporain, mais plus jeune, engagé dans la même Secte, & prévenu des mêmes sentimens à l'égard des Luthériens, & de la Confession d'Ausbourg.

Il ne vous reste plus qu'à dire qu'il a eu les mêmes Adversaires, dit Mr de Brillat.

Vous me prévenés, répondit Mr de Rintail. J'allois vous faire remarquer que le même Balthazar Mentzer avoit eu querelle avec Jean dans le même tems qu'il écrivoit contre Louis, & que les Ouvrages qu'il a composés contre Jean, sont des années 1620. 1623. 1626. mais j'aurois ajouté qu'il n'est Auteur d'aucun des *Anti-*

I. PART. CHAP. II. ANTI-CALVINISTES LUTHERIENS.

Crocius que les Luthériens ont faits contre lui.

Quoi, dis-je, plusieurs *Anti* contre Jean, & un seul contre Louis? Pourquoi lui a-t-on fait plus d'honneur? avoit-il plus de réputation?

S'il y a de l'honneur, me répondit Mr de Rintail, & de la réputation à devenir l'objet, & la matière d'un *Anti*, il faut convenir que Jean Crocius a eu l'avantage au-dessus de Louis Crocius de se voir honoré de quatre *Anti*, de trois par les Luthériens, & d'un par un Catholique particulier dont je vous parlerai en son lieu. Je me contente de vous citer ici les autres.

§. I.

Le premier ANTI-Crocius est celui de Gaspar Movius imprimé à Konisberg l'an 1625. mais je ne sai autre chose de Mr Movius, sinon qu'il a encore écrit contre Bergius, dont je vous ai parlé au sujet de l'Anti-Bergius ; qu'il a fait d'ailleurs d'autres Traités contre les dogmes des Calvinistes sur la Prédestination, & la Réprobation ; qu'il étoit sous-Principal - ou Vice-Recteur du Collège de Stralsund Ville maritime de la Poméranie ; & qu'il mourut en 1671.

§. II.

Le second Anti-Crocius est de même âge que le précédent, & il a pour pere un Luthérien nommé George Rostius Prédicateur ordinaire de Madame la Duchesse de Mecklebourg. Il a pour titre *Anti-Crocius, seu, Vindicatio Triadis Syllogismorum Johannis Affelmanni de Autore peccati, Fractione Panis Eucharistici,* &c. imprimé à Rostock l'an 1625. *in-8°. & in-12.*

☞ Rostius étoit né à Mansfeld Capitale du Comté de ce nom le sixiéme Décembre l'an 1582. Son pere qui étoit un Maçon estimé parmi ceux de son métier, l'envoya étudier à Wolferbyte (1) où il fut enfant de Chœur. Deux ans après il fut reçu au Séminaire de Hanovre : mais le dessein de chercher sa fortune, le fit voyager par la Prusse, & la Lithuanie sans fruit. A son retour il trouva quelques Patrons à Parchim, à Mecklebourg, & à Rostock. L'an 1616. il fut fait Diacre de Mansfeld, & l'année suivante Prédicateur de la Princesse Sophie Duchesse de Mecklebourg. Il mourut le vingt-sixiéme Janvier en 1629. âgé seulement de 47. ans.

1 ¶ C'est Volfembutel. ¶

§. III.

Le troisiéme ANTI-CROCIUS beaucoup postérieur aux autres est du Sieur Jean Deutschman Théologien de Saxe fort connu en ces derniers tems. Il ne put souffrir que Crocius qui avoit travaillé de toutes ses forces pour faire voir que les points controversés entre les Calvinistes & les Luthériens n'étoient point essentiels à la Foi Orthodoxe, & que le différend n'étoit point assés important pour porter les Luthériens à rejetter la Communion des Calvinistes : il ne put, dis-je, souffrir qu'il eût imposé aux Auteurs de la Confession d'Ausbourg jusqu'à soutenir que ce n'avoit pas été leur intention d'exclure de la Société Evangélique les Sacramentaires, ou Zwingliens. C'est ce qui le porta quoiqu'un peu tard à écrire contre lui un Livre qu'on appelle assés communément l'*Anti-Crocius* de Deutschman, quoique son vrai titre soit *Apologia Augustanæ Confessionis Anti-Crociana*. Il parut à Wittemberg l'an 1670. *in-quarto*.

ANTI-CROCK-BERG, ou plutôt ANTI-CROCIO-BERGIUS.

§. IV.

JE devois vous faire passer ce nouveau monstre pour un quatriéme *Anti* de Luthériens contre Crocius, continua Mr de Rintail, ce n'est pas moins un Anti-Crocius, qu'un Anti-Bergius : mais la nouveauté de son espéce méritoit sans doute que je vous le fisse remarquer à part. C'est encore une production du fameux Himmelius Professeur de Iéne.

Je ne m'étonne plus, dit Mr de Brillat, de voir deux Adversaires attachés à un *Anti*. Himmelius n'en étoit point avare : mais la crainte d'en manquer, l'a porté vrai-semblablement à user de ménage. De quelle année est l'*Anti-Crocio-Bergius* ? De l'an 1637. répondit Mr de Rintail. Combien avoit-il déja mis d'*Anti* en œuvre en ce tems-là, reprit Mr de Brillat ? Neuf ou dix, dit Mr de Rintail, & il ne lui en restoit plus.

Vous voyés donc, repartit Mr de Brillat, que Himmelius jouoit de son reste. Il n'avoit plus qu'un poteau, & il lui restoit encore deux criminels à exécuter ; n'étoit-ce pas un ménage pour lui de les y attacher tous deux ?

Quand Himmelius auroit eu affaire à des Catholiques dans son *Anti-Crocio-Bergius*, dit le jeune Mr de Saint Yon, Mr de Brillat ne pouvoit rien inventer de plus humiliant pour lui, que la qualité de bourreau. Pour moi je serois d'avis qu'on le traitât plus honorablement. N'est-ce pas un Protestant Evangélique qui couche en jouë deux Protestans Réformés ? Cela se peut dire. Je me contenterois donc d'insinuer que c'est un *Braconnier de Limours* contre deux *Braconniers de Chevreuse*, & de dire que son *Anti-Crocio-Bergius* est un fusil à deux coups, ou à deux canons qui n'a qu'un chien.

Pour vous faire rentrer dans le sérieux, dit Mr de Rintail, je vous ferai remarquer que l'on trouve dans quelques Catalogues de Livres un *Anti-Bergius* du même Himmelius, comme une piéce différente de l'*Anti-Crocio-Bergius* qui n'auroit été imprimée que deux ans après. Mais il paroît par d'autres circonstances que c'est le même Ouvrage.

ANTI-DANEAU ou ANTI-DANÆUS.

56 L'An 1580. continua Mr de Rintail, un Docteur Luthérien d'Allemagne mit au jour à Tubingue un ANTI-DANÆUS *in-quarto* contre un Calviniste François nommé Lambert Daneau. Etienne Gerlach, (c'est le nom de l'Auteur Luthérien) & quelques-uns de ces Colégues de Souabe ayant fait connoître qu'ils ne pouvoient approuver les excès des Zwingliens & des Calvinistes sur divers articles qui distinguoient leur Schisme d'avec celui des Protestans d'Allemagne, Daneau se crut intéressé dans la défense de ses confréres, & répondit pour eux aux Théologiens de Tubingue qu'il appelle ses freres, nonobstant la fierté avec laquelle les Luthériens rejettoient la fraternité des Calvinistes. La Réponse contenoit un éxamen selon ses préjugés de trois questions importantes & fort débattuës en ce tems-là. 1. *de Cœna Domini.* 2. *de Majestate Christi hominis.* 3 *de non damnandis Dei Ecclesiis nec auditis nec vocatis.* C'est contre cet Ouvrage que Gerlach dressa son Anti-Danæus.

Daneau se voyant personnellement attaqué, dans cet écrit redoubla ses efforts pour repousser l'Adversaire & fit une Réplique qu'il intitula *Ad Stephanum Gerlachium & illius Anti-Danæum necessaria Responsio*, & il l'a fit suivre peu à près d'un autre petit Traité intitulé *Sophismatum Gerlachii Elinchus.*

Gerlach n'abandonna point son Anti-Daneau, il lui donna un

Anti-Danæus. nouveau renfort pour lui servir de défense sous le titre d'*Hyperaspistes Anti-Danæi*, & il le fit imprimer à Tubingue l'an 1581. in-quarto.

☞ Ce Gerlach étoit né l'an 1546. au mois de Décembre le jour de Saint Etienne, dont on lui donna le nom, dans le Village de Knitling qui étoit de la dépendance de l'Abbaye de Maulbrunn. L'an 1558. il fut envoyé au Collége de Studgart en Souabe à l'âge de douze ans, & de-là à Maulbrunn, après quoi il fut à Tubingue faire sa Théologie l'an 1563. Il passa Bachelier, puis Maître ès Arts en 1567. Après il se fit Répétiteur d'Ecoliers & gagna de quoi subsister pour continuer sa Théologie qu'il acheva en 1573. En ce même tems il se mit à la suite de David Ungnad Ambassadeur de l'Empereur Maximilien II. à la Porte. Il revint à Tubingue au bout de cinq ans. Il y fut établi Pasteur, & Professeur en Théologie l'an 1578. Il prit le bonnet de Docteur en Théologie l'année suivante, & se maria le lendemain de la cérémonie. C'étoit un homme d'un cerveau très foible, travaillé d'un fâcheux vertige depuis son retour de Turquie; & qui ayant perdu la mémoire vers le commencement du siécle, vécut plusieurs années dans un état semblable à celui de Messala Corvinus, d'Hermogene, de George de Trebizonde, sans savoir même s'il s'appelloit *Etienne Gerlach*, ou *Lambert Daneau*. Il mourut le 30. de Janvier de l'an 1612. âgé de 66. ans.

Lambert Daneau étoit de la Ville d'Orléans, & il vint au monde vers l'an 1530. Après ses études d'Humanités il étudia en Droit pendant 4. ans, & il eut pour Maître le fameux Anne du Bourg qui fut depuis Conseiller au Parlement de Paris, & dont le nom se trouve en gros caractéres rouges dans le Martyrologe des Huguenots. Il fut l'un de ceux qui se laissérent gâter à la vûë du supplice de Du Bourg qui fut éxécuté le vingt-un de Décembre de l'an 1559. De sorte que dès le commencement de l'année suivante il renonça à la profession de Droit, se retira à Genève, où il fut Ministre pendant quelque tems. De-là il passa à Leide en Hollande, où il enseigna la Théologie pendant près d'un an. L'an 1582. il vint s'établir à Gand en Flandre, où il tint son école jusqu'à ce que les troubles survenus en cette ville le firent sortir des Pays-Bas pour se transporter au Royaume de Navarre, c'est-à-dire en Bearn. Il enseigna quelque tems dans la petite ville d'Ourtès, où la Reine de Navarre avoit établi un Collége de Huguenots, & il y mourut vers le commencement de l'an 1596. âgé d'environ 66. ans.

ANTI-EISENBERG.

57 L'ANTI-EISENBERG est un des plus inconnus & des plus obscurs de son espéce. Il a été composé en Allemand, & publié à Ursel l'an 1592. *in-8°* par un Luthérien nommé Christophle Kittelmanns contre Jacques Eisenberg Sacramentaire sur les points contestés entre les disciples de Luther & ceux de Zwingle.

Kittelmanns & Eisenberg n'ont pas fait grand bruit dans le monde. L'un vivoit dans la Saxe, l'autre dans la Lusace & les Frontiéres du Marquisat de Brandebourg sur la fin de l'autre siécle. Je me contenterai d'ajouter que l'*Anti-Eisenberg* de Kittelmanns attaque Eisenberg caché sous le masque de Christ. Grundmanns sur les différends que les Luthériens & les Calvinistes ont entre eux touchant l'Eucharistie.

ANTI-GOCLENIUS.

58 SI Rodolphe Goclenius (c'est toujours Mr de Rintail qui parle) n'étoit point sorti des termes de sa Philosophie & de sa Médecine pour faire des incursions sur la Théologie, il n'auroit peut-être pas trouvé d'ANTI-GOCLENIUS à sa rencontre. Non content d'avoir publié ses mélanges de Théologie avec ceux de Philosophie, il voulut encore écrire en particulier sur la maniére dont les Zuingliens & les Calvinistes prétendent expliquer le mystére de l'Eucharistie.

Ce n'étoit pas sans doute pour flater le goût des Luthériens. Gaspar Finck, qui d'ailleurs n'étoit guéres plus grand Théologien que lui, témoigna en être assés persuadé dans le Livre qu'il écrivit contre lui sous le titre d'*Anti-Goclenius* ou plutôt *Disputationes Anti-Goclenianæ de Analogia Sacramentali Cingliana, & Fractione panis Calvinistica*, & qu'il fit imprimer à Giessen l'an 1607. *in-8°*. Ce n'étoit point la premiére fois qu'il avoit mesuré ses forces contre celles de Goclenius. Leur dispute sur l'Analogie sacramentelle, & sur la Communion Eucharistique avoit commencé dès l'an 1606. Mais je n'ai rien remarqué qui m'ait fait connoître que leurs différends personnels ayent été plus loin que l'Anti-Goclenius.

☞ Gaspar Finck vint au monde l'an 1578. le 19. jour d'Octobre dans la ville de Gieſſen au Lantgraviat de Heſſe. Son pere qui n'étoit qu'un pauvre Cardeur, voulant l'élever au-deſſus de ſa fortune l'envoya à l'âge de dix ans étudier à Marpourg, parce qu'il n'y avoit pas encore d'Univerſité à Gieſſen. Le Juriſconſulte Kirchner le prit quelque tems après pour être le Répétiteur de ſes enfans, ce qui lui facilita les moyens de prendre les dégrés ordinaires de l'Univerſité. Après il fut Bourſier ou Stipendié premiérement de Meſſieurs de Gieſſen, & enſuite du Lantgrave.

En 1602. il fut Correcteur d'Imprimerie ſous l'Imprimeur Egenolphe, qui lui donna ſa fille en mariage l'an 1604. Lors qu'on eut fondé & érigé l'Univerſité de Gieſſen, il y fut appellé des premiers pour remplir la chaire de Logique, puis celle de Phyſique, après, celle de Méthaphyſique & celle de Rhétorique. On le fit auſſi Préſident des Actes & des Thèſes Philoſophiques. L'an 1609. il fut fait Profeſſeur en Théologie à la place de Jérémie Victor, & prit le bonnet de Docteur dans la nouvelle Univerſité l'an 1612. Quatre ans après il paſſa de Gieſſen à Coburg, où le Duc de Saxe le fit Paſteur & Surintendant Général du Diocèſe, Aſſeſſeur de ſon Conſeil, Profeſſeur & Principal du Collége de la ville. Il mourut l'an 1631.

Goclenius étoit de Corbach, ville de Heſſe, capitale du Comté de Waldeck, entre Paderborn & Marpourg. Il nâquit l'an 1547. & fut Profeſſeur de Philoſophie, de Phyſique & de Médecine dans l'Univerſité de Marpourg. Il mourut l'an 1628. laiſſant un fils du même nom que lui; ce qui a donné lieu à pluſieurs de les confondre & d'attribuer les ouvrages de l'un à l'autre.

ANTI-GROTIUS.

59 J'Attens des lumiéres de quelques connoiſſeurs ſur l'Anti-Grotius, dont je me ſuis contenté d'écrire le nom dans mon cahier. Je me ſouviens de l'avoir vû cité quelque part, & j'en ai même retenu le nom de l'Auteur, qui s'appelle Jean Fréderic Mayer. J'en aurois remarqué quelque choſe de plus par écrit, & je ne me ſerois pas ſi legérement fié à ma memoire, qui ne m'a jamais été trop fidéle, ſi j'avois deviné que Mr de Verton dût un jour éxiger de moi un Catalogue d'*Anti*.

Je n'ai pas encore oui dire, reprit Mr de Brillat, qu'un vrai Savant ſe ſoit répenti d'avoir remarqué par écrit pour pouvoir procurer du ſecours à ſa mémoire. C'eſt une préſomption que je n'éxemterois

I. PART. CHAP. II. ANTI-CALVINISTES LUTHERIENS. 163

pas de folie, si un homme prévenu de la beauté & de la fidélité de sa *Anti-Grotius*
mémoire ne se soucioit point de l'accabler, pouvant la décharger
sur le papier de ce qui lui seroit onéreux.

Nous connoissons un Jean Fréderic Mayer qui pourroit être encore vivant dans la Saxe, qui a fait imprimer divers ouvrages en Latin & en Allemand dans la ville de Leipsick depuis vingt ans, qui publia entre autres ouvrages le *Luther Apocalyptique* en 1677. Ses *Défenses de la coupe contre le Livre de Mr l'Evêque de Meaux* sur la communion des deux espéces, l'an 1683. *Du Mariage de Jacob avec les deux sœurs* en 1674. *De l'élection d'un Pape* en 1671. *De l'Eucharistie donnée autrefois aux Enfans* en 1673. *Des dégrés du ferment* en 1683. *Du rendes-vous des Apôtres* à la mort de la sainte Vierge en 1671. *De l'utilité que la prétenduë Réformation de Luther a apportée à l'Eglise Romaine* en 1684. *Du salut des sourds & de ceux qui sont tombés en démence*, &c. sans parler de quelques ouvrages écrits en Allemand depuis quatre ou cinq ans. Vous voyés (continua Mr de Brillat en resserrant une lettre qu'il avoit tirée de sa poche fort à propos touchant les livres de Mr Mayer) que je ne vous parle point par cœur, & que j'ai des amis dans la Saxe qui ont soin de m'instruire des nouvelles de Litérature, & de m'envoyer des listes d'ouvrages que font les Auteurs du pays. Il auroit été bon pour votre *Anti-Grotius* d'éxaminer si son Auteur est celui dont je viens de vous lire les ouvrages. C'est déja un pas fait dans cette découverte de savoir que le nom & le surnom conviennent. Le reste n'étoit pas indigne de vos recherches.

D'accord, dit Mr de Rintail, je profiterai une autrefois de vos avis. Récrivés toujours à votre ami de Saxe qu'il vous envoye des éclaircissemens sur l'*Anti-Grotius* du Sieur Jean Fréderic Mayer, & mandés-lui que si c'est le même Auteur, on s'étonne ici qu'il n'y ait pas eu de place pour l'Anti-Grotius dans une lettre où il vous a fait une liste si éxacte des ouvrages de Mr Mayer. En attendant de ses nouvelles, passons à d'autres *Anti*.

ANTI-KECKERMAN.

60 L'Auteur de l'ANTI-KECKERMAN étoit un Docteur Luthérien du commencement de notre siécle, continua Mr de Rintail : mais il s'en faut beaucoup que sa réputation ait approché de celle de son Adversaire, & qu'il soit aussi connu que lui. En

X ij

vous difant qu'il s'appelloit André Schopff ou Schopffer, je vous dis ce que j'en fai. Son Anti-Keckerman fut imprimé dans la petite ville d'Iflebe l'an 1613. in-8° fous le titre de *Difputationes Anti-Keckermannianæ, feu fpongia errorum Calvinifticorum quibus Keckermannus fyftema fuum Logicum fœdavit.* Mais il combattoit contre un homme mort depuis quatre ans.

La victoire ne lui couta donc rien, dit le jeune Mr de S. Yon ; fi les morts qu'on attaque pouvoient revenir à la charge, ce ne feroit qu'en fonge.

Le différent, reprit Mr de Rintail, commença & finit par l'Anti-Keckerman. Mais pour ne vous point cacher fon origine, j'ajouterai que Keckerman avoit fait imprimer dès l'an 1603. fon premier fyftème de Logique en trois Livres, appellé ordinairement *fyftema majus*; qu'il l'avoit fait fuivre peu de tems après de fon *petit fyftème*; qu'en 1604. il avoit publié à Hanaw fes trois Traités *Præcognitorum Logicorum*; qu'en 1605. il avoit donné la feconde partie de fon grand fyftème en trois autres Livres, premiérement fous le titre de *Gymnafium Logicum*, & en 1609. fous celui de *Syftematis Logici plenioris pars altera.* Voila tout ce qui a précédé l'Anti-Keckerman : & quoiqu'on ait imprimé long-tems depuis un autre ouvrage de Keckerman fous le titre de *Commentarius poftumus ad fyftema Logicum majus*, à Berlin l'an 1620. in-8° cet ouvrage n'a pû être poftérieur à l'Anti-Keckerman pour la compofition, puifque Keckerman étoit mort dès le 25. jour de l'an 1609.

☞ Il étoit originaire de Pomeranie, mais il nâquit à Dantzick en Pruffe l'an 1571. Il fit fes premiéres études fous Jacques Fabricius Profeffeur & Recteur du Collége de la ville. A dix-huit ans on l'envoya faire fa Philofophie à Wittenberg en Saxe, où il étudia deux ans, après lefquels il fut à Leipfick paffer fix mois dans l'Univerfité, jufqu'à ce qu'en 1592. il vint à Heidelberg, où il paffa Maître ès Arts, fut Préfet des Penfionnaires, puis Régent de troifiéme, & après Profeffeur de la Langue fainte. L'an 1602. s'étant fait paffer Licencié en Théologie, il retourna à Dantzick, où il fut Profeffeur en Philofophie, & ce fut là principalement qu'il fit fes fyftèmes de diverfes fciences. Au bout de fix ans il fut faifi d'une maladie qui l'exerça pendant près de douze mois, & qui l'enleva du monde en la 38. année de fa vie.

ANTI-KRELLIUS.

61 L'Anti-Krellius est l'ouvrage d'un Luthérien de nos jours, qui n'a pas jugé à propos de se nommer, à moins qu'on ne dise qu'étant devenu amoureux du titre de son ouvrage, il s'en est fait un surnom imaginaire, & qu'il s'est appellé *André Anti-Krell* pour se rendre encore plus caché, & plus inconnu au Public sous ce masque (1). Il publia son Livre à Dresden en Misnie in-4° l'an 1674. pourvû que la datte que j'en ai vuë ne soit pas défectueuse. L'ouvrage regarde principalement le point de division qui tient les Calvinistes d'Allemagne séparés des Luthériens de la Confession d'Ausbourg. Il a pour titre. A. *Anti-Krellius, sive Vindiciæ Dissertationis de Momento Discrepantiæ inter Lutheranos & Calvinianos à calumniis & cavillationibus Chr. Krellii*, &c.

1 Il est ainsi nommé dans Lipen. tom. 1. Theol. pag. 433.

ANTI-LAMPADIUS.

62 LE dogme monstrueux de l'Ubiquité de Jesus-Christ selon son humanité est une des contestations qui ont le plus commis les Calvinistes avec les Luthériens. Je dis plus, il a fait la matiére d'un schisme même parmi ces derniers, dont les plus raisonnables, comme Melanchthon & quelques autres ont eu une juste horreur d'une doctrine qui confondoit si grossiérement les deux natures de Jesus-Christ, le faisant immense selon son humanité, & même selon son corps, comme il l'est selon sa Divinité. L'Anti-Lampadius de Jean Weber Luthérien de Hesse est l'ouvrage d'un des plus zélés Ubiquistes contre un Calviniste qui avoit osé le chagriner sur ce sujet & sur celui de la Prédestination absoluë qui est encore un point rudement baloté entre les deux sectes.

Lampadius avoit fait imprimer dans la ville de Marpourg au Lantgraviat de Hesse deux ouvrages Latins dont l'un combattoit l'Ubiquité sous le titre de *Censura Ubiquitatis*, hoc est, *succincta confutatio argumentorum Ubiquitariorum & omnium D. Philippi Nicolai librorum*, 1609. in-8° L'autre attaquoit la Prédestination Luthérienne sous le titre de *Prodromus Concordiæ Evangelicæ de solido Prædestinationis Sanctorum fundamento*, 1610. in-4°.

Jean Weber qui confidéroit ce second ouvrage comme le renfort du premier, entreprit de les refuter tous deux par un seul écrit fait pour la défense des personnes de Philippus Nicolai & de ses autres Confréres aussi-bien que pour les dogmes de sa secte. L'écrit a pour titre *Elenchus Prodromi quem M. Joh. Lampadius in subsidium censuræ Ubiquitatis & specialiter Dogmatis de Prædestinatione absoluta Calvinistarum emisit*, & il fut imprimé à Gieffen l'an 1610. in-4°.

Lampadius lui fit une Réponse qui fut imprimée à Brème, & qui attira une Réplique de la part de Weber. Elle ne fut imprimée qu'en 1616. dans la même ville de Gieffen in-4°, & elle eut pour titre *Lampadius nescius*, id est, *Renovata confutatio Prodromi quem Johannes Lampadius censuræ subsidium Ubiquitatis, & specialiter de absoluta Calvinistarum Prædestinatione emisit, sed prætensa ignorantia hactenus scire noluit*. Je ne sai pas si Lampadius répartit par quelque écrit nouveau; mais il paroît que Weber voulut terminer la querelle par son ANTI-LAMPADIUS, qu'il fit imprimer dans la même ville l'an 1617. in-4°.

ANTI-LUBIN.

63 LEs Luthériens comptent Albert Grawer Théologien de Iéne en Saxe parmi les Braves qu'ils ont mis en campagne contre les Calvinistes, ils ne font pas difficulté de mettre son *Anti-Lubin* au rang de leurs ouvrages Anti-Calvinistes (1). Mais étant perfuadé qu'Eilhard Lubin dont le nom est attaché à cet Anti a vécu Luthérien, & qu'il est mort tel, je veux épargner aux Calvinistes le chagrin de voir une Satire surnuméraire parmi celles que les Luthériens ont écrites contre eux, & reléguer l'Anti-Lubin avec les *Anti* des Luthériens contre eux-mêmes.

1 Lipen. tom. 1. Theol. pag. 431.

ANTI-MARESIUS.

64 CElui de vous, continua Mr de Rintail, qui a lû l'*Anti-Maresius* du Sieur Charisius Puchesanus me fera plaisir de m'en instruire. Pour moi qui n'en ai vû que le titre qui porte *Charisii Puchesani Diatribe Anti-Maresiana super Quæstione an Reformati per instrumentum Pacis declarati sint Socii Augustanæ Confessionis*. Je suis perfuadé

que Charifius Puchefanus n'eſt qu'un maſque ſous lequel aura voulu ſe cacher l'Auteur qui a écrit cet ouvrage contre des Marais, pour faire voir que les Calviniſtes ne doivent point être compris parmi les Aſſociés & les Confréres de la Confeſſion d'Auſbourg. Le Livre fut imprimé l'an 1677. C'eſt tout ce que je ſai de l'Anti-Mareſius.

ANTI-MARTINIUS.

65 Mais je pourrai vous dire quelque choſe de plus particulier & de mieux circonſtancié pour l'hiſtoire de l'ANTI-MARTINIUS, qui a pour Auteur ce Balthaſar Mentzer, Docteur Luthérien, dont j'ai déja eu occaſion de vous parler plus d'une fois.

Le Livre que Mentzer avoit compoſé contre le Calviniſte Sadéel, que l'on connoît mieux en France par le nom du Miniſtre Chandieu peut-être conſidéré comme la ſource de *l'Anti-Martinius*. L'Anti-Sadéel n'avoit que quatre ans lors que Mathias Martinius, qui s'eſt rendu depuis fort célébre dans le parti des Calviniſtes, entreprit la défenſe de Sadéel. Il écrivit dans cette intention divers ouvrages dont il ſeroit ennuyeux de vous faire le dénombrement. Je me contenterai de vous avertir que pour mettre Sadéel à couvert, il s'expoſa à tous les traits de Mentzer, qui les raſſembla dans ſon Anti-Martinius. Il parut à Francford dès l'an 1604. *in*-8°, puis à Gieſſen l'an 1612. en même forme, & enfin l'an 1620. ſous le titre d'*Anti-Martinius, ſive, Modeſta & ſolida Reſponſio ad futiles Object. Math. Martinii Præcept. in ſchola Herbornenſi quibus Sadeelem vindicare infeliciter conatus eſt.* Le Sieur Hanneken prétend que Mentzer terraſſa ſi vigoureuſement Martinius par cet ouvrage, que celui-ci fut dix ans entiers à ſe reconnoître & à ſe mettre en état de retourner à la charge. Le combat redoubla par de nouveaux Ecrits, où l'on remuoit, aux dépens de la modération & de l'honnêteté qu'on ſe devoit de part & d'autre, pluſieurs queſtions des plus importantes de celles qui ont cruellement commis les deux ſectes juſqu'ici (1).

Le point qui les tint le plus opiniatrement acharnés l'un contre l'autre fut celui de la Perſonne unique & des deux Natures de JESUS-CHRIST. Mentzer avoit ſoin de rendre ſon ſtyle conforme à la dureté des titres de ſes réponſes, & d'y inférer de tems en tems des traits d'amertume pour guérir ſon Adverſaire de l'aſſoupiſſement. Martinius de ſon côté craignant de s'éloigner du génie des Calvini-

1 Witt. Theol. mem. pag. 249. 250.

Anti-Martinius. stes envers les Protestans, affectoit quelquefois de cacher son aigreur sous quelques apparences de retenuë. Dans tout ce qu'il a fait contre Mentzer, je n'ai remarqué qu'un *Anti*, dont je ne puis me dispenser de vous dire un mot. Ce n'est pas un ANTI-MENTZER, ç'auroit été rendre injure pour injure, & par conséquent oublier le respect & la douceur que les Calvinistes font profession de garder à l'égard des Luthériens: Mais c'est un MENTZERUS ANTI-NUTHETUMENUS, sive, *Examen querelarum, & demonstratio Christum secundum utramque naturam exinanitum & exaltatum esse*, imprimé à Brème en 1616. in-8°. Vous voyés qu'il n'est pas impossible de trouver des *Anti* sans injures.

Ne vous semble-t-il pas, dit le jeune Mr de S. Yon, que cet *Anti-Nuthetumenus* est un *Anti* plus régulier que les autres? Assurément ce n'est pas un monstre, ce n'est pas un *Hybride* comme les autres *Anti*. Son pere & sa mere étoient de la Gréce, & de vrais Grecs.

Vous trouvés donc l'Anti-Nuthetumene à votre goût, répartit Mr de Rintail? Assés, répondit Mr de saint Yon; je ne lui vois rien de satirique comme à la plupart des autres *Anti*. Autant que je puis me souvenir du Grec que j'ai appris avec vous, un *Anti-Nuthetumene* ne veut dire autre chose qu'un homme qui s'est mêlé de donner des avis, & qui en reçoit à son tour; un homme à qui on fait une remontrance sur une remontrance qu'il avoit faite auparavant. Y a-t-il à un *Anti* de cette nature la moindre ombre d'insulte, d'outrage, ou de malhonnêteté comme aux *Anti* personnels?

Point du tout, reprit Mr de Rintail: aussi ne vous ai-je pas cité l'Anti-Nuthetumene comme un *Anti* personnel & injurieux, je vous ai fait remarquer que ce n'étoit pas un *Anti-Mentzer* que Martinius eût voulu opposer à l'*Anti-Martinius* de Mentzer; & je crois que c'est au moins par cet endroit que Martinius a pû remporter l'avantage sur Mentzer.

Cependant le Sieur Hanneken Panegyriste de ce dernier ajoute dans son Oraison funébre que je vous ai déja alleguée; qu'enfin Martinius sembla rendre les armes à Mentzer. Mais leur guerre ayant duré jusqu'au Concile de Dordrecht, il vous sera aisé de comprendre comment Martinius aura cédé à son Antagoniste, si vous vous souvenés qu'il se transporta en Hollande en 1618. avec son Collégue Louis Crocius pour assister, comme je l'ai remarqué ailleurs, au Concile qui ne finit qu'en 1619.

☞ Il étoit natif de Freienhage, & avoit été élevé dans le Calvinisme de Heidelberg & de Marpurg. Il parut d'abord à Herborn
dans

dans l'Université des Terres du Comté de Naſſaw, puis dans la Weteravie, juſqu'à ce qu'il fut fait Recteur de l'Ecole illuſtre, ou Principal du Collége, & Profeſſeur des ſaintes Ecritures à Brême, où il mourut l'an 1628.

Pour ce qui regarde l'abregé de la vie de Balthazar Mentzer, je ne repeterai pas ici ce que j'en ai dit ailleurs.

ANTI-PARÆUS.

66 LA chaleur avec laquelle David Paræus entreprit la défenſe de Calvin ſon Patriarche contre les Proteſtans des Confeſſions d'Auſbourg, de Saxe, de Straſbourg, de Würtemberg en Souabe, &c. lui attira tant d'affaires de la part des Docteurs Luthériens répandus par l'Alemagne que je doute s'il y a un Ecolier de la Théologie moderne qui n'ait pas oui parler de lui & de ſes Diſputes. Si vous vous ſouvenés de l'humeur de la plûpart des Controverſiſtes Luthériens & de leur amitié pour les *Anti*, vous ne ſerés pas ſurpris d'apprendre qu'il ſe trouve un bon nombre d'*Anti-Parées* dans la foule des Ecrits Polémiques dont ils ont voulu accabler Paræus.

J'en connois deux de ce Gilles Hunnius dont vous avés déja vû l'Anti-Tanner, l'Anti-Gretſer, & l'Anti-Becan contre les Catholiques ; un d'Albert Grawerus, un de Leonard Hutterus ; un de David Owen dont je vous parlerai parmi les *Anti* de Politique, & qui d'ailleurs n'eſt pas d'un Auteur Luthérien ; un de D. Gerhard imprimé à Leipſick in-4° dont je n'ai rien de particulier à vous dire maintenant ; & un Anonyme qui fut imprimé à Francfort l'an 1594. & cenſuré par les Inquiſiteurs Romains & Eſpagnols ſous le titre d'*Anti-Paræus*, ſive, *Refutatio venenati Scripti*, &c. dans la troiſiéme Claſſe de leur Index où l'on relégue les Anonymes.

§. I.

Je reviens aux deux *Anti Parées* de Gilles Hunnius, c'eſt-à-dire de l'un des plus déterminés Adverſaires que les Sacramentaires euſſent encore eu juſqu'alors dans l'Allemagne. Il s'étoit déja ſignalé contre eux en diverſes rencontres dans le Lantgraviat de Heſſe à Marpurg, à Caſſel, & ailleurs tant par ſes Diſputes de vive voix, que par ſes Ecrits. Il avoit déja intenté divers procès à Lambert Daneau, à J. Urſin, à Pezelius, à Grabius, &c. ſur la Perſonne du Chriſt, ſur ſa Majeſté divine, ſur ſa ſéance à la droite du Dieu Tout-puiſſant,

Anti-Paræus. sur la destruction des Autels, & l'abrogation qu'ils avoient faite de la Liturgie. Il avoit purgé une grande partie de la Silesie du Calvinisme, ayant su joindre le bras du Duc de Lignitz avec la force de sa voix, & de sa plume. Il avoit même livré divers combats aux Flacciens ou Illyriciens, à Samuel Huber, aux Ministres d'Anhalt lorsqu'il attaqua David Paræus en particulier sur les Ecrits que celui-ci avoit faits pour justifier Calvin du Judaïsme que les Luthériens lui imputoient. L'Auteur de sa vie (1) nous apprend que ce fut en 1598. qu'il composa ses deux Anti-Parées : mais on peut rapporter l'origine de cette querelle à un livre que Hunnius avoit publié à Francford dès l'an 1575. sous le titre de *Calvinus Judaïsans, sive, Confutatio corruptelarum in explicandis Scripturæ testimoniis in veteri Testamento de Trinitate.* Il avoit renouvellé la querelle dans son premier *Anti-Paræus* imprimé encore à Francford vingt-trois ans après ; & sur ce que Paræus ne témoigna point en être satisfait, il donna quelque tems après son second *Anti-Paræus, de Calvino Judaïsante* tant en Latin qu'en Allemand dans la même Ville in-8° comme le premier. Nous voyons cette édition datée de l'an 1599. en divers endroits : mais cette différence doit être reputée pour rien, lorsqu'on sait la pratique des Libraires, qui ayant achevé leurs impressions de la Toussaints ou la saint Martin, ont coutume de ne les dater que de l'année suivante. Mais je crois qu'on peut reformer la date de 1594. que donne Mr Lipenius sous le titre de la sainte Trinité, où on lit parmi les ouvrages de Hunnius sur ce Mystére : *Anti-Paræus, id est, Refutatio in defensionem corruptelarum quibus Joannes Calvinus Scripturæ testimonia de Trinitate, & Christo corrupit. Wittebergæ* in-4° 1594. Les deux Anti-Parées ont paru encore depuis à Witteberg en Saxe, & ailleurs en diverses formes. Je n'ajoute ici rien de la personne, & de la vie de leur Auteur après l'abregé que je vous en ai fait dans notre article de l'Anti-Gretzer ; je vous ferai seulement remarquer que David Paræus entreprit de se défendre par un livre nouveau qu'il fit imprimer à Neustadt l'an 1599. in-8° sous le titre d'*Orthodoxus Calvinus oppositus Pseudo Calvino judaïzanti* : Ouvrage qui fut imprimé quarante-deux ans après à Genève.

§. II.

Albert Grawer qui s'étoit toujours déclaré jusqu'alors le fidéle disciple de Hunnius, voyant que David Paræus continuoit toujours d'écrire en faveur de sa Secte, après la mort de son Maître qui étoit arrivée l'an 1603. se crut en état de succeder à la commission que

2 Leon. Hutter. ap. M. Adam.

I. PART. CHAP. II. ANTI-CALVINISTES LUTHERIENS. 171

Hunnius avoit prise d'écrire contre lui. Il dressa quelques années *Anti-Paræus.*
après un nouvel *Anti-Paræus* pour mettre à couvert le sens des paroles de Jesus-Christ en la consecration de son Corps contre le trope des Calvinistes, & il le fit imprimer sous le titre d'*Anti-Paræanum propugnaculum*, vel, *solida & invicta defensio argumentorum quibus Calvinistarum Metonymia quam verbis Christi in sacra cœna affingunt funditus destruitur*. A Leipsick l'an 1611. in-4°. Ce qui fut suivi l'année d'après d'un autre Ouvrage intitulé: *Absurda absurdorum absurdissima Calvinistica absurda*, imprimé à Iéne, où l'on a réimprimé long-tems depuis l'*Anti-Paræus*, dans le volume de *Polemica sacra*.

☞ Ce Grawer dont je ne vous avois pas encore fait l'histoire, étoit né à Messkow dans la Marche de Brandebourg le troisiéme d'Avril de l'an 1575. Il fit ses premiéres études à Perleberg, & à Seehaus. A douze ans on l'envoya à Rostock où il étudia en particulier chés un de ses parens qui enseignoit en Ville. Au bout de quatre ans il passa à Francford sur Oder, & deux ans après à Wittemberg où il fut fait Maître ès Arts lors qu'il n'avoit encore que dix-neuf ans. Ce fut alors qu'il demeura avec Gilles Hunnius dont je vous ai parlé. Ce fut lui qui le détermina à la Théologie, & qui le conduisit dans cette étude. L'an 1595. il fut appellé en Hongrie pour y enseigner la Théologie Luthérienne, & pour traiter la Controverse contre les Calvinistes dont ce Royaume étoit rempli. Après la prise d'Agria par les Turcs, il s'en revint à Wittemberg l'an 1599. & fut fait principal du Collége d'Islebe où il fut neuf ans, après lesquels il devint Doyen général de Mansfeld. L'an 1609. il passa Docteur en Théologie dans l'Université de Iéne le vingt-septiéme Octobre, & l'an 1611. le vingt-neuf d'Août il fut nommé Professeur ordinaire en Théologie dans la même Université. Il épousa une femme qui ne lui donna point d'enfans. Enfin il se vit premier Ministre, & Surintendant Ecclésiastique du Diocése de Veimar en Thuringe le vingt-septiéme Janvier de l'an 1616. & il mourut le 30. de Novembre de l'an 1617. n'ayant pas encore 43. ans accomplis.

L'ANTI-PARÆUS de Leonard Hutterus ne parut qu'après celui de Grawerus, quoique son Auteur fut plus ancien dans le monde. Il regarde les moyens de paix & de reconciliation, que Paræus avoit proposés pour la réunion des Réformés avec les Evangéliques, je veux dire des Calvinistes avec les Luthériens. Le livre de Paræus avoit été imprimé à Heidelberg au commencement de l'an 1616. in-4° sous le titre d'*Irenicon*, sive, *De unione, & Synodo Evangelicorum liber votivus*. Hutterus qui n'avoit plus que huit mois à vivre

Y ij

quand il vit l'Irenicon de Paræus, eut encore affés de loifir pour compofer deux Traités différens contre cet Ouvrage. Il eut la fatisfaction d'en voir fortir un de la preffe fous le titre de *Irenicon verè Chriftianum, five, Tractatus de Synodo, & unione Evangelicorum non fucatâ concilianda* : mais le fecond qui eft l'*Anti-Paræus* a tout l'air d'un Ouvrage pofthume : c'eft pourquoi il eft appellé indifféremment par les uns *Irenicon Anti-Paræanum*, & par les autres *Anti-Irenicon-Paræanum*. Le premier titre attaque la perfonne de l'Auteur, mais le fecond n'attaque que l'Ouvrage, c'eft une variation qui probablement n'eft venuë que de ceux qui ont pris foin de l'édition de Wittemberg & de celle de Francford.

☞ Leonard Hutterus étoit né dans Ulm Ville de Souabe au mois de Janvier de l'an 1563. Il commença fes études fous fon Pere qui étoit Prédicant du lieu & les alla continuer à Strafbourg. Il paffa Maître ès Arts fous Jean Pappus au mois d'Octobre de l'an 1583. En 1591. il alla à Leipfick, & deux ans après à Heidelberg puis à Iéne en Thuringe. En 1596. il fut fait Profeffeur en Théologie à Wittemberg, & il fe maria l'an 1599. puis il mourut le 23. de Septembre de l'an 1616.

Pour ce qui eft de David Paræus, je me vois obligé de remettre à une autre occafion, le defir que j'aurois de vous en dire autant que de Grawer & de Hutter, faute d'avoir entre mes mains l'hiftoire que fon fils Jean Philippe a publiée de fa vie & de fa mort. Sachés cependant par provifion que David Paræus étoit né à Franckftein en Bohème, ou plutôt à Francoftein dans la haute Silefie l'an 1548. qu'il fut élevé dans le Calvinifme ; qu'il fut Profeffeur en Théologie à Heidelberg ; qu'en 1576. il fut Pere d'un fils nommé Jean Philippe devenu célèbre par fes Ouvrages ; qu'il ne fut pas députe au Synode de Dordrecht, mais qu'il y envoya fon jugement fur les cinq Propofitions des Remontrans lequel y fut bien reçu ; que fes Commentaires fur l'Epitre aux Romains furent brûlés à Londres par la main du Bourreau, pour les opinions pernicieufes qu'il avoit de la Monarchie ; & qu'il mourut l'an 1622.

ANTI-PELARGUS.

67 CHriftophe Storck a beaucoup écrit contre les Luthériens depuis qu'il eut abandonné leur Communion pour celle des Calviniftes. Si l'ANTI-PELARGUS étoit le fruit de quelqu'un

I. PART. CHAP. II. ANTI-CALVINISTES LUTHERIENS. 173

d'eux qui se seroit crû obligé de le remercier pour l'avoir instruit, Anti-Pelargus. persuadé, ou attiré à son parti ; Mr de saint Yon pourroit nous montrer dans cet *Anti* un jeu d'esprit assés ingénieux.

Je sai déja assés d'Allemand, repartit Mr de S. Yon, pour ne pas ignorer que *Storck* en cette langue veut dire une *Cicogne*, & je devine que quelque Adversaire de Storck aura voulu exprimer à la Grecque par le terme régulier d'*Anti-Pelargus*, ce qu'il auroit marqué en langue vulgaire par celui de *Wider-Storck*, sans y entendre d'autre finesse.

Cela est tout naturel, reprit Mr de Rintail, & la chose me paroît d'autant plus probable que Storck s'appelloit déja tout communément Pelargus lors qu'on vit l'Anti-Pelargus s'élever contre lui. Il est certain que s'il y avoit eu un jeu d'esprit sur la reconnoissance ou la gratitude, il faudroit recourir à l'ironie pour entrer dans l'esprit de son Auteur, & croire qu'il en seroit de l'Anti-Pelargus comme de l'*Eucharisticon* de Mr de Saumaise au P. Sirmond pour son *Adventoria Caussidico Divionensi*.

L'*Anti-Pelargus* n'est proprement qu'un Recueil de Disputes partagées en deux tomes touchant les contestations qui se sont élevées entre les Luthériens & les Calvinistes. Il fut imprimé à Giessen en Hesse sans que l'Imprimeur ait eu la curiosité de marquer l'année de l'impression.

Son Auteur étoit un Docteur Luthérien nommé Henri Eckard natif de Wetter au Lantgraviat de Hesse. Il vint au monde l'an 1582. le 19. d'Octobre au commencement de la réformation du Calendrier. Il fit ses premiéres études dans son Pays jusqu'à l'âge de 14. ans qu'il fut envoyé à Marpurg où il eut Rod. Goclenius pour Maître en Philosophie, & passa Maître ès Arts l'an 1599. Il fit sa Théologie sous Balth. Mentzer & Winckelman, & il prit le bonnet de Docteur dans la nouvelle Université de Giessen le 16. de Novembre de l'an 1607. Il avoit déja fait la fonction de Diacre & de Ministre en divers endroits lors que le 29. de Février de l'an 1608. il fut nommé Professeur en Théologie à Giessen, jusqu'à ce qu'en 1616. il fut établi Evêque & Inspecteur général du Diocése d'Altembourg en Misnie. Il eut trois enfans de sa premiére femme & onze de sa seconde. Il mourut l'an 1626. âgé de 41. ans & trois mois.

☞ Christophe Pelargus étoit de Suidnick ou Sweidnitz Ville & Duché de Silesie. Il naquit l'an 1565. & fut élevé dans le Lutheranisme. Après avoir étudié & enseigné dans quelques villes de Saxe, il s'arrêta & fixa sa demeure à Francford sur Oder dans le Marquifat de Brandebourg, il paſſa Docteur en Théologie dans l'Univerſité de cette Ville l'an 1590. & fut fait Recteur de la même Univerſité la même année pour la premiére fois. Il fut encore honoré cinq fois depuis de la dignité du Rectorat en 1598. 1608. 1616. 1624. & 1633. Il fut auſſi Profeſſeur en Théologie, puis des ſaintes Ecritures dans le même lieu, & fut vingt-cinq fois Doyen de la Faculté de Théologie. Il avoit paru long-tems fidéle diſciple & zélé défenſeur de Luther. Mais il abjura enfin le Luthéraniſme publiquement l'an 1614. pour embraſſer le Calviniſme, & témoigna ſouvent depuis malgré toutes les injures & les malédictions dont les Luthériens le chargérent, qu'il n'avoit jamais été intérieurement perſuadé de leurs opinions. C'eſt ce qui a fait dire à Daniel Cramer & à Conrad Schluſſelbourg que Pelargus étoit un grand Maître dans l'art de diſſimuler, & qu'ils l'avoient connu fin Calviniſte caché près de trente ans durant ſous le maſque d'un Luthérien. Il mourut le 10. de Juin ſeconde Fête de la Pentecote de l'an 1633. âgé de 68. ans.

ANTI-PONIATOW.

68
§. 1.
AH! dit Mr de Brillat, nous allons apprendre des nouvelles de la Prophéteſſe Poniatow. Nous ſaurons ſi elle eſt reſuſcitée.

Un Auteur Calviniſte, répondit Mr de Rintail, nous aſſure qu'oui dans un Livre de l'an 1687. & prétend que la mort & la réſurrection de cette Chriſtine Poniatow eſt le type de la mort & de la réſurrection de l'Antechriſt. Que voulés-vous? Les Proteſtans ont pris le change contre les Catholiques. C'eſt leur tour à nous débiter leurs viſions, leurs revélations, leurs miracles, & leurs Prophetes. C'eſt peut-être leur dernier reduit. Mais il ne s'agit point de cela entre nous. L'Anti-Poniatow, n'eſt pas contre la Prophéteſſe Proteſtante Chriſtine Poniatow, mais contre Julien Poniatow Gentilhomme Polonois, Seigneur de Duchniki, Calviniſte & peut-être parent de la Propheteſſe. Il avoit publié un Livre Latin à Francford ou à Hanaw l'an 1620. in-4.° ſur la queſtion de ſavoir ſi les Anges & les Bienheureux connoiſſent parfaitement Dieu tel qu'il eſt dans ſon eſſence. Mais l'année ne fut point expirée, qu'on vid paroître contre lui l'Anti-Poniatow à Leipſick in-4.°

☞ L'Auteur de cet Ecrit étoit un Docteur Luthérien nommé

Mathias Hoe de Hoenegg, Sieur de Gonsdorff & de Lunckwitz, Comte Palatin ou Conseiller d'Etat de l'Empereur d'Allemagne, Confesseur, Prédicateur & Conseiller de l'Electeur de Saxe. Il étoit né à Vienne en Autriche le 24. de Février, jour de Bissexte de l'an 1580. Ses parens lui firent faire ses études dans l'Université Luthérienne de Wittemberg. Il y prit les dégrés ordinaires dans les Facultés, & eut depuis divers emplois Ecclésiastiques parmi les Protestans. Mr Puffendorff au huitiéme Livre de son histoire de Suéde dit que ce Théologien avoit reçu onze mille écus de l'Empereur, pour persuader à l'Electeur de Saxe que le Traitté de Prague contre les Suedois n'étoit nullement préjudiciable à la Religion Protestante. Mr le Clerc juge de là que Hoë empêcha la paix & la réunion entre les Protestans auprès de l'Electeur parce qu'on ne lui presenta point d'argent (tom. 3. pag. 458.) Il mourut à Dresde le 4. jour de Mars de l'an 1645.

ANTI-PRÆ-ADAMITA.

68
§.2. MR Lipen cite un Anti-Præ-Adamite de Micrælius, Professeur de Stetin en Pomeranie, mort en 1658. Mais je crois qu'il a voulu nous marquer en un seul mot la matiére du Livre plutôt que son titre.

ANTI-PUCCIUS.

69 FRançois Pucci d'Italie de mauvais Catholique étoit devenu faux Catholique. Dans cette consideration j'avois mis l'*Anti-Puccius* du Luthérien Osiander au nombre des Anti des Protestans contre les Catholiques, sans prétendre pourtant qu'on en dût tirer la moindre conséquence en faveur de sa prétenduë Catholicité. Il est constant qu'il a levé le masque après s'être retiré parmi les peuples revoltés contre l'autorité spirituelle du S. Siége. Si vous croyés qu'il ait mieux aimé se rendre disciple de Zwingle ou de Calvin, que de se faire Acephale, ou même chef de secte, je vous permets de faire transporter ici l'Anti-Puccius dont je vous ai entretenu dans l'Article 33. de notre conversation d'hier.

ANTI-RATHMAN

70. IL se presente à moi, continua Mr de Rintail, trois Rathmans tous Luthériens que je ne cherche point, & j'en cherche un quatriéme qui ait été Calviniste & que je ne trouve point. C'est néanmoins à ce dernier que j'appliquerois volontiers l'*Anti-Rathman* de Jean Behm, Auteur Luthérien qui le fit imprimer à Dantzick l'an 1639. in-4° après avoir déja écrit contre divers Calvinistes de Brandebourg & nommément contre J. Crocius, J. Bergius, & Chr. Pelargus qui ont fait tous trois la matiére de quelques *Anti* de Luthériens.

☞ J. Behm étoit né à Konigsberg en Prusse le 23. de Juin de l'an 1578. Il fit ses études dans le Pays, jusqu'à la fin du siécle qu'il fit un voyage de neuf ans en Allemagne. Etant à Leipsick il y passa Bachelier en 1601. puis Maître ès Arts en 1602. En 1603. il alla étudier à Wittemberg. Etant retourné à Leipsick l'an 1606. il s'attacha avec tant d'assiduité à la personne de Calvisius, qu'il en devint Chronologiste. En 1607. il voulut voir la Hollande & la Flandre, & il retourna au bout de six mois à Wittemberg, où il se fit passer Docteur en Théologie l'an 1608. après avoir ouvert une Ecole de Chronologie dès l'année précédente. Ayant reçu le bonnet il s'en retourna dans son Pays, ou un mois après qui étoit le commencement de Janvier de l'an 1609. il fut fait Professeur extraordinaire en Théologie, & sur la fin de la même année Prédicateur de la Cour Ducale. L'an 1612. il fut Professeur ordinaire & en 1613. Assesseur du Consistoire de Sambickz ou Sambie, où il y avoit autrefois un Evêque résidant à Konigsberg suffragant de Riga. Il s'étoit marié le 7. de Septembre de l'an 1611. & il mourut entre les bras de sa femme & de ses enfans le 27. d'Avril 1648.

ANTI-SADEEL.

71. Vous nous avés assés bien preparés, dit Mr de Brillat, à vous entendre discourir de l'*Anti-Sadéel* depuis que vous nous avés débité l'histoire de l'*Anti-Martinius*.

Je me suis contenté, répondit Mr de Rintail, de vous le nommer en passant, comme on est obligé de dire au moins le nom du pere d'un homme dont on fait la vie.

J'ajoute

I. PART. CHAP. II. ANTI-CALVINISTES LUTHERIENS. 177

J'ajoute ici que l'Anti-Sadéel a eu pour Auteur celui qui a fait Anti-Sadéel: depuis l'Anti-Martinius, je veux dire ce fameux Luthérien Balthasar Mentzer, qui ne vous est plus inconnu depuis notre Entretien d'hier sur l'Anti-Pistorius.

L'Ouvrage parut pour la première fois à Wittemberg l'an 1594. puis à Gieſſen l'an 1609. & enfin l'an 1615. dans la même Ville ſous le titre d'*Anti-Sadéel*, autrement, *Elenchus errorum Antonii Sadeelis*, touchant la céne du Seigneur, la Perſonne & les Natures de JESUS-CHRIST, &c (1). Martinius qui demeuroit encore dans le Collége de Herborn au Comté de Naſſaw, entreprit de défendre Sadéel : mais je vous ai fait remarquer ailleurs ce que lui coûta ſa défenſe.

Sadéel n'étoit plus en état de ſe défendre par lui-même, étant mort près de trois ans avant que Mentzer eut ſongé à écrire contre lui.

☞ Il étoit né l'an 1534. au Château de Chabot dans le Diocèſe de Maſcon en Bourgogne du côté de la Savoie. Son pere étoit des Barons de Chandieu, autrement la Roche-chandieu ancienne Nobleſſe du Royaume, connue dans notre hiſtoire : & ſa mere étoit de la maiſon des Chabots. Il perdit ſon pere à l'âge de quatre ans. Sa mere qui avoit deſtiné ſon aîné pour les armes, envoya Antoine à Paris pour faire ſes études. De-là il fut étudier en Droit à Toulouſe & de Toulouſe il paſſa à Genève, où Calvin & Beze achevérent de le pervertir (1).

Etant retourné à Paris pour un procès concernant la ſucceſſion de ſon pere & de ſon oncle, il ſe mit ſous la conduite du Miniſtre Coulonges qui le détermina à l'étude de la Théologie, & peu de tems après on le mit au nombre des Miniſtres de Charenton, De Paris, n'ayant guéres plus de vingt ans. Après quelques dangers qu'il courut de la vie à Paris, il ſe retira à Orleans où il dogmatiſa pendant quelques mois, au bout deſquels il revint à Paris pour aſſiſter au premier Synode des Huguenots. Depuis la mort de Henri II. il ſe remua plus que jamais pour l'établiſſement de ſa ſecte : mais ſon humeur inquiéte, & turbulente, l'ayant rendu odieux même à quelques-uns de la Nobleſſe Huguenotte, il quitta la France, & ſe retira à Lauſanne en Suiſſe où il fit le Miniſtre juſqu'à ce que voyant qu'on donnoit quartier aux Huguenots en France, il vint faire le Prédicant à Lyon, & dans la Bourgogne. De là il ſe mit à la ſuite du Roi de Navarre auprès duquel il fut trois ans avant la converſion de ce Prince, après quoi il s'en retourna à Genève où il avoit laiſſé ſa

1 Witt. pag. 249.   Jac. Lect. Epiſt. ad Whitgliff. Cantuar. Arch.

femme, & ſes enfans. Il y mourut aſſiégé de Beze des autres Miniſtres, & d'une foule de Huguenots le treiſiéme de Février de l'an 1591, âgé de 57. ans.

ANTI-SALMASIUS.

72 J'Ai oui parler d'un petit ANTI-SALMASIUS compoſé par Mr Kortholt Profeſſeur à Kiel dans le Duché de Holſtein que je crois encore vivant. On dit qu'il attaque Mr de Saumaiſe ſur le ſens que doit avoir le mot de *Pain quotidien* dont il eſt parlé dans l'oraiſon Dominicale ; & qu'il a été imprimé depuis onze ou douze ans avec une eſpéce de petit *Anti-Baronius*. J'attens quelques éclairciſſemens ſur cet Anti-Salmaſius, pour pouvoir vous en parler avec plus d'éxactitude.

ANTI-SIMONIUS.

73 L'Auteur de l'Anti-Simonius étoit un Luthérien, & Simo-
§. 1. nius ſon Adverſaire étoit Calviniſte. Mais le ſujet de leur querelle n'étoit pas un point de controverſe Théologique. Nous en parlerons dans une autre occaſion où nous verrons les *Anti* de Philoſophie, & de Médecine.

ANTI-STEGMANUS.

74 L'Auteur de l'Anti-Stegman étoit pareillement Luthérien
§. 2. comme les Auteurs des deux Anti-Oſtorodes, de l'Anti-Enjedin, de l'Anti-George : mais Stegman, Oſtorode, & les autres étoient encore moins que des Calviniſtes en matiére de Catholicité. Vous les verrés à part dans une petite liſte d'*Anti* contre les Sociniens, quand j'aurai achevé celle qui regarde les Proteſtans.

ANTI-STENIUS.

74. PAul Stein ou Stenius l'un des quatre Députés du Lantgrave de Hesse au Conciliabule de Dordrecht, portoit la qualité de Ministre de la Cour, & Professeur en Théologie au Collége de la Noblesse dans la Ville de Cassel. Il se fit distinguer dans le Synode par la dispute publique qu'il soutint le Mercredy sixiéme de Février 1619. dans la 75. session sur la grace de Dieu par laquelle l'homme est régéneré.

§. I.

Quelques mois avant que de partir pour Dordrecht, il avoit fait un grand Sermon aux habitans de Cassel le vingt-deuxiéme jour de Juin 1618. touchant l'amour de la paix, & la nécessité de la reconciliation des esprits divisés en Allemagne sur la Religion. Il avoit souvent apostrophé les Luthériens en les conjurant ardemment de vouloir se réunir avec les Réformés Sacramentaires, affectant de les appeller par tout son discours ses *très-chers Freres*, & faisant retentir fort haut la *fraternité Evangélique* à laquelle il les convioit. Son discours n'auroit été bon que pour ses Auditeurs, s'il n'avoit eu le soin de le faire imprimer pour le faire lire aux Luthériens répandus par l'Allemagne. Les impressions que fit sa lecture ne produisirent pas l'effet qu'il avoit espéré de la publication de son Sermon : mais elles lui firent connoître au moins que la réunion leur paroissoit plus difficile qu'il ne l'avoit faite en prêchant. Voyant qu'ils passoient même à la censure de son discours, il se crut obligé de travailler à sa justification, & publia sa défense peu de tems après.

Elle ne manqua pas de tomber entre les mains de ce Balthasar Mentzer dont je vous ai parlé tant de fois. Après l'avoir éxaminée, il y trouva la matiére de deux ANTI-STENIUS : mais avant que d'y travailler, il produisit l'Examen qu'il avoit composé en Allemand de la *défense du Sermon de Stenius*, & le fit imprimer dès l'an 1618. Son premier ANTI-STENIUS écrit en Latin, ne parut que deux ans après. L'Ouvrage imprimé à Giessen in-4° consistoit en neuf Questions dans lesquelles il prétendoit faire voir que ce qu'avoit avancé Stenius pour prouver que les Protestans de la Confession d'Ausbourg, & les Zwingliens ou Calvinistes convenoient ensemble de tous les points essentiels à la Foi, n'étoit qu'une vision ; & que toutes les vuës qu'il avoit proposées pour la réunion, étoient une vraie chimère.

Steinius répondit en Allemand, & il s'appliqua particuliérement à refuter l'Examen de la défense de son Sermon. Sa Réponse fut imprimée à Francford l'an 1622. in-4°. Mentzer repliqua en Latin par son second ANTI-STEINIUS qui parut encore à Gieffen in-4° l'an 1623. Il étoit partagé en huit Queſtions, dans lesquelles il refutoit les idées que Steinius avoit données de la *Fraternité Evangelique*, & tâchoit ensuite de montrer en quoi devoit confifter la vraie Fraternité des Prétendus Réformés avec les Prétendus Evangeliques.

§. II.

Un Auteur moderne (1) fait mention d'un autre ANTI-STEINIUS qu'il attribuë à Polycarpe Lyſer Théologien, Profeſſeur de Leipfick mort en 1633. Mais n'ayant rien trouvé dans la vie de Lyſer publiée par le Sieur Hopffner, ni dans le Catalogue de ſes Ouvrages, qui m'ait fait connoître qu'il eût jamais eu affaire à Steinius, j'ai examiné les circonſtances du titre que l'on nous a donné de ſon prétendu *Anti-Steinius* (2); & je leur ai trouvé tant de reſſemblance avec celles du premier *Anti-Steinius* de Mentzer pour la matiére du ſujet, le nombre des Queſtions, & le lieu de l'impreſſion que je ne doute preſque point qu'il n'y ait eu de la confuſion, & que le nom de Lyſer n'ait pris la place de celui de Mentzer dans le titre de cet *Anti-Steinius*.

1 Lipen. Bibl. real. Theol. tom. 1. p. 392.   2 Pag. 250. ad marg.

ANTI-STURMIUS.

75 SI vous vous souvenés de l'état où la Religion s'eſt trouvée dans la ville de Straſbourg depuis le tems de Bucer, vous ne ſerés pas étonnés d'apprendre que le fameux Rhéteur Sturmius ait pû y demeurer pendant plus d'un demi ſiécle en qualité de Profeſſeur dans ſon Univerſité, & qu'il y ait fait une profeſſion publique du Calvinisme. Mais ne prétendés pas qu'il ait pû jouir d'un calme continuel dans les agitations que cette Ville a ſouffertes de tems en tems.

Nous ne devons pas douter qu'il n'ait eu preſque autant d'Adverſaires, qu'il y avoit d'habiles Luthériens de ſon tems dans l'Alſace,

I. PART. CHAP. II. ANTI-CALVINISTES LUTHERIENS. 181

& la Souabe. Mais de tout ce grand nombre, il n'y a que Jean Pap- Anti-Sturmius. pus de Strasbourg, & Luc Osiander de Tubingue qui nous ayent donné lieu de parler d'eux dans la liste de nos *Anti*. Car vous me permettrés de compter ici pour rien les disputes *Anti-Sturmiennes* attribuées par Menon Hanneken à ce Balthazar Mentzer dont vous devés avoir la tête rompuë depuis notre conversation d'hier.

Les contestations que Sturmius a euës avec Luc Osiander, lui ont valu plus d'un ANTI-STURMIUS. Son premier Ouvrage de ce nom parut à Tubingue vers le commencement de l'an 1580. ou la fin de l'année précédente.

Sturmius lui répondit par un ANTI-OSIANDER qui fut redevable à la facilité, & à l'habitude que Sturmius avoit d'écrire, de la promptitude avec laquelle il fut mis au monde.

On vit peu de tems après paroître un Avanturier caché sous un masque qui sembloit avoir été formé sur le visage de Sturmius même. C'étoit un petit stratagème dressé pour lui insulter, ou pour le faire tomber plus aisément dans quelque piége. L'Avanturier s'étoit donné le nom de *Laonicus* (qui est un *Nicolaus* renversé) *Anti-Sturmius Sieur de Sturmeneck Chevalier de la Toison d'Or* : mais ce ne fut pas Sturmius qu'il vint attaquer. Il tourna ses armes contre Lambert Daneau Calviniste François dont je vous ai parlé, & qui avoit fait de son côté un ANTI-OSIANDER comme Sturmius, imprimé la même année, croyant l'épouvanter par le spectre nouveau de cet *Anti-Sturmius*. L'Auteur qui s'étoit ainsi transformé, n'étoit autre que notre Osiander, & il fit paroître son ouvrage dès la fin de la même année à Tubingue in-4.° sous le titre de *Laonici Anti-Sturmii à Sturmeneck Equitis Aurati spongia adversùs Lamberti Danæi Calvinistæ Gallicani Anti-Osiandrum*.

Voulant montrer qu'il se croyoit assés fort pour tenir contre deux à la fois, il retourna presque en même tems à la charge contre Sturmius, & il produisit son second ANTI-STURMIUS dès le commencement de l'an 1581. dans la même forme & dans la même Ville de Tubingue.

Sturmius vit bien-tôt le tort qu'il avoit eu de vouloir repousser un *Anti* par un autre *Anti*, je veux dire de payer son Créancier en espéce, & de lui rendre une injure pour une autre injure. Il ne jugea donc point à propos de lui envoyer un second ANTI-OSIANDER, mais il crut devoir prendre le parti de l'ironie pour lui dresser une Rétractation qui étoit un stratagème plus subtil sans doute que celui du Chevalier de Sturmeneck. Sa Rétraction fut imprimée à Neubourg

Z iij

Anti-Sturmius. dans le Palatinat (1) l'an 1581. in-4° sous le titre de *Palinodia ad Lucam Osiandrum.*

Osiander persuadé qu'un nouvel *Anti-Sturmius* ne seroit plus de saison, se servit de l'artifice qu'il avoit remarqué dans cette préten- duë Rétractation de Sturmius pour lui en marquer sa reconnoissance. Le compliment qu'il lui fit sur ce sujet, fut publié à Tubingue in-4° en la même année sous le titre d'*Epistola Eucharistica ad Joh. Sturmium pro edita Palinodia Ironica* après quoi on se tût de part & d'autre.

☙ Luc Osiander étoit fils du vieux André qui avoit tant excité de troubles parmi les Luthériens touchant la justice de l'homme devant Dieu. Il étoit Pere du jeune André qui s'est signalé de son côté dans l'Université de Tubingue; & selon les apparences il étoit Bisaïeul de M. Osiander d'aujourd'hui (Jean Adam) Chancelier & Prévôt de Tubingue grand Adversaire du Particularisme & du Syncrétisme. Luc Osiander ayant quitté la Prusse où son Pere s'é- toit retiré vint s'habituer en Souabe, & trouva de l'emploi à Plabyr ou Blaubeur bourgade du Duché de Wittemberg. Il fut ensuite Mi- nistre de la Cour du Duc, puis de la ville d'Esling.

Il se signala au fameux Colloque de Maulbrunn dont il fut le Sé- crétaire. Il fut Professeur dans l'Université de Tubingue tant pour l'Ecriture-Sainte que pour la Théologie, & il mourut le 17. jour de Septembre de l'an 1604.

Jean Sturmius étoit natif de Schleyden ou de Sleide petite ville & Comté au Midi d'Aix-la-Chapelle, entre les Duchés de Juliers, & de Limbourg & l'Archevêché de Tréves. Il n'y avoit qu'un an que la ville de Sleide avoit produit le célèbre Historien Jean Slei- dan, lors que Sturmius son compatriote vint au monde le premier jour d'Octobre de l'an 1507. Il commença ses études dans son pays, & les alla continuer à Liége & à Louvain. De là il passa à Paris où il se perfectionna dans le Grec, l'Eloquence, & la Philosophie. Après il se transporta à Strasbourg, où il s'établit si bien qu'il y demeura le reste de ses jours, & enseigna l'espace de cinquante & un ans dans l'Université dont il fut souvent Recteur. J'oubliois presque de vous dire, qu'étant à Louvain, il dressa une boutique d'Imprimerie con- jointement avec Rutger Rescius Professeur en Grec dans l'Université, & qu'ayant imprimé un Homere, & quelques autres Auteurs Grecs, il en apporta la plupart des éxemplaires à Paris l'an 1529. où il les vendit. Qu'il épousa une Jeanne le Pois, se fit Maître de Pension, & s'enrichit par le grand nombre qu'il eut de Pensionnaires d'Alle-

1 Neapoli Palatin.

I. PART. CHAP. II. ANTI-CALVINISTES LUTHERIENS. 183

magne, d'Italie, d'Angleterre, aussi bien que de France. J'ajouterai qu'après avoir pris le bonnet de Docteur en Médecine, & avoir enseigné le Grec à Paris, ce fut son changement de Religion qui le fit quitter cette ville pour Strasbourg, où étant devenu aveugle dans ses derniéres années, il mourut entre les bras de sa troisiéme femme le 3. jour de Mars (vieux stile) de l'an 1589. âgé de 81. ans cinq mois & deux jours.

ANTI-VORSTIUS.

76 LE Sieur Jean Vorstius Allemand natif de Berlin, sujet de l'Electeur de Brandebourg, qui est considéré parmi nous pour un Grammairien, & un Critique, plus que pour un Théologien, ayant fait imprimer dans la ville de Cleves l'an 1662. in-4°. un volume de *Dissertations sacrées* partagées en trois livres, les Docteurs Lutheriens ne les trouvérent point à leur goût. Quelques-uns écrivirent contre lui: mais je crois que le Sieur Samuel Cocus fut le seul d'entre eux qui ait employé le terme choquant d'ANTI-VORSTIUS. Son Livre fut imprimé à Leipsick l'an 1664. in-4° sous le titre d'*Anti-Vorstius tribus Dissertationum Libris Johannis Vorstii oppositus*. Jean Vorstius s'est défendu contre Samuel Cocus en répondant à d'autres Adversaires qui l'avoient attaqué. C'est tout ce que j'ai pû savoir de cette dispute.

§. II.

ANTI-WILLIUS. Voyés ci-après nombre 84. §. I.

ANTI-ZWINGLIO-CALVINIANUS.

77 ENfin vous trouverés bon, Messieurs, que je finisse les *Anti* des Lutheriens contre les Calvinistes par un ANTI ZWINGLIO-CALVINIANUS, je veux dire, par le Livre d'un Auteur Lutherien nommé Erasme Willichius qui le fit imprimer à Wittemberg l'an 1646. in-4° sous le titre de *Lutherus Anti-Zwinglio Calvinianus*. Vous comprenés la force, & l'étenduë de ce titre, il renferme lui seul tout ce que la Secte de Luther a pû imaginer en général contre celle de Zwingle, & de Calvin sous le titre d'*Anti*; & il rassemble

en idée ce que je vous ai dit séparément dans les articles des Anti-Cingliens, & des Anti-Calvins. Voyons maintenant si les Luthériens n'ont point fait de bréche à la Fraternité Evangelique qu'ils font profession de garder entre eux, & qu'ils font sonner si haut contre les Calvinistes, lors même qu'ils témoignent le plus de zèle dans le refus qu'ils font de leurs conditions de paix, & de fraternité.

CHAPITRE III.

ANTI des Luthériens contre des Luthériens, ou

ANTI Luthériens Luthériens.

Monsieur de Brillat voulant ménager la poitrine & les poûmons de Mr de Rintail, commençoit à le complimenter sur la lecture qu'il venoit de faire ; il le convioit en même tems de remettre le reste à une autre conversation, & détournoit déja le discours ailleurs. Mais Mr de Rintail nous dit que si notre patience ne finissoit avant son courage, il acheveroit ce qu'il avoit à nous lire des *Anti* qu'il avoit recueillis sur la Théologie, ajoutant qu'il ne nous demanderoit plus qu'une conversation pour tout le reste des *Anti* concernant les autres sciences.

Puisque Mr de Rintail, dis-je à Mr de Brillat, veut paroître infatigable pour nous, profitons de la tranquillité que j'ai procurée à la compagnie en faisant fermer sa première porte. L'occasion d'un après-midi si favorable ne sera peut-être pas aisée à recouvrer un autre jour.

Il ne s'agit, reprit Mr de Rintail, que d'une audience de trois petits quarts d'heures, & il ne tiendra qu'à vous d'être encore des premiers au cabinet de Mr de V... au sortir d'ici. Je n'ai à vous débiter que cinq ou six *Anti* de Luthériens à Luthériens ; trois ou quatre de Calvinistes à Luthériens, & autant de Calvinistes à Calvinistes ; dix ou douze de Protestans en général contre les Sociniens, & les Infidéles ; & autant environ qui ont pour Auteurs quelques particuliers d'entre les Catholiques.

ANTI-GROSSIUS.

78 JE commence par l'ANTI-GROSSIUS qui est composé en Allemand, & qui fut imprimé à Helmstadt où l'on n'a point coutume d'imprimer d'autres livres que ceux des Luthériens. C'est une ville de la Basse-Saxe située sur les extrémités de l'Archevêché ou Administration de Magdebourg, mais qui appartient maintenant au Duc de Brunswick. Tout est Protestant dans l'Université, & dans l'Imprimerie de cette ville. Ce petit détail seroit assés inutile ici, si je ne le croyois propre à vous persuader que l'*Anti-Grossius* doit être une piéce Luthérienne. D'ailleurs si l'on fait réfléxion que Grossius, ou Grossen contre lequel l'Anti-Grossius a été dressé, étoit un Syncretiste & que ceux de ce sentiment quoique disciples de Luther, se sont attirés un grand nombre d'Adversaires de leur Communion, sur tout dans la haute Saxe, ce sera encore un nouveau préjugé pour le Luthéranisme de l'*Anti-Grossius*. Mais je me trouve arrêté d'un autre côté, lorsque je vois que l'Anti-Grossius est attribué par Mr Lipen sous le titre Latin d'*Apologia Anti-Grossiana* à Jean Breving qui est le nom d'un Auteur Catholique de ces derniers tems, dont les ouvrages se trouvent presque tous imprimés à Maïence & quelques-uns à Würtzbourg, ville Catholique. Ceux qui seront mieux instruits que nous sur ce sujet, pourront nous apprendre s'il y a eu deux Brevings, ou deux *Anti-Grossius*.

¶ Cependant vous saurés que Chrétien Grossius qui en a fait le sujet, étoit né à Wittemberg en Saxe le 30. de Septembre de l'an 1602. Qu'il perdit son pere homme consideré dans la Robe le huitiéme Février 1627. & sa mere le 3. Août 1613. Il fit ses études de Grammaire à la maison, & les autres dans l'Université. L'an 1620. il passa Maître ès Arts, & se donna ensuite à la Théologie, & il quitta Wittemberg l'an 1623. pour s'établir à Leipsick où il fut six ans. En 1629. il fréquenta la plupart des Universités d'Allemagne & s'arrêta principalement du côté du Rhin. En 1632. il passa à Lubeck où il fut Précepteur chés un Conseiller de la Ville. L'an 1634. il fut fait Professeur en Théologie à Stetin & se maria. Il fut ensuite honoré des plus belles Charges que les personnes de sa Robe pouvoient posseder, Prédicateur, Assesseur du Consistoire, Conseiller de la Cour de Brandebourg, Trésorier du Clergé, puis Curé ou Pasteur de saint Nicolas de Stetin en 1645. Huit ans après il fut fait Surintendant général de la Pomeranie

Tome VII.   A a

Electorale & Prévôt de Colberg, puis de Stargard. Sa première femme mourut l'an 1668. âgée de 62. ans, & quelque tems après il se remaria à une jeune fille par la permission de ses enfans. Il mourut le 17. de Juillet de l'an 1673.

ANTI-HUNNIUS.

79 JE vous ai fait connoître mes doutes sur la Religion de l'Auteur de l'Anti-Grossius, continua Mr de Rintail; mais j'ai des scrupules d'une autre espéce sur l'ANTI-HUNNIUS à qui l'on donnera le rang après l'Anti-Gretzer parmi les Satires contre les Catholiques, quand on voudra lui faire justice. Lorsque les Protestans qui nous alléguent l'*Anti-Hunnius* & la *Resolution Anti-Hunnienne* de Valentin Bullen Luthérien, comptent encore Hunnius parmi ceux de leur Communion : ou ils nous donnent lieu de croire qu'ils ont confondu Nicolas Hunnius Luthérien mort dès l'an 1643. avec Helfricus Ulricus Hunnius Jurisconsulte Allemand converti du Luthéranisme à l'Eglise Romaine qui vivoit en même tems que l'autre Hunnius; ou ils ont voulu dissimuler sa conversion, soit qu'ils ne la crussent pas véritable, soit qu'ils la jugeassent de peu de durée. Quoiqu'il en soit Val. Bullen fit imprimer contre lui son Anti-Hunnius à Leichen l'an 1633. in-8° sous le titre de *Resolutio Anti-Hunniana seu Responsio ad calumniosam Resolutionem tertiam præjudicialium Quæstionum H. Ulr. Hunnii.* Il témoigne dans cet Ouvrage être très-persuadé qu'il n'y avoit point de dissimulation dans son renoncement au Luthéranisme, & il fait assés connoître qu'il avoit lû son Livre des XII. *Argumens indissolubles de la Religion Catholique* qui avoit paru à Cologne in-12° dès l'an 1632.

Ce n'est donc pas l'Anti-Hunnius de Bullen que je voudrois produire si j'étois engagé de prouver que les Luthériens ont employé les *Anti* pour se maltraiter mutuellement.

ANTI-LUBIN.

80 IL n'en est pas de même de l'ANTI-LUBIN d'Albert Grawer Professeur en Théologie à Iéne, & surintendant des Eglises du Duché de Weimar dont je vous ai fait l'histoire dans l'article de l'Anti-Paræus. Eilhard Lubin qui a donné la matiére à l'Anti-Lubin,

I. PART. CHAP. III. ANTI-LUTHERIENS LUTHERIENS.

n'étoit pas moins Luthérien que Grawer, & il mourut dans la Secte comme il avoit vécu. Il avoit composé un ouvrage plusque Metaphysique sur l'origine, & la nature du peché où il avoit fait assés connoître qu'il étoit du nombre des Luthériens de la vieille roche touchant l'Election, la Reprobation, la Justification, la Liberté de l'homme &c. Son Livre avoit été imprimé à Rostock au Duché de Mecklebourg l'an 1596. & réimprimé dans la même Ville quatre ans après in-8°. & in-12. sous le titre de *Phosphorus, de prima causa & natura mali, Tractatus Hypermetaphysicus, in quo multorum gravissimorum Errorum causæ tolluntur, & errores deteguntur* (1). Grawer toujours prêt à montrer qu'il étoit fidéle disciple de Gilles Hunnius qui a changé, par une variation de blanc à noir, le systême des Luthériens sur la Prédestination absoluë & la Grace de JESUS-CHRIST, jusqu'à se rendre suspect de Pélagianisme, se récria contre le Phosphore de Lubin, comme si c'eût été quelque Comête. Il l'accusa d'être tombé dans les paradoxes les plus exorbitans des Calvinistes, & il écrivit contre lui peu de tems après. Lubin lui répondit pour lui faire voir que ses accusations étoient de pures calomnies, & fit imprimer un nouveau livre à Rostock l'an 1600. sous le titre d'*Apologeticus quo Alb. Graw. calomniis respond.* &c. qui fut réimprimé en 1605. in-4° dans la même Ville.

Ce fut alors que Grawer se trouvant obligé de se défendre à son tour, dressa l'Anti-Lubin contre son Adversaire, il le fit imprimer à Magdebourg l'an 1606. in-4°, sous le titre d'*Anti-Lubinus, sive, Elenchus Paradoxorum Lubini, & Emblematum Calvinisticorum,* &c. *De prima causa, & natura mali.* L'ouvrage n'étoit que pour servir de réponse au Phosphore de Lubin: mais Grawer en fit un autre pour son Apologétique, & il fut imprimé par maniére d'Appendice avec l'Anti-Lubin sous le titre de *Reponsio ad elumbem Lubini Apologeticum.*

Je ne sai si Lubin en appella aux Théologiens de la Confession d'Ausbourg contre les mauvais traitemens de Grawer, & s'il fit dans cette intention le Livre intitulé *Tractatio Theologica de causa peccati, ad Theologos Augustanæ Confessionis in Germania* qu'il fit imprimer l'année suivante à Rostock in-4°, mais je puis assurer que tous ces Ouvrages n'ont pas empêché la Postérité de le croire meilleur Humaniste que Théologien.

§ Il étoit né le Mercredi d'entre le Dimanche de la Passion & celui des Rameaux XXIV. jour de Mars de l'an 1565. à Westerstede bourgade du quartier d'Ammerland. Il fit ses études en divers lieux

---

a Georg. Calixt. cité par Jur. contre Sculter.

de l'Allemagne, à Leipſick, à Cologne, à Helmſtadt, à Straſbourg, à Iéne, à Marpourg, & à Roſtock. Il y réuſſit ſi bien qu'il devint habile Critique, & qu'il acquit la réputation de Poëte, d'Orateur, & de Mathématicien. Il fut fait Profeſſeur en Poëſie à Roſtock l'an 1596. puis en Théologie l'an 1605. & il prit le bonnet de Docteur le 23. jour de Juin de la même année. Il ſe maria par deux fois, & il mourut le 2. jour de Juin de l'an 1621.

ANTI-MEYFART.

81 Lors que je vous entretins hier de l'*Anti-Becan* du Luthérien Meyfart Théologien & Miniſtre d'Erfurt en Thuringe, je ne vous fis point remarquer que cet Ouvrage quoique fait contre un Auteur Catholique ne plut pas également à tous les Proteſtans. Meyfart ayant trouvé lui-même qu'on y pouvoit déſirer encore quelque choſe qui manquoit à ſa perfection; y fit une Addition après, comme s'il eût voulu y mettre la derniére main : & appella cette Addition *Coronis* en Latin, pour marquer que c'étoit l'accompliſſement de ſon Anti-Becan. Il y toucha le dogme de l'Ubiquité Luthérienne concernant l'Humanité de JESUS-CHRIST. C'eſt le point qui lui ſuſcita un Adverſaire qui étoit d'ailleurs de la même Communion, nommé Gaſpar Henri Marx. Cet homme entreprit de réfuter ce que Meyfart avoit écrit de l'Ubiquité par un Livre qu'il fit imprimer l'an 1630. in 8° dans Erfurt pour l'envoyer à Coburg où demeuroit encore Meyfart. Le Livre a pour titre *Anti-Coronis Meyfartica, cum Coronide Anti-Meyfartica &c.* Vous voyés que la premiére partie de ce titre eſt réguliére, & qu'elle en veut moins à la perſonne de Meyfart qu'à ſon écrit. Il n'en eſt pas de même de la ſeconde partie qui ne vaut guéres mieux qu'un *Anti-Meyfard*.

ANTI-NAGELIUS.

82 Paul Nagelius eſt un fameux Viſionnaire que la Secte de Luther à produit en Allemagne vers le commencement de ce ſiécle. Il étoit Profeſſeur à Leipſick, & il a eu l'honneur de ſe voir Chef de Secte comme Valentin Weigelius autre eſpéce d'Enthouſiaſte Luthérien, quoique le Nagelianiſme ait fait moins de bruit que le Weigelianiſme.

Nagelius se croyoit destiné par la Providence pour révéler les Mystéres de l'Apocalypse. Pour en venir à bout, il avoit appellé l'Astrologie à son secours. Entre autres Visions il renouvelloit celle des Millénaires.

Plusieurs Luthériens prirent la plume pour le réfuter & pour arrêter le cours de sa nouvelle secte : mais de tous ses Adversaires je n'ai remarqué que Philippe Arnold qui ait fait un ANTI-NAGELIUS. C'est le titre qu'il mit à la tête d'un Livre Allemand qu'il fit imprimer contre Nagelius l'an 1612. in-4°.

ANTI-SYNCRETISTE.

83 D Epuis hier, dit le jeune Mr de S. Yon, que je vous ai entendu parler des opinions syncretistiques d'un George Calixte, j'épie l'occasion de vous demander ce que c'est qu'un *Syncretiste*, & ce que veut dire *Syncretisme*.

Si j'avois à vous expliquer ces termes par leur étymologie, répondit Mr de Rintail, c'est à vous que ces Messieurs & moi devrions nous adresser. Vous ne manqueriés pas de nous conduire par les dégrés ordinaires des Grammairiens jusqu'à συγκεράννομι.

Bon, reprit Mr de S. Yon, si vous disiés *Syncatriste, & Syncratisme*.

L'un vaut l'autre, répartit Mr de Rintail ; les Savans d'Allemagne qui parlent, ou qui écrivent en Grec, ne se croyent pas obligés de parler toujours le Dialecte commun : ou l'Attique, ils savent que l'Ionique a ses graces (1).

Quoiqu'il en soit, le *Syncretisme* des Allemans en matiére de Religion, n'est autre chose que le *mélange des Sectes différentes en une seule Communion*, ou si vous l'aimiés mieux : *La Réunion des Sociétés separées par le schisme*. Je ne sache point que personne ait encore fait l'histoire du Syncretisme : c'est pourquoi je vous en ferai la division telle que je pourrai. La maniére dont les Protestans ont traité l'affaire du Syncretisme soit en l'attaquant, soit en le défendant, nous donne lieu de le diviser en deux façons. Si l'on considére le Syncretisme

---

1 ¶ Il s'est extrèmement trompé d'avoir cru que Syncretisme, en Grec Συγκρητισμός, venoit de συγκεράννομι, & qu'on avoit dit συγκρητισμός Ioniquement, au lieu de συγκερασμός dans la signification de *mélange*. Premiérement συγκερασμός est un composé que les Grecs ne connoissent point. Secondement peu de personnes ignorent que Συγκρητίσαι & Συγκρητισμός sont des façons de parler proverbiales, empruntées des peuples de Crète, qui malgré leurs divisions ordinaires, ne manquoient pas de se réunir quand ils étoient menacés d'un péril commun. Plutarque dans son Traité de *l'amitié fraternelle* a mis ce proverbe dans tout son jour.

Anti-Syncretiste.

en lui-même, il y en a de quatre sortes. 1° Le Syncretisme général, c'est-à-dire, la réunion des Luthériens & des Calvinistes avec les Catholiques. 2° Le Syncretisme des Luthériens avec les Catholiques a l'exclusion des Calvinistes. 3° Le Syncretisme des Luthériens avec les Calvinistes à l'exclusion des Catholiques. 4° Le Syncretisme des Calvinistes avec les Catholiques. Mais cette derniére espéce ne doit point passer pour un Syncretisme d'Allemagne, où on n'a point encore agité la question de réunir les Calvinistes avec les Catholiques à l'exclusion des Luthériens. S'il faut admettre cette derniére espéce, on la prendra plutôt pour un Syncretisme de France, & d'Angleterre où les Ministres des Reformés, les Prélats des Episcopaux, & d'autres Auteurs (1) avoient dressé divers projets de Réunion, & fourni des moyens, & des propositions de paix avant que Louis le Grand eût rendu la France toute Catholique.

Mais si l'on regarde le Syncretisme par ses dispositions locales, on pourra le diviser en quatre autres espéces selon les lieux où il a pris naissance, & où il a été le plus agité. Ainsi l'on peut compter 1° Le Syncretisme de Helmstadt petite ville au Duc de Brunswic, c'est celui des Calixtins, & le plus célébre de tous. 2° Le Syncretisme de Cassel au Lantgraviat dont le Prince Guillaume Lantgrave de Hesse semble avoir été l'Auteur. 3° Le Syncretisme de Brandebourg ou de la Marche, dont Bugey & Botticher semblent avoir été les principaux promoteurs. 4° Le Syncretisme de Prusse dont on fait Auteurs Drejer, Laterman, & quelques autres Professeurs de Konigsberg. Mais à dire le vrai, je crois qu'on pourroit rapporter ces quatre sortes de Syncretisme local à la troisiéme espéce de la premiére division, je veux dire au Syncretisme des Luthériens avec les Calvinistes à l'exclusion des Catholiques. C'est le point dans lequel elles conviennent toutes quatre, quoiqu'elles différent entre elles par de certaines conditions qu'il seroit trop long de vous spécifier.

Le nombre des Ecrits que les Luthériens francs ont composés contre les Syncretistes, n'est pas aisé à compter : mais il s'en est trouvé peu qui ayent eu la dureté d'employer le titre satirique d'*Anti* pour repousser l'humeur pacifique de ces Ecrivains de reconciliation & de concorde. Je me contenterai de vous en nommer quatre ou cinq des plus zélés, qui n'ont point fait difficulté de faire porter à leurs ouvrages la qualité d'*Anti-Syncretiste*.

Le premier est le Sieur Abraham Caloff, ou Calovius né en

_{a Dysse, d'Huisseau, &c. Davenant, Morton, Hall. Forbes, Duræus, &c.}

I. PART. CHAP. III. ANTI-LUTHÉRIENS LUTHÉRIENS. 195
1612. Théologien Saxon que je crois encore vivant, & qui est d'ailleurs homme d'érudition ; & fort estimé parmi les siens.

Le second est Jean Botsacc Professeur & Ministre des Luthériens à Dantzick mort en 1674. comme je vous l'ai fait remarquer ailleurs.

Le troisiéme est Pierre Haberkorn Professeur de Giessen mort en 1676. dont j'ai eu occasion de vous parler au sujet de l'Anti-Valerien.

Le quatriéme est Jerôme Kromayer Professeur de Leipsick mort en 1670. âgé de soixante ans, sur les livres & la vie duquel je vous entretiendrois plus au long si je prétendois que les Anti-Syncretistes fussent blâmables comme les autres Auteurs satiriques d'*Anti*.

Le cinquiéme est le Sieur Schertzer Professeur en la même ville, mort en 1683. dont je vous ai parlé dans l'article des Anti-Bellarmins.

Vous pretendés-donc, reprit Mr de Brillat en interrompant Mr de Rintail, que les *Anti-Syncretistes* sont plus tolérables que les autres *Anti*.?

Oui sans doute, repartit Mr de Rintail, si vous vous souvenés de la différence que j'ai établie dans notre premiére conversation entre les *Anti* Personnels & les *Anti* Réels. Encore que les Syncretistes soient une secte d'hommes comme les Zwingliens, & les Calvinistes, je n'hésiterois pourtant pas d'ôter les *Anti-Syncretistes* du nombre des Satires personnelles, puisqu'ils n'attaquent & ne deshonorent la personne d'aucun Adversaire, & qu'ils ne marquent le nom de personne dans leur titre. Si je m'étois chargé de vous chercher d'autres titres satiriques que des *Anti* contre les Syncretistes, je vous produirois le *Syncretismus Pilato-Herodianus* de Dreschler ; *le Syncretismus Paradisiacus*, *& fons omnis Syncretismi à diabolo*, *&c.* par Deutschman ; & d'autres de cette nature.

ANTI-WILLIUS.

84
§. 1. Quoique l'ANTI-WILLIUS soit un ouvrage de controverse satirique, ou de contestation de Luthérien à Calviniste, il se trouve néanmoins, je ne sai par quel hazard, à la queüe des piéces Luthériennes contre les Luthériens. Il est vrai que Crowæus, & quelques autres Critiques prétendent que Balthazar Willius qui a donné lieu à l'*Anti-Willius*, étoit Luthérien : mais je ne

voudrois que l'Anti-Willius pour les détromper de cette opinion ; & je leur alléguerois plusieurs de ses ouvrages imprimés dans des boutiques Zuingliennes pour leur persuader le contraire. Si d'un autre côté l'on venoit m'opposer d'autres ouvrages du même Willius imprimés à Cassel au Lantgraviat de Hesse pour nous faire voir qu'il n'avoit pas renoncé au Luthéranisme, je consentirois volontiers qu'on le mît dans la Classe de ceux que les Inquisiteurs appellent Luthero-Zuingliens.

L'Anti-Willius doit son origine à un livre que Michel Havemans, ou Havemannus avoit publié dans la ville de Hambourg l'an 1647. sous le titre d'*Eris Euchariftia* in-12. Il est constant que Haveman étoit Luthérien : mais il admettoit en même tems diverses opinions des Calvinistes, ou Zuingliens. Son Livre du combat, ou contestation Eucharistique ne fut pas trouvé bon dans toutes ses parties, sur tout par Balth. Willius qui en voulut attaquer les premiers chapitres. C'est ce qui lui attira de la part de Haveman le Libelle intitulé *Anti-Willius*, sive, *Expedita Responsio, quod Balthazar Willius duo priora Capita Eridos suæ Euchariſticæ oppugnare non potuerit*. Ce second Ouvrage fut imprimé l'an 1656. dans la même Ville & en la même forme que le premier.

☞ Haveman étoit né le 29. de Novembre, ou plutôt de Septembre jour de saint Michel de l'an 1597. dans la ville de Brème qui étoit encore alors Archevêché, ou Siége Métropolitain. Il étudia les langues sous Sluter & Casman, après quoi on l'envoya à Hambourg pour continuer ses études sous Lauremberg. De là il passa à Rostock où il fit sa Théologie sous les deux Tarnow. Ils le firent recevoir Maître ès Arts. Ayant passé huit ans dans l'Université de Rostock, les Echevins de la ville de Staden dont son Père étoit Collegue l'appellérent pour lui donner de l'emploi. Il obéit d'autant plus volontiers qu'il considéroit cette ville comme sa seconde patrie. Il y vint en 1624. y enseigna la Philosophie, les Mathématiques. Il s'y maria & fut Recteur de l'Université l'an 1625. puis Théologal de saint Cosme saint Damien, Ministre du Château, & Ancien des Pasteurs. Durant la Guerre de Suede, le Comte de Tilly s'étant rendu Maître de la Ville de Staden, y rétablit la Religion Catholique avec l'Evêque d'Osnabruck, & chassa les Ministres. Haveman se sauva à Hambourg, mais le Comte de la Frise Orientale le fit Ministre principal d'Aurick & de Norden, Professeur & Recteur du Collége du lieu. Après la paix de Munster, les Suedois étant devenus paisibles Possesseurs de Brème & de Verden sous le titre de Duchés, il fut établi Surintendant Général des Eglises Luthériennes des Diocèses de ces deux Villes dont on avoit supprimé la Prélature Catholique. Il fut fait en même tems Président du Conseil Royal de Suede à Staden. Il mourut le 24. jour de Janvier de l'an 1672. après 75. ans de vie, 47. de mariage, 46. de Ministére, & 21. d'Épiscopat ou de Surintendance.

ANTI-BOHMIUS.

84.
§. 2. C'Est au hazard que je compte Jacques Bôhme Cordonnier de Gorlitz en Lusace (1) parmi les Schismatiques Protestans qui sont sortis du sein du Luthéranisme pour faire une secte à part. Si j'ai bien rencontré, l'on ne m'accusera point d'avoir mal placé ici l'ANTI-BOHMIUS du Sieur Calovius ou Caloff l'un des plus célébres Docteurs que les vrais Luthériens ayent eus en ces derniers tems. Cet Ouvrage est un des plus recens d'entre les *Anti*. Il fut imprimé à Wittemberg en Saxe l'an 1684. in-4° sous le titre de *Abrahami Calovii Anti-Bôhmius, quid habendum de Jacobi Bôhmen sutoris Gorlicensis Secta, &c.* L'Ouvrage n'est point encore tombé entre mes mains, ainsi je ne puis vous dire de quelle nature est la nouvelle secte de ce Bôhmen, ni quelle en a été la fortune jusqu'ici. Je ne suis pas mieux instruit de ce qui concerne la personne de ce nouveau Sectaire, je sai seulement qu'un autre Luthérien d'Allemagne nommé Jean Müller a composé en langue vulgaire un Livre contre le même Bôhmen qu'il a fait imprimer à Hambourg in-8°.

Nous avons quelques Ouvrages tant en Latin qu'en Allemand qui ont paru dans ce siécle sous le nom d'un Jacques Bôhmen. Je ne serois pas éloigné de croire que notre Bôhmen dont il s'agit ici, fût l'Auteur de celui qui fut imprimé en Latin à Francford en 1676. in-8° sous le titre de *Jacobi Bôhemi Aurora Philosophiæ, Theologiæ, & Astrologiæ*; & je lui en attribuerois volontiers un autre que Mr Lipenius Auteur Allemand qui a écrit en Latin, nous représente dans sa Bibliothéque Philosophique comme un Ouvrage composé en François sous le titre de *Miroir temporel de l'Eternité* par Jacob Bôhm. imprimé à Francfort l'an 1664. in-8°.

1. ¶ Ce Bohme étoit un Mystique comme nos Quiétistes. §.

CHAPITRE IV.

ANTI des Calvinistes contre des Luthériens, ou *ANTI* Luthériens Calvinistes.

APrès ce que je vous ai dit de la Politique & de la retenuë des Calvinistes à l'égard des Luthériens, vous pourriés les considérer comme des personnes qui ont pris le parti du silence ou de la patience pour souffrir les reproches & les remontrances de ceux-ci, ou qui ne se sont point écartées des régles de la modération dans leurs Réponses lorsqu'il a été question de se défendre contre eux.

Je ne prétens point leur faire perdre ici cette réputation, quoi qu'il ne me fût pas difficile de vous citer un bon nombre de leurs Satires contre les Luthériens autant & plus sanglantes que plusieurs de celles des Luthériens contre eux. Et je ne vous alléguerai les deux *Anti-Osiander*, les quatre *Anti-Pappus*, & l'*Anti-Weigelius* que comme des piéces de Controverse dont ils desavouent les titres.

ANTI-OSIANDER.

§. I.

85 LE premier ANTI-OSIANDER ou *Anthosiander* que les Calvinistes ayent produit contre les Luthériens, est celui qui parut en faveur du Zuinglianisme & de la Confession des Suisses & de Genève, contre Luc Osiander Professeur de Tubingue en Souabe. Il eut pour Auteur ce Lambert Daneau Calviniste retiré de France dont je vous ai fait l'histoire dans l'article de notre *Anti-Danæus* de Gerlach. C'est ce qui me dispensera de vous en parler davantage. J'ajouterai seulement que son Livre fut imprimé à Genève in-8° l'an 1580. sous le titre d'*Anti-Osiander, seu Apologia Christiana & necessaria in qua tum Helveticæ Ecclesiæ, & quæ iis in Fidei Confessione consentiunt, tum etiam eorum vera de S. Cœnâ Domini sententia defenditur adversus injustam Lucæ Osiandri condemnationem*: & que cet Osiander y fit une Réponse dès la même année sous le nom de Laonicus Anti-Sturmius de Sturmeneck Chevalier de la Toison d'Or, que j'ai rapportée en son lieu.

§ II.

Le second ANTI-OSIANDER parut presque en même tems contre le même Auteur. Vous m'avés paru satisfaits de ce que je vous en ai rapporté au sujet de l'Anti-Sturmius de cet Osiander. Pour ne rien diminuer de votre contentement, je m'abstiendrai de vous en faire ici une répétition ennuyeuse.

ANTI-PAPPUS.

86. Jean Sturmius fameux Calviniste de Strasbourg Auteur de ce second Anti-Osiander eut encore plus d'affaires à démêler avec les Luthériens de cette Ville, qu'avec ceux du dehors. Il y avoit à Strasbourg un Luthérien de réputation nommé Jean Pappus qui professoit la Théologie avec plus de faste, ou plus de bruit que les Calvinistes. Sturmius qui étoit son ancien de plusieurs années dans l'Université, voyant que ceux de sa secte n'y étoient pas les plus forts, tâcha pendant quelque tems de calmer les émotions que produisoient les fréquentes disputes de Religion jusqu'à ce qu'il put trouver une occasion favorable pour l'entreprendre, & pour vanger le Calvinisme de ses insultes. Cette occasion devoit être d'autant plus rare, & plus difficile à rencontrer, que les Luthériens sembloient avoir plus souvent l'avantage sur les Calvinistes dont les paradoxes étoient plus outrés, & moins soutenables. Mais l'ubiquité Luthérienne de l'humanité de JESUS-CHRIST que Pappus enseignoit sans ménagement, la lui présenta si belle, qu'il ne différa plus de l'attaquer par divers endroits où il lui avoit donné prise sur sa personne, & sur son parti. Il fit marcher d'abord son premier *Anti-Pappus* qu'il fit suivre aussi-tôt d'un second *Anti-Pappus* sans attendre la réponse au premier, & mit immédiatement à leur queuë un troisiéme *Anti-Pappus* pour redoubler leurs forces. Il fit imprimer ensemble ces trois *Anti-Pappus* à Neubourg in-4° l'an 1579. ayant ajouté dans leur titre qu'il en vouloit particuliérement à la charité que Pappus avoit euë de condamner les Calvinistes, & de les envoyer chrétiennement en Enfer.

Pappus répondit prémiérement aux deux premiers Anti-Pappus par un Livre composé de deux Traités, & imprimé à Tubingue sous le titre de *Defensiones duæ quibus Joannis Sturmii Rectoris Anti Pappis duobus respondetur, majori & Epitomico*, par lequel vous voyés que le

Anti-Pappus. second Anti-Pappus n'est considéré que comme l'abregé du premier.

Sturmius lui prépara un quatriéme *Anti-Pappus* dont il donna les trois premiéres parties dès la même année dans la même Ville de Neubourg in-4° sous le titre de *Tres priores partes Anti-Pappi quarti ; prima, Commonitio ; secunda, Anti-Prooemium ; tertia, Anti-Osiander pro exteris Ecclesiis, & pro Synodo.* La quatriéme partie parut l'année suivante en même forme, & dans le même lieu sous le titre de *Pappus elenchomenos primus, Anti-Pappi quarti pars quarta.*

Pappus qui avoit tâché de disposer ses défenses sur les attaques de son Adversaire, avoit exposé dès la fin de l'an 1580. sa Réponse au troisiéme Anti-Pappus sous le titre de *Defensio tertia contra Sturmium de charitate, ac condemnatione Christiana; & de Libro concordiæ, & de confessione Ecclesiæ Argentinensis ac Augustanensis.* Cette troisiéme défense se trouve jointe aux deux premiéres dont je vous ai parlé plus haut.

Les termes de ce titre, dit Mr de Brillat, qui portent : *De charitate, ac condemnatione Christiana*, me font comprendre maintenant ce que vous vouliés dire lorsque vous nous faisiés remarquer que Sturmius avoit déclaré au Public dans le titre de ses trois premiers Anti-Pappus qu'il en vouloit particuliérement à la *charité* que Pappus avoit euë de *damner chrétiennement* les Calvinistes.

Vous gâteriés tout, répondit Mr de Rintail, si vous preniés l'un pour une traduction litérale de l'autre. Si j'avois prévû l'ambiguité, je n'aurois pas manqué de vous avertir dabord que toute la querelle émeuë entre Sturmius & Pappus, avoit commencé par la publication d'un Livre que celui-ci avoit fait imprimer à Strasbourg dès l'an 1578. in-4° sous le titre de *J. Pappi de charitate Christiana Quæstiones duæ.* Après on y joignit les incidens du Livre de la Concorde, & des deux Confessions de Strasbourg, & d'Ausbourg.

Mais pour revenir aux Réponses de Pappus, ce fut par une suite de son attachement à la méthode de Sturmius, qu'après avoir opposé trois défenses aux trois Anti-Pappus de cet Auteur, il donna les trois premiéres parties de sa quatriéme Défense contre les trois premiéres parties du quatriéme Anti-Pappus. C'est ce qui fut imprimé à Tubingue in-4° l'an 1581. sous le titre de *Defensionis quartæ partes tres priores pro Ecclesiis Augustanæ Confessionis, & Libro Concordiæ.*

D'autres voulurent aussi s'engager dans la querelle de nos Duellistes. Jacques d'André, Professeur Luthérien de Tubingue s'interressant pour Pappus entreprit de refuter le quatriéme *Anti-Pappus* de Sturmius par un Livre qu'il publia dans la Ville de Dresde l'an 1581.

in-4° sous le titre de *Jac. Andreæ brevis Responsio contra Librum Joan-* Anti-Pappus. *nis Sturmii, quem Anti-Pappum quartum inscribit.*

Il se trouva même un Catholique de Baviere qui voulut prendre part à ce différend. Il y entra par une espéce de remontrance qu'il fit à Sturmius sous le titre de *Joannis Jacobi Rabi ad Johannis Sturmii Anti-Pappos amica Syzetesis.* Il parut à Ingolstadt l'an 1580. in-4°. Mais nonobstant le nom d'Ingolstadt je vous donne avis de ne pas confondre ce Rabus avec le P. Juste Rabus Jésuite du même tems.

☞ Jean Pappus étoit né l'an 1549. le seiziéme de Janvier à Lindaw sur le Lac de Zell près de Constance du côté de Schaphouse. Ayant fait ses humanités & sa Logique dans son pays, ses parens l'envoyérent à Strasbourg dès l'an 1562. pour continuer ses études, & de-là à Tubingue en 1564. Il y passa Maître ès Arts n'ayant que quinze ans, & l'an 1566. il fut Précepteur des deux enfans du Comte de Falkenstein. Mais son pere qui l'avoit devoué au service de la secte de Luther dont il avoit été disciple, le fit retourner à Strasbourg dès l'an 1567. pour y apprendre la Théologie, & deux ans après on le fit Ministre de Reicheville. L'an 1570. il devint Professeur à Strasbourg premiérement pour l'Hébreu, & ensuite pour la Théologie. L'année suivante il alla se faire passer Licencié en Théologie à Bâle & l'an 1573. il prit le bonnet de Docteur à Tubingue. Son retour à Strasbourg fut suivi de son mariage. Il fut Visiteur de l'Université une fois, Doyen cinq fois, & Recteur deux fois. L'an 1578. il fut fait Pasteur de la grande Eglise, mais il fut obligé de se demettre l'an 1593. Enfin il fut Président de l'Assemblée du Clergé Luthérien pendant 29. ans & il mourut le 13. de Juillet de l'an 1610.

Pour ce qui est de la vie de Jean Sturmius, souvenés-vous de l'abrégé que je vous en ai donné à l'occasion de l'Anti-Sturmius.

ANTI-WEIGELIUS.

87 IL y a cent ans que le nouveau Prophête Valentin Weigelius n'est plus de ce monde, mais il a laissé des disciples & des Ecrits qui lui ont fait des Sectateurs dans notre siécle parmi les Protestans. Les Docteurs Luthériens, & Calvinistes voyant les dangereuses conséquences, que la suite des tems feroit naître de ses opinions contre leurs sectes n'ont rien oublié de ce qu'ils jugeoient être de leur prudence & de leur devoir pour arrêter le cours du

Weigelianifme. Weigelius felon eux étoit un mélancholique qui avoit le cerveau malade & l'efprit égaré, un Myftique imaginaire, un Vifionnaire, un Enthoufiafte, un Fanatique, un Swenckfeldien Réformé. Cela regarde les qualités de fon efprit ; & pour faire connoître celles de fon cœur, ils ajoutent que c'étoit un hypocrite qualité plus propre à cacher les autres qu'à les découvrir. Les Quiétiftes ne croiront pas fans doute que Weigelius ait eu l'ame fi noire ; mais qu'il ait eu l'efprit renverfé ou non, c'eft une affaire à démêler entre les Proteftans, fans que les Catholiques paroiffent s'y intéreffer beaucoup.

Je me contente de vous dire ici que de tous ceux qui ont écrit contre Weigelius je n'ai encore remarqué que Jean Crocius Calvinifte ou plutôt Luthéro-Zuinglien dont je vous ai parlé fous le fecond Anti-Crocius, qui l'eût attaqué par un ANTI-WEIGELIUS. C'eft ce qu'il fit plus de foixante ans après la mort de Weigelius par un Livre imprimé à Caffel au Lantgraviat in-4° l'an 1651. puis in-8° l'an 1657. fous le titre d'*Anti-Weigelius,* five, *Confutatio Theologiæ Weigelii.* Je ne vous dirai pas fi quelque Rofælius ou quelque autre Weigelien s'eft mis en devoir de défendre ou de vanger fon Patriarche. J'ajouterai feulement que Valentin Weigel étoit né dans la petite Viile de Haym l'an 1553. & qu'il mourut l'an 1588. âgé de 35. ans environ. La plupart de fes Ouvrages tant en Latin, qu'en Allemand n'ont vû le jour que long-tems après fa mort.

CHAPITRE V.

ANTI des Calviniftes contre des Calviniftes, ou

ANTI-Calviniftes-Calviniftes.

LEs Calviniftes, dit le jeune Mr de S. Yon, ont-ils eu des gueres civiles à fouffrir comme les Luthériens ? En doutés-vous, répondit Mr de Rintail ? L'affarie feule du fyncretifme ne les a-t elle pas brouillés, & ne les a-t-elle pas armés les uns contre les autres dans l'Angleterre (1) ? L'hiftoire ne vous a-t-elle rien appris des conteftations furvenuës entre les Epifcopaux & les Prefbyteriens; entre les Conformiftes & les Puritains ? Mais fans vous laiffer fortir de notre continent, ne vous fouvient-il plus des Arminiens & des Go-

1 V. Kemp. Charifm. facror. triade.

mariftes. Avés-vous oublié ce que vos bons amis Voffius & Grotius ont fouffert pour avoir été Remontrans ou Arminiens?

Je m'en fouviens, repartit Mr de S. Yon, je les plaignois comme des pauvres Perfécutés toutes les fois que j'y fongeois, mais feulement pour l'amour des belles Lettres. Et puifque vous remués mes amitiés du Parnaffe, je vous dirai que j'étois fâché pour l'amour de la Poëfie que mon ami Heinfius fe fut declaré leur Antagonifte en faifant Gomarifte ou Contre-Remontrant : furtout depuis que vous m'avés appris qu'il avoit été même le Secretaire du Conciliabule de Dordrecht.

C'étoient d'honnêtes gens de part & d'autre, repliqua Mr de Rintail, ils ne laiffoient point d'être en commerce d'ailleurs pour les fciences & les lettres. Quand ces grands hommes auroient été portés à écrire l'un contre l'autre pour la défenfe de leurs fentimens, ils avoient trop de jugement, & trop de modération pour fe maltraiter, & pour s'attaquer perfonnellement par des *Anti*, ou des Satires.

ANTI-ARMINIEN.

88   NE croyés pas qu'il foit beaucoup plus aifé de trouver des *Anti* parmi les Ecrits des autres qui pourroient être d'une moindre réputation, je dis de ceux-même qui ont paffé pour les moins judicieux, & les moins retenus dans toute la fecte. L'on trouve à la vérité un ANTI-ARMINIANISME de Guillaume Prin ou Prynne : mais ce titre attaque moins la perfonne des Dogmatifans, que la nature, & la qualité des Dogmes des Remontrans. Son Ouvrage ne tend qu'à montrer la perpétuité du fentiment de la prédeftination abfoluë telle que la tiennent les contre-Remontrans. Il y a apparence que ce Mr Prynne eft le même que ce fameux Adverfaire des Evêques d'Angleterre, & particuliérement de l'infortuné Guillaume Laud Archevêque de Cantorbery. C'eft le même qui eut les deux oreilles coupées par la main du Bourreau dans la cour du Palais de Weftminfter le 30. de Juin de l'an 1637. pour fa Tragédie du *violement du Sabat, & de l'état des Evêques* ; & qui ayant été condamné à cinq mille livres fterlin avec un Médecin nommé Baftwick, & un Curé de Londres nommé Bourton, fut jetté dans une prifon qui devoit être perpétuelle. Mais les troubles du Royaume étant furvenus, il fut mis en liberté à la mort de Charles I. & même affocié aux membres du Parlement. Il fit depuis un nom-

bre prodigieux de livres la plupart en Langue vulgaire, & fut fait Garde des Archives de la Tour de Londres. Il mourut il y a environ dix-huit ou dix-neuf ans (1).

1 ¶ Vers l'an 1670.

ANTI-MONTAIGU, ou ANTI-MOUNTAGUE

89 MAis, continua Mr de Rintail, nous ne devons pas avoir la même indulgence pour le titre de l'ANTI-MOUNTAGUE ouvrage satirique composé en Anglois, & imprimé à Edimbourg en Ecosse l'an 1629. L'Auteur s'est peut-être douté des dispositions de ses Lecteurs futurs sur ce sujet : c'est pourquoi il a eu la discrétion de se cacher, & de supprimer son nom. Je ne vous apprendrai rien d'un Livre que je n'ai pas encore vû : mais sur ce qu'un titre si offensant semble nous promettre, nous pouvons présumer que Richard de Montaigu y est traité non seulement comme un Arminien, c'est-à-dire, dans la bouche d'un Puritain contre-Remontrant comme un Pélagien, un Socinien, & un Sceptique, mais encore comme un franc Papiste, terme qui dans la tête des Anglois renferme tous les crimes que l'on peut imaginer dans le plus scélérat des hommes (1).

Montaigu étoit né à Dorney, ou Thorney dans le territoire de Bouckingham. Il fut dabord Evêque de Chester, puis de Nordwick, & il mourut l'an 1641. dans la réputation d'un homme disposé à embrasser la Communion de l'Eglise Romaine. On peut voir sur ce sujet un Livre écrit contre lui en Anglois par un Protestant d'Angleterre nommé James, ou Jacques Yates, imprimé à Londres in-4°. dès l'an 1626. sous le titre Latin *Ibis ad Cæsarem* par allusion à l'Appel de S. Paul à Rome.

1 Espr. de Mr Arn. &c.

CHAPITRE VI.

ANTI des Protestans soit Evangeliques, soit Réformés contre les Sociniens & nouveaux Ariens, ou

ANTI Sociniens Protestans.

ENfin, dit Mr de Brillat ayant entendu la lecture de ce Titre, le tour des *Anti* qui méritent quelques louanges semble être venu. Il n'y a pas d'apparence qu'un Chrétien aussi religieux qu'est Mr de Rintail, vienne nous dire qu'il puisse se trouver de l'excès dans la vigueur avec laquelle on a tâché de repousser les ennemis de la sainte Trinité, & de l'Incarnation du Fils de Dieu ; & qu'un *Anti* de quelque part qu'il vienne soit blâmable lors qu'il va droit attaquer un Socinien.

Vous savés, répondit Mr de Rintail, que j'ai soumis à votre jugement & à celui de toutes les personnes sages & judicieuses tout ce que je vous ai dit des *Anti* jusqu'ici, & tout ce qui me reste à vous en dire. Si vous croyés que les *Anti* des Protestans n'ont pas quelque air de satire, & qu'ils ne sont point blâmables au moins par leur Titre dès qu'ils sont contre des Sociniens, je vous demande pourquoi les Catholiques se sont abstenus d'employer ce Titre à la tête de tant de Livres qu'ils ont faits de leur côté contre les Sociniens. On se moque d'un Avocat qui fait parade de son sac, lors que toute la force de ses piéces ne se trouve que sur l'étiquette. Croyés-moi, Monsieur, les Protestans auroient mieux fait d'être moins forts dans les Titres de leurs Livres, & d'être moins foibles dans le fonds de leurs Ouvrages contre les Sociniens. S'ils avoient été plus prudens ils auroient songé à se bien défendre contre eux avant que de les attaquer. Ces Messieurs qui se piquent si fort de faire remonter leur prétenduë Eglise jusqu'aux tems les plus anciens & les plus purs de l'Eglise primitive, devroient bien nous avoir produit des exemples de leur conduite parmi les anciens Auteurs qui ont traité la Controverse ou la Théologie Polémique. Les Païens & les Juifs n'étoient pas ce me semble moins ennemis de la Trinité & de l'Incarnation que les Sociniens. Que ne nous montrent-ils donc des *Anti-Tryphons*, des *Anti-Celses*, des *Anti-Porphyres*, des *Anti-Juliens* ? Qu'ils voyent parmi les

Tome VII.   C c

Auteurs Ecclésiastiques de tous les tems, mais sur tout des premiers siécles, qui ils voudront prendre pour leur servir d'éxemple? Qu'ils choisissent de Justin, d'Athénagore, de Tatien, de Theophile, de Tertullien, de Clement Alexandrin, d'Origène, de Minucius Felix, d'Arnobe, d'Eusebe, de Grégoire de Naziance, ou tel autre qu'il leur plaira qu'ils sauront avoir écrit contre les Païens ou les Juifs. Après cela nous les admettrons à la justification de leurs Titres d'*Anti-Sociniens* sur les modéles *Anti-Ethniques*, & *Anti-Judaïques* des Anciens.

ANTI-CRELLIUS.

90. LE premier des Anti-Sociniens Protestans que je trouve dans mon ordre alphabétique, est l'ANTI-CRELLIUS du Luthérien Botsack, Ministre de Dantzick. Jean Crellius l'un des plus habiles, je veux dire des plus dangereux Ecrivains d'entre les Sociniens, avoit mis en lumiére un Livre imprimé l'an 1631. contre la sainte Trinité, sous le Titre *De uno Deo Patre, libri duo, in quibus multa etiam de Filii Dei, & Spiritus sancti natura disseruntur.* Un Théologien Protestant du Comté de Nassaw, nommé Jean-Henri Bisterfeld, avoit tâché de réfuter cet Ouvrage par un Livre imprimé à Leyde en 1639. dans lequel il avoit disposé les pages par deux colonnes, ayant mis le Texte de Crellius dans l'une, & ses Réponses dans l'autre pour la commodité de ses Lecteurs. A vous dire le vrai, cette méthode me paroît très réguliére. Si j'avois à réformer les *Anti*, je commencerois par leur couper la tête : après, je les purgerois de leurs ordures, je veux dire de leurs duretés, de leurs injures & de leurs malhonnêtetés, & je rangerois enfin ce qui pourroit rester de solide & d'utile en une colonne paralléle à l'ouvrage que l'on réfute. N'est-il pas vrai qu'un tel paralléle seroit un véritable *Anti*, mais un *Anti* conforme au bon sens? Si l'on étoit curieux d'en faire porter le Titre à son Livre, je voudrois le faire attacher non à la personne, ou au nom de son Adversaire, mais à son Ouvrage, pour éviter ce qui pourroit le rendre odieux ou le faire paroître incivil. C'est ainsi qu'en a usé Scriverius écrivant contre la Critique de Meursius, lors qu'il a intitulé son Livre *Anti-Criticus* au lieu d'*Anti-Meursius*. De même Buxtorf contre la Critique de Capel a pris pour Titre *Anti-Critica*, non pas *Anti-Capellus*; Matharel *Anti-Franco-Gallia* au lieu d'*Anti-Hotomannus*, & généralement tous les Savans qui ont

eu un peu de conduite & de jugement.

Mais ce n'est pas ainsi que raisonnoit sans doute Maître Jean Botsac, lors que voulant publier son Livre contre Crellius à Dantzick en 1642. il lui donna pour titre ANTI-CRELLIUS, hoc est, *Johannis Crellii de uno Deo Patre librorum duorum confutatio*. N'est-il pas vrai que ces premiers mots *Anti-Crellius, hoc est*, sont très-inutiles à ce Titre, & qu'ils ne pouvoient servir qu'à donner prise à Crellius sur Botsac, qui ne savoit peut-être pas combien son Adversaire étoit artificieux, & adroit à profiter des emportemens & des foiblesses des Protestans?

Vous me faites souvenir, dit Mr de Brillat, d'une refléxion très-sensée que Mr de Saint-Yon nous faisoit faire tantôt le plus à propos du monde, sur la superfluité & l'air ridicule des Titres d'*Anti Bellarminus, sive*; d'*Anti Cochlæus, id est*; d'*Anti-Coton, ou bien*; & des autres de semblable structure.

Ils sont tous par la tête les uns faits comme les autres, repartit Mr de Rintail; vous les avés vûs tels jusqu'ici, vous ne les verrés pas autrement dans la suite de mon Recueil jusqu'à la fin. Si je parlois à des Logiciens ils me reprocheroient peut-être en leur langage que je ne commence point d'article de nos *Anti*, que je ne fasse un *Cocoysme*.

C'est, dit Mr de Saint-Yon, la chanson d'un oiseau à qui la nature n'a point appris à diversifier son ramage, comme au rossignol.

C'est la faute des Auteurs de nos *Anti*, reprit Mr de Rintail; c'est à leur caprice qu'il faut rapporter toute l'ordonnance de mon Recueil. Mais revenons à notre *Anti-Crellius*, & disons un mot de la vie de son Auteur, & de celle de son Adversaire qui en a fait le sujet.

☞ Jean Botsack ou Botsaccus étoit né à Hervord en Westphalie le 11. jour de Juin de la premiére année de notre siécle. Il fit ses premiéres études dans la maison de son Pere, & il n'y eut point d'autre obstacle à son avancement qu'un accident par lequel il se rompit la jambe droite à l'âge de six ans, qu'il lui fallut rompre une seconde fois après avoir été remise de travers par un Chirurgien mal-adroit. Ses parens étant allés s'établir à Lubeck en 1613. il étudia pendant quelque tems en cette Ville, après il fut envoyé à Hambourg jusqu'à ce qu'en 1617. il passa à Leipsick, & de là à Wittemberg, où il solemnisa le Jubilé des Luthériens avec une satisfaction dont il se vanta tous les jours de sa vie, si nous en croyons le Sieur Omuth (1). La

---

1 *Orat. Funeb. ap. Heun. VVit. pag.* 13. 7.

maladie l'obligea de retourner enfuite à Lubeck, où il fut fait Précepteur du fils de l'Evêque du lieu nommé Hanius, & de celui d'un Bourgeois nommé Garthius l'an 1625. S'étant fait paſſer Maître-ès-Arts à Roſtock, il ſuivit ſes deux Eléves dans l'Univerſité de Wittemberg. En 1629. Meſſieurs de Lubeck le firent Diacre de Notre-Dame, mais ils le diſpenſérent de la réſidence à cauſe de ſes études de Théologie. Le 19. de Juillet de l'an 1630. il fut Licencié; & peu de mois après, deſtiné pour être Miniſtre, Recteur & Profeſſeur en Théologie à Dantzick. L'année ſuivante il prit le bonnet de Docteur, & ſe maria à une veuve dont les noces, par ordre de l'Electeur de Saxe, furent célébrées ſolennellement (pour le feſtin) dans l'ancien Couvent des Auguſtins, où la cellule de Frere Martin Luther ſervit de chambre nuptiale par devotion. Il ſe mit en chemin pour Dantzick au printems avec des Marchands de Leipſick, mais ayant été rencontré par des Soldats Suédois il fut volé, dépouillé, conduit au Roi, puis relâché. Il perdit ſa femme au mois de Décembre de l'an 1642. & ſe remaria deux ans après à la fille du Paſteur ou Curé de S. Jean de Dantzick, qu'il perdit encore en 1659. Il fut établi Paſteur de la Cathédrale de Notre-Dame de Dantzick en 1643. puis Ancien du Miniſtére & Evêque ou Surintendant du Diocèſe. Il mourut le 16. de Septembre de l'an 1674. âgé de 74. ans trois mois & quatre jours.

Il s'en faut plus de trente ans que la vie de Jean Crellius ait été auſſi longue que celle de Botſack. Il naquit le 26. de Juillet (ſelon le vieux ſtyle) de l'an 1590. dans le village de Helmetzheim en Franconie, ſur le chemin de Nuremberg à Francford près de la ville de Kitting. Son Pere qui étoit Miniſtre Luthérien le fit étudier chés lui juſqu'en 1600. qu'il l'envoya à Nuremberg où il fut trois ans, puis à Stolberg, & au bout de deux ans à Marienberg en Miſnie, d'où il fut rappellé à Nuremberg l'an 1606. & envoyé dans l'Univerſité d'Altorf, où il fut fait Bourſier à la ſaint Martin. Quatre ans après on lui donna l'Inſpection ou la Préfecture des Bourſiers ou Penſionnaires de la Republique de Nuremberg. Mais comme il étoit déja Socinien dans l'eſprit & dans le cœur, il trouva peu de tems après quelque prétexte ſpécieux pour s'excuſer de cet emploi, où il croyoit trouver ſa conſcience embaraſſée. Mais ne ſe voyant pas encore dans une auſſi grande liberté qu'il ſouhaitoit, il quitta tout pour ſe retirer en Pologne vers la Touſſaints de l'an 1612. Il alla d'abord à Cracovie, puis à Rackaw, où il arriva le 13. de Décembre de la même année, & s'y établit pour le reste de ses jours. On lui donna de l'emploi parmi les Unitaires en 1613. dès qu'on eût reconnu ses talens, mais sans aucun engagement, & le Palatin de Podolie lui fit une pension, & l'établit Prédicateur de sa Cour. L'an 1616. Il fut fait Recteur ou Principal du Collége qu'il gouverna cinq ans, & il se maria dès la même année, n'ayant alors que 26. ans. C'est depuis ce tems-là qu'il s'appliqua principalement à écrire tant d'Ouvrages que nous avons de lui. Vers l'an 1623. il fut associé comme Pasteur au Ministére de sa Secte à Rackaw, & engagé à enseigner la Théologie. Il mourut le 11. de Juin l'an 1633. dans la même Ville, âgé de 42. ans, dix mois & six jours.

ANTI-ENJEDINUS.

91 JUste Fewrborn, Docteur Luthérien d'Allemagne, n'étoit plus au monde lorsqu'on y vit paroître l'ANTI-ENJEDINUS sous son nom. Il n'est donc pas juste d'accuser sa mémoire & de la rendre responsable d'un titre auquel il n'a peut-être point de part. Ceux qui voudront y trouver à redire, pourront se pourvoir contre les promoteurs de l'édition.

Pour moi je vous avoue que si ce titre est de Fewrborn, je ne le crois point excusable d'avoir pris à partie le nom & la personne d'un homme mort depuis soixante ans, au lieu de faire connoître au public qu'il vouloit se contenter de réfuter ses erreurs.

Quoiqu'il en soit, son livre parut à Giessen au Lantgraviat de Hesse in-4° l'an 1658. sous le titre de *Anti-Enjedinus postumus, sive, Vindicationes locorum sacrorum, tam in Veteri quam in Novo Testamento occurrentium, & veram ac æternam Christi Deitatem invictè demonstrantium*. Vous voyés que ce titre n'en seroit pas moins bon ni moins net quand il ne commenceroit qu'à *Vindicationes locorum &c*. Le livre que cet Auteur entreprenoit de réfuter par cet ouvrage étoit un Recueil de passages de l'Ecriture tant de l'ancien que du nouveau Testament que l'on allégue ordinairement pour établir le Myftére de la sainte Trinité, & que George Enjedin avoit expliqués à la Socinienne. Cet ouvrage d'Enjedin avoit été imprimé dabord en Transsilvanie in-4°, & il y avoit été supprimé par autorité publique, & brulé même par la main du Bourreau. Cet accident auroit sans doute dispensé Fewrborn de la peine de réfuter cet ouvrage, si la tendresse des Hollandois pour les Livres disgraciés ne l'avoit fait revivre contre les intérêts du Chriſtianiſme.

§ Fewrborn étoit né le 13. de Novembre de l'an 1587. dans Herword ville de Weſtphalie, lieu de la naiſſance de Jean Botſack dont je vous ai fait l'Hiſtoire dans l'article précédent. Ses parens ſongeoient à l'appliquer à la Juriſprudence, & pour leur obéir il en fit quelque étude dans la ville de Lemgou. Mais les Miniſtres du lieu lui ayant donné de l'inclination & du goût pour la Théologie, il renonça au Droit, & alla étudier dans l'Univerſité de Gieſſen. Il y paſſa Maître ès Arts l'an 1614. il y enſeigna même la Philoſophie, & épouſa la fille du Théologien Mentzer en 1616. qui fut auſſi l'année de ſa reception au Doctorat. Il devint enſuite Profeſſeur en Théologie, & il mourut après 40. ans de ſervice dans l'Univerſité de Gieſſen le 6. de Février de l'an 1656.

Pour ce qui regarde Enjedin, je ne ſai autre choſe de lui ſinon qu'il étoit Hongrois de naiſſance ; qu'il a été Surintendant & Miniſtre des Sociniens, Photiniens, Ariens, & autres Anti-Trinitaires, qui s'étant mêlés en Tranſſilvanie comme en Pologne, ſe ſont nommés Unitaires ; qu'il a été pareillement Principal ou Recteur du Collége de Klauſenbourg que les Hongrois appellent Koloſwar : & qu'il mourut en la fleur de ſon âge le 28. de Novembre de l'an 1597.

ANTI-GEORGIUS.

92 JE vous avoue, continua Mr de Rintail, que je n'ai encore pû ſavoir ce que c'eſt qu'un ANTI-GEORGE de Pancrace Capritzius Auteur Proteſtant de nos jours. Je ſai en général que c'eſt un Ouvrage compoſé contre les Photiniens de ces derniers ſiécles, c'eſt à dire, les Sociniens & les nouveaux Ariens, & que le Livre a été imprimé à Zurich in-12. l'an 1674. ſous le titre d'ANTI-GEORGIUS, ſeu, *Vindiciæ Capritzianæ*. Je ne connois point ce Mr George Socinien, ni même le ſieur Pancrace Capritzius ſon Adverſaire. Celui de vous qui voudra s'en informer me fera plaiſir.

Puiſque c'eſt à Zurich, lui répondis-je, que l'Anti-George a été imprimé, & puiſque c'eſt une affaire de notre tems, je me charge volontiers de cette commiſſion. J'en parlerai à Mr Terlaine d'Alby qui étoit hier ici. Il connoît particuliérement Mr Daillé (Adrien) avec qui il avoit habitude avant ſa converſion. Mr Daillé aujourd'hui habitant de Zurich, l'homme de l'humeur la plus honnête &

la plus obligeante du monde pourra favoir la chofe de Mr Heidegger fon hôte, & ne manquera point de mander à Mr Terlaine ce qu'il en aura appris.

Paffons donc, reprit Mr de Rintail, à l'*Anti-Oftorodus* de Fewborn.

ANTI-OSTORODUS.

93 SI l'Auteur de votre ANTI-OSTORODUS, dit Mr de Brillat, eft le même Fewrborn que celui dont vous venés de nous entretenir, quelle néceffité de féparer l'*Anti-Oftorodus* d'avec l'Anti-Enjedinus? S'ils font enfans d'un même pere, pourquoi ne les point affocier comme freres, fur tout lors qu'il s'agit de faire la table généalogique de l'Anti-Baillet?

Cela n'auroit rien coûté, répondit Mr de Rintail, à un autre moins curieux de garder fon ordre alphabétique. Mais vous ne pouvés pas deviner que pour affocier l'Anti-Oftorodus de Fewrborn avec l'Anti-Enjedinus du même Auteur, il auroit falu le féparer d'un autre lui-même, je veux dire, d'un autre *Anti-Oftorodus* avec lequel il devoit avoir une liaifon plus étroite.

Fewrborn l'avoit mis au jour plufieurs années avant l'Anti-Enjedin, & il l'avoit fait paroître à Marpurg dès l'an 1628. pour la premiére fois fous le titre d'*Anti-Oftorodus*, feu, *Refutatio Inftitutionum Theologicarum Chriftophori Oftorodi Religionem Photinianorum blafphemè profeffi.* Le Livre fut réimprimé depuis à Francford l'an 1631, & encore l'an 1658. in-4°. Mais pour ce qui regarde ces Inftitutions Théologiques d'Oftorod que l'on y réfute, je ne puis pas me vanter de les avoir encore rencontrées nulle part, à moins qu'elles ne foient la même chofe qu'un livre Allemand de ce Socinien, dont le titre commence par le mot d'*Unterrichtung*, & dont j'aurai occafion de vous parler plus bas au fujet de notre fecond Anti-Oftorod. Si cela eft, l'Ouvrage n'étoit autre chofe qu'une efpéce de catéchifme ou expofition des points ou articles contenus dans la confeffion de Foi des Anti-Trinitaires de la Pologne de ces tems-là.

§. II.

Le fecond ANTI-OSTORODUS n'eft que d'un an poftérieur à

l'autre dans la République des Lettres. Il a pour Auteur le fieur Jean Paul Felwinger qui n'étoit qu'un jeune homme de vingt-trois ans lorſqu'il le publia à Marpurg in-4.° l'an 1629. ſous le titre d'*Anti-Oſtorodus*, ſeu, *Refutatio libri Germanici Oſtorodi cui titulum fecit*; *Unterrichtung von den vornehmſte haupt punčten der Chriſtlichen Religion, in welche begriffen iſt faſt die gantze Confeſſion oder Bekentniſſ der gemeine in konigreiche Polen*, &c. *Rachau*. Cet Ouvrage d'Oſtorod avoit été imprimé en 1604. puis en 1612. in-8° dans la ville de Rackaw ou Racovie en Pologne. Je vous en ai copié le titre ſur deux éditions différentes d'une maniére fort ſcrupuleuſe, comme font ceux qui liſent ou tranſcrivent quelque choſe en une langue qu'ils ne connoiſſent pas, & qui ſont par cette raiſon plus éxacts & plus fidéles pour l'ordinaire que ceux qui ſe fient ſur leur ſavoir.

C'eſt une défaite, dit Mr de Brillat, pour vous diſpenſer ſans doute de nous expliquer ce titre. Mais vous me permettrés de m'adreſſer à Mr de S. Yon qui ne me refuſera pas cette faveur. (1)

J'aurois tout lieu, répondit Mr de S. Yon, de m'excuſer ſur mon peu d'expérience, & mon peu de commerce avec les Allemands: mais pour vous faire voir que je ne craindrai pas de tout expoſer, mon honneur même, quand il s'agira de vous faire plaiſir, je vous traduirai le titre Allemand comme je pourrai. Il ne veut dire autre choſe, ajouta-il en liſant l'Allemand ſur le cahier de Mr de Rintail, qu'une *Inſtruction ou Doctrine des principaux articles de la Religion Chrétienne, dans laquelle eſt contenuë preſque toute la Confeſſion des Egliſes dans le Royaume de Pologne*, &c.

Vous comprenés aſſés, reprit Mr de Rintail en nous regardant, quelles Egliſes il faut entendre. Toutes les Egliſes de Pologne, dit Mr de Brillat, hormis la Catholique, la Grecque, la Luthérienne & la Calviniſte.

Vous l'avés dit, ajouta Mr de Rintail, ce ſont toutes les prétenduës Egliſes ou Congrégations pouſſées aux abois depuis ce tems-là, chaſſées de preſque toute la Pologne, & reduites au néant ſi elles n'avoient point trouvé d'aſyle. Revenons à notre *Anti-Oſtorod*.

☞ Son Auteur Mr Fellwinger étoit de la ville de Nuremberg, & étoit venu au monde l'an 1606. Il a été long-tems Profeſſeur dans la ville d'Altorf, où eſt proprement l'Univerſité de la Répu-

---

1 ¶ Pour expliquer ce titre Alemand il ſuffiſoit d'entendre la traduction Latine qu'en a donnée Sandius pag. 91. de ſa Bibliothéque des Anti-Trinitaires, Auteur que Baillet ne fait que copier dans tous les articles qui contiennent quelques particularités des Ecrivains Sociniens.

blique de Nuremberg, dans laquelle il a enseigné la Logique & la Politique. S'il est mort, ce n'est que depuis peu d'années.

Pour Christophe Ostorod, je vous apprens qu'il étoit de Goslar en basse Saxe dans le Duché de Brunswick; qu'il étoit fils d'un Ministre Luthérien; qu'il avoit été Recteur ou Principal du Collége de Sluchow ville Luthérienne de la Poméranie, mais qu'il en avoit été chassé pour avoir voulu combattre la Religion du lieu. Il se sauva en Pologne l'an 1585. & y professa publiquement le Photinianisme. Il trouva de l'emploi parmi les siens, & fut Ministre d'abord dans le quartier de Semigallen (1) en Livonie, puis à Dantzick. L'an 1598. il fut député en Hollande par ceux de sa secte avec André Voidovius. Ils y firent une espéce de Mission Socinienne par leurs prédications, par leurs instructions particuliéres, & par leurs écrits. Leurs opinions furent déférées à la Faculté de Théologie dans l'Université de Leyde. La Faculté jugea leur doctrine *blasphématoire, impie, & presque Mahometane*; de sorte que les Etats généraux donnérent une Ordonnance pour brûler leurs Livres, & les chasser des Provinces-unies. Ce qui fut exécuté. Je ne sai ni le tems, ni le lieu de la mort d'Ostorod.

1 Ou plutôt à Smiglen.

ANTI-PHOTINIENS.

94. ENfin il ne faut pas désespérer, dit le jeune Mr de S. Yon, de voir quelques *Anti* dans l'Antiquité Ecclésiastique. Les Photiniens, selon mon calcul, n'ont pas moins de treize siécles sur la tête.

Oui les Photiniens sont anciens, répondit Mr de Rintail, mais les *Anti Photiniens* sont modernes. Souvenés-vous de la Réfléxion que je vous ai fait faire sur la sagesse & la modération des Anciens Auteurs de l'Eglise, qui n'ont pas jugé à propos d'employer le titre d'*Anti* dans les Ouvrages qu'ils ont écrits contre les Païens & les Juifs. Ils n'ont pas cru devoir traiter les Hérétiques avec moins de prudence, quoi qu'ils les considérassent comme des ennemis domestiques d'autant plus cruels qu'ils allumoient la guerre civile dans le Royaume de Jesus-Christ. Ceux même qui ont écrit en Grec, & qui par cette considération sembloient avoir quelque droit particulier sur l'*Anti*, se sont abstenus de l'employer dans leurs titres, afin d'épargner le nom & la perſonne de ceux dont ils attaquoient les erreurs. En un mot nous ne voyons point d'Anti-Ariens, d'Anti-Pelagiens, d'Anti-Neſtoriens en titres de Livres dans l'antiquité Eccléſiaſtique.

Pour ce qui regarde les anciens Photiniens, diſciples de ce fameux Photin Evêque de Sirmich au quatriéme ſiécle, nous voyons que ſes Adverſaires pour expliquer l'antiphraſe qu'ils prétendoient remarquer dans leur nom, les appelloient aſſés ordinairement *Scotiniens* pour Photiniens, & leur Chef *Scotin* pour Photin.

Certainement, repartit Mr de S. Yon, un *Scotinien* reſſemble ſi fort à un *Anti-Photinien*, que je m'y laiſſerois volontiers ſurprendre. Trouvés-vous qu'en bonne Grammaire l'un ne vaille point l'autre ? J'avouerai qu'un *Scotin* chés les Grecs n'eſt pas un *Anti-Photin*, quand on m'aura convaincu que la *nuit* parmi nous n'eſt pas un *Anti-jour*.

Cette oppoſition que vous remarqués dans l'alluſion de ces mots, repliqua Mr de Rintail, n'eſt qu'un jeu & une plaiſanterie populaire qui a été relevée en paſſant par quelques Auteurs. Mais le mot de Scotinien n'a jamais été reçu ſérieuſement pour nommer un Photinien. Si cela étoit nous ne pourrions pas excuſer les controverſiſtes de ces deux derniers ſiécles, ſoit Catholiques, ſoit Proteſtans, d'avoir préféré le nom de *Photiniens* à celui de *Scotiniens* (1) pour marquer les Sociniens, puiſque la ſignification de ce mot auroit été plus favorable à leur deſſein, & que le jeu de l'anagramme auroit pû divertir ceux d'entre eux qui auroient aimé ces ragouts.

Pour moi, dit Mr de Brillat, je ne vois pas qu'on puiſſe excuſer de bizarrerie ces Modernes qui ont employé le titre d'*Anti-Photiniens* à la tête des Ouvrages publiés contre les Sociniens. Car enfin devroient-ils nous avertir au moins que Photin étoit reſuſcité.

Et moi, reprit Mr de Rintail, je les en eſtime plus louables que ceux qui ont pris les titres d'*Anti-Socin* & d'*Anti-Sociniens*. Vous m'avouerés que celui d'*Anti-Photinien* n'a point l'air ſatirique, lors qu'il n'attaque nommément perſonne en particulier. On eſt perſuadé qu'on n'y ſonge point à la perſonne de Photin, ni des Photiniens de l'Antiquité. On y trouve le nom de Socin & celui des Sociniens épargné ; de ſorte que toute l'application & toutes les réfléxions d'un Lecteur retombent ſur les erreurs que l'on y réfute.

Ainſi vous me permettrés d'excepter du nombre des *Anti* Satiriques ou offenſans les Ouvrages des Proteſtans qui portent à la tête le titre d'*Anti-Photiniens*, tels que ſont principalement ceux de

1 Scotinien, Sotcinien, Sozzinien, Socinien.

I. PART. CHAP. VI. ANTI-SOCINIENS PROTESTANS.

Jacques ou Jacob Martini, Professeur en Théologie à Wittemberg, mort en 1649.

Nicolas Hunnius, Docteur, & premier Ministre de Lubeck, mort en 1643.

Jean Himmelius, Docteur & Professeur en Théologie à Iéne, mort l'an 1642.

Chrétien Mathias, Professeur d'Altorf en Franconie, puis de Sore en Dannemarck, mort en 1655.

Pierre Haberkorn, Professeur de Gieffen au Lantgraviat de Hesse, mort en 1676.

Mais pour ce qui regarde l'*Esaie Anti Photinien* de Jean Scharffius, Professeur de Wittemberg, mort en 1660. je m'en tiens volontiers à ce que je vous en ai dit au sujet du *Paul Anti-Calviniste*, pour vous faire voir que ce renversement d'expression ne me plaisoit pas.

ANTI-SMALCIUS.

95. VAlentinus Smalcius l'un des plus renommés d'entre les Ecrivains Anti-Trinitaires, a été réfuté par des Adversaires de trois espéces, des Catholiques, des Calvinistes, & des Luthériens. Mais je n'ai point trouvé de Catholique qui ait jugé à propos de lancer un ANTI-SMALCIUS contre lui. Ne vous étonnés donc pas, Messieurs, de ce que je n'ai que deux *Anti-Smalcius* à vous produire.

§. I.

Le premier est celui qui nous est venu de la part des Luthériens. Il a pour Auteur un Ministre de Nuremberg nommé Jean Saubert qui le fit imprimer à Gieffen l'an 1615. in-4°. sous le titre d'*Anti-Smalcius, seu, Vindiciæ pro Thesibus de SS. Unitate divinæ essentiæ, & Personarum Trinitate à D. Jacobo Schoppero Professore Altorfiensi scriptis adversùs Valentinum Smalcium.* Le Livre de Smalcius que l'on refute dans cet ouvrage avoit paru l'année précedente à Rackaw in 4°. sous le titre de *Refutatio Thesium Schopperi de SS. Unitate divinæ essentiæ & in eadem SS. Personarum Trinitate.*

Anti-Smalcius.

§. II.

Le second ANTI-SMALCIUS est celui d'un Docteur Calviniste nommé Jean Cloppenbourg qui professoit dans les Provinces Unies au milieu de notre siécle. Il fut dressé contre un livre de Smalcius touchant la divinité de Jesus-Christ, imprimé en Latin, puis en Polonois dès l'an 1608. en Flamand dès l'an 1623. in-4° comme les deux autres éditions, & en Allemand in-8° l'an 1627. Cloppenbourg le fit imprimer à Franeker en Frise l'an 1652. in-4° sous le titre d'*Anti-Smalcius de Divinitate Jesu-Christi.*

☞ Je n'ai rien à vous dire de la vie ni de la mort de cet Auteur. Mais je vous dédommagerai par le récit de celle de Jean Saubert. Il étoit fils & petit fils de Charpentiers. Il naquit dans la ville d'Altorf en Franconie au territoire de Nuremberg le 26. de Février de l'an 1592. Il perdit son pere à l'âge de sept ans, & l'inquiétude où l'on fut pour sa subsistance le fit mettre sous un Meunier dans le moulin de Haggerhuff. Au bout de six mois il trouva quelques Patrons qui le retirérent pour le faire étudier. Ils l'entretinrent fort généreusement à Tubingue, à Giessen, à Iéne, & par tout ailleurs où il voulut aller continuer ou perfectionner ses études. Il commença sa Théologie l'an 1613. En 1616. il fut établi Prefet des douze Boursiers ou Pensionnaires de la République de Nuremberg à Altorf. En 1617. il fut fait Catéchiste du lieu; en 1618. on le fit Diacre & Professeur en Théologie. Ayant été rappellé à Nuremberg, on le fit d'abord Ministre de l'Eglise de S. Gilles en 1622. puis en 1627. Curé ou Pasteur de Notre-Dame, ensuite de S. Laurent, & enfin de S. Sebald l'an 1637.

Il s'étoit marié pour la premiére fois en 1619. & pour la seconde en 1631. Sa vie ne fut pas également tranquille dans tous ses états, il eut beaucoup à souffrir de la part de ceux même de sa secte pour avoir entrepris de corriger divers abus & de réformer les mœurs. Ses peines redoublérent dans la découverte & la poursuite des Weigeliens qu'on faisoit passer pour une secte de Fanatiques composée d'opinions des Sociniens, des Flaviens, des Puritains, des Swenckfeldiens & des Anabaptistes dans le sein du Luthéranisme. Pour combler ses afflictions il avoit un *aiguillon de la chair* (1), dit l'Auteur de sa vie ou de son éloge funébre. Cet aiguillon dans un Pasteur bigame & actuellement mari, n'étoit pas de la nature de celui de

1 *Stimulum carnis.*

S. Paul, c'étoit une pierre pefant plus de dix onces, qui lui a acquis la qualité de Martyr, fi l'on s'en rapporte à fon Panégyrifte. Il mourut le 2. jour de Novembre de l'an 1646. âgé de 54. ans 8. mois & 5. jours.

Pour Valentin Smalcius il étoit natif de la ville de Gotth en Thuringe entre Erfurt & Ifenach, & il vint au monde le 12. de Mars de l'an 1572. Il fut d'abord Recteur de l'Ecole Socinienne à Smiglen; après il fut Pafteur ou Miniftre à Rackaw. Il paffa enfuite à Lublin pour y faire les mêmes fonctions. Après il retourna à Rackaw pour rentrer dans le miniftére qu'il avoit quitté. Il y mourut le quatriéme jour de Décembre de l'an 1622. Crellius recule fa mort quatre jours plus tard.

ANTI-SOCIN & ANTI-SOCINIEN.

96 JE me laffois de garder le filence, lors qu'entendant lire ce titre je demandois à Mr de Rintail s'il mettoit de la différence entre un ANTI-SOCIN & un ANTI-SOCINIEN.

Oui, me répondit-il je fuppofe qu'il y en a une affés confidérable, & je ne fuis pas en peine de vous la rendre fenfible. Un *Anti-Socin* ne vous paroît-il pas regarder la perfonne de Socin dans fon oppofition ? fans doute. Et croyés-vous qu'un *Anti-Socinien* nous marque autre chofe que ce qui eft oppofé à la fecte de Socin ? Pour moi je n'y apperçois que cela. C'eft ce qui me fait dire que le titre d'*Anti-Socinien* à la tête d'un ouvrage Polémique contre les erreurs de Socin, n'a rien que de régulier & de jufte : & que celui d'*Anti-Socin* femble s'écarter de la juftefle & de la régularité requife, lors qu'il femble nous faire réfléchir fur le nom & la perfonne de Socin, aulieu de raffembler & retenir toutes nos vuës fur fes opinions & fes dogmes qu'on entreprend de réfuter.

Il feroit donc fort inutile de vous faire ici le dénombrement des ouvrages qui portent le titre d'*Anti-Socinien*, tels que pourroient être parmi les Luthériens ceux qui ont été compofés par Gafpard Maurice, par Jean Adam Schertzer, par Jean Deutfchmans, par J. C. Schomer, par Abraham Calovius; ou parmi les Calviniftes ceux que nous connoiffons de J. Polyander, de Frédéric Spanheim, de Jean Hoornbeck, de Louis Lucius ou Luyck, de Reinh. Pauli, &c.

J'abandonne même les réfléxions que je pourrois faire avec vous fur trois *Anti-Socinianifmes* de ma connoiffance, celui d'Augufte

Anti-Socin, & Anti-Socinien.

Varenius Luthérien, celui de Louis Crocius Calviniſte ou Luthéro-Zwinglien d'Allemagne, & celui de N. Chewney Proteſtant Anglois, afin de vous dire un mot de deux ANTI-SOCINs qui ſont les ſeuls *Anti* de cet article dont je voudrois changer le titre.

§. I.

Le premier eſt celui d'un Sacramentaire Allemand nommé Othon Caſman, Théologien du Comte Palatin du Rhin. Il fut imprimé dans la Ville d'Amberg au Palatinat de Baviére l'an 1612. in-8°. & enſuite à Francford ſous le titre d'*Anti-Socinus*, ſive, *Tractatus ad dijudicandum controverſiam Theologicam quæ inter Socinianos & Orthodoxos de corpore Doctrinæ Chriſtianæ pænè univerſo agitatur apprimè utilis; cum narratione hiſtorica Joachimi Urſini de noſtri ſæculi Anti-Trinitariis.* Cette Rélation hiſtorique des Anti-Trinitaires, compoſée par Joachim Urſin, me fait croire qu'il y a eu de ſecrettes intelligences & des communications d'avis & de ſentimens entre Caſman & l'Auteur du ſecond Anti-Socin dont je vous parlerai enſuite; & que le ſieur Gentillet qui a été ſurpris & découvert ſous le maſque d'Urſin, pourroit bien avoir donné du ſecours au premier Anti-Socin, dans le tems même qu'il ſongeoit à mettre le ſecond ſur pied.

Caſman eſt un Ecrivain aſſés connu parmi les Philoſophes & les Théologiens réformés. Ses ouvrages ſont entre les mains de tout le monde. Mais ce que j'en ai vu ne m'a point donné beaucoup de lumiéres pour l'hiſtoire de ſa vie. J'ai trouvé même les eſprits partagés ſur le tems de ſa mort. Le ſieur Konig l'a marquée en 1607. Mais G. Grovæus nous aſſure ſur la foi de Regenvolſcius qu'il fut emporté par la peſte l'an 1600. âgé ſeulement de 45. ans dans la Ville de Stade en baſſe Saxe, au-delà de Brème, à côté de Hambourg.

§. II.

L'autre ANTI-SOCIN ne porte point le nom de ſon Auteur, je ne ſai par quelle réſerve. Il parut la même année que le précédent, & en la même forme dans la ville de Francford ſous le titre d'*Anti-Socinus*, hoc eſt, *ſolida confutatio errorum quos olim Ariani, Ebionitæ, Samoſateniani, Pelagiani, & Tritheitæ horribili audacia propugnarunt & nuper ab inferis revocarunt Servetus, Ochinus, Chriſt. Oſtorodus eorumque complices.* Il a pour Auteur un Calviniſte François du Dauphiné nommé Innocent Gentillet, Avocat de ſa profeſſion. Ne vous étonnés pas de voir que cet ouvrage soit anonyme. Si l'Auteur s'y est caché, ce n'est pas qu'il ait eu rien à craindre de la part des Sociniens, qui ne se sont encore trouvés les plus forts ou les maîtres nulle part : ce n'est pas aussi que le sujet fût indigne de la plume d'un Chrétien, ou qu'il y eût rien d'odieux dans une matiére aussi noble, aussi sainte qu'est celle de nos premiers myſtéres.

C'étoit l'humeur de Gentillet, qui n'aimoit point à paroître dans ſes Livres, ou qui ne s'y montroit qu'en maſque. Vous aurés encore de ſes nouvelles à l'Anti-Machiavel.

Pour ce qui est de la vie de Fauſte Socin, ſouffrés que je vous renvoie à notre article de l'Anti-Wujeck pour éviter des répétitions inutiles.

ANTI-STEGMAN.

97 L'ANTI-STEGMAN est l'ouvrage d'un Docteur Luthérien nommé Jean Botſack, Profeſſeur de Dantzick, dont je vous ai déja entretenu au ſujet de l'Anti-Crellius. Il en vouloit à Joachim Stegman l'ancien, qui avoit entrepris ſur la fin de ſes jours de réfuter un ouvrage que Botſack avoit écrit contre les Sociniens en Langue vulgaire ſous le titre de *Warnung Fur der New Photinianiſchen, &c.* qui veut dire *Avertiſſement pour les nouveaux Photiniens, &c.* Le Livre de Stegman parut quelques mois après ſa mort à Rachaw ou Racovie l'an 1633. in-8° ſous le titre de *Proba der einfaltigen Warnung Botſacci, fur der new Photinianiſhen lehr*, ou ſelon nous, Examen de l'Avertiſſement de Botſack pour la Doctrine des nouveaux Photiniens.

C'eſt à ce livre que Botſack oppoſa l'*Anti Stegman* qu'il compoſa pareillement en langue vulgaire, & qu'il fit imprimer à Dantzick l'an 1635. in-8°, ſous le titre de *Anti-Stegmannus, oder, Warhafftige Gegen-Probe der Falſchen Probe Joachim Stegmanns Socinianers.*

On voit bien, dit Mr de S. Yon, que Botſack a voulu faire un *Contre-Examen* à l'*Examen* de Stegman : mais après tout les *Anti* de langue Allemande ſont bâtis comme les autres. Ils ſont ſuivis d'un *Oder* ou d'un *Das iſt*, comme ceux de la Langue latine le ſont d'un *ſive*, ou d'un *id eſt*, & ceux de la Françoiſe d'un *ou bien*, ou d'un *c'eſt-à-dire*. Le titre du Livre de Botſack n'en ſeroit pas moins entier quand on en retrancheroit l'*Anti-Stegmannus, oder*, pour le faire commencer à *Warhafftige Gegen-Probe, &c.*

La mort de Stegman, reprit Mr de Rintail, fut peut-être cause que la contestation se termina à cet Anti-Stegman. Au moins ne voyons nous pas que ni son fils ni ses deux freres tous Ecrivains Sociniens l'ayent relevée. Botsack de son côté se contenta de retoucher son *Warnung*, & de le faire imprimer avec ses changemens & ses augmentations à Konisgberg l'an 1643. in-8° c'est-à-dire l'année d'après la publication de son Anti-Crellius à Dantzick.

Le vieux Stegman étoit Allemand, né dans la Marche de Brandebourg. Il se retira en Pologne, asyle ordinaire de ceux de sa secte en ce tems-là. Il fut Recteur du Collége de Rakaw après Martin Ruarus qui avoit succédé à J. Crellius dans cet emploi. S'étant ensuite retiré en Transsilvanie il fut Pasteur & Ministre de l'Eglise Socinienne, appellée des Saxons dans la ville de Klausenbourg, où il mourut l'an 1632.

ANTI-ZWICKER.

98 POur trouver l'origine de l'*Anti-Zwicker* dont il est ici question, il faut remonter jusqu'à la fameuse dispute que Calovius Luthérien eut avec le Socinien Crellius. Le bruit courut alors que le Luthérien avoit été défait dans ce combat, & l'on vid bien par cet événement que ce n'étoit pas entre ses mains que Dieu auroit voulu confier la cause de la sainte Trinité. Les Sociniens prétendans en tirer avantage ne manquérent pas d'en publier des Rélations. Celle de Daniel Zwicker parut l'an 1650. in-4°, sous le mom d'un Etudiant en Théologie & sous le titre de *Specimina infelicis pugnæ D. Calovii contra Crellium.* Cet ouvrage fut suivi d'un autre du même Zwicker qui le publia en Allemand, mais sous le titre latin de *Revelatio Catholicismi veri* l'an 1655. L'Auteur se vantoit d'y porter un jugement solide de la doctrine la plus pacifique & la plus certaine des Chrétiens, & d'y faire voir la foiblesse de ceux qui se déclaroient les Adversaires des *Monarchiques* : c'est ainsi qu'il appelloit lui-même les Unitaires & les Sociniens. Dans cet écrit il accusoit personnellement Botsack, Ministre Luthérien de Dantzick, de raisonner mal, & de tomber souvent dans le Sophisme, que l'Ecole qualifie de *petition de principe*.

C'est à ces deux ouvrages de Zwicker que l'Anti-Zwickerus doit sa naissance. Il fut imprimé à Dantzick in-4°. l'an 1668. sous le titre d'*Anti-Zwickerus*, sive, *Refutatio Danielis Zwickeri Medic. Doctoris*

I. PART. CHAP. VI. ANTI-SOCINIENS PROTESTANS. 217

toris qui à Lutherana Religione ad Socinianismum deficiendo sub nomine studiosi Theologiæ illustria aliquot specimina infelicis pugnæ D. Abrahami Calovii contra Crellium sparsit: & in Revelatione catholicismi veri D. Johannem Botsaccum petitionum principii iniquè accusavit, &c. XII. *Disputationibus reprehensus fuit.* Cet ouvrage n'a été composé ni par Calovius ni par Botsaccus, quoiqu'ils fussent pleins de vie l'un & l'autre Il a pour Auteur un autre Luthérien nommé Jean Maukisch qui voulut se charger de leur cause, & en même tems de celle du Luthéranisme contre cet Adversaire.

Anti-Zwicker.

☞ Maukisch dit en latin Maukisius étoit un Allemand de la haute Saxe. Il étoit né dans Fridberg, ville de Misnie l'an 1617. le quatorziéme jour d'Août (vieux style). Après avoir commencé ses premiéres études auprès de ses parens, on l'envoya au Collége Ducal à l'âge de douze ans, & de là à Leipsick vers le commencement de l'an 1638. Il y passa Maître ès Arts en 1640. & y enseigna la Philosophie pendant quelque tems. Il s'appliqua ensuite à la Théologie, passa Bachelier en 1643. Licentié en 1650. & Docteur en 1651. Après treize ans de séjour à Leipsik, il fut choisi pour être Recteur de l'Université de Dantzick & pour y professer la Théologie après Abraham Calovius qui avoit succedé à Jean Botsac dans ce Rectorat & dans la chaire de Professeur. Il se maria à Dantzick le 23. du même mois, & de la même année 1651. On le fit ensuite Pasteur de la Paroisse de la Trinité. Il mourut la veille de la Pentecôte de l'an 1669. âgé de près de 52. ans.

Pour Daniel Zwicker, il étoit natif de la ville de Dantzick même. Il vint au monde le 22. de Janvier de l'an 1612. Il fut élevé dans le Luthéranisme, & s'appliqua particuliérement à la Médecine, dans la Faculté de laquelle il passa Docteur. Ayant renoncé à la secte des Luthériens pour embrasser celle des Sociniens, il fut obligé de ceder comme les autres à la disgrace du parti, & se retira en Hollande. il mourut à Amsterdam le 10. jour de Novembre de l'an 1678. âgé de près de 67. ans.

CHAPITRE VII.

A N T I des Proteſtans contre les Sociétés qui ne ſont pas Chrétiennes, ou

A N T I Infidelles Proteſtans.

99. N'Attendés pas de moi, continua Mr de Rintail, une liſte d'*Anti* contre les Mahométans & les Juifs. Je n'ai encore rien remarqué ſur notre ſujet qui nous ſoit venu de la part des Proteſtans ſous ce titre. Vous ne ſeriés point d'avis que je comptaſſe ici pour quelque choſe les diſp. *Anti-Judaïques* de Hoornbeck; ou les *Anti-Turciques* de Luther publiées par Roſen, puiſque nous ne parlons que des *Anti* qui ſont perſonels, & qui ont un air ſatirique. Ces deux piéces n'ont rien de plus dur que l'*Anti-Alcoran* d'un Eſpagnol, dont je vous pourrai dire un mot dans notre premier entretien.

Seroit-il poſſible, dit le jeune Mr de S. Yon, que les Proteſtans euſſent voulu ménager les Infidéles, eux qui n'ont jamais épargné les Catholiques, & qui ſe ſont accablés mutuellement eux-mêmes par des traits ſatiriques & des invectives?

Il n'eſt pas extraordinaire répondit Mr de Rintail, de vivre en paix avec les Etrangers qui n'ont rien ou peu de choſe à démêler avec nous. Les differends ſont le plus ſouvent entre les freres & les parens; les procès entre les compatriotes & les habitans d'un même pays qui vivent ſous les mêmes loix; & les guerres entre les peuples voiſins. Pour moi je ſerois beaucoup plus ſurpris ſi les Proteſtans avoient conſervé la concorde & l'union entre eux; s'ils avoient laiſſé les Catholiques en paix, & s'ils n'avoient déclaré la guerre qu'à des Mahometans & à des Juifs. Mais il eſt tems que nous laiſſions à notre tour les Proteſtans en repos.

CHAPITRE VIII.

ANTI de quelques Catholiques sur des matiéres Théologiques, contre des personnes de diverses Communions.

L'Esprit de contestation, dit Mr de Brillat, qui regne parmi les Hérétiques ne m'a jamais paru dans un si grand jour que depuis hier que nous l'avons vû passer d'*Anti* en *Anti* par une propagation très-féconde ; si j'osois, je dirois par une vertu de génération qui ne manquera pas sans doute de le conduire jusqu'à l'Anti-Baillet dont on nous prédit la naissance.

Vous allés un peu vîte, répondit Mr de Rintail à Mr de Brillat. Songés que l'esprit qui regne parmi les Hérétiques ne cherche point à sortir des bornes de la Théologie, & l'Anti-Baillet a d'autres Prédécesseurs encore ailleurs que dans la Théologie. Contentés-vous de nous dire que si l'Anti-Baillet vient à terme heureusement, il ne manquera pas d'être animé de l'esprit de contestation, puisque cet esprit est l'ame de tous les *Anti*. Mais ne vous exposés pas à soutenir que cet esprit ne regne que parmi les Hérétiques.

L'esprit de l'Eglise Catholique n'étant autre que l'esprit de Jesus-Christ même, est un esprit de douceur : mais les membres particuliers de cette Eglise n'agissent pas toujours selon cet esprit. C'est ce qui fait de tems en tems le sujet de ses plaintes contre ceux qui entreprennent de la défendre sans avoir été appellés à cette commission.

Votre Morale est belle, dit Mr Brillat, mais je crains qu'elle ne paroisse inutile, si vous n'en faites l'application.

Je ne fais point difficulté, répartit Mr de Rintail, d'apliquer ma Morale à ceux qui prévenus d'eux-mêmes s'érigent en Controversistes, en Auteurs Polémiques, mais dont il n'a point plû à Dieu de benir les travaux lorsqu'ils se sont trouvés faits dans un autre esprit que le sien. L'intention de l'Eglise dans les Controverses de Religion est de persuader ceux que l'on entreprend de convaincre, & rien ne lui est plus contraire que les moyens d'hostilités qu'y employent ceux qui confondent les duretés de l'expression avec la véritable force de raisonnement. Que penserons-nous de l'indiscrétion de ceux qui font paroître cette hostilité dès le titre de leurs Livres ? Y a-t-il rien de plus capable d'éloigner les Adversaires qu'il s'agit de faire revenir ? Un titre ayant le nom & la qualité d'*Anti*, ou d'*Ennemi* ne peut être qu'un préjugé contre le Livre qui le porte à fa tête, dût-il n'avoir point d'autre marque d'hoſtilité dans toute la ſuite.

Cela veut dire, reprit Mr de Brillat, que vous ne férés pas difficulté de blâmer les *Anti* des Catholiques mêmes, fuſſent-ils dreſſés contre des Hérétiques.

Je ne blâme perſonne, dit Mr de Rintail, j'ai un reſpect & une reconnoiſſance ſincére pour ceux qui employent leurs talens à la défenſe de notre Communion. Mais il s'agit ici de ſavoir ſi les Proteſtans ne nous blâment pas ? S'il n'y a point dans nos écrits quelque autre choſe que la vérité orthodoxe qui les choque ?

Que nous importe, répartit Mr Brillat, que des Proteſtans nous blâment ?

Je conviens, répartit Mr de Rintail que les reproches des Hérétiques nous doivent être auſſi indifférens que leurs éloges : mais il nous importe beaucoup qu'ils n'ayent point autre choſe à nous reprocher que notre Religion.

Je ne prétends donc pas refuſer aux *Anti* des Catholiques dont j'ai à vous parler les louanges qui leur conviennent. Mais je n'ai pas aſſés de crédit pour pouvoir les garantir du blâme de leurs Adverſaires.

ANTARCTIQUE.

100 S'Ils étoient tous, continua Mr de Rintail, de la qualité des deux ANTARCTIQUES que je trouve dans ma liſte, ils auroient dans leur ſtructure ingénieuſe dequoi ſe défendre peut-être contre la cenſure de leurs Adverſaires.

On peut dire que ces deux piéces qui ont deux Catholiques pour Auteurs, n'ont rien d'odieux ni rien de choquant dans leur titre. Ces Auteurs vouloient ſans doute épargner le nom & la perſonne de leur Adverſaire. Leur prudence ſe trouvant ſecondée par leur induſtrie les fit recourir au Grec, afin de prendre dans cette langue un terme qui pût tout à la fois déſigner le nom de leur Adverſaire en le tenant caché, & ſervir à ménager ſa perſonne auprès de ceux qui n'entroient point dans leur artifice lors qu'ils travailloient à combattre ſes opinions.

Cet Adverſaire s'appelloit Martin Béer Docteur Luthérien de notre ſiécle. Vous m'avouerés que le titre d'*Anti-Béer* auroit eu quelque choſe de choquant dans ſon extérieur ſatirique, & quelque choſe

I. PART. CHAP. VIII. ANTI DES CATHOLIQUES. 221

de monſtrueux dans ſa compoſition du Grec & de l'Allemand com- *Antarctique.* me les autres *hybrides.* Vous ne trouvés rien dans celui d'*Antarctique* qui ſoit deſagréable à l'oreille, ou qui nous faſſe ſonger à Mr Béer (1), ſi nous ne ſavons d'ailleurs la ſignification de ſon ſurnom, & l'hiſtoire du different qu'il a eu avec les Auteurs des Antarctiques. La rencontre de ce nom avec celui de l'un des Poles du monde pourra lui tenir encore lieu de quelque mérite, ſi vous le voulés.

L'un de ces ANTARCTIQUES a été compoſé par Jean Gaſpar Jager en langue vulgaire, & imprimé à Wurtzbourg l'an 1665. in-12. ſous le titre d'*Antarcticus*, oder, *Grundlicher &c.* Quoique je vous le nomme le premier, il n'a paru néanmoins qu'en conſéquence de l'autre, & pour ſervir de défenſe au P. Erberman qui en étoit l'Auteur. Je n'ai rien à ajouter touchant Gaſpar Jager à ce que je vous en dis hier dans l'article de notre *Anti-Venator.* Je vous prie de vous ſouvenir de la remarque que je vous fis faire ſur un retour vindicatif de Mr Béer, qui pour ſe vanger de l'alluſion de l'*Antarctique* à ſon nom, trouva plus à propos (je parle ſelon ſon ſens) celui d'*Anti-Venator* quoiqu'*hybride*, pour oppoſer au nom de Jager, qui veut dire un chaſſeur.

Vous devriés ſouhaiter, dit Mr de Brillat, que je l'euſſe oublié. Mais il ſemble que je ne m'en ſois ſouvenu que pour avoir lieu de vous avertir d'une petite inégalité que je trouve dans vos jugemens. Car vous n'étiés point favorable hier à l'Anti-Venator, & vous paroiſſés l'être aujourd'hui à l'Antarctique.

Prenés garde, Mr, répondit Mr de Rintail, que vous ne me confondiés avec Mr Terlaine d'Alby qui parloit un peu fortement contre l'artifice de l'*Anti-Venator.* Mais ſouvenés vous auſſi que je n'étois point pour la dureté de ſes expreſſions. Conſultés de nouveau mon cahier que j'ai prêté à Mr de Verton, & ſi vous voulés entrer dans ma penſée; je me promets que vous ne me condamnerés pas d'inégalité.

L'autre ANTARCTIQUE, le premier des deux ſelon l'ordre des tems, eſt celui du Pere Vitus Erbermannus, qui l'avoit fait publier en Allemand dans la même Ville de Würtzbourg dès l'an 1651. in-12. ſous le titre d'*Antarcticus*, das iſt, *Kurtzer Beweiſs*, (2) &c. Le P. Sotwel n'a point fait mention de cet ouvrage parmi ceux du P. Erber- *Hæret.* man, qu'il appelle Eberman. Mais Mr Lipen ne la point oublié dans *Aper.* ſa Bibliothéque Réelle des Théologiens : & le titre de l'autre Antarctique ne nous permet pas d'en douter, puiſque Jager y exprime le

---
1 *Béer* ou *Baer* veut dire un *Ours*.   2. Courte demonſtration.

E e iij

nom de ce Pere avec celui de l'ouvrage dont il eſt queſtion.

☞ Le Pere Erberman étoit de Franconie, & il vint au monde l'an 1597. dans un Village du Dioceſe de Bamberg, nommé Rentweinsdorff. L'an 1620. il quitta le monde pour entrer dans la Compagnie des Jéſuites. Il y enſeigna les Humanités pendant cinq ans. La Philoſophie pendant trois ans. La Théologie ſcholaſtique pendant ſeize, tant à Maïence qu'à Würtzbourg. Il profeſſa la Théologie Morale durant cinq autres années, & la Controverſe durant trois autres. Il fut auſſi Supérieur ou Recteur du Seminaire de Fuld pendant ſept ans, & il mourut à Maïence le 8. jour d'Avril de l'an 1675.

§ II.

ANTI-BASILIC *Pour ſervir de Réponſe à l'Anti-Camus.* Voyés Anti-Hermite n. 106.

ANTI-CALVIN.

101 LE P. Alegambe fait mention d'un ANTI-CALVIN compoſé en François par le P. Aléxandre Regourd: mais il n'a marqué ni le lieu ni le tems de ſon impreſſion. C'eſt tout ce que j'ai pû ſavoir juſqu'ici touchant cet ouvrage. J'ajouterai qu'un Ecrivain Huguenot nommé Charles Andrieu entreprit de répondre à cet ouvrage par un Livre imprimé à Bergerac l'an 1611. in-8° ſous le titre de *La Défaite de Goliath,* &c. ou *Refutation d'un Livre intitulé* Anti-Calvin Catholique, *fait par Aléxandre Regourd, &c.*

☞ Le P. Regourd étoit né à Caſtelnaudary en Languedoc Ville du Dioceſe de Saint Papoul l'an 1585. & fut reçu dans la Compagnie à l'âge de 17. ans. Il y enſeigna la Philoſophie & la Théologie, il fut Recteur du Collége de Cahors, & fit ſes quatre vœux l'an 1619. Il mourut à Toulouſe l'an 1635. le 26. d'Avril.

Pour Calvin il eſt preſque inutile que je vous faſſe ſouvenir qu'il étoit de Noyon, & qu'il naquit le 10. de Juillet de l'an 1509. Il fut élevé dans ſon enfance chés Meſſieurs de Montmor à Paris, il étudia d'abord au Collége de la Marche ſous Mathurin Cordier, puis dans celui de Montaigu ſous un Régent Eſpagnol. L'Evêque de Noyon lui donna un Benefice dans ſa Cathédrale & la Cure de Pont-l'Evêque, qui étoit le lieu de la naiſſance de ſon Pere. Après il alla étudier le Droit à Orléans ſous P. Stella, puis à Bourges ſous Alciat. Là il connut Melchior Wolmar Allemand, qui lui apprit le Grec & le Luthéranifme. Après la mort de fon Pere il fe retira au Collége de Fortet à Paris, d'où il fe fauva auprès de la Reine de Navarre. Il voulut retourner à Paris l'année fuivante, c'eſt à-dire en 1534. Mais voyant fa vie dans un danger continuel il fe retira en Almagne à Strafbourg, puis à Bâle, où il apprit l'Hébreu. Il y fit auſſi fes Inſtitutions; mais après un voyage en Italie auprès de la Ducheſſe de Ferrare, il s'établit à Genève, où il fut conſtitué premier Miniſtre & Profeſſeur de l'Ecriture fainte au mois d'Août de l'an 1536.

L'an 1537. il fit abolir totalement la Religion Catholique dans la ville de Genève par un Edit ou Placard des Magiſtrats, publié dans toutes les ruës le vingtiéme jour de Juillet. Le reſte de fes expéditions vous eſt aſſés connu; j'ajoute feulement qu'il mourut le 27. de Mai, l'an 1564. âgé de 54. ans, dix mois & 17. jours.

ANTI-CALVINISME.

102 SI les Calviniſtes trouvent que ce n'eſt point avoir aſſés de reſpect ou de ménagement pour le nom de leur Patriarche, que de faire porter le titre d'Anti-Calvin à des ouvrages écrits contre lui; ils n'ont pas fujet de former les mêmes plaintes, contre ce qui n'eſt qualifié que d'*Anti-Calvinifme*, puifqu'un titre de cette eſpéce ne promet rien contre la perſonne de Calvin, ou de fes Difciples. Néanmoins il faudroit avoir meilleure opinion que je n'ai de la bonté ou de la facilité des Calviniſtes, pour s'imaginer qu'ils fuſſent contens d'un Livre du Sieur Burlot, intitulé *Anti-Calvinifme*, ou, *Le contraire de l'Introduction à la vie Huguenotte*, & imprimé à Rennes en Bretagne l'an 1663. in-8° avec approbation, mais fans privilége. Burlot étoit un Curé du vieux bourg de Quintin en Brétagne, & Docteur même de la faculté de Paris. Il témoigne n'avoir pas voulu prendre le parti de la gravité dans fon Anti-Calvinifme, parce qu'il vouloit feconder les écrits graves des autres Controverfiſtes par quelque chofe qui fût capable de divertir le public, & qui pût contribuer à faire voir le ridicule & l'abfurdité du Calvinifme, après avoir été abbatu par la force des raifonnemens des autres Docteurs.

Vous diriés que Burlot auroit voulu compofer fon ouvrage en vers François, & l'on ne peut pas nier que ce n'ait été fon intention; mais il n'en favoit point la mefure ni même la rime. C'eſt un aſſemblage de termes empruntés de la Scholaſtique, avec un ſtyle du plus bas Comique qui paroît aujourd'hui burlefque contre l'intention,

Anti-Calvinifme. sans doute, de son Auteur. Vous y seriés trompé au moins d'un siécle pour le langage & pour l'âge de l'Auteur, si je n'avois eu soin de vous marquer l'an 1663, comme le tems de la naissance de son Livre. Voilà peut-être, ce qui fait rire Mr de S. Yon. Mais qu'y faire ? Il est permis de rire quand on en a sujet.

Permettés-moi, Monsieur, répondit Mr de S. Yon, de vous dire que c'est encore quelque autre chose qui me fait rire. C'est le souvenir d'une anagramme que j'ai lûë au commencement de l'Anti-Calvinisme de Burlot, lorsque le livre étoit sur votre table. L'anagramme étoit *Joannes Burlotus : Sorbonæ Tullius*. Vous me le pardonnerés, si l'idée que cette anagramme nous donne de Burlot jointe à ce que vous venés de nous dire de son éloquence m'a fait rire.

La Sorbonne n'a-t-elle pas consideré l'anagramme, dit Mr de Brillat, comme une insulte qui lui étoit faite ?

Quel intérêt voudriés-vous, répartit Mr de Rintail, qu'une Compagnie si grave eût pris à une piéce de cette nature ? Avés-vous remarqué qu'elle ait jamais avoué des Ecrivains faits comme Burlot ? Je vous ai dit que l'Anti-Calvinisme avoit reçu l'approbation sans privilége : mais l'approbation de deux Docteurs Bretons. Quels Docteurs ? Un Cordelier de Rennes, & un Carme de la même ville, tous deux de la faculté de Paris comme Burlot. Croyés-vous que le concert de deux Docteurs Mandians fasse une Sorbonne, ou qu'il vaille l'assemblée de toute une Faculté ?

Sur la peinture que vous faites de l'Anti-Calvinisme, reprit Mr de Brillat, je suis assuré que la Sorbonne n'auroit jamais député Burlot pour tourner les Calvinistes en ridicule.

J'ai peur, dit Mr de Rintail, que le ridicule ne lui soit demeuré pour avoir traité l'Eucharistie & notre élection d'une maniére indigne de nos mystéres & de la sainteté de sa profession.

§. II.

ANTI-CAMUS *Contre l'Evêque de Bellay* (1). Voyés le tit. Anti-Hermite n. 106.

1 ¶ Il faut écrire & prononcer *Belley*. Ce que je remarque ici une fois pour toutes. ♭

ANTI-CAPPELLUS.

103. Nous trouverons plus de satisfaction à discourir de l'*Anti-Cappel* de Heribert Rosweyde. C'est un ouvrage très-sérieux, où les Calvinistes sur tout, n'ont pas trouvé sujet de rire : il a été composé contre Jacques Cappel le Ministre de Sedan.

Je ne prétens point faire remonter l'origine de l'*Anti-Cappel*, jusques aux Centuries de Magdebourg, ce seroit commencer l'histoire de la guerre de Troye par les couches de Leda : je veux me borner au Livre qu'Isaac Casaubon composa contre les Annales de Baronius, comme à la source véritable du différend survenu entre Rosweide & Cappel.

Vous savés que Casaubon y perdit quelque chose de la belle réputation qu'il avoit acquise ailleurs. Ses amis & les autres personnes intelligentes de sa sorte auroient souhaité que les Ecrivains Catholiques eussent laissé dans l'oubli la peine qu'il avoit prise de composer ses seize *Exercitations* sur les Annales. Mais Rosweyde ne jugea point à propos de leur donner cette consolation. Il crut qu'il étoit du devoir d'un ami sincère du Cardinal Baronius, de prendre la défense de sa mémoire & de ses ouvrages, & il ne fit point difficulté d'attaquer Casaubon par un Livre intitulé *Lex Talionis* XII. *Tabularum Cardinali Baronio ab Isaaco Casaubono dicta* (*retaliatione retorta*) *retaliante Heriberto Rosweydo*, & imprimé à Anvers l'an 1614. in-8°.

Casaubon étant mort la même année eut besoin d'un ami aussi zélé pour sa défense que Rosweyde paroissoit l'être pour celle de Baronius après la mort de ce Cardinal. Tel étoit sans doute Jacques Cappel, qui entreprit de le défendre non-seulement contre Rosweyde, mais encore contre André Eudemon-Jean, Jules César Boulanger, & les autres Auteurs qui avoient défendu Baronius contre Casaubon. Son ouvrage ne parut qu'en 1619. Il le divisa en quatre Livres, & le fit imprimer à Francford in 4° sous le titre de *Vindiciæ pro Isaaco Casaubono contra Rosweydum, Eudæm. Buleng.* &c.

C'est à cet ouvrage, que Rosweyde opposa son Anti-Cappel, qu'il publia dès la même année dans la ville d'Anvers in-8° sous le titre d'*Anti-Cappellus*, sive, *Explosio næniarum Jacobi Cappelli quas funeri Isaaci Casauboni ad legem* XII. *Tabularum in vindiciis suis accinuit*. La contestation ne se termina point là, & l'année 1619. n'étoit pas encore expirée, que Cappel fit paroître un nouveau livre à Sedan in-

8° fous le titre d'*Affertio bonæ fidei adversùs Rofweydum*, &c. dans lequel il avoit prétendu examiner non-feulement l'Anti-Cappel de Rofweyde, mais encore un autre livre de cet Auteur imprimé à Anvers dès l'an 1610. touchant la foi que l'on doit garder aux Hérétiques, & la conduite du Concile de Conftance à l'égard de Jean Huff.

Rofweyde fe trouva ainfi engagé à la défenfe de l'un & de l'autre de ces deux ouvrages, & il s'en acquita quelques années après par un nouveau livre qu'il fit imprimer encore à Anvers in-8° l'an 1626. fous le titre de *Syllabus malæ fidei Cappellianæ excerptus ex Jacobi Cappelli mendaci Affertione bonæ fidei, & fictis artibus Romanæ fedis, pro Anti-Cappello fuo & Differtatione de fide Hæreticis fervanda.*

Nous ne voyons pas que Cappel ait fait aucune replique, & il eft probable qu'il aura abandonné le champ à fon Adverfaire.

☞ Heribert Rofweyde étoit de la ville d'Utrecht en Hollande, & il vint au monde le vingt-deuxiéme jour de Janvier de l'an 1569. Il fut admis dans la Compagnie des Jéfuites à l'âge de 20. ans Il enfeigna la Philofophie puis l'Ecriture-fainte à Douai, & enfuite à Anvers. Mais le défir de fervir le public par la plume le fit defcendre de la chaire pour fe mettre au cabinet, déterer & feuilleter les Manufcrits, ramaffer les Actes des Martyrs & les Vies des Saints, & pour s'appliquer à des travaux dont nous avons de fi grandes fuites. Il mourut le 5. d'Octobre de l'an 1529. dans la Maifon Profeffe d'Anvers.

Je ne fuis pas fi bien inftruit de la vie de Jacques Cappel. Je fai feulement qu'il étoit fils d'un Confeiller au Parlement de Bretagne nommé Jacques Cappel, & fucceffeur de fon beau-pere Nicolas du Val dans cette charge à Rennes : qu'il étoit frere unique du célébre Louis Cappel Profeffeur de Saumur, qui mourut en 1658. Pour lui, il fut Miniftre à Sedan, puis Profeffeur de la Langue-fainte, & de la Théologie. Il mourut vers l'an 1633. dans la réputation d'un habile homme, comme fon frere.

ANTI-CROCIUS.

104. L'ANTI-CROCIUS eft un ouvrage de Controverfe compofé par Michel Cornæus Jéfuite d'Allemagne, contre Jean Crocius Auteur Calvinifte, vivant au milieu de notre fiécle. Ce Proteftant ayant ofé attaquer le P. Martin Becan par un Anti-Becan fati-

rique, comme je vous le faisois remarquer hier dès le commencement de notre conversation, le P. Cornæus réfuta cet ouvrage par un livre de remarques & de censures qu'il fit imprimer à Maïence l'an 1647. sous le titre d'*Animadversiones in Anti-Becanum*, &c. Mais ayant remarqué depuis que cet ouvrage n'avoit pas eu la force de corriger Crocius, il crût devoir user d'un reméde plus violent pour produire l'effet qu'il souhaitoit ; c'est ce qu'on appelle dans la Librairie *Anti-Crocius*, sive *Animadversio Theologica iterata in Joannem Crocium* ; & qui fut imprimé à Würtzbourg l'an 1658. in-4°.

Je ne vous dis rien de la vie du P. Cornæus ni de celle de J. Crocius. Vous n'aurés pas oublié sans doute ce que j'ai rapporté du premier parmi les *Anti* des Protestans contre les Catholiques dans l'article de l'*Anti-Cornæus* ; & du second parmi les *Anti* des Luthériens contre les Calvinistes, au sujet de l'*Anti-Crocius*.

ANTI-DORSCHEUS.

205. Vous avés entendu l'origine & la suite de l'histoire de cet *Anti-Dorscheus* dans notre article 41. au sujet de l'*Anti-Wangnereck* du Sieur Bebelius Docteur Luthérien, avec lequel il avoit une liaison nécessaire. Je me contente d'ajouter ici que l'ouvrage parut à Dilling & à Ulm dans la Souabe, l'an 1653. in-4° sous le titre d'*Anti-Dorscheus*, sive, *Duo Controversiarum Religionis cardines Sacrament. & Evangel. adversùs Johannis Georgii Dorschæi Hodegeticum qui Johannis Kircheri motivas conversionis ad Ecclesiam Catholicam causas oppugnavit.* L'ouvrage porte le nom d'un Catholique nommé Jean, Abbé d'Elching, que d'autres appellent Evêque : mais il y a apparence que cet homme n'a été que le Conseiller & le Promoteur de l'ouvrage, il est dû au P. Henri Wangnereck Jésuite Allemand, comme à son véritable Auteur. C'est une vérité que Mr Bebelius n'a point voulu que nous ignorassions.

Je finis en vous renvoyant à l'Anti-Cornæus pour l'histoire de ce Dorscheus, & à l'Anti-Wangnereck pour celle du P. Wangnereck.

ANTI-GROSSIUS.

205 bis. L'On nous parle aussi d'un *Anti-Grossius*, comme d'un ouvrage de controverse composé par un Catholique Allemand nommé J. Breving, contre Chr. Grossen Syncretiste Luthé-

rien. Je vous ai proposé mes difficultés sur ce point dans notre article 88. vous y ferés réfléxion quand il vous plaira.

ANTI-HERMITE.

Ou par renverſement, Hermiante. Anti-Moine. ANTI-BASILIC. ANTI-CAMUS.

106 L'ANTI-HERMITE, & l'ANTI-MOINE de Meſſire Jean Pierre Camus Evêque de Belley dans la Breſſe ſe ſont trouvés tellement attachés à la fortune des autres Ouvrages de cet Auteur que l'on ne ſait preſque plus s'ils ont jamais été au monde. S'ils continuent avec la même précipitation qu'ils ont fait juſqu'ici pour courir à leur anéantiſſement, ſoyés aſſurés que la mémoire en ſera bientôt effacée, & qu'il ſera difficile d'en ſauver même les noms dans les Catalogues de Librairie. Ne doutés pas que la gloire d'une ſuppreſſion ſi bien entenduë & ſi paiſible, ne ſoit dûë à l'induſtrie & à la bourſe de ceux qui ſe ſont trouvés intereſſés dans l'Anti-Moine, & dans l'Anti-Hermite renverſé.

Il ne s'agit ici que du dernier de ces deux Ouvrages, & je me contenterai de vous dire qu'il fut imprimé à Rouen l'an 1639. in-8° ſous le titre d'*Hermiante*, ou, Les *deux Hermites contraires*, *le Reclus*, *& l'Inſtable*.

Pour le premier, nous devons tous croire qu'il a été étouffé dès ſa naiſſance, au moins pourrai-je vous aſſurer qu'il ne m'en eſt pas encore tombé d'éxemplaire entre les mains.

Les Moines, c'eſt-à-dire ceux des Réligieux que Mr de Belley a combattus, n'auroient travaillé qu'à demi pour leur ſureté, s'ils s'étoient contentés de ſouſtraire les éxemplaires des Livres qui leur paroiſſoient préjudiciables. Ils ont eu recours à la plume pour ſe défendre, & l'on a remarqué que les Capucins ont témoigné plus de zèle que les autres Réguliers pour la cauſe commune. Mais dans le deſſein de me renfermer préciſément entre les bornes de nos *Anti*, je paſſe ce qu'ils ont fait contre notre Prélat ſous divers maſques, & le viſage découvert, pour ne vous parler que de l'ANTI-CAMUS.

Cet Ouvrage a eu pour Auteur un Réligieux du nombre de ceux que nous appellons Mendians, quoique Mr de Belley l'appelle toujours *Monſieur le Moine* dans la Réponſe qu'il lui a faite. L'Ouvrage du Réligieux Anonyme a pour titre l'*Anti-Camus*, ou, *Cenſure des* erreurs de Mr Camus Evêque de Belley, touchant l'état des Religieux: où est particuliérement réfuté son Livre intitulé: De la Désappropriation Claustrale, & de la Pauvreté Religieuse.

Il est inutile de vous dire que le Religieux a oublié en toute rencontre qu'il avoit affaire à un Evêque, ou qu'il a ignoré les égards qui sont dûs à l'Episcopat, Mr Camus a eu soin de l'en faire souvenir dans une grosse Réponse, qu'il eut la patience de composer contre cet Anti-Camus. Mais quoi qu'on ne puisse pas trouver mauvais qu'il se voulût défendre contre une satire aussi injurieuse & aussi indigne de l'humilité religieuse, que l'étoit l'Anti Camus, il seroit bon néanmoins que nous puissions attribuer à un autre qu'à ce Prélat le Livre intitulé *Anti-Basilic, pour Réponse à l'Anti-Camus* (1), composé par le prétendu Olenix du Bourg-l'Abbé, & imprimé l'an 1645. in-4°.

J'étois en peine, dit Mr de Brillat, de savoir la cause de cette grande aversion que quelques Réguliers témoignent à l'égard de Mr de Belley. Je ne demanderai plus dorésnavant aux RR. PP. ce qu'ils veulent dire lors que dans les conversations de leurs Cloîtres ils nous assurent que ce Prélat étoit un *franc Anti-Moine*.

Je vois bien, reprit Mr de Rintail, que c'est fait de la réputation de Mr de Belley parmi les Religieux d'une certaine espéce, & je souhaiterois de bon cœur qu'ils eussent tort de se plaindre de lui. Mais après tout, je ne les crois point assés puissans pour détruire sa mémoire. Mr de Belley, à ses Livres près, s'étoit fait un fort beau nom dans le monde, tant par les prédications & la fécondité de son esprit, que par beaucoup de belles qualités morales & chrétiennes, qui le faisoient considérer dans l'Eglise & dans le siécle.

☞ Il étoit Parisien de naissance, & l'estime que S. François de Sales faisoit de sa personne & de son mérite, est capable seule de faire son éloge & son apologie contre tous ses Adversaires. Il fut nommé à l'Evêché de Belley par le Roi Henri le Grand, l'an 1609. après cinq ans de vacance de ce siége. Il fut sacré le trentiéme d'Août de la même année par l'Evêque de Genève François de Sales, qui depuis ce tems-là voulut entretenir avec lui un commerce d'amitié, comme il paroît par ses Lettres. Pour ruiner ce qu'on débite de sa

---

1 ¶ Ces mots: *composé par le prétendu Olenix &c.* doivent se rapporter à *Anti-Basilic*, quoiqu'ils semblent naturellement se rapporter à *l'Anti-Camus*, notre Auteur nous apprenant dans sa Liste des Auteurs déguisés, au mot *Bourg-l'Abbé*, que cet *Olenix* n'est autre que *Jean Pierre Camus*. Bayle pag. 3039. &c. de la 3 édit. de son Diction. à Roterdam cite un passage très-curieux, extrait de cet Anti-Basilic.

prétendue antipathie pour les Moines, on n'a qu'à jetter les yeux sur deux Couvens qu'il a bâtis & établis dans la ville de Belley l'un de Capucins en 1620. l'autre de Sœurs de la Visitation en 1622. Il se démit de son Evêché en faveur de Mr de Passelaigue l'an 1629. & on le fit Abbé d'Aunay en Normandie. Mr de Harlay Archevêque de Rouen l'établit son Vicaire Général : mais quelques années après il vint se retirer dans l'Hôpital des Incurables à Paris, où il mourut Evêque nommé d'Arras le 16. d'Avril de l'an 1652. âgé de 70. ans.

ANTI-JANSENIUS.

107. Vous fûtes trompés hier, je m'en souviens, par une ressemblance fort équivoque de l'Anti-Jansenius dont je vous entretenois avec celui dont il s'agit maintenant. Mais pour prévenir toute erreur je veux commencer par un éclaircissement qui vous fera d'abord distinguer l'un d'avec l'autre. L'Anti-Jansenius d'hier est une Piéce Luthérienne composée par le Protestant Muller contre un Réligieux Dominicain : l'Anti-Jansenius d'aujourd'hui est un Ouvrage Catholique publié par un Auteur de l'Eglise Romaine contre un Docteur de Louvain, ou si vous l'aimés mieux, contre un Evêque Flamand.

Vous en jugerés, si vous voulés, par le nom de son Auteur, c'est le sieur Antonin Moraines. Mais si vous m'en croyés ne vous en tenés point là, & fiés-vous plutôt à la lecture de son Livre. Il fut imprimé à Paris l'an 1652. in-folio sous le titre d'*Anti-Jansenius*, hoc est, *Selectæ Disputationes de Hæresi Pelagiana, Semi-Pelagiana ; deque variis statibus humanæ Naturæ, & de Gratia Dei Salvatoris, in quibus vera de illis doctrina proponitur, & Cornelii Jansenii Iprensis falsa dogmata refutantur*. Nous apprenons du P. Nathanaël que Mr Moraines avoit fait beaucoup d'additions à cet Ouvrage, qui d'ailleurs se trouvoit déja fort considérable par sa grandeur, & qu'il se disposoit à une seconde édition lors qu'il fut surpris de la mort.

Je n'ai pas oui dire qu'il y ait eu une Réponse à cet Anti-Jansenius. Il est vrai que Cornelius Jansenius étoit mort avant que ni le sieur Moraines ni aucun de ses autres Adversaires pussent savoir qu'il avoit laissé dans son cabinet de quoi leur donner un jour de l'éxercice : mais il n'a point manqué de Défenseurs après lui qui se sont intéressés dans sa cause. Cependant nous ne voyons pas que

I. PART. CHAP. VIII. ANI-DES CATHOLIQUES. 231
ceux qui avoient entrepris de répondre à Vincent Severin, à Antoine Ricard, à Thomas Auguftin, à Meffieurs de Vabres & de la Vaur, au Feuillant de S. Jofeph, & à plufieurs autres Auteurs Catholiques qui avoient écrit contre Janfenius, ayent eu le courage de repliquer contre l'Anti-Janfenius d'Antonin Moraines. Ainfi il faut me retrancher à vous dire un mot de la vie de l'un & de l'autre.

☞ Janfenius étoit Hollandois de naiffance, mais de parens Catholiques. Il naquit à Leerdam au mois d'Octobre de l'an 1585. le jour de S. Simon S. Jude. Il fit fes Humanités à Utrecht & fa Philofophie à Louvain, où il paffa Maître ès Arts l'an 1604. Après il fe mit fur les bancs de Théologie. Une maladie qui lui furvint porta fes Médecins à lui perfuader de prendre un air plus pur que celui de Louvain. Cet ordre joint au défir de voyager lui fit parcourir la France. Douze ans après il retourna à Louvain, prit le bonnet de Docteur l'an 1617. & fut établi Profeffeur ordinaire. Il fut député par deux fois auprès du Roi d'Efpagne par l'Univerfité du lieu. L'an 1630. on le fit Profeffeur Royal de l'Ecriture Sainte & & cinq ans après il fut nommé par le Roi d'Efpagne à l'Evêché d'Ypre le jour même de fa naiffance, mais il ne fut facré qu'un an après au même jour. Il mourut le 6. de Mai de l'an 1638.

Pour le fieur Antonin Moraines, vous ferés contens de peu de chofe, fi vous l'êtes de ce que j'ai à vous dire fur fon fujet. Il étoit de la Ville de Bervi (d'autres difent Viber) au Comté de Vagneruë. Il naquit l'an du Monde r. 5581.

Vous n'êtes donc pas Pezeronite en Chronologie, dit Mr de Brillat?

Il n'en eft pas, répondit Mr de Rintail, de la fcience des tems comme de la fcience de Dieu. Nous fommes libres pour le choix des fectes dans celle-là. Mais fouffrés que je vous dife, que fi vous aviés compris quelque chofe à mon calcul, vous ne m'auriés pas interrompu.

Le fieur Moraines fe détermina à un état de vie ftable l'an 6310. de la P. C. Il enfeigna la Religion Chrétienne dans la Guinée pendant plufieurs années. Mais il mourut à Aufbourd le 5. de Février de l'an 6621. de la même Période dans la réputation d'un homme de probité.

Puifque vous avés fini, reprit Mr de Brillat, ce n'eft plus vous interrompre que de vous demander quelle Période vous entendés.

Choififfés : toutes les Périodes me font indifférentes, dit Mr de Rintail, pourvû que vous en preniés une qui foit Chrétienne. Par cette raifon il faut exclure la Judaïque, & trois ou quatre qui nous viennent des Païens.

C'est donc la Victorienne, repartit Mr de Brillat. Cela ne se peut repliquer Mr de Rintail, ne voyés-vous pas qu'elle est douze fois plus courte qu'il ne faut pour cela ? C'est donc la Julienne, dit Mr Brillat, pourvû qu'elle soit Chrétienne. Elle n'est plus à la mode, répondit Mr de Rintail, grace aux Chronologistes de nos jours. Tout vieillit dans ce monde. Elle aura bientôt le sort des trois Périodes de l'Eglise Orientale qui ne sont plus d'usage.

Ne seroit-ce pas la *Période Louise*, dit le jeune Mr de S. Yon, autrement la Période Royale de l'Atlas des tems ? Elle est trente fois plus grande que la Victorienne, elle vaut deux Juliennes : mais ce qui fait son prix, c'est qu'elle est de bonne race, c'est tout dire qu'elle a pour Pere le R. P. Seigneur de la Motte Capucin (1).

Helas, je plains la pauvre Période Louise, répartit Mr de Rintail. Le sieur Régulier de la Motte son Auteur est le meilleur homme du monde. Il travailloit depuis plusieurs années à changer son Atlas des tems en un *Atlas Temporum* pour faire recevoir la Période Louise chés les Étrangers. Mais il vient de paroître un terrible concurrent du même Ordre que lui, quoique de famille différente. Ce concurrent déja formidable par sa qualité de *Baronio-Mastix* (2), sans se déclarer Adversaire du Capucin, dont il est le frere en qualité de Mineur Conventuel, sans songer même s'il y a jamais eu un Atlas des tems au monde, semble n'être venu avec sa nouvelle Période *Græco-Romaine*, que pour mettre en fuite la pauvre Période Louise. Mais c'est assés se divertir rentrons dans notre sujet.

1 ¶ Le P. Jean Louis d'Amiens.   2 ¶ Le P. Antoine Pagi Cordelier.

ANTI-JANSENIEN.

108. §. 1. JE ne vous promets sous ce titre rien moins qu'un ample Catalogue de Piéces ANTI-JANSENIENNES, continua Mr de Rintail. A dire le vrai, ce ne sont pas les Ouvrages énoncés dans ce Recueil qui portent le titre d'*Anti* : & parmi un assemblage de deux ou trois cens je n'ai remarqué que celui de Mr Moraines qui ait été qualifié de la sorte. Cela étoit reservé pour le titre du Recueil ou Catalogue entier de ces Piéces qui a paru en Public sous l'inscription Latine de *Bibliotheca Anti-Janseniana, sive, Catalogus piorum eruditorumque Scriptorum qui Cornelii Jansenii Episcopi Iprensis & Jansenianorum hæreses, errores, ineptiasque opugnarunt. Cum præludiis Historiæ*

Historiæ, & cribratione Farraginis Janseniſticæ. Bonorum laborum gloriosus est fructus. Sapientiæ III. 15. L'Ouvrage fut imprimé à Paris l'an 1654. in-4° ſans porter le nom de ſon Auteur; mais le Privilège de ſa Majeſté le met à couvert du reproche que l'on fait ſouvent aux Anonymes d'être fugitifs & ſuſpects. Mais depuis que le Pere Labbe s'eſt publiquement déclaré l'Auteur de cet Ouvrage dans les deux Catalogues de ſes Oeuvres, le Public content d'un nom ſi connu, n'a plus demandé d'autre caution.

§ Le P. Philippe Labbe Berruyer de naiſſance Fils & Petit-Fils de Philippe, naquit dans la ville de Bourges le 10. jour de Juillet de l'an 1607. Il fut admis dans la Compagnie de Jeſus le 28. de Septembre de l'an 1623. ayant déja reçu dans le ſiécle le bonnet de Maître ès Arts, comme une marque de l'avancement de ſes études. Il enſeigna les Humanités, la Rhétorique & la Philoſophie à Bourges dans le Collége de Notre-Dame. Il y profeſſa auſſi la Théologie Morale, & il vint faire le même exercice à Paris pendant cinq ans dans le Collége qui s'appelloit alors de Clermont. Il y mourut après avoir ſouffert une fiévre violente de 58. jours le 17. de Mars de l'an 1667. ſelon le Pere Sotwel, car d'autres eſtiment qu'il étoit mort dès l'année précédente. Mais je n'ai encore trouvé perſonne qui ait dit avec M. Konigius qu'il ne mourut qu'en 1674. Admirez l'incertitude des choſes même de notre tems, & jurez tant qu'il vous plaira ſur la fidélité des dates anciennes de l'hiſtoire des hommes.

ANTI-LUTHER.

108
§. 2.
MR. l'Evêque de Meaux (1), continua Mr de Rintad, a remarqué que pendant que l'Allemagne menacée par les armes du Turc, étoit toute en mouvement pour réſiſter à cet ennemi commun du nom Chrétien, Luther établiſſoit pour principe, qu'il falloit vouloir non ſeulement ce que Dieu veut que nous voulions, mais abſolument tout ce que Dieu veut : & qu'il concluoit de là que, combattre le Turc, c'étoit réſiſter à la volonté de Dieu. Si les Catholiques, qui ont cru Luther encore plus ennemi de l'Egliſe Romaine que le Turc ne l'eſt de la Chrétienté, avoient été dans de ſemblables Principes, ils l'auroient laiſſé ravager la vigne du Seigneur ſans s'oppoſer à ſa fureur.

1. *Hiſt. des Var. Liv.* 1. n. 19. pag. 18.

Anti-Luther. C'est raisonner du temporel au spirituel, dit Mr de Brillat, contre l'intention de Luther. Ne vous souvient-il pas que le Réformateur qui vouloit qu'on laissât entrer le Turc dans les Provinces & les Villes Chrétiennes, étoit le même qui vouloit qu'on allât l'épée à la main massacrer le Pape ? Cessés, s'écrioit-il en Prophete, de faire „ la guerre au Turc, jusqu'à ce que le nom du Pape soit ôté de des-„ sous le Ciel. Il faut, disoit-il, s'assembler de tous les villages & „ de tous les bourgs contre lui, &c (1).

Cela veut dire, ajouta le jeune Mr de S. Yon, que Luther qui ne vouloit point être *Anti-Turc*, se déclaroit *Anti-Pape*.

Ces excès, reprit Mr de Rintail, ne servoient qu'à faire voir un renversement étrange de cervelle dans la tête de ce nouvel Elie. Lorsque nous aurons une fois compris qu'il s'étoit chargé du bouleversement de l'Eglise & de l'Etat, nous ne serons plus surpris que les mouvemens qu'il devoit se donner pour cela, l'ayent porté souvent d'une extremité à l'autre. Il n'a point été nécessaire que les Défenseurs de l'Eglise & de la Papauté le suivissent dans toutes ces extremités pour le combattre, & ceux qui ont prétendu l'y poursuivre, ont peut-être excédé leur commission. Les plus prudens sachant que la Foi de l'Eglise est incapable de changer de situation, ont cru devoir demeurer dans le Fort de cette même Eglise, & s'y fortifier contre les insultes de cet ennemi.

On peut mettre de leur nombre le Docteur Josse Clichtoüe, ou selon notre prononciation *Cliquedoüe*, qui a rendu des services fort utiles à l'Eglise tant qu'il est demeuré sur la défensive. Il suffiroit pour en donner des preuves de produire ce qu'il a fait sur le Sacrifice de la Messe, sur la chute d'Adam, sur l'Etat Monastique, mais principalement l'Ouvrage qu'il a intitulé : *Propugnaculum Ecclesiæ adversus Lutheranos*, divisé en trois Livres. Nous n'oserions peut-être pas en dire autant de son *Anti-Lutherus*, dont le titre seul semble nous porter à croire qu'il seroit sorti de son poste pour aller chercher Luther. Mais si vous m'en croyés, nous nous en rapporterons aux célèbres Controversistes de nos jours, qui par leur habileté ont sû réparer avantageusement ce que la surprise & le zèle avoient pû outrer dans les Pighius, les Eckius, les Cochlées, les Clichtovées & les autres contemporains des premiers Réformateurs. Je me contente de vous dire ici que l'*Anti Lutherus* de Clichtoüe ou Clichtovæus est un ouvrage divisé en trois Livres & qu'il fut imprimé à

---

1 *Ibidem num.* 25. pag. 28. 29.

Paris l'an 1524. in-folio chés Simon de Colines, puis à Cologne en 1525. in-4° chés Quentel ; & j'ajouterai un mot de la vie de son Auteur & de l'Adverfaire qui en a fait le fujet.

Josse Clichtoüé étoit de Niewport en Flandres du Diocèse de Therouenne. Il fut amené assés jeune à Paris, après avoir été quelque tems à Louvain, & il fit le reste de ses études dans l'Université dont il fut membre étant de la Nation de Picardie. Il fit sa Philosophie au Collége du Cardinal le Moine sous le célèbre Jacques le Fevre d'Etaples, & professa ensuite cette science avec beaucoup de réputation. Il étudia quelque tems après la Théologie au Collége de Navarre, où il fut Chapelain, & commis pour les Instructions & Catéchismes des Ecoliers. Ayant achevé ses études de Théologie en 1505. il reçut le bonnet le 4. jour de Décembre de l'année suivante, & fut Docteur non de la Maison de Sorbonne comme quelques-uns l'ont publié, mais de celle de Navarre. Il étoit alors Précepteur des neveux de l'Evêque de Clermont. Il se retira ensuite au Collége de Cluny, il demeura auprès des neveux du Cardinal George d'Amboise, jusqu'à ce qu'en 1513. il rentra dans le Collége de Navarre pour prendre soin de l'éducation de Louis Guillard jusqu'en 1517. Il eut ensuite un Canonicat dans l'Eglise de Chartres où il fut Théologal, & pour y résider il se défit de la Cure de S. Jacques de Tournay que l'Evêque du lieu lui avoit donnée. Il mourut à Chartres le 22. de Septembre de l'an 1543.

Luther naquit à Islebe, ville du Comté de Mansfeld au Duché de Saxe, le 10. de Novembre de l'an 1483. Il fut envoyé aux études à Magdebourg l'an 1496. & fut obligé de mandier son pain pendant un an selon la coutume des jeunes étudians de ce tems-là en Allemagne. L'an 1498. il fut envoyé à Isenach pour continuer ses études, il passa à Erfurt l'an 1501. pour y faire sa Philosophie, & deux ans après il y passa Maître ès Arts. Il s'étoit engagé à enseigner la Philosophie & à étudier le Droit en même tems, lorsque par une résolution qui surprit ses parens il entra dans le Couvent des Augustins l'an 1504. & demanda l'habit qu'il ne reçut pourtant que le 2. de Mai de l'an 1507. L'année suivante (1508.) on l'envoya à Wittemberg où on le fit Lecteur ou Professeur en Philosophie. En 1510. il fut député de son Couvent pour aller à Rome négocier quelques affaires de sa Communauté ; & deux ans après il passa Docteur en Théologie à Wittemberg.

L'an 1516. arriva l'affaire des Indulgences que l'on sait, & l'année suivante est comme l'époque du Luthéranisme & du grand chifme des Sociétés Anti-Papales dans l'Occident & le Septentrion. Le reste de la vie de Luther vous est trop connu. J'ajoute en deux mots, que l'an 1518. il fut par obéïssance au Chapitre de Heidelberg; quelque tems après il fut trouver le Cardinal Cajetan à Ausbourg. C'est de la fin de la même année qu'est datté son Appel du Pape au Concile. La suite de sa vie n'est plus qu'un enchaînement de desordres. Il fut excommunié par le Pape Leon X. le 28. de Mars 1521, & proscrit par l'Empereur le 8. de Mai de la même année. L'Electeur de Saxe le cacha ensuite pendant dix mois pour le sauver du danger. Il se brouilla avec Carlostadt à son retour à Wittemberg. Il jetta son froc en 1524. & se maria en 1525. le 27. de Juin à une Religieuse nommée Catherine Borre. Pour couper court, il mourut à Islebe lieu de sa naissance le 18. jour de Février de l'an 1546, & son corps mis dans une biére d'étain, fut transporté à Wittemberg le 22. du même mois.

ANTI-MELANDER.

109 LA structure de l'ANTI-MELANDER n'a rien de cet air monstrueux qui paroît dans les *Anti*, composés de deux espéces différentes. En un mot, il n'est pas *hybride*. Il n'a été injurieux à personne, & s'il avoit eu quelque chose de choquant, il n'auroit pû choquer qu'un fantôme. Il est vrai que l'*Anti-Melander* en veut à un certain Philoxenus Melander; mais savés-vous que ce Melander est un pur fantôme, ou du moins un masque d'Auteur?

Le P. Forer Jésuite Allemand dont je vous ai entretenu dans notre Article 17. au sujet des deux Anti-Forers Luthériens, en étoit très-persuadé lors qu'il composa son Anti-Melander: & ce fut peut-être dans cette persuasion qu'il se crut d'autant moins obligé de l'épargner. Ajoutés à cela qu'il avoit affaire au terrible Scioppius, & qu'il ne pouvoit pas ignorer qu'il se fût caché sous le masque de Melander pour écrire contre la Compagnie des Jésuites à son ordinaire. Son Livre avoit été imprimé in-4° sous le titre de *Philoxeni Melandri Actio Perduellionis*, & *Flagellum Jesuiticum*. Le P. Forer lui répondit en Allemand, mais sous le titre Grec de l'*Anti-Melander*. Sa réponse devint publique à Munich en Baviére l'an 1633.

Pour ce qui regarde les principales circonstances de la vie du P. Forer, je vous renvoye à ce qui en fut dit hier dans notre conversation. Et pour ce qui est de Scioppius, il faut attendre que j'aye reçu un livre de sa Vie & de ses mœurs imprimé en Italie par ses bons amis, & que je puisse le confronter avec un autre du même titre imprimé en Allemagne par ses ennemis.

ANTI-MOLINÆUS.

110   Voici encore un Ouvrage Polémique du P. Forer. Il a été composé contre Pierre du Moulin fameux Ministre de Charenton & de Sedan, mais il n'a paru en public que deux ans après la mort de son Auteur. Le P. Sotwel nous apprend qu'il fut imprimé à Dilling in-4° l'an 1661. sous ce titre demi-Grec & demi-Latin d'*Anti-Molinæus*, quoiqu'il fut écrit en Allemand.

☞ Pierre du Moulin devoit être d'Orléans, mais ses parens s'étant refugiés pour le sujet de la Religion auprès de Messieurs de Mornay en Vexin, il naquit le 18. d'Octobre de l'an 1568. dans le Château de Buhi qui est maintenant au Comte de Broglie Lieutenant Général des armées du Roi & Commandant en Languedoc. Mr de S. Yon ne sera point fâché d'apprendre que sa Mere accoucha de lui dans la chambre de Madame la Comtesse de Broglie, dans laquelle étoit né auparavant le célébre Philippe de Mornay Sieur du Plessis-Marly. Son Pere comblé des bienfaits du Seigneur du lieu, s'en retourna à Orleans avec toute sa famille en 1570. Mais s'étant sauvé à la S. Barthelemi de l'an 1572. premiérement à Muret en Limosin, puis à Sedan, il fit étudier son fils en cette ville avec Jacques Cappel dont je parlois tantôt. En 1588. il passa en Angleterre pour se former dans les Universités de l'Isle. Quatre ans après il passa en Hollande, où Buzanval Ambassadeur de France le protegea & le produisit à la Princesse d'Orange qui lui fit donner une Chaire de Philosophie. Au bout de quelques années il fut fait Ministre de Charenton, & revint en France en 1599. Trois ans après se tint la Conférence entre le Docteur Cayer & lui. Mais je ne prétens pas vous faire un Journal de sa vie qui est sûe de tout le monde. J'ajoute seulement qu'en 1615. le Roi Jacques le fit passer en Angleterre, où il ne demeura que trois mois pour ce voyage ; qu'en 1620. il fut obligé de se sauver dans cette Isle pour éviter le dernier supplice qui le menaçoit comme un séditieux & un criminel d'Etat après 21. ans de ministére à Charenton, où jamais il ne put retourner de sa vie non plus qu'à Paris. Je ne vous parle point du ministére de Sedan qu'il exerça depuis, ni de la Chaire de Théologie qu'il y occupa. Il mourut le 10. de Mars de l'an 1658. âgé de 89. ans & de près de cinq mois.

ANTI-MORNÆUS,

III. Les Prétendus Reformés de France avoient quelque sujet de faire valoir l'honneur que Mr de Mornay faisoit à leur Parti dans lequel il s'étoit trouvé engagé à la faveur des ténèbres que les troubles du Royaume sembloient avoir répanduës sur la Religion du pays. C'étoit assurément un Gentilhomme de grande distinction ; il joignoit à la noblesse de son sang beaucoup de belles qualités d'esprit & beaucoup d'érudition acquise. S'il a employé ses talens pour le service de son Parti dans ses Ecrits, on ne doit pas trouver étrange que les Prétendus Réformés d'un côté en ayent fait tant de cas & témoigné tant de reconnoissance ; & que les Catholiques de l'autre ayent redoublé leurs efforts contre un Adversaire d'autant plus à craindre qu'il apportoit beaucoup de mérite personnel acquis dans le monde à une suffisance plus qu'ordinaire.

L'un de ces Adversaires nommé Leonard Coquæus voulut faire éclater son zèle pour l'Eglise Romaine à l'occasion d'un Livre que Mr du Plessis avoit publié en François contre elle en 1607. sous le titre de *Mystére d'Iniquité*, autrement, *Histoire de la Papauté*, & qu'il avoit mis deux ans après en Latin pour en procurer la lecture aux Etrangers.

Coquæus n'étoit pas moins louable que du Perron & les autres célébres Controversistes pour le dessein qu'il prit de répondre à Mr du Plessis ; mais s'il avoit eu autant de discrétion qu'eux, il se seroit abstenu d'employer le terme d'*Anti-Mornæus* pour en faire le titre de son Ouvrage. La précaution que l'Eglise Catholique demande de ses Ecrivains Controversistes, veut qu'ils fassent paroître d'abord qu'ils n'en veulent ni au nom ni à la personne d'un Adversaire particulier, & qu'ils ne prétendent combattre autre chose que l'erreur.

Quoiqu'il en soit l'Ouvrage de Coquæus fut donné au Public devant & après sa mort en divers endroits sous le titre d'*Anti-Mornæus, sive, Apologia pro Summis Pontificibus, hoc est, Confutatio Mysterii Iniquitatis, seu Historiæ Papatûs Philippi Mornæi, in quo elucidata Historiæ veritate, Romani Pontifices vindicantur ab Adversarii calumniis, erroribus ; Sacra eorum auctoritas ac Fides Orthodoxa asseritur ; Imperatorum, Regum ac Principum jura, tum Bellarminus & Baronius Cardinales de-*

fenduntur. Opus in duos tomos distributum. On le trouve imprimé à Paris l'an 1603. à Venise l'an 1616. à Cologne l'an 1617. & à Milan en 1619. en tout ou en partie, car ces éditions ne sont point égales.

☞ Leonard Coquæus (soit que ce fut en notre Langue *le Cocq*, soit que ce fut *de Queux*, ou autrement) étoit François de naissance, venu au monde dans un village près d'Orleans. Il avoit fait de bonnes études en sa jeunesse, & savoit l'Hébreu, le Syriaque, & le Caldaïque comme le Grec & le Latin, quoique Mr Colomiez ne lui ait pas fait l'honneur de le nommer dans la France Orientale. Il étoit Profès de l'Ordre des Ermites de S. Augustin, & Docteur en Théologie de la Faculté de Paris retiré d'abord au Couvent des grands Augustins du Quai, puis employé dans diverses fonctions pour son Ordre. Il fut le Président ordinaire des Thèses qu'on soutenoit dans les assemblées générales de son Ordre à Rome & ailleurs, qualité qui s'appelle parmi ces Religieux *Magister Circuli*. L'an 1595. il fut appellé à Florence pour être Confesseur de la Grand'Duchesse Christine de Lorraine, & il y fit la belle Bibliothéque des Augustins de cette ville. Il mourut au même lieu l'an 1615.

Philippes de Mornay Seigneur du Plessis-Marly, Baron de la Forêt sur Sêvre, Conseiller du Roi en ses Conseils d'Etat & Privé, Gouverneur de Saumur, &c. naquit le 5. Novembre de l'an 1549. au Château de Buhi en Vexin. Comme il étoit le puisné de la maison, son Pere qui étoit alors bon Catholique songeoit à le faire d'Eglise selon le style de ces tems-là & du nôtre, afin de pouvoir succéder aux Benefices de son Oncle Bertin de Mornay Doyen du Chapître de Beauvais. Mais ces vuës furent rompuës à la mort de l'Oncle, lorsque le petit de Mornay n'avoit encore que huit ans. Sa mere qui étoit fille de Charles du Bec-Crespin Vice-Amiral de France & Chambellan du Roi François II. étoit secretement Huguenotte : elle lui choisit un Précepteur qui lui inspira peu à peu ses sentimens sous un extérieur Catholique. A huit ans il fut mené à Paris en pension dans le Collége de Lisieux par son pere qui mourut deux ans après. Sa mere fit l'année suivante 1561. profession ouverte de la Religion Pretendu Réformée, établit un Prêche dans sa maison de Buhi, & renvoya son fils aux études à Paris l'an 1562. L'an 1567. il voulut prendre les armes malgré sa mere, & servit sous Mr de Vardes son Oncle Mestre de Camp de la Cavalerie Legere ; mais s'étant rompu la jambe gauche il changea de dessein. Il entreprit ensuite divers voyages à Genève, au Palatinat & en Italie l'an 1568. en Allemagne, aux Pays-bas & en Angleterre l'an 1571. Il se sauva comme il put à la journée de faint Barthelemi, il demeura à Jamets jufqu'à la mort de Charles IX. & vint enfuite à Sedan. Il fe maria l'an 1575. à la veuve de Mr de Pas-Feuquiéres laquelle avoit échappé de la S. Barthelemi auffi ingénieufement que lui. Dans un combat contre Mr de Guife il fut pris par Mr de Tavanes en 1576. Après fa prifon en 1577. il alla trouver le Roi de Navarre en Guienne: après il paffa en Angleterre, puis en Flandres, & fut empoifonné à Anvers l'an 1578. En 1579. il fut député à la Diète d'Aufbourg. Depuis le commencement de la Ligue en 1585. il s'attacha particuliérement au fervice du Roi de Navarre. L'an 1590. Il fut fait Confeiller d'État. il perdit fa mere en 1591. en 1598. Mr de Buhi fon frere aîné; en 1606. fon fils unique Mr des Bôves, & fa femme peu de jours après. Il fe retira enfuite à Saumur pour compofer des Livres; mais en 1621. on lui ôta le Château de Saumur & il fe retira dans fa maifon de la Forêt fur Sêvre, où il mourut le matin d'un Samedi 11. jour de Novembre de l'an 1623. après 74. ans & cinq jours de vie.

ANTI-MORTON.

112 JE n'ai prefque rien à vous dire de l'ANTI-MORTON, continua Mr de Rintail. Je fai feulement que c'eft un ouvrage de Controverfe en Anglois en forme d'Apologie contre Thomas Morton, & imprimé fans nom d'Auteur & fans nom de ville l'an 1640. in-4°. Mais le P. Sotwel nous apprend que cet *Anti-Morton* a pour Auteur le P. Jean Pricius Jéfuite d'Angleterre qui vint au monde dans la ville de Chefter l'an 1579. & qui entra dans la Compagnie de Jéfus à Seville en Andaloufie l'an 1600. Il y fit les quatre vœux, & il profeffa la Philofophie & la Théologie à Valladolid & à Louvain. Après il fut employé dans les Miffions en Angleterre, où il mourut le 27. de Février de l'an 1645.

Pour fon Adverfaire, je n'ai encore trouvé perfonne qui m'ait appris les circonftances de fa vie. Je me contente de vous dire qu'il eft le plus célèbre des trois Thomas Morton que nous connoiffons parmi les Ecrivains modernes de l'Angleterre, qu'il a fait grand nombre d'Ecrits en langue vulgaire & quelques-uns en Latin, qu'il a été d'abord Evêque de Coventry au Comté de Warwick, puis de Durham, ville dans la partie Septentrionale de l'Angleterre.

ANTI-MULLER ou ANTI-MOLLER.

113. Que pensés-vous de l'Anti-Muller ?
Ce que vous nous faites penser des autres *Anti*, répondit Mr de Brillat. Voulés-vous nous dire que l'*Anti-Muller* ne seroit pas une piéce contre un nommé Muller, comme l'Anti-Mornay, l'Anti-Jansenius sont des Ouvrages écrits contre Mornay, Jansenius.

C'est la premiére pensée qui m'en est venuë, repartit Mr de Rintail, qu'un Anti-Muller doit être contre un Muller; & c'est celle que m'en auroit donné d'ailleurs le P. Sotwel, qui n'en a point eu d'autre lorsqu'il nous a parlé de l'Anti Muller du P. Wolffgang Herman. Il témoigne que l'Ouvrage a été composé en Allemand & imprimé à Maïence l'an 1649. in-8°. Mais il nous le représente sous le titre Latin d'*Anti-Mullerus, seu Responsum contra errores Mulleri Præconis Lutherani Spirensis, & alterius Argentinensis*. Vous voyés que c'est un titre formé sur la matiére de l'Ouvrage ; mais je doute qu'il ait été traduit & copié mot pour mot sur celui que l'Auteur a donné à son Livre. Le voici tel que Mr Lipen nous l'a rapporté au second tome de sa Bibl. Réelle d'Ecrits Théologiques (1). *Anti-Mullerus, das ist, Grundliche Widerlegung derer falschen Aufflagen, so wider die Catholischen Lehre, von dem Geheimnisz der allerheiligsten Dreyfaltigkeit Jesu Christi, Schragmüller in seinem colloquio, und J. G. Dorschæus in seiner Intervention aufzgegossen. Durch Wolffgang Hermann. Mayntz. 1646.* Il n'y a point d'apparence que cet Ouvrage soit autre chose que celui qui est attribué plus haut au P. Herman par le P. Sotwel. La datte de l'impression paroît différente, mais il est visible qu'elle a été troublée par l'Imprimeur de Mr Lipen, qui a renversé le 9. la queuë en haut, comme il lui est arrivé en divers autres endroits. Mais je ne vois pas dans ce titre Allemand, que le nom de Müller soit donné à aucun des deux Adversaires qu'on y refute, nonobstant le premier titre d'Anti-Müllerus. De plus de quarante Auteurs Allemands qui ont porté le nom de Müller, je n'en connois pas un à qui l'Anti-Müller puisse se rapporter.

Pour moi, j'ai toujours recours à Mr de S. Yon, dit Mr de Brillat, lors que vous nous parlés Allemand ou quelque autre langue

---

1 *Pag. 876. Col. 1.*

que je n'entens pas. Il aura la bonté de nous expliquer encore le titre Allemand de l'*Anti-Müller*.

Ce titre, répondit Mr de S. Yon, veut dire à la lettre : *Anti-Müller*, c'est-à-dire : *Exacte Refutation des impostures que Schragmüller dans son Colloque, & J. G. Dorschæus dans son Intervention ont publiées contre la doctrine des Catholiques touchant le mystére de la Toute-Sainte Trinité, &c. Par Wolffgang Herman. A Maïence, &c.*

Cette interprétation, reprit Mr de Rintail, me fait naître une pensée que je soumets volontiers à votre jugement. Il me paroît que l'Auteur a voulu user d'abréviation, & qu'il a dit *Anti-Mullerus* pour *Anti-Schragmullerus*. Il est très-probable que Schragmuller est ce Luthérien Prédicant de la ville de Spire, dont le P. Sotwel a voulu parler, comme il est visible que Dorschæus n'est autre que le Protestant de Strasbourg dont il fait mention au même endroit.

☞ Wolffgang Herman étoit de Franconie, natif d'un village du Diocèse de Bamberg. Il vint au monde l'an 1599. & se fit Jésuite vingt ans après. Il enseigna d'abord les Humanités ; après il s'employa aux Missions & à la Prédication. Il fut Recteur du Collége de Bamberg, Supérieur du Séminaire de Mosheim. Il mourut à Spire le huitiéme jour de Janvier de l'an 1659.

ANTI-MUSÆUS.

114 LEs Allemands ont eu leurs Musées aussi bien que les Grecs. Celui qui a fait le sujet de l'*Anti-Musée* du P. Vite Erberman étoit un Docteur Luthérien de notre siécle. Ayant voulu publier quelque chose touchant les marques de la vraie & de la fausse Eglise, il ne pût s'empêcher d'en écrire suivant les préjugés de sa Secte. C'est ce qui donna occasion au P. Erberman d'écrire contre lui le Livre intitulé *Anti-Musæus*, sive, *Parallela Ecclesiæ veræ & falsæ contra Joannem Musæum Lutheranum*, & imprimé à Würtzbourg l'an 1659. in-4°. Cet Ouvrage, quoique achevé dans son espéce, s'est trouvé néanmoins dans la suite n'être que la première partie de l'Anti-Musæus. Une contestation sur les Versions de l'Ecriture en langue vulgaire, & en particulier sur la Traduction Allemande de Luther, en fit paroître une seconde partie deux ans après sous le titre *Anti-Musæi Pars II, De Bibliis vernaculâ linguâ corruptis à Lutheranis, & Analysi divinæ Fidei*. Imprimé dans la même Ville, & en même forme l'an 1661.

Musée parut être plus sensible à cette seconde attaque qu'à la premiére. La diligence qu'il apporta pour y répondre plutôt qu'à l'autre, fit voir au moins que la chose lui étoit moins indifférente. Il joignit ce qu'il avoit à répondre avec des Notes qu'il avoit faites fur la Bible de Luther, & fit imprimer le tout en un corps à Iéne en Saxe l'an 1663. in-4° fous le titre de *Biblia Lutheri auspiciis Sereniss. Principis Saxon. Ernesti, glossis ac interpretationibus illustrata & Noribergæ excusa, à Viti Erbermanni iterata maledicentia vindicata.* Pour la réponse à la premiére partie de l'Anti-Musée, elle ne vint que plusieurs années après, n'ayant paru qu'en 1671. pour la premiére fois, & en 1678. in-4° pour la seconde.

☞ Je ne vous dis rien de la vie du P. Erberman après ce que j'en ai rapporté plus haut, fous le titre de l'Antarctique. Mais voyons qui étoit Jean Musée.

Il étoit natif d'une petite Bourgade du territoire de Schwarzenbourg, que je ne trouve nommée qu'en Latin *Longo pratum*, & qui s'appelle peut-être, Langwiese ou Langmatte (1), peut-être aussi d'une autre maniére que je ne connois pas. Il nâquit le 7. de Février de l'an 1613. Il étudia d'abord fous son Pere qui étoit Ministre du lieu, & fut envoyé ensuite à Arnstad en Turinge, où il fit sa Philosophie, & suivit son Maître George Groshain à Erfurt, où il fut appellé pour professer la Théologie. Il passa Maître ès Arts en 1635. & il fut établi Professeur de l'Histoire & de la Poësie en 1643. dans l'Université de Iéne (2), puis Professeur ordinaire en Théologie l'an 1646. prit le bonnet de Docteur trois mois après, se maria le même jour, qui étoit le 5. de Mai; & se remaria 27. ans après. Il étoit l'Ancien ou Senieur de l'Université de Iéne, lors qu'il mourut l'an 1681. au commencement du mois de Mai.

1 Fortè Longobratum. *Langbrat.* 2 In Salana.

ANTI-MYLIUS.

115 §. 1. L'ANTI-MYLIUS est encore l'Ouvrage d'un Catholique Allemand contre un Luthérien d'Allemagne, dont je vous ferai l'histoire en deux mots. Georges Mylius avoit publié à Leipfick en 1593. puis à Wittemberg en 1606. un Livre composé en langue vulgaire, dans lequel il prétendoit faire voir fous le nom d'Harmonie; une concorde & un rapport parfait des Peres de l'Eglise & de Luther avec l'Ecriture-Sainte, & montrer que la doctrine de ce dernier est entiérement conforme avec celle des Apôtres. Le

P. Adam Tanner jugea qu'il n'étoit pas encore trop tard de travailler trente ans après à defabufer les Luthériens de cette opinion, & il publia dans cette intention fon *Anti-Mylius*, compofé pareillement en Allemand. Il fut imprimé à Ingolftadt in-8° l'an 1629. & le Titre, qu'il eft inutile de vous repréfenter ici en fa langue, promet au Lecteur de lui démontrer que Luther n'avoit jamais ni compris dans fon efprit, ni enfeigné dans fes Ecrits, ni pratiqué dans fa conduite & fes mœurs la véritable doctrine des Apôtres.

☞ Je ne vous répéterai pas ce que je vous dis hier de la vie de Tanner en abregé, fous le titre de l'Anti-Tanner de Hunnius. Et il ne me refte qu'à vous faire connoître Georges Mylius. Il étoit fils d'un Charpentier & petit-fils d'un Meufnier. Il nâquit à Aufbourg l'an 1548. Après avoir fait fes premiéres études dans fon pays, il alla les continuer dans les Colléges en 1566. à Strafbourg, puis à Tubingue, enfuite à Marpourg. Se voyant paffé Maître ès Arts il fe mit fur les bancs de Théologie, & ayant été rappellé en fon pays l'an 1572. il y fut ordonné Diacre, puis Miniftre, & alla prendre le bonnet de Docteur en Théologie à Tubingue le 10. de Décembre de l'an 1579. S'étant obftiné contre Meffieurs de la ville d'Aufbourg à ne vouloir point recevoir la Reformation du Calendrier, il fut dépofé du Miniftére & de la Sur-intendance fur tous les autres Miniftres du Diocèfe.

Il fe fauva à Ulm, & perdit fa première femme en même tems d'une fauffe couche que cet accident lui avoit caufée. Mais il fe remaria dans cette Ville, & il devint en 1585. Profeffeur à Wittemberg, Chancelier de cette Univerfité, & Prevôt de l'Eglife de la Citadelle. Il ne fut pas long-tems paifible poffeffeur de tant de beaux emplois, & l'année n'étoit pas achevée qu'il fe vid obligé de tout abandonner pour fe retirer à Iéne, où il fut Profeffeur & Miniftre en 1589. mais il fut rappellé à Wittemberg l'an 1603. pour fuccéder à Gilles Hunnius. Il y mourut l'an 1607. le 28. de Mai, jour de la mort de fa premiere femme.

ANTI-THEOPHILE.

115
§. 2. Les Conteftations furvenuës de Catholiques à Catholiques fur des points de difcipline n'ont pas toujours été terminées fans chaleur. Quelque foin qu'on ait apporté pour ne point fortir des bornes d'une jufte modération, je n'aurois point la hardieffe de nier

qu'on eût jamais laché de traits satiriques d'une part ou de l'autre. Si vous jugés que l'ANTI-THÉOPHILE, ne porte pas extérieurement le caractére de Satire, c'est peut-être parce qu'il semble n'attaquer personne en son nom.

Je comprens votre pensée, dit Mr de Brillat : vous voulés nous faire connoître sans doute que l'*Anti-Théophile* n'est pas contre un homme qui a porté véritablement le nom de Théophile ; & qu'au lieu de s'en prendre à la personne, il semble n'attaquer que la matiére traitée dans quelque Livre, ou la maniére dont les choses pourroient avoir été traitées dans le Livre.

Je serois ravi, réprit Mr de Rintail, que tout le monde eût la même pensée que vous. Et pour vous faire voir tout d'un coup le fondement de cette pensée, je vous déclare sans détour que l'Anti-Théophile n'en veut qu'au titre d'un Livre appellé *Théophile Paroissial* dont l'Auteur véritable passe encore pour entiérement inconnu (1).

Quoi, répartit Mr de Brillat ? Seroit-ce le Théophile Paroissial qui fit tant de bruit à Lyon durant les guerres de Paris ?

C'est lui-même, répondit Mr de Rintail. Vous me faites plaisir de vous en souvenir. Cela me dispensera de vous en dire davantage. Aussi bien faut-il vous laisser aller. Je finirai donc notre conversation par deux mots que je vous dirai de l'Anti-Tortor.

Faut-il donc, lui dis-je, que la belle mémoire de Mr de Brillat soit cause que nous perdions Mr de S. Yon & moi l'occasion d'apprendre l'Histoire de votre Anti-Théophile ?

Arrêtons-nous un moment, dit Mr de Rintail, en faveur de Mr de Verton. Et pour ne le pas mécontenter, faisons au moins quelque abrégé de ce qu'il souhaite de nous.

Un Capucin Flamand qui ne s'étoit fait connoître d'abord que par les lettres initiales de R. P. B. B. C. P. & qui depuis a passé pour le *Rev. Pere Bonaventure Baffean Capucin Prédicateur*, s'étoit avisé vers l'an 1633. de composer un Livre Latin touchant les devoirs des Fidéles à la Paroisse. Cet Ouvrage qui étoit écrit suivant des lumiéres qui n'avoient pas été puisées dans les Maximes ordinaires des Réguliers, tomba entre les mains d'un Abbé de l'Ordre des Chanoines Réguliers nommé Robert qui possédoit l'Abbaye de Hennin auprès de Douay.

Cet Abbé ayant jugé que l'Ouvrage n'étoit pas indigne de la lumiére, le fit éxaminer par les Censeurs ordinaires des Universités de Louvain & de Douay : & s'étant muni de leurs Approbations

---

1. 15. Lettre de Louis de Montalte.

avec le Privilége du Roi, il le dédia au Cardinal François Barberin, & le fit imprimer à Anvers l'an 1635. in-8° fous le titre de *Theophilus Parochialis*, feu, *De quadruplici debito in propria Parochia perfolvendo : Concionis, Miffæ, Confeffionis Pafchalis, Pafchalifque Communionis. Per R. P. B. B. C. P.* C'étoit une efpéce de fuite ou d'augmentation à un autre Ouvrage que le même Auteur avoit écrit auparavant & qu'on avoit imprimé l'année précédente, fans fa participation fous le titre de *Parochianus obediens.* L'Abbé qui avoit encore fait ce préfent au Public nous apprend dans un petit avertiffement aux *Paroiffiens zélés* que l'Auteur de l'un & l'autre s'appelloit de fon vrai nom *Louis le Pippre*; qu'il avoit vécu dans le fiécle avec la qualité de *Licentié en Théologie*; qu'il avoit été Profeffeur en Philofophie dans le Collége Royal à Douay; qu'il fe fit Capucin dans la fuite; qu'il fut Gardien, puis Lecteur ou Profeffeur en Philofophie & en Théologie dans le Couvent de Liége.

L'Ouvrage fut réimprimé vingt-deux ans après dans la ville de Paris in-12. fous le titre de *Parochophilus* chès Huré & Leonard par les foins d'un Prêtre qui s'eft appellé Timothée Cleritime, & qui a fait une grande Differtation aux Curés de Paris aufquels il dédie cette nouvelle édition.

Mais des quatre parties de cet ouvrage, celle qui concerne la Meffe de Paroiffe, parut fi importante à Mr Puys Curé de Saint Nizier à Lyon, qu'il voulut la traduire en François pour l'ufage du commun des Fidéles du Royaume. Il fit imprimer fa Traduction avec privilége & approbation l'an 1649. in-8° à Lyon fous le titre de *Théophile Paroiffial de la Meffe de Paroiffe, par le R. P. B. B. C. P. traduit du Latin de l'Auteur par Benoît Puys Docteur en Théologie, Chanoine, Sacriftain, & Chef du Chapitre de l'Eglife Collégiale & Paroiffiale de Saint Nizier de Lyon, Juge Lieutenant en la Primatie de France.* L'ouvrage eft dédié aux Prélats du Clergé de France, & il y avoit lieu d'efpérer que cette vuë pourroit contribuer à le faire recevoir favorablement de tout le monde.

Mais n'ayant pû diffimuler qu'il avoit entrepris ce travail pour s'oppofer à la *liberté de quelques Prédicateurs, membres d'une Compagnie Reguliére* qu'il honoroit beaucoup, *qui s'étoient échappés à déclamer publiquement contre la Meffe de Paroiffe*, &c. il s'attira la petite tempête dont Mr de Brillat vient de nous parler fous le nom de ces bruits excités dans l'Eglife de Lyon pendant la guerre de Paris.

La tempête commença par un petit Livre d'un Auteur (1) Anony-

[1] B. S. J. pag. 323.

me qui parut à Lyon sans privilége & sans approbation l'an 1649. in-12. sous le titre de l'*Anti-Théophile Paroissial*, ou *Réponse au Livre qui porte pour titre, le Théophile Paroissial de la Messe de Paroisse*. Il ne se peut rien ajouter au zèle de l'Anonyme pour la défense des prétentions des Réguliers. Non content de dire que le Traducteur a *augmenté de son nom le Catalogue des Anti-Réguliers* Wicleff. Jean de Polliac, Guillaume de S. Amour, Odon, Siger, Hallier, Aurele, &c. il prétend que ce *Capucin* (qu'il appelle *sans nom* parce qu'il n'étoit pas encore connu en France) *est un phantôme, & un Auteur supposé. Que le vrai Auteur de ce Livre est un Ecclésiastique séculier qui ne voulant point se faire connoître pour celui qu'il étoit, & cherchant encore un avantage pour battre à couvert les priviléges des Réguliers, a pris le nom d'un Régulier; & s'est caché en Ulysse madré sous ce bouclier emprunté.*

Anti-Théophile.

L'Anonyme qu'on auroit crû n'avoir eu d'autre intention que d'examiner ce qui concernoit les devoirs des Fidéles pour la Messe de Paroisse, ne laissa point de toucher souvent à la personne du Traducteur qu'il vouloit bien considérer comme son Adversaire. Il s'en forma une querelle personnelle qui fut accompagnée de quelque ombre de scandale parmi le peuple.

Le Traducteur de Théophile Paroissial se trouvant offensé par l'Anti-Théophile, entreprit de le faire connoître au Public. Ce fut dans cette intention qu'il mit au jour l'an 1649. in-8° dans la ville de Lyon un nouveau Livre contre lui, sous le titre de *Réponse Chrétienne à un Libelle anonyme, honteux & diffamatoire*, intitulé, *Anti-Théophile Paroissial. Faite par Benoît Puys, Docteur*, &c. L'Auteur qui dédie encore cet Ouvrage aux Prélats du Clergé de France, nous apprend que l'Anti-Théophile avoit été débité & *vendu le jour de l'Assomption de Notre-Dame par des Religieux, dans la Chapelle d'une Congrégation dédiée à la Vierge, à des personnes qui sortoient du Tribunal de la Pénitence & de la Communion*. Il ajoute que le Livre ne *revenoit pas à deux sols, mais qu'il en fut vendu quatre, & que ce fut au profit de ces Reguliers qui en reçurent l'argent, avec un benefice de cent pour cent.*

L'Auteur de l'Anti-Théophile ne fut point insensible aux reproches de Mr Puys. Mais voyant qu'on traitoit son Ouvrage de Libelle diffamatoire, & qu'on prétendoit tirer avantage contre lui de ce qu'il s'étoit rendu Anonyme sans donner sa caution, conformément au Réglement du Concile de Trente, il voulut remédier à cet inconvénient dans la Replique qu'il fit à la Réponse Chrétienne de son Adversaire. Il commença par se donner un nom, un surnom, & une qualité. Après il prit diverses approbations, de deux Carmes, d'un

Augustin, & d'un Jacobin, qui furent suivies d'une permission d'imprimer. De sorte que son Livre composé de huit Chapitres, parut avec autorité l'an 1649 in-8° à Lyon chés Antoine Cellier, sous le titre d'*Apologie pour l'Anti-Théophile Paroissial contre la Replique injurieuse, & les plaintes injustes de Mr Benoit Puys, où de nouveau est solidement établi le privilege des Eglises des Réguliers. Par Paul de Cabiac, Prêtre Régulier.*

Je ne vous dirai rien des impressions que ce dernier Ouvrage a pû faire dans l'esprit de Mr Puys, & de ses amis : mais je puis raisonnablement présumer que toute la querelle se termina enfin par une bonne reconciliation de cet Auteur avec celui de l'Anti-Théophile, qui mourut à Arles dix ans précisément après la publication de cette derniére Apologie, âgé de 69. ans. Leur accommodement se fit publiquement, & de la meilleure grace du monde; comme il paroit par un Acte qui en fut dressé le 25. jour de Septembre de l'an 1650. en présence des principaux du Clergé de la Ville, des Magistrats, & premiers Officiers, de trois Gentils-hommes, & de quelques-uns des premiers Bourgeois, qui ont tous signé l'original de la Declaration, avec Mr Puys & l'Auteur de l'Anti-Theophile.

☞ L'OCCASION que l'Anti Theophile m'a donnée de vous parler des contestations sur la Hiérarchie entre les Pasteurs & les Réguliers, me fait souvenir de ce que je vous ai dit plus haut (1) de l'*Anti Moine* de Mr l'Evêque de Belley. Je vous faisois remarquer que l'industrie & les soins que ses adversaires avoient apportés pour le supprimer, pouvoient être cause qu'il ne m'en étoit pas encore tombé d'exemplaire entre les mains. Mais je ne songeois pas qu'un de mes amis m'en avoit apporté un, qui m'étoit échappé je ne sai comment, & qui m'étoit peut-être glissé des mains par sa petitesse. En effet, ce n'est qu'un Livre d'une feuille & demie, ou de 24. pages in-8°, imprimé l'an 1632. sous le titre de l'*Antimoine bien préparé, ou Défense du Livre de Mr l'Evêque de Belley, intitulé, le Directeur desinteressé. Contre les Réponses de quelques Cœnobites. Par B. C. O. D.*

ANTI-TORTOR.

116 **V**Oici un *Anti* capable de réjouir Mr de Verton, continua Mr de Rintail en me souriant, s'il aspire à la fin de notre conversation. C'est le dernier de ceux des Auteurs Catholiques que j'aye à vous alléguer, & généralement de tous ceux que j'aye recueillis en matiére de Théologie.

Je vous répondrai une autre fois, lui dis-je, croyés seulement que si je souhaite de vous voir finir, ce n'est que pour me saisir de votre cahier, & pour l'emporter chés moi, le relire à mon aise, & en faire l'usage que vous savés.

L'*Anti-Tortor*, réprit Mr de Rintail, tout *hybride* qu'il est, ne laissera pas de vous plaire par sa bizarrerie. On peut dire même en sa faveur qu'il ne méritoit pas d'être confondu parmi les autres *Anti* personnels. Ce n'est point au nom ni à la personne de son Adversaire qu'il en veut, c'est plutôt à la qualité odieuse que l'Adversaire, Anonyme d'ailleurs, s'est donnée dans le Livre que l'*Anti-Tortor* a entrepris de réfuter. En un mot, l'*Anti-Tortor* dont j'ai à vous parler est la même chose en Latin qu'un *Anti-Bourreau* en termes appellatifs.

Il n'est pas extraordinaire, dit Mr de Brillat, que les gens de cette profession soient exécutés par leurs confréres. Mais s'est-il trouvé quelqu'un assés misanthrope parmi les gens de lettres pour aimer cette qualité, & s'en glorifier à la tête d'un Livre ?

Je veux vous satisfaire, répartit Mr de Rintail, par un mot que je vous dirai de l'histoire de l'*Anti-Tortor*. Car pour le détail de l'affaire, je le laisse volontiers à ceux qui ont a traitter des Auteurs déguisés. Vous saurés que le Cardinal Bellarmin se trouvant engagé d'écrire contre le Roi de la Grand'Bretagne, & voulant en même-tems garder la bien-séance avec les égards qui étoient dûs à une Majesté, crût qu'il seroit plus respectueux de ne point paroître à la tête de son Ouvrage. Il emprunta le nom de son Chapelain ou son Aumônier, qui n'ayant point de rang dans le monde pouvoit agir & paroître sans conséquence & sans ménagemens. Ce Chapelain s'appelloit *Matthæus Tortus* en Latin, & nos Ecrivains François se sont contentés de l'appeller Matthieu le Tortu. Mais les Anglois y ont entendu d'autres finesses. L'Evêque d'Ely entre les autres (c'étoit Lancelot Andrew, qui portoit ordinairement la qualité de Chapelain du Roi de la

Anti-Tortor. Grand'Bretagne) porta son raffinement jusques à vouloir jouer sur le nom de Tortus, qu'il savoit bien n'être que le masque de Bellarmin, & il intitula sa réponse au Livre de ce Cardinal *Tortura Torti* (1), Titre qui ne vaut guére mieux qu'un *Anti-Tortus*. Si *Tortus* suppose *Tortura*, on ne peut pas nier que *Tortura* ne suppose aussi *Tortor*, comme *Censura* suppose *Censor*. Ainsi vous voyés que l'*Anti-Tortor*, attaquant un Livre, dont l'Auteur ne s'est fait connoître que par le Titre Latin de *Tortura-Torti*, est lui-même un Titre raisonné, qui marque plus d'esprit que les *Anti* du commun.

L'Auteur de l'*Anti-Tortor Bellarminianus* étoit un Jésuite d'Allemagne nommé George Stengelius qui le fit imprimer à Ingolstadt vers la fin de l'an 1610. in-8°. On le vid en Angleterre & on n'en fut pas content, autant qu'on peut le conjecturer par les Ecrits des Protestans Insulaires de ce tems-là. Je ne sai si Lancelot Andrew affecta de paroître indifférent, ou s'il se déchargea sur quelqu'un de ses amis du soin de répondre, pour ne pas s'exposer à être trahi en montant une seconde fois sur le théatre. Il paroît au moins qu'un Docteur de son tems nommé Jean Gordon Théologien de l'Eglise Anglicane, Doyen de l'Eglise de Salisbury avoit entrepris de le vanger de l'Anti-Tortor en répondant à Stengelius. C'est ce que semble supposer une Réplique de Jacques Gretser au livre *Tortura-Torti*, pour la défense de son Confrére Stengelius. Elle fut imprimée à Ingolstadt l'an 1611. in-4° sous le titre de *Tonsura Gordoniana, seu Anti-Tortor Bellarminianus bene tonsus & Jacobo Regi remissus*. On ne savoit peut-être pas encore en Allemagne le nom de l'Auteur, & quelques-uns soupçonnoient ce Gordon de l'avoir fait.

Stengelius étoit né dans la ville d'Ausbourg l'an 1585. & entré chés les Jésuites seize ans après. Il enseigna parmi eux les Humanités pendant quatre ans, la Philosophie pendant six, la Théologie Scholastique pendant huit ans. Il enseigna aussi la Théologie Morale, mais pendant un an seulement. Il fit les quatre Vœux l'an 1620. passa Docteur de la Faculté d'Ingolstadt, fut Recteur du Collége de Dilling. Il mourut le dixiéme jour d'Avril de l'an 1651.

Pour Lancelot Andrews (2) il étoit natif de la ville de Londres. Il vint au monde l'an 1555. & fit ses Etudes dans son pays & dans l'Université de Cambridge où il prit les Dégrés ordinaires. Il fut Docteur en Théologie de la Maison & Société de Pembrok dans cette Université, puis Doyen de Westminster. Après il fut Chappelain & Aumônier du Roi Jacques I. qui le fit Evêque de Cichester. Il fut

1 *Impr. en* 1609.   2 *Lat.* Ladislaus. Andreas.

I. PART. CHAP. VIII. ANTI DES CATHOLIQUES. 251

sacré à la maniére Anglicane le 3. de Novembre de l'an 1605. Quatre ans après il fut transferé à l'Evêché d'Ely dont il prit possession vers le commencement de l'an 1610. *Anti-Tortor.*

Enfin il passa de cet Evêché dans celui de Winchester dont il mourut Evêque le 21. de Septembre de l'an 1626. âgé de 71. ans.

C'est, Messieurs, tout ce que j'avois à vous lire aujourd'hui, ajouta Mr de Rintail en quittant le cahier. Permettés-moi de prendre le change, & de vous écouter à mon tour.

Pour moi, dit Mr de Brillat, je suis si content de la conversation, que je ne serois point d'avis d'y mêler rien d'étranger. Je prétens n'occuper ma mémoire pour le reste de la journée que de ce que je viens d'entendre. J'ai trouvé la conversation courte, mais, graces à la prévoyance de Mr de Verton qui a condamné votre porte, c'est pour n'avoir pas eu d'interruption. L'agrément & la diversité des matiéres ont encore contribué beaucoup à me la rendre telle. Songés que nous avons encore besoin de votre poûmon pour le reste de vos *Anti*, & qu'il faut nous chasser pour l'épargner.

Mr de Brillat se leva aussi-tôt & moi avec lui. Mr. de Rintail en nous congédiant nous marqua le Samedi suivant à trois heures pour notre retour. Mr de Brillat s'en alla de l'Hôtel de Valbeil au Cabinet pour y apprendre les nouvelles, & moi droit au logis avec le cahier de Mr de Rintail sur lequel j'ai disposé cette troisiéme Relation de nos Conversations que je vous envoye avec toute la fidélité possible.

Je suis, Monsieur,

Votre très, &c.

Alb. Lain. de VERTON.

SATIRES PERSONNELLES

QUATRIE'ME ENTRETIEN,

Suite des Prédécesseurs de l'Anti - Baillet.

Entre Messieurs de Saint Yon, de Rintail, de Brillat, Bertier d'Allure, & de Verton.

Envoyé à Mr de la Cour d'Oronne.

SECONDE PARTIE.

ANTI dans les Sciences humaines,

CHAPITRE I.

De ceux qui regardent la Politique & le Droit.

Nous étions convenus, Mr de Brillat & moi en nous quittant, que nous ne nous chargerions pas l'un de l'autre pour se remener à l'Hôtel de Valbeil, mais que le premier arrivé attendroit l'autre chés Mr de Rintail ; je m'y rendis le Samedy un peu avant trois heures ; & Mr de Rintail qui étoit descendu pour un moment, fut surpris en remontant de me trouver avec Mr de S. Yon. Mais je le fus encore plus de le voir suivi, non pas de Mr de Brillat que j'attendois, mais de Mr Bertier d'Allure, que je n'attendois pas. J'ai su depuis qu'ayant appris notre secret de Mr Terlaine, Mr de Brillat n'avoit pu se défendre de lui au sortir du Cabinet. Mr Bertier étoit ami de Mr de Rintail, & le consultoit souvent dans ses études : il avoit même apporté une partie de son Traité Historique & Geographique des Forêts & autres Bois de la Terre pour le lui faire voir après notre conversation. Comme ils s'étoient joints avant que je

II. Part. Chap. I. Anti en Politique et en Droit. 253
les eusse apperçus : il ne fut plus question de civilités quand ils entrèrent, si ce n'est à l'égard de Mr de S. Yon.

ANTI-CARAMUEL.

117 CE matin, dit Mr de Rintail en prenant son cahier, j'ai vérifié l'opinion où sont bien des gens, qui estiment que les contestations sur les choses humaines n'approchent que de loin celles qui touchent la Religion, sur tout si on les envisage par l'ardeur & l'animosité avec laquelle on les a poussées. C'est une réfléxion que m'a fait faire le petit nombre des *Anti* que je ramassois sur les sciences humaines pour faire le sujet de notre conversation. Je doute que vous puissiés avoir d'autres sentimens quand je vous aurai donné lieu de conférer ce que vous allés entendre avec ce que vous entendîtes Mercredi & Jeudi dans nos deux dernières conversations.

§. I.

Je commence par les *Anti* qui regardent la Politique & le Droit, & je trouve l'*Anti-Caramuel* à leur tête. Car je vous ai averti plus d'une fois qu'il ne s'agit ni du mérite ni de l'ordre des tems dans le rang de nos *Anti*. L'Anti-Caramuel est un Ouvrage de contestation d'Etat ou de Controverse politique touchant le Royaume de Portugal. Vous savés l'histoire de la séparation de cette Couronne d'avec celle d'Espagne. C'est un des événemens les plus considérables de notre siécle, & ce seroit perdre le tems que d'en discourir avec vous.

Pour me réduire précisément à ce qui ne regarde que notre *Anti-Caramuel*, je me contente de vous faire remarquer que le fameux Caramuel étoit l'un des plus zélés d'entre les Partisans de la Couronne de Castille ; & l'on n'en sera point surpris, si l'on considére quel étoit son tempérament, quels étoient les engagemens de sa naissance & de son éducation. Dès le commencement des soulevemens qui se firent en Portugal pour secouer le joug de la domination Espagnole, il prit la plume pour faire valoir les droits ou les prétentions du Roi Philippe II. en faveur de son petit fils le Roi Philippe IV. & il fit imprimer à Anvers un grand Livre écrit en Latin sous le titre de *Philippus Prudens, Caroli Quinti Imperatoris filius Lusitaniæ, Algarbiæ, Indiæ, Brasiliæ, &c. legitimus Rex demonstratus*. Cet

Ouvrage parut dès la fin de l'an 1638. c'étoit l'année même de la mort de Dom Manuel de Portugal, qui étoit décédé le 22. de Juin.

Ce Dom Manuel étoit fils de Dom Antoine de Portugal, qui ayant pris la qualité de Roi en 1580. après la mort de son oncle le Cardinal Henri, successeur de Dom Sebastien à la Couronne, avoit été défait à la bataille d'Alcantara par l'Armée de Philippe II. sous le commandement du Duc d'Albe, & étoit mort à Paris l'an 1595.

Dom Antoine étoit fils legitime (comme tout le monde en convient) de Louis Duc de Beja, oncle de D. Sebastien & frére du Roi D. Henri Cardinal.

Dom Louis Duc de Beja étoit fils de D. Emmanuel ou Manuel Roi de Portugal, puîné du Roi Jean III. mais aîné du Roi Henri Cardinal. De sorte que si D. Manuel de Portugal étoit fils legitime du Roi D. Antoine réfugié en France, il pouvoit avec justice se récrier contre la domination Espagnole, & protester de nouveau contre l'usurpation de Philippe II.

Cependant c'est de ce D. Manuel que Caramuel a prétendu tirer les Mémoires qu'il a mis en œuvre contre la Maison de Portugal en faveur de Philippe II. & de ses successeurs. Il semble même que D. Manuel ait eu beaucoup de part à la composition du Livre *Philippus Prudens*. Si l'on en croit Caramuel, & D. Nicolas Antonio après lui, D. Manuel avoit reçu de son Pere D. Antoine de Portugal ce grand nombre de papiers & de Mémoires manuscrits qui servoient à détruire leurs prétentions, & à établir les droits de la Maison d'Autriche. Mais comme D. Manuel avoit laissé en mourant tous ces papiers en pur don à Caramuel, comme un gage de leur amitié, l'autorité & le poids de tous ces papiers ne put plus rouler que sur la bonne ou la mauvaise foi de Caramuel, c'est-à-dire, d'un des grands *Habladores y Burladores* d'entre les Savans de son siécle.

On ne fit pas grand cas de son Livre en France, & l'on fit assés connoître en Portugal qu'on n'y avoit point grand égard, lors qu'on publia un Manifeste au nom de tout le Royaume pour faire valoir le droit de la Maison Royale, & restituer la Couronne à D. Jean IV.

Caramuel ne manqua point de répondre au Manifeste. Mais comme cette piéce étoit en langue vulgaire, il ne jugea point à propos de faire sa Réponse en Latin, comme son Livre précédent. Ce second ouvrage fut imprimé l'an 1642. in-4° dans la même ville d'Anvers sous le titre de *Respuesta al Manifiesto del Reino de Portugal*: &

réimprimé vingt-deux ans après à Sant-Angelo, où Caramuel entretenoit une Imprimerie à ses dépens, qualifiée d'Imprimerie Episcopale pour l'impression de ses propres Ouvrages. Mais comme le livre ne pouvoit être à l'usage de ceux qui ignoroient l'Espagnol, un des disciples ou des amis de Caramuel nommé Leandre Bandtius le tourna en Latin, & publia sa Traduction à Louvain l'an 1643. in-4°. sous le titre de *Joannes Brigantinus Lusitaniæ, Algarbiæ, Indiæ, & Brasiliæ illegitimus Rex demonstratus.*

Anti-Caramue..

C'est contre cette Réponse, que l'*Anti-Caramuel* a paru dans le monde pour la défense du Manifeste du Royaume de Portugal. Il a eu pour Auteur un Portugais nommé Emmanuel Fernandès de Villareal. Cet Auteur étoit Consul de la Nation Portugaise pour le negoce à Rouen en Normandie, lors qu'il composa cet ouvrage mais il le publia à Paris l'an 1643. in-4° sous le titre d'*Anti-Caramuel, ò, Defença del Manifesto del Reino de Portugal à la Respuesta que escrive Don Juan Caramuel Lobkowitz Abbad de Melrosa, &c. Por el Capitan Man. F. de Villareal.*

Il a eu le jugement de prévoir que le titre d'*Anti-Caramuel* pourroit surprendre ses Lecteurs, & je l'estime plus excusable que la plupart des autres Auteurs d'*Anti* qui n'ont pas daigné même nous faire voir qu'ils avoient raison d'employer ce titre. Villareal n'a point montré tant de fierté envers le Public: & si ce public n'a pas été entiérement satisfait des raisons qu'il allégue pour la justification de son titre, au moins doit-il être content de l'intention qu'il a euë de le justifier & de lui en faire des excuses. Je veux vous rapporter la maniére dont il s'en est expliqué à la fin de sa Préface dans les termes mêmes de sa Langue, parce qu'ils sont intelligibles à toute la compagnie: He intitulado, dit-il, este Libro *Anti-Caramuel* por
" que en su respuesta dice, mostrando su ignorancia, o su malicia,
" me parecio titulo adequado y proprio del sugeto. Ademas que
" pues vuo Anti-Papa, y hade aun Anti-Christo parece conveniente
" que haya tambien Anti-Abbad, ò Anti-Caramuel que es lo
" mismo.

§. II.

Nous étions Mr de Brillat & moi accoutumés à laisser dire Mr de Rintail, & nous affections de ne lui point faire d'objections, parce que nous avons remarqué que les interruptions étoient d'autant moins nécessaires qu'il avoit coutume de prévenir nos difficultés. Mr Bertier d'Allure qui étoit tout neuf dans nos conver-

Anti-Caramuel. fations l'interrompit. Je ne puis m'empêcher de vous avouer, dit-il, que vous venés de troubler un peu l'idée que je m'étois formée de l'*Anti-Caramuel* sur quelques citations que j'avois vuës de lui dans quelques-uns de nos Modernes, je n'avois point compris que ce fut un Ouvrage de Politique.

Prenés garde, répondit Mr de Rintail, de ne point confondre deux Anti-Caramuels qui se trouvent très-distingués par la différence de leurs Auteurs, & de leurs sujets. Je ne doute point que l'*Anti-Caramuel* dont vous vous étiés formé l'idée, ne soit celui d'un Auteur qui m'est inconnu d'ailleurs, & qui n'a voulu paroître en public que sous le masque d'Humanus Erdemannus. J'ai travaillé inutilement jusqu'ici pour en pouvoir rencontrer un exemplaire. Si c'est celui que vous aviés dans la pensée, c'est à vous à nous en instruire.

Je ne sai de l'Anti-Caramuel, repartit Mr Bertier, que ce que j'en ai lû dans le premier mois des Nouvelles de la République des Lettres où je me souviens d'avoir trouvé la mesure que l'Auteur avoit faite de l'esprit, de l'éloquence & du jugement de Caramuel. La circonstance de tant de mesures différentes m'a paru si singuliére qu'elle ne m'est point échappée de la mémoire. Quand cet accident me seroit arrivé, la répétition qui en a été faite dans le Journal des Savans, &c. auroit été capable de réparer la chose.

C'est justement l'*Anti-Caramuel* d'Humanus Erdemannus qui fut imprimé cinq ans après l'Anti-Caramuel de Villareal, dans une ville qui m'est inconnuë tant sous le nom de Trimonade que sous celui de Friedmonar.

☞ Caramuel étoit fils d'un Gentil-homme de Luxembourg & d'une Dame Allemande de la Maison des Lobkowitz. Mais il naquit à Madrid le 23. de Mai de l'an 1606. Il fut élevé en Espagne où il fit ses premiéres études. Il fit sa Philosophie dans l'Université d'Alcala, au sortir de laquelle il entra dans l'Ordre de Cisteaux. Il fit profession dans la Maison de l'Epine au Diocèse de Palencia dans la Castille. On lui fit commencer de nouveau sa Philosophie dans le Monastére de Monteramos au Diocèse d'Orense dans la Galice. Après on l'envoya dans l'Université de Salamanque faire sa Philosophie sous Manrrique. De là il retourna en celle d'Alcala où il enseigna la Théologie pendant trois ans, au bout desquels il fut fait Abbé de Melrose en Ecosse dans le Diocèse de S. André, & chargé d'un emploi aux Pays-Bas dont l'Officier s'appelle *Comes*, puis créé Vicaire général de son Ordre pour l'Angleterre, l'Ecosse,

&

& l'Irlande. Cela le fit paſſer aux Pays-Bas pour s'établir dans l'Univerſité de Louvain où il enſeigna encore la Théologie, & fut Prieur de ſa Maiſon. Cela ne l'empêchoit pas de prêcher en Latin à la Cour de Bruxelles avec grande aſſiduité, & de ſe mêler encore bien avant dans les affaires du monde. Le Roi Philippe IV. le fit Abbé de S. Diſibod ou de Diſſembourg au bas Palatinat dans le Diocèſe de Maïence, je ne ſai par quel droit. Il s'y tranſporta & fut fait Evêque ſuffragant de l'Electeur ſous le titre de Miſſy. De là il ſe fit appeller par l'Empereur Ferdinand III. pour recevoir la ſupériorité des Benedictins de Montferrat établis à Vienne & à Prague. Après ſuivirent les différentes cataſtrophes de ſa vie ambulante qui vous ont été marquées par l'Auteur des Jugemens des Savans. Enfin ayant voltigé par divers Evêchés de l'Allemagne au Royaume de Naples, & de là au Milanés, il mourut l'an 1682. dans les bras de ſa derniére Epouſe, je veux dire dans l'Egliſe de Vigevano.

ANTI-CHOPPIN.

118 PArmi les diſgraces qui peuvent arriver à une bonne cauſe, continua Mr de Rintail, j'ai toujours conſidéré particuliérement celle d'être tombée entre les mains d'un Avocat bouffon & mal intentionné. C'eſt une penſée que je ne pouſſerai pas plus loin, afin de vous laiſſer le plaiſir d'en faire l'application à l'ANTI-CHOPPIN ſur le ſimple recit que je vous ferai de cette Satire.

Elle a pour titre: *Anti Chopinus*, ſeu, *Epiſtola congratulatoria M. Nicodemi Turlupini ad M. Renatum Chopinum S. Unionis Hiſpanitalogallicæ Advocatum incomparabiliſſimum* imprimé in-4° de petit papier l'an 1592. ſans nom de lieu, *anno à Liga nata ſeptimo, & ſecundùm alios quintodecimo, calculo Gregoriano*. L'Ouvrage eſt écrit d'un ſtyle burleſque en des termes écorchés du Latin. La cauſe que cet Auteur Turlupin avoit entrepriſe contre Choppin ne pouvoit être plus noble ni plus importante comme vous l'allés voir, mais on peut dire que rien n'étoit plus propre pour la déshonorer & pour la faire perdre que les moyens qu'il y a employés, ſi elle avoit eu beſoin de la plume de ce bouffon pour ſa défenſe.

René Choppin d'Angers Avocat au Parlement de Paris, homme dont la réputation tient encore aujourd'hui les eſprits aſſés partagés dans le Palais, s'étoit trouvé inconſidérement engagé dans le parti de la Ligue, ſoit par des vûës d'interêt, ſoit plutôt par l'ignorance du Droit commun & de ses devoirs. Dans cet engagement aveugle il avoit eu le malheur d'écrire contre le Roi & le Parlement en faveur des Factions Espagnole & Romaine qui animoient la Ligue ou la sainte Union, pour parler comme nos ennemis de ces tems-là. Le Livre de Choppin étoit le fruit des vacations de l'an 1591. & il l'avoit fait paroître à la S. Martin suivante (1). On peut dire que c'étoit un libelle séditieux plutôt que l'ouvrage d'un Jurisconsulte François récompensé par son Prince de Lettres d'anoblissement pour avoir bien écrit du Domaine de France. Parmi les diverses conclusions qu'il y tiroit des Propositions de l'Ecriture ou des Canons que nous recevons, en voici une qui ne cedoit en rien en impertinence à aucune des autres :

Sur la Proposition (2) *Christus dedit Petro potestatem condonandi peccata*, il concluoit, *Ergo Papa Gregorius Sfondratus XIV. habet potestatem deturbandi Regem Henricum de suo Solio, & dandi Regnum Franciæ in prædam primo occupanti* : & pour prouver sa thèse il avoit eu la sottise d'alléguer entre autres choses ridicules un Vers de Virgile où il est dit :

Tu regere imperio populos Romane memento.

Tout homme de bon sens auroit jugé aussi-bien que Nicodème Turlupin que le libelle de Choppin étoit indigne d'une réfutation sérieuse : on auroit pris le parti de le mépriser ou d'en demander la punition. Les moins discrets se seroient contentés de tourner Choppin en ridicule, sans commettre la bonne cause. Mais il falloit être aussi bouffon que Turlupin pour croire qu'une matiére de cette nature fût susceptible du genre burlesque, pour en faire une farce de Tabarin ; en un mot, pour l'exposer à nos yeux sous le titre d'*Anti-Choppin*.

Je comprens bien, dit Mr de Brillat, que Turlupin n'avoit point de vocation pour la défense de la Souveraineté de nos Rois contre l'ambition démesurée de la Cour de Rome. Mais hors cela il me paroît que Choppin avoit assés bien rencontré son homme.

Oui, repartit Mr de Rintail, comme un cheval de carosse peut rencontrer un Palfrenier qui sait chanter, sisler & goguenarder en l'étrillant.

Alors je me tournai vers le jeune Mr de S. Yon, & lui demandai

---

1 A Paris chés Guillaume Bichon ruë S. Jacques.   2 *Gratul. p.* 11. *& p.* 60. *&* 59.

II. PART. CHAP. I. ANTI EN POLITIQUE ET EN DROIT. 259

s'il avoit jamais lu cet Anti-Choppin, & s'il y avoit rencontré des Turlupinades qui l'eussent diverti ?

Cette Piéce est remplie, me répondit-il, & il y en a plusieurs qui m'ont fait rire encore plus que le Merlin Coccaie & plus que tous nos Burlesques François. Mais il s'en trouve aussi qui sont si basses & si fades qu'elles ont pensé m'oster par deux ou trois fois le courage d'achever cette lecture de divertissement. Je pourrois, continua Mr de S. Yon, vous nommer entre autres Turlupinades, l'étymologie qu'il apporte du nom de *Choppin*, qu'il dérive à *bibendo*, *vel choppinando : quia*, dit-il, *si choppinnificentissimus Magister Choppinus choppinando non choppinaret choppinaliter de choppina choppinabili, profectò dictus Choppinus non mereretur Choppinificum nomen Choppinatoris quod ei inditum est à Choppinatione.*

Choppinus vient donc à *choppinando* lui dis-je ? Oui, me répondit-il, comme l'inventeur du *Bajulerus* pourroit dire que *Bajulus* vient à *bajulando* ; c'est-à-dire, comme la mere vient de son enfant, & la source de son ruisseau.

Mr de S. Yon s'appercevant qu'il avoit mis la compagnie en humeur de rire, & jugeant que Mr de Rintail pourroit avoir besoin de quelque intermede pour se délasser de sa lecture, continua en ces termes. L'Auteur de l'*Anti-Choppin*, qui s'est appellé, *Magister Nicodemus Turlupinus de Turlupinis Decretorum candidatus & Logista*, pourroit passer pour un Etymologiste grossier auprès de Frere André de l'Escouvette, Gardien des Cordeliers de Mehun sur Loire, qui étoit le pays de Clopinel, comme vous le savés. L'Escouvette ou plutôt le Bouffon inconnu (1), qui s'est donné ce nom en Latin a fait une addition à l'Anti-Choppin que l'on trouve à la fin de cette Satire avant le petit Poëme Macaronique de Pullifage qui lui sert de conclusion. Dans cette addition il rejette l'étymologie apportée par Turlupin, non pas qu'il la trouve mauvaise ou fausse, mais parce qu'il prétend en avoir trouvé une plus naturelle & plus simple qu'il veut substituer à sa place. *Choppinus*, dit-il, vient du mot *Plato*, changeant *Pla* en *Cho*, *to* en *pi*, & ajoutant *nus*.

Ah, m'écriai-je ! je ne douterai plus doresnavant que *Laquais* puisse venir de *Verna* ; & *Larigot* de *Fistula*. *Jargon* viendra aussi de *Barbarus*, non point par le long chemin & les détours que lui a fait prendre l'heureux Etymologiste de nos jours (2), mais par les voies courtes de Frere André de l'Escouvette. On dira qu'il suffit de chan-

---

1 Andr. à Scopa seu Scopatoris.
2 ¶ Ménage, qui n'a pas laissé de justifier autant qu'il a pu, ces étymologies chap. 24. de la 1. part. de ses Observat. sur la L. F.

K k ij

ger *Bar* en *Jar*, *ba* en *gon*, & de retrancher *rus*.

Frere André, reprit Mr de S. Yon, avoit plus d'un artifice pour dériver les noms. Je veux vous faire admirer celui avec lequel il avoit prétendu confoler fon ami Choppin, & lui faire voir que l'Auteur de l'*Anti-Choppin* devoit être quelque Mahometan, ou pour le moins un Hérétique des plus envenimés felon la valeur & la force de fon nom de Turlupin. *Tur*, felon lui, veut dire *Turca*; *lu* veut dire *Lutheranus*, *pi* fignifie *Pilatus*, & *nus* eft un abrégé d'*Ugonottus*.

Raillerie à part, dit Mr de Brillat, je plains l'Anti-Baillet de voir parmi fes Prédéceffeurs une canaille du caractére de l'Anti-Choppin, & je fuis fâché que l'Auteur de l'Anti-Baillet pour lequel j'avois encore un petit refte de confidération fe foit ainfi rangé dans la catégorie de ce Me Nicodème Turlupin.

C'eft faire trop d'honneur aux puérilités de l'*Anti-Choppin* que de s'y arrêter davantage, repartit Mr de Rintail, laiffons le refte aux plaifans du Pont-neuf ou des Halles. Je n'ai plus que deux lignes à vous lire de cet article. Je vous difois que René Choppin ne paroiffoit pas avoir été choifi par la Providence pour écrire fur la puiffance Royale. Auffi voyons nous que fon Libelle fut condamné par un Arrêt du Grand Confeil, & brûlé par la main du Boureau avec un autre Livre compofé en François fous le titre de *Réponfe au Conciliabule* que Turlupin attribue auffi à Choppin, mais fans fondement (1).

Au refte il eft affés probable que Choppin s'étoit laiffé gâter à la compagnie de Louis d'Orleans ce fameux Avocat Général de la Ligue, qui publia deux Volumes d'injures contre l'Etat & contre la perfonne d'Henri IV. fous le titre de *Catholique Anglois*. (2) On fait qu'ils s'étoient liés étroitement enfemble pour agir & écrire de concert en faveur de la Ligue; mais il falloit que ces deux Avocats fuffent d'une fcience bien bornée, ou d'une malice bien étenduë pour prétendre que le Royaume étoit électif.

A cela près, Maître René Choppin avoit acquis, foit par préjugé, foit par quelque mérite réel, l'eftime & la confidération des habiles gens de la Robe, qui ne prenoient point garde de trop près à fa latinité qui n'étoit pas excellente, ni à fon éxactitude qui ne répondoit pas affés à fes lectures & à fon érudition.

☞ Il étoit né fur la fin du mois de Mai de l'an 1537. dans la

---

1 D'autres le donnent à Mathieu de Launoy.   2 Nouveau Convertis, &c.

terre de Chaston, lieu dépendant de la Paroisse de Bailleul, assés près de la Fléche au pays d'Anjou. Il fit ses Humanités à Paris & ses études de Droit à Angers, où il répondit en Public l'an 1554. d'une maniére qui le fit admirer, parce qu'il n'avoit que 17. ans. Ayant jetté ces premiers fondemens de sa réputation, il vint plaider à Paris, où il s'étoit fait recevoir Avocat. L'an 1564. il épousa la fille d'un Procureur nommé Pierre Baron ; il eut des Lettres de noblesse du Roi Henri III. pour son Livre du Domaine, & mille pistolles pour la premiére partie de ses Commentaires sur la Coûtume d'Anjou. La ville d'Angers le fit son Echevin honoraire ou Défenseur perpétuel de ses droits. Il mourut à Paris le 2. de Février de l'an 1606. & fut enterré dans l'Eglise de saint Benoît.

Pour ce qui regarde la personne de son Adversaire, il ne m'est pas possible de vous en parler avec autant d'assûrance. On juge aisément que cet Auteur ayant dessein de faire le bouffon aux dépens de Choppin, a eu la prudence de ne point paroître sur le Théâtre le visage découvert, qu'il a pris le masque de *Turlupinus de Turlupinis*, pour rendre sa mine extérieure plus conforme au caractére qu'il vouloit donner à sa piéce qu'à la matiére dont il entreprenoit de discourir. Je confesse avoir consulté le Devin que vous connoissés pour découvrir cet Auteur déguisé. Le Devin ne m'a répondu que d'une maniére ambiguë & obscure, en me disant que l'Anti Choppin passoit pour le fruit d'un Hotman. Je lui ai objecté le grand nombre des Hotmans pour le prier de me dire quelque chose de plus, & de se restraindre à quelqu'un nommément, parce qu'entre les Hotmans qui ont écrit nous trouvons les noms de Pierre, d'Antoine, de François, de Jean, de Philippe, de Jacques, qualifiés de titres, non pas simplement d'Avocats, mais de Conseillers au Châtelet, au Parlement, & au Conseil d'Etat, de Lieutenans Généraux des Eaux & Forêts, de Trésoriers de l'Extraordinaire des Guerres, d'Ambassadeurs en Suisse & ailleurs, d'Avocats Généraux au Parlement de Paris. Il a eu la complaisance de me dire que le soupçon étoit tombé sur *Jean*. Nous connoissons deux Hotmans du nom de Jean qui ont été Auteurs, l'un frére de François, de Philippe, & d'Antoine, dit le Sieur d'Infendic Secretaire du Roi ; l'autre fils de François, dit le Sieur de Villiers, Agent pour le Roi en Allemagne. Le Sieur d'Infendic mourut l'an 1596. le 21. d'Avril trois mois après Antoine, cinq mois après Philippe, & six ans après François, ses trois fréres. Mais le Sieur de Villiers a vécu assés avant dans notre siécle.

S'il falloit opter je me déterminerois plus volontiers au plus jeune, parce que l'Anti-Choppin est un ouvrage de pure jeunesse, & fort indigne de la gravité du Sieur d'Infendic qui étoit déja sur l'âge quand on fit paroître cette Satire, & qui devoit mourir dix-huit mois après. D'ailleurs, le nom supposé de la prétenduë Ville de *Wilierban* où se fit l'édition de l'*Anti-Choppin* in-8° en 1593. semble nous faire songer au Sieur de Williers plutôt qu'à aucun autre (1). On trouve une édition de l'année précédente en même forme où le nom de la ville de Chartres est marqué comme du lieu de l'impression, cela supposeroit trois éditions d'un assés mauvais libelle. Mais il y a assés d'apparence que les deux derniéres éditions de l'Anti-Choppin n'ont eu que la première feuille pour toute différence.

1 ¶ Sa conjecture est bien fondée tant par les raisons qu'il allégue ici que par celle dont à la fin du chapitre suivant il se sert pour les confirmer. ¶

ANTI-COLAZON.

119 Es esprits ne sont point partagés touchant le véritable Auteur de l'ANTI-COLAZON. Personne ne s'est avisé de douter que cet ouvrage de Controverse Politique n'ait eu pour Auteur le sieur de Villiers Jean Hotman fils de Francois le Jurisconsulte, depuis que l'Auteur même a reconnu publiquement son ouvrage. Il doit son être au Traité que Charles Paschal avoit fait de l'*Ambassadeur*. Ce Traité composé en Latin fut imprimé d'abord dans la ville de Rouen l'an 1598. puis à Paris l'an 1612. in-4°, & enfin dans les pays étrangers en diverses formes. La réputation qu'il acquit à son Auteur le fit considérer comme un ouvrage singulier & presque unique sur ce sujet, jusqu'à ce que Jean Hotman sieur de Villiers fit paroitre quelque chose de nouveau sur la même matiére à Dusseldorp in-16. l'an 1603. sous le titre *De la Charge & Dignité de l'Ambassadeur*, puis à Paris en 1604. & 1616. parmi les Opuscules François des Hotmans recueillis in-8°.

Tout petit qu'étoit ce dernier ouvrage, il ne laissa point de mettre la division dans les esprits & d'exciter la jalousie parmi ceux qui estimoient Paschal, & qui ne croyoient pas qu'on pût rien dire de nouveau après-lui sur un même sujet. Un certain Breton nommé Colazon (1) parut plus interessé que les autres dans la réputation de

1 ¶ Le livre que le Sieur de Villiers Hotman intitula l'Ambassadeur ayant paru en 1603. Charles Paschal qui le regarda comme une copie du sien en racourci, s'en

II. PART. CHAP. I. ANTI EN POLITIQUE ET EN DROIT. 263

Paſchal, ſans doute, parce qu'il avoit été à ſon ſervice, & qu'il le conſidéroit toujours comme ſon Maitre & ſon Patron. Il étoit pour lors Regent d'une Claſſe au College de Montaigu à Paris, & ayant vû le livre de Hotman-Villiers, il ne put s'empêcher de faire des Remarques ſur cet ouvrage, & il les fit imprimer à Paris l'an 1604. in-8° ſous le titre ſimple de *Notes ſur un Livre intitulé l'Ambaſſadeur, par le ſieur de Villiers Hotman.*

Rien ne fut plus ſenſible au ſieur de Villiers Hotman dans les Notes de Colazon que le crime de Plagiaire qu'il lui imputoit, comme ſi ſon Traité de l'Ambaſſadeur étoit un larcin pur de celui de Mr Paſchal. Ce fut pour repouſſer cette accuſation que le ſieur de Villiers compoſa l'ANTI-COLAZON dont je n'ai vû que l'Extrait que l'Auteur en a fait lui-même, & qu'il a joint à la ſuite de ſon *Ambaſſadeur* de l'édition de 1616.

Sur la fin de cet Extrait il parle de la Satire de *Turlupin* comme d'une *leſſive* propre à laver des gens faits comme Colazon, & préparée depuis plus de dix ans. C'eſt une circonſtance que j'ai crû devoir faire remarquer, pour donner encore un nouvel éclairciſſement à ce que je vous ai dit de l'Auteur de l'Anti-Choppin dans l'article précédent.

vengea par des Notes publiées l'an 1604. ſous le nom Grec de Κο. ἅζιον qui ſignifie *vengeur*, & que Baillet prend pour le nom de famille du prétendu Auteur de ces Notes. Paſchal qui les avoit faites, étoit, quoiqu'il témoignoit le contraire, bien aiſe qu'on crut qu'elles étoient d'un Breton autrefois ſon domeſtique, alors Régent d'une Claſſe du Collège de Montaigu ; ce qui a donné lieu au Sieur de Villiers de ſe jouer là-deſſus dans l'extrait de ſon Anti-Colazon en ces termes : *On dit que Colazon eſt un Breton, je dis Breton Bretonnant, jadis valet de Mr Paſchal, & maintenant feſſecu d'une Claſſe au Collège de Montaigu. Ce qu'il tient à gloire, puiſqu'il en prend le nom.* Où l'on voit que *feſſe-cul* eſt pris là pour un ſynonyme de *Colazon*, parce que Κο. ἅζω ſignifiant je punis, je chatie, peut fort bien auſſi ſignifier *je fouette, ou je me venge en fouettant le coupable.*

ANTI-CONRINGIUS.

120. SUr la conteſtation qui s'étoit élevée entre quelques Particuliers touchant le droit de couronner le Roi des Romains en Allemagne, Hermannus Conringius qui de Medecin s'étoit érigé en Juriſconſulte & en Politique, prit la plume pour maintenir la poſſeſſion de l'Electeur de Maïence ; & il fit imprimer un Livre à Francford l'an 1655. in-4°, puis à Helmſtadt l'an 1664. in-4° ſous le titre de *Aſſertio juris Moguntin. in coronandis Regibus Romanorum.*

Un autre Auteur qui m'eſt inconnu entreprit de refuter Conringius en faveur de l'Electeur de Cologne qui contestoit le droit de couronner à celui de Maïence, & publia un Ecrit sous le titre d'*Anti-Conringius*, ou d'*Anti-Conringiana Defensio juris Coloniensis in coronandis Romanorum Regibus*. Conringius voulut repousser son Adversaire par une Replique qu'il fit imprimer en 1664. in-4° dans la même ville de Helmstadt sous le titre de *Castigatio libri cui titulus, Anti-Conring*. &c. & il publia en même tems un Examen nouveau des Défenses de la Ville de Cologne touchant les prétentions de son Archevêque.

☞ Herman Conringius étoit né en Frise l'an 1605. selon Mr Konigius, mais l'an 1606. selon Mr Mercklin, dans la ville de Nordenau Comté de la Frise Orientale d'où son Pere étoit Ministre. L'an 1636. il passa Maître ès Arts & Docteur en Medecine dans l'Université de Helmstadt sur les confins du Duché de Brunswick & de Magdebourg. Il se maria le jour même qu'il prit le bonnet & fut fait Professeur en Physique dans la même Université, & un an après Professeur en Médecine. Il fut établi premier Médecin du Comte de Frise l'an 1649. de la Reine de Suéde l'an 1650. & reçut dans la suite le titre de Médecin & Conseiller de divers autres Princes & Electeurs. Il étoit Ancien ou Senieur de l'Université lorsqu'il mourut l'an 1681. âgé de 75. ans.

ANTI-CUJAS.

120 §. 2. Nous n'avons pas besoin, continua Mr de Rintail, de l'éxemple de Mr Cujas pour vous faire voir que les Faiseurs d'*Anti* n'ont pas épargné les noms des plus grands Hommes & de ceux que nous considérons comme les premiers dans leur Profession. Si je ne vous croyois pas contens du grand nombre des éxemples que je vous en ai produits, je me mettrois plus en peine de savoir si l'on doit prendre pour un véritable ANTI-CUJAS le Livre qui fut imprimé à Paris l'an 1644. in-16. sous le titre de *Ars Digestorum Tribonianica & Anti-Cujaciana, seu In Heptateucho Justinianeo Germanus Triboniani genius Cujaciano contrarius; Auctore Claudio Gendræo Ferto-Frenæo Jurisconsulto*. L'Auteur dédie son Ouvrage à JESUS-CHRIST. C'est-à-dire, *Au Legislateur éternel de la Sagesse substancielle, à la Verité originale*, qui étant incarnée s'est découverte sous la forme d'un Enfant de douze ans dans le Temple aux Docteurs de la Loi.

II. PART. CHAP. I. ANTI EN POLITIQUE ET EN DROIT.

Je m'imagine, dit Mr de Brillat, entendre la Dédicace d'un Livre de la plus fine dévotion. Je croyois que la liberté de dédier ses Livres à la sainte Trinité, à Jesus-Christ, à la sainte Vierge, n'étoit accordée qu'à des Auteurs Myſtiques, qu'à des personnes qu'une spiritualité consommée par de longs exercices de piété & une Conversation extatique dans les cieux auroient renduës privilégiées.

Voilà, reprit Mr de Rintail, de quoi vous desabuser. Il est vrai que le Gendre pour tâcher de rendre son préſent plus agréable à J. C. & pour nous faire voir qu'il n'est pas tout-à-fait indigne de lui, a eu la hardieſſe de comparer le Digeste à la Vérité éternelle, & d'avancer que le plan de Tribonien qu'il entreprenoit de reduire en art, étoit cette Sageſſe *qui avoit été cachée juſqu'alors, puis revelée aux Petits pour la première fois* par le moyen de son Livre qu'il appelle les Premices des fruits de ses études.

Il n'y aura peut-être que cette derniére circonſtance, repartit Mr de Brillat, qui puiſſe contribuer à lui faire obtenir le pardon de sa témérité. On a de l'indulgence pour les foibleſſes, & pour le peu d'expérience qui se trouve en un âge auſſi peu avancé que pourroit avoir été celui auquel se trouvoit cet Auteur.

C'étoit un jeune Juriste, dit Mr de Rintail, qui étoit sorti des Ecoles avec les préjugés de ses Maîtres, & cet air de préſomption que forme l'ignorance de tout ce qui n'eſt point dans les cahiers d'un Profeſſeur dont on a pris les leçons. Il se croyoit incomparablement plus habile que Cujas & tous les autres Modernes, & il prétendoit auſſi retomber sur tous ceux qui s'étoient écarté de la méthode de Tribonien. Je ne puis vous apprendre autre choſe de ce Claude le Gendre, sinon, que c'étoit un Normand (1) qui s'étoit venu établir à Paris, & qui s'étoit fait paſſer Avocat au Grand Conseil. J'ai oui dire à des personnes de sa connoiſſance qu'il se rendit Huguenot quelque tems après la publication de son Livre. Mais je ne sai ce qu'il est devenu depuis ce tems-là.

Il n'en est pas de même du célèbre Cujas qui est connu de toute la terre. Je me contente de vous dire qu'il étoit né à Toloſe l'an 1522. qu'il ne devoit preſque qu'à sa propre induſtrie (après Dieu) tout ce qu'il avoit acquis d'érudition; qu'il profeſſa le Droit dans diverſes Villes du Royaume; & qu'il mourut à Bourges le quatriéme jour d'Octobre qui étoit un Jeudi de l'an 1590. Car pour le reste vous

---

1 ¶ Que par conséquent il ne faut pas confondre avec cet autre Le Gendre dont Richelet au mot *Siſleur* ne fait pas fort honorable mention. ¶

foufftirés que je vous renvoye à la Vie qu'en a faite Papyre Maſſon, & à celle que l'un de nos amis prépare pour le Public.

ANTI-DESINTERESSÉ.

121 IL me ſemble, dit Mr de Brillat, que de tous vos *Anti* je n'en ai point remarqué de plus monſtrueux que celui que vous venés de nommer.

J'eſtime avec vous, répondit Mr de Rintail, qu'une conjonction de cette nature ne peut être que le fruit d'une fantaiſie bien bizarre. Il n'y a pour l'ordinaire qu'une paſſion deréglée qui puiſſe produire les accouplemens irréguliers & le mélange d'eſpéces différentes. Auſſi faut-il avouer que l'*Anti-Deſintéreſſé* n'eſt qu'une de ces productions fugitives que la ſédition ſemble avoir miſes au jour à la faveur des troubles du Royaume durant nos guéres civiles. C'eſt un ouvrage anonyme du nombre des Piéces ſatiriques qui ont été répanduës dans la Ville & les Provinces contre la perſonne du Cardinal Mazarin & contre le Gouvernement. Il fut imprimé à Paris in-4° l'an 1646. & ce qui ne vous ſurprendra pas beaucoup, avec permiſſion. Je me contenterai de vous repréſenter ici fidélement ſon titre qui eſt l'*Anti-Deſintéreſſé*, ou l'*Equitable Cenſeur des Libelles ſemés dans Paris ſous le nom du Deſintéreſſé*, *commençant par ces mots*: Pauvre Peuple abuſé, decille tes yeux, &c. *& tendant à deſunir les Habitans de cette Ville d'avec les Princes & le Parlement.*

ANTI-ESPAGNOL.

122 L'ANTI-ESPAGNOL, continua Mr de Rintail, eſt une Piéce anonyme comme la précedente, mais elle a pour Auteur une perſonne qui eſt plus connuë dans le Monde. L'Auteur n'eſt autre que Mr du Fay dont je me ſouviens de vous avoir parlé au ſujet de l'*Anti-Sixte*: L'ouvrage eſt le fruit d'un Catholique, mais bon François affectionné au ſervice de ſon Roi. Il a été imprimé en des tems différens avec quelques changemens. Celui qui parut l'an 1594. in-12. a pour titre l'*Anti-Eſpagnol*, Et, *Exhortation de ceux de Paris qui ne ſe veulent faire Eſpagnols, à tous les François de leur parti, de ſe remettre en l'obéiſſance du Roi Henri quatriéme, & ſe délivrer de la tyrannie de Caſtille.* Il fait le quatriéme & dernier des Excellens Diſ-

cours sur l'Etat de la France publiés en 1595. Mais celui qui a été depuis retouché a été remis au jour sous le titre de l'*Anti-Espagnol*, ou *Brief Discours du but où tend Philippe Roi d'Espagne se mêlant des affaires de France*. Il se trouve inseré au quatriéme volume des Mémoires de la Ligue publié l'an 1604. par le Sieur Samuel du Lis pour les choses arrivées sous la Ligue depuis la mort du Roi Henri III. au mois d'Août 1589. jusqu'au second voyage du Duc de Parme pour réduire la France sous le Roi d'Espagne vers la fin de 1591.

ANTI-GUISARD.

123 JE ne suis point encore parvenu à découvrir la personne & le nom de l'Auteur qui a publié l'ANTI-GUISARD : mais son esprit se fait assés connoître dans toute la suite de son ouvrage, qui est aussi peu favorable aux partisans de la Ligue que l'*Anti-Espagnol* que nous venons de quitter. Il n'est pas moins ponctuel à exécuter ce qu'il promet dans son titre, & je puis vous assurer que la Maison de Guise n'y est pas plus épargnée que celle d'Espagne dans l'Anti-Espagnol. L'Auteur affecte de témoigner tant de compassion & tant de bonté pour les Huguenots, que je le prendrois volontiers pour un Huguenot lui-même. A voir le zèle dont il fait son Apologie, vous en feriés le même jugement que moi, & vous le distingueriés au moins par cet endroit de l'Auteur de l'*Anti Espagnol*, que les Ligueurs étourdis ont voulu faire passer pour Huguenot avec un peu trop de précipitation.

L'*Anti-Guisard* fut imprimé sans autre explication de titre ou de dessein à Paris in-8°, & sans nom de Ville ou d'année pour en caractériser l'impression. Mais il fut réimprimé depuis au premier volume des Memoires de la Ligue l'an 1602.

ANTI-MACHIAVEL.

124 IL est inutile de mettre en question de savoir s'il y a jamais eu un Livre qui ait porté le titre d'ANTI-MACHIAVEL après l'expérience de nos yeux qui ont vû & qui voyent encore tous les jours ce titre à la tête d'un ouvrage anonyme, & qui le trouvent non seulement en Latin, mais en François, & en Allemand dans les traductions diverses de cet ouvrage.

Anti-Machiavel. J'ai souvent oui parler de l'*Anti-Machiavel*, dit Mr Bertier; mais de tous ceux que j'ai entendu difcourir fur cet ouvrage, perfonne ne m'a encore fait douter de fon titre.

Il nous arrive quelquefois dans des entretiens libres & familiers, reprit Mr de Rintail, d'employer les termes d'Anti-Maimbourg, d'Anti-Varillas, &c. pour marquer en abrégé des Réponfes faites à Meffieurs Maimbourg, & Varillas, fans prétendre néanmoins que ces expreffions doivent faire conclure que ces Réponfes portent le nom d'*Anti*. Il n'en eft pas de même de l'Anti-Machiavel, fi ce n'eft dans une édition Françoife de cet ouvrage qui a pour titre : *Difcours d'Etat contre Machiavel*, & qui au rapport du Sieur Sorel (1) ne laiffe point de s'appeller ordinairement l'*Anti-Machiavel*.

Les autres éditions en notre Langue portent tout net & fans periphrafe le titre d'*Anti-Machiavel*, & le Sieur de la Croix du Maine (2) femble infinuer même que ces éditions Françoifes ne font pas en petit nombre. Pour l'*Anti-Machiavel* Allemand je n'en ai vû qu'une édition de Strafbourg, l'année n'y eft point marquée, où je n'ai pas eu la curiofité de la remarquer.

Les éditions Latines faites en Allemagne & en Hollande font entre les mains de tout le monde. Mais il ne faut pas s'imaginer que ce foit au mérite du Livre plutôt qu'à la prévention générale des efprits contre Machiavel que l'on doive attribuer la multitude de ces éditions.

Le Livre dépouillé des circonftances de l'Adverfaire qu'il refute, eft la production d'un Calvinifte zélé, mais d'un médiocre Savant & d'un très-petit Politique, au jugement même des Proteftans : & je ne prétens pas m'oppofer à l'opinion commune qui veut que fon Auteur foit un Huguenot du Dauphiné nommé Innocent Gentillet qui fut d'abord Avocat plaidant au Parlement de Touloufe & depuis Sindic de la République de Genève. La Croix du Maine prétend néanmoins que l'Auteur de l'Anti-Machiavel François eft une autre perfonne de même furnom qu'il appelle François Gentillet Dauphinois, & qu'il qualifie de Préfident en la Chambre de l'Edit de Grenoble. Mais il eft aifé de reconcilier la Croix du Maine avec les autres en convenant d'une legére erreur dans le nom.

Il fe prefente une autre difficulté dont je n'attens l'éclairciffement que de ceux qui ont vû tous les Ouvrages que Gentillet a écrit contre Machiavel, & qui ont éxaminé les éditions différentes de l'*Anti-*

1 Pag. 71. Bibl. Fr.   2 Pag. 97. Bibl. Fr.

Machiavel. Mr Geisler, Mr Placcius, & Mr Deckerrus nous parlent de l'Anti-Machiavel, comme d'un Ouvrage qui ne porte pas le nom de son Auteur, & les deux premiers nous disent nettement que l'*Anti-Machiavel* a pour titre *Commentariorum de Regno & quovis Principatu recte & tranquille administrando libri tres, in quibus ordine agitur de consilio, religione, & politia quam Princeps quilibet in ditione sua tueri & observare debet* (1). Mais vous aurés tout présentement le divertissement de voir deux choses que je ne trouve pas dans l'opinion des trois Messieurs d'Allemagne que je viens de vous citer. Ce sont les premiéres éditions de ce Livre, continua Mr de Rintail en se levant, sur lesquels je veux avoir le témoignage de vos yeux.

Il nous donna aussi-tôt trois formes différentes du Livre dont il s'agissoit, & qu'il sembloit avoir ramassées à dessein, à Mr de Brillat un *in*-4°, à Mr Bertier un *in*-8°, & à moi un *in*-12. Mr de S. Yon de son côté se servant de cet intervalle de lecture alla prendre à la tablette un Geisler, un Placcius, & un Deckerrus qu'il connoissoit d'ailleurs : & Mr Bertier prenant la parole.

Ce n'est pas, dit-il, un Anti-Machiavel que vous me faites voir. Il est vrai que je lis le titre du Livre que vous venés de citer, mais le Livre n'est pas anonyme, comme vous le dites (il parloit à Mr de Rintail.) J'y trouve le nom d'Innocent Gentillet (2) qui y est qualifié de *Jurisconsulte*. Le titre m'apprend à la vérité, que l'Ouvrage est écrit contre Machiavel. Mon édition est celle de l'an 1571. faite à Lausanne ; mais où est donc le nom d'*Anti-Machiavel* dont il s'agit ici ?

La mienne, dit Mr de Brillat, en parlant d'édition, est de l'an 1599. à Strasbourg ; je demande comme Mr Bertier en quoi le Livre qui porte le nom de son Auteur est un Ouvrage anonyme, & si c'est à la tête ou à la queuë qu'il est stigmatisé du nom d'Anti-Machiavel ?

Mr de Rintail voulut m'écouter à mon tour sur mon édition qui étoit encore différente, & voyant que je parlois comme les autres. Vous avés donc remarqué, Messieurs, ajouta-t-il, les deux choses dont je voulois vous divertir, le titre de l'Anti-Machiavel & la qualité d'Anonyme que vous n'avés point apperçuë dans vos éditions,

---

1 ¶ Ce titre est à la tête de la traduction Latine du livre François, intitulé, non pas *Discours d'Etat contre Machiavel*, mais *Discours sur les moyens de bien gouverner & maintenir en une bonne paix un Royaume, ou autre Principauté*. La traduction a été faite par l'Auteur même, qui constamment n'est autre qu'Innocent Gentillet comme le marque Jaques Monau à David Chytexus dans le tems que le livre parut. *Anti-Machiavel* est un titre qui s'est introduit par l'usage, & qui n'a été employé que dans les derniéres éditions. ¶

2 ¶ Nul Auteur n'a parlé plus amplement de cet Innocent Gentillet que Bayle dans son Dictionnaire ¶

Anti-Machiavel. & que Mr de S. Yon vous montre dans les Auteurs que je vous avois cités d'abord. Nous avoüerons donc, pour ne contredire personne, que l'invention de l'*Anti-Machiavel* est postérieure aux premiéres éditions des trois Livres de Gentillet contre Machiavel ; & que s'il étoit vrai que Messieurs Geisler & les autres que j'ai cités eussent pris un peu trop à la lettre ce que Melchior Goldast (1) a dit que l'Anti-Machiavel Anonyme étoit l'Ouvrage de Gentillet, sous prétexte que celui-ci a écrit en son nom contre Machiavel, nous serions libres de ne les pas confondre. Croyés-moi, Messieurs, & consultés les éditions de l'an 1630. à Strasbourg in-12. & de l'an 1647. à Leyde en Hollande, & elles pourront lever vos difficultés.

 Au reste la considération de Gentillet ne méritoit pas trop que nous entrassions dans un si grand détail, & ce qu'il a écrit contre Machiavel, même hors des préjugés de son Calvinisme, n'étoit pas si important au jugement de Boëcler, de Bosius son fidéle & secret Copiste, & de diverses autres personnes, qu'il falût lui faire autant d'honneur qu'à des Ouvrages qui se font distinguer.

☞ Je ne vous dis rien de ceux de Machiavel ni de leurs diverses éditions. Le grand nombre de ses Adversaires & de ses Défenseurs vous les ont fait assés connoître. C'étoit un homme de condition assés médiocre natif de Florence, qui n'avoit pas beaucoup d'étude. Mais il suppléa au défaut d'érudition Grecque & Latine par les qualités d'un esprit aisé, vif, pénétrant, agréable. Vous savés combien il étoit estimé & chéri du Pape Leon X. favorisé & protegé des Grands, soit à Florence, soit à Rome où Leon l'avoit fait aller. Il fut Secrétaire de Marcellus Virgilius, qui étoit lui-même Secrétaire de la ville de Florence, & qui lui apprit le peu qu'il savoit de Grec & de Latin. Lors que les Medicis chassérent Soderini, Machiavel fut mis en prison ; mais les mêmes Medicis par une espéce de répentir de lui avoir fait souffrir une cruelle question lui firent une pension, & l'engagérent à écrire l'histoire du pays. Il ne fut pas aussi généreux qu'eux dans l'oubli du passé. Il parut vouloir imiter la liberté de Cremutius Cordus, mais il n'avoit pas son desintéressement, & il ne laissa pas de demeurer gueux le reste de sa vie. Il s'empoisonna pensant prendre un reméde, & il mourut de cet accident quelques jours avant la prise de Florence par l'armée de l'Empereur & le rétablissement des Medicis.

1 *De Regn. Boh. pag.* 43. & 48.

ANTI-MARIANA.

125   Ceux qui savent que les Ouvrages de Mariana qui regardent l'autorité des deux Puissances souveraines sur la terre ont été moins universellement approuvés que son Histoire, jugeront aisément que l'*Anti-Mariana* doit être un *Anti* de pure Politique plutôt que de Théologie ou d'Histoire. Son Auteur étoit un Avocat du Parlement de Paris, si je ne me trompe, & il s'appelloit Michel Roussel. L'Ouvrage fut imprimé à Paris l'an 1610. in-8° sous le titre d'*Anti-Mariana* ou *Refutation des Propositions de Mariana*, &c.

Nous ne demandons pas, dit Mr Berrier, si cela regarde l'Ouvrage de Mariana publié en trois Livres à Tolede & à Maïence sous le titre *De Rege & Regis Institutione*; & si Roussel auroit voulu se prévaloir de l'Arrêt du Parlement donné le 8. de Juin de l'an 1610.

Je n'ai remarqué dans mon cahier que ce que je viens de vous en lire, répondit Mr de Rintail, & je veux finir cet article en vous disant un mot de la vie de Mariana. (Car pour celle de son Adversaire Michel Roussel, je n'en ai encore pû savoir aucune circonstance.)

☞ Mariana étoit né à Talavera dans la Castille-Neuve au Diocèse de Tolede, l'an 1536. Il n'avoit que 17. ans lors qu'il renonça au monde, & il fut reçu le premier de Janvier de l'an 1554. dans la nouvelle Compagnie des Jésuites. Etant allé à Rome en 1561. il y enseigna l'Ecriture-sainte, & il fut ordonné Prêtre au Carême qui suivit son arrivée. Quatre ans après il passa en Sicile, où il enseigna encore pendant deux ans. Etant venu à Paris l'an 1569. il y professa la Théologie & expliqua la Somme de saint Thomas pendant cinq ans. Son peu de santé le fit retourner en Espagne l'an 1574. & depuis ce tems-là il demeura toujours à Tolede jusques au 17. de Février de l'an 1624. qui fut le jour de sa mort.

ANTI-MORUS.

126   Je crois, Messieurs, poursuivit Mr de Rintail, que le premier exemplaire de l'*Anti-Morus* qui ait passé le Rhin est celui que vous voyés sur ma table. Au moins n'en avois-je pas encore oüi parler lors qu'il me fut envoyé par un ami des quartiers du Nord. Il est à la tête d'un petit Traité Latin qui a pour titre *Parnassus infamis*, non

Anti-Morus. pas à la maniére des autres *Anti*, comme s'il falloit doubler le titre par une disjonctive en difant *Anti-Morus*, five, *Parnaſſus infamis*; mais comme le nom d'un Auteur qui auroit voulu se déguiser sous le masque de T. Anti-Morus pour publier son Parnaſſe infame.

A quel Morus en veut l'Auteur, dit Mr de Brillat? Choisiſſés, répondit Mr de Rintail, celui qu'il vous plaira, de Thomas, de Jean, d'Horace, de Henri, de Georges, d'Aléxandre, de François, d'Ascanius, ou de tout autre Auteur du nom de Morus que vous puisſiés connoître ; & je vous déclare que vous ne devinerés jamais juſte. L'Adversaire que l'Anti-Morus a prétendu combattre & que je crois encore vivant, ne porte pas le nom de Morus. Il n'eſt autre que ce Sarckmasius d'Allemagne qui a donné tant de chagrin aux Jurisconsultes vivans de son pays depuis environ vingt ans. Mais comme Sarckmasius de son côté n'eſt qu'un masque d'Auteur, je vous promets de considérer la Satire du Parnaſſe infame, comme une piéce de théatre en prose, qui ne mérite pas, peut-être, le nom d'*Anti* personnel, parce qu'on n'y attaque le nom de personne, mais qui n'en eſt guére moins injurieuse à Sarckmasius, puisque son Adversaire n'a formé son masque d'*Anti Morus*, que sur les qualités qu'il lui donne en Latin de *Fatuus, inter doctos ſtultus opinione eruditionis infatuatus*, &c.

Sarckmasius s'eſt attiré cette Satire par un petit Ecrit Latin qu'il avoit publié sur la fin de l'an 1668. sous le titre de *Judicia de noviſſimis Prudentia civilis Scriptoribus ex Parnaſſo*, &c. *Martiſmonte*, &c. L'Auteur entreprenoit dans cet Ouvrage de deux feuilles, de dire son sentiment sur xv. Jurisconsultes ou Ecrivains Politiques tous Allemands avec un peu plus de liberté que ces derniers tems semblent n'en pouvoir souffrir. Je ne sai s'il avoit bien pris ses mesures pour demeurer caché, mais il fut bien-tôt découvert par le grand nombre des Adversaires qui l'aſſiégérent & qui penférent l'accabler sous la grêle de leurs traits. Quelqu'un a été curieux de les ramaſſer, & on nous les conserve sous l'inscription de la *Pie du Parnaſſe*. La piéce de l'*Anti-Morus* s'y trouve parmi les autres. Elle eſt sans doute des plus violentes, mais je doute qu'elle soit des plus solides. Son Auteur ne s'eſt deſigné que par les lettres capitales V. M. O. que je n'ai encore pu déchiffrer.

Pour ce qui eſt d'Eubulus Theofdatus Sarckmasius, je me contente de vous dire que c'eſt un masque sous lequel on a crû appercevoir le Sieur Conrard Samuël Schurtzfleisch, auparavant Recteur du Collége de Corbach au Comté de Waldeck dans la Heſſe, & qui

étoit

étoit Professeur en Poësie à Wittemberg en Saxe, lors qu'il se déguisa en Sarckmasius. Si vous êtes curieux d'un plus grand détail, vous pourrés vous satisfaire dans le Recueil des Auteurs déguisés de Mr Baillet lors qu'il aura vu le jour.

ANTI-PAPIANUS, ou plutôt, ANTI-PAPINIANUS.

127 JE me ferois abstenu très-volontiers de vous parler de l'Ἀντιπαπιανὸς des Jurisconsultes Grecs si je n'avois apprehendé que l'on ne m'en eût fait dans la suite une objection contre tout ce que je vous ai débité. Vous n'auriés peut-être pas été aussi persuadé que je le suis des raisons que j'aurois euës de l'omettre. Mais afin de ne point donner d'atteinte à la bonne opinion que vous avés de ma sincérité, je vous déclare qu'il n'y auroit eu ni finesse ni mystére dans l'omission que j'aurois faite de cet *Anti*.

Je ne l'aurois exclus de ma liste, que parce qu'il n'a rien de commun avec les Prédécesseurs de l'Anti-Baillet : Mr Bertier, qui doit savoir plus particuliérement que nous, ce que c'est que l'*Anti-Papinien*, pourra nous dire si ce terme passe pour odieux & pour satirique dans le Barreau.

Je hante quelquefois le Palais, dit Mr Bertier, & je ne me souviens pas d'y avoir entendu parler ni en bien ni en mal de l'Anti-Papinien. Je vous répondrois plus pertinemment sur ce qu'on y appelle *Anti-datte*, *Anticipation*, & sur les autres *Anti* que j'y trouve en usage selon notre style. Mais comment prétendés-vous que l'on y connoisse les Adversaires de Papinien, puis qu'à peine le nom de Papinien y est-il connu ?

Je veux faire à votre Palais plus d'honneur que vous, repartit Mr de Rintail. On peut y connoître Papinien, & n'y avoir pas entendu parler d'un Anti-Papinien qui n'est connu que parmi des Grecs.

L'ANTI PAPINIEN n'est autre chose que le titre de la quatriéme partie du Digeste qui comprend huit Livres ; & qui ne commence qu'au vingtiéme Livre des Pandectes *de Pignoribus & Hypothecis*. Ne vous imaginés pas que les Compilateurs du Digeste ayent eu intention de réfuter Papinien ou de s'opposer à lui comme des Adversaires. C'est un préjugé qui forme souvent le terme d'*Anti*, & dont il faut ici vous garantir. Cette partie du Digeste selon l'observation de Mr Cujas (1) n'a été appellée Αντιπαπιανὸς par les Interpretes Grecs que parce qu'elle devoit tenir lieu des Livres de Papinien entre les mains des Ecoliers en droit, suivant l'Ordonnance de l'Empereur Justinien. Ainsi l'*Anti-Papinien* loin de détruire Papinien n'a été fait que pour suppléer au défaut des Originaux-mêmes de Papinien que les jeunes gens ne pouvoient pas étudier. On peut dire même que ce n'est qu'une compilation des extraits de Papinien comme des autres anciens Jurisconsultes.

Jugés maintenant si j'avois mauvaise raison de vouloir biffer le nom de l'Anti-Papinien dans la généalogie de l'Anti-Baillet?

Pour moi, dit Mr de Brillat, je vous donne les mains pour l'exclusion de l'Anti-Papinien. Votre raisonnement me fait souvenir de ce que Mr de S. Yon nous disoit il y a huit jours dans notre premiére conversation, que l'*Anti* des Grecs est souvent équivoque, & qu'il a été employé quelquefois pour marquer la subrogation & la permutation aussi-bien que l'opposition.

Puisqu'il ne s'agit point des Adversaires de Papinien, reprit Mr de Rintail, je me crois dispensé de vous entretenir de ce célébre Jurisconsulte, & je passe à d'autres *Anti*.

1 ¶ VII. Observ. 32. où il a rapporté le mot Αντιπαπιανὸς tel qu'il l'a trouvé parmi les Grecs, au lieu d'Αντιπαπινιανός. On trouve de même assés souvent *Papianus* dans les anciens manuscrits Latins pour *Papinianus*. Mais c'est une corruption.

ANTI-PARÆUS.

128. PUisque Mr de Verton a retenu le cahier de notre conversation d'avant-hier sur les *Anti* des Luthériens contre les Calvinistes, il faut qu'il se charge de communiquer à Mr Bertier ce que j'avois remarqué touchant les divers Anti-Parées.

Volontiers, répondis-je, dès ce soir, s'il veut passer chès moi. Mais s'il sait d'ailleurs quel étoit David Paræus, & si par provision nous lui disons que les Anti-Parées que je pourrai lui faire voir, ne regardent que des points de Théologie controversés entre les Calvinistes & les Luthériens, je le croirai assés bien préparé à vous écouter.

Vous voulés sans doute, dit Mr Bertier, me faire entendre que je ne comprendrai rien à votre *Anti* de Politique contre Paræus, si e ne sai ce que vous avés dit des *Anti* de Théologie contre lui.

Chanson, reprit Mr de Rintail, ce n'eſt que pour vous procurer Anti-Paræus. le divertiſſement de voir que ſi les Luthériens ont voulu faire de Paræus un Criminel de Religion, il s'eſt trouvé un Calviniſte qui ſans avoir égard à la ſociété de communion l'a repréſenté au Public comme un Criminel d'Etat. Ce Calviniſte étoit un Anglois nommé David Owen qui eſt l'Auteur de notre *Anti-Paræus* Politique dont voici l'hiſtoire en abregé.

David Paræus Théologien Calviniſte Profeſſeur de Heidelberg avoit publié à Francford en 1608. & depuis encore ailleurs un Commentaire Latin de ſa compoſition ſur l'Epitre aux Romains (1). Dans cet ouvrage l'Auteur établiſſoit quelques Propoſitions touchant la puiſſance civile, & renfermoit en abregé dans la ſeconde ce que le fameux Junius Brutus, & le Proteſtant Auteur anonyme du Livre *De jure Magiſtratuum* avoient enſeigné de ſéditieux contre l'autorité ſouveraine des Rois. Selon la doctrine de ce Paræus, Les ſujets qui
„ ne ſont pas tout à fait perſonnes privées, mais qui ſont élevés dans
„ des Magiſtratures inférieures, peuvent ſe défendre & la Républi-
„ que & l'Egliſe ou la véritable Religion même, avec armes contre
„ le Souverain Magiſtrat ſous certaines conditions. Le détail qu'il donnoit de ces conditions en faiſoit aſſés connoître les pernicieuſes conſéquences, & l'ouvrage reçût ſon jugement du Public dès qu'il en eût eu la communication.

Le Roi Jacques I. de la Grand'Bretagne tout indulgent qu'il étoit d'ailleurs, porta la choſe plus loin. Il fit condamner cette méchante doctrine par l'Univerſité d'Oxford ; bruler le Livre de Paræus par la main du Bourreau dans Londres;& réfuter l'Ouvrage par un Théologien de ſa Secte, qui eſt ce David Owen dont je vous ai parlé (2). La réfutation fut imprimée à Cambridge, l'an 1622. in 8° ſous le titre d'*Anti-Paræus*, ſeu, *Determinatio de jure Regio contra Davidem Paræum*, &c. Paræus qui mourut la même année n'eut peut-être pas la commodité de lire le Livre d'Owen, moins encore d'y répondre.

Son fils Philippe mit au nombre des derniers devoirs que la piété exigeoit de lui, celui de le défendre & de juſtifier ſa mémoire. Mais la cauſe qu'il plaidoit étoit ſi mauvaiſe qu'il ſe rendit ridicule à tout le monde. Il fit plus même, ſelon la remarque de l'illuſtre Défenſeur des Catholiques, lorſque par ſes prétendus adouciſſemens il a donné lieu de croire qu'il y a autre choſe que de l'inadvertance dans les explications indiſcrétes & offenſantes que pluſieurs Calvi-

1 *Explic. dubior. in Epiſt. ad Rom. c.* 13. *Poſ.* 21. 2 *Joan. Latus in Comp. Hiſt. pag.* 754.

Anti-Paræus. niftes ont données depuis un fiécle au pouvoir abfolu des Souverains. Les diftinctions du jeune Paræus font fi frivoles, fi impertinentes, que fi elles font avouées des Calviniftes, ils font obligés pour se faire juftice de reconnoître parmi eux-mêmes cet efprit de chicane & de Sophiftiquerie qu'ils ont prétendu attribuer aux autres. Le tour qu'il donne à la méchante Théologie de son pere par fes reftrictions malignes, ne laiffe pas de la rendre auffi pernicieufe à tous les Rois Chrétiens qu'en la laiffant générale (1). On peut dire même, qu'il eft plus ignorant & plus féditieux que son pere, lors qu'il foutient qu'il n'y a préfentement dans toute la Chrétienté aucun
„ Roi ou Prince Souverain qui foit véritablement Roi (2), c'eft-à-
„ dire entiérement abfolu (comme il avoue qu'étoit Augufte & fes
„ fucceffeurs) & n'ayant que Dieu au-deffus de lui, en quoi confifte
„ l'effence de la véritable Monarchie. Ils ne font tous, fi on l'en
„ croit, que des Rois *Conventionnels* (c'eft ainfi que Paræus les ap-
„ pelle) contre qui les Magiftrats inférieurs fe peuvent révolter,
„ s'ils ne tiennent pas les *Conventions* aufquelles ils fe font obligés.
„ Il nomme en particulier, comme n'étant Rois qu'à cette condi-
„ tion, les Rois de France, d'Efpagne, d'Ecoffe, de Dannemarck,
„ de Hongrie. Mais il met une reftriction pour ceux d'Angleterre,
„ (chofe très remarquable dans la fituation des affaires préfentes)
„ encore qu'il pût livrer Polydore Virgile pour fa caution.

C'eft dommage, dit Mr de Brillat, que le Roi Jacques avoit fait brûler le livre de son pere à Londres, le jeune Paræus n'auroit peut-être pas appréhendé de parler des Rois d'Angleterre comme des autres. C'eft toujours un bon effet de la Puiffance fouveraine, puis qu'il n'a point été infenfible à la difgrace & à l'infamie de son pere. Si l'on avoit brûlé son livre à Paris & à Madrid, peut-être auroit-il fait auffi quelque exception pour les Rois de France & d'Efpagne. Le monde eft rempli de gens qui ne deviennent fages que par la peur.

Quoiqu'il en foit, reprit Mr de Rintail, Philippe Paræus a fait réparation d'honneur à la Majefté Britannique pour son pere & a donné fatisfaction à l'*Anti-Paræus*. Ne croyés pas que fa reftriction fut fans autre fondement que celui de la condamnation de son pere. Il a eu foin de l'appuyer de l'autorité du célébre Cambden dont le paffage fera une honte éternelle aux Anglois d'aujourd'hui (3). *Cambdenus*, dit le jeune Paræus, *in Britannia sua ait*, *Regem fupremam po-*

1 Apolog. pro Dav. Par. paragr. 1. 3 Pag. 101.
2 Ch. 4. p. 56. & feq. Ap. des Cath.

testatem & merum habere imperium, nec præter Deum superiorem agnoscere.

Comment, m'écriai-je, les Anglois du tems du Roi Jacques I. reconnoissent dans leur Roi *une Puissance souveraine & une Domination absolue: supremam potestatem & merum imperium*? Hé, que penserons-nous donc de l'infidélité des Anglois du tems du Roi Jacques II? N'admirerons-nous pas la légereté & l'inconstance de ces Insulaires?

Il y a plus que cela, répartit Mr de Rintail, dans la conduite étrange de ces Peuples. Mais laissons-en le jugement à Dieu ; & au lieu de prévenir les réfléxions que la Postérité fera sur des évenemens si inouis, retournons à l'Anti-Paræus.

Toute la défense du jeune Paræus se reduit donc à soutenir les ambiguités d'un cœur double, & par des détours affectés d'un fugitif, que les Rois & les Princes souverains d'aujourd'hui ne sont que *Conventionnels* : & que ce que son Pere a dit en faveur des Magistrats inférieurs les regarde tous indifféremment (1). Il a cru justi-
,, fier encore mieux son pere, en prétendant que Luther, les Théo-
,, logiens de Wittemberg, Pierre Martyr, Robert Abbot, & tous
,, les autres Théologiens Protestans en général (*Omnis chorus Theo-*
,, *logorum Protestantium*) avoient enseigné la même doctrine. Et sur
,, ce que son Adversaire avoit parlé de Buchanan, comme d'un en-
,, nemi des Rois, & comme d'un méchant homme qui autorisoit
,, les rebellions ; il lui répond : *Qu'il n'est pas d'un homme de bien de*
,, *parler des gens de bien à qui la République & l'Eglise sont si obligés.*

Si tous les gens de bien parmi les Protestans, dit Mr Bertier, étoient faits comme Buchanan & Paræus ; & si le fils de Paræus étoit avoué de la sorte pour soutenir que c'est *obliger la République & l'Eglise*, que d'enseigner la doctrine de ces deux personnages, pourroit-on s'abstenir de penser que l'Eglise des Protestans n'est qu'une société de séditieux ?

Ils se garderont bien d'avouer un si pitoyable Apologiste, repliqua Mr de Rintail. D'ailleurs il suffit que le jeune Paræus ait été Allemand comme son pere, pour n'avoir pas été en état de défendre sa doctrine & de repousser un Anti-Paræus. Vous riés? Et vous n'avés pas pris garde que le jeune Paræus a oublié l'Empereur d'Allemagne dans son Catalogue de Princes *conditionnels* Non, croyés-moi, les Allemands n'ont pas été destinés du Ciel pour bien expliquer leur Paræus. Cet avantage étoit reservé à quelque François Réformé de la communion de Paræus, & pour deviner tout d'un coup,

1 Pag. 58. Ap. des Cath.

Anti-Paræus. à Mr de Daillon, dont je veux vous rapporter le sentiment pour vous faire voir combien nous nous sommes abusés jusqu'ici, de croire que Brutus & Buchanan étoient des séditieux, selon le raisonnement de ce nouvel Auteur. Ecoutés Mr le Clerc, c'est-à-dire l'un des plus moderés de sa communion. Mr de Daillon, dit-il, en ,, adoptant sa pensée, fait voir qu'aucun Théologien Protestant n'a ,, enseigné rien de contraire à l'obéissance qu'on doit aux Rois, & ,, que quand Paræus dit: *Que les Magistrats inférieurs peuvent de droit défendre, même par armes, l'Etat & l'Eglise contre le Magistrat supérieur*; il ne parle pas des sujets d'un Prince absolu, MAIS DES MAGISTRATS DES VILLES LIBRES D'ALLEMAGNE; AUSQUELLES L'EMPEREUR, QUOIQU'IL SOIT LEUR MAGISTRAT SUPERIEUR EN BEAUCOUP DE CHOSES, N'A PAS DROIT NE'ANMOINS DE RAVIR LEURS LIBERTE'S (1).

Ah! dit Mr de Brillat, je suis maintenant persuadé que Mr de Daillon étoit bien plus propre pour expliquer Paræus que le fils de cet Auteur. Il est bien moins embarassé & beaucoup plus net. Mais si Paræus n'en vouloit qu'à l'Empereur d'Allemagne, qui n'est pas Roi du Corps Germanique, pourquoi s'est-on tant échauffé en Angleterre sur ce sujet? Est-ce que l'Université d'Oxford n'auroit point compris la pensée de Paræus en condamnant sa doctrine? Est-ce que le Roi Jacques, qui étoit Protestant de si bonne foi auroit voulu obliger un Prince Catholique, ou la Maison d'Autriche en faisant brûler son livre? Adieu donc l'Anti-Paræus de David Owen, & tous les beaux raisonnemens de ce Docteur Anglois.

Vous voyés au moins, reprit Mr de Rintail, que Mr de Daillon n'a point affecté de paroître Allemand dans l'explication du sentiment de Paræus. Mais j'aurois souhaité que Mr le Clerc d'Amsterdam nous eût facilité les moyens de démêler son sentiment d'avec celui de Mr de Daillon, lors qu'il a copié l'endroit où il marque; qu'*aucun Théologien Protestant* (sans en excepter Brutus ni Buchanan) *n'a enseigné rien de contraire à l'obéissance qu'on doit aux Rois.*

E Tom. 5. Bibl. Univers. pag. 72.

ANTI-SCIOPPIUS.

129 NOus entendons parler quelquefois de l'*Anti-Scioppius* de Bernegger, qui étoit un célébre Profeſſeur de l'Hiſtoire dans l'Univerſité de Straſbourg, & qui mourut en 1640. Mais ce Titre ne ſe trouve que dans la bouche de ceux qui ont occaſion d'en parler dans les compagnies, & qui ne l'employent ſans doute que pour abréger le circuit de l'expreſſion. Il faut avouer néanmoins que nous avons un Livre compoſé par Theodoſius Berenicus écrit contre le *Claſſicum Belli Sacri* de Scioppius, & imprimé l'an 1621. dans la ville d'*Auguſta Triboccorum*, ſous le titre de *Tuba Pacis Anti-Scioppiana*, &c. que ce Berenicus n'eſt autre que Bernegger, & que cette ville des Tribocques ne peut marquer que celle de Straſbourg. Mais tout cela ne me fait point envie de m'étendre d'avantage ſur un ſujet qui paroît étranger au deſſein de mon Recueil.

ANTI-SOLDAT.

130 JE paſſerai auſſi légerement ſur l'*Anti-Soldat François* imprimé l'an 1604. parce que j'ai lieu de douter que vous vouluſſiés le reconnoître pour un *Anti* perſonnel du caractére des autres. Je n'ai jamais vu cet ouvrage qu'en paſſant le long des Quais, mais je ne me ſouviens plus de ce que j'en ai lu. D'autres que moi pourront vous dire ſi l'Auteur en vouloit au *Soldat François* d'un certain Pierre de Loſtal ou Lauſtaut ſieur d'Eſtrem, qui vivoit du tems de Henri IV. & que Scaliger vouloit faire paſſer pour un fou.

§. 11. J'en uſe de même à l'égard de l'ANTI-TURCICUS *Miles* de David Herlicius Médecin de Stargard en Poméranie, qui mourut en 1637. Vous pouvés juger par le ſeul titre de cet Ouvrage, que ſi tous les *Anti* étoient de cette nature, perſonne n'y trouveroit à redire. Il n'appartient proprement qu'à des Soldats de ſe déclarer *Anti*, lors qu'ils marchent contre les ennemis de l'État ou de la Religion. Je vous promettrois volontiers de faire les éloges de tous les *Anti* de mon Recueil, s'ils étoient tous contre le Turc, & de la nature de l'*Anti-Turcicus Miles* de Herlicius.

ANTI-TRIBONIEN.

131 Nous n'aurions jamais pu nous imaginer que l'*Anti-Tribonien* fût né pour la ruine de la Religion & celle de l'Etat, si Mr le Doyen de l'Univerſité de Touloufe (Guilaume Maran) n'avoit employé toutes ſes lumiéres & tout ſon crédit pour nous faire entrer cette imagination dans l'eſprit.

Qu'eſt-ce que l'*Anti-Tribonien*, dit Mr de S. Yon ? N'eſt-ce pas un *Anti* de quelque Auteur de l'Antiquité.

L'Anti-Tribonien, repartit Mr de Rintail, eſt un Traité concernant la maniére de bien étudier le Droit. Il fut compoſé par le Juriſconſulte François Hotman ſur l'avis du Chancelier de l'Hoſpital dès l'an 1567. imprimé d'abord ſans porter le nom de ſon Auteur, & réimprimé depuis à Paris en 1603. par Nevelet Sieur de Doſches, puis l'an 1616. in-8°. à la tête des Opuſcules François des Hotmans, ſous le titre de l'*Anti-Tribonien*, ou *Diſcours ſur l'étude des Loix*.

Il m'a paru d'abord que le deſſein de l'Auteur étoit de frayer un nouveau chemin à la connoiſſance des Loix, ou de racourcir & débarraſſer celui qu'on avoit pris dans les Ecoles juſques à ſon tems pour l'étude du Droit. Il prétendoit faire voir une différence très-gande entre le Droit Civil des Romains, & les Livres de l'Empereur Juſtinien que nous appellons les Compilation de Tribonien. Selon ſon ſyſtème, l'étude que la Jeuneſſe peut faire du Code, du Digeſte, &c. eſt ingrate pour les particuliers qui s'y appliquent, & ne ſert de rien ni pour l'avancement du bien public en général, ni pour la police de la France en particulier.

Il fait voir dans la premiére partie de l'Anti-Tribonien, que l'étude d'un Art qui eſt hors d'uſage eſt fort inutile ; que l'Etat de la République Romaine étoit fort différent de celui de la France ; que cet Etat même des Romains ne ſe peut apprendre par les Livres de Juſtinien ; que le Droit des perſonnes, la nature & la qualité des choſes y ſont enviſagées tout autrement : en un mot que la maniére d'enſeigner le Droit des Anciens eſt toute différente de la nôtre.

Dans la ſeconde, il éxamine les Livres de Juſtinien, je veux dire les Travaux de Tribonien d'une maniére qui ne fait pas beaucoup d'honneur à ces deux grands Perſonnages. Après avoir dit quelque choſe des matériaux de la compilation de Tribonien, il s'arrête à

conſiderer

considérer la suffisance du Compilateur, & descend dans le détail *Anti-Tribonien.* des vices de cet homme pour nous en donner de l'horreur & pour décrier son Ouvrage. De la peinture de ce Tribonien, dont les couleurs sont empruntées de Suidas & de Procope, il passe à celle de l'Empereur Justinien qu'il ne rend guére plus agréable. Après les informations faites contre le Prince & son Ministre, il éxamine la suffisance, le jugement & l'éxactitude des seize Jurisconsultes qui travaillérent aux Pandectes sous Tribonien, & il remarque qu'étant tous Grecs, ils étoient peu propres à manier tant de Livres latins. Il témoigne avec raison être surpris que ces médiocres Savans ayent su en moins de trois ans réduire 2000. volumes en 50. livres. Mais je suis encore plus pour lui lors qu'il se plaint que Tribonien ayant achevé son ouvrage ait fait supprimer & abolir universellement les Loix anciennes, les Edits du Préteur, & les Arrêts du Senat, & je lui pardonne volontiers son titre d'*Anti-Tribonien*.

Vous disiés quelque chose au commencement de l'Article, reprit Mr de S. Yon, qui faisoit voir que Mr Maran ne lui pardonnoit pas si volontiers que vous.

Il est vrai, repliqua Mr de Rintail, que Mr Maran s'est un peu échauffé contre l'Anti-Tribonien, parce qu'il se trouvoit personnellement intéressé dans la cause de nos Jurisconsultes Scholastiques ausquels Hotman ne lui paroissoit point assés favorable. Il craignoit que la lecture de l'Anti-Tribonien ne contribuât à l'avilissement de la Jurisprudence Romaine dont l'étude se rallentissoit déja d'ailleurs en France. Son zèle le porta à prendre la plume pour en prévenir les conséquences dangereuses, & il publia dans cette vuë un Traité écrit en Langue vulgaire comme l'Anti-Tribonien, dédié au Roi sous le titre de *Discours Politiques de l'établissement & conservation des Loix de la Justice contre les mocqueries & les cavillations de l'Anti-Tribonien déguisé & de ses Sectateurs* imprimé à Toulouse l'an 1627, in-4°. Après avoir ainsi précautionné ceux du Pays contre l'Anti-Tribonien, sa prévoyance s'étendit encore sur les Etrangers qui n'entendent point notre Langue, & dès l'année suivante il mit au jour un livre écrit en Latin sous le titre *De Æquitate sive Justitia Commentarii duo adversus nugamenta & offucias Anti Triboniani personati. Opus ad nativam Jurisprudentiam in Schola & foro restituendum non modo utile sed apprimè necessarium.* L'ouvrage a beaucoup de rapport au précédent, il fut imprimé dans la même ville & en même forme, adressé à Messieurs du Parlement de Toulouse.

Voila ce qu'a fait Mr Maran pour l'honneur du Droit écrit contre les idées que Hotman s'étoit formées d'une Réformation pour la manière d'enseigner la Jurisprudence Romaine dans les Ecoles de France. Vous voyés par cet essai ce que c'est que d'attaquer des Préjugés invétérés, & de ne point assés ménager les intérêts du plus grand nombre. Je reviens à l'Anti-Tribonien pour vous dire un mot de la vie de son Auteur Hotman & de son adversaire Tribonien.

Celui-ci n'étoit qu'un Jurisconsulte que Justinien éleva à la charge de Trésorier Général.. Il avoit de l'esprit & du savoir pour son tems, mais sur tout il avoit l'estime & la confiance de son Maître. Plusieurs Auteurs, comme Hesychius l'Illustre, Suidas & Procope, l'ont fait passer pour un homme sans Religion & sans Foi, ennemi déclaré du Christianisme, sans faire néanmoins profession du Paganisme, fourbe, délateur, flateur, avare jusqu'à vendre la Justice & les choses les plus saintes, faire & défaire les Loix pour les plus offrans, opprimer les innocens sans scrupule, & autoriser les crimes.

<small>Lambert.</small>
<small>Pierre.</small>
☞ François Hotman avoit pour grand pere un Allemand habitué en France, né à Emmerick au Duché de Cleves, mais originaire de Silesie, & pour pere un Conseiller au Parlement de Paris Il naquit dans cette Ville l'an 1524. & y fit ses études d'Humanité Mais il alla étudier en Droit dans l'Université d'Orleans. Son changement de Religion irrrita tellement son pere, qu'il en fut deshérité, si nous en croyons les Ecrivains du parti. Le déplaisir joint au zèle pour sa nouvelle Religion, lui fit quitter la France en 1547. pour se retirer à Lausanne en Suisse, où il fut Regent du Collége dans une Classe de Grammaire. Montluc Evêque de Valence le fit revenir & lui procura une Chaire de Professeur en Droit dans l'Université de cette Ville. De là il passa dans celle de Bourges où il fit la même profession, jusqu'à ce que les troubles du Royaume le firent retirer pour ne plus revenir en France de sa vie. Il s'en alla d'abord à Montbelliard, & de là il passa à Bâle, où il s'établit avec sa famille, hors sa femme qu'il avoit perduë auparavant. Il y mourut d'hydropisie le 13. jour de Février de l'an 1590. âgé de 65. ans & quelques mois.

ANTI-VULTEJUS.

132 JE finis nos *Anti* en Droit, poursuivit Mr de Rintail, par l'ANTI-VULTEJUS de Godefroi Antoine Jurisconsulte Allemand. Herman Vultejus avoit publié sa *Jurisprudence Romaine* en

II. PART. CHAP. I. ANTI EN POLITIQUE ET EN DROIT.

Anti-Vultejus.

Latin à Marpourg, à Hanaw & ailleurs, en diverses éditions réitérées depuis l'an 1590. Godefroi Antoine jaloux de la réputation & du débit de cet Ouvrage, ou animé du désir de corriger son prochain & de desabuser le Public, entreprit de le redresser par un *Anti-Vultejus* qui fut imprimé l'an 1609. à Giessen in-4° sous le titre de *Disputationes Anti-Vultejanæ quatuor, Jurisprudentiæ Romanæ ab Hermanno Vultejo editæ specimen exhibentes*.

☞ Godefroi Antoine étoit né à Freudenberg en Westphalie l'an 1571. & il fit ses Etudes dans la Province. Il fut Précepteur des enfans d'un Gentilhomme nommé Thal : il n'avoit alors que douze ans (singularité remarquable) & il fut douze autres années avec ses éléves au Collége de Zoeft, où il se servit de l'occasion pour apprendre le Droit. L'an 1594. il alla à Marpourg avec ses Disciples, où il passa Docteur en Droit au bout de deux ans, & fut nommé Professeur quelque tems après par le Lantgrave de Hesse. Lors qu'on eut érigé l'Université de Giessen & confirmé ses priviléges, le Lantgrave l'y fit venir pour être le Chancelier de cette nouvelle Université, le principal Professeur en Droit & le premier Recteur du Collége. Il fut aussi Conseiller du Prince, & il mourut l'an 1618. après s'être acquité de diverses députations & autres commissions honorables dont le Prince l'avoit chargé (1).

Pour Herman Vultejus il étoit né au Wetteraw en Hesse le 16. de Décembre de l'an 1555. Il fit ses Humanités dans son pays. A quatorze ans il alla à Marpourg où il passa Maître ès Arts ou Docteur en Philosophie à dix-neuf ans. Son pere Juste Vultejus célèbre parmi les Savans l'envoya ensuite étudier à Heidelberg où il fut trois ans. Après il le fit passer dans la plûpart des autres Universités d'Italie & de France pour le perfectionner de plus en plus dans toute sorte de literature, & il passa Docteur en l'un & l'autre Droit à Bâle à l'âge de 24. ans. A son retour dans son pays on le fit Professeur en Grec, & l'année suivante Sindic de l'Université de Marpourg. En suite il fut Professeur des Institutes du Droit Civil, & dix ans après il eut la premiére Chaire en Droit. Il fut aussi Chancelier de l'Université; Conseiller & Assesseur de la ville de Marpourg & Vice Chancelier du Lantgrave. Il refusa les premiéres Charges de la plupart des Universités & des principales Cours d'Allemagne, pour ne pas sortir de son établissement. Il mourut le 31 de Juillet de l'an 1634. après 79. ans de vie, 55. de Profession, & 53. ans de mariage.

1 Apud Witt. Jurisc.

CHAPITRE II.

ANTI en Philosophie & en Mathématiques.

ANTI-ARISTARCHUS.

133 IL me semble, continua Mr de Rintail, que si j'étois obligé de dire ma pensée sur la nature & la qualité des contestations qui exercent les Hommes, je me trouverois d'inclination à parler plus favorablement de celles qui regardent la Physique que de toutes les autres.

Vous avés pû remarquer dans notre seconde & notre troisiéme Conversation une partie des tristes & funestes effets qu'ont produit & que produisent encore de jour en jour celles qui s'élévent sur les matiéres Théologiques au préjudice de la véritable Religion. Vous venés de voir ce qu'on peut appréhender de celles qui regardent la Politique touchant le repos de l'Etat. Et vous pourrés juger par la suite de mon Recueil si celles que les Critiques & les Grammairiens ont excitées sur les Lettres, ont peu contribué à les rendre méprisables.

Mais vous diriés volontiers que les contestations que l'on forme sur la Philosophie naturelle trouvent leurs excuses, & si je l'osois dire, leur approbation dans l'Ecriture-sainte. Le Sage dit (1), que Dieu *a livré le monde aux disputes des hommes, sans qu'ils puissent connoitre les ouvrages que Dieu a créés depuis le commencement du monde jusqu'à la fin.*

Vous m'en faites souvenir, dit Mr de Brillat. Sans la crainte de vous interrompre, j'allois vous citer le passage en Latin lorsque vous l'avés cité en François. Mais je n'ai jamais trop bien compris la pensée de Salomon ; je vous demande par digression l'éclaircissement de cet endroit.

Je puis vous dire sans sortir de notre sujet, répondit Mr de Rintail, ce qu'il me souvient d'en avoir lû dans les Interprétes les plus intelligens. Nous devons croire que Dieu a fait le monde au commencement, afin que l'homme qu'il avoit rempli de son amour, y reconnût & y adorât par tout sa grandeur & sa puissance. Si les choses avoient subsisté dans ce heureux état, vous êtes assuré qu'il n'y au-

---
1 Eccle. 3. 11.

roit jamais eu de difputes ni de divifion dans les efprits & par confé-   Anti Ariftarchus.
quent jamais matiére d'*Anti*. Mais Dieu voyant que les hommes
depuis le péché ne regardent plus le Monde que par curiofité, il en
a abandonné la conftitution, l'ordre & le gouvernement à leurs
difputes. Il les a abandonnés eux-mêmes à cette ardeur inquiéte qu'ils
ont de raifonner fur toutes chofes, fans qu'ils puiffent comprendre
cette admirable fageffe qui reluit & qui reluira dans tous les ouvrages
du Créateur depuis le commencement du Monde jufqu'à la fin.

    Ce qui reluit dans les Ouvrages du Créateur, dit Mr Bertier,
n'eft-ce pas ce qui éblouit les yeux de ceux qui les regardent?

    Sans doute, repartit Mr de Rintail, tout ce que Dieu a fait eft
très-beau & très-bon. Mais vous favés ce que faint Paul (1) vouloit
nous faire comprendre lorfqu'il a dit, que tout eft pur pour ceux qui
font purs. Si les hommes avoient les yeux de l'efprit auffi purs & auffi
perçants que Dieu les leur avoit donnés, ils ne regarderoient pas le
monde d'une maniére fi différente, fi foible & fi incertaine. Vous
voyés maintenant d'où peut venir la fource des conteftations des Savans fur la connoiffance des chofes naturelles, & vous jugés aifément qu'encore qu'elles foient les fuites de la difgrace arrivée à
l'homme par le premier péché, elles n'ont rien de criminel en elles
ni rien d'odieux, lors qu'il n'y a point de deréglement dans la curiofité qui nous fait rechercher les vérités naturelles, & non re-
velées.

    L'une des plus fameufes de ces conteftations, eft celle qui regar-
de la queftion de favoir fi nous tournons avec la Terre, & s'il eft
vrai que les yeux de notre corps peuvent fe promener autour de l'U-
nivers dans l'efpace de 24. heures? Plufieurs Philofophes de marque
dans l'Antiquité Grecque avoient crû & enfeigné contre les préjugés
populaires que la Terre tourne & que le Soleil eft fixe. On peut vous
nommer parmi les Auteurs principaux de ce fentiment le célébre Pythagore, Philolaüs de Crotone, Hicetas de Syracufe, Cleanthe de
Samos, Seleucus, Leucippus, Ecphantus, Heraclide du Pont (2),
& Platon même, qui au rapport de Theophrafte avoit embraffé la
même opinion fur la fin de fes jours après s'être convaincu du peu de
folidité de la créance contraire. Mais il femble que perfonne ne s'é-
toit tant appliqué à faire valoir cette opinion qu'Ariftarque de Samos qui tâcha de perfectionner ce que Pythagore dont il étoit compatriote avoit découvert ou imaginé fur cela. Ses foins n'empêché-

---

1 Tit. c. 1. v. 15.
2 ¶ Il faloit dire *de Pont*, comme l'a ci-devant remarqué Ménage. §

Anti-Aristarchus. rent point qu'après sa mort l'opinion du mouvement de la Terre & de l'immobilité du Soleil ne soit demeurée presque ensevelie pendant dix-huit siécles par l'industrie ou le crédit des Sectateurs d'Aristote, d'Hipparque & de Ptolomée. Mais Copernic ayant entrepris de la faire revivre depuis 150. ans, il se trouva suivi par tout ce qu'il y a eu de plus habiles Mathématiciens dans l'Europe jusqu'à présent.

Je ne prétens point par ces expressions ôter aux Défenseurs de l'opinion de Ptolomée la réputation d'habileté qu'ils ont pû acquérir de leur côté. Je suis persuadé même que ceux qui sont venus après Copernic, Galilée, & tous nos illustres Modernes ont eu besoin d'une capacité plus grande, & de beaucoup plus de forces que ceux qui ont paru auparavant & qui n'ont eu personne à combattre : de même que le Gouverneur d'une Place assiégée est souvent plus brave que ceux des Villes de sureté, & fait mieux remplir ses devoirs qu'eux, quoique la prise de la Place soit inévitable d'ailleurs.

Libert Fromond a été certainement l'un des plus capables d'entre les Partisans du système de Ptolomée. La qualité de Docteur de Louvain, c'est-à-dire d'une Université parfaitement soumise à l'Inquisition lui ôtoit peut-être la liberté d'examiner le préjugé dont ses Maîtres l'avoient prévenu sur ce sujet. Il craignoit sans doute comme la plûpart des Catholiques de son tems, que l'opinion de Copernic ne donnât quelque atteinte à l'autorité de l'Ecriture ; & il la croyoit d'autant plus dangereuse que les Protestans paroissoient ardens à l'embrasser & à l'adopter en dépit de nous, comme si elle leur eût été propre, quoiqu'ils en eussent obligation à un Catholique, & qui plus est, à un membre du Clergé (1). C'est ce qui le porta plus volontiers à combattre ceux des Protestans qui enseignoient l'opinion de Copernic.

Un Ministre de Hollande nommé Philippe Lansbergius avoit composé un assés gros Traité sur le mouvement de la terre ; mais parce que l'ouvrage étoit écrit en Langue vulgaire, un autre Mathématicien du pays nommé Hortensius de Delpht depuis Professeur à Amsterdam le mit en Latin pour en rendre la lecture plus universelle. Cette Traduction fut imprimée à Middelbourg l'an 1630. sous le titre de *Commentationes in motum Terræ diurnum & annuum ; & in verum aspectabilis Cæli typum.* Ce n'étoit pas le seul Ouvrage que Lansbergius avoit publié sur le même sujet. Mais Fromond n'attaqua que celui là, étant très-persuadé que l'Auteur y avoit rassemblé toutes ses forces. Lors qu'il fut question de publier sa Réponse, il se

§ 1 Copernic étoit Chanoine de Varmie dans la Prusse Royale. §

souvint des régles de l'honnêteté qui veulent qu'on épargne autant qu'il eſt poſſible le nom & la perſonne de l'Adverſaire dont on refute les ſentimens. Il la publia donc à Anvers l'an 1631. in-4°, non pas ſous le titre d'*Anti-Lansbergius*, mais ſous celui d'*Anti-Ariſtarchus*, ſive, *De orbe Terræ immobili adversùs Philippum Lansbergium*.

S'il eſt plus excuſable d'avoir attaché le nom d'un ancien Auteur à ſon *Anti*, je m'en rapporte volontiers à votre jugement. Mais pour vous continuer l'Hiſtoire de l'*Anti-Ariſtarchus*, il faut vous dire, que Lanſbergius avoit un fils nommé Jacques, ſavant dans les Mathématiques comme lui. Ce fils crut qu'il étoit de la piété naturelle d'entreprendre la défenſe de ſon pere contre l'Anti-Ariſtarchus de Fromond, & dans ce deſſein il fit paroître un livre imprimé à Middelbourg l'an 1633. in-4.° ſous le titre d'*Apologia pro Commentationibus Phil. Lansbergii in motum Terræ diurnum & annuum, contra Fromondum & Morinum*, par lequel vous voyés qu'il avoit aſſocié à Fromond un ſecond Adverſaire qui n'étoit autre que le Sieur Jean-Baptiſte Morin Mathématicien François.

Le Docteur Fromond ne demeura point ſans replique, & l'année 1634. ne fut point expirée qu'il ne publiât encore dans la même ville d'Anvers un nouveau livre in-4.° ſous le titre de *Veſta*, ſive, *Anti-Ariſtarchi vindex contra Jacobum Lansbergium Phil. F. & Copernicanos*: & je penſe que ce fut lui qui termina cette conteſtation perſonnelle.

☞ Philippes Lansbergius étoit natif de la Zélande, & quoiqu'il fît profeſſion de la Medecine & des Mathématiques, il ne laiſſa point de faire le Miniſtre & le Prédicant dans Anvers auprès des Proteſtans l'an 1586. Quelque tems après il s'en retourna en Zélande où il fut Miniſtre de Goez pendant 29. ans ſelon Voſſius en un endroit (1), ou environ 39. ſelon le même en un autre. Après ce terme les Etats de Zélande le firent Vétéran ou Emérite, & lui donnérent une penſion le reſte de ſes jours qu'il alla paſſer à Middelbourg. Il mourut dans cette ville vers l'an 1632. ſelon toutes les apparences.

Pour Libert Fromond il étoit né le 3. jour de Septembre de l'an 1587. dans un village du Liégeois nommé Hackuyr ou Hackoer ſur la Meuſe entre Liége & Maſtricht. Ayant fait ſes études d'Humanités au Collége de Liége, il alla faire ſa Philoſophie dans l'Univerſité de Louvain, & y paſſa Docteur en Théologie l'an 1628. après avoir enſeigné la Philoſophie pendant trois ans à Anvers, & pendant quatorze à Louvain.

Ayant reçu le Bonnet de Docteur en Théologie, il fut fait Pro-

1 De Sc. Math. p. 341. & 137.

_{Anti-Ariſtarchus.}

fesseur ordinaire dans la sacrée Faculté, jusqu'à ce que Jansenius ayant été nommé à l'Evêché d'Ipres, il fut choisi pour remplir la Chaire de Professeur Royal des saintes Ecritures que ce Prélat laissoit vacante. Enfin il fut élu Doyen de saint Pierre de Louvain le 9. de Septembre de l'an 1639. & il mourut l'an 1653.

ANTI-CARTESIUS.

134. Nous avons oui parler d'un ANTI-CARTESIUS contre Mr Descartes comme d'un ouvrage imprimé à Francford in-4° depuis environ deux ans. On dit qu'il a pour Auteur un Allemand nommé Eccard Leichner natif de Saltzung en Turinge qui s'est déja fait connoître dès l'an 1645. par ses Ouvrages de Medécine, & qui a professé cette Science à Erfurt. Si cela est, nous pouvons conjecturer que l'*Anti-Cartesius* est le fruit d'une vieillesse usée. Mais pour en parler avec plus de certitude, je suis d'avis d'attendre qu'il m'en soit venu un exemplaire de delà le Rhin, & de passer à l'*Anti-Copernic*, sans vous retarder sur le sujet de Mr Descartes.

ANTI-COPERNIC.

135. Dans la multitude des livres que les Sectateurs de Ptolomée & les Défenseurs du systême Populaire ont eu soin de publier par le monde contre Copernic, vous ne devés pas douter qu'il ne se soit trouvé un bon nombre d'*Anti-Copernics*. Mais je n'en connois que deux qui ne soient pas encore entièrement ensevelis dans l'oubli : le premier est celui d'un Venitien nommé Polacchi, le second celui d'un François qui n'a designé son nom que par les Lettres capitales J. M.

Le premier fut imprimé à Venise l'an 1644. in-4° sous le titre d'ANTI-COPERNICUS, sive, *De Terræ statione, & de Solis motu contra systema Copernicanum Catholicæ Assertiones. Auctore Georgio Polacco.*

Le second est beaucoup plus récent : car encore que son style soit trompeur jusqu'à nous faire croire qu'il seroit de l'an 1572. vous saurés néanmoins qu'il n'a été composé que cent ans après, & qu'il n'a paru qu'en 1672. dans Paris in-4° sous le titre d'ANTI-COPERNIC, ou *Le Traité Astronomique*; autrement *Introduction familiére en la science d'Astronomie contre Copernic*, en laquelle on void les Principes & les choses

plus

II. Part. Chap. II. Anti en Philos. en Mathem. 289

plus essentielles qui concernent cette science. Où est ajouté un Supplément touchant une nouvelle & extraordinaire Methode de mesurer la hauteur du Soleil par dessus la Terre. Le tout avec les autres Parties accommodé à la portée de ceux qui n'ont qu'une connoissance superficielle des Mathematiques & de la Sphére.

Anti-Copernic.

Vous avés pû remarquer dans le détail que je vous ai fait à dessein de ce long titre, que l'Auteur de cet Anti-Copernic nous promettoit plusieurs Parties de son Ouvrage, c'est-à-dire plusieurs Volumes. Mais le Public a paru plus que content de la premiére qu'il a dédiée aux Mathématiciens, Philosophes, Théologiens & ceux qui sont Universels és sciences, un chacun desquels n'est point du sentiment de Copernic.

Cela me paroît divertissant, dit Mr Bertier, la Dédicace vaut-elle son Titre ?

Il y a dequoi se divertir, répondit Mr de Rintail, depuis le commencement du Livre jusqu'à la fin, mais aux dépens de son Auteur. Il débute par soutenir dans un long chapitre: *Que les Etoiles fixes luisent de lumiére empruntée des rayons du Soleil, & ne sont pas autant de petits Soleils luisans d'eux-mêmes.*

La seconde partie, & les suivantes sont elles aussi divertissantes, reprit Mr Bertier?

Je vous ai dit, repartit Mr de Rintail, que le public a paru plus que satisfait de la premiére. J'ajoute que l'Auteur n'a point pû ignorer en quel sens on étoit plus que satisfait, s'il a consulté quelque Lecteur intelligent ; & qu'il a crû devoir en demeurer là.

Je le trouve louable, dit Mr de Brillat, d'avoir sû cacher son nom, puisque vous en parlés de la sorte. On doit au moins faire cas de la discrétion qu'il a euë de ne pas continuer.

Je ne connois pas, poursuivit Mr de Rinail, plus particuliérement l'Auteur de l'Anti-Copernic François, quoique peut-être encore vivant, que l'Auteur de l'Anti-Copernic Latin: c'est ce qui me dispense de vous rien dire de la vie du Sieur J. M. non plus que de celle de Georges Polacchi.

☞ Il n'en est pas de même de Nicolas Copernic dont ils se sont rendus les Adversaires, & dont il ne nous est point libre d'ignorer la réputation. Il nâquit dans la ville de Thorn en Prusse le dix-neuf de Janvier de l'an 1472. selon Jonctin, ou plutôt selon Mestlin le dix-neuf de Février un Vendredi veille de la Chaire S. Pierre à Antioche de l'année suivante 1473. Il fit ses premiéres études d'Humanités dans son pays, & les alla continuer à Cracovie où il fit sa Philosophie. Il

Tome VII. O o

y paſſa Docteur en Médecine avant que de s'en retourner à Thorn, & il ſe donna particuliérement aux Mathématiques, mais ſur tout à l'Aſtronomie ſans négliger les Arts Liberaux. Il ſe rendit habile Peintre; & l'on dit qu'il ſe peignit lui-même au miroir, comme a fait depuis Mademoiſelle Schurmans. A vingt-trois ans il voyagea en Italie, & enſeigna publiquement les Mathématiques à Rome. A ſon retour l'Evêque de Warmie ſon oncle frere de ſa mere lui donna un Canonicat dans la Cathédrale, le fit ſon grand Vicaire & Econome des revenus de l'Evêché. Cela ne l'empêcha point de travailler à ſon Syſtême & à ſon grand Ouvrage des Révolutions, ſans interrompre ni ſes exercices particuliers de piété, ni les œuvres de charité que ſa vertu lui faiſoit faire. Il mourut aimé des gens de bien, & eſtimé des Savans de l'Europe le 24. de Mai de l'an 1543. âgé de ſoixante-dix ans trois mois & cinq jours.

ANTI-DE'MON.

136 JE vous ferai ſauter de l'Aſtronomie à l'Aſtrologie & à la Magie pour vous dire un mot de l'*Anti-Démon* & de l'Anti-Gaſtorello. L'Auteur du premier eſt un Ecrivain François nommé Perreaud ou Perrauld (1), & ſon Livre fut imprimé à Genève l'an 1653. in-8° ſous le titre de l'*Anti-Démon de Mâcon*, il eſt joint avec la Démonologie ou Traité des Démons & Sorciers du même Auteur. C'eſt tout ce que j'en ſai.

J'ajouterai ſeulement qu'il ſe trouve encore un autre *Anti-Démon* in-8° ſurnommé *Hiſtorial* & imprimé à Lyon, mais je n'en connois que le Titre.

1 ¶ C'eſt Perreaud Miniſtre à Macon. L'affaire du prétendu Diable qui infeſta ſa maiſon arriva depuis le 4. Septembre juſqu'au 22. Décembre 1612. quarante & un ans avant que l'Anti-Démon ait été imprimé.

Baltaſar Bekker chap. 21 du 4. livre de ſon *Monde enchanté* s'en eſt moqué comme d'une impoſture dont le Miniſtre Perreaud fut la dupe. §

ANTI-GASTORELLO.

137 UN Auteur Milanois nommé Geneſio Gaſtorello (je ne vous dirai pas ſi ce nom étoit emprunté, ou s'il lui étoit propre) avoit mis au jour un Livre ſous le titre du *Ciel découvert* dans lequel il débitoit beaucoup d'Aſtrologie judiciaire & de vaines

curiosités. Cet Ouvrage quoi qu'assés méprisable par lui-même parut assés dangereux au Pere Noceto Jésuite Génois pour mériter qu'on le réfutât. Il écrivit d'abord un petit Livre en forme de Lettre sous le titre d'*Anassiride di Clorio Cariopo Carcaria al Cavalier Genesio Gastorello Ogoroboto Milanese autore del Cielo aperto*, & le fit imprimer à Lucerne (lieu supposé sans doute) l'an 1656. in 12. Non content de cela, il composa contre lui l'ANTI-GASTORELLO en même Langue, comme nous l'apprenons du Soprani. Et pour développer entiérement la matiére de l'Astrologie judiciaire, il composa un troisiéme Ouvrage qui fut imprimé à Paris l'an 1663. in-12 sous le titre d'*Astrologia ottima, indifferente, pessima, censure publicate dal P. Gian Battista Noceto Genovese della Compagnia di Giesu*.

Le P. J. Bapt. Noceto étoit né à Génes l'an 1586. avoit été reçu dans la Compagnie de Jesus l'an 1602. & avoit fait les quatre Vœux. Il avoit enseigné les Belles Lettres, la Philosophie & l'Ecriture-Sainte avant que de faire la fonction de Prédicateur ordinaire. Il vivoit encore l'an 1676. dans la Maison Professe de Génes, comme nous l'assûre le P. Sotwel dans la Biliothéque des Ecrivains de la Compagnie.

ANTI-PERIPATETIQUE.

138 LE respect général que toute la République des Lettres a toujours porté au nom d'Aristote, est peut-être une des causes de la retenuë de nos Auteurs d'*Anti* à son égard. Ils n'ont pas toujours usé d'un semblable ménagement envers ses Sectateurs, n'étant point persuadés que ceux-ci eussent tout son mérite. C'est peut-être ce qui nous a produit des *Anti-Péripatéticiens* au lieu des *Anti Aristotes*, en quoi je trouve leurs Auteurs moins repréhensibles.

Je vous donnerai volontiers pour éxemple l'*Anti-Péripatiade*, ou l'*Anti-Péripatie* d'un Médecin de Naples, qui se nommoit en Latin Marcus Aurelius Severinus Thurius Cratigena Tarsiensis. Cet Ouvrage composé en Latin fut imprimé à Naples in folio l'an 1659. sous le titre *Anti-Peripatias, hoc est, adversùs Aristoteléos de respiratione Piscium, Diatriba*; avec divers autres petits Traités joints ensemble.

Ce Severin étoit natif de Tarsia dans la Calabre citérieure au pays des anciens Turiens. Il vint au monde l'an 1580. Ayant perdu son pere à sept ans, son oncle qui étoit son Tuteur le fit étudier d'abord en Droit dans la vuë d'en faire un Avocat comme son pere, mais ses inclinations le portérent à la Médecine & à la Physique. Il fut Professeur d'Anatomie, & premier Lecteur dans la Faculté de Médecine à Naples; il entretenoit des liaisons étroites avec les Médecins les plus célébres d'Allemagne, de Dannemarc & d'Angleterre. Il fut par deux fois déféré à l'Inquisition; & il s'en tira avec assés de peine toutes les deux fois. Il mourut le quinziéme jour de Juillet de l'an 1656. & fut enterré dans la petite Eglise de saint Blaise.

§ II.

Joignés-y, si vous le jugés à propos, les xx. Dissertations ANTI-PERIPATETIQUES d'Eccardus Leichnerus, touchant la génération des Animaux, la multiplication des Plantes & des Mineraux, & la propagation de l'Ame de l'Homme, imprimé à Erfurt l'an 1649, in-4°.

ANTI-PHILOLAUS.

139 PHilolaüs de Crotone ancien Philosophe de la Secte des Pythagoriciens, qui fut tué quelques années avant la mort de Platon, n'a point été traité par nos Péripatériciens Modernes avec plus de respect qu'Aristarque de Samos. Vous savés la contestation Astronomique qui a rendu leur cause commune; imaginés-vous donc que ce que je vous ai dit dans l'Article de l'Anti-Aristarque peut se rapporter également à notre Anti-Philolaüs, & dispensés-moi de vous rebattre les oreilles de la question du mouvement de la Terre, & de l'immobilité du Soleil.

L'Anti-Philolaüs a pour Auteur un Philosophe Péripatéticien nommé Scipione Chiaramonti, ou en Latin, Claramontius, natif de Cesene dans la Romandiole, vivant au milieu de notre siécle. Son Ouvrage fut imprimé à Cesene même l'an 1643. in-4°. Si personne n'a répondu à l'Ouvrage de cet Italien, on doit s'en prendre moins au défaut des Défenseurs de Philolaüs, qu'au peu de conséqnence de son Livre. Les Anciens qui se sont fait un vrai mérite de leur vivant, ont l'avantage en ces derniers tems de trouver leur gloire comblée par le zèle & la capacité de leurs Admirateurs. Pour moi, je me contenterois de Mr Bouillaud pour maintenir l'honneur & le nom de Philolaüs contre le Chiaramonti & les autres Adversaires de cet Ancien.

ANTI-PISCATOR.

140 JE vous aurois surpris sans doute, si j'avois fini nos *Anti* de Philosophie, sans vous rien dire des Contestations que le fameux Ramus a excitées dans cette science. Il a eu trop d'Adversaires, pour qu'il ne s'en soit pas trouvé quelqu'un qui l'eût voulu attaquer en son nom & personnellement, & ce seroit une chanson de dire qu'on auroit voulu porter plus de respect à son nom qu'à celui d'Aristarque & de Philolaüs parmi les Anciens, ou à celui de Descartes & de Tycho-Brahé parmi nos Modernes. Je vous avouë néanmoins qu'il ne m'est pas encore tombé d'Anti-Ramus entre les mains. Mais au défaut de cela je me contente de vous produire l'ANTI-PISCATOR, je veux dire un *Anti* qui regarde la Secte des Ramistes.

Jean Piscator n'étant encore que Philosophe avoit publié quelques Ouvrages de Dialectique, de Rhétorique & d'autres Sciences humaines, suivant les principes & la méthode de P. Ramus & du premier de ses Disciples Omer Talon. Ce n'étoit point sans doute pour s'attirer les applaudissemens des Péripatéticiens. Autrement il faudroit avouer qu'il auroit mal réussi. C'est ce qu'a prétendu lui faire voir un autre Philosophe Allemand nommé Guillaume Adolphe Scribonius, qui s'est déclaré son Adversaire en publiant un Livre à Bâle l'an 1588. in 8º sous le titre d'ANTI-PISCATOR *Logicus ad Logicas Exercitationes Johannis Piscatoris respondens.* Ce Scribonius étoit de la ville de Marpourg au Lantgraviat de Hesse, & si je ne me trompe, il y fut Professeur en Philosophie, puis en Médecine ayant embrassé la Secte des Péripatéticiens pour la Philosophie, & celle des Luthériens pour la Théologie.

Mais Jean Piscator, dont le nom vulgaire étoit Fischers, étoit de la ville de Strasbourg. Il étoit né l'an 1546. & après avoir enseigné pendant quelque tems les Langues, la Poëtique, la Rhétorique, & la Philosophie dans son pays, il fut choisi pour y professer la Théologie. Mais comme on vit qu'il ne vouloit point démordre de son Calvinisme, & qu'il introduisoit insensiblement les dogmes de cette Secte, on se crût obligé de le congédier de l'Université dans laquelle on n'avoit souffert Sturmius de la même Secte, qu'en reconnoissance de ses longs services.

Piscator se retira dans les Provinces d'Allemagne où l'on fait

Profeſſion du Calviniſme ; & s'étant trouvé ſuivant le cours de ſa fortune à l'érection de la nouvelle Univerſité de Herborn au Comté de Naſſaw l'an 1585. il fut retenu par le Comte Jean pour y remplir la premiére Chaire de Théologie. Vous ſavés ce qu'il a fait ſur l'Ecriture, & vous n'ignorés pas les bruits qu'il a excités parmi les Prétendus Réformés de ſa Secte par la nouveauté de ſa doctrine touchant la *Juſtice imputée*. Il mourut l'an 1625.

ANTI-TYCHO.

141 A Ce que je vois, dit Mr Bertier, les *Anti* en titre de Livre n'ont pas été faits pour de petits Auteurs de bale. C'eſt un honneur réſervé ſans doute aux Auteurs du premier ordre. Vous ne parlés que d'Anti-Carteſius, d'Anti-Copernicus, d'Anti-Tycho?

Que n'auriés-vous donc pas dit, repartit Mr de Brillat, ſi vous vous étiés trouvé à nos trois premiéres converſations? Demandés à Mr de Verton ſi c'eſt à des noms d'un moindre éclat que ceux des Homeres, des Catons, des Bellarmins, des Cotons, &c. que les Ecrivains Polémiques ont attachés leurs *Anti*?

Je trouve la choſe aſſés mêlée, répondis je. Votre remarque ſeroit ſans exception, ſi les faiſeurs d'*Anti* avoient juré de n'en faire que pour les perſonnes du mérite le plus élevé. Mais ſachés que le mérite d'autrui n'a point été leur régle. Il eſt fort vrai-ſemblable qu'il n'y a eu que leur paſſion propre qui les ait conduits dans la direction de leurs *Anti*; & s'il eſt vrai que leur paſſion ait été aveugle, on ſe perſuadera aiſément qu'ils ont diſtribué indifféremment leurs *Anti* à des Adverſaires de tout rang.

Vous ſavés, dit Mr de Rintail, quel étoit celui de Tycho Brahé parmi les Aſtronomes de ſon tems. Vous ſavés auſſi que les habiles Mathématiciens font incomparablement plus de cas de ſes Obſervations que de ſes Livres, & que ceux-ci ſont beaucoup moins à l'épreuve des Critiques. C'eſt néanmoins contre ſes Obſervations que Scipion Claramontius dont je vous ai parlé au ſujet de l'Anti-Philolaüs voulut dreſſer ſon ANTI-TYCHO. Il y avoit vingt ans que Tycho n'étoit plus au monde, lorſque Claramontius s'aviſa de révoquer en doute ſes Obſervations & de troubler le Public dans la bonne opinion qu'il en avoit. Quelques mauvaiſes qu'il jugeât ces Obſervations, il entreprit de prouver par elles-mêmes que les Cométes ſont des corps ſublunaires, contre ce que Tycho y avoit

II. PART. CHAP. II. ANTI EN PHILOS. ET EN MATHEM. 295

très-constamment enseigné. Son livre fut imprimé à Venise l'an 1621. in-4° sous le titre d'*Anti-Tycho Scipionis Claramontii, in quo Tychonem Brahe & nonnullos alios, rationibus eorum ex Opticis & Geometricis principiis solutis, demonstratur Cometas esse sublunares, non cælestes.*

Anti-Tycha.

Claramontius savoit bien qu'il n'y avoit point de réponse à attendre de la main de Tycho, mais il ne devoit pas ignorer qu'il eût laissé des amis & des disciples dans le monde capables de soutenir sa réputation & d'entreprendre sa défense contre ses Adversaires. Kepler Mathématicien de l'Empereur Rodolphe le lui fit assés sentir. Tycho l'avoit fait le dépositaire & le gardien perpétuel de ses Observations en mourant. Jugés de l'interêt que Kepler avoit d'entreprendre leur défense. Il le fit par un Livre qu'il publia l'an 1625. à Francford in-4°. sous le titre de *Tychonis Brahei Hyperaspistes adversùs Scipionis Claramontii Anti-Tychonem in aciem productus à Joanne Kepplero.*

Claramontius ne croyant pas qu'il fût de l'honneur d'un Italien de céder à des Allemands, fit une Reponse à Kepler, & la publia à Venise l'année suivante in-4° sous le titre d'*Apologia Scipionis Claramontii pro Anti-Tychone suo adversùs Hyperaspisten Joannis Keppleri.*

Le Défenseur de Tycho ayant remarqué que son Adversaire dégénéroit en Rhétoricien dans sa Réplique apologétique, ne crut pas y devoir répondre. Mais Claramontius ayant continué d'écrire sur la matière contestée, s'attira sur les bras un nouvel Adversaire qui étoit de son pays, je veux dire le célèbre Galilée. Claramontius en qualité de zélé Péripatéticien vouloit pousser jusqu'au bout la défense de la doctrine d'Aristote & du vulgaire des Philosophes touchant l'incorruptibilité des Cieux, & paroissoit indigné de voir que les Modernes traitoient cette opinion de préjugé dont il fallût se dépouiller. Il composa donc un nouvel ouvrage pour maintenir son Anti-Tycho & pour défendre ce qu'il avoit avancé sur la nature & la situation des Cométes à l'occasion des étoiles qui avoient paru nouvellement en 1572. 1600. & 1604. & qu'il soutenoit être des Cométes & des corps sublunaires. Ce nouveau livre fut imprimé à Cesene lieu de la naissance & de la demeure de l'Auteur l'an 1628. in-4° sous le titre de *Scip. Claramont. de tribus novis stellis quæ annis 1572. 1600. & 1604. comparuere, in quibus demonstratur rationibus ex parallaxi præsertim ductis stellas fuisse sublunares & non cælestes adversùs Tychonem, Gemmam, Mæstlinum, Diggesseum, Hagecium, Samucium, Kepplerum aliosque plures quorum rationes in contrarium adductæ solvuntur.*

Anti-Tycho.

Galilée l'un des premiers Mathématiciens de toute l'Italie, se souvint de l'amitié qu'il avoit liée avec Tycho Brahé par l'entremise du Seigneur Pinelli lors qu'il étoit Professeur à Padouë, & il en donna des preuves publiques dans les quatre Dialogues Italiens qu'il publia à Florence l'an 1632. touchant le Systême du monde. Claramontius y est poussé avec beaucoup de vigueur, & les Observations de Tycho y sont délivrées de la véxation.

L'Adversaire de Tycho ne perdit point courage; il reprit l'Apologie Latine qu'il avoit faite de son *Anti-Tycho* pour la retoucher. Il en refit un nouvel ouvrage en Italien, & y joignit une Défense de son livre des trois nouvelles Etoiles contre ce que Galilée avoit établi dans ses Dialogues touchant les deux grands Systêmes de Ptolomée & de Copernic. Cela fut imprimé dans Florence même par les soins de ceux qui n'aimoient pas beaucoup Galilée, & parut l'an 1633. in-4° sous le titre vulgaire de *Difesa di Scippione Chiaramonti al suo Anti-Tychone, e libro delle tre nuove Stelle d'all'oppositioni dell' Aut de due Massimi Sistemi Tolemaico e Copernicano*. Galilée vid le livre sans en paroître fort touché. De sorte que si Claramontius avoit été fanfaron il auroit pris de pareilles occasions pour se vanter d'avoir fermé la bouche & ôté la plume aux deux premiers Astronomes de son tems: l'un de toute l'Allemagne depuis la mort de Tycho qui étoit Kepler, & l'autre de toute l'Italie que vous savés.

Mais il n'eut point si tôt fait avec un autre Mathématicien d'Italie nommé J. Camille Gloriofo qui étoit de Naples, mais qui étoit Professeur dans l'Université de Padouë. Gloriofo avoit pris la liberté d'éxaminer d'abord l'Apologie pour l'ANTI-TYCHO contre le livre de Kepler, & ne l'avoit pas trouvée entièrement conforme à une Dissertation qu'il avoit faite sur les Comètes quelques années auparavant. C'est ce qui le porta à écrire presque sur le champ un Traité qu'il fit imprimer à Venise en 1626. sous le titre de *J. Camilli Glor. Responsio ad Controversias de Cometis Peripateticas*. Claramontius avoit compris dans son Livre des trois nouvelles Etoiles ce qu'il avoit à lui répondre parmi les Réponses qu'il faisoit aux autres. Gloriofo fit dans la suite du tems une Censure du livre des trois nouvelles Etoiles, & Claramontius en fit un éxamen qu'il publia à Florence l'an 1636. in-4° sous le titre d'*Examen Scipionis Claramontii ad Censuram Joannis Camilli Gloriosi in librum ejusdem Scipionis Claramontii de tribus novis Stellis*.

Gloriofo ne fut point insensible à ce qui le regardoit dans cet ouvrage. Il y fit une Réponse qui parut à Naples l'année suivante in-4.°

in-4°. sous le titre de *Castigatio Examinis Scipionis Claramontii in secundam Decadem Joannis Camilli Gloriosi. Auctore eodem J. C. Gloriofo*. Mais il avoit affaire à un homme qui n'avoit pas plus égard pour lui que pour Kepler & Galilée, & qui étoit bien refolu de ne rendre les armes à perfonne. Claramontius repliqua donc en dernier lieu, & la Replique fut imprimée à Cefene l'an 1637. in-4°. fous le titre de *Castigatio Johannis Camilli Gloriosi adverfus Scipionem Claramontium castigata ab eodem Scipione Claramontio*. Après quoi il paroît que Claramontius fe tût enfin parce qu'il ne trouva plus perfonne qui voulût repartir.

☞ Voila, Meſſieurs, pourfuivit Mr de Rintail, l'Hiſtoire de l'*Anti-Tycho* du Chiaramonti telle qu'il ma été poſſible de la recueillir de divers endroits. Vous attendés fans doute, que felon ma coutume je vous diſe un mot de la vie de celui qui a été l'objet de l'Anti-Tycho. Pour ne vous point tromper je commence par vous dire, que Tycho étoit de l'illuſtre Maifon des Brahé en Dannemarck, & pourtant originaire de Suéde. Il vint au monde à Knudſtrup Seigneurie de fon pere dans le pays de Schonen près de Helfingborg du côté de la Suéde Méridionale qui regarde le Dannemarck, & il naquit l'an 1546. au mois de Décembre un Mardi entre fainte Luce & Noël, qui revenoit au 19. de ce mois fuivant notre maniére de compter depuis la Réformation. Il étudia la Grammaire en particulier chés fon oncle frere de fon Pere, & à douze ans il fut envoyé à Coppenhague où il fit fa Rhétorique & fa Philofophie. Il commença l'étude de l'Aſtronomie dès l'âge de treize ans, & à 15. il fut envoyé à Leipfick pour étudier en Droit, où à l'infu de fon Gouverneur & de fon Précepteur, il paſſoit les nuits à confidérer les Aſtres. Dès l'âge de 17. ans il conçut le grand deſſein de réformer l'Aſtronomie. L'an 1556. étant à Roſtock il perdit le nés dans un duel nocturne avec un Gentil-homme Danois nommé Manderup Pasberg qui l'avoit piqué dans une noce & dans un bal poſtérieur. Mais il fe fit un nés d'or, d'argent & de cire, avec un artifice qui trompa prefque tout le monde le reſte de fes jours. L'an 1570. il retourna à Coppenhague & fit fon Obfervatoire & fon Laboratoire, n'ayant encore que vingt quatre-ans. L'an 1573. fongeant à prendre une femme qui ne voulût point être la maitreſſe & faire obſtacle à fes grands deſſeins, il époufa une payfanne de Knudſtrup, & cette méfalliance le brouilla avec toute fa famille jufqu'à ce que l'Empereur s'entremît pour les racommoder. En 1575. il fe mit en voyage par l'Allemagne jufqu'à Venife, faifant par tout fes admirables Obferva-

Anti-Tycho. tions. L'an 1576. il vouloit quitter encore le Dannemarck, mais le Roi Frederic l'arrêta, & pour l'attacher au pays lui fit present en propre de l'Isle de Ween, & de tout ce qui lui étoit nécessaire pour la dépense des bâtimens, & des instrumens de Mathématique. Tycho y fit bâtir, selon les régles de l'Astronomie, le célébre Château d'Uranienbourg avec la Tour merveilleuse de Stellebourg C'étoit sans doute une huitiéme merveille de ce Monde. Les Seigneurs du pays accompagnés des Savans qu'on put ramasser, firent par des sacrifices & des réjouissances la consécration de ses fondemens dont la premiere pierre fut mise par l'Ambassadeur de France le 8. d'Août de l'an 1576. Le Roi pour l'encourager lui fit une pension de 2000. Thaléres, lui donna une Terre ou Fief considérable en Norwege, & un gros Canonicat qui étoit ordinairement possédé par le grand Chancelier du Royaume. Il fut vingt-un ans de suite à faire ses Observations dans son Uranienbourg Le Roi Jacques d'Ecosse, & depuis de la grande Bretagne lui rendit visite l'an 1590. Le Roi Christiern de Dannemarck en fit autant en 1591. & lui donna le collier de l'Elephant. Il dépensa plus d'une tonne d'or, c'est-à-dire, trois cens mille livres à ses Observations. Outre cela il entretenoit les pauvres étudians du pays à ses dépens, & faisoit faire les remédes nécessaires aux malades gratuitement. C'est ce qui lui suscita des envieux qui vinrent à bout de le ruiner à la Cour & de lui faire perdre ses pensions & autres bienfaits du Roi. Il en conçût un si grand déplaisir, qu'ayant mis un Concierge dans Uranienbourg, & un Fermier pour Ween, il fit embarquer toute sa famille & passa à Rostock, & de là à Wandesbourg près de Hambourg. En 1597. comme il songeoit à se retirer en Hollande l'Empereur Rodolphe l'attira auprès de lui, & lui fit un établissement à Prague avec trois mille pistoles de pension, & il disposa entiérement du Château de Benach appartenant à l'Empereur pour ses Observations. Il mourut à Prague le 24. d'Octobre de l'an 1601. & fut enterré dans la Cathédrale avec les cérémonies marquées pour les grands Seigneurs.

CHAPITRE III.

A N T I en Médecine.

ANTI-ARGENTERIQUE.

142 LA Médecine n'eſt pas moins ſujette à la Controverſe que le reſte de la Philoſophie humaine, & les Médecins ont ſouvent fait voir dans les Diſputes des uns contre les autres, qu'ils n'étoient pas moins hommes que les autres mortels. Je vous ferai part de ceux de ma connoiſſance qui s'y ſont ſervi du titre ſatirique d'*Anti*, mais je ferai d'autant plus court qu'ils ſont en petit nombre, & tous d'aſſés petite importance.

 Je commence par les ANTI-ARGENTERIQUES de Julius Alexandrinus Médecin du ſiécle précédent. Cet homme s'étoit mis en tête que Jean Argentero ou Argenterius Médecin Italien, n'avoit pas rendu au mérite & aux Ecrits de Galien la juſtice qui leur étoit duë, qu'il avoit mal entendu ou mal expliqué ſes ſentimens. Dans cette penſée il ſe declara ſon Adverſaire, & fit imprimer contre lui un Livre qu'il avoit compoſé pour la défenſe de Galien. Il parut à Veniſe l'an 1552. in-4° ſous le titre de Jul-Al. *Ant-Argenterica pro Galeno*. Cet Ouvrage ne reçut point une approbation auſſi générale qu'il l'auroit ſouhaitée ; Argentero ne fut pas le ſeul qui trouva à redire à ſes Ant-Argenteriques, quoiqu'en apparence il y fût le ſeul intéreſſé. De ſorte que Julius Alexandrinus ſe vid obligé de défendre ſon Ouvrage par un nouvel Ecrit dans lequel il tâchoit de décrier les mécontens ſous le nom de calomniateurs de Galien. Ce ſecond Ouvrage fut imprimé dans la même Ville que le premier l'an 1564. in-4° ſous le titre d'*Ant-Argentericorum Jul. Alexandr. adverſus Galeni Calumniatores defenſio*.

 ☞ Julius Alexandrinus ſurnommé de Neuſtein étoit Allemand au moins d'établiſſement (1). Il étoit né l'an 1506. ou environ. Il fut premier Médecin des Empereurs à Vienne, & il fut ſi cheri de Maximilien II. qui étoit un Prince fort valérudinaire, qu'il voulut élever & enrichir ſes bâtards, parce qu'il n'avoit point d'enfans legitimes ; il mourut à Trente l'an 1590. âgé de 84. ans.

a ¶ Il étoit de Trente.

Pour Jean Argentero il naquit à Castelnuovo en Piémont. Il professa publiquement la Médecine dans plusieurs Universités d'Italie, premiérement à Naples, ensuite à Pise, après à Mondovi entre le Piémont & la Ligurie, où il y avoit encore alors Université. Mais ayant travaillé pour faire passer cette Université dans la ville de Turin sous le Duc Emmanuel Philbert, il alla s'y établir pour le reste de ses jours; & il y mourut le 13. de Mai de l'an 1572. âgé de près de 59. ans.

ANTARVET pour ANTI-HARVET.

143 Joannes ANTAVERTUS (pour *Anti-Harvetus*) n'est pas tant le titre d'un Livre que le masque d'un Auteur déguisé. On dit que la plupart des Bibliothécaires & faiseurs de Catalogues dans la Librairie s'y sont laissés tromper. Mais sans entrer dans ces recherches, je m'en rapporte volontiers pour ce point à ceux qui s'étudient à nous découvrir les Auteurs déguisés.

Voici en deux mots l'Histoire de l'Antarvet. La Faculté de Médecine à Paris ayant censuré la Chymie d'André Libavius Médecin Paracelsiste d'Allemagne, & Libavius ayant mis à la tête d'une nouvelle édition de son Alchymie une Défense de cet Art opposée à la censure de la Faculté de Paris, Riolan le pere entreprit l'Apologie de cette censure dans un Livre imprimé à Paris l'an 1606. in-8°, sous le titre d'*Ad Libavii Maniam Responsio pro censura Scholæ Parisiensis contra Alchymiam lata.*

Libavius repliqua l'année suivante par un Livre intitulé, *Alchymia triumphans de injusta in se Collegii Galenici spurii in Academia Parisiensi censura, & Johannis Riolani Maniographia falsi convicta & funditus eversa.* Imprimé à Francford en 1607. in-8°.

Mais comme tous les Médecins de France n'étoient pas Galénistes, il s'en trouva qui ne souscrivirent pas à la censure de la Faculté de Paris & qui n'eurent pas le zèle de Riolan contre Libavius. La seule ville d'Orleans en fournit deux qui se déclarérent assés ouvertement en faveur de la Chymie contre la censure de Messieurs de Paris. L'un étoit Israël Harvet, & l'autre Guillaume Baucinet. Le vieux Riolan ne se trouvoit pas d'humeur à les aller attaquer, soit qu'il fût retardé par le poids de sa vieillesse, soit qu'il fût détourné par d'autres occupations, soit enfin qu'il fût occupé de la Défense de la censure contre Libavius & les Allemands. Mais il voulut apparemment se décharger de cette commission sur son fils à qui il fit prendre le masque d'ANTARVET ou Anti-Harvet pour mieux faire connoître le nom de son principal Adversaire. L'Ouvrage du jeune Riolan parut donc à Paris l'an 1604. in-12. sous le titre de *Joannis Antarveti Apologia pro judicio Scholæ Parisiensis de Alchymia. Ad Harveti & Baucineti recoctam cramben*; & il fut réimprimé à Francford dès la même année, près de deux ans avant que Libavius eût donné la Défense de son Alchymie à la tête de sa nouvelle édition.

Israël Harvet & Guillaume Baucinet répondirent à cette Apologie & défendirent la Chymie contre la censure de la Faculté par un Livre qui fut imprimé vers la fin de la même année 1604. sous le titre d'*Isr. Harv. Aurelian. Defensio Chymiæ adversus Apologiam & censuram Scholæ Medicorum Parisiensium. Et in eafdem Guillelmi Baucineti Med. Aurel. Notationes*.

Le jeune Riolan se souvint encore d'Harvet & de Baucinet dans la comparaison qu'il fit de la Médecine ancienne avec l'Hermétique, & de la Dogmatique avec la Spagirique: & il ajouta à la fin de l'édition qu'il en fit faire à Paris l'an 1605. in-12. ce qu'il en vouloit donner au Public sous le titre d'*Examen animadversionum Baucineti & Harveti*. Je ne sai ce que dit ni ce que fit Baucinet quand il eut vû ce dernier livre de Riolan. Mais pour Harvet il ne demeura point court, il composa en faveur de la Chymie contre Riolan un nouvel ouvrage qui fut imprimé à Hanaw en Allemagne l'an 1605. in-8° sous le titre de *Demonstratio veritatis doctrinæ Chymicæ, adversus Johannis Riolani comparationem veteris Medicinæ cum nova, Hippocraticæ cum Hermetica, Dogmaticæ cum Spagirica*.

Des deux Riolans, le père qui étoit d'Amiens mourut en 1609. & le fils en 1657. ayant été Doyen de la Faculté de Paris & Professeur Royal d'Anatomie & de Botanique. Pour Isr. Harvet, je ne sai ce qu'il est devenu.

ANTI-BILLICHIUS.

144. JE ne connois point d'autre ANTI-BILLICHIUS, poursuivit Mr de Rintail, qu'une Addition qu'Arnold Schroeder Médecin de Francford a faite à un Traité satirique concernant la Chymie en faveur de Pierre Lauremberg contre Billichius. Ce Traité fut imprimé l'an 1625. in-4° sans nom de Ville ni d'Impri-

meur sous le titre bizarre de *Bonum Factum*. *Flabellum, quo fumus Chymicus & cinis contumeliarum quem in elumbi sua sylloge Assertionum excitavit & Medico ac Philosopho celeberrimo Petro Lauremburgio afflare conatus est Antonius Guntherus Billichius, dispellitur & abigitur in auras per Arnoldum Schroederum. Additis Assertionibus Chymicis Anti-Billichianis.*

C'est un ouvrage rempli de fiel, de duretés & d'un caractére tout à fait semblable à un autre qu'il avoit publié l'année précédente contre le même Billichius dans le titre duquel il avoit dit: *Fatuitas hominis detegitur, stulto pro stultitia respondetur, &c.* Mais il ne songeoit pas qu'il se deshonoroit lui-même lorsqu'il ne donnoit point à son Adversaire d'autre qualité que celle de *Cacula militaris profugus*, dans le même titre. C'étoit soutenir un duel contre une personne bien vile; marque certaine de la bassesse de son ame. Mais la chose ne mérite pas qu'on s'y arrête plus long-tems.

ANTI-DEUSINGIUS.

145 LEs Médecins nous parlent en quelques occasions d'un ANTI-DEUSINGIUS composé par François de le Boë dit Silvius, Médecin d'Amsterdam contre Antoine Deusingius Médecin du Comte de Nassaw Gouverneur de Frise. Ce n'est qu'une Epitre Apologétique qui a été imprimée à Amsterdam avec d'autres ouvrages du même Auteur, & quelquefois même séparément tant à Leyde en 1686. qu'à Amsterdam en 1688. mais avec le retranchement du terme d'*Anti-Deusingius*.

Je reserve pour l'Article de l'*Anti-Silvius* ce que j'aurois à vous dire de la vie & des emplois de Deusingius & de Silvius.

ANTI-FANCHELIUS.

146 L'ANTI-FANCHELIUS est l'ouvrage d'un Médecin Allemand nommé Thaddée Hagecius de Hayck, Médecin de l'Empereur Maximilien I. & il a pour objet un Médecin Flamand nommé Philippe Fanckel, qui n'est connu que par le livre de son Adversaire, soit qu'il n'ait jamais écrit, soit que ses Ecrits soient péris.

Hagecius fit un procès à Fanchelius sur le mauvais succès d'une cure que celui ci avoit entreprise sur une petite Demoiselle de six ans qui avoit la tigne ou la dartre. Il prétendoit qu'il avoit tué cet enfant par son ignorance & par la témérité qu'il avoit euë de vouloir employer les remédes de Paracelse sans les connoître. Il écrivit contre lui pour le perdre de réputation devant le Public, & fit imprimer son ouvrage à Amberg l'an 1596. in-8°. sous le titre d'*Actio Medica adversùs Philippum Fanchelium Belgam incolam Budvicensem Medicastrum & Pseudo-Paracelsistam*. Le volume contient trois Piéces qui sont trois Traités différens que l'on a joints sous ce titre général.

Le premier a pour titre particulier, *Exegesis singularis curationis foedæ scabiei in filiola sexenni illustris Baronis Gasparis Zerotini*, &c. Accessit simul, *Justa querela in Philippum Fanchelium : quod in extremo utcunque felicis curationis actu, eamdem clandestinè & furtim deleteriis pharmacis crudeliter excarnificatam necaverit*.

Le second est une Réponse de ce Fanchelius à l'Exegese de Hagecius.

Le troisiéme est une Réplique de Hagecius à Fanchelius, c'est ce dernier Traité qui porte le titre d'ANTI-FANCHELIUS.

☞ Hagecius étoit de la bourgade de Hayck en Boheme : il fit ses meilleures études sous le célébre Joachim Camerarius, au moins se vantoit-il d'être son disciple. Il ne se contenta point d'être Médecin, il voulut encore être Astronome, & qui plus est, Astrologue jusqu'à la Metoposcopie. Je ne sai rien des autres circonstances de sa vie. Vous trouverés son éloge dans le théatre de l'Abbé Ghilini, mais dressé à sa maniére, c'est-à-dire fort superficiélement.

ANTI-GLAUBERUS.

147   PEu de gens savent ce que c'est que l'ANTI-GLAUBERUS, continua M. de Rintail : mais ne croyés pas que ce soit un effet de son grand prix & de son mérite. Il y a vingt-huit ou vingt-neuf ans qu'il fut imprimé en Allemagne.

Le terme, dit Mr Bertier, est assés long pour l'avoir fait connoitre dans le monde.

Trop long pour un bon livre, repartit Mr de Rintail. Mais il a suivi sans doute la fortune de son Auteur, qui nous est demeuré inconnu pour ne s'être pas nommé à la tête de son Anti-Glauberus. Cependant malgré l'obscurité de son Auteur, & malgré le peu de mérite que le livre se feroit acquis par lui-même, je crois qu'il ne laisseroit pas de nous être connu, s'il n'étoit venu dans le monde qu'après la naissance de la Bibliothéque Universelle, ou des Actes des Savans. Il semble que l'Auteur ait contribué innocemment à la mauvaise fortune de l'ouvrage, lorsqu'il l'a mis en Allemand.

C'étoit un moyen fort sûr & fort court, reprit Mr Bertier, pour empêcher son livre de passer le Rhin & les Alpes.

Ce que vous dites, repliqua Mr de Rintail, me persuaderoit volontiers que l'Auteur de l'*Anti-Glauberus* n'auroit songé peut-être qu'à se faire connoitre de son Adversaire, sans se soucier du reste. En ce cas-là il me suffira de vous dire que cet Adversaire étoit un Médecin de delà le Rhin nommé Jean Rodolphe Distillateur & Chymiste assés connu par ses livres Latins & Allemands, & que la matière de l'Anti-Glauberus ne regarde que la Chymie.

ANTI-GRAMANNUS ou ANTI-GRAMANUS.

148 JE vous crois si bien apprivoisés avec tous nos petits monstres de litérature, poursuivit Mr de Rintail, que je ne me soucie plus de vous préparer lorsqu'il s'agit de vous en faire voir quelqu'un qui vous est nouveau. L'*Anti-Graman* n'a rien de plus effrayant que les autres. Son Auteur qui étoit le fameux Chymiste Libavius a eu soin même de lui donner quelque adoucissement en lui faisant porter le nom d'*Anti-Gramania* au lieu d'*Anti Gramanus*. Car je veux vous dire d'abord, que l'ouvrage dont il est question a pour titre, *Anti-Gramania secunda, supplemento absurditatum & conviciorum in Galeni Artem & Professores ejus à Johanne Gramano Chymico Paracelsico effusorum opposita*, imprimé à Francford l'an 1595. in-8°. Vous voyés sans mon secours ce que suppose ce titre.

Ce titre, dit Mr de Brillat, suppose deux choses: premiérement un premier *Anti-Graman*, ou une première *Anti-Gramanie*, pour parler comme votre Libavius, & ensuite une Apologie pour Galien & pour les Professeurs Galénistes.

A voir la manière dont ce Graman avoit traité Galien & les Galénistes, répondit Mr de Rintail, on peut dire qu'il y a peu d'Innocens maltraités qui eussent plus besoin d'Apologie. Vous en jugerés par le seul titre du livre qu'il avoit fait imprimer à Erfurt en Thuringe l'an 1593. in-4°. Il porte: *Tractatus de Pharmaco purgante. Quòd Galeni mancipia, Pseudo-Medici ac Log-Iatri suis catharticis seu purgantibus cum sint deleteria, venenosa, corrosiva, nullo spargices artificio separata, digesta, atque correcta plurimùm obsint.* Cet ouvrage joint

joint à un autre que le même Graman fit suivre dès la même année sous le titre d'*Apologetica Refutatio calumniæ quâ Paracelsistæ Philosophi & Medici Saniores nimis violenta, corrosiva, deleteria ægris propinare dicuntur*; est sans doute ce qui auroit pû donner lieu à un *Anti-Graman* de Libavius que j'ai cherché jusqu'ici & que je n'ai encore pû trouver nulle part.

Jusqu'à ce qu'on me l'ait fait découvrir il me sera permis de vous produire comme un premier *Anti-Graman* l'ouvrage que Libavius avoit fait contre Graman & publié à Francford l'an 1594. in-8°. sous le titre de *Neo-Paracelsica, in quibus vetus Medicina defenditur adversùs περιτσματα Joannis Gramani olim Theologi nunc Pseudo-Chymici qui omnes Medicos acerbissimâ chartâ est insectatus*, ou du moins celui qu'il fit la même année contre le premier ouvrage de ce Graman sous le titre d'*Anatome Tractatus Neo-Paracelsici de Pharmaco cathartico scripti adversùs Galenicos veteris veræque Medicinæ Professores. In qua vicissim ostenditur vanitas & odiosa Neo-Paracelsi calumnia, &c.*

On ne connoit presque plus maintenant ce nouveau Paracelsiste qui de Théologien de la Religion du pays s'étoit fait Chymiste. Il n'en est pas de même de Libavius qui avoit trouvé le moyen de devenir grand Chymiste sans déclarer la guerre aux Galénistes & sans renoncer à la Médecine des Anciens, quoi qu'en voulussent dire les Médecins de la Faculté de Paris.

☞ Il étoit Saxon natif de la ville de Hall dans la haute Saxe. Il fut fait Professeur en Histoire & en Poësie dans l'Université de Iéne l'an 1588. De là il passa dans Rottembourg sur le Tauber en Franconie l'an 1591. pour être Principal du Collége & Médecin de la Ville. Mais les Habitans de la Ville de Coburg ayant érigé un beau Collége chés eux, ils le choisirent en 1605. pour en être le premier Directeur, & il y mourut l'an 1616.

ANTI-HARVEE.

149 Guillaume Harvée (1) Médecin Anglois de notre siécle s'est fait une réputation immortelle, comme vous le savés, pour avoir découvert le premier, ou du moins pour avoir heureusement démontré la circulation du sang dans nos corps. Mais ne vous semble-t-il pas qu'il manqueroit quelque chose à sa gloire, s'il n'avoit point eu d'Adversaires ?

1 ¶ Il mourut l'an 1657. à l'age de 80. ans.

C'eſt, dit Monſieur de Brillat, une eſpéce de fatalité attachée à la fortune des grands hommes, ſur tout lorſqu'ils s'élévent au-deſſus des préjugés ordinaires, & qu'ils parviennent à quelque heureuſe découverte par des routes nouvelles. L'Envie ne manque jamais de les ſuivre pour faire ombre à leur nom.

Vous dites vrai, reprit Mr de Rintail, mais c'eſt une ombre qui ne ſert qu'à rehauſſer l'éclat de leur mérite. C'eſt ainſi qu'un Allemand nommé Eccard Leichner dont je vous ai déja parlé, a fait honneur à G. Harvée par ſon ANTI-HARVE'E, ſi l'ont peut appeller de ce nom un Traité Latin qu'il a publié ſous le titre d'*Exercitatio Anti-Harveïana* touchant le mouvement du ſang, & qu'il fit imprimer à Arnſtad en 1645. à Iéne en 1653. puis à Amſterdam en 1665.

ANTI-SCHEGKIUS & ANTI-SIMONIUS.

150 Deux Médecins d'Allemagne vivans au ſiécle paſſé, l'un naturel du pays appellé Jacques Schegkius; l'autre retiré d'Italie en Saxe nommé Simon Simonius, eurent enſemble une aſſés longue querelle qui produiſit l'ANTI-SIMONIUS de Schegkius, & l'ANTI-SCHEGKIUS de Simonius.

La querelle commença vers l'an 1569. & elle s'étendit ſur des matiéres de Philoſophie, de Médecine & de Théologie. Simonius avoit avancé ſur la cauſe & la nature de la fiévre quelque choſe qui n'avoit point été goûté de Schegkius, & que celui-ci avoit relevé par occaſion. Simonius n'en fut point plus content, que de ce que Schegkius lui avoit objecté quelque tems auparavant ſur quelques points de la Phyſique d'Ariſtote, & il le refuta par un Livre qu'il appella *Anti-Schegkius*, ou plutôt les *Anti-Schegkianes*. L'Ouvrage parut à Bâle ſur la fin de l'an 1570. in-8° ſous le titre d'*Anti-Schegkianorum liber unus in quo ad objecta Schegkii reſpondetur, vetera nonnulla ejuſdem errata inculcantur, novaque quamplurima pejora deteguntur*.

Schegkius ſe préparant à répondre à cet Ouvrage envoya par proviſion l'avant-coureur de ſa Réponſe ſous le titre de *Prodromus Anti-Simonii contra Simonem Simonium*, imprimé à Tubingue en Souabe l'an 1571. in-4°. Quand Simonius eut vû cet eſſai, il y fit une Replique qu'il rendit publique par un petit Ecrit qui parut peu de tems après.

Ce dernier Ouvrage étant venu entre les mains de Schegkius il l'éxamina dans toutes ſes parties, & la réfutation qu'il en fit, ſe trouva

II. PART. CHAP. III. ANTI EN MEDECINE.

en état de paroître devant son *Anti Simonius*, & fut imprimée en 1572. sous le titre d'*Anatome Responsi Simonii ad Prodromum Anti-Simonii*.

Anti-Schegkius, Anti-Simonius.

Après cela il mit au jour sa grande Réponse aux *Anti-Schegkianes* de Simonius, imprimée à Tubingue l'an 1573. sous le titre d'*Anti-Simonius, sive, Refutatio errorum in Philosophia Simonii in suo libro Anti-Schegkianorum, in quo plures quàm trecenti errores ejusdem repelluntur*, &c. Ces deux combattans eurent encore prise l'un avec l'autre sur des Controverses de Théologie au sujet d'un livre que Schegkius avoit écrit sur l'union des deux Natures en Jesus-Christ, mais cette contestation n'est plus de notre compétence.

☞ Simon Simonius étoit de Lucques, Ville & République en Italie; mais s'étant retiré en Allemagne pour cause de Religion, il fut fait Professeur en Médecine dans l'Université de Leipsick en Saxe. Il étoit pourtant Calviniste de la Confession de Genève, c'est peut-être ce qui le fit retirer ensuite de Leipsick en Silesie & en Moravie, & de là en Pologne, où il y a quelque apparence qu'il se fit de la Secte des Anti-Trinitaires sur la fin de ses jours.

Pour Jacques Schegkius, dont la vie nous est un peu plus connuë, il nâquit l'an 1511. vers la fête de la Pentecôte à Schorndorff ville du Duché de Wirtemberg en Souabe. Il étudia dans son pays jusques à l'âge de seize ans, après lesquels on l'envoya à Tubingue pour faire sa Philosophie, & il passa Maître ès Arts l'an 1529. & l'année suivante on le fit regenter dans le Collège nonobstant sa jeunesse. A vingt-trois ans il fut fait Maître ou Préfet des Pensionnaires. Il se donna ensuite à l'étude de la Théologie pendant cinq ans, après quoi il prit les Ordres sacrés à Constance (1), & il se disposoit à recevoir le bonnet de Docteur en Théologie, lors qu'une petite révolution d'affaires le fit passer à l'étude du Droit, & de là à celle de la Médecine. Il se maria l'an 1539. vers la Pentecôte, & quelques mois après il passa Docteur en Médecine. Il professa d'abord la Philosophie & ensuite la Médecine à Tubingue, mais il ne l'exerça jamais & ne visita point de malades. En 1564. il eut une chaire de Logique, & fut Recteur de l'Université; mais il perdit la vuë l'an 1577. & il mourut dix ans après le neuviéme de Mai de l'an 1587.

---

1 ¶ Ces mots qui se lisent dans la vie de Schegkius que Melchior Adam nous a donnée : *Hinc Constantiam profectus sacris initiatus est*, ne devoient pas être rendus par *il prit les ordres sacrés à Constance*, expression qui donne une idée de l'ordination telle que l'Eglise Romaine la pratique, ce qui ne convient point à Schegkius qui étoit Protestant. *Sacris initiatus* en cet endroit ne signifie autre chose, sinon qu'il fut reçu dans l'Ordre Ecclésiastique.

ANTI-SILVIUS.

151. Les cinq Anti-Silvianes d'Antoine Deufingius Médecin dans la Weftfrife, font les fruits d'une vieilleffe échauffée contre un autre Médecin de la Hollande nommé François-de-le-Boe-Silvius. Je dis d'une vieilleffe échauffée non pour vous marquer les chagrins & les impatiences d'un âge décrépit, auquel Deufingius n'eft point parvenu, mais pour vous apprendre que ces piéces fatiriques font les productions des derniéres années de fa vie, qu'une effufion de bile auffi abondante que celle qui paroît dans fes Ouvrages pourroit bien avoir abregée.

Ces piéces concernent toutes des Controverfes de Médecine : La première, fur la chaleur naturelle entretenuë par la chaleur du fang au cœur : La feconde, fur le mouvement du cœur & des artéres : La troifiéme, fur les fignes de la fiévre : La quatriéme, fur la digeftion des alimens ; & la cinquiéme, fur les efprits animaux, fur l'ufage de la rate & des glandules. Je me contenterai de vous en rapporter les titres pour vous donner lieu de juger du refte.

La première fut imprimée à Groningue l'an 1663. in-12. & intitulée *Difquifitio Anti-Silviana De Calido innato & auƈto in corde fanguinis calore : quâ celeberrimi viri* (c'étoit une ironie dans fa bouche) *Francifci Silvii fufpiciones ac conjeƈturæ, ut ab ipfo dicuntur ; quin imò verè ineptiæ ejus & nugæ ad libellam veritatis expenduntur, excutiuntur ac refutantur.*

La feconde, imprimée au même lieu, la même année & en même forme fous le titre de *Difquifitio Anti Silviana De motu cordis Arteriarum, quâ celeberrimi viri Francifci Silvii ineptiæ & nugæ ad libellam veritatis expenduntur, excutiuntur, refutantur.*

La troifiéme imprimée l'année fuivante au même lieu, intitulée *Difquifitio Anti-Silviana De figno Febrium pathognomonico, &c. cum præfatione Epiftolam cacologeticam Silvii concernente, & Additamento ad erroneam Silvii experientiam fpeƈtante*, &c.

La quatriéme imprimée la même année (1664.) au même lieu & dans la même forme fous un titre également badin & injurieux, qui porte par allufion *Silva cædua cadens, feu, Difquifitiones Anti-Silvianæ de Alimenti affumpti elaboratione, & diftributione, &c. Præmiffa eft præfatio caufas Silviani in Deufingium Furoris nudè repræfentans ; fimulque Silvium injuriofum Aggefforem evidenter demonftrans.*

La cinquiéme l'an 1665. au même lieu, mais par différent Imprimeur sous un titre de même caractére, portant; *Silva cædua jacens, seu Disquisitiones Anti Silvianæ ulteriores*, *&c.*

Toutes ces Anti-Silvianes avoient été précédées d'une espéce de Prodrome qui avoit paru vers le commencement de l'année 1653. sous le titre puérile *In Silvam Echo, seu Silvius Heautontimorumenos*, &c. Et l'on peut dire que tous ces Ouvrages ne sont pas moins les monumens de la passion que de la science de Deusingius.

¶ Cet homme étoit de Meurs, Ville & Comté appartenant aux Princes d'Orange, entre l'Archevêché de Cologne & le Duché de Cleves. Il vint au monde l'an 1612. Il fit ses études d'Humanités & de Philosophie en Hollande, & s'étant fait passer Docteur en Médecine dans l'Université de Leide il retourna dans son pays où il exerça cette profession, jusques à ce qu'en 1638. il fut fait Professeur des Mathématiques dans l'Université de Groningue en Frise. L'année suivante il quitta ce poste pour Harderwick, où il fut aussi Professeur de Physique & de Mathématiques, & Médecin ordinaire de la Ville. Mais en 1647. il devint premier Médecin de la Province de Groningue, se fit passer Maître ès Arts, & fut fait Professeur de Philosophie & de Médecine de cette Ville, jusques à ce qu'en 1652. il fut nommé pour être le Médecin du Comte de Nassaw Gouverneur de Frise. Il mourut l'an 1666. n'étant âgé que de 54. ans.

Pour ce qui regarde son Adversaire François de le Boë, dit Silvius, il étoit né l'an 1614. dans la Ville de Hanaw en Franconie. Ayant fait ses études en diverses Villes d'Allemagne il prit le bonnet de Docteur en Médecine à Bâle, & retourna dans son pays où il éxerça cette profession pendant deux ans. Il passa ensuite à Amsterdam n'ayant pas encore 28. ans. Mais le grand succès avec lequel il faisoit la Médecine le mit en credit, le fit considérer comme le premier Médecin de pratique dans cette grande Ville, & le fit choisir pour être Professeur dans l'Université de Leide après la mort de Kyper. Il mourut dans cette Ville l'an 1675.

ANTI-SIMONIUS.

152 1 P Rodromus Anti-Simonii *contra Simonem Simonium*, &c.
2 *Anatome Responsi Simonii ad Prodromum*, Anti-Simonii,&c.
3 Anti-Simonius, *seu Refutatio Errorum S. Simonii in suo libro Anti-Schegkianorum*, &c. sont trois Ouvrages de Jacques Schegkius Pro-

fesseur en Médecine & en Philosophie dans l'Université de Tubingue au siécle passé ; mais je n'ai rien à ajouter à ce que je vous ai dit dans l'Article de l'*Anti-Schegkius*. Vous êtes priés seulement de vous en souvenir.

ANTI-THESEUS.

153 JE ne connois le nom de l'ANTI-THESEUS, que par les Ouvrages de son Adversaire, poursuivit Mr de Rintail. Si j'ai deviné que son sujet regarde la Médecine, c'est par une conjecture que je tire du Thesée qu'il attaque.

Un Médecin Espagnol nommé Gaspar Caldera de Heredia avoit composé un Traité Latin sous le titre de *Theseus Climactericus peregrinus*, &c. C'est sans doute ce qui lui avoit attiré l'ANTI-THESEUS dont il est question. Il ne sera point permis d'en douter, lors qu'on saura que Caldera de Heredia a fait en conséquence de son Theseus Climactericus un nouvel Ouvrage sous le titre d'*Anti - Theseus expugnatus* que l'on peut prendre en toute assurance pour la réfutation de l'Anti-Theseus que je ne connois point. Ces deux Ouvrages de Caldera se trouvent imprimés à Leide in-folio l'an 1658. dans le corps de ses Dissertations de Médecine qu'il a publié sous le titre de *Tribunal*.

☙ Cet Auteur est peut-être encore aujourd'hui du nombre des vivans, peut-être aussi que non. D. Nic. Antonio en parle comme de son ami particulier dont il épargne la modestie en supprimant ses louanges. Il étoit natif de Seville, mais originaire de Portugal. Il paroît qu'il ait eu de l'emploi premiérement dans l'Espagne, & ensuite dans les Pays-bas Espagnols, soit qu'il y ait professé, soit qu'il y ait éxercé la Médecine.

CHAPITRE IV.

ANTI en Histoire.

Les contradictions des Historiens sont infinies, dit Mr Bertier, & j'ai toujours ouï dire que la connoissance des Faits humains est de toutes les Sciences celle qui est la plus sujette aux démentis.

Les Réfléxions qu'il faudroit faire, répartit Mr de Rintail, sur la bonne ou la mauvaise foi, sur l'intérêt ou le désintéressement de chaque Historien qui écrit pour en réfuter d'autres, ne seroient pas moins infinies. Mais je suis d'avis que nous laissions ce soin aux Nouvellistes & aux Politiques, & que nous nous bornions à quatre ou cinq *Anti* de Contestations historiques que j'ai recueillies.

ANTI-ANICIEN.

154. Le premier est l'ANTI-ANICIEN d'un Seigneur d'Autriche nommé Richard Streinn. Cet Ouvrage n'est pas public mais il se conserve avec soin dans la Bibliothéque de l'Empereur à Vienne, comme nous en assure le Bibliothécaire Lambecius (1). Il est même hors d'apparence qu'il voie jamais le grand jour, parce qu'au rapport du même Auteur l'ouvrage est demeuré imparfait. Voilà le prétexte dont on pourra se servir pour envier cet ouvrage au Public. Mais pour vous en dire ma pensée, je crois qu'il y a une raison plus importante qui le fera tenir dans la supression, tant que la Maison d'Autriche sera la maitresse du Manuscrit.

Si l'ouvrage ne vaut rien, dit Mr de Brillat, la perte n'en sera pas grande. S'il est bon, & s'il paroît offensant d'ailleurs pour la Maison d'Autriche, pourquoi s'entêter du titre d'*Anti*, qui ne peut être que choquant, & ne peut servir qu'à rendre l'ouvrage odieux? Ne seroit-on pas libre de l'imprimer sans ce titre satirique, puisque son Auteur n'est plus au monde?

Oui, je le crois comme vous le dites, reprit Mr de Rintail, je douterois même que Richard Strein qui a vécu & qui est mort en

---

1 Tom. 1. Comm. Bibliothec. Cæs. num. 50.

Anti-Anicien. réputation d'honnête homme, eût donné le titre d'*Anti-Anicien* à son ouvrage, aimé comme il étoit de l'Empereur & attaché étroitement d'inclination & d'habitudes à toute la Maison d'Autriche. Vous savés que les Manuscrits sur tout ceux des Auteurs modernes n'ont rien de fixe dans l'expression de leur titre, jusqu'à ce qu'ils ayent passé par la presse: & il est très-croyable que c'est à Blotius & à Lambecius, ou à quelque autre Bibliothécaire qu'il faut attribuer le titre d'un ouvrage qui s'est trouvé parmi les papiers & les livres que Strein avoit légués à la Bibliothéque de l'Empereur en mourant.

Mais c'est autre chose que le titre qui pourra porter les flateurs de la Maison d'Autriche à tenir l'ouvrage supprimé. Il n'est point composé sur les préjugés du vulgaire des Pays Héréditaires, ni sur les idées de ceux qui pour faire leur cour à leur Empereur ont fait remonter la Maison d'Autriche jusqu'aux Aniciens de l'ancienne Rome. Cela suffit pour le voir condamner aux ténébres perpétuelles d'un cachot de Bibliothéque.

L'Auteur l'avoit entrepris pour fronder les Moines de S. Benoist en Allemagne, sur ce qu'ils paroissoient infatués de leur parenté avec la Maison d'Autriche, & pour refuter en particulier le livre d'un Bénédictin Flamand nommé Arnold Wion, qui par un enchainement de réveries avoit fait voir les deux branches de la Famille Romaine *Anicia*, l'une pour les Princes de la Maison d'Autriche, l'autre pour son Patriarche S. Benoist. Richard Strein étoit un homme fort exercé dans la connoissance des Antiquités, du Droit, de l'Histoire, & sur tout des Familles Romaines.

Tant pis pour ses Adversaires, dit le jeune Mr de S. Yon: Mais je ne me souviens pas d'avoir vû la Généalogie de la Maison des Aniciens dans le livre des Familles Romaines composé par Streinnius.

C'est pourtant le même Auteur, répondit Mr de Rintail: s'il n'a point parlé des Aniciens dans son Livre, c'est parce que ce n'étoit pas une des Familles de la vieille Roche. Il ne faut pas douter qu'il n'ait bien récompensé ce défaut dans son *Anti-Anicien*.

Quelle necessité aura-t-il donc eu de parler de cette famille dans son dernier ouvrage, reprit Mr de Brillat, si son dessein étoit de faire voir que les Princes d'Autriche n'en sont point descendus?

L'intention de Streinnius, repartit Mr de Rintail, n'étoit point sans doute de nier que cette Maison tirât son origine de celle des *Perleoniens* de Rome moderne par le moyen de deux freres fugitifs petits-fils de *Petrus Leonis* ou *Per-Leon* chef de la famille, lesquels ayant été chassés de Rome l'an 1144. s'étoient réfugiés sous Conrad

rad III. dans la haute Allemagne. Il ne pouvoit ignorer que Rodolphe de Hapsbourg le premier Empereur de la Maison d'Autriche fût descendu en droite ligne de l'un de ces deux Etrangers. Mais il prétendoit faire voir que ce Pierre-Leon ou *Petrus Leonis* & les *Perleoniens* ne pouvoient venir des Illustres Aniciens de Rome que par une vision toute chimérique.

Lambecius qui ne se croyoit point capable d'excès dans le zèle qu'il avoit pour faire honneur à son Maître, avoit conçu le dessein de répondre à l'*Anti-Anicien* de Streinnius dans les Prolégomenes des Annales d'Autriche qu'il promettoit, mais la mort a renversé son projet avec d'autres desseins dont il nous faisoit esperer l'éxécution. Par la maniére provisionnelle dont il nous avoit tracé son dessein, il paroit qu'il étoit fort résolu de ne point tomber dans la mauvaise délicatesse dont il accusoit la plupart des Historiens d'Allemagne (1), qui ayant honte de reconnoître que leurs Empereurs descendoient de deux fugitifs bannis de Rome pour cause de sédition, avoient cru leur faire beaucoup d'honneur de les faire descendre d'un batard de la Maison de France.

Il semble que Lambecius (2) avoit choisi pour servir de fondement & de modéle à sa Réponse le livre qu'un Abbé Bénédictin, mais de l'Ordre de Cisteaux, nommé Jean Seyfrid publia douze ans après la mort de Streinnius sous le titre d'*Arbor Aniciana*. Mais quand ce Seyfrid auroit eu intention d'attaquer l'*Anti-Anicien*, on peut dire que Streinnius auroit été vangé suffisamment par Scioppius qui publia l'an 1651. une petite Dissertation pour tourner en ridicule ce Seyfrid & ses semblables, justement dans le tems qu'un autre Moine Bénédictin nommé Bucelin, pour augmenter le nombre des ridicules, mit au jour son *Aquila Imperii Benedictina*.

Il semble que vous fremissiés au nom de Scioppius; mais pour le reconcilier avec vous, je vous dirai que ce n'étoit plus en cette occasion ce médisant & satirique Scioppius. C'étoit un fidéle & zélé serviteur de la Maison d'Autriche, un Conseiller de l'Empereur & du Roi d'Espagne, attaché aux interêts des Princes de leur nom par plus d'un enchaînement, infiniment plus savant que ces Rêveurs oisifs, qui s'étoit rendu terrible en matiére de fausses Généalogies plus de quarante ans auparavant par son Scaliger Hypobolimée. Si donc Scioppius tout dévoué qu'il étoit d'ailleurs à la Maison d'Autriche, a cru devoir s'opposer aux vanités & aux chimères de

---

1 Lazius, Manlius, Gebwiller, Stabius, Tritthem, Fugger, &c.

2 Tom. 2. Comm. Vind. pag. 418. ac deinceps.

Anti-Anicien. la Généalogie Anicienne de ces Moines : c'eſt un préjugé que leurs inventions ne font point honneur aux Princes de la Maiſon d'Autriche, ni aux Diſciples de S. Benoiſt, & que l'*Anti-Anicien* de Streinnius doit être quelque ouvrage d'importance.

Je ſouhaiterois pour mon plaiſir, dit Mr de Brillat, que Dom André Tailleby & Dom Leandre Tibial que nous trouvâmes ici avant-hier, s'y fuſſent retrouvés aujourd'hui pour vous entendre raiſonner comme vous faites ſur leurs Confréres.

Vous les verriés bien enchérir ſur mes raiſonnemens, répondit Mr de Rintail ; vous auriés le plaiſir de ſentir la différence des Benédiĉtins François qui tendent au ſolide & au ſérieux, & qui ſont les diſciples légitimes de S. Benoiſt, d'avec ces Bénédiĉtins Flamans & Allemans qui ſe repaiſſent de viſions & de chiméres. Vous ſeriés contens du jugement qu'ils vous feroient de leurs Wions, de leurs Seyfrides & leurs Bucelins, & vous jugeriés vous-même de leur goût & de leur diſcernement par ce qu'ils pourroient vous dire de l'*Anti-Anicien* de Streinnius ſur la ſeule connoiſſance qu'ils auroient de l'habileté & de la ſincerité de cet Auteur.

Vous ne me ferés point d'objeĉtion ſemblable de la part des Thomiſtes ou des Dominicains. Car encore que Seyfrid ait avancé que S. Thomas étoit de l'illuſtre famille des Aniciens il n'eſt pas à eſperer qu'un Jacobin François s'aviſe jamais de faire un *Aquila Imperii Thomiſtica*. Cet avantage eſt peut-être reſervé à quelque Dominicain Allemand ou Eſpagnol, ſerviteur zélé de la Maiſon d'Autriche.

☞ Richard Streinn libre Baron de Schwartznaw étoit né d'une des plus illuſtres & anciennes Nobleſſes de l'Archiduché d'Autriche. Après avoir fait ſes Etudes dans ſon pays à la maniére du commun des Etudians de Collége, il vint étudier le Droit à Straſbourg ſous le célébre François Hotman qui lui donna du goût pour la belle litérature, & lui fit joindre l'étude de l'Antiquité & de l'Hiſtoire avec la Juriſprudence. Il fut Conſeiller d'Etat, c'eſt-à-dire du Conſeil ſecret & *intime* de l'Empereur, Grand Tréſorier ou Surintendant des Finances, Grand Maître ou Inſpeĉteur de la Bibliothéque Imperiale au deſſus du Bibliothécaire Blotius. Sa mort arriva l'an 1601. au calcul de Mr de Thou ; mais ſelon une autre ſuppuration plus éxaĉte, ce fut le 8. jour de Novembre de l'année 1600. Il étoit âgé pour lors de 63. ans, & il mourut dans le Château de Freideck.

ANTI-BABAU.

155 DEs que Mr de Rintail eut nommé l'ANTI-BABAU, la gravité de Mr de Brillat se trouva déconcertée. Pour moi qui n'ai jamais su me gêner, je crus que le tems de rire étoit venu, & je ne pus m'empêcher de seconder Mr de S. Yon qui nous avoit prévenus. J'avois gardé jusques-là un long silence dans toute la conversation. Mais je m'échappai de dire à Mr de S. Yon que Mr de Rintail avoit peut-être dérobé l'*Anti-babau* à la nourrisse de la petite Demoiselle du logis ; que c'étoit dommage de l'avoir ôté de la compagnie du *Mache-fer*, du *Fil-ourdi*, & des autres petits spectres destinés pour être la bête des enfans.

Vous vous trompés, reprit Mr de Rintail, l'*Anti-babau* vient de la boutique du sieur de la Peyre, & loin d'être *la bête aux petits enfans*, il a été envoyé dans le monde pour étrangler la bête. Mais pour nous remettre dans le sérieux, il faut vous dire que c'est un livre composé contre un Capucin nommé Jacques Bolduc, & publié à Paris l'an 1632. in-8° sous le titre d'*Anti-Babau, ou Anéantissement de l'attaque imaginaire du R. Pere Jacques Bolduc P. Capucin. Par Jacques d'Auzoles-la Peyre, fils de Pierre d'Auzoles & de Marie Madelaine Fabri d'Auvergne. Regnans les très-Chrétiens Louis XIII. & Anne d'Espagne, &c.* Ne vous étonnés point du nom de son pere & de sa mere, & de ce qui les suit dans le titre de cet Anti-Babau. C'est un formulaire qui est commun à tous les titres de ses Livres.

Cela me paroît aussi divertissant que le nom de l'*Anti-Babau*, dit Mr Bertier, il faut que la Peyre ait été quelque Galant homme, & quelque Auteur de distinction.

Il s'est assurément distingué du reste des Auteurs par ce caractére qu'il a donné à ses livres, repartit Mr de Rintail. Vous ne sauriés vous tromper en attribuant tous les livres marqués en titre *du fils de Madelaine Fabri* à l'Auteur de notre *Anti-Babau*. Mais puisque vous êtes en humeur de rire, je veux continuer de vous divertir par le tour des maniéres & par les expressions même de notre Auteur.

Après avoir prié Mr le Garde des Sceaux à qui il dédie l'ouvrage, de ne point s'effrayer du nom d'*Anti-Babau*, qui selon lui ne veut dire autre chose que *Chasse-frayeur*, il ajoute dans sa Préface ,, C'est ,, une coutume déja reçue parmi les plus Savans, de mettre les titres ,, des livres que l'on fait en une autre Langue que celle en laquelle

Anti-Babau. ,, on les compose, soit que les mots inconnus ayent plus de force
,, pour expliquer briévement ce qu'on veut dire, soit que les Au-
,, teurs s'agréent de telles licences ne se souciant pas beaucoup sur ce
,, regard si le vulgaire les entend pourvû qu'ils se contentent. C'est
,, pourquoi prenant ma part de ce Privilége, & voulant dire en un
,, seul mot ce que le P. Jacques Bolduc a fait contre moi, & ce que
,, j'ai dressé pour mes Défenses, j'ai le tout appellé *Anti-Babau*, com-
,, me qui diroit en François *Contre-Babau*. Et ne peut ce mot être ac-
,, cusé de barbarie, puisque la première partie d'icelui vient du Grec
,, & que la seconde se dit en plusieurs Provinces de la France. *Ba-*
,, *bau* (1) est je ne sai quel fantôme imaginaire, ou un rien dont les
,, nourrisses de Languedoc & Pays voisins se servent pour faire peur
,, aux petits enfans, ou aux timides & imbéciles. Et on appelle *Babau*
,, généralement tout ce dont on fait peur sans jamais pourtant faire
,, de mal. Telle est à mon regard la Lettre du P. Bolduc Capucin,
,, me diffamant, & se glorifiant d'avoir remarqué mes impertinences
,, dans les dernières œuvres que j'avois données au Public. J'ai ri de
,, sa colére, voyant que tout le bruit qu'il faisoit contre moi n'étoit
,, que *Babau* de Languedoc pour me faire peur, ou quelque *Taraxip-*
,, *pe d Elide* (2). Pour lequel chasser & dissiper j'ai fait avec pitié
,, l'éxamen nécessaire, lequel j'appelle *Anti Babau* pour expliquer
,, les mauvais desseins & mes justes pensées, entendant par ce nou-
,, veau jargon, mes Défenses, c'est-à-dire, raisons solides & vérita-
,, bles contre les songes & imaginations du bon Pere Bolduc.

Si le livre vaut la Préface, dit Mr de Brillat, il ne se peut payer.

Il y a des sottises, reprit Mr de Rintail, qui sont quelquefois aussi chéres que les bonnes choses. Souvent ceux qui les font sont ceux à qui elles coûtent davantage, sur tout lors qu'ils sont obligés de les payer; témoin Mr de la Peyre. Mais, je vous prie, n'interrompés point l'Auteur de l'Anti-Babau qui continue de vous parler dans mon cahier. ,, Je suis en possession, dit Auzoles de la Peyre

1 ¶ Il y a grande apparence que le mot vulgaire étoit originairement *Barbuand* d'où Guillaume Evêque de Paris, mort au milieu du treiziéme siécle a fait son Latin *Barbualdus* au livre *de moribus* chapitre 5. *Hic est Barbualdus, qui parvulis ad terrorem ostenditur, etiam de quo matres, & nutrices parvulis minantur, quod eos devoret, si fecerint hac vel illa. Barbualdus enim Vulgari Gallicano dicitur figura, vel pictura terribilis qua matres, & nutrices nituntur ad parvulos deterrendos.* De *Barbuand* on a d'abord fait *Barbau*: & depuis en supprimant la lettre r *Babau*, comme de *harper*, *happer*; de *varlet*, *valet*; de la rué *Garlande*, la rue *Galande* &c. Les Italiens disent *far bau bau* ou *far bau* pour dire faire peur aux enfans, & simplement *il bau* parmi eux, c'est *le loup* parmi nous. *Faire la babou* dans Rabelais l. 4. c. 56. c'est faire la grimace. Les Poitevins disent *la babouä*, & peut être faut-il lire ainsi dans Rabelais.

2 ¶ Voyés Pausanias dans ses Eliaques.

II. PART. CHAP. IV. ANTI EN HISTOIRE. 317

„ d'être assailli de toutes parts. Mon malheur est tel que ma pru-
„ dence, mes humilités, & mes douceurs sont reduites à néant
„ par ceux-mêmes qui me devroient protéger.

Anti-Babau.

Je me sens tout attendri, interrompit Mr Bertier, pour le fils de Madelaine Fabri. Ses plaintes sont touchantes : peut-on savoir quel en a été le sujet ?

Il faut l'entendre encore lui-même, repartit Mr de Rintail, il va plaider sa cause devant vous, mais par une déduction très-courte & très-simple du fait. Ecoutés-le comme si vous étiés ses Juges.

„ L'an 1622. (c'est la Peyre qui parle) mon petit livre touchant
„ la vie perdurable de *Melchisedech* fut imprimé avec approbation de
„ la Sorbonne & applaudissement.

„ L'an 1623. mon petit livre de *Job* fut imprimé avec les mêmes
„ formes & louanges.

„ Au premier je soutenois que Melchisedech, le P. Bolduc étoit
„ d'un sentiment que Sem étoit Melchisedech (1).

„ Dans mon Job ayant soutenu selon les Hébreux & S. Jerôme
„ que Job descendoit de Nachor contre ceux qui veulent qu'il des-
„ cende d'Esaü, je pris à partie Jacques Bolduc Capucin, Jacques
„ Salian, & Denis Petau Jésuites.

Ah ! le grand fat, dit tout bas Mr de S. Yon, je voudrois l'avoir vu le ventre sous la pantoufle du P. Petau.

Encore une fois, reprit Mr de Rintail n'interrompons pas d'Auzoles la Peyre. Laissons-le achever.

„ Le Pere Salian écrivit contre mon Melchisedech... le P. Bolduc
„ écrivit contre mon Job.

„ Je fis donc premiérement mon Apologie contre Salian, lors-
„ que le livre du P. Bolduc intitulé *Ecclesia ante Legem* tomba entre
„ mes mains. Il y maltraite mon Melchisedech, prétendant qu'il
„ n'est plus vivant d'une vie naturelle. Mais dans une seconde édi-
„ tion il épargna mon nom. Cependant le P. Petau écrivit aussi con-
„ tre mon Job, mais je me défendis contre lui par mon *Disciple*

---

1 ¶ *Au premier je soutenois que Melchisedech le P. Bolduc étoit d'un sentiment que Sem étoit Melchisedech.* Cet endroit que Baillet cite, non pas tout au long, mais de même que les précedens & les suivans, par abregé, est visiblement défectueux, & corrompu. Les paroles de La Peyre pag. 5. 6. & 7. de son *Anti-babau*, me font présumer que celles de Baillet pouvoient être telles : *Au premier je soutenois que Melchisedech est encore en vie, & faisois voir les erreurs du P. Salian qui a soutenu le contraire. J'y réfutois de plus le sentiment du P. Bolduc que Sem étoit Melchisedech.* Peut-être aussi, qu'après le mot *Melchisedech*, Baillet ne voulant qu'indiquer le passage, sans le rapporter tout entier, avoit écrit ainsi: *Au premier je soutenois que Melchisedech* ... ensorte que c'est l'omission seule de ces points suspensifs qui aura fait l'embarras.

Anti-Babau. ,, *des Tems*, & je traitai le P. Bolduc avec honnêteté comme un
,, homme qui dans la seconde édition du livre *Ecclesia ante Legem*
,, n'avoit rien dit contre la Peyre ou contre d'Auzoles QUI EST
,, MOI. Mais ces paroles....

Nous allions encore crier au fat Mr de S. Yon & moi, lorsque Mr de Brillat nous fit signe de la main pour laisser continuer La Peyre par la bouche de Mr de Rintail.

,, Mais ces paroles que j'ai écrites & dû écrire (moi la Peyre, ou
,, d'Auzoles qui est moi) à sa décharge (de lui Bolduc) & à la
,, mienne, il les a prises de si mauvais sens & avec si peu de mode-
,, stie, qu'il en a écrit la Lettre contre moi à Mr de la Nauve Con-
,, seiller au Parlement avec tant de colére & d'ignorance que j'ai
,, crû devoir la réfuter par l'*Anti-Babau*.

Voila, Messieurs, l'idée que La Peyre nous a voulu donner de son *Anti-Babau*, dit Mr de Rintail. Nous ne prenons pas grand intérêt à la forme de ce sot livre, ni à la réputation de cet Auteur de bale. Mais j'apprehende que vous ne trouviés de la conformité entre l'Anti-Babau & l'Anti-Baillet, & que quand vous aurés vu ce dernier qui vient de naître vous n'alliés vous écrier que c'est l'*Anti-Babau ressuscité*. Suspendés au moins votre jugement: & si vous voulés que l'Anti-Babau reconnoisse son sang & le caractére de sa génération dans l'Anti-Baillet, il faut que vous les approchiés, & que vous fassiés prosterner ce dernier devant l'Anti-Babau, afin que l'honneur soit rendu à qui il appartient.

Quoi, reprit Mr Bertier, l'Anti-Baillet à genoux devant l'Anti-Babau? Si d'Auzoles La Peyre venoit à le savoir, il reviendroit de l'autre monde pour triompher, & pour publier son triomphe par toute la terre. Hé que deviendroit l'honneur de Mr Ménage? La Peyre pourroit bien s'en saisir & se l'attribuer, repliqua Mr de Rintail. Mais en échange il laisseroit à Mr Ménage celui d'être entré par alliance dans la race de l'Anti-Babau.

Le résultat de toute cette Histoire, poursuivit Mr de Rintail, est donc que La Peyre se mit en colére contre le P. Petau de la liberté que ce Pere avoit prise de critiquer son Job; qu'il voulut répondre à ce Pere par un livre qu'il appella par une prétendue humilité *Le Disciple des Tems*, pour contrequarrer, (disoit-il) le titre pompeux *De Doctrina Temporum* du bel ouvrage de ce grand Homme sur la Chronologie, supposant impertinemment que le P. Petau par ce titre s'étoit qualifié *Docteur des Tems*, & qu'en opposant le Disciple des Tems au Docteur des Tems, La Peyre qui se disoit ce Disciple, auroit par son humilité le sort de David contre Goliath. Que le P.

Bolduc écrivit contre le Livre du Disciple des Tems une Lettre adressée à Mr de la Nauve. Que cette Lettre est ce que La Peyre appelle son Babau, & que c'est ce spectre qu'il attaque par son Anti-Babau où il met la Lettre tout au long, & y répond par articles d'une maniére capable de faire rire ceux à qui cela fait pitié d'ailleurs.

Il date son Anti-Babau. *A Paris de la Maison de Mr Couturier homme de bien & d'honneur, où il faisoit sa demeure,* le 5. Août 1631. C'est finir par une singularité qui ne dément pas le reste.

ANTI-BARONIUS.

156 JE vous fais passer, Messieurs, de l'Histoire Sacrée à l'Histoire Ecclésiastique pour considérer une autre maniére de spectre dont un Protestant a voulu effrayer ceux qui voudroient se hazarder à lire Baronius. Il faut avouer que le nombre des Censeurs qui ont entrepris de critiquer les Annales de ce laborieux Auteur, est incomparablement plus grand que celui de ses Défenseurs, quand vous voudriés y joindre la multitude de ses Continuateurs & de ses Abbréviateurs. Mais personne d'entre eux n'avoit encore perdu le respect pour le mérite de ce grand Cardinal jusqu'à l'insulter en son nom, lorsque Mr Magendie est venu près de cent ans après la premiére publication des Annales Ecclésiastiques opposer un ANTI-BARONIUS au cours impétueux que ce grand ouvrage s'étoit donné par la multiplication étonnante de ses éditions.

Il faut, dit Mr. de Brillat, que l'*Anti-Baronius* ait été une digue bien grosse & bien forte pour arrêter un cours si long & si étendu. Baronius n'est que de douze volumes *in-folio*, l'*Anti-Baronius* ne doit pas être moindre que de vingt-quatre pour produire son effet.

C'est un volume épais d'un doit, repartit Mr de Rintail, de sorte que si Mr Magendie avoit seulement pû trouver parmi ceux de sa Secte un Poëte capable de le flater, il en auroit pû arracher quelque Epigramme où l'Anti-Baronius auroit fait la figure du petit poisson que les Latins appelloient *Remora*, & les Grecs *Echeneis*, & qu'on dit arrêter tout court les plus grands vaisseaux.

Je comprens votre pensée, dit Mr Bertier ; vous voulés nous faire entendre qu'il seroit aussi ridicule de croire que l'Anti-Baronius de Magendie pût arrêter les Annales, que le conte de Pline sur le petit Poisson à l'égard des vaisseaux nous paroît badin.

Vous trouverés peut-être, repartit Mr de Rintail, qu'un de nos

Poëtes modernes (1) a beaucoup plus heureusement imaginé le *petit poisson qui montre le chemin à la baleine* pour honorer d'une Epigramme la nouvelle Critique de Baronius. On ne nous a point dit de quelle longueur est le *petit-poisson*, quoi qu'on nous fasse espérer que la Critique de Baronius sera de trois gros volumes *in-folio* (2).

Mais tournés les yeux vers ma tablette, & vous verrés vous même de quelle épaisseur est l'Anti-Baronius de Magendie.

Mr de Brillat qui étoit le plus près se leva, prit le livre lût le titre qui porte : *Anti-Baronius Magenelis, seu, Animadversiones in Annales Baronii, cum Epitome lucubrationum Criticarum Casauboni in tomi primi annos* XXXIV. *Auctore Andrea Magendeo Ecclesiastico Benearnensi. Quibus accesserunt quædam ad Baronium Animadversiones Davidis Blondelli.* Il se mit ensuite à feuilleter, & après s'être trouvé en peu de tems au bout du Magendie, il lût tout haut *Anti-Baronius Blondelli.* Cela le surprit & l'arrêta, puis s'adressant à Mr de Rintail, il lui dit : Vous voulés nous faire croire que depuis Baronius jusqu'à Magendie il ne s'est point fait d'*Anti-Baronius* : Trouvés-vous que Blondel n'a point vécu devant Magendie ?

Je vous avouë, repliqua Mr de Rintail, que David Blondel est venu dans le monde avant le Sieur Magendie ; mais vous vous tromperiés de croire que Blondel fût l'Auteur du titre d'Anti Baronius, qui se trouve à ses Notes sur Baronius sous son nom. C'est un surcroît de satire qui est encore dû au Sieur Magendie ; & ceux qui ont quelque connoissance de ce qu'étoit Blondel, jugent aisément qu'il n'auroit pas inventé un titre si choquant & si fanfaron pour des Notes d'aussi petite conséquence que celles du petit recueil de Magendie. Sachés-donc, que l'*Anti-Baronius Blondelli* est une injure faite à Blondel par Magendie son Confrére, de même que Jean An-

---

1 ¶ Je ne ferai nulle difficulté de déclarer que la raillerie touchant l'Epigramme ici désignée me regarde. Des amis du P. Pagi m'ayant dit des merveilles de sa Critique des Annales de Baronius, me donnérent à entendre qu'il y auroit au devant du livre une estampe où seroit représentée une baleine conduite par le petit poisson qu'on a dit lui servir de Guide. C'est sur cette idée que je fis les six vers suivans dont Baillet se moque, ne prévoyant pas le besoin qu'il pouvoit avoir d'un pareil guide.

Difficili cetus luctatur in æquore dudum
   Grandis mole licet, non tamen inde piger.
Sed quia circumstant nantem discrimina mille,
   Et scopuli, & syrtes ancipitesque sinus :
Hinc se adeo piscis tandem vix explicet ingens,
   Ni minor huic fido lumine monstret iter.

2 ¶ Le premier tome de cette Critique parut en 1689. & depuis elle a été imprimée toute entiére l'an 1705. en 4. volumes *in-folio* six ans après la mort de l'Auteur, par le soin de son Neveu le P. François Pagi, Cordelier, mort le 21. Janvier 1721. ¶

dré Bosius Protestant d'Allemagne a mal parlé de Casaubon en citant l'*Anti-Baronius Casauboni* pour les Exercitations de ce savant Homme sur le commencement des Annales de notre Cardinal. L'amour des contestations est si naturel aux esprits tournés d'un certain côté, & élevés dans certains préjugés, que l'*Anti* se presente de lui-même à leur secours, dès qu'ils trouvent quelque chose à leur rencontre qui les arrête ou qui les choque. Le Sieur Kortholt a-t-il remarqué dans Baronius un trait qui ne lui plaisoit point *touchant le pain Eucharistique*, c'est-à-dire un brin d'herbe dans un pré, aussi-tôt il dresse un ANTI-BARONIUS, ou du moins des *Disquisitions Anti-Baroniennes* qu'il fait imprimer à Kiel en 1677. deux ans après l'Anti-Baronius d'Amsterdam ou de Magendie. Si cette licence a du cours, & si les autres Censeurs de Baronius sont tous faits comme ceux-ci, il ne faut pas deselpérer que nous puissions voir quelque jour dix mille *Anti-Baronius*.

Et moi, dit Mr de Brillat, je prétens revoir l'armée des Pygmées contre Hercule, quand vous me montrerés dix mille ennemis de cette espéce.

Je suis assés persuadé, repartit Mr de Rintail, que de tous les Adversaires de Baronius, les plus formidables ne seront pas ceux qui portent le titre d'Anti-Baronius, pourvû qu'il ne s'en voye pas de plus terrible que celui de Magendie. Celui-ci a paru si méprisable au P. Pagi qui vient de nous faire voir le succès que peut avoir une véritable & legitime Critique de Baronius, qu'il ne lui a pas fait même l'honneur de le nommer dans sa Préface parmi les Adversaires de Baronius.

Les Protestans voudront peut-être se récrier contre le silence d'un Catholique, dont le mépris seroit l'effet de quelque fierté affectée. Mais nous leur opposerons d'un côté la conduite du P. Pagi à l'égard de Casaubon, de Goldast, de Montaigu, & d'Ottius; & de l'autre le témoignage que les Protestans même ont rendu de l'Anti Baronius de Magendie. Je me contente de vous citer Mr Colomiez (1) qui juge sur ce qu'il en a vû. *Qu'il n'y a rien dans ses Observations qui soit comparable à celles de Casaubon: Et qui assure qu'il y a même quantité de fautes que Mr Magendie a faites pour avoir copié ceux de son Ordre, comme il arrive souvent à ces Messieurs.* Vous voyés que j'ai copié fidélement les paroles de Mr Colomiez, qui est de la même Religion que Mr Magendie, & que ces autres Messieurs dont il fait mention.

Il seroit maintenant de mon devoir ou de la coutume que je me

1 Bibl. Chois. p. 109. 110.

suis prescrite, de vous dire quelque chose de la vie du Cardinal Baronius, & de son Adversaire Mr Magendie. Mais je ne sai ce qu'est devenu ce dernier, & je me reduis à ne vous dire que deux mots du premier.

Il nâquit à Sora Ville de la Terre de Labour au Royaume de Naples la veille de la Toussains de l'an 1538. Il fit ses Humanités à Veroli, sa Théologie & son Droit à Naples. Mais les troubles du lieu le firent passer à Rome en 1557. avec son pere; il y acheva ses études de Droit sous Cesar Costa, & peu de tems après il se mit sous la discipline de saint Philippes de Néri qui le fit ordonner Prêtre & l'attacha à l'Eglise de saint Jean-Baptiste. Baronius y commença une Congrégation de son nouvel Ordre, & en fit autant dans l'Eglise de Sainte Marie in *Vallicella*, lors qu'en 1576. il y fut transporté par saint Philippes de Néri.

L'an 1593. il fut fait Supérieur Général de la Congrégation de l'Oratoire par la démission volontaire du Fondateur, & le Pape Clement VIII. le fit son Confesseur. Le 21. de Novembre de l'an 1595. peu de tems après la mort de saint Philippes de Néri il fut fait Protonotaire Apostolique, & créé Cardinal le 5. de Juin de l'année suivante, après quoi il fit vœu de n'être jamais Pape, & surmonta, comme on le sait les violentes tentations dont il fut attaqué sur ce point l'an 1605. Il n'avoit que vingt & un ans, lorsque saint Philippes de Néri le détermina à entreprendre les Annales contre les Centuriateurs, & l'Ouvrage l'occupa le reste de ses jours. L'impression du dernier tome n'étoit pas entièrement achevée, lorsqu'il mourut à Rome le dernier jour de Juin de l'an 1607. âgé de soixante-huit ans & huit mois.

ANTI-PAPESSE.

157 Sur la fin du siécle précédent, poursuivit Mr de Rintail, & vers le commencement du nôtre, le Parlement de Bourdeaux avoit parmi ses Conseillers un homme si savant & si exercé dans la Controverse & l'Histoire Ecclésiastique, qu'il se rendit suspect d'intelligence avec des Théologiens de Profession pour la composition de ses Livres.

C'est apparemment Arnaud de Pontac, dit de Mr Brillat. Il a écrit sur la Controverse & sur l'Histoire Ecclésiastique.

Il est vrai, répondit Mr de Rintail; mais Arnaud de Pontac, quoi-

II. PART. CHAP. IV. ANTI EN HISTOIRE.

que membre du Parlement de Bourdeaux, n'a dû surprendre per- Anti-Papesse.
sonne en écrivant sur des sujets historiques ou dogmatiques de Religion, puisqu'étant Evêque de Bazas il ne sortoit point des termes
de sa profession. Celui dont je veux vous parler est Florimond de
Raimond, qui étoit ami & contemporain de Mr de Pontac. Vous
savés avec combien de zèle il a tâché de servir l'Eglise Catholique,
soit en prenant la plume, soit en prêtant son nom à d'autres. Il ne
s'est point contenté de donner un Traité François contre la fable
qu'on a inventée d'une prétendue Papesse, & de tourner ou de
faire tourner cet Ouvrage en Latin pour l'usage des Etrangers, il a
encore composé après coup un petit Ecrit François sous le titre
d'*Anti-Papesse* qui se trouve imprimé à Paris l'an 1607. C'est un
Ouvrage de si peu de feuillets, qu'il passe pour rien parmi quelques
personnes, & pour quelque chose de confondu dans son juste Traité
de la fausse Papesse, parmi les autres. J'étois du nombre de ces derniers, jusqu'à ce qu'on m'en a fait voir une édition séparée. J'avois
crû que c'étoit par abregé que l'on citoit quelquefois son Ouvrage
sous le titre d'*Anti-Papesse*, de même que Samuel Desmarais appelle
sa Réponse à Blondel *Animadversiones ad* ANTI-PAPISSAM
Blondelli dans son Epitre aux Curateurs de l'Université de Groningue. Il est constant néanmoins que le docte Blondel n'a point employé le terme d'*Anti-Papesse* pour en faire le titre du Livre qu'il a
composé pour détruire la fable de la Papesse Jeanne; mais on m'a
fait connoître qu'il n'en est pas de même de Florimond de Raimond
ou de son fils François. Je vous parle donc de l'Opuscule de l'*Anti-Papesse*, non pas comme d'une même chose que le Traité de l'*Erreur
Populaire*, &c. de Florimond de Raimond; mais comme d'une espéce
de suite ou dépendance de cet Ouvrage.

Cela est fort honnête & fort louable à Blondel, dit Mr Bertier,
d'avoir rendu service à l'Eglise Catholique malgré les engagemens
de sa Secte. Je trouve qu'il méritoit quelques remercimens ou quelques civilités de la part du Pape Innocent X. comme on dit que le
Pape Urbain VIII. avoit fait remercier Saumaise quoique Calviniste pour son Ouvrage des Regions Suburbicaires contre le Pere
Sirmond. (1)

A dire vrai, je crois que Blondel en méritoit plus que Saumaise,
reprit Mr de Rintail, si l'on considére qu'il le surpassoit en modé-

---

1 ¶ C'est une fable. Urbain VIII. en remerciant Saumaise auroit remercié un homme qui attaquoit l'autorité Papale vigoureusement soutenuë par le P. Sirmond. *b*

ration, comme dans la connoissance de l'Histoire Ecclésiastique. Mais si l'on considére la qualité de leurs Adversaires, je crois que Saumaise auroit été plus glorieux que Blondel, s'il avoit jamais pû remporter le moindre avantage contre le seul Sirmond, quoique celui-là pût se vanter d'avoir mis en déroute des légions entiéres de Protestans, & quelques compagnies de Catholiques qui avoient entrepris de défendre la fable de la Papesse.

Blondel avoit si bonne opinion de ses propres forces, qu'au lieu de faire venir Florimond de Raimond à son secours, il a mieux aimé l'abandonner à ses Ennemis & le combattre en les battant.

C'étoit donc, dit le jeune Mr de Saint-Yon, *Anti-Papesse* contre *Anti-Papesse*, & Rome contre Rome.

C'est trop dire, repartit Mr de Rintail. Il faut avouer que Blondel ne perdoit pas grand chose en abandonnant Florimond de Raimond, non pas pour le fonds & la vérité de la cause, mais pour la critique des faits. Ce Magistrat étoit un homme de bien, quoi qu'en ayent dit quelques ennemis qu'il avoit à Bourdeaux: mais on peut dire que sa principale érudition consistoit dans la confiance qu'il avoit aux Mémoires que lui fournissoient ses amis. Plût à Dieu qu'il eût eu le discernement necessaire pour faire un bon usage de ces Memoires, il n'auroit point tant corrompu de noms d'Auteurs, de passages & de faits, & il se seroit passé plus aisément de la critique de Blondel, de Desmarais & des autres Protestans.

ANTI-PUTEANUS.

158 IL y a tant de liaisons entre les matiéres historiques & celles de politique, que l'on n'est guére surpris de les voir souvent mêlées les unes avec les autres, soit à cause de leur alliance & leur proximité, soit à cause des lumiéres & des secours qu'elles se donnent mutuellement. Il faut donc que vous excusiés l'ANTI-PUTEANUS si le hazard le fait rencontrer entre l'Anti-Papesse & l'Anti-Sanderus au rang des *Anti* en Histoire, quoique sa place lui eut été destinée parmi nos *Anti* de Politique.

L'ANTI-PUTEANUS a pour Auteur un Inconnu qui s'est addressé au Roi Philippes IV. mais qui n'a point jugé à propos de se nommer. Il fut composé contre un célébre Professeur de Louvain nommé Erycius Puteanus, & imprimé l'an 1633. in-4°. sous le titre d'*Anti-Puteanus, sive, Politico-Catholicus Stateram Puteani Inducias expendentis aliâ Staterâ expendens.* Le lieu de l'impreſſion eſt appellé *Coſmopolis.* Rien n'eſt plus vague, comme vous le voyés, & ſi l'Anti-Puteanus avoit fait honneur à ſa patrie en naiſſant, il n'y a point de Ville dans le Monde qui ne pût s'attribuer cet honneur ſous le titre de *Coſmopolis.* Cependant je ſuis très-perſuadé que ce lieu n'eſt point hors des Pays-Bas Eſpagnols, & je n'en veux point d'autre témoin que le Libraire qui s'eſt appellé *Belga Fidelis.*

L'Ouvrage qui avoit donné occaſion à l'Anti-Puteanus, avoit été compoſé par Erycius Puteanus au ſujet de la tréve que le Roi d'Eſpagne méditoit avec les Hollandois, & il avoit paru quatre ou cinq mois auparavant, vers la fin de Mai de la même année ſous le titre de *Belli & Pacis Statera, quâ Induciæ auſpicio Regio tractari cœptæ expenduntur,* in-4°. L'Ouvrage eſt diviſé en autant de chapitres qu'il y a de lettres à l'Alphabet. Mais l'uſage des Latins n'étant point de marquer leurs Nombres par les lettres de leur Alphabet, je ne penſe pas que l'on doive blâmer l'Auteur de l'Anti-Puteanus, d'avoir taxé de bizarrerie la ſingularité dont Puteanus a voulu diſtinguer ſon Ouvrage en marquant ſes vingt-trois morceaux ou ſections d'une lettre au lieu de chifre. Pour ce qui regarde le reſte, il y a lieu de douter que l'Adverſaire ait eu raiſon de s'emporter avec tant de véhémence contre Puteanus, ſous prétexte que celui-ci ſembloit avoir un peu trop rehauſſé l'importance de faire la paix avec la Hollande, & qu'il avoit paru prodigue d'éloges pour le Prince d'Orange & les Etats Généraux, par rapport à ce qu'il devoit au Roi d'Eſpagne ſon Maître.

☞ Erycius Puteanus que pluſieurs de nos Ecrivains François appellent Henri du Puis, étoit né le 4. de Novembre de l'an 1574. à Venloo Ville de la haute Gueldre ſur la Meuſe. Il avoit dans ſon enfance les inclinations toutes militaires; mais ayant été tranſporté à Dordrecht en Hollande après la mort de ſa mere, il fit ſes Humanités avec tant de ſuccès, qu'en peu de tems il ſe trouva en état d'aller à Cologne faire ſa Rhétorique & ſa Philoſophie ſous les Jéſuites. Il aima dès lors les Mathématiques, la Muſique & la Peinture. Il étudia le Droit à Louvain & paſſa Bachelier en 1597. Ayant vécu deux ans à Louvain, Lipſe lui fit entreprendre le voyage d'Italie, & il fut arrêté à Milan pour y remplir une chaire d'Eloquence l'an 1601. & il y reçut preſque en même tems le titre d'Hiſtoriographe de Sa Majeſté Catholique. L'an 1603. il fut honoré de celui de Citoyen Romain, & paſſa enſuite Docteur en l'un & l'autre Droit à Milan, après quoi il ſe maria le dernier jour de Février de l'an 1604.

Mais il fut rappellé deux ans après par les Etats du Brabant pour succéder à Lipse en la Chaire de l'Histoire à Louvain, & il s'y transporta avec sa famille l'an 1606. Outre la qualité de Professeur, il y posséda encore avec d'honorables émolumens celle d'Historiographe du Roi, de Conseiller de l'Archiduc & Gouverneur Albert, & celle de Gouverneur ou Capitaine de la Citadelle de Louvain, quoi qu'il fut de robe. Il mourut l'an 1644. âgé de près de soixante & dix ans.

ANTI-SANDERUS.

159 DE tous les Ouvrages que Nicolas Sanderus avoit composés pour la défense de l'Eglise Catholique, il n'y en a point qui lui ayent attiré plus de Répliques de la part des Anglois, que les huit Livres de la Monarchie visible de l'Eglise, & son Histoire du Schisme d'Angleterre, qui est un Ouvrage posthume. Si tous ses Adversaires avoient été aussi curieux de nous dire leurs noms que Barthelemi Clercke, Georges Ackworth, Guillaume Fulke, & Mr Burnet, nous ne serions pas en peine de savoir quel étoit l'Auteur de l'ANTI-SANDERUS. Cet Auteur a cru qu'il suffisoit de faire connoître au Public son zèle pour sa Maitresse la Reine Elizabeth, & sa passion contre Sanderus. S'il n'a point eu intention de faire autre chose, personne n'a dû lui contester la satisfaction d'avoir bien éxécuté son dessein. On ne peut pas même lui refuser la gloire d'avoir sû renfermer ces deux choses dans le titre de son Ouvrage; & de n'avoir point imposé à son Lecteur par une inscription trompeuse.

Son Livre, composé de deux Entretiens, fut imprimé à Cambridge l'an 1593. in-4°. intitulé, *Anti-Sanderus, duobus Dialogis Venetiis habitis, in quibus Sanderi & aliorum calumniæ in Elizabetham Reginam refelluntur.*

Vous voyés quel est le sujet du Livre. Ce seroit vous fatiguer mal à propos que de vous retarder sur des matiéres dont le détail ne peut plus être qu'ennuyeux, après tout ce qui s'en est dit dans le Monde depuis quelques années.

Pour moi, dit Mr de Brillat, je vous dispenserai volontiers de la peine de répéter ce que les autres ont dit, si vous n'avés rien de nouveau à ajouter.

Les Matiéres sont toutes usées, lui répondit Mr de Rintail; mais

Mr Bertier en est-il aussi instruit que vous ? A-t-il lu tout ce qui s'est fait ?

Anti-Sanderus.

J'ai lû, dit Mr Bertier, ce qui m'est tombé entre les mains sur ce sujet. L'Histoire du Schisme par Sanderus, l'Histoire de la Réformation par Mr Burnet. J'ai lû aussi ce que Mr Varillas en a dit dans son Histoire des Révolutions de l'Europe ; ce qui lui a été répondu par Messieurs Burnet & Larroque le jeune, & quelques autres Ouvrages encore, jusqu'à ce que je me suis apperçu qu'on dégénéroit en répétitions, & que ma patience & ma curiosité finissoient.

Vous ne parlés pas de l'ouvrage de Mr le Grand, reprit Mr de Rintail, sa nouveauté est cause sans doute qu'il n'est pas encore arrivé jusqu'à vous. Si l'Auteur ne vous est pas connu, je veux vous prêter son livre avant que vous sortiés de mon cabinet. Je vous ordonne par le droit de l'amitié de le lire éxactement. Vous me payerés comme il vous plaira le plaisir que vous recevrés de sa lecture. Mais vous ne laisserés pas de demeurer mon redevable.

☞ Sanderus étoit né dans une bourgade du Comté de Surrey au Diocése de Winchester. Il commença ses études au Collége de Wiccam qui est dans le fauxbourg de Winchester, & les alla continuer à Oxford dans un Collége de même nom. Il passa Bachelier dans cette Université l'an 1550. & fut établi Professeur en Droit Canon, sept ou huit ans après, étant encore assés jeune. Mais à l'avénement d'Elizabeth à la couronne il se vit obligé de quitter sa chaire & son pays pour mettre en sureté sa religion & sa liberté. Il se retira à Rome où il reçut l'Ordination de la Prêtrise & le Bonnet de Docteur vers l'an 1560. Il suivit le Cardinal Hosius au Concile de Trente, puis en Pologne & dans ses autres voyages. Au bout desquels il passa à Louvain où il fut retenu pour la chaire de Professeur Royal en Théologie. Le Pape Pie V. ayant vû son ouvrage de la Monarchie visible de l'Eglise imprimé à Louvain en 1571. l'appella à Rome dans le dessein de reconnoitre ses services. Mais la mort de ce Pontife ayant renversé ses belles espérances, il s'attacha au Cardinal Commendon qu'il fut trouver à la Diéte d'Ausbourg où ce Cardinal étoit Légat du S. Siége. Après il passa en Espagne avec le Nonce Sega. Quelque tems après il fut lui-même en qualité de Nonce renvoyé en Espagne par le Pape Gregoire XIII. qui le fit passer ensuite en Irlande avec la même qualité. Il y mourut accablé de ses travaux & des autres miséres que la faim lui fit souffrir. Pitseus son neveu (fils de sa sœur) marque sa mort en 1580. d'autres la mettent en 1581. & Cambden la transporte jusqu'en 1583.

ANTI-TRISTAN.

160 IL est assés naturel à mon sens, continua Mr de Rintail, de comprendre parmi les contestations de l'Histoire celles des Savans qui se sont élevées sur la connoissance des Médailles. Ainsi je ne ferai pas difficulté de finir nos *Anti* sur l'Histoire par les deux ANTI-TRISTANS du Pere Sirmond.

Il s'agit d'une contestation qui a roulé toute sur six petits Traités : trois du côté du P. Sirmond, & trois de celui du sieur de saint Amant, & qui semble n'avoir fini que par la mort de l'un des Combattans.

Le P. Sirmond étoit âgé de plus de quatre-vingts-dix ans lorsqu'il publia une Dissertation Latine sur trois médailles dont l'une étoit de JESUS-CHRIST, l'autre de la petite Ville de Perperene en Phrygie où se fit le fameux jugement de Pâris, & la troisiéme du Roi Hanniballien de la famille de Constantin. Il l'a fit imprimer à Paris l'an 1650. sous le titre de *Triplex nummus antiquus, Christi Domini, Perperenæ Civitatis, Hanniballiani Regis.*

Mr Tristan de S. Amant qui avoit paru jusqu'alors au nombre des amis du P. Sirmond pensant user de la liberté que donne l'amitié pour dire son avis, témoigna tout haut qu'il ne trouvoit pas bon que le P. Sirmond eût écrit autrement que lui sur la Médaille d'Hanniballien, & qu'il n'eût pas suivi le sentiment qu'il avoit établi dans ses grands Commentaires Historiques sur les Médailles des Empereurs Romains. Il en écrivit même une Dissertation en forme de Lettre qu'il fit imprimer sur le champ : sans s'être donné le loisir de retrancher ou de resserer dans de justes bornes ce que la précipitation & la chaleur lui avoient fait échapper de trop libre ou de trop dur.

Le P. Sirmond parut choqué, & prenant cette Lettre de Tristan pour une rupture d'amitié, il crut lui devoir une Réponse. Il la fit & la publia dès la même année sous le titre d'*Anti-Tristanus, sive, ad Joannis Tristani Sanctamantii de triplici nummo antiquo Epistolam Responsio.* Il répond à tout ce que Tristan lui avoit objecté, & nonobstant son titre d'Anti-Tristan, il fait profession de n'opposer que la raison & la douceur aux emportemens de son Adversaire. Le flegme qui sert à modérer son style, n'empêche pourtant pas qu'il ne paroisse quelques étincelles de feu de tems en tems, & l'on y remarque une vivacité d'esprit qu'une vie laborieuse de près d'un siécle n'avoit pû éteindre. Mr

Mr Tristan ne manqua point de repliquer. Il publia pour sa Défense un nouveau Traité sous le titre, d'*Antidotum*, sive, *Æqua & justa Defensio adversùs querulam Jacobi Sirmondi Responsionem*. L'Auteur n'y diminuë rien de sa premiére vigueur, & paroît fort déterminé à poussér la querelle sans rien rabattre de son courage. Il prétend n'avoir pas été assés épargné par son Antagoniste, & ne se croit point obligé au ménagement que le grand âge & le mérite du Pere Sirmond auroient éxigé de lui en une autre occasion.

Anti-Tristan.

Le P. Sirmond qui avoit témoigné dès la fin de son premier Anti-Tristan que cette querelle commençoit à le fatiguer, & qu'elle n'étoit point d'ailleurs assés digne de lui, auroit souhaité la finir en cet endroit. Mais craignant que son silence ne donnât lieu à son Adversaire de vouloir triompher mal-à-propos, il reprit la plume & publia une nouvelle Réponse sur la fin de la même année sous le titre d'*Anti-Tristanus secundus, sive, ad Joannis Tristani Sanctamantii Antidotum Responsio*.

Quoique la Piéce fût d'un caractére semblable à son premier Anti-Tristan, elle ne laissa pas d'aigrir l'esprit du sieur de S. Amant. De sorte que celui-ci ne gardant presque plus de mesures avec lui composa dans les transports de sa colére une nouvelle Dissertation qu'il fit imprimer l'an 1651. sous le titre de *Anti-Sophisticum, sive, Defensio secunda adversus malignum & sophisticum Jacobi Sirmondi Anti-Tristanum secundum*.

Voila, Messieurs, ce que j'ai pû savoir de cette contestation. Il paroit que le P. Sirmond ne jugea point à propos de la continuer, & qu'il aima mieux réserver le peu de tems qui lui restoit à vivre pour se préparer à la mort.

Il étoit né à Riom en Auvergne l'an 1559. & avoit été admis dans la Compagnie de Jesus l'an 1577. Il enseigna les Humanités pendant l'espace de dix ans, & vit S. François de Sales au nombre de ses Ecoliers. Il fit ses quatre vœux en 1596. Le Général Aquaviva l'appella à Rome & le fit son Secretaire pour les Lettres & Expéditions Latines, & s'acquitta (1) de cet emploi pendant seize ans. Il fut Confesseur du Roi Louis XIII. durant quelque tems, mais ne pouvant gouter les maniéres de la Cour, il se retira au Collége de Clermont le reste de ses jours, & jouit d'une santé vigoureuse jusqu'à l'âge de quatre-vingts-treize ans. Il mourut le 7. d'Octobre de l'an 1651.

1 ¶ Quoique j'aie laissé passer à l'Auteur presque toutes les fautes de langue, sans les relever, je ne puis m'empêcher de dire que la construction souffre ici beaucoup §

Pour ce qui regarde son Adversaire, Jean Tristan sieur de Saint Amant & du Puy d'Amour, je ne puis vous en dire autre chose, sinon que c'étoit un Gentilhomme établi de demeure dans la ville de Paris, n'ayant point d'autre office ni qualité que celle de Gentilhomme Ordinaire de la Chambre du Roi. J'ai oui dire qu'il venoit d'une Noblesse assés récente de Picardie, & qu'il étoit petit-fils d'un vendeur d'huile dans un Bourg du Beauvaisis nommé Hallwin autrement Maignelai sur les limites du Santerre.

CHAPITRE V.

ANTI en Grammaire, Philologie, Critique, belles Lettres, &c.

IL n'y a point de Profession, dit Mr de Rintail, où l'on connoisse mieux, & où l'on exerce plus impunément l'art de la Satire que dans celle des Grammairiens & des Critiques que nous appellons *Philologues*. Vous savés que c'est ce qui a pensé perdre l'honneur de la Profession, & ruiner la réputation des plus grands hommes de Lettres. Mais comme leur industrie leur a fait trouver mille maniéres ingénieuses de diversifier les titres de leurs Satires, nous avons moins sujet de nous étonner qu'il s'en trouve si peu sous le titre d'*Anti*. Il semble que ceux qui ont voulu leur communiquer la grace de la nouveauté & celle de la surprise, ayent eu dessein de s'abstenir de ce titre lors qu'ils se sont apperçu qu'il devenoit trivial.

Vous me surprenés, dit Mr de Brillat, j'avois espéré que les desordres de la guerre Grammaticale dont on fait tant de bruit, & que les incursions & autres actes d'hostilités que les Critiques ont faits les uns sur les autres dans la République des Lettres vous fourniroient la matiére d'une cinquiéme Conversation.

Nous nous assemblerions tous les jours du plus long mois de l'année, répondit Mr de Rintail, sans venir à bout d'épuiser ce sujet. Mais étant reduit à ne vous parler que de cette espéce de Satires qui portent le titre d'*Anti*, je trouve la disette favorable au désir que j'ai de vous faire voir la fin de mon Recueil. Je passerai donc legérement sur l'Anti-Bossicon, sur l'Anti-Crusca, & sur quatre ou cinq autres *Anti* dont je ne connois presque que les noms, pour finir par l'Anti-Baillet que nous devons considérer comme le dernier venu des *Anti* sur la Critique & la Grammaire.

ANTI-BOSSICON.

161. J'Ai remarqué dans la Librairie trois ANTI-BOSSIQUES, qui ont pour Auteurs trois Grammairiens différens, mais qui n'en veulent néanmoins qu'à une même personne. A juger de ce qui en eſt par ce qui vous en paroît à l'extérieur, vous penſeriés d'abord que la personne attaquée n'eſt autre que Boſſus ou Boſſius. Mais il faut vous avertir que l'apparence eſt trompeuſe. Boſſius avec ſes Enigmes n'a fait que prêter ſon nom, & fournir le prétexte. Le véritable Adverſaire mis en bute aux Auteurs des Anti-Boſſiques, eſt un autre Grammairien nommé Whitington.

Ce dernier, qui avoit joint au vice de la pedanterie toutes les mauvaiſes qualités d'un faux Plaiſant, s'étoit rendu odieux à ſes Confréres & aux autres Savans de ſon pays par le caractére railleur & mordant qu'il avoit donné à ſon eſprit. Il avoit le génie tourné au ſtile des pointes, & il ne s'en ſervoit que pour picquer le monde dans les converſations; ſa critique étoit rarement ſéparée de la médiſance, & ſon plaiſir ordinaire étoit de déchirer les gens par des vers ſatiriques.

Entre ceux de ſa ſorte qu'il avoit piqués plus ſenſiblement, nous en connoiſſons trois principalement qui ſe liguérent enſemble pour réprimer cette manie, & pour vanger les autres. Le premier qui ſe leva contre lui fut Jean Aldriſius qui anima Guillaume Horman & Guillaume Lilius. Ces mécontens ne l'attaquérent pourtant pas en corps, mais ils convinrent apparemment de ne prendre qu'un même titre pour divers Ecrits qu'ils devoient lancer contre lui.

§. I.

Celui de Guillaume Lilius parut l'an 1521. in-4°, imprimé à Londres ſous le titre d'*Anti-Boſſicon in ænigmata Boſſi* (1). Et il n'y a point d'apparence que ce ſoit un Ouvrage différent de celui que Pitſeus appelle, *Apologia ad Whittingtonum*, pour dire une défenſe contre Whittington.

§. II.

Celui d'Aldriſius eſt une piéce écrite en vers héxametres, & publiée auſſi ſous le titre d'*Anti-Boſſicon contra Robertum Whittingtonum*.

1 Bibl. Bodley. p. 402.

Anti-Bofficon. L'Ouvrage est adressé à Guillaume Horman, mais on ne nous dit pas en quel lieu ni en quelle année il a été imprimé. On peut conjecturer qu'il est du même tems & peut-être du même lieu que l'Anti-Bofficon de Lilius. Il commence par ces mots : *Quæ facis in Bossum, te Carmina, &c.*

§. III.

Celui de Guillaume Horman qui le composa à la sollicitation d'Aldrisius, mais qui l'adressa néanmoins à Lilius, fut publié presque en même tems que les autres sous le même titre d'*Anti-Bofficon Guill. Hormanni ad G. Lil. in Whittingtonum*, in-4°. L'Ouvrage est écrit en Prose, & il commence par les mots : *Occurrit mihi nuper Whittingtonus*, &c.

Ces trois Adversaires n'étoient pas les seuls avec lesquels ce Whittington se fût brouillé. On a remarqué qu'il ne pouvoit entretenir aucune liaison avec personne, qu'il étoit de ces gens qui aiment mieux perdre un ami qu'un bon mot, & de ces esprits malfaits qui se ruinent de sens commun pour acquérir la facilité de jetter à tort & à travers des mots Latins dans la conversation. Il étoit natif de Lichfeld Ville Episcopale du Comté de Stafford en Angleterre, & vivoit du tems de Henri VIII. Il mourut après l'an 1530.

☞ Pour ce qui est des Auteurs des Anti-Bossiques ; le premier, savoir Guillaume Lilius ou Lesle, étoit d'Odiham petite Ville du territoire de Southampton au Diocèse de Winchester. Etant encore fort jeune il entreprit le pélérinage de Jérusalem, & il s'arrêta à son retour dans l'Isle de Rhode, où il apprit les principes du Grec & du Latin. De-là il vint à Rome où il continua & perfectionna ses études sous d'excellens Maîtres. Etant revenu dans son pays quelques années après, il y enseigna les deux langues avec grand succès dans le Collége de saint Paul nouvellement érigé à Londres. Après quinze ans de Régence, il fut emporté par la peste avec sa femme & quelques-uns de ses enfans : & il mourut au commencement de l'année que l'Isle de Rhode fut prise par les Turcs, c'est-à-dire en 1522. âgé de cinquante ans. Son corps fut enseveli dans l'Eglise de saint Paul de Londres.

Le second, qui est Jean Aldrisius & que Godwin (1) appelle Robert Aldrich, fit ses premiéres études au Collége d'Etone, où il fut Boursier, puis principal ou Régent, selon l'usage du tems & du lieu, Après il passa dans l'Université de Cambridge, où il fut d'abord Boursier au Collége Royal, dont il fut ensuite Recteur ou Principal,

---

1 *De Præsulib. Angl.* pag. 152. Part. 2.

Enfin il fut nommé le dix-huitiéme de Juillet de l'an 1537. à l'Evêché de Carlifle, Ville fuffragante de l'Archevêché d'Yorck au Comté de Cumberland du côté de l'Ecoffe, & il mourut dans une petite Ville appellée Horncaftle le cinquiéme jour de Mars de l'an 1555.

Le troifiéme, favoir Guillaume Horman étoit plus âgé qu'Aldrifius & mourut vingt ans avant lui. Il étoit natif de la ville de Salifbury; il commença fes études à Etone comme Aldrifius, & alla enfuite les continuer à Cambridge comme lui. Il y paffa Docteur en Théologie, & retourna quelque tems après à Etone où il enfeigna les Humanités. Il fut choifi par le Chapitre d'Etone pour être fon Sous-Doyen, ou fon Vice-Prévôt. Il mourut dans le Collége le douziéme d'Avril de l'an 1535.

ANTI-CRUSCA.

162 PLus les Italiens ont affecté de marquer de la politeffe dans leurs livres au-deffus des autres peuples de l'Europe, moins ils fe rendent excufables lorfqu'ils s'oublient fur ce point. Je vous permets de faire application de cette refléxion à l'ANTI-CRUSCA de Paul Beni que vous abfoudrés de groffiéreté & d'inhumanité tant qu'il vous plaira, pourvû que vous conveniés que ce feul titre l'a rendu coupable d'incivilité & de témérité même. Vous m'avoueré que le Beni avoit à choifir entre une centaine d'expreffions plus modeftes & plus honnêtes pour fe former le titre d'un Livre qu'il avoit à publier contre une Compagnie auffi célébre qu'étoit alors l'Académie *Della Crufca*. Cette Académie, qui eft établie à Florence, a toujours paffé non-feulement pour une des plus anciennes & des plus floriffantes; mais elle a été confidérée encore comme la Maitreffe des autres Sociétés de beaux efprits qui fe font liées dans plufieurs Villes de l'Italie. Que dis-je? Elle a été regardée comme la Mere, ou du moins comme le modéle de l'Académie Françoife de Paris. De forte, que fi nous fuivons le préjugé avantageux que forme en nous le mérite préfomptif de l'Académie de la Crufca, nous n'excuferons pas de témérité un petit Particulier tel que Beni, lorfqu'il a eu la hardieffe de dreffer contre elle un *Anti-Crufca*, principalement en ce qui regarde la Langue Italienne, des régles de laquelle il femble que cette Académie ait été la Maitreffe ou la Dépofitaire depuis fon établiffement.

L'Acdémie de la Crufca, dit le jeune Mr de S. Yon, a donc eu fon Furetiére auffi-bien que l'Académie Françoife?

Effectivement, repartit Mr de Rintail, il y a du raport, ou du moins de la rencontre dans la conduite de ces deux Critiques. Tous deux ont attaqué leur Académie dans leur citadelle. Tous deux ont entrepris la censure de leurs Dictionnaires. Tous deux avoient le tour du génie & le caractére d'esprit assés semblables. Mais je n'ai point sû que le Beni fût membre de la Crusca, ou qu'il eût donné de la jalousie à cette Académie par quelque entreprise semblable à celle de leur Vocabolario ou Dictionnaire de la Langue Italienne qu'ils firent imprimer à Venise l'an 1612.

C'est à cet Ouvrage qu'en vouloit particuliérement le Beni. Il n'eut pas plutôt vu le jour qu'il se vid remué & maltraité entre les mains de presque autant de Censeurs qu'il rencontra de Lecteurs. Mais le Beni entre les autres ne cessa de décrier l'Ouvrage & de déclamer contre ses Auteurs, comme s'ils eussent été autant de Monopoleurs de la Langue Italienne; il entreprit de leur faire voir qu'ils n'avoient ni la suffisance ni l'autorité nécessaire pour décider. Le Livre qu'il publia dans cette vûë parut à Padouë dès l'an 1613. in-4° sous le titre d'*Anti-Crusca*, ô vero, *Il Paragone della Lingua Italiana, nel qual si monstra chiaramente che l'antica sia inculta e rozza à la moderna regola, &c. in quattro Libri, di Paolo Beni*.

Messieurs de l'Académie voulurent s'assujettir à lui répondre avec la plume (1), au lieu de proceder contre lui par voie de fait. Mais si nous en croyons le Tomasini, cette méthode qui étoit d'ailleurs la plus longue & la plus embarrassante ne réussit pas à leur honneur. Car elle leur attira une furieuse Replique de la part du Beni qui la produisit comme une Défense de l'Anti-Crusca. Il la fit imprimer sous le titre d'*Il Cavalcanti*, ô vero, *la Difesa del Paragone della Lingua Italiana, &c.*

Je suis curieux, dit Mr Bertier, d'apprendre la suite de ce combat. Je comprends aisément qu'un homme seul, n'écoutant que les sollicitations & les premiers mouvemens de son cœur, peut bien attaquer une compagnie entiére lors qu'il use de surprise. Mais qu'un homme seul retournant à la charge contre un grand nombre de gens préparés, puisse soutenir le combat, résister & vaincre, c'est autre chose que ce que vous nous allés dire sans doute de la fin tragique du Beni.

---

1 ¶ Le Crescimbeni néanmoins pag. 116. du 5. vol. de ses Commentaires sur son Histoire *della volgar Poësia*, témoigne avoir vu une Lettre manuscrite adressée de la part de l'Archiconsul & des Académiciens de la Crusca le 14. Janvier 1614. à leur confrére Curzio Pichena Secretaire du grand Duc par laquelle ils lui marquoient amplement les raisons qui les empèchoient de répondre à la Critique du Beni.

Vous allés donc être surpris d'entendre autre chose que ce que vous attendés, repartit Mr de Rintail, il y a des témerités qui sont quelquefois heureuses, & vous reconnoîtrés que celle du Beni a été de ce nombre, si vous vous en rapportés à ce qu'en a écrit le Tomasini. Je dis plus, la fin de ce combat a été si glorieuse pour le Beni (au sentiment de cet Auteur) qu'il remporta le triomphe sur toute l'Académie de la Crusca, & fut proclamé *Défenseur de la Langue Italienne*.

Messieurs de la Crusca, dit Mr de Brillat, ont interêt de ruiner la foi de votre Auteur. Franchement il n'est point agréable pour eux que l'on publie, qu'un particulier sans autorité les ait mis à la raison, principalement sur une affaire qui fait l'essentiel de leur établissement. S'ils n'y remédient, la chose pourroit devenir d'une conséquence fâcheuse pour d'autres Académies qui ont eu de semblables Adversaires.

Je suis assés de votre avis, repliqua Mr de Rintail, & pour assister Messieurs de l'Académie de la Crusca dans la défense de leur cause, je veux les soulager de la peine que leur donneroit la recherche des piéces qui favorisent leur partie en leur produisant le passage qu'ils ont à réfuter *adversus Academicos Cruscantes*, dit le Tomasini (1), *& Dictionarium Italicum ab iisdem editum*, Anti-Cruscam *condidit. Cui cum respondissent Academici, cumulate libro iisdem altero sub Cavalcantis nomine satisfecit, seque à variis eorumdem jurgiis valide adeo vindicavit, ut toto orbi clarissimus acerrimusque Italici Idiomatis Defensor fuerit acclamatus.*

S'ils négligent de réfuter le Tomasini, ils nous donneront lieu de croire que c'est par une suite de leur foiblesse ou de leur indifférence, qu'ils se sont encore laissé battre quelque tems après le Beni, qui enflé de ses succès entreprit de défendre le Tasse contre leurs censures.

Mais il est probable que Messieurs de la Crusca auroient amplement vangé leur honneur s'ils avoient eu l'autorité du Pape ou de l'Inquisition. Quand le Beni auroit été aussi médiocre Grammairien qu'il étoit mauvais Théologien, il auroit bien été au pouvoir de l'Académie de le mépriser, mais non pas de le citer devant son Tribunal de Florence, comme on fit à Rome pour la témérité qu'il avoit eue d'écrire sur les matiéres *De Auxiliis* sans les connoître.

Ce qu'il souffrit de la part des Juges Ecclésiastiques, ne le rendit gueres plus sage. On le vid déchaîné depuis ce tems-là contre des

1 Pag. 351. Elog. tom. Minor,

Auteurs de mérite différent ; sans épargner même la personne de Tite-Live. De sorte qu'il étoit devenu la terreur des Ecrivains de son tems dont plusieurs n'ont osé laisser voir le jour à leurs compositions de crainte de les exposer à sa censure impitoyable.

☞ Il étoit natif de Gubbio ou Ugubbio dans l'Ombrie au Duché d'Urbin. La chaire de Riccobon étant venuë à vacquer l'an 1599. dans l'Université de Padouë, il fut choisi pour être Professeur des Humanités à sa place avec six cens florins d'appointemens. Il remplit cette chaire pendant vingt-six ans avec assés de suffisance & il mourut le douziéme jour de Février de l'an 1625.

ANTI HERMAPHRODITE (1), ANTI-MENIPPUS (2).

163
164 Vous ne trouverés pas mauvais que j'aye rejetté sur la fin, ceux des *Anti* dont je n'ai point encore pû acquerir une connoissance parfaite. L'ANTI-HERMAPHRODITE, & l'ANTI-MENIPPUS, que je viens de vous nommer sont de ce nombre. J'ai trouvé des Critiques qui ont inseré celui-ci parmi des Ouvrages de Théologie (2), & qui ont pris celui-là pour une Piéce Historique. Mais jusqu'à ce que j'en sois plus particuliérement instruit, je ne leur donnerai point d'autre rang que la place qui reste dans mon Recueil après les *Anti* en Grammaire.

Je me contente de vous avertir par provision,

1. que l'*Anti-Hermaphrodite* a pour Auteur un Ecrivain François

---

1 ¶ L'Anti-Hermaphrodite semble par son titre être une réponse au livre intitulé l'*Isle des Hermaphrodites*, qui parut sous le régne d'Henri III. & qui est une satire allégorique contre la Cour efféminée de ce Prince. Sorel pag. 171. de sa Bibliothéque Françoise, au chap. des Fables & des Allégories, parlant de cette *Isle des Hermaphrodites* donne à entendre que c'est un ouvrage de la jeunesse du Cardinal du Perron. Je ne puis rien dire de l'*Anti-Hermaphrodite* ne l'ayant point vu. Je crois seulement que si le nom de l'Auteur y est ainsi marqué, J. Petit, cet J. pourroit signifier *Jonathas*, qui seroit ce Jonathas Petit à qui Joseph Scaliger a écrit une Lettre Latine. Au reste quoique par rapport à leurs titres, *Hermaphrodite* & l'*Anti-Hermaphrodite* paroissent directement opposés, je doute fort que le dernier de

ces deux livres soit la réfutation du premier; je ne puis croire en effet que quinze ans après la mort d'Henri III. on s'avisât de vouloir justifier sa Cour généralement décriée par sa mollesse. Je croirois plutôt que l'Auteur & l'Imprimeur de l'*Anti-Hermaphrodite*, sçavoir Jonathas Petit, & Jean Berjon, étant Huguenots, c'étoit l'ouvrage d'un Calviniste zélé contre ces Hermaphrodites de religion, ces politiques, qui sans abandonner la croyance dans laquelle ils étoient nés, mollissoient dans la pratique, à cause de la religion du Prince alors regnant.

2 ¶ Flaccius pag. 375. col. 2. n. 1525. de ses Anonymes fait mention d'un livre intitulé *Menippus*, qu'il range parmi les ouvrages philologiques, & lequel par conséquent ne seroit pas celui que l'*Anti-Menippus* combatroit.

nommé

nommé Jean Petit vivant au commencement du seiziéme siécle, & qu'il fut imprimé à Paris l'an 1605. in-8°.

2. Que l'*Anti-Menippus*, est d'un Auteur Allemand nommé Gaspar Bucherus, & qu'il fut publié à Tubingue en Souabe l'an 1617.

ANTI-MORUS (1), ANTI-PHILARQUE, & ANTI-PHILARCHIA.

165
166   JE me vois obligé de joindre l'ANTI-MORUS & l'ANTI-PHILARQUE aux deux *Anti* précédens pour les mêmes raisons qui me les ont fait reléguer à la fin de mon Recueil.

Je ne connois l'*Anti-Morus* que par la Réponse que Thomas Morus Chancelier d'Angleterre y a faite. Il est de cent cinquante ans plus ancien que l'*Anti-Morus* dont je vous ai entretenu ailleurs; & il a eu pour Auteur un savant Humaniste de France nommé Germain Brice ou Brixius. Je n'ai encore pu trouver rien qui m'ait pu conduire à la connoissance de cet *Anti-Morus* qu'un passage de Scévole de Sainte Marthe l'ancien, qui dit au premier livre de ses Eloges. *A Thoma Moro Britannorum doctissimo in describenda unius navis Gallicæ*

---

1 ¶ Je rapporterai ici, avec les retranchemens & additions convenables, ma remarque sur l'*Anti-Morus* imprimée dans le *Menagiana* de 1715. pag. 130. &c. du tom. 1. Brixius ayant composé en 1512. un poëme intitulé *Cordigera*, où il décrivoit en 300. vers hexametres, le combat donné le jour de S. Laurent de la même année, entre le vaisseau de France nommé la Cordeliére, & celui d'Angleterre nommé la Régente. Thomas Morus, qui n'étoit pas alors constitué en dignité, fit diverses Epigrammes pour se moquer de quelques endroits de ce poëme. Brixius sensible à l'injure s'en vengea par l'*Anti-Morus*, Elégie d'environ 500 vers, où il releva impitoyablement tout ce qu'il crut avoir remarqué de fautes dans les poësies de Morus. Il garda néanmoins longtems cette piéce sans la publier, témoignant s'il en contentoit l'impression, que c'étoit par déférence pour ses amis qui lui remontroient que ces sortes d'ouvrages perdent beaucoup de leur grace, quand ils tardent trop à paroître. Il y a trois éditions de l'*Anti-Morus*. La premiére par les soins de l'Auteur en 1520. où il y a 22. vers plus que dans toutes les autres, savoir 14. vers Grecs & 8. Latins. La seconde en 1560. dans le second tome des *Flores Epigrammatum* de la collection de *Leodegarius à Quercu*, en François *Leger du Chêne*. La troisiéme de Francfort dans le corps des poësies Latines des Auteurs François recueillies par Ranutius Gherus, nom anagrammatisé de Janus Grutherus. On en pourroit compter une quatriéme, si le bruit qui, au rapport d'Erasme courut en 1520. avoit été vrai, que Thomas Morus se mettant fort au-dessus de cette Satire, l'avoit fait lui-même imprimer. Je ne pense pas qu'il en soit venu là, quoique dans une longue, & très-piquante Lettre contre Brixius, réimprimée l'an 1642. à Londres à la suite des Epitres de Melanchthon, il témoigne à Erasme en avoir eu le dessein. Claude du Verdier fils d'Antoine. pag. 163. &c. de la *Censio in Auctores*, parle fort au long de cette querelle de Morus & de Brixius. Celui-ci, à le bien prendre, étoit véritablement l'aggresseur, comme Morus dans une grande & forte Lettre qu'il lui écrit, pag. 48. de l'édition ci-dessus marquée, le lui fait bien voir.

Tome VII.

Anti-Morus.
Anti-Philar.

cum duabus Anglicis pugna verſibus virulentis atrociter & improbè laceſ-ſitus, ex illo certamine Doctorum omnium judicio facilè victor evaſit. Non illuſtri quidem triumpho, cùm ad Poëtarum qui tempeſtate illa paſſim in Italia florebant neuter adhuc ſatis accederet.

Je me ſuis abſtenu de vous alléguer cet endroit en notre Langue parce qu'il m'a paru un peu trop dur pour un homme de la réputation de Thomas Morus. Mais il nous fait conjecturer que l'*Anti-Morus* de Brice étoit une Piéce de vers Latins touchant le combat d'un vaiſſeau François contre deux Anglois. De ſorte qu'avec un peu plus d'éclairciſſemens j'aurois pu placer l'*Anti-Morus* parmi nos *Anti* en Hiſtoire.

§ Puis qu'il s'agit de deux Adverſaires qui méritent par leur ſavoir d'être connus de tout le monde, il faut vous dire que le premier étoit né à Londres l'an 1583. Il fit ſes premiéres études dans le lieu de ſa naiſſance, & les alla continuer à Oxford. Il embraſſa la profeſſion du Droit, ſe maria par deux fois, fut d'abord Avocat ou Orateur de la ville de Londres, puis Syndic ou Penſionnaire de la même Ville. Il fut Ambaſſadeur en France & aux Pays-bas. Aprés il fut Conſeiller d'Etat ou du Conſeil Privé du Roi, Chevalier de l'Ordre de la Jarretiere & Vice-Tréſorier du Royaume d'Angleterre. Enſuite il fut Chancelier & Adminiſtrateur du Duché de Lancaſtre. Enfin il fut fait Chancelier du Royaume l'an 1529. le 26. d'Octobre après la dégradation du Cardinal Volſey. Mais il ſe démit volontairement de cette Charge le quinziéme de Mai de l'année 1532. & ſe retira de la Cour. Enfin il fut décapité le ſixiéme de Juillet 1535. pour le ſujet que tout le monde ſait, treize jours après le ſupplice du Cardinal Fisher.

G. Brice étoit d'Auxerre en Bourgogne. Il fit d'excellentes études en Italie & ſur tout à Padouë. Il rapporta de ce pays en France la maniére de bien cultiver les belles Lettres. Il mena dans Paris un genre de vie fort commode & fort aiſé, mais il fut tourmenté ſur la fin de ſes jours d'une humeur atrabilaire qui troubla le repos de ſa vieilleſſe juſqu'à ce que s'étant mis en chemin pour revenir de la Cour, qui étoit dans la Ville de Blois, à Paris, il mourut dans le Dioceſe de Chartres vers Dourdan la même année que Guillaume Budé (1).

---

1 § J'ai fait voir dans la note ſur l'article 344. des Jugemens des Savans que Brixius étoit mort en 1538. au plus tard, 2. ans par conſéquent tout au moins avant Budé. A quoi j'ajoute le témoignage de Jean Vouté de Reims, qui dans l'Epitre dédicatoire de ſes deux livres *Inſcriptionum* imprimés l'an 1638. *in-16.* chés Simon de Colines, parle de Brixius comme d'un homme mort il n'y avoit pas long-tems, *Brixium non ita multò ante tempore, vita functum*, l'Epitre eſt du 13e Décembre 1538.

§. I.

Pour ce qui est de l'ANTI-PHILARQUE, je n'en ai encore pu savoir autre chose, sinon que c'est un Livre écrit en notre Langue, & imprimé à Lyon in-8°.

§. II.

Mais nous avons deux Ouvrages Latins différens l'un de l'autre sous le titre d'ANTI-PHILARCHIA. Ils paroissent écrits tous deux contre l'Eglise Romaine, & l'un des deux attaque en particulier un Controversiste Catholique nommé Albert Pighius. Ils ont pour Auteur un Anglois nommé Jean Lelandus, qui après avoir changé de Religion du tems de Henri VIII. tomba en démence sur la fin de ses jours, & mourut à Londres le 18. jour d'Avril de l'an 1552.

ANTI-BAILLET.

167 ENfin, Messieurs, vous êtes arrivés jusqu'au dernier des *Anti* Personnels, jusqu'au Successeur de tant d'avortons de la passion humaine, en un mot jusqu'à l'ANTI-BAILLET. Il vient de naître enfin après avoir fait souffrir de longues & cruelles tranchées à la personne à qui il doit la vie.

J'ai sû, dit Mr de Brillat, une partie des tourmens qu'il a causés à son Auteur. Ses cris & ses plaintes ont retenti si loin qu'ils sont venus jusqu'à moi, tout éloigné que j'étois. Le ton m'en avoit paru si lamentable, que j'en fus attendri & que je fus touché d'une vraie compassion. Imaginés-vous, pour me servir de votre comparaison, une Mere dont les couches ont été fréquentes & toujours aisées, & qui se dispose à accoucher de son dernier enfant dans le lieu de son établissement, au milieu des commodités & des secours necessaires. Une femme en cet état qui par un entêtement bizarre refuse de se soumettre aux loix ordinaires que toutes les autres subissent en pareil cas, n'est-elle pas bien à plaindre, lorsque son obstination seule l'oblige de quitter son pays, d'errer comme une fugitive dans les pays étrangers, de porter son fruit de ville en ville avec toutes les incommodités d'une grossesse pressante? vous m'avouerés que la faute d'une telle femme, quelque énorme qu'elle ait été, ne diminuë point la compassion que l'on a pour elle. Ceux qui savent l'histoire de l'Anti-Baillet ne me demanderont point l'application de cette comparaison.

Anti-Baillet. Personne ne doit ignorer maintenant, répondit Mr de Rintail, ce qui se passa vers la fin de l'an 1686. sur ce sujet, après le bruit que cette affaire excita dès lors par la Ville & les Provinces. J'avouë que Mr Ménage manqua pour lors de soumission au Magistrat & à la Loi. Mais au lieu de croire que ce fût par un refus qu'il fit de reconnoître les Puissances légitimes, j'aimai mieux me persuader que c'étoit par une opinion particuliére de son propre mérite qui demandoit peut-être de la distinction d'avec le reste des Auteurs, & une dispense d'être éxaminé dans la forme des autres pour obtenir le privilége de l'impression. Il n'étoit point encore question du titre d'*Anti Baillet*, & il ne s'agissoit que d'un livre qu'on auroit intitulé *Réponse à M. B.* ou *Remarques sur*, &c. Mais l'indocilité de l'Auteur ayant été suivie du refus du privilége, on prit la route des pays de licence & d'impunité ; & pour se vanger (je ne vous dirai pas de qui) l'Auteur a jugé à propos de mettre le titre d'*Anti-Baillet* à la tête du livre qu'il vouloit publier contre celui des *Jugemens des Savans*.

Le bruit commun, dit Mr Bertier, veut que l'Anti-Baillet soit effectivement contre l'Ouvrage des *Jugemens des Savans*, & c'est ce qui me surprend un peu. Car enfin Mr Baillet n'ayant pas mis son nom à son Ouvrage, le bon sens nous apprend que l'*Anti* de Mr Ménage devoit tomber sur l'Ouvrage qu'il prétendoit attaquer, & non sur le nom de l'Auteur qui ne paroît pas. Le Public n'a que de l'indignation & du mépris pour un Anti-Bellarmin, un Anti Baronius, &c. quoique Bellarmin & Baronius eussent mis leur nom à la tête de leurs Ouvrages comme pour les cautionner, & pour faire connoître à leurs Adversaires qu'ils ne craignoient point d'en être attaqués personnellement. Mais que pourra-t'il penser d'un *Anti-Baillet*, dont l'Auteur n'a pas même eu le prétexte, duquel les Auteurs des Anti-Bellarmins, des Anti-Baronius, &c. auroient pû se couvrir pour excuser leur passion ?

Je suis ravi, répondit Mr de Rintail à Mr Bertier, de vous entendre raisonner d'une maniére si conforme à ce que j'ai pensé. Mr de Brillat & Mr de Verton se souviennent de ce qui fut dit dans notre premiére Conversation sur ce sujet. Personne de nous ne songeoit alors que vous dussiés venir huit jours après pour confirmer sans y penser ce que j'avançai ce jour-là touchant les *Anti* Personnels & les *Anti* Reels. On fit en même tems quelque irruption sur l'incivilité & l'inhumanité des *Anti* Personnels ; & l'on ne donna son approbation qu'aux Réels.

Mais, dit Mr de Brillat, de quelle maniére souhaiteriés-vous que

Mr Ménage eût rendu son *Anti-Baillet* réel pour mériter quelque approbation sans étouffer ses ressentimens ?

Anti-Baillet.

Rien ne lui étoit plus facile, repliqua Mr de Rintail : Il pouvoit ne point faire mention d'une personne qu'il ne connoît pas & dont il n'est pas connu ; (car c'est toute la rélation qu'on ait encore pû découvrir jusqu'à present entre Mr Ménage & Mr Baillet) il pouvoit laisser son nom dans l'obscurité sans l'aller déterrer pour l'attacher à son *Anti*. Il pouvoit se contenter d'attaquer son Ouvrage, & imiter au moins en ce point les personnes prudentes qui ont la discrétion de démêler la chose d'avec la personne dans leurs différens, & de ne songer qu'à détruire le vice & l'erreur sans blesser la personne du Vicieux ou de l'Errrant.

Je ne trouve rien à dire à votre raisonnement, repartit Mr de Brillat. Mais que voudriés-vous que Mr Ménage eût fait de son *Anti* ? Il étoit question de ne point perdre une conception si bien imaginée.

Il pouvoit le conserver ; reprit Mr de Rintail, en l'attachant au titre du Livre, comme ont fait tous les Auteurs Polémiques d'*Anti* que nous appellons Réels.

Quoi, dit Mr Bertier, au lieu d'Anti-Baillet, vous voudriés qu'il eût dit *Anti-Jugemens des Savans* ? cela seroit un peu monstrueux, & indigne d'un bon Hellénisse.

Vous allés vîte, répondit Mr de Rintail, je voulois ajouter que Mr Ménage auroit toujours conservé son *Anti* en le changeant en notre Langue. Que trouveriés-vous à critiquer dans son titre s'il l'avoit appellé CONTRE-JUGEMENS ? Où seroit l'irrégularité de ce titre ? Où seroit la nouveauté ? Vous ne l'accuseriés pas au moins d'invention téméraire, si vous songiés qu'on a déja vu dans la République des Lettres,

Le *Contr'-Assassin* de D. H. Protestant,
Le *Contr'-Amour* de Fulgose,
Les *Contre-Images* de Beze,
Les *Contre-Motifs* d'un Calviniste anonyme,
Les *Contre-Vérités* du tems,
Le *Contre-Examen* de Geslin,
La *Contre-Mode* de Fitelieu,
La *Contre-Critique* de la Princesse de Cleves par M. D. D. D. V.
Le *Contr'-Un* de la Boëtie à qui on a depuis changé de titre,
Le *Contre-Flat*, ou plutôt *Counterblast* de Stapleton,
Le *Contra-Calvinum* de Nic. Romæus de Bruges;
Et si vous preniés garde que les Gomaristes ont été mieux reçus

Anti-Baillet. que les Sociniens par nos Grammairiens pour s'être appellés *Contre-Remontrans*, qui est un terme régulier, au lieu que les autres se sont donnés le nom *hybride* & irrégulier d'*Anti-Trinitaires* pour dire *Contre-Trinitaires*.

Je suis persuadé, dit le jeune Mr de S. Yon, que le titre de *Contre-Jugemens des Savans* n'auroit pas été du goût de Mr Menage. Il aime trop le Grec pour se déssaisir de celui d'Anti-Baillet. Mr l'Abbé Canisius (1) qui a vu le Manuscrit de cet Ouvrage, me disoit hier que l'Auteur avoit voulu mettre une Epigramme Grecque à sa tête, & semer encore un peu de Grec parmi son François, afin d'attirer les Savans.

Puisque Mr Ménage est si grand amateur de Grec, repartit Mr de Rintail, & qu'il fait paroître tant de passion pour le titre d'*Anti* qui l'empêchoit de se satisfaire en faisant venir des Grecs un titre équivalent à celui de *Contre-Jugemens des Savans* ? Il auroit pu sans choquer Mr Baillet intituler son Livre Anti-Critiques des Gnostiques.

Ah le beau titre, m'écriai-je ! il auroit charmé tous les Pédans & toutes les Précieuses qui baisent un livre *pour l'amour du Grec* (2), Anti-Critique ; ah le beau mot ! ah que mon oreille en est contente ! Mais, me dit Mr de S. Yon, vous ne prenés pas garde que voilà trois i de suite, comme il y a trois o de suite dans *Protocole*. Avés-vous oublié ce que Mr nous disoit il y a huit jours dans la première Conversation touchant les mots que Mr Ménage n'aime pas, lors qu'ils ont trois syllabes de suite formées par une même voyelle ?

Passons l'harmonie de la prononciation à Mr de Verton, reprit Mr de Brillat en s'adressant à Mr de Rintail, ne nous arrêtons pas, si vous voulés, à la rime du titre d'*Anti Critiques des Gnostiques*. Croiriez-vous Mr Menage d'humeur à vouloir employer un mot aussi décrié que l'est celui de *Gnostique* pour faire un beau titre à son livre ?

Le nom de *Gnostique*, répondit Mr Rintail, ne gâteroit rien dans dans la pensée de Mr Menage, ni dans celle de Mr Baillet. Les Gnostiques n'étoient-ils pas des Hérétiques qui se croyoient les vrais Savans ? je m'en rapporte à Tertullien & à S. Epiphane. N'est-ce pas la définition que Mr Baillet a donnée de ces *Savans* dont il a rapporté

---

1 ¶ L'Abbé *Canisius* anagramme de Nicasius, c'est l'Abbé Nicaise.
2 ¶ Allusion à la Scène 3. du 3. Acte des Femmes Savantes de Molière, où Ménage est joué sous le nom de Vadius.

les *Jugemens* lors qu'il les a qualifiés de *prétendus Savans plus ou moins* Anti-Baillet: *environnés de ténébres & de passions, qui se sont mêlés de dire leur avis sur ce qu'ils croyoient savoir*? Je suis assuré que Mr Menage n'a rien à dire de plus fort contre ces *Savans*, à moins qu'il ne leur veuille dire des injures. Il ne seroit donc pas moins satisfait du nom de *Gnostique* que Mr Baillet, pour tâcher de décrier les Jugemens de ces Savans par réfléxion à ces anciens Hérétiques qui se croyoient les seuls possesseurs de la vraie Science.

Ainsi, au lieu de s'amuser à faire un Anti-Baillet, j'aurois persuadé à Mr Menage (si j'avois été de son Conseil) d'imiter plutôt Clement Alexandrin, qui pour perdre les *Prétendus Gnostiques* de réputation & munir les Fidéles contre leur doctrine, a entrepris de faire la peinture des *véritables Gnostiques* dans le bel ouvrage de ses Tapisseries. Baillet auroit sû gré à M. Ménage s'il avoit tâché de faire voir le faux mérite de ces *Prétendus Savans*, & en même tems de leur substituer les *Véritables Savans* dont on auroit dû produire les Jugemens.

Mr Ménage a peut-être mieux imité Clement Alexandrin que vous ne pensés dans son Anti-Baillet, dit Mr Bertier. J'ai oui dire à un de nos amis qui en a vû les premiéres feuilles, qu'il a tout l'air d'une Tapisserie de paysage. Mais ce qu'il ajoutoit des bigarrures de cette Tapisserie qui forment de plaisantes Grotesques, me fait juger que Mr Ménage aura encheri sur Clement d'Alexandrie.

Je crains la précipitation du jugement, repartit Mr de Rintail. Ne parlons pas, je vous prie, d'un Livre que nous n'avons pas encore vû. N'allons pas au-delà de son titre, puisque nous n'en connoissons que cela. Je me suis retranché à vous dire que le titre d'*Anti-Baillet* pourra passer pour le titre d'une Satire personnelle, & par conséquent aussi peu pardonnable que les *Anti-Personnels* dont je vous ai donné la liste; au lieu que le titre de *Contre-Jugemens*, ou d'*Anti-Critiques* (puis qu'il aime le Grec) n'auroit eu rien de plus odieux que les Satires Réelles qui portent le titre d'*Anti*, ausquelles on ne trouve point à redire tant qu'elles n'attaquent que des titres de Livres, & qu'elles ne regardent pas les choses.

C'est ce que je veux vous rendre sensible avant que de finir, par un petit dénombrement d'*Anti*-Réels dont les titres n'ont pas eu besoin de justification.

SATIRES RE'ELLES.

ANTI de Satires Réelles, ou plutôt d'Ecrits Polémiques, attachés non au nom des Auteurs, mais au titre de leurs Ouvrages.

ANTI-CRITIQUES.

168 POUR autoriser une *Anti-Critique* réelle que Mr Ménage auroit pû substituer à un Anti-Baillet personnel, poursuivit Mr de Rintail, je me contenterois d'alléguer deux *Anti-Critiques* plus anciennes dont le Public n'a point blâmé les titres.

§. I.

L'une est du jeune Buxtorf Professeur à Bâle contre Louis Cappel Professeur à Saumur, ou plutôt contre la Critique Sacrée de cet Auteur. Elle fut imprimée à Bâle l'an 1652. in-4°. sous le titre d'ANTI-CRITICA, seu, *Vindiciæ veritatis Hebraïcæ contra Ludovicum Cappellum*. Vous voyés que Buxtorf a eu la discrétion de ne pas appeller son Livre *Anti-Cappellus*, ce que Mr Ménage n'auroit point hésité de faire s'il avoit été en sa place.

§. II.

L'autre est d'un Hollandois nommé Pierre Scriverius contre Jean Meursius du même pays. Scriverius, sans toucher au nom ni au mérite personnel de Meursius, s'est contenté d'attaquer son Ouvrage sur Arnobe, intitulé *Criticus Arnobianus* par un *Anti Criticus*. Et lorsque Meursius lui en écrivit pour lui témoigner ses ressentimens, il voulut aussi lui épargner le nom de son Adversaire; de sorte, qu'à moins qu'on ne sache l'histoire de leur différent, on ne devinera pas que l'Epitre de Meursius adressée à Pierre Signatorius étoit pour Pierre Scriverius.

ANTI-CRISE.

ANTI-CRISE.

169 SI malgré cette pratique autorisée par ces deux Auteurs célébres, Mr Ménage ne se fût point senti d'inclination pour le titre d'*Anti-Critique*, on auroit pû lui proposer celui d'ANTI-CRISE, qui n'est pas de moindre usage dans le commerce des Lettres.

§. I.

Nous avons l'*Anti-Crise* d'un Luthérien d'Allemagne nommé Dorschæus contre le jugement d'Ernest de Eusebiis, ou pour parler à découvert de Fabio Chigi Nonce du Pape au Cercle du Rhin, touchant la paix d'Osnabrug ou de Munster. L'Ouvrage fut imprimé à Strasbourg l'an 1648. sous le titre d'ANTI-CRISIS *Theologica opposita judicio Theologico Ernesti de Eusebiis super quæstione: An Pax qualem desiderant Protestantes, sit licita.* Il fut précédé d'un Avant-coureur, portant pour titre: *Prodromus Anti-Criseos Theologicæ, seu Invectiva in vehiculum judicii Theologici pro Pace contra Ernestum de Eusebiis*, & accompagné ou suivi d'un *Triga Syndromos Anti-Criseos Theologicæ*. Ses Adversaires ne lui ont pas reproché son titre d'Anti-Crise. Le Pere Cornæus Allemand, s'est contenté de donner à sa Réponse le titre de *Crisis Anti-Criseos*, &c.

§. II.

Les Luthériens Syncretistes de la Prusse écrivant contre le jugement que les autres Luthériens avoient porté de leur doctrine employérent aussi le titre d'ANTI-CRISIS qu'ils mirent à la tête de leur Défense anonyme imprimée à Dantzick l'an 1649. On leur passa volontiers ce titre, lorsqu'on entreprit de refuter le Livre qui le portoit. La Réponse n'en fit mention que pour indiquer l'Ouvrage auquel on vouloit répondre; & l'on ne s'allarma point du titre d'un autre Livre qui parut la même année dans la même Ville, intitulé *Fulmen brutum in librum Anti-Criseos*, pour la Défense de l'Anti-Crise.

§. III.

Si l'on prétend que les jugemens contre lesquels on se récrie, sont non seulement injustes, mais faux & nuls, comme Mr Baillet en a fait voir une infinité parmi ses jugemens des Savans; & comme Mr Ménage a interêt de le faire voir aussi de son côté, rien n'empêche qu'on n'employe le titre d'ANTACRISIS pour celui d'*Anti-Crisis*, comme a fait le sieur Osterman à la tête d'un Livre qu'il publia l'an 1640. sur la Diéte de Ratisbonne.

ANTI-ALCORAN.

170 Vous voyés, Messieurs, comme j'aurois fourni à Mr Ménage des moyens honnêtes d'*Anti* pour se vanger du Livre des Jugemens des Savans, & pour prévenir le deshonneur qu'il reçoit de son titre d'Anti-Baillet, s'il m'avoit consulté. En vain le titre d'*Anti Critique*, ou celui d'*Anti-Crise* lui auroit-il suscité de nouveaux Censeurs; je l'aurois mis à l'épreuve de leurs attaques par les exemples d'une infinité d'*Anti* de même espéce qui n'ont pas été improuvés.

L'ANTI-ALCORAN, par exemple, est un titre qui n'a jamais été mal reçu des Chrétiens & des Juifs. Vous voyés ce qu'il veut dire. Je me contente de vous faire remarquer qu'il n'est point personnel. J'ajoute qu'il a eu pour Auteur un Espagnol nommé Bernard Perés de Chinchon Chanoine de Gandie au Royaume de Valence, & que le Livre qui le porte, se trouve écrit en Espagnol & tourné en Latin. Vous m'objecterés sans doute, que ce Livre a été condamné à l'Inquisition. Je n'en disconviendrai pas, mais vous m'avonerés que c'est sur le corps du Livre & non sur le titre d'*Anti-Alcoran* que tombe la censure de l'Inquisition. Car je vous prie de vous souvenir que je n'entreprens pas de justifier tous les mauvais Livres qui portent le titre d'*Anti*, sous prétexte qu'il n'attaqueroit point le nom & la personne d'un Auteur. Ce seroit une plaisante illusion, par exemple, & une grande simplicité à Mr Ménage de croire que dès qu'il auroit supprimé son titre d'Anti-Baillet, son Ouvrage pût devenir un bon Livre. Je ne vous parle que des titres que je ne crois point blâmables en ce qu'ils attaquent d'autres titres de Livres.

ANT'-ANALYSE.

171 AInſi le titre de l'ANT'-ANALYSE de Salvator Griſio (permettés-moi de ſuivre l'ordre de l'Alphabet ſans m'arrêter à celui des matiéres) n'a point paru odieux ni digne de cenſure, comme il l'auroit été, ſi l'Auteur l'avoit appellé *Anti-Maghetti*. Il eſt contre le titre de l'*Analyſe* de Benedetto Maghetti, à la tête d'un Ouvrage Italien ſur des queſtions d'Algébre, imprimé à Rome en 1641.

ANT'-ANATOMIE.

172 JE dis la même choſe de l'ANT-ANATOMIE du P. Forer Jéſuite d'Allemagne. Cet Auteur avoit à répondre à un libelle diffamatoire que les Ennemis de la Compagnie de Jeſus avoient répandu par le monde ſous le titre d'*Anatomia Societatis Jeſu*. Euſſiés-vous déſiré un titre plus naturel & plus ſimple que celui que le P. Forer donna à ſa Réponſe lorſqu'il l'intitula ANT-ANATOMIA *infamis libri, cui titulus*, &c. Sive, *Anatomia Anatomiæ Societatis Jeſu*? L'Ouvrage fut imprimé à Inſpruck au Comté de Tirol l'an 1634. & il fut ſuivi l'année d'aprés d'un autre Livre du même Pere qui parut au même lieu ſous le titre de *Mantiſſa* ANT-ANATOMIÆ *Jeſuiticæ oppoſita famoſis contra Societatem Jeſu libellis*, &c. Perſonne ne trouva à redire à ce titre, non pas même les Proteſtans ni les Adverſaires particuliers du P. Forer.

ANT'-APOCRISE.

173 L'ANT-APOCRISE de Chriſtophle Pelargus peut-être compriſe dans la même eſpéce, quoique le Livre de ſon Adverſaire ne fût point intitulé *Apocriſe* mais ſimplement *Réponſe*. C'eſt juſtement le cas de Mr Ménage, dit Mr de Brillat ; vous euſſiés voulu qu'en ſupprimant ſon titre perſonnel d'*Anti-Baillet*, il eut pris celui d'*Anti-Critiques* ou *Anti-Criſes*, au lieu de celui de *Contre-Jugemens*, parce qu'il aime le Grec. Il auroit donc trouvé de quoi juſtifier ſa conduite dans celle de Pelargus qui a préféré le

Grec d'*Ant-Apocrife* au Latin de *Contre-Réponfe*.

Je le croirois affés volontiers, répondit Mr de Rintail; Pelargus a été fi curieux de nous faire comprendre que fon titre étoit Grec, qu'il a employé des caractéres exprès pour cela, lorfqu'il fit imprimer en 1605. à Leipfick fon Livre en forme de Replique intitulé: Ἀντωπόκρισις ad *Refponfum* Ἀνωνύμου *cujufdam Arriani*. Le Livre de Pelargus ne pouvoit point être dans l'approbation des Catholiques, quoiqu'il fût écrit contre la Secte des Sociniens, parce que Pelargus n'étoit point de notre communion. Mais perfonne n'a trouvé d'héréfie dans fon titre d'*Ant-Apocrife*.

ANT'-APODIXES.

174 Nous ne blamerions pas même un Socinien quand il employeroit le terme d'*Anti* dans le titre de fes Livres, pourvu qu'il ne fût pas injurieux à la perfonne de fon Adverfaire. Je vous citerai pour éxemple les ANT-APODIXES de Conrad Vorftius contre quelques Démonftrations d'un Ecrivain de l'Eglife Catholique. C'eft un Ouvrage imprimé à Hanaw en 1609. fous le titre d'*Ant-Apodixes de tribus primis Fidei Articulis*, five, *Contrariæ Demonftrationes tres, quibus totidem Jefuiticæ Apodixes à B. D. adverfus Apologiam emiffæ confutantur*: J'avoue que c'eft une bizarrerie fort inutile, qui pourroit nuire même à l'opinion que l'on auroit conçuë de la folidité d'efprit dans un Auteur. Mais enfin ce n'eft pas le titre d'*Ant-Apodixes* qui a fait condamner l'Ouvrage & détefter l'Auteur comme un Socinien d'autant plus dangereux qu'il étoit plus diffimulé.

ANT'-APOLOGIE.

175 Quelque idée que nous ayons de la politeffe des anciens Grecs & de la délicateffe de leur Langue, il a falu pourtant nous faire quelque violence pour nous empêcher de confidérer les termes d'*Ant-Apocrife* & d'*Ant-Apodixe*, comme des noms barbares ou étrangers. Si celui d'ANT-APOLOGIE a quelque chofe de plus doux, c'eft parce que nous y fommes plus accoutumés. Entre les productions diverfes de l'Imprimerie, qui portent ce titre, nous pouvons compter.

IV. ENTRETIEN.

§. I.

L'ANT-APOLOGIE d'un Chartreux de Paris nommé Pierre Sutor ou Dom Cordouanier (1) qui mourut le dix-huitiéme de Juin de l'an 1537. C'eſt une Réponſe à l'Apologie qu'Eraſme avoit publiée contre ce Religieux, & nous l'avons de l'impreſſion de Paris de l'an 1523. ſous le titre d'*Ant-Apologia contra Erafmi Apologiam adversùs Petrum Sutorem Cartuſianum.* Theod. Petrejus fait mention d'une autre ANT-APOLOGIE du même Sutor ajoutant qu'elle eſt écrite contre Luther. Je n'en ai encore pû découvrir aucune édition, & il n'eſt pas incroyable que Petrejus, dont l'éxactitude n'a jamais été exceſſive, ait pris Luther pour Eraſme.

§. II.

L'ANT-APOLOGIE d'un Anglois nommé Jean Ivellus ou Jewels Evêque Proteſtant de Sariſbury. Cet Anti eſt d'un caractére différent des autres. Au lieu de répondre à une Apologie, il eſt contre la Réfutation qu'on avoit faite à l'Apologie contre laquelle il devoit être dreſſé naturellement ſi le titre en étoit juſte. Voici le fait. Ivellus avoit publié en Latin une *Apologie pour l'Egliſe Anglicane*, imprimée à Londres l'an 1561. Un Catholique Anglois nommé Thomas Harding la réfuta par un Livre écrit en langue vulgaire publié à Anvers l'an 1565. C'eſt contre cet Ouvrage de Harding, qu'Ivellus fit paroître le Livre dont il eſt queſtion ſous le titre d'*Ant-Apologia oppoſita confutationi ab Hardingo ſcriptæ contra Eccleſiæ Anglicanæ Apologiam.*

---

1 ¶ Le nom François de *Petrus Sutor* étoit *Pierre le Sueur*. Dans l'ancien petit Dictionnaire Latin-François du P. Labbe *Sutor* eſt interpreté *Suerre*, qu'on diſoit alors pour *Sueur*, comme *Chanterre* pour *Chanteur*; *tromperre* pour *trompeur*: *trouverre* pour *trouveur*, quoique *trouveur* ſoit inuſité, & ne ſoit reçu que pour un terme de chaſſe. *Sueur* dit Ménage dans ſon Dictionaire Etymologique *in-folio* pag. 738. *vieux mot qui ſignifie Savetier*. *Des Sueurs de vieil*, ajoute-il après Du Cange au mot *Corvefariis*, *c'eſt ce que les Latins diſent Sutores veterinarii*, autrement dits en François *Corvoiſiers à corio veteri*. Un vieux Dictionaire Latin-François imprimé en lettre Gothique *in-folio* à Rouen chés Martin Morin l'an 1500. explique *Sutor* par *Sueur*. Il y a un Nicolas le Sueur à Paris plus illuſtre par ſa traduction de Pindare en vers lyriques Latins, que par ſa dignité de Préſident aux Enquêtes, mais qui ne s'accommodant pas, comme le Chartreux Pierre le Sueur, de l'idée attachée au mot *Sutor*, a mieux aimé être appelé en Latin *Nicolaus Sudorius*. ¶

§. III.

L'ANT-APOLOGIE (Anonyme) de Monsieur de Peguillon Evêque de Mets (François de Beaucaire sieur de la Creste (1) qui mourut en 1591 Son Livre regarde un point de Controverse entre les Calvinistes & nous, touchant la sanctification des enfans morts-nés. Il fut imprimé à Paris en 1567. & joint à un autre de même sujet sous le titre d'*Ant-Apologia contra Apologiam Metensium Ministrorum nomine scriptam pro eversione sanctificationis Calvinianæ.*

1 ¶ Il faut écrire & prononcer *Chrète*.¶

§. IV.

L'ANT-APOLOGIE d'un Gomariste nommé Isaac Junius, contre une Apologie des Arminiens ou Remontrans. Il vous est aisé d'en deviner le sujet. Je me contente de vous dire que c'est un Ouvrage écrit en Latin, & qu'il fut imprimé à Delft en Hollande l'an 1640.

§. V.

L'ANT-APOLOGIE de Jean Botsack Luthérien, dont j'ai eu occasion de vous parler plus d'une fois dans les conversations précédentes. C'est un Livre publié contre l'Apologie d'un Calviniste de Brême ou des environs nommé Georges Pauli qui affectoit de se dire de la Confession d'Ausbourg, comme Crocius & quelques autres Calvinistes. Il fut imprimé à Lubeck l'an 1638. in-8°. sous le titre d'*Ant-Apologia contra* Φλυαρίας *Georgii Pauli D. in Apologia ipsius Bremæ edita proditas.*

§. VI.

L'ANT-APOLOGIE d'Eustache Giselius Polonois Socinien de Secte, contre un Prélat Catholique du Royaume de Pologne, nous est représentée dans la Bibliothéque des Anti-Trinitaires sous le titre d'*Ant-Apologia, sive, Refutatio Apologiæ quam ad nationem Ruthenicam fecit Meletius Smotriski dictus Archiepiscopus Polocensis, sub nomine Gelasii Diplici.* L'Ouvrage fut imprimé l'an 1631. mais il paroît qu'il a été premiérement composé en Polonois.

§. VII.

L'ANT-APOLOGIE d'un Calviniste déguisé sous le nom de Daniel Clementinus. Elle est dressée contre une Apologie des Sociniens, comme il paroit par la Réponse que Jonas Schlichting y fit l'an 1631. en faveur de sa Secte.

§. VIII.

L'ANT-APOLOGIE d'un Médecin Italien de Brescе déguisé sous le nom d'Evandro-Phylax, contre l'Apologie d'un autre Médecin caché sous le nom d'Eudoxus Philalethes. Celui-là étoit Calzavelia, & celui-ci étoit Donzellini. L'Anti-Apologie avoit paru à Brescе en Latin l'an 1572.

§. IX.

Je joindrai à cet Ouvrage de controverse en Médecine une autre ANT-APOLOGIE écrite en Anglois par un autre Médecin nommé Jean Cotta, contre un homme du pays appellé Antonys, touchant l'or potable. Cette Piéce fut imprimée à Oxford l'an 1623. in-quarto.

§. X.

Enfin j'y ajouterois un ANT-APOLOGETIQUE composé en Latin par Samuel Desmarets Ministre de Groningue, & publié en forme de Lettre à Groningue-même l'an 1651. Mais c'est languir trop long tems sur les Ant'-Apologies.

ANTI-BARBARES.

176 LES ANTI-BARBARES que vous voyés quelquefois en titres de Livres, ne sont pour l'ordinaire que des Ouvrages de Grammaire, où l'on n'attaque que la barbarie du langage & le vice des mots. Ces sortes d'Ouvrages n'entrent pas essentiellement dans notre dessein. Mais pour vous divertir en diversifiant la matiére, je veux vous en citer cinq ou six de ceux qui sont les plus connus sous ce titre.

§. I.

Nous avons en premier lieu l'ANTI-BARBARE ou plutôt les *Anti-Barbares* d'Erafme, qui furent imprimés féparément à Cologne en 1520. à Bâle en 1525. & ailleurs, & réunis enfuite au corps de fes Ouvrages.

Il en veut à la barbarie des fiécles qui l'avoient précédé, & il s'applique principalement à tourner en ridicule non feulement le mépris qu'on faifoit de l'Eloquence & des Lettres, mais encore le ftyle des Scholaftiques. C'eft ce qui a fait confidérer cet Ouvrage comme une vraie Satire par ceux qui ne trouvoient pas bon qu'on entreprit de féparer la groffiereté & la barbarie du difcours d'avec la fimplicité naturelle & la pureté du langage. On peut voir l'Hiftoire de ces Anti-Barbares, & fur tout du premier des quatre Livres qu'il en a faits dans la Lettre qu'il en écrivit à Louvain à fon ami Sapidus.

§. II.

Nous avons auffi l'ANTI-BARBARE *Philofophique* d'un Grammairien d'Italie nommé Marius Nizolius. Il fut imprimé vers le milieu du fiécle paffé, & réimprimé en ces derniers tems. Il perfécute beaucoup les Philofophes Scholaftiques fur la barbarie de leurs termes. Mais au lieu de fe borner à la Critique de leur ftyle & de leurs maniéres, comme avoit fait Erafme à l'égard des Théologiens Scholaftiques, il paffe affés fouvent jufqu'à l'éxamen de leurs opinions, & il a prétendu faire voir les vrais principes & la maniére véritable de philofopher.

§. III.

L'on trouve encore un ANTI-BARBARE de Jean George Seybold Grammairien Allemand. J'en ai vû citer une édition de Nuremberg de l'an 1676. in-8°. fous le titre d'*Anti-Barbarus Latinus*, qui nous fait affés connoitre le deffein de l'Ouvrage.

§. IV.

L'on parle avec encore plus d'eftime d'un autre ANTI-BARBARE pour la Langue Latine publié fous le même titre d'*Anti-Barbarus Latinus*, l'an 1677. à Zeitz dans la haute Saxe. Son Auteur n'eft

autre

autre que le sieur Christophe Cellarius de Smalcalde. Il a tâché de ramasser dans ce Livre ce que les meilleurs Grammairiens tels que Vossius, Scioppius, &c. avoient remarqué sur les mots Latins qui ont vieilli, sur les termes nouveaux ou barbares qui se sont glissés dans la Latinité, & sur tout ce qui peut servir à justifier son titre d'Anti-Barbare.

§. V.

Il ne faut pas oublier l'ANTI-BARBARE qu'un Professeur en Hebreu de l'Université de Franecker en Frise nommé Sixtinus Amama publia sur le texte de l'Ecriture Sainte l'an 1656. in-4°. dans la ville où il enseignoit, sous le titre d'*Anti-Barbarus Biblicus*. Dans le premier des quatre Livres qui composent cet Anti-Barbare, l'Auteur a prétendu découvrir les sept sources de toute la Barbarie qu'il croit être venuë fondre sur l'Ecriture Sainte dans les siécles précédens. Les trois autres sont employés à produire les erreurs qu'il prétend s'être glissées sur les mots en particulier. L'Ouvrage est farci de diverses petites Dissertations & Discours qui ne rendent pas son œconomie fort agréable. Mais pour ne me point égarer, je me contente d'ajouter ce qu'il rapporte pour tâcher de justifier son titre. ,, Je l'ai appellé, dit-il, *Anti Barbarus Biblicus*, Premiére-
,, ment *Anti-Barbarus*, parce que j'en veux particuliérement à ceux
,, qui condamnent l'Etude des Langues originales comme si elles
,, n'étoient d'aucun usage. C'est avec raison que je considére ces
,, personnes comme des *Barbares*, ou du moins comme les *Patrons &*
,, *les Défenseurs de la Barbarie*. Secondement *Biblicus*, parce que je
,, ne touche point au reste de la Barbarie qui est tombée sur les autres
,, Langues, & qui a gâté tant de belles Sciences ausquelles les An-
,, ciens avoient donné tant de lustre par la politesse de leurs Lan-
,, gues. Je me suis borné uniquement au texte Hébreu de l'Ecriture.

§. VI.

Mais je ne prétens point mettre sur la ligne de tous ces Anti-Barbares de Grammaire l'ANTI-BARBARIE(1) de Pierre du Moulin Ministre des Réformés. Cet homme avoit entrepris dans cet Ouvrage d'attaquer autre chose que des mots. Il n'en vouloit pas seulement au Latin de notre Breviaire. Vous en jugerés par le titre de son Livre qui fut imprimé à Sedan en 1629. in-8°. sous le titre de

1 ¶ Le livre de du Moulin est intitulé *Anti-barbare* & non pas *Anti-barbarie*.

l'*Ani-Barbarie*, ou, *du Langage inconnu, tant ès Priéres particuliéres qu'au Service public*, &c.

ANTI-BOLES.

177 NOus voyons divers ANTI-BOLES des Proteſtans, comme de Zuingle, de Bullinger, &c. La plupart ne veulent dire autre choſe que des dards lancés contre leurs Adverſaires, ſans marquer aucune oppoſition aux titres de leurs Livres. C'eſt un prétexte ſuffiſant pour ne nous y point arrêter.

ANTI-CATEGORIES.

178 NOus avons les trois ANTI-CATEGORIES Latines de Philippes Beroalde de Boulogne (1) célébre Humaniſte qui vivoit en Italie il y a deux cens ans. Elles ont été imprimées à Cologne, à Bâle, & ailleurs. Mais le mot d'*Anti-Categorie* n'étant pas de ſon invention, il n'eſt pas juſte que vous lui en donniés l'honneur. Vous le trouverés employé par Quintilien (2) & plus d'une fois par S. Auguſtin dans ſon troiſiéme Livre contre le Grammairien Creſconius. Il n'a donc fait qu'ériger en titre de Livre un terme que l'on avoit déja mis en œuvre pluſieurs ſiécles avant lui.

1 ¶ On trouve parmi les Opuſcules de Philippe Beroalde l'ancien trois Déclamations, deſquelles voici le ſujet. Un pére qui avoit trois enfans, l'un ivrogne, l'autre ruſien, & le troiſième joueur, deshérite le plus vicieux. En conſéquence de quoi chacun des trois fréres plaide contre les deux autres ſa cauſe pardevant le Magiſtrat. Beroalde n'a point donné d'autre titre que celui de *Déclamations* à ces trois diſcours. Ce n'a été qu'après diverſes éditions qui en avoient paru depuis la mort de l'Auteur, qu'ils furent pour la première fois intitulés *Anticategoriæ id eſt mutuæ accuſationes* &c. dans l'impreſſion qui en fut faite à Cologne chés Gymnicus. Le nommé Calvy de la Fontaine leur conſerva dans la traduction Françoiſe qu'il en donna en 1556. le titre de *Déclamations*.

2 Quintil. lib. 3. c. 12.

ANTI-CATON. ANTI-GORGIAS.

179 MR Bertier n'étoit pas des nôtres (c'est toujours Mr de Rintail qui continuë de parler) lorſque nous nous entretenions de l'ANTI-CATON de Ceſar & de l'ANTI-GORGIAS de Cardan. C'eſt en ſa conſidération que je fais revenir ici la penſée que j'avois ce jour là de les ôter du nombre de nos *Anti* perſonnels pour leur donner le rang parmi les *réels*. Ma raiſon étoit, qu'il ne s'y agiſſoit pas de la perſonne de Gorgias ni de celle de Caton, que l'*Anti-Caton* de Céſar n'attaquoit qu'un Livre de Ciceron qui avoit *Caton* pour titre ; & que l'*Anti-Gorgias* de Cardan n'en voûloit qu'à l'un des Dialogues de Platon intitulé *Gorgias.*

ANTI-CATROPTON.

180 CE n'eſt pas contre un Livre qui auroit été intitulé au pié de la lettre *Catoptron* qu'un Auteur du ſiécle paſſé, caché ſous le nom de Philalethes Hyperboreus a compoſé ſon ANTI-CATOPRTON. Le Livre qui étoit attaqué & réfuté par cet ouvrage, avoit pour titre, *Speculum veritatis*, & avoit été compoſé apparemment par quelque Anglois, ou par quelque Etranger eſclave de la paſſion de Henri VIII. Mais Philalethes qui paroît n'avoir pas ignoré la Langue Grecque faiſant ſcrupule d'employer le mot hybride d'*Anti-Speculum*, a mieux aimé tourner en cette Langue le titre de ſon Adverſaire que de rien faire d'irrégulier. C'eſt en conſéquence du titre d'*Anti-Catoptron* qu'il appelle ordinairement cet Adverſaire *Catoptropœe* plutôt que *Speculator* ou *Speculificus* comme il a eu ſoin d'en avertir ſon Lecteur.

Le deſſein de l'ouvrage étoit de défendre les interêts de Catherine Reine d'Angleterre, & de montrer la validité de ſon Mariage avec Henri VIII. Mais pour mieux préparer les eſprits à la perſuaſion, Philalethes fit devancer ſon *AntiCatoptron* d'une eſpéce de Prodrome ou d'Avant-coureur ſous le titre de *Philalethæ Hyperborei in Anti Catoptrum ſuum quod propediem in lucem dabit Paraſceve ; ſive, adverſus improborum quorumdam temeritatem Illuſtr. Angliæ Reginam ab Arthuro walliæ Principe priore marito ſuo cognitam fuiſſe impudenter &*

inconsultè adstruentium, Susannis extemporaria (1). Cette Piéce fut imprimée à Lunebourg si l'on s'en rapporte à la premiére feuille, quoi qu'on soit tenté de croire que ç'ait été à Bâle. L'Imprimeur y est appellé Sebastien Golsen, & l'impression est de l'an 1533. au mois de Juillet.

Le nom de Philalethes, dit Mr Bertier, me fait envie de vous demander quel est cet Auteur, & quelle occasion il avoit de faire imprimer en Allemagne des ouvrages concernant les affaires d'Angleterre ?

Je ne puis pas, répondit Mr de Rintail, vous donner là-dessus une satisfaction fort entiére. Le surnom d'*Hyperboreus* que l'Auteur s'est donné, nous porte à croire que c'est un Ecrivain du Nord. Mais qui sait s'il y a moins de fiction dans ce nom que dans celui de *Philalethes*, qui ne vient pas comme vous le voyés, de la Langue des Allemans ? Ce qu'il y a de certain, c'est que l'Auteur paroit fort affectionné à la Maison d'Arragon & à celle d'Autriche : & je suis trompé s'il n'étoit pas des Sujets de Charles-Quint. Mes premiéres vuës s'étoient tournées d'abord sur ce Jean Cochlée de Nuremberg Auteur Catholique dont j'ai eu occasion de vous parler dans notre second Entretien, parce que je savois d'ailleurs qu'il avoit eu part aux contestations survenuës dans l'Europe au sujet du divorce de Henri VIII. & qu'il avoit même écrit sur ce sujet contre un Anglois nommé Morison. Mais j'ai cru que c'étoit en vain après avoir remarqué que le style de Cochlée dans ses Ouvrages n'approchoit pas de la beauté de celui de notre Philalethes Hyperboréen. Ce seroit une pure vision de prendre cet Auteur pour Erasme, ou Erasme pour lui, sous prétexte qu'on y trouve quelque ressemblance de style. Il est vrai qu'Erasme écrivant à Damien de Goes le 25. de Juillet de l'an 1533. lui marque son attache & son affection pour la Reine Catherine en ces termes : τὴν αὐτῦ σύνοικον *multis de causis diligebam ac diligo, idque, ni fallor cum omnibus bonis*, & qu'il a marqué en toutes rencontres beaucoup de zèle pour les interêts de l'Empereur neveu de cette Princesse. Mais il n'a jamais voulu se mêler dans la contestation du divorce, & loin d'avoir voulu prendre la plume sur ce sujet, il proteste au même endroit que personne ne lui a jamais en-

---

1 ¶ Qu'est-ce que *Susannis* ? Je crois qu'il faut lire *Suasio*, ou plus vrai-semblablement, comme le présume Mr le Président Bouhier, *Subsannatio* ; à moins qu'on n'aime encore mieux lire *Sicinnis*, sorte de danse satyrique, parce qu'effectivement *Sicinnis* approche encore davantage de *Susannis*, & que cette préface de l'*Anti-Catoptron* pouvoit être regardée comme un divertissement servant de prélude à la piéce.

tendu dire une syllabe pour ou contre le divorce. Je ferois moins éloigné de croire que ce Philalethes pourroit être *Vivès* Auteur Espagnol qui auroit peut-être pris le surnom d'Hyperboréen par rapport à la situation des Pays-bas où il faisoit son séjour à l'égard de l'Espagne. L'honneur qu'il avoit d'être zélé serviteur de la Reine Catherine, & Précepteur de la Princesse Marie sa fille, joint à la part qu'il prit à sa disgrace, rend cette conjecture assés probable, sur tout lors qu'on considére qu'il prit la plume d'ailleurs pour la défense de la Reine après s'être vu obligé de sortir de la Cour d'Angleterre pour s'en retourner à Bruges où étoit sa famille.

ANTI-CENTURIE.

181. UN Livre qui a pour titre ANTI-CENTURIE, nous fait connoître sans autre éxamen qu'il est opposé à un autre qui doit être intitulé *Centurie*. Cela s'est rencontré de la sorte au sujet des différends qui s'élevérent entre le Palatin de Neubourg & l'Electeur de Brandebourg pour leurs prétentions dans les Duchés de Juliers, Cleves, Berg, &c. Ce fut en 1647. qu'on vit paroître en faveur du premier le Livre intitulé, *Anti Centuria Juris Palatinò-Neoburgici in Ducatum Juliæ, Cliviæ, Montium, &c. opposita Centuriæ prætensi Juris Brandeburgici*. Les Auteurs sont anonymes de part & d'autre.

ANTI-CHRISTOLOGIE. ANTI-CRISTOSOPHIE.

182. IL n'en faut pas juger de même des Livres qui portent le titre d'ANTI-CHRISTOLOGIE & d'ANTI-CHRISTOSOPHIE, si l'on ne veut s'exposer à l'erreur.

§. I.

Témoin le Docteur Dannhawer Professeur de Strasbourg qui mourut en 1666. C'étoit un Théologien Protestant qui ayant publié sa Christosophie en Latin l'an 1638. dans la ville de Strasbourg, mit au jour son *Anti Christosophie* en même Langue deux ans après dans la même Ville. Diriés-vous que ce dernier ouvrage avoit été entrepris pour attaquer & refuter le premier ? L'Auteur étoit fort éloigné de cette pensée, puis qu'il étoit le même en 1640. qu'en

1638. & que ses deux Ouvrages roulent sur les mêmes principes. Un même homme peut écrire *De Anti-Christo* avec la même plume qui lui auroit servi auparavant pour écrire *De Christo*, sans se combattre ou se contredire soi-même. Croyés qu'il en est de même à l'égard de Dannhawer qui a fait paroître son *Anti-Christosophie* après sa Christosophie.

§. II.

Un autre Théologien de Strasbourg nommé Isaac Froereisen plus ancien que Dannhawer de quelques années, nous a fait connoître par sa propre conduite que l'on pourroit faire de ces sortes d'Anti-Christosophies indépendemment d'aucune Christosophie. Car il publia en 1624. dans la même Ville une *Anti-Christologie* Latine, sans que nous sachions que ni lui ni aucun Ecrivain eût donné auparavant une *Christologie* qui eût servi d'occasion à son Anti-Christologie.

ANTI-CONFEDERACY. ANTI-CONVENANT.

183 CEt art d'attacher l'*Anti* aux noms des choses, n'a point été inconnu aux Anglois, lors même qu'il a été question de former des titres convenables pour des Livres écrits en leur Langue. Ainsi nous voyons un ANTI-CONFEDERACY imprimé à Londres vers la fin de l'an 1639. ou le commencement de 1640. de la part des Episcopaux contre les Puritains, & un ANTI-COVENANT publié au même lieu mais en 1643. par des personnes attachées au parti des mêmes Episcopaux. Si vous vous souvenés qu'on appelloit en Angleterre *le Convenant*, ou *The Covenant* cette fameuse Ligue d'Ecosse qui se fit contre l'Episcopat il y a environ cinquante ans, vous devinerés aisément le sujet de ces deux ouvrages, dont les titres sont *hybrides* de leur nature.

ANTI-CORONIDE.

184 JE vous ai fait voir dans notre derniére conversation à l'occasion de l'Anti-Meyfart de Gaspar Henri Marxen une ANTI-CORONIDE Latine du même Auteur contre la Coronide de Meyfart. Je ne répéte point ici les raisons que je croyois avoir de ne point improuver son titre d'*Anti-Coronis Meyfartica*, quoique

je n'approuvasse point celui de *Coronis Anti-Meyfartica*.

ANTI-DECALOGUE.

185 L'ANTI-DECALOGUE que je connois est l'ouvrage d'un Catholique nommé Laurent Dript. Il a été composé contre un Protestant de Curland nommé Theodore Reinking Chancelier du Duché de Holstein pour le Roi de Dannemarck, & il fut imprimé à Cologne sous le titre d'*Anti-Decalogus Theologico-Politicus contra Reinkingii Librum de Regimine sæculari & Ecclesiastico* l'an 1672. in-12. huit ans après la mort de Reinking, & plus de cinquante ans après la première édition du Livre qu'on entreprend de réfuter.

ANTI-DIATRIBES.

186 JE ne me vanterai pas de pouvoir vous faire un dénombrement éxact des ouvrages qui portent le titre d'ANTI-DIATRIBES. Il a paru beau à nos Critiques de Philologie. C'est peut-être ce qui l'a mis en vogue & qui l'a rendu plus commun que la plupart des *Anti* réels. Il faut que vous vous contentiés de ceux que la memoire me fournit maintenant.

§. I.

Les ANTI-DIATRIBES de Richard Mountaguë, ou de Montaigu Evêque de Chichester vivant du tems de Jacques I. furent composées pour la défense de Casaubon contre Boulanger, & imprimées en 1625. sous le titre d'*Anti Diatribæ ad priorem partem Diatribarum Jul. Cæsaris Bulengeri contra Isaacum Casaubonum*. Vous voyés que cela regarde les *Diatribes* ou Dissertations que Boulanger avoit publiées contre les *Exercitations* que Casaubon avoit faites sur le premier tome des Annales de Baronius.

§. II.

L'ANTI-DIATRIBES d'Emeri de la Croix dit Crucejus, (ou si vous l'aimés mieux avec son masque) de Mercurius Frondator, est une Piéce Latine de Critique Philologique contre la *Diatribe* ou les Remarques que Gronovius le Pere avoit publiées sur les Silves du

Poëte Stace à la Haye en 1637. Cet ouvrage de Frondator fut imprimé à Paris l'an 1639. in-24. Mais Gronovius quoique éloigné trouva moyen de se vanger sur les lieux en faisant imprimer dès l'année suivante dans Paris même par le ministére de quelques amis une Censure de l'*Anti-Diatribe* de son Adversaire sous le titre d'*Elenchus Anti-Diatribes Mercurii Frondatoris ad Statii Silvas*.

§. III.

L'ANTI-DIATRIBE Polonoise du Pere Juste Rab Jésuite de Pologne fut composée en Langue vulgaire contre un Ministre Calviniste qui tâchoit de ruiner indifféremment les Catholiques & Luthériens par des comparaisons odieuses qu'il faisoit entre eux, afin de pouvoir établir sa Secte aux dépens des uns & des autres. L'ouvrage fut imprimé à Cracovie l'an 1610. in-4° sous un titre que les Peres Alegambe & Sotwel ont rendu Latin en ces termes : *Anti-Diatriba, seu, Refutatio Diatribæ quâ Calvinianus quidam Minister Evangelicos cum Catholicis componens pestifera dogmata spargebat in vulgus*.

§. IV.

L'ANTI-DIATRIBE Angloise du Sieur Humphrey Saunders ou Humfredus Sanderus touchant l'administration du Sacrement de l'Eucharistie parut à Londres l'an 1655. Il est inutile de vous en representer le titre en sa Langue. J'ajoute seulement qu'un autre Anglois nommé le Sieur John ou Jean Timson a écrit en même Langue & dès la même année contre cette Anti-Diatribe.

ANTI-DIDAGMA.

187 L'ANTI-DIDAGMA de Mr Scultet Docteur Luthérien de Hambourg trouve ici son rang, grace à la Loi de l'Alphabet. Il fut imprimé l'an 1684. à Hambourg.

Peut-on savoir, dit Mr Bertier, à quel *Didagma* Mr Scultet en vouloit dans son *Anti-Didagma* ?

Je me doutois, reprit Mr de Rintail, que la nouveauté de ce titre pourroit nous produire quelque question semblable pour nous faire rire. Vous auriés raison de faire cette demande, si le Livre auquel Mr Scultet avoit entrepris de répondre étoit en une autre Langue qu'en François. Mais plut à Dieu qu'il n'y eût eu dans tout l'ouvrage de Mr Scultet que le mot d'*Anti Didagma* de nouveau ou d'hétérodoxe

IV. ENTRETIEN. 361

d'hétérodoxe, nous ne le compterions pas aujourd'hui au nombre de ces infortunés dont les efforts n'ont servi qu'à donner plus d'éclat au triomphe que le Livre de l'*Exposition de la Doctrine de l'Eglise Catholique* a remporté sur l'hérésie.

On peut dire néanmoins à l'avantage ou pour la consolation de Mr Scultet, qu'il n'est pas le seul d'entre les Allemans qui ait cru que le Livre de l'*Exposition* devoit être appellé *Didagma* en une autre Langue que la nôtre. Je vous avouë que j'ai été surpris de voir dans la Bibliothéque Théologique de Mr Lipen (1) un Livre imprimé à Paris l'an 1681. sous le titre de *Jac. Benig. Bossueti Meldensis Episcopi Didagma*.

1 Tom. 2. pag. 538.

ANTI-DROME.

188 L'ANTI-DROME de ce Jean Piscator fameux Calviniste d'Allemagne dont je vous ai entretenu ailleurs, m'a paru l'un des mieux inventés d'entre les *Anti* réels. Il est opposé au Prodrome d'un Luthérien Allemand nommé André Schaafman, & si vous êtes de mon goût vous aimerés mieux *Anti-Drome* qu'*Anti-Prodrome*. Piscator publia cet ouvrage à Herborn au Comté de Nassaw où il professoit la Théologie l'an 1596. in-8° sous le titre d'*Anti-Dromus ad Prodromum Andreæ Schaafmanni*. Et Schaafman lui fit réponse dès la même année par un autre Livre imprimé à Mulhausen en Thuringe sous le titre d'*Hyperaspistes pro suo Prodomo adversus Anti-Dromum Joannis Piscatoris Professoris Sigenensis*. Vous voyés que Piscator y est appellé Professeur de Sigen qui est une ville du Weterau. C'est une circonstance qu'il faut ajouter à l'histoire que je vous ai faite de Piscator.

ANT-ENCLEMA.

189 L'ANT-ENCLEMA de Jean Major Docteur Luthérien Professeur à Iéne en Saxe, qui mourut en 1654. semble ne marquer autre chose qu'une Recrimination, de même que le titre d'Anti-Categorie (1). Il ne paroît pas qu'il ait été fait contre aucun

2 Lipen cite cet Ouvrage sous le titre d'*Anti-Melema*, Tom. 2. Theol. pag. 22. c. 2.

Livre caractérisé du titre d'*Enclema*, ou d'un autre terme équivalent pour marquer un chef d'accusation ou une action qu'on intente à celui qu'on poursuit en justice. Je me contente de vous dire qu'il avoit été composé contre un autre Luthérien nommé Conrard Hornejus Professeur à Helmstadt au Duché de Brunswick, mort dès l'an 1649. Hornejus s'étoit déclaré particuliérement le patron des bonnes œuvres contre quelques-uns de ses Confréres qui sembloient en diminuer la nécessité en donnant tout à la Foi considérée toute seule. On avoit publié un petit Manifeste contre la Thèse qu'il en avoit dressée, & il l'avoit défenduë par un Ecrit imprimé en 1647. sous le titre de *Perbrevis Defensio Disputationis de summâ Fidei non cujuslibet, sed ejus quæ per charitatem operatur necessitate ad salutem, adversus Programma hac de re editum.* Rothmaler & d'autres Protestans avoient répondu : Hornejus avoit repliqué pour la nécessité des bonnes œuvres ou de la Foi qui opere par la charité. Sa mort n'avoit pas mis fin à la Dispute. Ses amis & ses disciples la continuérent en faveur de la bonne cause. Les choses étoient en cet état lors que Major s'avisa de publier à Francford l'an 1653. son *Ant-Enclema Defensioni D. Conr. Horneji oppositum.*

ANT-EROTEMATA.

190 L'ANT-EROTEMATA est un titre assés bien imaginé pour dire : *Réponses à des Questions* (1). En ce sens-là il n'a rien de polémique ni rien qui sente l'hostilité de la plume. Nous connoissons quelques Ouvrages qui ont le titre Grec d'*Erotemata* : mais je n'en connois aucun d'eux qu'on ait voulu réfuter par des Ecrits opposés, qui soient intitulés *Ant-Erotemata.*

Il est vrai qu'un Médecin de Naples de notre siécle nommé Marc-Antoine Severin, qui mourut en 1656. a donné à ses Réponses sur des Questions de Médecine le titre d'*Ant-Erotemata* (2). Mais cela ne regarde que les consultations que l'on fait ordinairement dans cette profession, de même que les Réponses des Jurisconsultes.

---

1 ¶ *Anterotemata* ne signifie pas *Réponses à des Questions*, mais Questions faites reciproquement.

2 ¶ Ce Médecin n'a pas eu raison : puisque le mot *Anterotemata* ne peut signifier que de ces deux choses l'une, ou des *Questions* comme je viens de le dire, faites *reciproquement*, ou réfutation de quelque écrit qui auroit pour titre *Erotemata*.

ANT-EXEGEMATA.

191. JE suis persuadé que les titres des ouvrages nommés ; ANT-EXEGEMATA, n'ont gueres plus de rapport à notre sujet que ceux d'*Ant-Enclema* & d'*Ant-Erotemata* que nous venons de voir. C'est au moins ce que je puis vous dire du Livre d'un Philosophe Péripatéticien nommé Christophle Rufus qui vivoit à la fin du siécle précédent. Ce Livre, quoi qu'intitulé *Ant-Exegemata*, n'est qu'une compilation de diverses explications des choses prises des (1) Anciens, & particuliérement d'Aristote. Ce n'est donc point à ces sortes de titres que je voudrois vous arrêter.

1 ¶ Le livre que ce Rufus, ou *Ross*, car c'étoit un Italien, a intitulé *Antexegemata*, n'est directement opposé à aucun écrit qui ait pour titre *Exegemata* ; mais on peut dire que dans les explications qu'il contient de divers passages, il est opposé à autant d'autres explications que de précédens Auteurs en avoient données. C'est ce qu'a entendu Rufus lui-même lors qu'il a ainsi conçu le titre de son livre : *Antexegemata, seu diversæ explanationes*, où il ne faut pas, comme fait ici Baillet, prendre *diversæ* pour *variæ* mais pour *discrepantes ab aliorum explanationibus*. Ce n'est pas une moindre erreur de prendre ces *Antexegemata* pour une compilation, comme si Rufus n'avoit fait que les recueillir d'ailleurs. Ce sont toutes opinions qui lui appartiennent, dont il est l'Auteur original, & non pas le compilateur.

ANTI-FRANCO-GALLIA.

192. C'Est à ceux qui sont de la nature & de l'espéce de l'ANTI-FRANCO-GALLIA de Matharel (1), Avocat au Grand Conseil & au Parlement de Paris. Vous savés ce que c'est que le Livre Anonyme de François Hotman que l'on fit courir par la France & le long du Rhin sous le titre de *Franco Gallia* durant les troubles du Royaume excités sous les derniers Rois de la branche des Valois. Le Livre étoit contre les Lois du Royaume, désaprouvé des bons François & propre à faire passer son Auteur pour séditieux, en ce qu'il osoit avancer que la Couronne devoit se donner à l'Election. Matharel crut pouvoir profiter avantageusement de ces considérations pour réfuter cet ouvrage. Ce qu'il fit dans cette vûë parut à Paris

1 ¶ Matharel n'a pas intitulé *Anti-Franco-Gallia* sa Réponse à Hotman, mais tout au long : *Ad Francisci Hotomani-Franco-Galliam Antonii Matharelli Reginæ matris à rebus procurandis primarii Responsio.* C'est uniquement pour abréger, que l'usage a introduit le titre d'*Anti-Franco-Gallia*.

l'an 1575. in-8° sous le titre d'*Anti-Franco-Gallia*, sive, *Responsio ad Hotomani Franco Galliam*. Hotman ne s'en vangea qu'en la maniére des bouffons qui tâchent de tourner en ridicule ce qui leur fait peine, quand la raison & la force leur manquent. Vous en conviendrés si je vous dis que c'est lui qui est l'Auteur de l'impertinent Livre intitulé *Matagonis de Matagonibus Decretorum Baccalaurei Monitoriale adversùs Italo-Galliam, sive, Anti-Franco-Galliam Antonii Matharelli Alvernogeni*, imprimé en 1578.

ANTI-GRAMMA.

193. L'ANTI-GRAMMA est un Ecrit opposé à un autre intitulé *Programma*, par un artifice assés semblable à celui que je vous ai fait remarquer dans l'*Anti-Drome* de Piscator contre le *Prodrome* de Schaafman. L'*Anti-Gramma* est d'un Philosophe Ramiste nommé Jean Marrianus contre un Péripatéticien appellé Owenus Guntherus. Il fut imprimé à Francford l'an 1598. in-8° sous le titre de *J. Marriani Anti-Gramma ad Programma Oweni Guntheri quo is Petrum Ramum proscribere ausus est*.

ANTI-GRAMMAIRE.

194. L'ANTI-GRAMMAIRE d'un Auteur de ces derniers tems nommé Piélat est un Ouvrage composé en François, & imprimé a Amsterdam en 1673. in-8°. Mais je n'en connois que le titre.

ANTI-GRATULATION.

195. L'ANTI-GRATULATION est le titre d'un Livre écrit en Allemand par un Auteur Catholique nommé Jean Nass ou Nassen, contre un Luthérien de Souabe fort connu au siécle passé sous le nom de Jacobus Andreæ. Ce Protestant ravi de ce que le Luthéranisme avoit reçu quelques marques d'indulgence & de faveur dans la Baviére touchant la liberté de la prédication pour les Ministres, en avoit publié une Congratulation en langue vulgaire sous le titre de *Gratulation dass die Prediger*, &c. à Tubingue en 1568.

C'est à ce Livre que Jean Nass'opposa sa Réponse sous le titre d'*Anti-Gratulation Wider D. Jac. Andreæ Gratulation dass die in Bayern*, & le reste que je ne dis point, parce que c'est de l'Allemand. L'ouvrage fut imprimé à Ingolstadt dès la même année.

ANTI-HÆRESIS. ANTI-HENOTICON.

196   IL y a d'autres *Anti* qu'on peut appeller *Réels*, & qui sont de
197   pure controverse, mais qui ne se trouvent point attachés à des titres de Livres qu'on ait entrepris de combattre.

§. I.

L'ANTI-HÆRESIS d'Everard ou Ebrard de Bethune surnommé le Greciste est de cette nature. C'est un ouvrage de Controverse Ecclésiastique contre les Vaudois des Pays-Bas, que l'on appelloit Piples ou Piffles en langage Flamand.

§. II.

Si vous êtes en peine d'un autre éxemple de même nature pris dans la Controverse Politique, je vous produirai le Traité qu'Estienne de la Boëtie, Conseiller au Parlement de Bourdeaux avoit écrit conte la Monarchie. Je ne sai quel étoit le titre que cet Auteur lui avoit destiné (1), mais je sai que Mr de Thou lui a donné celui d'ANT-HENOTICON dans son Histoire, quoiqu'il soit croyable que l'Auteur n'auroit pas choisi ce titre pour un Livre composé en François s'il avoit vêcu plus long-tems.

---

1 ¶ Il faut s'en rapporter à Montagne c. 27. du livre 1. de ses Essais où voulant donner l'éxemple d'un discours également poli & sensé il cite celui qu'Etienne de la Boëtie intitula *de la Servitude volontaire*. Ceux qui ont ignoré ce titre, ajoute Montagne, lui ont donné celui de *Contre-un*, ou pour me servir de ses termes, *l'ont re-batisé le contra-un*. Si on ne savoit ce titre François, on ne devineroit jamais la signification d'*Ant'Henoticon*, d'autant plus qu'*Henotici* & *factio Henotica* dans Mr de Thou, signifiant les Ligueurs & la Ligue, il semble qu'*Ant-Henoticon* soit un Discours contre la Ligue.

ANTI-HERMETIQUES.

198. Nous avons de la plume des Médecins Galéniques quelques Traités ANTI-HERMETIQUES (1) contre les ouvrages des Chymiques, dont la Médecine s'appelle *Hermétique*. Mais je n'ai pas dessein de vous fatiguer d'un dénombrement ennuyeux qu'on en pourroit faire.

Les Médecins faisant profession d'être en guerre éternellement avec les maux du corps humain, ont toujours eu de bonnes raisons lors qu'ils ont employé l'*Anti* pour faire le titre de leurs ouvrages *Thérapeutiques*, s'il est permis d'employer ici les termes de leur profession. Ainsi personne ne trouve à redire à des titres faits comme :

1. L'ANTI-PESTIFERUM (*consilium*) de Martin Pansa Médecin Allemand de Schleusing, imprimé à Leipsick l'an 1614. in-4°.

2. L'ANTI-PODAGRICUM du même Auteur, imprimé au même lieu en 1627. in-8°.

3. L'ANTI-PHLEBOTOMICUM du même en 1624. au même lieu in 8°.

4. L'ANTI-NEPHRITICUM du même, imprimé en même tems, même lieu, même forme.

5. L'ANT-HYPOCONDRIACUM (*consilium*) de Lævin Fischer imprimé l'an 1630. in-12. sans nom de lieu.

6. L'ANTI-CATARTICON de Georges Fedro ou Phædrus de Geleine, imprimé à Ingolstadt en 1607.

7. Je ne vous parle pas d'un Livre de Pompeo Sprecchi, intitulé ANTI-ABSINTHIUM, imprimé à Venise en 1611. pour faire le paralléle de l'Absinthe qui croît en un lieu, avec l'Absinthe d'un autre pays : ce seroit nous écarter de notre sujet.

1 V. G. Gabr. Fontan. &c.

ANT-HYPERASPISTES.

199. L'ANT-HYPERASPISTES est un titre qui a plus de rapport à notre sujet. Je connois deux Ouvrages de ce nom composés l'un & l'autre par des Auteurs Catholiques.

§. I.

Le premier est celui de Mathias Bredembach, qui ne put souffrir qu'un Protestant nommé Smidelin eut entrepris la défense de Brentius l'un des principaux Docteurs de la nouvelle Secte. Comme Smidelin avoit intitulé son Livre *Hyperaspistes*, terme dont vous n'ignorés pas la force : Bredembach crut devoir appeller le sien *Ant-Hyperaspistes*. Il le fit imprimer à Cologne l'an 1568. (1).

1 Bibl. Bold. tom. 1. pag. 106.

§. II.

L'autre ANT-HYPERASPISTES est celui de Jacques d'André que l'on pourroit confondre avec le fameux Luthérien de Tubingue, Jacques d'André, que nous appellons plus communément en Latin, Jacobus Andreæ. Il traite de la véritable maniére d'appaiser les différens survenus dans l'Eglise en matiére de Religion, & il fut imprimé dans la même Ville & presque en même tems que l'autre (1). Si j'avois pu recouvrer ce dernier *Ant-Hyperaspistes*, dont je n'ai vu que le titre, je pourrois vous en apprendre quelque chose de plus certain. Je me sens arrêté par trois choses qui me font peine à son sujet.

1 Le nom de cet Auteur, que quelques-uns ont fait passer pour un Jésuite, m'est suspect, non seulement parce qu'il ne se trouve point dans la Bibliothéque d'Alegambe & de Sotwel, à l'éxactitude desquels il n'est presque échappé aucun des Auteurs de leur Compagnie : mais encore, parce qu'il n'en est parlé ni dans l'Apparat sacré de Possevin, ni dans la Bible Ecclésiastique d'Aubert le Mire, ni dans les autres Recueils d'Auteurs Catholiques.

2. L'année & le lieu de l'impression, qui quadrent tellement avec l'année & le lieu de l'impression de l'*Ant-Hyperaspiste* de Bredembach, qu'on seroit tenté de croire que c'est la même chose.

3. La Religion de ce Jacques d'André, parce que si l'on nous avoit laissé croire qu'il n'étoit autre que le Luthérien, nous nous serions plus facilement imaginé qu'il auroit pu composer un *Ant-Hyperaspiste* sur l'accommodement des différens de la Religion contre un Livre du même Bredembach intitulé *Hyperaspistes pro libro de Dissidiis Ecclesiæ, contra Henricum Pileum*, & imprimé à Cologne en 1560. huit ans avant que le même Bredembach eut publié son *Ant-Hyperaspiste* contre l'*Hyperaspistes* de Smidelin. Ce Smidelin n'étoit autre que Jacques Andreæ le Luthérien, qu'on avoit

1 Lip. Theol. Bibl. tom. 1. pag. 535.

ainſi appellé pour avoir ſervi & travaillé dans la fôrge d'un Maré-chal en ſa jeuneſſe. Cela étant ainſi, j'aime mieux avouer qu'il y a erreur dans les Auteurs qui nous font mention d'un *Ant-Hyperaſ-piſtes* de Jacques d'André ; & je me reduis uniquement à celui de Bredembach, dont le vrai titre eſt : *M. Bredembachii Ant-Hyperaſ-piſtes pro vera componendorum Eccleſiæ diſſidiorum ratione adverſus Jacobi Andreæ convicia, qui librum ſuum inſcripſerat Hyperaſpiſten τῶν προλε-γομένων Johannis Brentii* (1).

1 Poſſ. App. ſucr. tom. 2.

A N T I - L E S I N E.

200 COmme il ne s'agit pas ici de faire un triage des bons Livres d'avec les mauvais, je n'aurois pas de prétexte ſuffiſant pour exclure l'ANTI-LESINE du nombre de nos *Anti-*Réels. Il y a environ ſoixante ans que l'on vid paroitre au jour une Comédie Françoiſe ſous le titre de *Noces d'Anti-Léſine* conjointement avec un autre ouvrage de même caractére, intitulé *La Contre-Léſine* ou *Compagnie de la Marmite graſſe*, où l'on prétendoit donner des préceptes d'une honnête magnificence. Ces deux piéces avoient été faites pour être oppoſées à un autre Livre, intitulé *La célébre Compagnie de la Léſine*, & imprimé à Paris l'an 1618. in-12. Ce dernier ouvrage n'eſt qu'une Traduction Françoiſe d'un Traité Italien, compoſé par le Vialardi ſous le titre de *La famoſiſſima Compagnia della Leſina*, où cet Auteur propoſe les divers moyens de faire la *Leſina*, c'eſt-à-dire, de s'enrichir par une épargne ſordide & par l'avarice. Il feint qu'il s'étoit formé une ſociété des Taccagnons, c'eſt-à-dire, de miſérables qui ſe retranchent ſur toutes choſes, & qui ménagent juſques aux plus petites bagatelles pour tâcher d'épargner : que dans cette compagnie on recevoit des novices pour apprendre ce noble métier ; & qu'on les admettoit enſuite à faire profeſſion parmi les *Initiés*, quand ils ſavoient adroitement manier l'aleſne & alonger le cuir avec les dents, c'eſt-à-dire au terme figuré, faire la Leſine, dont le terme au ſens propre, ſignifie une *Aleſne* de Savetier parmi les Italiens. C'eſt peut-être ſur ces idées du Vialardi, que Jean Fer-ri autre Italien dans ſon Théatre des Emblêmes s'eſt imaginé qu'il y avoit à Florence une Académie des beaux Eſprits appellée *della Leſina*, c'eſt-à-dire, *de Savetiers* ou de *l'Aleſne*, comme celle *della Cruſ-ca*, qui veut dire l'Académie *du Son*.

ANTI-LIBELLE.

200
§. 2.
L'ANTI-LIBELLE est un titre *hybride* & monstrueux d'un Libelle encore plus monstrueux qui parut à Paris in-4° l'an 1649. à la faveur des troubles causés par les guerres civiles. C'est une méchante Satire en vers burlesques composée contre le Cardinal Mazarin. Vous voyés que ce seroit insulter à votre patience, si je continuois à vous entretenir de ces fadaises.

ANTI-LUCERNA.

200
§. 3.
IL ne faut pas oublier en son rang un Livre Italien, qui porte pour titre l'ANTI-LUCERNA *di Eureta Misoscolo*, qui fut imprimé à Verone l'an 1648. in-8°. Il est visible que cet Ouvrage a de la rélation avec un autre qui parut à Venise dès l'an 1628. in-4°. composé en même Langue, & publié sous le titre de *la Lucerna, Dialogo di Eureta Misoscolo, cioé, Inventore nemico d'Ozio; opera tessuta da un genio libero.* Cet ingénieux ennemi de l'oisiveté n'étoit autre que le S. Francesco Pona né d'une des bonnes familles de Verone, & Médecin de profession. Il s'est fait remarquer parmi les gens de Lettres dans l'Italie par un grand nombre de compositions en Langue Latine & vulgaire du Pays, tant en prose qu'en vers sur des sujets de différentes espéces, & il n'est mort que depuis quelques années.

ANTI-MARE.

201
L'ANTI-MARE est un autre nom *hybride*. Irrégularité qui pourroit suffire pour vous faire connoître que ce n'est point un terme de l'ancienne Géographie pour marquer quelque Mer à l'opposite d'une autre Mer, de même qu'*Anti-Libanus*, *Anti-Gragius* (1) & *Anti-Taurus* au tems des anciens Grecs & Romains, marquoient trois montagnes opposées, l'une au Mont Liban, l'autre au Mont Gragius (2), & la troisiéme au Mont Taurus.

---

1 ☞ C'est *Anti-Cragus*.   2 ☞ C'est *Cragus*.
Tome VII.   A a a

L'ANTI-MARE est le titre d'un Livre Anonyme qui doit sa naissance à un autre Livre composé sur la question de savoir si la Mer Baltique appartient de droit au Roi de Dannemarck ou au Roi de Pologne. Celui-ci avoit été publié l'an 1638. in-4° sans nom d'Auteur & de lieu d'impression sous le titre de *Mare Balticum*, id est, *Historica deductio utri Regum, Daniæ-ne, an Poloniæ, prædictum Mare desponsatum se fateatur & agnoscat Poloni cujusdam nuper typis excuso tractatui, qui Discursus necessarius inscribitur opposita*. Il avoit pour Auteur un Danois, ou du moins un homme attaché aux intérêts du Roi de Dannemarck. On lui répondit pour le Roi de Pologne par l'Ouvrage qui est en question sous le titre d'*Anti-Mare Balticum, seu, brevis & analytica Recapitulatio Tractatus nuper editi cujus titulus est Mare Balticum*; & qui fut imprimé l'an 1639. in-4°.

ANTI-MÆOLOGIQUE.

202 ANTI-MÆOLOGIQUE contre la Mæologie, ne veut dire autre chose qu'un Traité fait contre quelques Discours ou Ecrits composés en faveur des Sages femmes ou sur les devoirs de leur profession. Je connois un Médecin d'Angers nommé Thomas Tigeon (1) vivant au siécle passé qui voulut employer ce titre pour avertir le public de ne pas trop se fier aux témoignages que les Sages-femmes se mêlent de rendre sur la virginité du séxe. Son Traité fut imprimé à Lyon l'an 1574. in-8° & intitulé *Anti-Mæologicon, quo demonstratur Obstetricibus non esse fidendum de virginitate, aut defloratione mulieris adulteræ testimonium ferentibus*.

1 ¶ Je crois qu'il faut lire Tigeou, & qu'il étoit parent de Jaques Tigeou Angevin, Auteur de plusieurs livres rapportés par la Croix du Maine, & par du Verdier.

ANTI-MELEMA (1).

203 ANTI-MELEMA sembleroit d'abord n'avoir rien d'irregulier dans sa composition. Il est Grec naturel & sans mélange, quoiqu'il n'ait peut-être jamais été d'aucun usage chés les Anciens. Mais la ressemblance des caractéres Latins avec lesquels on l'a exprimé, l'a fait prendre pour *Ant-Enclema* dont je vous ai parlé au nombre 189.

1 J'aimerois mieux *Anti-Meletema* que Anti-Melema.

ANTI-MOTIFS.

204. LES ANTI-MOTIFS ne font pas si réguliers du côté de la composition. Ils ne laissent pas d'exprimer assés nettement les intentions de leurs Auteurs. Je ne connois que des Protestans qui ayent eu recours à ce titre pour combattre les Motifs ou Raisons que les personnes de leur Communion ont euës pour revenir à l'Eglise Catholique. C'est ainsi qu'un David Christianus publia un Livre à Giessen au Landgraviat de Hesse l'an 1656. sous le titre d'*Anti-Motiva Catholica*, hoc est, *Refutatio & Examen Motivarum & causarum ob quas hodie multa non tantùm ad apostasiam tentantur, verùm etiam ex aulis Principes, Magnates, Nobiles; ex Academiis Doctores; & ex trivio Plebecula ad Romano-Catholicam Religionem transeant*.

On trouve une suite de cet ouvrage sous le titre d'*Anti-Motivarum Continuatio*. Elle est attribuée à un autre Christianus nommé Jean contemporain de David par quelques Bibliothécaires d'Allemagne, dans les Catalogues desquels nous trouvons aussi l'*Anti-Motiva Catholica* sous le nom de Joannes Christianus. Il arrive souvent par l'entremise des Bibliothécaires que les Auteurs se prêtent les noms des uns aux autres.

ANTI-NUTHETUMENE.

205. ANTI-NUTHETUMENE entre les titres de cette espéce seroit l'un des derniers que je voulusse condamner. Il ne veut dire autre chose qu'un homme à qui l'on fait une Remontrance à son tour, en Latin *vicissim admonitus*. Je n'ajoute rien à ce que je vous en ai dit dans notre derniére Conversation au sujet de l'Anti-Martinius de Balthazar Mentzer Lutherien. Je me contente de vous faire souvenir que le *Mentzerus Anti-Nuthetumenus* a pour Auteur ce Mathias Martinius Calviniste de Breme qui assista au Synode de Dordrecht.

A a a ij.

ANTI-PÆDO-BAPTISME.

206 L'ANTI-PÆDO-BAPTISME contre l'ufage des Eglifes Catholique & Proteftante de baptifer les Enfans, eft l'ouvrage d'un Anglois fameux Anabaptifte & Indépendant nommé Jean Tombes. Il eft écrit en Langue vulgaire, divifé en deux parties, dont la premiére imprimée à Londres en 1652. lui attira beaucoup d'Adverfaires fur les bras. La feconde qui fut imprimé en 1654. au même lieu ne fervit qu'à les multiplier. Les principaux furent Jean Gerée, Jean Kragh, Henri Vaughan, Henri Savage & le célébre Henri Hamond qui donnérent en diverfes rencontres & prefque tous en Langue vulgaire leur *Pædo-Baptifme juftifié & défendu*. Mr Tombes publia contre eux la troifiéme partie de fon *Anti-Pædo-Baptifme* dans la même ville de Londres l'an 1657.

ANTI-PARÆNESE.

207 ANTI-PARÆNESE eft le titre d'un Traité oppofé à une Paræenefe, c'eft-à-dire, une contre-Exhortation contre une Exhortation. Le Traité dont je veux parler fut compofé par un Senateur de Venife nommé Nicolo Craffo contre le Cardinal Baronius au fujet de l'interdit de la Seigneurie jetté par le Pape Paul V. Baronius non content d'avoir dit fon avis dans le Confiftoire avec les autres Cardinaux du confeil de Sa Sainteté, voulut écrire une Exhortation à la République pour la faire rentrer dans fon devoir. Il la rendit même publique fous le titre de *Parænefis*, l'ayant fait imprimer en Latin à Aufbourg l'an 1606. in-4°. & en Italien traduite par le Serdonati à Rome dès la même année. C'eft contre cet ouvrage qu'écrivit le Craffo. Sa Réfutation parut en Latin à Padouë en 1606. pour la première fois fous le titre d'*Anti-Parænefis ad Card. Baronium pro Republica Veneta*.

ANTI-PARADOXES.

28 Les Paradoxes de Ciceron ont fait naître l'envie à quelques-uns des Modernes de publier des ANTI-PARADOXES; aux uns pour expliquer ou commenter cet Ancien; aux autres pour le contredire ; & à quelques autres simplement pour faire quelque chose à son imitation.

§. I.

Les ANTI-PARADOXES de Vitus Amerpachius Auteur Allemand qui mourut en 1557. parurent en Latin dans la Ville de Strasbourg l'an 1541.

§. II.

Les ANTI-PARADOXES de Marc Antoine Majoragius Humaniste Italien du Milanez qui mourut deux ans auparavant Amerpachius, furent imprimés aussi en Latin à Lyon l'an 1546.

§. III.

Les ANTI-PARADOXES d'Angelus à Sancto-Joanne Jurisconsulte du siécle passé ont été dressés contre les Paradoxes d'André Alciat Jurisconsulte Milanez sur le Droit Civil. Cet ouvrage fut imprimé à Anvers l'an 1565. sous le titre de *Monomachia Anti-Paradoxorum Juris Civilis contra Andreæ Alciati Paradoxa*, &c.

§. IV.

Enfin nous trouvons aussi un Livre qualifié d'ANTI-PARADOXES parmi les Ouvrages de Médecine. Il a pour Auteur un Espagnol, de Cordouë nommé Francisque de Leiva & Aguilar Docteur en Médecine de la Faculté d'Alcala de Hénarez, & il fut imprimé à Cordouë l'an 1634. in-4° sous le titre d'*Anti-Paradoxa de motu duplici*.

ANTI-PARALOGISME.

209 ON trouvera aussi le terme d'ANTI - PARALOGISME, à la tête d'un ouvrage de controverse en Médecine. Il a été employé par un Médecin d'Italie nommé Franc. Martianus contre Aëtius Cletus & Jean Manelphe deux personnes de la même profession pour la défense de Prosper Martianus. Son dessein étoit de faire voir par l'autorité d'Hippocrate les abus que commettent les Modernes dans la saignée sur tout pour la Pleurésie. Cet Anti-Paralogisme est écrit en Latin & il se trouve imprimé à Rome l'an 1622. in-4°.

ANTI-PARASCEVE.

210 UN autre Médecin nommé Jean Sperlingius Professeur en Physique à Wittemberg en Saxe a donné le titre d'ANTI-PARASCEVE à un livre composé pour la défense de Sennert & de Paracelse touchant l'origine de l'ame contre les *Préparatifs* qu'avoit fait un Auteur de la même Profession nommé Jean Freitagius pour ruiner ce dogme par les Principes d'Aristote & de Galien. Cela fut imprimé à Wittemberg l'an 1648. sous le titre d'*Anti-Parasceve pro Traduce*.

ANTI-PERICOPE.

211 ANti-Pericope à la tête d'un Livre de Controverse Théologique contre David Paræus Docteur Calviniste est un titre de l'invention d'un Catholique des Païs-bas unis nommé Godefroi Driel. L'ouvrage parut à Maïence l'an 1607. in-8° sous le titre de *D. Godefr. à Driel Anti-Pericope Disputationis III. Paræanæ de supremo Controversiarum Theologicarum Judice*. Mais il est bon de savoir que Driel est un nom que Busée célèbre Jésuite avoit emprunté de l'un de ses Ecoliers pour publier cet ouvrage.

ANTI-PHILIPPIQUE.

212. L'ANTI-PHILIPPIQUE est le titre d'un Livre composé en Allemand pour être opposé à la *Philippique* Latine de Jacques Silvanus Auteur Catholique; qui vous sera plus connu dès que je l'aurai appellé le Pere Keller. Il étoit question de repousser les accusations ou les injures d'un Protestant anonyme sur les affaires de la Religion & de l'Etat en Allemagne. Le P. Keller le fit par le Livre intitulé *Philippica in Anonymum quemdam Prædicantem qui Societatem Jesu mendaciis oneravit*, & imprimé à Ingolstad l'an 1607. in-4°. C'est contre cet ouvrage qu'un Conseiller de l'Electeur Palatin publia l'année suivante l'*Anti-Philippique* dont il est question.

ANTI-PRIMATUS.

213. L'ANTI-PRIMATUS de J. Grossius est un titre *hybride* qui sera tellement unique de sa sorte, que comme l'Auteur du livre qui le porte n'a trouvé avant lui personne qui lui en ait donné l'éxemple, il ne trouvera, si je ne me trompe, personne après lui qui veuille l'imiter dans sa bizarrerie. Les Protestans qui ont entrepris en foule d'attaquer la Primauté du S. Siége par leurs Ecrits, ont pris pour l'ordinaire des titres assés naturels pour marquer leurs intentions. Il n'y a que Grossius en Allemagne qui se soit avisé d'intituler son livre *Anti-Primatus Papæ* dans les deux éditions qu'il en fit faire à Hambourg en 1639. & en 1640. in-8° & in-12.

ANTI-PROBLEMES, ANTI-PROGNOSTIQUES.

214. EN matiére d'Astrologie nous avons
215. 1. Des ANTI-PROBLEMES Latins imprimés à Darmstad contre le Philosophe Goclenius qui s'étoit rendu le Défenseur de l'Astromantie.

2. Un ANTI-PROGNOSTIQUE en même Langue composé par Guillaume Fulke ou Fouque Anglois contre les vaines prédictions des Astrologues, & imprimé à Londres l'an 1560. in-8°.

ANTI-PROOEMIUM.

216 L'ANTI-PROOEMIUM de Jean Sturmius Auteur Calviniste demeurant à Strasbourg compose la seconde partie du quatriéme ANTI-PAPPUS de cet Ecrivain contre le Luthérien Jean Pappus qui demeuroit dans la même ville.

Il vaut mieux vous renvoyer à ce qui en fut dit dans notre derniére Conversation, que de tomber dans des répétitions inutiles.

ANTI-SPEUDIRENICON.

217 L'ANTI-PSEUDIRENICON de Zacharie Hogelius Proteftant de l'Allemagne suppose un autre Livre intitulé *Pseudirenicon*, & celui-ci un autre appellé *Irenicon*. Hogelius fit imprimer son *Anti-Pseudirenicon Apocalypticon* à Stetin en Pomeranie l'an 1646. in-8°.

☞ Cet ouvrage me donne occasion de vous faire souvenir qu'il n'a aucun rapport avec l'*Anti Irenicon* de Hutterus Luthérien contre Paræus Calviniste.

ANTI-ROMAN.

218 L'ANTI-ROMAN est le titre d'un Roman qui est venu au monde pour détruire les autres Romans. Je veux que son Auteur qui n'est autre que le sieur Sorel Historiographe de France, vous raconte lui-même son histoire (1). ,, Le *Berger extravagant*, dit-il, a été fait pour répréfenter l'extravagance de ,, quelques Livres du tems, & des personnes qui les aiment. Il a été ,, imprimé pour la troisiéme & quatriéme fois sous le nom de l'ANTI-,, ROMAN, parce qu'en effet c'est un Anti-Roman, une histoire co-,, mique & satirique où toutes les sottises des Romans & des Fa-,, bles Poëtiques sont censurées. L'histoire du Berger extravagant ,, décrit un homme qui est devenu fou pour avoir lu des Romans ,, & des Poësies, & qui se fait Berger à la maniére de ceux de l'an-

1 Bibl. Fr. pag. 399. 400.

cienne

,, cienne Arcadie. L'édition qui s'en eſt faite ſous le titre de l'*Anti-*
,, *Roman* a été accompagnée de Remarques ſi amples qu'il a fallu les
,, diviſer en pluſieurs Parties..... Au reſte cet *Anti-Roman* n'eſt pas
,, ſeulement fait contre les Romans qui l'ont précedé, mais contre
,, ceux qui doivent venir après. Vous voyés qu'il n'a point tenu à Mr
Sorel que nous n'euſſions bonne opinion de ſon Anti-Roman.

ANTI-ROSARIUM.

219 L'ANTI-ROSARIUM eſt l'Ouvrage d'un Proteſtant anonyme qui n'eſt autre que Barthelemi Pitiſcus de Sileſie Miniſtre de l'Electeur Palatin qui mourut en 1613 (1). Pour en connoître l'origine, il faut ſavoir que le P. Jean Buſée de Nimegue Jéſuite établi à Maïence ayant publié un Livre en faveur du Chapelet ſous le titre d'*Apodixis Theologica pro ritu orandi Roſarium B. Mariæ Virginis XX. Propoſitionibus comprehenſa*, imprimé à Maïence en 1587. un Calviniſte de Heidelberg au Palatinat y trouva à redire, & tâcha de le réfuter par un libelle. C'eſt ce qui obligea le P. Buſée de reprendre la plume pour la défenſe de ſon Ouvrage qu'il publia ſous le nom de l'un de ſes compatriotes & de ſes Ecoliers Docteur en Théologie à Maïence comme lui. Ce nouvel Ouvrage fut imprimé à Würtzbourg l'an 1588. ſous le titre de *Godofredi Driellii Noviomag. Theologi Moguntini Hyperaſpiſtes*, ſeu, *Roſarii Defenſio*, ſive, *Depulſio cavillationum quibus Calviniſta quidam Heidelbergenſis Apodixim Roſarii obſcurare conatus eſt. In qua pro nomine Roſarii, pro Orationibus ac repetitione numeroque earumdem, proque Globulis precariis diſputatur.* C'eſt ce dernier Ouvrage que Pitiſcus a voulu combattre par le Livre intitulé *Anti-Roſarium*, ſeu, *Refutatio Theſium Gothofredi Driellii Noviomagi.* Il le fit imprimer à Heidelberg in-8° l'an 1589.

1 Melch. Ad vit. Theol. pag. 841.

ANTI-SATIRE.

220 L'ANTI-SATIRE a fervi de titre à un Ouvrage Latin qu'un Italien nommé Barthelemi Tortoletto fit imprimer à Franctord en 1630. (1) Cet Auteur n'étoit pas fatisfait d'une Satire Latine que Nicolo Villani de Piftoie avoit compofé contre les défordres de fon tems. Comme le Villani n'avoit pas mis fon nom à fa Piéce, le Tortoletti voulut l'imiter dans fon *Anti-Satire*. Mais pour ne fe pas rendre entiérement anonyme, il prit la qualité d'*Academicus Neglectus Romanus*, & donna à fon ouvrage le titre d'*Ad Satiram*, Dii veftram fidem *Anti-Satira Tiberina*.

2 Alacci Cinelli.

ANTI-SOPHISTIQUE.

221 Vous devés avoir encore la mémoire toute récente de l'ANTI-SOPHISTIQUE que Mr Triftan de S. Amant voulut oppofer au fecond Anti-Triftan du P. Sirmond. Je n'ajoute rien à ce que je vous en ai dit, mais je vous prie de remarquer que la chaleur avec laquelle le bon homme Mr de S. Amant s'eft lancé contre fon Adverfaire, l'a empêché de voir qu'il fe faifoit paffer lui-même pour un Sophifte fans y penfer, en appellant fon ouvrage *Anti-Sophiftique*. Il avoit lu fon Suetone, fes livres en font foi, mais il avoit paffé trop legerement fur le XI. chapitre de la vie de Tibere, où cet Hiftorien nous marque affés que ceux qu'il appelle *Anti-Sophifta* étoient proprement des chicaneurs, des querelleurs, en un mot, de vrais Sophiftes.

ANTI-SQUITINIO.

222 L'ANTI-SQUITINIO eft un titre de Livre qui fe fait remarquer par fa fingularité. Vous voyés qu'il eft hybride, compofé d'une efpéce Grecque & d'une Italienne ou Latine. Vous faurés ce qui lui a donné l'origine ou du moins l'occafion de naître, fi vous vous fouvenés du fameux *Squitinio della Liberta Veneta*, Livre

IV. ENTRETIEN. 379

anonyme composé par Alphonse de la Cueva Ambassadeur d'Espagne à Venise. La Noblesse Venitienne est examinée dans cet ouvrage avec une étrange éxactitude, & le chagrin que la Sereniſſime Seigneurie en avoit conçu fut si grand, qu'elle crut qu'il ne faloit pas moins qu'un Fra-Paolo pour pouvoir réfuter un ouvrage de cette conséquence. Il en fut sollicité par le Doge. Mais Fra-Paolo pénétrant & prudent, comme vous savés qu'il étoit, s'en excusa devant sa Sérénité disant le proverbe ordinaire :

Μὴ κινεῖν καμαρίναν, ἀκίνητος γὰρ ἀμείνων ;

pour lui faire connoître qu'il étoit dangereux de remuer cette matiére.

Scipion Henri ou Errigo de Messine en Sicile ne fut pas si scrupuleux que Fra-Paolo. Il prit la plume sans hésiter, quoique longtems après, pour repousser cet Adversaire, & il publia son Livre à Messine l'an 1650. in-8° sous le titre d'*Anti-Squitinio, Apologia di Scipione Herrico, nel quale di ponto in ponto ſi reſponde à tutto cio che ſe oppone alla Liberta Veneta, nello Squitinio d'innominato Autore*.

ANTI-STRENA.

223   NOus avons du P. Gretser Jésuite, un petit Traité polémique, intitulé ANTI-STRENA *Polycarpica*, & imprimé avec plusieurs autres en 1608. dans la Ville d'Ingolstadt où il demeuroit. L'histoire n'en est ni longue ni inutile à savoir. Polycarpus Lyserus avoit pris le soin de faire une nouvelle édition de l'histoire de l'Ordre des Jésuites composée par Hasen-Muller à la maniére des Protestans. Le P. Gretser crut devoir reconnoître ses peines par une petite gratification qu'il lui envoya l'an 1606. sous le titre de *Honorarium Polycarpicum Lauserianum* (1) *ob recuſam Jeſuiticam hiſtoriam*. Polycarpe de son côté voulant le remercier par un autre présent prit occasion du commencement de l'année 1607. pour lui envoyer ses étreines. Il s'en acquitta par un petit Livre imprimé à Leipsick, sous le titre de *Strena ad Gretſerum pro Honorario ejus*, &c. (1607. in-8°.) Mais il avoit affaire à un ami encore plus généreux que lui. Gretser ne voulut donc pas demeurer en reste, & ce fut pour payer l'étreine de Polycarpe Lifer qu'il fit la piéce intitulée *Anti-Strena* Polycarpica & imprimée à Ingolſtad l'an 1608.

1 Pour *Lyſerianum*.

ANTI-SYNCRETISME.

224. J'Ai mis le titre d'ANTI-SYNCRETISME, qui se trouve à la tête de quelques Livres d'Allemagne au rang de nos *Anti* Personnels, pour ne le point séparer de celui d'Anti-Syncretistes. Vous savés les raisons que j'ai pu avoir pour ne pas les désaprouver.

ANTI-SYNODALES. & ANTI-SYNODIQUES.

225. ON peut rapporter ici les titres d'ANTI-SYNODALES & d'ANTI-SYNODIQUES, qui n'ont rien d'étranger dans leur structure.

§. I.

Les ANTI SYNODALES de Guillaume Amesius Protestant Anglois, Gomariste habitué dans les Provinces-Unies contre les Ecritures *Synodales* des Remontrans, imprimées à Franeckere en Frise l'an 1619. in-8° sous le titre d'*Anti-Synodalia, seu, Animadversiones in scripta Synodalia Remonstrantium quoad articulum primum*, &c.

§. II.

Mais les ANTI-SYNODIQUES, dont j'ai à vous parler, ont pour Auteur un Ecrivain Catholique nommé Jean Malder du Brabant, Evêque d'Anvers mort en 1633. C'est au Synode de Dordrecht en général & à ses Decrets qu'il en a voulu dans le titre qu'il fit imprimer à Anvers l'an 1620. in-8°. sous le titre d'*Anti-Synodica, sive, Animadversiones in Decreta Synodi Nationalis Dordracenæ de quinque capitibus controversis inter Remonstrantes & Contra-Remonstrantes.*

§. III.

Ces deux *Anti* concernant le Synode de Dordrecht & ses Décisions, me font souvenir d'un autre qui regarde la Confession d'Ausbourg, & qui a été publié sous le titre Latin d'ANTI-AUGUSTANA *Confessio* par Leopold de Kollonitsch, quoiqu'il fût composé en Allemand. Mais la recherche de ces sortes d'ouvrages seroit infinie,

& les difficultés dont elle se trouve accompagnée, m'ont fait connoître enfin que je devois me borner & laisser le reste à d'autres qui pourront être d'un plus grand commerce que moi dans les affaires qui concernent la République des Lettres.

ANTI-TAMI-CAMI-CATEGORIA.

226 PArmi ceux dont la recherche m'a été inutile jusques ici, je puis vous nommer un ANTI-TAMI-CAMI-CATEGORIA, dont je ne connois que le nom. Il a pour Auteur un Anglois, ou plutôt un Ecossois nommé A. Melwin, qui passe aussi pour l'Auteur de la fameuse Satire intitulée *Nescimus quid serus vesper trahat*. C'est tout ce que je puis vous en dire.

ANTI-TRIMASTIX.

227 JE ne suis pas beaucoup plus instruit de l'ANTI-TRIMASTIX du Médecin Allemand Struppius. Il n'est pas tout-à-fait si effrayant que l'*Anti-Tami-Cami-Categoria*, & l'on voit par la suite du titre qu'il n'a voulu marquer qu'une opposition aux trois derniers fléaux dont Dieu afflige le corps humain avec les moyens d'y remédier & de s'en garentir. Cela nous fait assés connoître que l'*Anti-Trimastix* n'est pas essentiellement de notre sujet.

ANTI-TRITHEIA.

228 ENfin je veux finir par l'ANTI-TRITHEIA d'un Socinien de la Prusse nommé Valentin Baumgart, qui mourut à Clausembourg en Transsylvanie l'an 1670. Ce titre montre d'abord tout le venin de l'Ouvrage qui le porte. Car il ne faut pas vous imaginer qu'il ait été fait contre les anciens Trithéïtes, ces Hérétiques de l'Eglise, qui ont été détruits depuis plusieurs siécles. Il n'attaque rien moins que la Sainte Trinité; il en veut aux Catholiques, aux Protestans, & généralement à toutes les Sociétés qui reconnoissent ce Mystérre, par la malice qu'il a de prendre pour *nature* ce que nous appellons *Personnes divines*. Vous en jugerés par son titre, qui porte *Anti-Tritheïa*, seu, *Dissertatio vulgatæ opinioni de tribus Elohim, hoc est,*

Diis, feu, de tribus Perfonis quarum quælibet eft fummus Deus, oppofita. Cet ouvrage fut compofé en 1654. mais on dit qu'il a été beaucoup augmenté depuis ce tems-là par fon Auteur.

CONCLUSION.

Voilà, Meſſieurs, pourſuivit Mr de Rintail, plus d'éxemples qu'on n'en auroit pû éxiger de Mr Ménage pour juſtifier l'inclination qu'il avoit pour le titre ſatirique d'*Anti* au cas qu'il eut eu l'eſprit de l'attacher au titre de l'ouvrage de Mr Baillet plutôt qu'à ſon nom.

La Liſte de ces derniers *Anti* que vous appellés *Réels*, dit Mr de de Brillat, nous a paru fort courte; parce que nous avons eu la diſcrétion de ne pas interrompre votre lecture. Mais quelque courte qu'elle ait été, je n'ai pas laiſſé d'y remarquer un grand nombre de titres que je n'ai pas trouvés à mon goût. A quoi bon les Anti-Roſaires, les Anti Philippiques, les Anti-Parænéſes, lorſqu'on peut parler plus naturellement? Mr Ménage auroit moins mal fait d'appeller ſon Ouvrage *Anti-Critique*, qu'*Anti-Baillet*, je l'avoue: mais après tout, il ſe ſeroit toujours rendu ſuſpect d'affectation. Que ne faiſoit-il d'autres Jugemens pour les oppoſer aux Jugemens des Savans que Mr Baillet a produits?

Je ſerois aſſés de votre goût ſur ce point, repondit Mr de Rintail. Cet uſage n'eſt pas d'aujourd'hui ou d'hier. Rien n'eſt plus commun que de voir des *Rélations oppoſées à d'autres Rélations*; des Hiſtoires oppoſées à d'autres Hiſtoires: c'eſt ainſi que le ſieur Kunad a pris pour titre d'un de ſes Livres: *Conſtantinus Evangelicus Conſtantino Catholico oppoſitus*. C'eſt la pratique des Controverſiſtes les plus ſenſés dans les ouvrages de Théologie. Mr Ménage n'auroit pas été moins bien reçu avec ſon titre de *Jugemens contre Jugemens*, que le fut il y a quarante ans le Livre de Viloſa contre Villadamor intitulé *Martin contre Martin*, touchant les affaires des François en Catalogne. Il ſemble, Meſſieurs, dit Mr Bertier, pour vous dire ma penſée, que vous n'êtes pas aſſés indifférens ſur le titre d'Anti-Baillet. Pour moi loin de plaindre Mr Baillet je le trouve aſſés glorieux de pouvoir partager en ce point la gloire des plus grands Hommes tels que les Bellarmins, les Cotons, les Baronius (pour ne point parler des célébres Proteſtans) qui ont vu leurs noms attachés à des *Anti* par leurs Adverſaires.

A dire vrai, reprit Mr de Rintail, nous ne douterons plus que l'*Anti* ne ſoit honorable pour tout le monde, ſi nous ſongeons qu'un Moderne n'a (1) point fait difficulté de le faire porter à JESUS-CHRIST même. Ce n'eſt pas que je vouluſſe jamais applaudir à la témérité de cet Auteur Proteſtant qui a intitulé ſon Livre ANTI-BACCHUS *Chriſtus crucifixus Hinnulus matutinus.* Quelque choſe qu'on puiſſe dire en faveur de ſa bonne intention, on doit convenir qu'un Auteur circonſpect auroit évité d'appeller le Sauveur du Monde *Anti-Bacchus.* C'eſt aſſés que ces ſortes de rélations ſe faſſent entre de ſimples créatures. Oppoſons ou comparons Bacchus à Moyſe ou à Noë tant qu'il vous plaira comme a fait Mr l'Evêque de Soiſſons (2) : mais ne parlons pas indignement du Sauveur.

C'eſt encore par un autre endroit, repliqua Mr Bertier, que je porte envie à Mr Baillet. Je ſouhaiterois que Mr Ménage fît un Anti-Bertier contre moi, ou du moins que ſon *Anti-Baillet* fût contre moi.

Je vous trouve un peu trop avide de gloire ; repartit Mr de Rintail, il ne ſeroit pas juſte de ravir ou de conteſter à Mr Baillet un honneur qui coûte tant à Mr Ménage.

Hé combien en coûte-il donc à Mr Ménage, dit Mr de Brillat, pour honorer ſon Adverſaire d'un Anti-Baillet ?

Je pourrois vous dire après pluſieurs des amis de Mr Ménage, reprit Mr de Rintail, qu'il lui en coûte un tiers de ſa réputation. Mais pour vous répondre plus ſimplement, je vous dirai qu'il lui en coûte deux volumes.

Deux volumes ! s'écria Mr de Brillat, on a donc raiſon de plaindre Mr Ménage : & Mr Baillet doit lui ſavoir gré d'avoir tant travaillé en ſa conſidération.

Soyés perſuadé, repartit Mr de Rintail, que Mr Baillet ne manquera pas de reconnoiſſance. Mais auſſi ne faut-il pas tant éxagérer l'obligation qu'il a à Mr Ménage pour ſon travail. L'Anti Baillet eſt en deux volumes, je l'avouë, mais s'il en faut croire ceux de ſes amis à qui il l'a fait voir, la plus grande partie des choſes dont le premier volume eſt farci, n'a point été faite exprès pour Mr Baillet. Vous ſavés que Mr Ménage avoit promis au Public *La Défenſe de*

---

1 Himmelius.

2 ¶ Mr Huet dans ſa Démonſtration Evangélique imprimée pour la premiére fois à Paris ſur la fin de l'an 1678. ſept ans avant qu'il fût nommé à l'Evêché de Soiſſons.

ses Mœurs dans plusieurs endroits de ses Livres, & qu'il travailloit à recueillir *les éloges qu'il avoit reçus de ses amis*. Il étoit en peine de trouver un beau titre à ce curieux Recueil, lorsque le Livre des Jugemens des Savans vint à paroître. Le chagrin de voir que l'encens dont l'Auteur de ce livre l'avoit honoré, ne lui avoit pas été prodigué avec toute la profusion qu'il auroit souhaitée, lui fit naître le desir de s'en vanger. Il l'a fait en employant le nom de cet Auteur pour la composition du titre de son ouvrage. De sorte que l'*Anti-Baillet* est en partie *la Défense des mœurs de Mr Ménage, & la Legende de ses Eloges*, avec beaucoup de gros mots tirés des lieux communs de sa Rhétorique *à conviciis* employés premiérement contre le P. Bouhours & d'autres Adversaires sans succès, & remis en œuvre contre Mr Baillet pour ne les point perdre.

Le second volume de l'Anti-Baillet n'est pas beaucoup mieux fourni de choses qui puissent n'appartenir qu'à Mr Baillet, & n'avoir été faites que pour lui, disent les amis de Mr Ménage, hors quelques gros mots de nouvelle structure. Ce volume n'est presque composé que de la grosse Apologie pour la Casa, qui est un des principaux Héros de Mr Ménage. Vous voyés que cela regarde peu le Livre de Mr Baillet, & moins encore sa personne. Mais souvenés-vous toujours que je n'en parle que sur le rapport d'autrui.

Je comprens donc, reprit Mr de Brillat, que Mr Ménage nous aura débité quatre sortes de denrées sous le titre de son Anti-Baillet 1. La Défense de ses mœurs. 2. Le Recueil de ses Eloges. 3. Les lieux communs de ses gros mots, 4 & l'Apologie de son Héros de la Case. Apprenés-nous donc quel rapport ces quatre choses peuvent avoir avec le titre d'Anti-Baillet. Car enfin vous ne me persuaderés pas que Mr Ménage soit entiérement dépourvû de jugement en un âge où sa mémoire paroît encore si fidéle.

Je vous satisferai, dit Mr de Rintail, sur vos quatre points, autant que la chose est possible à un homme qui n'a que la foi d'autrui pour garant.

I.

La Défense des mœurs de Mr Ménage avoit été promise au Public plusieurs années avant que Mr Baillet eût songé à écrire. Ce n'est donc pas contre lui que Mr Ménage avoit composé cette Défense. Mais Mr Ménage voyant que Mr Baillet avoit remarqué dans ses Vers & dans sa Prose certaines choses qu'il auroit souhaitées plus conformes à la bonne Morale qu'elles ne paroissoient, publia
& fit

& fit publier par quelques-uns de ses amis, que Mr Baillet avoit attaqué ses mœurs, & jugea aussi-tôt qu'il devoit au Public *la Défense de ses mœurs*. J'ai trouvé plus d'une fois Mr Baillet surpris de ce que Mr Ménage se plaignoit qu'il eût touché à ses mœurs, lui qui avoit usé d'un si grand ménagement sur ce sujet, & qui avoit même représenté Mr Ménage comme un homme de probité & de vertu, sans le connoître, par le simple desir de penser & de dire du bien de tout le monde. Mr Baillet pourra bien un jour (au cas que l'Anti-Baillet demande une Réponse) faire souvenir Mr Ménage & les autres Poëtes de joie, de la différence qu'ils veulent mettre entre leurs Ecrits & leurs mœurs, suivant le Vers de l'un de leurs semblables qui disoit autrefois :

Lasciva est nobis pagina, vita proba est.

Si Mr Ménage persiste à soutenir que c'est attaquer ses mœurs que de s'en prendre à ses Vers ou à ses autres Ecrits, Mr Baillet ne s'opiniatrera pas contre lui ; mais il fera voir que ce n'est plus sa faute si Mr Ménage vient à prouver contre lui qu'il ne faut point mettre de différence entre ses mœurs & ses Ecrits.

I I.

Pour répondre à votre second point concernant la rélation que le Recueil des Eloges de Mr Ménage pourroit avoir avec le titre d'Anti-Baillet, je ne puis m'imaginer autre chose que ce que je me souviens d'avoir lû dans les Livres de Mr Baillet. Il rapporte scrupuleusement les propres termes de Menage (1) qui dit dans sa Préface sur Malherbe, *qu'il n'y a gueres d'Hommes savans dans l'Europe qui ne lui ayent donné dans leurs Ecrits des témoignages de leur estime*. Joignés ces paroles de Mr Ménage avec celles de Mr Baillet qui dit en un autre endroit (1), *que dans la peine où il se trouvoit de pouvoir ramasser tous les éloges que Mr Ménage a reçus de différentes personnes, il s'étoit senti soulagé par la bonne nouvelle qu'un de ses amis venoit de lui apprendre, & qui lui faisoit connoître que Mr Ménage travailloit sérieusement à les recueillir lui-même*. Vous devinés aisément l'effet que cela peut avoir produit dans l'esprit de Mr Ménage. Mais ces éloges se trouvent mêlés indifféremment avec la Défense de ses mœurs : de sorte que cette seule

a Tom. II. art. 564.   a Ibid. art. 756.

partie a fait dire à diverses personnes de ses amis que son Livre n'est pas un *Anti-Baillet*, mais un *Pour-Ménage* ou un *Hyper-Ménage*.

III.

Sur votre troisiéme point il faut vous faire remarquer que Mr Ménage jugeant qu'il falloit donner de la force à son Anti-Baillet, a eu recours aux gros mots (c'est le terme de Mr Baillet qui ne veut pas qu'on se serve de celui d'*injures*) pour soutenir son ouvrage. Mais après que les Personnes sages qui ont eu pitié de sa vieillesse lui ont fait retrancher les plus grossiéres de ces injures, je ne puis vous dire de quelle nature sont celles qui sont restées, si je ne vois son livre auparavant.

Pour moi, dit le jeune Mr de S. Yon, je devine ce que peuvent être ces gros mots, & jusqu'où peut aller le courage de ce bon vieillard par l'Epigramme qu'il a faite sur les *Jugemens des Savans*, & qu'il a inferée dans la derniére & seule véritable édition de ses Poësies: *Quam solam ipse Menagius agnoscit*. L'Epigramme est en Latin, & elle commence par l'exclamation (1).

O l'infernal! l'horrible! l'éxécrable libelle! Elle continue de la même force par les termes de *sordes*, *quisquilias*, *ineptiasque*, *omnia venena*, c'est tout dire ; & elle finit par *l'infernal*, *l'horrible*, *l'éxécrable libelle*, c'est-à-dire, par où elle a commencé, comme la vie de son Auteur.

Il ne s'agit pas ici de savoir si la vie d'un Vieillard finit par où elle a commencé, repartit Mr de Rintail. Mais s'il faut juger du courage de Mr Ménage par la force de cette Epigramme, on a lieu d'espérer que l'Anti-Baillet sera bien armé de gros mots. N'admirés-vous pas la vigueur d'une vieillesse si avancée, d'une vieillesse animée d'un si beau feu ?

Je le crois bien aussi vigoureux que le bon Roi Priam : *assurément* reprit Mr de S. Yon en souriant : & je gage sur cette Epigramme, qu'il sera bien aussi éloquent que la bonne Reine Hécube dans son Anti-Baillet

IV.

Je passe au quatriéme point de la question de Mr de Brillat, continua Mr de Rintail, sur le rapport que l'Apologie de Mr Ménage

---

1 O dirum, horribilem, & sacrum libellum.

pour la Cafe pourroit avoir avec le titre qu'elle porte de l'Anti-Baillet. Je n'en connois point d'autre de Mr Ménage que le défir de ne point laiffer perdre ce qu'il avoit préparé pour la défenfe de fon Héros, joint à ce que Mr Baillet avoit dit de cet homme au Recueil des Jugemens fur les Poëtes (1). Mais Mr Ménage ne pourra réuffir dans fon Apologie fans faire un infigne plaifir à Mr Baillet, qui étoit en peine de juftifier l'Eglife Catholique contre les accufations de quelques Proteftans, & fur tout de Mr Jurieu qui prétendoient rejetter l'infamie de la Cafa fur l'Eglife Romaine. Mr Baillet pour ne pas contefter, fuppofa ce que des Catholiques & des Proteftans avoient dit avant lui touchant la Cafe & fes Vers, & il fe retrancha à faire voir feulement l'injuftice de quelques-uns d'entre les Proteftans qui vouloient charger toute l'Eglife Catholique du crime vrai ou faux d'un fimple Particulier. Jugés de la joie qu'il auroit fi Mr Menage venoit à bout de faire voir l'innocence de ce ce Particulier. Le chemin feroit infiniment plus court pour parvenir à la défenfe de l'Eglife en ce point contre fes ennemis. Mr Baillet n'héfiteroit point pour y entrer, & je ferois fûr de fa reconnoiffance pour Mr Ménage.

J'ai appris d'une perfonne, dit Mr de Brillat, à qui Mr Ménage avoit lû lui-même la fin du Manufcrit de fon Ouvrage que l'Anti-Baillet finit par un Formulaire de Pénitence dans lequel Mr Ménage lui demande pardon de tout ce qui pourroit l'offenfer dans ce Livre.

Il demandoit donc pardon pour l'avenir plutôt que pour le paffé, repartit Mr de Rintail, puifque le Livre n'étoit pas encore imprimé. Ne tenoit-il pas à lui de fupprimer ou de corriger ce qu'il croyoit capable d'offenfer Mr Baillet puis qu'il en étoit encore le Maître ? J'appréhende que Mr Ménage ne fe faffe mettre au nombre de ceux qui fe *foucient moins d'éviter les fautes que de les commettre, pour avoir le plaifir d'en demander le pardon*, & que quelqu'un ne vienne lui dire : *Næ tu nimium nugator es, cùm maluifti culpam deprecari quam culpâ vacare.*

Ce n'eft apparemment qu'un Formulaire de Pénitence Poëtique femblable à celle que Mr Ménage a fait paroître à deux ou trois reprifes différentes dans fes Vers, comme un Poëte qui auroit eu deffein de jouer la vertu de la Pénitence Chrétienne fur le Théatre. Mais n'entreprenons pas fur ce qui doit entrer plus naturellement dans la Réponfe que Mr Ménage peut attendre de Mr Baillet. Il me

1 Tom. V. art. 1535.

suffit de vous avoir fait l'Histoire des Prédécesseurs de l'Anti-Baillet, au titre duquel vous voyés que je me suis borné, afin de donner lieu l'Auteur de la Réponse de commencer où je finis.

A ces mots nous nous levâmes Mr de Brillat & moi, & après quelques complimens nous laissâmes Mr Bertier qui vouloit faire voir quelques papiers à Mr de Rintail.

FIN

NOMS ET SURNOMS DES PERSONNES
dont il est parlé dans les Entretiens, & dont il n'a point encore été parlé ailleurs.

1.

MR de saint Yon, *Henri Simon de Telognac* fils aîné de Mr le Marquis de Valbeil. *Personnage de toutes les Conversations.*

2.

* Aaron Tertullien de Brie. *Des Savans Autodidactes.* page 140
Abel de Rintail. *Personnage de toutes les Conversations.*
Abelard Tilien. *Nouveau Système d'Encyclopédie.* 137
Le Sieur Abelli de Ranti. *Misère des Gens de Lettres.* 139
* Albert Lainier de Verton. *Personnage de toutes les Conversations.*
* Albertus Servius Andilianus. *Disceptatio de Republica Christiana.* 137
* Albert Vinet de Lorraine. *Tables Chronologiques.* 134
* Allain Bertier de Verton. *Provincial de l'Empire.* 135
André Taillebi. *Survenant à la troisième Conversation.* 132
* Antoine Bertier d'Allure. *Personnage de la quatriéme Conversation, & Auteur du Traité des Forêts,* &c. 252
* Antoine Birart de Ruelle. *Pénitenciel général,* &c. 133
* Antoine de la Blurtierre. *Nouveau Système d'Encyclopédie.* 137
* Antoine Tribler de la Ruë. *Bibliothéque générale des Matiéres.* 140
Asdrubal Tilejanus. *De Scriptis Parrhesiasticis Auctorum,* &c. 134
Le P. Atenar de Billi. *Survenant à la première Conversation.* 32
Attirail de bien, *suivant* Le Diable Tiran. *Invective contre l'Ennemi commun,* &c. 137
Le Sieur Badeili Aretin. *Systême de l'Encyclopédie des Sciences* 137
Le Sieur Berald Italien. *Catalogue des Défenseurs de Bellarmin: & Systême des Sciences.* 39 & 137
Le P. Briet de Lalain. *Survenant à la première Conversation.* 32
Daniel Alibert de Villeneuve. *Questions Scholastiques.* 139
Daniel Rétabli de Hez. *Bibliothéque des Auteurs Homonymes.* 141

Dante Alliberi, *Napolitain*. *La Biblioteca Capitolare*, &c. 138
Le Sieur Eilin d'Albatre. *Histoire des Sacremens, des Offices & de la Liturgie de l'Eglise*, &c. 136
Elie d'Altinbar. *Hypocrisie des nouveaux Convertis*, &c. 138
Elin d'Albirat. *Histoire des Bibliothéques*. 139
Eridanus Allabitus. *Lexicon Criticum omnigenæ Historiæ*. 137
Le Sieur Jaline d'Albret. *Paralléle des deux Poëtes Latins*. 138
* Jean Barillon du Teertre. *Memoire de Livres nouveaux*. 133
Jean Bridallet. *Descriptio Pagorum*, &c. 141
Jean de Brillat. *Personnage de toutes les Conversations*.
Jean Daillé R. B. T. *Conjuration générale des Protestans*. 140
* Jean Talon de Trulbierre. *Des Patrons & Fauteurs des Lettres*. 140
* Jean le Tartron de Breuil. *Nouveau Systême des Sciences*. 137
Le Sieur Irin de la Table. *Eloges historiques des Curés & Prélats du second ordre*. 139
Le sieur Labadie Trinel. *Martyrologe de Corruption*. 137
Landri Beljate de Montclair. *Histoire des Académies des beaux Esprits*. 139
Leandre Tibial. *Survenant à la troisiéme Conversation*. 132
Le Rabbin d'Aitel. *Hypocrisie des Juifs convertis*. 138
Le sieur l'Etabli d'*Abbeville*. *Des fameux Pédans & Mastig*. 135
Libertus Aladanius. *Lexicon Criticum omnigenæ Historiæ*. 137
Le sieur Nitar de Bellay. *Survenant à la premiére Conversation*. 32
René d'Abilliat. *Survenant à la troisiéme Conversation*. 132
* Renier Bataille de Turon. *Orbis Chistianus per Ecclesiarum Episcopos*. 140
* Servatius Bellarius Andinus. *Altercatio Harpagi & Hursobii apud Gorgiam Interamnatem*, &c. 138
Le Sieur Tarin d'Abeille. *L'Esprit de l'Eglise*. 135
Le Sieur Terlaine d'Albi. *Personnage de la seconde Conversation*. 33
Tibere Dallain. *Calendrier Historique*. 133
Tiene Billard de *Vaquebelle*. *Histoire des Universités*. 139

Table des Parties & Chapitres généraux, du Traité Historique & Critique des Satires Personnelles & Réelles.

PREMIER ENTRETIEN.

ANTI en général. pag. 4
ANTI des Anciens. 10

SECOND ENTRETIEN.

ANTI des Modernes. pag. 33

PREMIERE PARTIE.

ANTI qui se trouvent à la tête des Ouvrages de Théologie.

CHAP. I. ANTI des Protestans contre les Catholiques, ou *Anti-Catholiques Protestans.* pag. 35
Liste des Prédécesseurs de l'Anti-Baillet, *depuis le nombre 8. jusqu'au nombre* 167.

TROISIEME ENTRETIEN.

Conversation étrangére sur des Nouvelles de Litérature. pag. 132

ANTI des Protestans contre les Protestans, ou *Anti-Protestans Protestans.*

CHAP. II. ANTI des Luthériens contre les Calvinistes & autres Sectes Réformées, ou *Anti-Calvinistes Luthériens.* 143
CHAP. III. ANTI des Luthériens contre des Luthériens, ou *Anti-Luthériens Luthériens.* 184
CHAP. IV. ANTI des Calvinistes contre des Luthériens, ou *Anti-Luthériens Calvinistes.* 194

CHAP. V. ANTI des Calvinistes contre des Calvinistes, ou *Anti-Calvinistes Calvinistes.* 198

CHAP. VI. ANTI des Protestans en général contre les Sociniens, ou *Anti-Sociniens Protestans.* 201

CHAP. VII. ANTI des Protestans contre des Sociétés Infidéles. 218

CHAP. VIII. ANTI des Catholiques contre des Personnes de diverses Communions. 219

QUATRIE'ME ENTRETIEN.

SECONDE PARTIE.

ANTI dans les Sciences humaines.

CHAP. I. ANTI en Politique & en Jurisprudence. pag. 232
CHAP. II. ANTI en Philosophie & en Mathématiques. 284
CHAP. III. ANTI en Médecine. 299
CHAP. IV. ANTI en Histoire. 311
CHAP. V. ANTI en Grammaire, Philologie, Critique & belles Lettres. 330

ANTI Réels. 344

TABLE GENERALE
DES ANTI,

Où l'on distingue les Réels d'avec les Personnels *par le caractére italique.*

Les Chiffres sont ceux des Articles.

A

A Nti-*Alcoran* de Perez de Cninchon, *Article* 170
Anti-Alstedius de *Himmelius*, 46
Ant-Analyse de Salv. Grisio, 171
Anti - Anatomie de Laur. Forer, 172
Anti- Anicien de *Rich. Strein*, 154
Anti-Apocrise de Chr. Pelargus, 173
Anti-Apodixes de Conr. Vorstius, 174
Anti-Apologie du P. Sutor, 175 §. 1.
Anti Apologie d'Ivellus ou Jewels, *ibid.* §. 2.
Anti-Apologie de Peguillon de Beaucaire, *ibid.* §. 3.
Anti - Apologie d'Isaac Junius, *ibid.* §. 4.
Aati-Apologie de Botsaccus, *ibid.* §. 5.
Anti-Apologie d'Eustach. Giselius, *ibid.* §. 6.
Anti-Apologie de Daniel Clemen-Tome VII.
tinus, *ibid.* §. 7.
Anti-Apologie d'Evrando Phylax, *ibib.* §. 8.
Anti - Apologie de Jean Cotta, *ibid* § 9
Anti-Apologétique de Desmarets, *ibid.* §. 10.
Anti-Arctique de *Vitus Erberman*, 100 §. 2.
Anti Arctique de *J. Gaspar Jager*, *ibid* §. 1.
Anti-Argenteriques de *Jul. Alexandrin*, 142
Anti-Aristarque de *Lib. Fromond*, 133
Anti-Arminien de *Guill. Prynne*, 87
Anti-Arvet *ou plutôt* Anti-Harvet. *Voyés sous la lettre* H.
Anti-Augustane de Kollonitsch, 225 §. 3.

B

A Nti-Babau d'*Auxoles de la Peyre*, 155

Ddd

Anti-Bacchus de *J. Himmelius*, 229
Anti-Baillet de *G. Ménage*, 167
Anti-Barbares d'Erasme, 176 §. 1.
Anti-Barbare de Nizolius, *ibid.* §. 2.
Anti-Barbare de J. Georg. Seybold, *ibid.* §. 3.
Anti-Barbare de Chr. Cellarius, *ibid.* §. 4.
Anti-Barbare de Sixt. Amama, *ibid.* §. 5.
Anti-Barbarie de P. du Moulin, *ibid.* §. 6.
Anti-Barclay de *Reiser*, 47
Anti-Baronius *de Magendie*, 156
Anti-Baronius de *Kortholt*, *ibid.* §. 2.
Anti-Basilic *d'Ol. du Bourg-l'Abbé*, 100 §. 2.
Anti-Becan de *Meyfart*, 8
Anti-Becan de *Hunnius*, *ib.* §. 2.
Anti-Becan de *J. Crocius*, *ib.* §. 3.
Anti-Becman de *J. Himmelius*, 48
Anti-Becman d'*Althofer*, *ib.* §. 2.
Anti-Bellarmin de *Sam. Huber*, 9
Anti-Bellarmin de *J. Ad. Schertzer*, *ibid.* §. 2.
Anti-Bellarmin de *Conr. Vorstius*, *ibid.* §. 3.
Anti-Bellarmin d'*Albrecht*, *ibid.* §. 4.
Anti-Bellarmin de *Polanus*, *ibid.* §. 5.
Anti-Bellarmin de *L. Crocius*, *ibid.* §. 6.
Anti-Bergius de *J. Himmelius*, 49
Anti-Bergius, *ou* Anti-Crocio-Bergius du *même Himmelius*, 55
Anti-Bertius de *J. Corber*, 10
Anti-Billichius de *Schroeder*, 144
Anti-Bohmius d'*Abr. Calovius*, 84 §. 2.
Anti-Boles de Zwingle, de Bullinger, &c. 177
Anti-Bossique de *Lilius*, 161 §. 1.
Anti-Bossique d'*Aldrisius*, *ib.* §. 2.
Anti-Bossique de *Guill. Horman*. *ibid.* §. 3.

C

Anti-Calvin d'*Alex. Regourd*, 101
Anti-Calvins des *Luthériens*, 50
Anti-Calvinianes de *Himmelius*, de *Scharffius*, de *Martini*, de *Schertzer*, de *Maurice*, de *Seldius*, d'*Althofer*, de *Weber*, &c. *ibid.*
Anti-Calvinismes de *Nigrinus*, de *Varenius*, &c. *ibid.*
Anti-Calvinisme de *J. Burlot*, 102
Anti-Calvinistiques de *Hoë*, d'*Olearius*, d'*Affelman*, de *Borrichius*, &c. 50
Anti-Camus d'*un Inconnu*, 102 §. 2. item, 106
Anti-Capellus de *Rosweyde*, 103
Anti-Caramuël d'*Hum. Erdemannus*, 117 §. 2.
Anti-Caramuël de *Villareal*, *ibid.* §. 1.

Anti-Cartefius d'*Ecc. Leichner*, 134
Anti-Catégories de Beroalde, 178
Anti-Catharticon de G. Fedro de Geleine, 198 §. 6.
Anti-Catons de *J. Cefar*, 1. & 179
Anti-Catoptron de Philalethe, 180
Anti-Centurie d'un Inconnu, 181
Anti-Choppin de *Turlupin*, 118
Anti-Chriftologie de Ifaac de Froereifen, 182 §. 2.
Anti-Chriftofophie de Dannhawer, ibid. §. 1.
Anti-Cichovius de *Slicgting* ou d'un autre Socinien, 11 § 2
Anti-Cinglien d'*Ebert*, 51
Anti-Claudien d'*Alain de l'Ifle*, 4
Anti-Cluto *de Walther*, 52
Anti-Cochlée de *Wolff. Mufculus*, 11 §. 2
Anti-Colazon de *J. Hotman Villiers*, 119
Anti-Confederacy des Puritains, 183
Anti-Conringius d'*un Inconnu*, 120
Anti-Convenant, ou Anti-Covenant des Puritains. Voyés *Anti-Confederacy*.
Anti-Copernic de *I. M.* 135 § 2.
Anti-Copernic de *Georg. Polaccus*, ibid. §. 1.
Anti-Coppenftein de *J. Himmelius*, 12
Anti-Cornæus de *I. G. Dorfchæus*, 13
Anti-Cornæus de *Seldius*, 27
Anti-Coronide de Marxen, 184
Anti-Cofter de *Gomarus*, 14.

Anti-Coton de *P. D. C.* 15
Anti-Crellius de *J. Botfaccus*, 90
Anti-Crife de Dorfchæus, 169 §. 1
Anti-Crife des Syncretiftes de Pruffe, ibid. §. 2.
Anti-Crife, ou plûtôt *Antacrife* d'Ofterman, ibid. §. 3.
Anti-Critique de Buxtorff, 168 § 1.
Anti-Critique de Scriverius, ibid. §. 2.
Anti-Crocius (L) *de Balth. Mentzer*, 53
Anti-Crocius (J.) de *Gafp. Movius*, 54 §. 1
Anti-Crocius (J.) de *Roftius*, ibib. §. 2.
Anti-Crocius (J.) de *Deutfchmans*, ibid. §. 3
Anti-Crocius (J.) de *Melch. Cornæus*, 104
Anti-Crocio-Bergius de *J. Himmelius*, 55
Anti-Crufca de *P. Beni*, 152
Anti-Cujas de *Claud. le Gendre*, 120 §. 2
Anti-Cuyckius de *Henr. Boxhornius*, 15 §. 2.

D

Anti-Danæus d'*Eft. Gerlach*, 56
Anti-Decalogue de Laur. Dript, 185
Anti-Demon *de Perrauld*, 136
Anti-Défintereflé d'*un Inconnu*, 121
Anti-Deufingius *de le Boë Silvius*, 145

TABLE GENERALE DES ANTI.

Anti-Diatribes de Rich. Moun-
taguë, 186 §. 1.
Anti-Diatribe de Frondator *ou*
Crucejus, *ibid.* §. 2.
Anti-Diatribe de Juſt. Rabus,
ibid. §. 3.
Anti-Diatribe de Humfr. Sande-
rus, *ibid.* §. 4.
Anti-Didagma de Scultet, 187
Anti-Dorichæus de *Henr. Wan-
gnereck*, 105 §. 1
Anti-Drome de J. Piſcator, 188

E

ANti-Eiſenberg de Kittel-
mans, 57
Anti-Enclema de J. Major, 189
Anti-Enjedinus de *Juſt. Fewr-
born*, 91
Anti-Erotemata de M. A. Seve-
rin, 190
Anti-Eſpagnol de *Du Fay*, 122
Anti-*Exegemata* de Chriſtoph.
Rufus, 191

F

ANti-Fanchelius de *Th.
Hagecius*, 146
Anti-Fontanus de J. *Botſaccus*, 16
Anti-Forer de P. *Haberkorn*, 17
Anti-Forer de *Pregitzer*, 17
Anti-Franco-Gallia d'Ant-Matha-
rel, 192

G

ANti-Garaſſe d'*un Inconnu*,
18
Anti-Gaſtorello de *J. B. Noceto*,
137
Anti-Georgius de *Pancr. Caprit-
zius*, 92
Anti-Geſavite de *Mulman*, 19
Anti-Glauberus d'*un Inconnu*, 147
Anti-Goclenius de *Gaſpar Finck*,
58
Anti-Gontier d'*un Inconnu*, 20
Anti-Gorgias de *Jer. Cardan*, 3
Anti-Gournai d'*un Inconnu*,
Voyés l'*Anti Gontier*.
Anti-Gramannus d'*Andr. Liba-
vius*, 148
Anti-Gramma de J. Marrianus,
193
Anti-Grammaire de Pielat, 194
Anti-Gratulation de J. Naſſen,
195
Anti-Gretſer de *Gill. Hunnius*, 21
Anti-Groſſius de *J. Breving*, 78
item, 105 §. 2.
Anti-Grotius de *Mayer*, 59
Anti-Guiſard d'*un Inconnu*, 123

H

ANti-*Hæreſis* d'Everhard de
Bethune, 196 §. 1
Anti-Harvée de *Leichner*, 149
Anti-Harvetus *ou* Antarvet de *J.
Riolan*, 143

TABLE GENERALE DES ANTI.

Anti-*Henoticon* d'Eſt. de la Boëtie, 197 §. 2.
Anti-Hermaphrodite de *J. Petit*, 163
Anti-*Hermetiques* de divers Médecins, 198
Anti-Hermite ou Hermiante de *J. P. Camus*, 106
Anti-Homere de *Ptolem. Chennus*, 2
Anti-Hunnius de *Vall. Bullen.* 79
Anti-*Hyperaſpiſtes* de Bredembach, 99 §. 1. & 2.
Anti-*Hyperſaſpiſtes* de Jac. André, *ibid.* §. 2. *mais en vain.*
Anti-*Hypocondriaque* de Lævin Fiſcher, 198 §. 5

J

Anti-Janſenius de *Moraines*, 107
Anti-Janſenius de *Muller*, 22
Anti-Janſeniane de *Ph. Labbe*, 108
Anti-Jéſuites des *Proteſtans & autres*, 23
Anti-Jéſuite de *J. de Serre*, *ibid.*
Anti-Jéſuite Gratien d'*un inconnu*, *ibid.*
Anti-Jéſuite de *Joach. Urſin*, *ibid.*
Anti-Jéſuite de *Samſon*, *ibid.*
Anti-Jéſuite de *Miſler*, &c. *ibid.*
Anti-*Irenicon* de Hutterus, 217
Anti-Judaïques *de Hoornbeck*, 99

K

Anti-Keckerman de *Schopff* ou *Schoppfer*, 60
Anti-Keddius de *Reinboth*, 24
Anti-Kircher de *Scragmuller*, 25
Anti-Kircher d'*Abr. Calovius*, *ibid.* §. 2.
Anti-Krellius d'*un André dont on ne ſait pas le ſurnom*, 61

L

Anti-Lampadius de *Weber*, 62
Anti-Leon ou Anti-Leonis de *J. Himmelius*, 26
Anti-*Leſine* d'un Inconnu, 200 §. 1.
Anti-*Libelle* d'un Inconnu, *ibid.* §. 2.
Anti-Lubin d'*Alb. Grawer*, 63
Anti-*Lucerna* d'un Inconnu, 200 §. 3.
Anti-Luther de *Joſſ. Clichthovæus*, 108 §. 2.

M

Anti-Machiavel d'*Innoc. Gentillet*, 124
Anti-*Mæologique* de Thomas Tigeon, 202
Anti-Marcelli de *Seldius*, 27
Anti-*Mare* d'un Inconnu, 201
Anti-Mareſius de *Pucheſanus*, 64
Anti-Mariana de *Rouſſel*, 125
Anti-Martinius de *B. Mentzer*, 65
Anti-Martir d'*un Inconnu*, 28
Anti-Mayer *ou* Anti-Meyer de *J. Himmelius*, 29

Anti-Melander de *Laur. Forer*, 109
Anti-Melema ou *Anti-Meletema*, 203 *Voyés* Anti-Enclema.
Anti-Menippe de *Bucherus*, 164.
Anti-Meyfart ou Anti-Mayfart de *Marxen*, 81
Anti-Moguntine de *Georg. Calixte*, 30.
Anti-Moine de *J. P. Camus*, 106
Anti-Molinæus de *Laur. Forer*, 110
Anti-Montaigu d'*un Inconnu*, 89
Anti-Mornay de *Leon. Coquæus*, 111
Anti-Morton de *Pricius*, 112
Anti-Morus de *Germ. Brixius*, 165
Anti-Morus d'*un Inconnu*, 126
Anti-Motifs de David Chriſtianus, 204
Anti-Muller ou Anti-Moller de *Wolph. Herman*, 113
Anti-Muſæus de *Vit. Erberman*, 114
Anti-Mylius d'*Adam Tanner*, 115

N

Anti-Nagelius d'*Arnold*, 82
Anti-Nephritique de Martin Panſa, 198 §. 4
Anti-Nuthetumene de Martinius, 65. item, 205

O

Anti-Oſiander de *Lamb. Daneau*, 85

Anti Oſiander de *Jean Sturmius* ibid. §. 2
Anti-Oſtodorus de *Juſt. Fewrborn*, 93
Anti-Oſtodorus de *J. Paul Felwinger*, ibid. §. 2

P

Anti-Pædo-Baptiſme de *J. Tombes*, 206
Anti-Papeſſe de *Flor. de Ræmond*, 157
Anti-Papinien ou Anti-Papianus, 127
Anti-Papiſtes *des Proteſtans*, 31
Anti Pappus de *J. Sturmius*, 86
Anti-Paradoxes de Vit. Amerpach, 208 §. 1
Anti-Paradoxes de M. Ant. Majoragius, ibid. §. 2
Anti-Paradoxes d'Ang. à Sancto Joanne, ibid. §. 3
Anti-Paradoxes de Franc. de Leiva, ibid. §. 4
Anti-Paræneſe de Nicol. Craſſo, 207
Anti-Paræus de *Gill. Hunnius*, 66
Anti-Paræus d'*Alb. Grawerus*, ibid. §. 2
Anti-Paræus de *Leon Hutterus*, ibid. §. 3
Anti-Paræus de *David Owen*, 128
Anti-Paræus de *Gerard*, 66
Anti-Paræus d'*un Inconnu*, ibid.
Anti-Paralogiſme de Fr. Martianus, 209
Anti-Paraſceve de J. Sperlingius, 210
Anti-Pelargus d'*Eckard*, 68

Anti-Pericope de God. Driel, 211
*Anti-*Peripatetiques de *Leichner*, 138 §. 2
Anti-Peripatiade de *M. A. Severin*, 138 §. 1
Anti - Peſtifere de Mart. Panſa, 198 §. 1
Anti-Philarque d'*un Inconnu*, 166 §. 1
Anti - Philarchies de *Lelandus*, ibid. §. 2
Anti-Philippique de Jac. Silvanus *ou* Keller. 212
Anti-Philolaus de *Scip. Claramontius*, 139
Anti-Phlebotomique de Mart. Panſa, 198 §. 3
Anti-Photiniens de *divers Proteſtans*, 94
Anti-Photinien de *Scharffius*, *ib.*
Anti-Pierius de *B. Mentzer*, 53
Anti-Piſcator *de Scribonius*, 140
Anti-Piſtorius de *Chriſt-Agricola*, 32 §. 1
Anti-Piſtorius de *Conr. Vorſtius*, ibid. §. 2
Anti-Piſtorius de *Balth. Mentzer*, ibid §. 3
Anti-Podagricon de Mart. Panſa, 198 §. 2
Anti - Poniatow de *Hoë ab Hoenegg.* 68 §. 1
Anti-Præ-Adamite de *Micrælius*, ibid. §. 2
Anti-Primatus de J. Groſſius, 213
Anti - Problêmes d'un Inconnu, 214
Anti-Prognoſtique de Guill. Fulke, 215
Anti-Prooemium de J. Sturmius, 216

Anti-Pſeudirenicon de Hogelius, 217
Anti - Puccius de *Luc. Oſiander*, 33. item, 69
Anti-Puteanus d'*un Inconnu*, 158

R

Anti-Rathman de *Behm*, 70
Anti-Roman de Ch. Sorel, 218
Anti-Roſarium de Pitiſcus, 219

S

Anti - Sabbataires par des *Non-Conformiſtes*, 38 §. 2
Anti-Sadéel de *B. Mentzer*, 71
Anti-Salmaſius de *Kortholt*, 72
Anti-Sanderus d'*un Inconnu*, 159
Anti-Satire de Tortoletto, 220
Anti-Schegkius de *Simonius*, 150
Anti-Scioppius de *Theod. Berenicus*, 129
Anti - Scripturiſtes des *Fanat. d'Anglet.* 38 §. 3
Anti-Silvius d'*Ant. Deuſingius*, 151
Anti-Simonius de *Jac. Schegkius*, 150. item, 152
Anti-Sixte de *Du-Fay*, 34
Anti-Smalcius de *J. Cloppenbourg*, 95
Anti-Smalcius de *J. Saubert*, ibid.
Anti-Socin de *Caſman*, 96 §. 1
Anti-Socin de *Gentillet*, ib. §. 2
Anti-Sociniens des *Proteſtans*, 96
Anti-Socinianiſmes de *Varenius*, de *Crocius*, de *Chewney*, &c. ibid.
Anti-Socolovius de *Sebaſt. Finck*,

Anti-Soldat d'*un Inconnu*, 130 §. 1.
Anti-Sophistique de Tristan, 221
Anti-Squitinio de Scip. Errico, 222
Anti-Stapleton de *Guillaume Whittaker*, 36
Anti-Stegman de *J. Botsack*, 97
Anti-Steinius de *Balth. Mentzer*, 74
Anti-Steinius de *Polyc. Lyser*, 74 § 2
Anti-Strena de Jac. Gretser, 223
Anti-Sturmius d'*Osiander*, 75
Anti-Syncretismes de Luthériens, 224
Anti-Syncretistes *de Luthériens*, 83
Anti-Synodales d'Amesius, 225 §. 1
Anti-Synodiques de Malder, *ibid.* §. 2

T

ANti-Tami-Cami-*Categoria* de Melwin, 226
Anti-Tanner de *Gill. Hunnius*, 36
Anti-Tanner de *Hailbronner, ibid.* §. 2
Anti-Théophile de *H. Alby*, 115 §. 2
Anti-Theseus d'*un Inconnu*, 153
Anti-Tortor de *Stengelius*, 116
Anti-Tribonien de Fr. Hotman, 131
Anti-Tri-Mastix de Struppius, 227
Anti-Trinitaires *des Socin. & Arr.* 38

Anti-Tristans de *Jac. Sirmond*, 160
Anti-Tritheia de *Baumgart*, 228
Anti-Turcique de *Herlicius*, 130 §. 2
Anti-Turciques de *Luther* ou de *Rosen*, 99
Anti-Tycho de *Scip. Claramontius*, 141

V

ANnti-Valerien de *P. Haverkorn*, 39
Anti-Venator de *Mart. Béer*, 40
Anti-Vorstius de *Cocus*, 76
Anti-Vultejus de *God. Antonius*, 132

W

ANti-Wagnereck de *Wildersohn*, 41 § 1
Anti-Wagnereck de *Bebelius*, *ibid* §. 2
Anti-Wallembourg d'*Arndius*, 42 §. 2
Anti-Wallembourg de *Haberkorn*, *ibid* §. 1
Anti-Weigelius de *Crocius*, 87
Anti-Willius de *Havemans*, 84
Anti-Wujeck de *F. Socin*, 43

Z

ANti-Zwicker de *Maukisch*, 98
Anti-Zwinglio-Calvinien de *Willichius*, 77

TABLE DES AUTEURS
DES ANTI.

Les Chiffres sont ceux des Articles.

A

Affelman, l'*Anti-Calviniste*. 50. § 12
Agricola, l'*Anti-Pistorius*. 32. § 1
Alain de l'Isle, l'*Anti-Claudien*. 4
Albrecht, l'*Anti-Bellarmin*. 9. § 4
Alby, l'*Anti-Théophile*. 115. § 2
Aldrisius, l'*Anti-Bossique*. 161. § 2
Alexandrin, les *Anti Argenteriques*. 142
Althofer, l'*Anti-Becman*. 48. § 2
— Les *Anti-Calvinianes*. 50. § 13
Amama, l'*Anti-Barbare*. 176. § 5
Amerpachius, les *Anti-Paradoxes*. 208. § 1
Amesius, les *Anti-Synodales*. 225. § 1
André (Jac.) l'*Anti-Hyperaspistes*. Voyés Bredembach.
Antonius, l'*Anti-Vultejus*. 132
Arndius, l'*Anti-Wallembourg*. 42. § 2
Arnold, l'*Anti-Nagelius*. 82
Auzoles de la Peyre, l'*Anti-Babau*. 155

B

Baumgart, l'*Anti-Tritheis*. 228
Beaucaire de Peguillon, l'*Anti-Apologie*. 175. § 3
Bebelius, l'*Anti-Wagnereck*. 41. § 2
Beer, l'*Anti-Venator*. 40
Behm, l'*Anti-Rathman*. 70
Beni, l'*Anti-Crusca*. 152
Berenicus, *ou plutôt*, Bernegger, l'*Anti-Scioppius*. 129
Beroalde, les *Anti-Catégories*. 178
la Boëtie, l'*Anti-Henotique*. 197. § 2.
Borrichius, l'*Anti-Calviniste*. &c. 50. § 9
Botsaccus, l'*Anti-Apologie*. 175. § 9
— l'*Anti-Crellius*. 90
— l'*Anti-Fontanus*. 16
— l'*Anti-Stegman*. 97
Bourg l'Abbé, *ou plutôt*, Camus, Ev. de Belley, l'*Anti-Basilic*. 100. § 2. & 106

Table des Auteurs des Anti.

Boxhornius, l'*Anti-Cuyckius*. 15. § 2.
Bredembach, l'*Anti-Hyperaspistes*. 199. § 1
Breving, l'*Anti-Grossius*. 78. & 105. § 2
Brixius, l'*Anti-Morus*. 165
Bucherus, l'*Anti-Menippe*. 164
Bullen, l'*Anti-Hunnius*. 79
Bullinger, les *Anti-Boles*. 177
Burlot, l'*Anti-Calvinisme*. 102
Buxtorf, l'*Anti-Critique*. 168. § 1

Cocus, l'*Anti-Vorstius*. 76
du Coignet, l'*Anti-Coton*. 15. § 1
Coquæus, l'*Anti-Mornay*. 113
Corber, l'*Anti-Bertius*. 10
Cornæus, l'*Anti-Crocius*. 104
Cotta, l'*Anti-Apologie*. 175. § 9
Craffo, l'*Anti-Parænese*. 207
Crocius (Jean), l'*Anti-Becan*. 8. § 3
— l'*Anti-Weigelius*. 87
Crocius (Louis) l'*Anti-Bellarmin*. 9 § 6
— l'*Anti-Socinianisme*. 96
Crucius, ou de la Croix, l'*Anti-Diatribe*. 186. § 2

C

Calixte, l'*Anti-Moguntine*. 30
Calovius, l'*Anti-Bohmius*. 84. § 2
— l'*Anti-Kircher*. 25. § 2
Camus, l'*Anti-Hermite*. 106
— l'*Anti-Moine*. 106
— l'*Anti-Basilic*. 106
Capritzius, l'*Anti-George*. 92
Cardan, l'*Anti-Gorgias*. 3
Casman, l'*Anti-Socin*. 96. § 1
Cellarius, l'*Anti-Barbare*. 176. § 4
Cesar, les *Anti-Catons*. 1, & 179
Chewney, l'*Anti-Socinianisme*. 96
Christianus, les *Anti-Motifs*. 204
Claramontius, l'*Anti-Philolaus*. 139
— l'*Anti-Tycho*. 141
Clementinus, l'*Anti-Apologie*. 175. § 7
Clichtovæus, l'*Anti-Luther*. 108. § 2
Cloppenbourg, l'*Anti-Smalcius*. 95. § 2

D

Daneau, l'*Anti-Osiander*. 85
Dannhawer, l'*Anti-Christosophie*. 182. § 1
Desmarets, l'*Anti-Apologétique*. 175. § 10
Deusingius, les *Anti-Silvianes*. 151
Deutschman, l'*Anti-Crocius*. 54. § 3
Dorschæus, l'*Anti-Cornæus*. 13
— l'*Anti-Crise*. 169. § 1
Driel, l'*Anti-Pericope*. 211
Dript, l'*Anti-Decalogue*. 185

E

Ebert, l'*Anti-Cinglien*. 51
Eckard, l'*Anti-Pelargus*. 68
Erasme, les *Anti-Barbares*. 176. § 1

Erberman, l'*Antarctique*. 100. § 2
— l'*Anti-Musæus*. 114.
Erdemannus, l'*Anti-Caramuel*. 117. § 2
Errigo *ou* Henricus, l'*Anti Squitinio*. 222
Evandro Phylax, l'*Anti-Apologie*. 175. § 8
Everhard, l'*Anti-Hæresis*. 196. § 1

F

du **F**Ay, l'*Anti-Espagnol*. 122
— l'*Anti-Sixte*. 34
Fedro *ou* Phædrus, l'*Anti-Cathartique*. 198. § 6
Felwinger, l'*Anti-Ostorod*. 93. § 2
Fewrborn, l'*Anti-Enjedin*. 91
— l'*Anti-Ostorod*. 93
Finck (Gasp.) l'*Anti-Goclenius*. 58
Finck (Sebast.), l'*Anti-Socolovius*. 35
Fischer, l'*Anti-Hypocondriaque*. 198. § 5
Forer, l'*Anti-Anatomie*. 172
— l'*Anti-Melander*. 109
— l'*Anti-Molinæus*. 110
Froereisen, l'*Anti-Christologie*. 182. § 2
Fremond, l'*Anti-Aristarque*. 133
Frondator, l'*Anti-Diatribe*. 186. § 2
Fulke, l'*Anti-Prognostique*. 215

G

le **G**Endre, l'*Anti-Cujas*. 120. § 2
Gentillet, l'*Anti-Jésuite*. Voyés Ursin, 23. p. 93.
— l'*Anti-Machiavel*. 124
— l'*Anti-Socin*. 96. § 2
Gerard, l'*Anti-Paræus*. 66
Gerlach, l'*Anti-Danæus*. 56
Giselius, l'*Anti-Apologie*. 175. § 6
Gomarus, l'*Anti-Coster*. 14
Grawerus, l'*Anti-Lubin*. 63
— l'*Anti-Paræus*. 66. § 2
Gretser, l'*Anti-Strena*. 233
Grisio l'*Anti-Analyse*. 171
Grossius, l'*Anti-Primatus*. 213

H

HAberkorn, l'*Anti-Forer*. 17
— l'*Anti-Valerien*. 39
— l'*Anti-Wallembourg*. 42. § 1
Hagecius, l'*Anti Franchelius*. 146
Hailbronner, l'*Anti-Tanner*. 36. § 2
Havemans, l'*Anti-Willius*. 84
Herlicius, l'*Anti-Turcique*. 131. § 2
Herman, l'*Anti Muller*. 113
Himmelius, l'*Anti-Alstedius*. 46
— l'*Anti-Bacchus*. 229
— l'*Anti-Becman*. 48

TABLE DES AUTEURS DES ANTI.

— l'*Anti-Bergius*. 49
— l'*Anti-Calviniane*. 50. § 1
— l'*Anti-Coppenstein*. 12
— l'*Anti-Crocio-Bergius*. 55
— l'*Anti-Leonis*. 26
— l'*Anti-Mayer*, 29
Hoë de Hoenegg, l'*Anti-Calviniste*. 50. § 9
— l'*Anti-Poniatow*. 68. § 1
Hogelius, l'Anti - *Pseudirenique*. 217
Hoornbeck, *les Anti-Judaïques*. 99
Horman, l'*Anti-Bossique*. 161. § 3
Hotman (Franc.), l'*Anti-Tribonien*. 131
Hotman (Jean), l'*Anti-Choppin*. 118
— l'*Anti-Colazon*. 119
Huberus, l'*Anti-Bellarmin*. 9. § 1
Hunnius, l'*Anti-Becan*. 8 § 2
— l'*Anti-Gretser*. 21
— l'*Anti-Paræus*. 66
— l'*Anti-Tanner*. 36
Hutterus, l'*Anti-Irenique*. 217
— l'*Anti-Paræus*. 66. § 3
H. A. l'*Anti-Théophile*. 115. § 2
Voyés Alby.

J. M. l'*Anti-Copernic*. 135. § 2

K

Keller, l'Anti - *Philippique*. 212
Kittelmans, l'*Anti-Eisenberg*. 57
Kollonitsch, l'Anti - *Augustana*. 225
Kortholt, l'*Anti-Baronius*. 156. § 2
— l'*Anti-Salmasius*. 72

L

L Abbe, l'*Anti - Janseniane*. 108
Leichner, l'*Anti-Cartesius*. 134
— l'*Anti-Harvée*. 149
— *les Anti - Peripatétiques*. 138. § 2
Leiva, *les Anti - Paradoxes*. 208. § 4
Lelandus, *les Anti - Philarchies*. 166. § 1
Libavius, l'*Anti-Graman*. 148
Lilius, l'*Anti Bossique*. 161 § 1
Luther, *les Anti-Turciques*. 99
Lyserus, l'*Anti-Steinius*. 74. § 2

J

Jager, l'*Antarctique*. 100. § 1
Jewels, ou Ivell, l'*Anti-Apologie*. 175. § 2
Julius Alexandrinus, *les Anti-Argenteriques*. 142
Junius (Isaac) l'*Anti-Apologie*. 175. § 4

M

Magendie, l'Anti - *Baronius*. 156
Major, l'*Anti-Enclema*. 189
Majoragius, *les Anti-Paradoxes*. 208. § 2
Malderus, *les Anti - Synodiques*. 225. § 2

Maresius, l'Anti-Apologétique. 175. § 10
Marrianus, l'Anti-Gramma. 193
Martianus, l'Anti-Paralogisme 209
Martini, les Anti-Calvinianes. 50. § 4 & 5
Martinius, l'Anti-Nuthetumene. 65 & 205
Marxen, l'Anti-Coronide. 184
— l'Anti-Meysart. 81
Matharel, l'Anti-Franco-Gallia. 192
Maukisch, l'Anti-Zwicker. 98
Maurice, les Anti-Calvinianes. 50. § 8
Mayer, l'Anti-Grotius. 59
Mayfart ou Meyfart, l'Anti-Becan. 8. § 1
Melwin, l'Anti-Tami-Cami-Categorie. 126
Ménage, l'Anti-Baillet. 167
Mentzer, l'Anti-Crocius. 53
— l'Anti-Martinius. 65
— l'Anti-Pierius. 53
— l'Anti-Pistorius. 32. § 3
— l'Anti-Sadeel. 71
— l'Anti-Steinius. 74
Micrælius, l'Anti-Præadamite. 68. § 2
Misler, l'Anti-Jésuite. 23. p 95
Montaigu, les Anti-Diatribes. 186. § 1
Moraines, l'Anti-Jansenius. 107
Movius, l'Anti-Crocius. 54. § 1
du Moulin, l'Anti-Barbarie. 176. § 6
Muller, l'Anti-Jansenius. 22
Mulman, l'Anti-Gesavite. 19
Musculus, l'Anti-Cochlée. 11. § 2

N

Nassen, l'Anti-Gratulation. 198
Nigrinus, l'Anti-Calvinisme. 50. § 14
Nizolius, l'Anti-Barbare. 176. § 2
Noceto, l'Anti-Gastorello. 137

O

Olearius, l'Anti-Calviniste. 50. § 10
Osiander, l'Anti-Puccius. 33 & 69
— l'Anti Sturmius. 75
Osterman, l'Anti-Crise ou l'Antacrise. 169. § 3
Owen, l'Anti-Paræus. 128

P

Pansa, l'Anti-Nephritique. 198. § 4
— l'Anti-Pestifere. 198. § 1
— l'Anti-Phlebotomique. 198. § 3
— l'Anti-Podagrique. 198. § 2
Pasquier, l'Anti-Garasse. 18
Peguillon de Beaucaire, l'Anti-Apologie. 175. § 3
Pelargus, l'Anti-Apocrise. 173
Perez de Chinchon, l'Anti-Alcoran. 170
Perreaud, l'Anti Démon. 136
Petit, l'Anti-Hermaphrodite. 163

la Peyre, l'*Anti-Babau*. 155
Philalethe, l'*Anti-Catoptron*. 180
Pielat, l'*Anti-Grammaire*. 194
Piscator, l'*Anti-Drome*. 188
Pitiscus, l'*Anti-Rosarium*. 219
Polaccus, l'*Anti-Copernic*. 135. § 1
Polanus, l'*Anti-Bellarmin*. 9. § 5
Pregitzer, l'*Anti-Forer*. 17
Pricius, l'*Anti-Morton*. 112
Prynne, l'*Anti-Arminien*. 87
Ptolomée Chenne, l'*Anti - Homere*. 2
Puchesanus, l'*Anti-Maresius*. 64
P. D. C. l'*Anti - Coton*. 15. § 1
Voyés *du* Coignet.

R

Rabus, l'*Anti-Diatribe*. 186. § 3
Raimond ou Ræmond, l'*Anti-Papesse*. 157
Regourd, l'*Anti-Calvin*. 101
Reinboth, l'*Anti-Keddius* 24
Reiser, l'*Anti-Barclay*. 47
Riolan, l'*Anti-Harvetus* ou *Antarvet*. 143
Rosen, les *Anti-Turciques*. 99
Rostius, l'*Anti-Crocius*. 54. § 2
Rosweyde, l'*Anti-Cappel*. 103
Roussel, l'*Anti-Mariana*. 125
Rufus, les *Ant-Exegemates*. 191

S

Samson, l'*Anti Jésuite*. 23. p. 94
à Sancto-Joanne, les *Anti-Paradoxes*. 208. § 3
Sanderus, l'*Anti-Diatribe*. 186. § 4
Saubert, l'*Anti-Smalcius*. 95. § 1
Scharffius, les *Anti-Calvinianes*. 50. § 2 & 3
— l'*Anti-Photinien*. 94
Schegkius, l'*Anti Simonius*. 150. & 152
Schertzer, l'*Anti - Bellarmin*. 9. § 2
— l'*Anti-Calvinian*. 50. § 6
— l'*Anti-Socinien*. 96
Schopff, *ou* Schoppfer, l'*Anti-Keckerman*. 60
Schragmuller, l'*Anti-Kircher*. 25
Schroeder, l'*Anti-Billichius*. 144
Scribonius, l'*Anti-Piscator*. 140
Scriverius, l'*Anti - Critique*. 168. § 2
Scultet, l'*Anti-Didagma*. 187
Seldius, les *Anti Calvinianes*. 50. § 11
— l'*Anti-Cornæus*. 27. p. 100
— l'*Anti-Marcelli*. 27
de Serre, l'*Anti-Jésuite*. 23. p. 93
Severin, les *Ant-Erotemates*. 190
— l'*Anti-Peripatiade*. 138. § 1
Seybold, l'*Anti - Barbare*. 176. § 3
Silvanus, l'*Anti-Philippique*. 212
Silvius, l'*Anti-Deusingius*. 145
Simonius, l'*Anti-Schegkius*. 150
Sirmond, les *Anti-Tristans*. 160
Slichting ou Schligting, l'*Anti-Cichou*, 11. § 1
Socin, l'*Anti-Wujeck*. 43
Sorel, l'*Anti-Roman*. 218
Sperlingius, l'*Anti-Parasceve*. 210

Stengelius, l'*Anti-Tortor*. 116
Streinnius, l'*Anti-Anicien*. 154
Struppius, l'*Anti-Trimaſtix*. 227
Sturmius, l'*Anti - Oſiander*. 85.
§ 2
— les *Anti-Pappus*. 86
— l'*Anti-Prooemium*. 216
Sutor, l'*Anti-Apologie*. 175 § 1

— l'*Anti-Socinianiſme*. 96
Villareal, l'*Anti-Caramuel*. 117.
§ 1
Vorſtius, les *Anti-Apodixes*. 174.
— l'*Anti-Bellarmin*. 9. § 3
— l'*Anti-Piſtorius*. 32. § 2
Urſin, l'*Anti-Jéſuite*. 23. p. 93.

T

Tanner, l'*Anti-Mylius*. 115
Tigeon, l'*Anti-Mæologique*. 202
Tombes, l'*Anti - Pædo-Baptiſme*. 206
Tortoletto, l'*Anti-Satire*. 220
Triſtan, l'*Anti-Sophiſtique*. 221
Turlupin, l'*Anti-Choppin*. 118

V

Varenius, l'*Anti-Calviniſme*. 50. § 15

W

Valther, l'*Anti-Cluto*. 52
Wangnereck, l'*Anti - Dorſchæus*. 105. § 1
Weber, l'*Anti-Lampadius*. 62
Whittaker, l'*Anti-Stapleton*. 36
Wirdelſohn, l'*Anti - Wagnereck*. 41. § 1
willichius, l'*Anti-Zwinglio-Calvinien*. 77

Z

Zwingle, les *Anti-Boles*. 177

TABLE

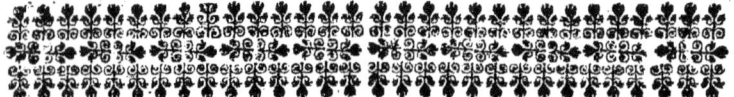

TABLE GENERALE
DES MATIERES
Contenuës dans les sept Volumes.

Les Chiffres Latins (ou Romains) *indiquent le Volume :*
les Chiffres communs, la page :
& cette marque ¶ les Notes.

A.

ABBREVIATIONS, Tome II. page 529
  Auteurs qui en ont traité. *ibid.*
Abbeville, *Pierre d'*, Son Dictionnaire Turc. II. 647
Aben-efra, *Rabbin*, illustre Grammairien. II. 629
Ablancourt, *Nicolas Perrot d'*, III. 129
  Chef de Secte parmi les Traducteurs. *ibid.*
  A traité ses Auteurs en Maître, plutôt qu'en Traducteur Esclave. 130
  Jugemens sur ses principales Traductions. *ibid.*
  Sentimens sur son Lucien. 131
  Sa générosité à l'égard d'un ami. VI. 364
Abondance, *Jean d'*, Bazochien. VI.
  Auteur plaisant. ¶ 388
Abraham, *R.* II. 631
  Traduit par un Anonyme. *ibid.*
Abregés, *Des.* I. 240

Ont rendu les Auteurs & les Lecteurs de mauvais goût. *ibid.*
Abril ou Avril, *Pierre Simon.* II. 572
  Grand nombre de ses Traductions. III. 198
Abinthium, *Anti-*, VII. 366
Academie Françoise, I. 46
  Sagesse de cette Académie dans ses décisions. *ibid.*
  Il s'est trouvé quelque Critique contre elle. II. 92
Acciaioli, *Donat.* II. 246. III. 33
  Son honnêteté singuliére. *ibid.*
Accius, Poëte. IV. 312
  Son véritable nom. *ibid.* ¶
  Il abhorroit les élisions. *ibid.* ¶
Accords, *Seigneur des*, Son véritable nom. VI ¶ 308
Accursius, *Mariangel.* II. 260
  Ses dissertations *ibid.*
  Sa jeunesse. VI. 202
  A quel âge il s'est avisé d'étudier la Jurisprudence. *ibid.*
Acerne, *Sebastien.* Poëte Latin &

TABLE GENERALE

Polonois. V. 51
Un Poëme qui lui couta dix ans. ibid.
Achery, *Luc d'*, Bénédictin. *ibid.*
Ses Ouvrages. De qui il avoit des secours. II. 476
Achillini, *Claude*. Poëte Italien. V. 167.
Diverfité de ses professions. *ibid.*
Il fut heureux en récompenses. 168
Acidalius, *Valens*. Poëte Latin IV. 487
Mort à la fleur de son âge. II. 337
Jeune Auteur. VI. 94
Ackern, *Sebaftien*. I. 215
Il employa dix ans à son Poëme. V. 51
Acroftiches, *Des*, VI. 460
Auteurs qui s'en font fervis. *ibid.*
Adam, *Melchior*. II. 99
Il est accusé par les Proteftans. *ibid.*
Adam, *Billaut*. Menuifier de Nevers, Poëte Faançois. V. 188
Des éloges qu'on lui a donnés. *ibid.*
Appellé Goujat du Parnaffe. *ibid.*
Adelard, Anglois. III. 13
Traducteur d'Euclide. *ibid.*
Adeodat, fils de S. Auguftin. VI. 37
Adrien, Empereur. VI. 311
Son eftime pour les échecs. *ibid.*
Son ambition. *ibid.*
Adrien VI. Pape I. 48
Fort loué. *ibid.*
Adulti, *Leon*. Anagramme de Noël de Faill. VI. 308
Ælius Antonius. VI. 289
Son véritable nom. *ibid.*
Æneas Sylvius. II. 215
Connu fous le nom de Pie II. *ibid.*
Æfchyle. III. 396
Réformateur de la Tragedie des Grecs. *ibid.*
Introduifit le premier l'ufage du mafque fur le Théatre. 397

En ôta les éxécutions Tragiques. *ibid.*
Ses défauts. 398. 399
Ses louanges. 400
Affelman, *Jean*. VII. 150
Afranius, *L.* Poëte Comique. IV. 35
Comédie de Longue-Robe, ce que c'eft. 36
Critique cruelle de Quintilien contre lui. *ibid.*
Agathias, Poëte Grec. IV. 247
Il aimoit les pointes & le ftyle fleuri. 248
Agricola, *Rodolphe*. II. 173. 226
Grand amateur de Pline. *ibid.*
Appellé génie célefte. 227
Traducteur très poli. III. 23
Aigreur des Critiques. I. 194
Leur animofité, tant des Anciens que des Nouveaux. *ibid.*
Alain Chartier, Poëte François. IV. 281. 284
Une Princeffe lui donna un baifer en public. 285
Alain de l'Ifle, dit *le Convers.* IV. 262
De son Anti-Claudien. *ibid.*
Mauvais ftyle. 263. VII. 24
Alais, *D. V.* Grammairien. II. 673
Alamanni, *Nicolas*. III. 79
Son Hiftoire fecrette. *ibid.*
Alberic, *Jacques*. II. 82
Albinovanus, *C. Pedo*. IV. 58
Appellé Poëte célefte. *ibid.*
Alcée, Poëte Lyrique. III. 381
Différens Jugemens fur ce qui refte des débris de fes Poëfies. *ibid.*
Auteur des Vers Alcaïques. 282
Alciat, *André*. Poëte Grec & Latin. IV. 388
Ses Emblémes fort eftimés. *ibid.*
Des Ouvrages de fa jeuneffe. VI. 69. 70
Jurifconfulte illuftre Son nom déguifé fous celui de *Lucianus*. 94
Aleman, Poëte Lyrique. III. 374

DES MATIERES.

Erreur sur sa patrie. *ibid.*
Alcoran, *Anti-*, VII. 346
Condamné seulement sur le titre. *ibid.*
Aldrete, *Bernard*. II. 679
Habile en Langue Grecque & Hébraïque. *ibid.*
Aldrisius, *Jean*. VII. 331
Quel étoit son véritable nom. 332
Aleandre, *Jerôme*. II. 410
Son étude sur les Antiquités. *ibid.*
Poëte Grec. IV. 307
Professeur Royal de la Langue Grecque à Paris. *ibid.*
Poëte Latin & Italien. V. 137
Il étoit à la suite du Legat. Débauche qu'il a fait à Paris. *ibid.*
Aleandre le jeune, Poëte dès sa jeunesse. VI. 106
Son Commentaire sur les Institutions de Caius. 107
Aléaume, *Louis*. Poëte Latin & François. V. 15
Alegambe, *Philippes*. II. 73
Traite d'hérétiques avec injustice, Mrs Marion & Servin Avocats Généraux, & quelques autres Magistrats, qui ont été la gloire du Parlement de Paris, & défenseurs très-zelés de la Religion Catholique & Romaine. 75
Indiscret par rapport à sa Societé. *ibid.*
Alegre de Casanate. II. 68
Jugement sur son Paradis de la gloire du Carmel. 68
Il a grossi son Ouvrage par des Ecrivains Etrangers. 69
Aleotti, *Jean-Baptiste*. III. 193
S'est appliqué aux forces mouvantes. *ibid.*
Alexandre e. Pape. Pierre Damien mettoit le nom de ce Pape à ce qu'il faisoit. IV. 372
Alexandre e. Pape, Poëte Latin. V. 273
Ce fut contre son gré qu'on mit ses

Poësies au jour. 274
Alexandre le Grand. VI. 6
Philippe confie son éducation à Aristote. *ibid.*
La Lettre de Philippe à ce Philosophe. 6. 7
Aimoit extrémement l'étude. 7
Avoit appris d'Aristote à être jaloux, & de Leonide son Gouverneur à marcher trop vîte. *ibid.*
Introduisit les Belles Lettres & les Sciences par tout où ses conquêtes le portèrent. 9
Alexandrin, *Clement*. VII. 343
Modele proposé à M. Menage. *ibid.*
Alexandrinus, *Julius*. VII. 299
Médecin de Maximilien II. qui l'enrichit lui & ses bâtards. *ibid.*
Alidosi, *J. N. Paschal*. II. 81
A donné un Recueil des Docteurs de l'Université de Boulogne. *ibid.*
Allatius, *Leo*. II. Ses Ecrivains de Rome. 79
Plusieurs Eloges. 462
Grande quantité de versions d'Auteurs Grecs qu'il a fait. III. 102
Allemans. Leur caractére. I. 145
Les Protestans mécontens de leur Ouvrage. II. 99
Almanacs, *Faiseurs d'*, VI. 388
Leur effronterie. 261
Almanac burlesque. 388
Alpagus, *André*. III. 20
Un des Traducteurs d'Avicenne.
Alphonse, Roi de Castille. VI. 372
Il a honoré de son nom les Ouvrages de ses Domestiques. *ibid.*
Alstedius, *Jean Henri*. II. 180
Son Encyclopedie est fort chargée de divisions & de subdivisions, & mérite d'être luë. *ibid.*
Anti-Alstedius. Par qui composé. VII. 143
Altamura, *Ambroise d'*, II. 71
Sa Bibliothéque Dominicaine. *ibid.*
Althofer, *Christophle*. VII. Son mariage. VII. 146

Fff ij

TABLE GENERALE

Rencontré par des Voleurs. 147
Son Anti-Calvinianus. 150
Altile, *Gabriel*. IV. 306
Fatiguoit son Lecteur. *ibid.*
Il quitta la Poësie quand il fut Evêque. *ibid.*
Alvarez, *Emmanuel*. II. 572
Sa Grammaire, elle a eu ses Censeurs. *ibid.*
Alunno, *François*. II. 673
Faute de Baillet à son occasion. *ibid*
Amalasunthe, savante. VI. 185
Cassiodore la met à la place de Salomon. *ibid.*
Amalthées, *Les trois frères*. Poëtes Latins. IV. 435
Eloge que Muret fait de Jerôme.
Amama, *Sixtinus*. VII. 353
Contre la barbarie glissée dans l'Ecriture Sainte. *ibid.*
mant, *de S.* Poëte François V. 243
De son Moïse sauvé. 244
La crainte de mourir de faim l'a rendu sage. *ibid.*
Amasæus, *Romulus & Pompilius*. III. 51
Pere & fils, leurs Traductions. *ibid.*
Ambroise, *S.* I. 166
Né dans les Gaules. *ibid.*
Donnoit ses Ouvrages à l'éxamen.
Amelot de la Houssaye. III. 177
Son style a du nerf & se soutient. *ibid.*
Amerbache, *Jean*. Imprimeur. I. 380
Trois freres établis à Basle. *ibid.*
Amerbache, *Vit*. II. 173
Maniére de bien étudier. *ibid.*
Amerpachius, *Vitus*. VII. 373
Amesius, *Guillaume*. VII. 380
Contre les Ecritures Synodales des Remontrans. *ibid.*
Amiot, *Jacques*. III. 112
Eloge de Mr Huet en sa faveur. 113
Ses louanges. 112
Ses Adversaires. 114
La Critique de Meziriac contre lui. 115
Ce qu'on a critiqué en lui. 116
l'Ami, *Bernard*. Modele d'étudier. II. 177
Son art de parler. 522
Amour propre des Critiques. I. 60
Ce qu'il cause. *ibid.*
Anacreon. III. 385
Jugement de Mr de Longepierre sur cet Auteur. *ibid.*
Fort voluptueux. *ibid.*
Ses Critiques modernes. 386
Anagrammes, injurieuses. VI. 394
Plainte contre Mr de Thou d'avoir latinisé les noms. 457
Analyse, *Anti-*. VII. 347
Indifferent pour l'approbation. *ibid*
Anastase, Nonce. III. 11
Surnommé l'*Aprocrisiaire*. *ibid.*
Anastase le Bibliothécaire. III. 12
Son style est rude. *ibid.*
Anatomie, *Anti-*. VII. 347
Réponse à un libelle diffamatoire.
Anciens. De la prévention dans laquelle on est pour eux. I. 67. &c.
Andilly, *Robert Arnauld d'*. III. 135
Le style de ses Traductions est noble, élevé, délicat, pur, il y joint le caractére d'honnête homme avec la pureté chrétienne, conserve le bon sens de ses Auteurs, & leur prête ce qui leur manque. 135
Jugemens sur quelques-unes de ses Traductions. 137 &c.
Poëte François. V. 315
André, *Jacques*. VII. 367
Trois réfléxions de Mr Baillet à son occasion. *ibid.*
André de Desschel, *Valere*. Dans quelle vuë il a donné son Catalogue. II. 85
Swert prétend qu'il la volé. 103
Andrelini. IV. 329
Couronné Poëte du Roi. *ibid.*
Selon Vossius, on pourroit dire de ses Ouvrages, que c'est une riviére de paroles & une goutte d'esprit. 330

DES MATIERES.

Andrew, *Lancelot*. VII. 250
  Ses études à Cambridge. *ibid*.
Andronicus, *M. Livius*. premier Poëte des Latins. IV. 1
  Ses piéces étoient fort brutes & fort grossiéres. 2
  Il n'est pas vrai qu'il ait écrit l'Histoire Romaine en vers. *ibid*.
Andronique. II. 215
  Il s'appelloit Andronic Calliste. ¶
Ange de S. Joseph II. 646
  Son *Gazophilacium* très-utile. *ibid*.
Angeli de Berga, *Pierre*. Poëte Latin & Italien. V. 13
  Il a beaucoup de feu, de courage, de noblesse & de force. 14
Angelico Aprosio. II. 77
  Grand Promoteur. *ibid*.
Angelin ou Angelot Gazeau, *Gazæus*. Poëte Latin. V. 223
  Il s'est proposé de nous divertir utilement. *ibid*.
Angelus à Sancto-Joanne. VII. 373
  Jurisconsulte attaque Alciat. *ibid*.
Anglois. Leur caractére. I. 150 &c.
  Les Auteurs qui ont écrit des illustres Anglois. II. 105
Angriani, *Michel*. ou Incognitus. VI. 265
  Son véritable nom. ¶ *ibid*.
Anguillara, *Jean André d'all'*. III. 183
  Son travail sur Ovide. *ibid*.
Anianus. III. 11
  Traducteur de S. Jean Chrysostome. *ibid*.
Anicien, *Anti-*. VII. 311
  Par un Seigneur d'Autriche contre la famille des Aniciens. 312
Anonyme, *l'*, jeune garçon, appellé à cause de sa science, l'Ante-Christ, ou le fils du Diable. VI. 43
Anonymes, *Des*. I. 250 &c.
  Leurs différens motifs de déguiser leur nom. *ibid*.
Antarctique. VII. 220
  Explication de ce nom. 221

Antesignan, *Pierre*. II. 623
  Sa Grammaire mal digerée. *ibid*.
Anti, *Des*, en général. VII. 4 &c.
  C'est-à-dire Satire personnelle. *ibid*.
Antiphrase, son usage. VI. 404
Antithese, ce que c'est. VI. *ibid*.
Antoine, *Charles de S.* III. 308
  De son Traité sur l'art des Epigrammes. *ibid*.
Antoine, *Godefroi*. VII. 282
  Son Anti-Vultejus. *ibid*.
Antonio, *Dom Nicolas*. II. 86
  Son Ouvrage en très-bon ordre. *ib*.
Antonio, *Jean*. VI. 317
  A pris le nom de Flaminius. ¶ *ibid*.
Apocrise, *Anti-* VII. 347
  Par qui donné. *ibid*.
Apodixes, *Ant'*. VII. 348
  Par un Socinien. *ibid*.
Apollinaire, Poëte Grec. IV. 208
  Peu éxact, parce qu'il travailloit avec trop de promptitude. 209
Apollodore. III. 442
  Appollodores tous deux ont composé des Comédies, & l'un des deux a servi à Terence. *ibid*.
Apollonius Collatius, *Pierre*. IV. 288
  Pris pour un ancien Pere de l'Eglise. *ibid*.
Apollonius d'Alexandrie, surnommé le chagrin. II. 599
Apollonius de Rhodes, né dans Alexandrie. 451
  Différens jugemens sur ses Ouvrages. 452
  Son style rude. *ibid*. ¶
Apollonius de Rhodes. II. 188
  Son Interpréte est le meilleur de tous les Scholiastes. *ibid*.
Apologie, *Ant'*. VII. 348 &c.
  Cinq Ouvrages qui ont paru sous ce nom. *ibid*.
Approbations des Livres, données par les Papes. I. 25
Aprosio, *Angel.* Sa Bibliothéque Angelique. II. 77
Aquitaine, fertile en Orateurs. I.

Fff iij

TABLE GENERALE.

Arabes, font subtils & induftrieux. I. 120

Arator. IV. 248
A mis les Actes des Apôtres en vers. *ibid.*

Aratus, eft autant Aftronome que Poëte. III. 449

Archlochus. III. 375
Caufe que Lycambe s'eft pendu. 376
Emporté, mordant & obfcene. 370

Aretin, *Leonard.* L'approbation de Pie 2. Pape. II. 213
Traducteur d'Ariftote. III. 15

Aretin, *Pierre*, Poëte Satirique. IV. 385
Se difoit le *Fleau des Princes.* 386
Note fur fes livres de Pieté. VI. 311.

Argenfola d'Arragon, *Les deux* Poëtes Efpagnols. V. 224
Avoient tous deux le même genie, la même pureté & la même facilité, ce qui les faifoit appeller les *Jumeaux d'Apollon.* *ibid.*

Argenterique, *Anti-*, VII. 299
Son Auteur. *ibid.*

Argentaria, *Polla.* femme de Lucain faifoit auffi bien des vers que fon mari. IV. 166

Argoli, *Jean.* Poëte dès fa jeuneffe. V. I. 107

Argoli, *André.* Aftrologue. VI. 366
Accufé d'avoir mis un Poëme fous le nom de fon fils.

Argolo, *Jean.* Poëte Latin & Italien. V. 168
Il étoit fils d'André Argolo. *ibid.*

Argyrophile, *Jean.* III. 28
Folle démangeaifon d'écrire. 29

Arias Montano, *Benoît.* III. 85
Grand Interprète de l'Ecriture Ste.

Ariofte, *Louis.* Poëte Italien & Latin. IV. 346

Sentimens fur fon *Roland le furieux*. 347 &c.
Ses Cenfeurs & Critiques. 349
Ses Partifans. 351

Ariftarchus, *Anti* VII. 284
Conteftations, favoir fi la Terre tourne. 286
Partifans de ce fyftême *ibid.*

Ariftophane. III. 421 &c.
Chef des anciens Comiques. *ibid.*
Comment il régla la Comédie. 422, 423.
Ses défauts. 424

Ariftote. I. 91
Quatorze ou quinze mille Commentateurs l'ont expliqué chacun en leur maniére. 91
II. 109.
Réfléxions fur fa Poëtique. III. 25 &c.

Arminien, *Anti-*, VII. 199
Par Prynne, qui a eu les deux oreilles coupées. *ibid.*

Arnaud le Docteur, *Antoine.* III. 148.
En qualité de Traducteur.

Arnaud de Villeneuve, III. 20
Traducteur d'Avicenne.

Arndt ou Arndius, *I.* VII. 128
Une grêle d'Ecrits Polemiques contre lui. *ibid.*

Arrianus. VI. 374
Quel nom on a cru qu'il avoit pris.

Artemidore. III. 52
Sur les Songes. *ibid.*

Artus, Prince de Galles. VI. 236
Savant dès 15. ans. *ibid.*

Afcerta. VI. 265
C'eft François Macedo. *ibid.*

Afcetiques. I. 144
Les Efpagnols y ont excellé. *ibid.*

Afcenfius, *Joffe Badius.* Le premier qui introduifit en France l'ufage des caractéres ronds. I. 353
Profeffeur & Imprimeur. II. 261
Ses Critiques. 262

DES MATIERES.

Asconius Pedianus, II. 187
Ses Commentaires sont courts & faciles. ibid.
D'Aspe & de Meilhan, savant dès sa jeunesse VI. 177
Athenaïs, savante. VI. 184
Fille d'un Philosophe.
Athenée, traduit en latin. I. 217
Daléchamp fut trente ans à le traduire, plein de recherches curieuses, & agréables. II. 194
Sa Traduction françoise estimée.
Atheniens, leur délicatesse, I. 130
Plusieurs Orateurs. ibid.
Atticus secundus, VI. 289
C'est Jean-François Sarrazin, ib.
Attius, L. Poëte Tragique, IV. 8
A beaucoup de grandeur & d'élévation. 9
Avanzati, Bernard, vouloit faire revivre les anciens mots Italiens. III. 188
Avanzo, *Francesco*, III. 192
Son Histoire de la Chine. ibid.
Aubert le Mire doit la meilleure partie de sa réputation à la beauté des matiéres curieuses, dont il traite, II. 83. 70. 101. 137.
Aubespine, *Gabriël de l'*. III. 408
Ses Notes critiques. ibid.
Aubignac, Hedelin d'. III. 304
De sa pratique du Théatre. 304. 305
Augurellus, *Jean Aurelius*, Poëte Latin IV. 315
Etoit passionné pour la recherche de la pierre philosophale. 316
Augustana, *Anti-.* VII. 380
Concernant le Synode de Dordrecht.
Auguste, Empereur fait une oraison funebre à douze ans, VI. 13
Auguste de Lunebourg, VI. 311
Déguisement de son nom. ibid.
Augustin S. change son stile, & pourquoi, I. 15. VI. 34

Quoiqu'il eût dans son enfance une aversion pour l'Etude, il devint cependant savant dans sa jeunesse. 35. 36. 37
Augustin, *Ant.* un des plus pénétrans Critiques d'Espagne II. 158
Ses Notes sur son Varron très estimées. 328
Avicenne, VI. 39
A dix ans il savoit tout l'Alcoran, & la plus grande partie des Humanités. ibid.
Avienus, Ruffus Testus, Poëte Païen. IV. 218
Avite, IV. 245
Un autre Auteur qui avoit fait glisser plus de cinq cens vers de sa façon parmi ceux d'Avite. ibid.
Aulugelle, II. 191
Les différens Jugemens qu'on a portés de ses ouvrages. 191. &c.
Aulus Posthumius Albinus, raillé plaisamment par Caton, I. 5
Pourquoi appellé Labienus. ibid.
Aurelle, *Marc*, Empereur, fit profession extérieure de Philosophie à douze ans, VI. 27
Aurelius, *P.* VI. 359
Défend de prendre le nom d'un autre pour se cacher. ibid.
Ausonne, IV. 214
Agréable & savant, son stile un peu trop dur, fort loué par Barthius. 215
Ses défauts. 216
Autels *Guillaume des*, II. 648
Attaqua le parti de Maigret, Grammairien.
Auteurs qui ont écrit contre le Livre des exercices de S. Ignace de Loyola, I. 56
Autper *Ambroise*, fut le premier Auteur qui demanda au Pape une approbation de ses ouvrages, I. 25

TABLE GENERALE

Autun, *Honoré d'*. II. 43
Il n'a fait que copier S. Jerôme, Gennadius, S. Isidore & S. Idelfonse. *ibid.*
Auvergnats, leur caractére. I. 189
Azor, son opinion, I. 79

B

Babau, *Anti-.* VII. 315
Bacchylide, III. 436
Bachman, *Conrad*, III. 323
Bacon, *François*, dix-huit ans sur un ouvrage. I. 215
II. 181
Bade, *Jean de.* II. 261
Bagniolo, *Jules Cesar*, Poëte Italien. V. 43
Bajanus, *André*, Poëte Grec & Latin. V. 141
Baïf, *Jean-Antoine de*, Poëte François. IV. 482
Son style est rude. 483
VI. 84
A quatorze ans fit un recueil très-estimé. 85
Baillet, *Anti-*, par Ménage. VII. 339
Baillet repris par M. D. L. M. Auteur des Notes.
I. 5. 10. 14. 25. 35. 40. 42. 43. 45. 49. 56. 57. 69. 70. 71. 72. 83. 87. 97. 99. 100. 101. 102. 103. 107. 108. 112. 114. 121. 122. 123. 128. 130. 136. 145. 150. 157. 158. 162. 163. 164. 165. 166. 169. 171. 175. 182. 186. 188. 189. 190. 203. 211. 213. 214. 222. 223. 225. 226. 228. 233. 235. 245. 246. 253. 262. 264. 280. 281. 282. 284. 286. 287. 290. 295. 297. 298. 299. 300. *Les Notes où ces Chiffres renvoient sont imprimées de suite pag 305. & suiv. du I. vol.*
346. 347. 350. 351. 352. 353. 355. 356. 364. 373. 377. 380. 381. 382. 385. 395.
II. 11. 16. 46. 47. 50. 77. 82. 90. 95. 112. 126. 133. 152. 174. 191. 194. 219. 228. 233. 240. 253. 258. 290. 299. 319. 333. 338. 341. 345. 363. 368. 389. 398. 446. 525. 543. 571. 573. 591. 592. 672. 673.
III. 16. 20. 21. 31. 33. 36. 52. 65. 75. 82. 83. 90. 91. 92. 100. 105. 111. 116. 184. 185. 186. 190. 285. 305. 320. 369. 377.
IV. 36. 38. 153. 246. 317. 318. 321. 328. 332. 360. 371. 373. 387. 408.
V. 2. 13. 20. 44. 48. 66. 92. 114. 129. 133. 136. 145. 149. 163. 164. 165. 215. 219. 249. 261. 264. 306. 307. 398. 399. 405. 417.
VI. 14. 42. 55. 58. 71. 72. 78. 83. 92. 167. 307. 467. 501. *& suiv.*
VII. 15. 79. 112. 189. 224. 307. 317. 329. 362. 363.
Balbuena, *Bernard de*, Poëte Espagnol. V. 97
Le sort de ses Ouvrages. *ibid.*
Balde, *Jacques*, Poëte Latin & Allemand, V. 275
Liste de ses ouvrages. 275. 276
De son *Uranie.* 276
Des ouvrages de sa Jeunesse. VI. 202.
Baldelli, *François.* III. 189
Traducteur de Philostrate.
Baldi, *Bernardin.* III. 193
Traducteur.
Bale, *Jean.* II. 105
Sa Bibliothéque des Ecrivans d'Angleterre. *ibid.*

Baluze

DES MATIERES.

Baluze, *Etienne*, corrections qu'il a donné sur plusieurs Auteurs. II. 487

Balzac, *Jean Louis de*, Poëte Latin Sa vieillesse l'a fait tomber dans les hiperboles. I. 207
Menage en a fait paroitre trois livres. V. 236

Bandini, *Francois*. VI. 371
Neveu du Cardinal Jean Piccolomini. ibid.

Barbares, *Anti-* VIII. 351. 352. 353
Six Ouvrages qui ont paru sous ce titre. ibid.

Barbaro, *Daniel*. III. 192
Traducteur de Vitruve. ibid.

Barbaro, *Hermolaus*. Senateur de Venise. VI. ibid.
Sa science. 51. 52

Barbosa, *Arias*. II. 259
Comme Commentateur. ibid.
Poëte Latin, un des restaurateurs des belles-lettres en Espagne. IV. 331

Barclay, *Jean*. Poëte Latin. V. 76
Il a contracté l'air de Lucain & d'Apulée. VI. 42

Barclay, *Robert*, *Anti-* VII. 145
Il se qualifie *Serviteur du Seigneur Dieu & Serviteur de Jesus-Christ*.

Bardes, Poëtes des Gaules. I. 157

Barezzo, Bartzi, III. Traduct. 184

Barlæus, *Gaspar*. Poëte Latin. V. 205
De son Oraison funebre en vers sur la mort du Prince d'Orange. ibid.

Baronius. II. 57
Est accusé d'avoir fait plusieurs fautes. ibid.

Anti-Baronius par Blondel. VII. 113

Barvoët, *Alex*. Bibliotheque des MSS. II. 139

Barriento, *Barthelemy*. II. 571
Il passoit pour Magicien & Astrologue.

Tome VII.

Bartas, *Guillaume Salluste du*, Poëte François IV. 475
Sa *Semaine* & sa *Judith* sont ses plus considérables Ouvrages. IV. 476
Des Traductions & Commentaires de sa *Semaine*. 479

Barthius, *Gaspar*. II. 447
Etoit docte dès sa jeunesse. VI. 146
A neuf ans il récita tout Terence par cœur, sans aucune faute. 147
A douze ans il mit tout le Psautier de David en vers Latins de toutes espéces. ibid.

Bartholin, *Albert*. II. 104
Bibliothequaire Danois. ibid.

Bartholin, *Richard*. IV. 318
Son Poëme comparé aux Anciens. Dix ans à le composer. ibid.

Basgape, *Charles*. Traduct. III. 196

Basilic, *Anti-*, VII. 222
Voyés *Anti Hermite*.

Bassean, *Bonaventure*. Capucin. VII. 245
Son Ouvrage. 246

Battiste, *Joseph*. Poëte Latin & Italien. V. 317
Il avoit aversion des Anagrammes. ibid.
Sa hardiesse à faire de nouveaux mots. ¶ ibid.

Baucinet, *Guillaume*. VII. 301
Défenseur de la chimie. ibid.

Baudius, *Dominique*. Poëte Latin. V. 63

Baudoin, *Jean*. III. 126
Sa Traduction de Davila est son chef d'œuvre. ibid.
Travailloit pour soulager son indigence. 127

Baumgart, *Valentin*. VII. 381
Son *Anti-Trithcia*. ibid.

Bayle, son sentiment sur l'Urbanité. I. 201

Baza, *Dominique de*, Imprimeur. I. 351

Ggg

TABLE GENERALE

Beaucaire, sieur de la Crefte-Evêque.
Francois. VII. 350
Son Ant' Apologie. *ibid*.
Beauchâteau, savant dès son enfance.
VI. 192, 193
Beauharnois, changement de nom.
VI. 270
Becan, *Martin*, Anti- VII. 35
Trois Anti-Becan qui ont paru au jour. *ibid*.
Il est refuté par P. Cornæus. 227
Becman, Anti-, VII. 146
Deux Livres qui ont paru sous ce titre. *ibid*.
Béer, *Martin*. VII. Son Anti-Venator. 124
Anti-Béer contre lui. 220
Behm, *Jean*. VII. 176
Il devient Chronologiste. *ibid*.
Belier ou Beller, *Jean*. Imprimeur
I. 390
Bellarmin, Cardinal, *Robert*. II. 50
Accusé de partialité. *ibid*. 157
643
Anti-Bellarmin. VII. 39 &c.
Six Auteurs qui ont attaqué Bellarmin sous ce titre. 40
Bellay, *Jean du* Cardinal, Poëte Italien & Latin. IV. 411
Bellay, *Joachim du*, Poëte Latin & François. IV. 412
Avoit un talent particulier pour le Sonnet. 413
Belleau, *Remi*. Poëte François VI. 437
Quoique sobre, a donné en vers une Traduction d'Anacreon fort estimée, 438
Bellune, *Urbain de* II. 606
Varieté sur son nom. ¶ *ibid*.
Belon, *Pierre*. VI. 572
Il fut tué en 1564. III. 110
Bembe, *Pierre*. Cardinal. II. 289
675
Ne vouloit point s'assujettir à l'usage par rapport au langage de son tems. 676
Poëte Italien & Latin. IV. 381
Son style est fort pur. 382
La pureté de la Langue Latine l'a rendu ridicule. *ibid*.
Savant dès sa jeunesse. VI. 68. 69
Bence, *Francois*. III. 82
Traduction de Muret attribuée à Bence. *ibid*.
Bence ou Benci, Jésuite, Poëte Latin. IV. 485
Poëme sur la mort de cinq Martyrs Jésuites. *ibid*.
Benedetto, II. 677
Il a ses irrégularités. *ibid*.
Bénédictins, I. 170
De leurs Ecoles. *ibid*.
Les Ecrivains de cet Ordre. II. 65
Benevenuto, Poëte Latin. IV. 270
Poëte de la Cour du Prince de Verone. *ibid*.
Beni, *Paul*. III. 294
Son Commentaire sur le Tasse. *ibid*.
De ses Dissertations Poëtiques. *ib*.
Maltraité par les Censeurs. VII. 333
Benoist, *Jean*. II. 402
Sa Paraphrase Latine sur *Pindare*.
Benserade, *Isaac de*, Poëte François & galant. V. 363
De sa Paraphrase poëtique de l'Office de la sainte Vierge. 304
Beolque, surnommé le Ruzante,
Ange, Poëte Italien Comique. IV. 360
Habile à faire parler des Paysans dans ses Comédies. 366. 367
Berain, *Nicolas*. II. 671
Ses Remarques sur la Langue Françoise. *ibid*.
Bergius, Anti-, VII. 148
Par Himmelius. *ibid*.
Bering, *Vitus*. Poëte Latin & fameux Epigrammatiste. V. 220
Berkelius, *Abraham*. II. 497
Son Manuel d'Epictete. *ibid*.

DES MATIERES.

Bernard, *S.* I. 172
Bernard de Paris. II. 647
  Son Dictionaire en Turc & en François. *ibid.*
Bernegger, *Mat.* II. 414. VII. 279
  Appliqué à la connoissance de l'Antiquité. *ibid.*
Berni ou Bernia, *Francois.* Poëte Italien & Latin. V. 44
  Excelle en Poësie burlesque & bouffone. *ibid.*
Beroalde le pere, *Philippes.* II. 253
  On l'a appellé Bibliothéque vivante. *ibid.*
  Prodigieusement savant dès sa jeunesse. VI. 53
  Eut plus de jugement & de sens commun dans son enfance que dans la suite. *ibid.*
  Il a donné trois déclamations curieuses. VII. ¶ 354
Beroaldes, pere & fils : on préfére le fils au pere pour la poësie. IV. 319
Bertaud, *Jean.* Poëte François V. 57
  Fort en pointes. 58
Bertilus ou Bartolus Canuti, Poëte Latin. V. 189
  Poëme de trois cens vers, qu'il a fait en un seul jour. *ibid.*
Bertius, *P.* II. 150
  Son Traité de l'usage d'une Bibliothéque. *ibid.*
  Anti-Bertius. VII. 47
  Par Jean Corberus, qui se fit Catholique & se retira à Paris. *ibid.*
Bertram, *Bonaventure Corneille.* II. 641
  Son Commentaire de l'Etat & Police des Juifs. *ibid.*
Bertrand, *Jean.* II. 133
  Il a écrit d'une maniére trop séche.
Besoldus, *Christophle.* VI. 367
  A prêté son nom aux Mémoires de son frére. *ibid.*
Bessarion, Cardinal. III. 16

Modéle des bons Traducteurs. *ibid.*
Beveregius, *Guillaume.* II. 483
  Notes sur les Canons anciens. *ibid.*
Beughem. II. 132
  Des Ecrits de Médecine. *ibid.*
Beze, *Theodore de*, Poëte Latin & François. V. 30
  On convient que ses *Juvenalia* sont remplis de trop d'ordures. 31. 32. 33
  Son *Caton le Censeur* & sa *Paraphrase sur le Cantique des Cantiques* sont estimés. 34
  Savant dès sa jeunesse. VI. 96. 400
Bibaculus, *Furius.* IV. 53
  Poëte railleur & mordant. *ibid.*
Bibliothécaires des Rabbins. II. 64
Bibliothéques des Auteurs Ecclesiastiques. II. 65. &c.
Biderman, *Jacques.* Poete Latin. V. 162
  Un des meilleurs Poëtes de la Societé. *ibid.*
Bignon, *Jerôme.* II. 446
  Un des plus grands hommes de son tems. V. 140. &c.
  N'eut point d'autre maître que son pere. 142
  Ses Ouvrages. 143. 144
Bigot, *Emeri.* II 443
Billaine, *Louis.* Imprimeur. I. 371
Billichius, *Anti-* VII. 301
  C'est un Ouvrage rempli de fiel.
Billy, *l'Abbé de*, II. 319
  Ses *Observations sacrées.* III. 74
  Eloge sur sa Traduction du *Greg. de Nazianze.* *ibid.*
  Estime. 110
  Sa mort. *ibid.*
Bion, de Smyrne. III. 453
  Confondu avec celui de Syracuse.
Biroat, Le fort de ses Panegyriques posthumes. I. 211
Bitrian, *Jean.* III. 201

Ggg ij

TABLE GENERALE

a traduit le Comines en Espagnol. *ibid.*

Bizantine, *Critiques de l'Histoire.* II. 507
Le corps complet. *ibid.*

Blaew, *Les*, Imprimeurs. I. 393
Guillaume & Jean. *ibid.*

Blancanus, *Joseph*, II. 130
Il a recueilli les Mathématiciens. *ibid.*

Blancat, *Sieur de Saint*, Poëte Latin. V. 164
Ses expressions sont outrées. 165

Blanchard, *Nicolas*, II. 497
Son Atrien. *ibid.*

Blanchot, *Pierre*, II. 150
Idée d'une Bibliothéque universelle. *ibid.*

Blancpain, *Thomas*, II. 491
Il se noya près de Brest. *ibid.*
Admirable Critique. 492

Blondel, II. 169. VII. 320. 328
Sirmond l'appelloit un *enfonceur de porte ouverte*. *ibid.*

Blondiaux de Nesle. IV. 283
Cité par Fauchet. *ibid.*

Bocace, *Jean*. II. 211
Peu scrupuleux à violer les régles de la pureté *ibid.*
Poëte Italien. IV. 280
Il a imité Petrarque. *ibid.*

Boccalini, capricieux dans le jugement qu'il porte des Auteurs. II. 15

Bochart, *Samuel*. II. 457. VI. 166
Dès sa jeunesse il avoit connoissance des Langues Orientales. *ibid.*

Bochius, *Jean*. Poëte Latin. V. 54
Il étoit appellé le Virgile Belgique. *ibid.*

Bodin, *Jean*. II. 338
Sa grande connoissance des Humanités. *ibid.*

Bodlei, *Thomas*. II. 143
Donne à l'Université d'Oxford tous ses livres. *ibid.*

Boëce. Ses Traductions sont fidéles & élégantes. III. 8. IV. 246

Boëtie, *Etienne de la*, III. 109
Un des beaux esprits de son temps. *ibid.*
Poëte François & Latin. IV. 415
Michel Montagne a recueilli ses Ouvrages. *ibid.*
Fit d'excellens Vers Latins & François dans son enfance. VI. 73
Fort loué. *ibid.* 74
De son Traité *de la servitude volontaire*. VII. 365

Bohmius, *Jac. Anti-*, VII. 193
Contre le Cordonnier Jacques Bôhme. *ibid.*

Bojardo, *Math.* III. 186
A traduit Herodote. *ibid.*
Poëte Italien. IV. 352

Boileau Despreaux, *Nicolas*. II. 96
Critique fine & de bon sens. *ibid.* 499. III. 176
Traducteur de Longin. *ibid.*
Poëte François. V. 415
Pourquoi choisi pour faire l'histoire de Louis le Grand. 416
Egalé aux anciens, 417
Pourquoi aimé & estimé de Mr le premier Président de Lamoignon. 418
De ceux qui ont écrit contre lui. 419

Boirdaux, V. 270. VI. 327.
Il a changé son nom de Bourreau en celui-ci. *ibid.*

Bois, *Du*, III. 180
Ses Traductions sont exactes & fideles. *ibid.*

Boisrobert, *François de Metel de*, Poete François. V. 255
Procuroit du bien aux Poetes. 256

Boissard, *Jean Jacques*. Poete Latin. V. 24
Ses Distiques n'ont ni sel ni agrémens. *ibid.*

Boissat, *Pierre de*, Poete François. V. 255

DES MATIERES.

Bolduanus, Paul. II. 120. 128
Bolduc, Jacques. Capucin. VII. 315
L'Anti-Babau composé contre lui. ibid.
Boles, Anti-, VII. 354
Bollandus, Jean. II. Sa Vie des Saints. 160. 456
Bombergue, Daniel, Imprimeur, avoit dépensé trois millions d'écus à imprimer des Livres. I. 351
Bona, Jean. Cardinal. II. 59
Judicieux Critique. ibid.
Bonarelli, le Comte. Poete Italien. V. 52
Il y a beaucoup d'esprit dans ses Poesies. 53. 54
Bond, Jean. II. 444
Manque dans des points historiques. ibid.
Bongars, Jacques, II. 382
Son livre de Gesta Dei per Francos. ibid.
Boniface, Balthazar, II. 119
Son Oeuvre posthume. ibid.
Bonnefons, Jean de, Poete Latin & François. V. 46
Il y a beaucoup de mollesse lascive & de galanterie effeminée dans ses Poesies. ibid.
Borcholten, Statius, Traducteur. III. 203
Borremans, Antoine, II. 497
De son Traité des Poetes & des Prophetes. III. 314
Borrichius, Olaüs, II. 105
C'est plutôt un Orateur qu'un vrai Critique. ibid.
Borromée, S. Charles, VI. 372
A donné son nom au Botero. ibid.
Borromée, neveu de S. Charles. II. 158
Amateur des Lettres. ibid.
Boscan, Jean, III. 196
A traduit le Courtisan. ibid.
Poete Espagnol. IV. 308
Suivit l'Ambassadeur d'Espagne. ibid.

Bosius, Jean André, VII. 321
Bosius, Simeon, II. 320
Assassiné par des Voleurs. ibid.
Bosticon, Anti-, VII. 331
Trois Anti sous ce titre. ibid.
Bossu, René le, de son Traité du Poeme Epique. III. 312
Botsack, Jean, VII, 191, 202, 203, 215, 350.
Bottrigari, Hercule, III, 193
Traducteur d'Euclide & d'autres, ibid.
Bouhours, Dominique, II. 97. 661
A écrit très-utilement pour ceux qui veulent se perfectionner dans la pureté de la Langue Françoise. ibid.
Ses doutes sur la Langue françoise, proposés à l'Académie, contiennent une censure de quatorze ou quinze de Messieurs de l'Académie & de huit des Messieurs de Port-Royal. 661. 662
Fortifie ses sentimens par grand nombre de citations. 662
Accusé mal-à-propos d'en vouloir à Messieurs de Port-Royal. ibid.
Ses entretiens d'Ariste & d'Eugene ont eu un debit merveilleux. 663
Des sentimens de Cleante, & du Traité de la délicatesse : Ouvrages faits, l'un contre, & l'autre pour les Entretiens d'Ariste & d'Eugene. 664. 665. 666
Ce que dit Ménage contre le Pere Bouhours. 667
Réfléxions sur la conduite de Messieurs de Port-Royal à l'égard du Pere Bouhours. 668. 669
III. 171
Bouillaud, Ismael, II. 145
Célébre par ses Ecrits. ibid.
Boulanger, Jules Cesar, III. 295
De son Livre du Théatre. ibid.
Boulay Cesar Egasse, II. 95
Son Histoire de l'Université.

Ggg iij

TABLE GENERALE

Boulonnois. II. 81
Les hommes illustres. *ibid.*
Bourbon, *Nicolas*, Poëte Grec & Latin, IV. 345. V. 181
Preferoit Lucain & Claudien à Virgile. 182
Habile dans les Humanités dès l'âge de quatorze ans, VI. 64
Bourdelot, *Jean*, II. 407
Son Petrone très-estimé. *ibid.*
Bourdin, *Gilles*, on disoit de lui qu'il étoit plus savant en dormant, que les plus habiles ne l'étoient en veillant ; & qu'il rendoit des oracles en ronflant, II. 310
Boutigni, *Mathieu de*, VI. 308
Querelle de Marot & de Sagon. *ibid.*
Boxhornius, *Henri*, VII. 74
Boxhornius, *Marc*, II. 415
Boy, *Nicolas*, Dominicain, & nommé Jansenius, VII. 89
Bozzome, *Cherubin*, VI. 309
Sous le nom de Buonchier, qui n'est autre chose que l'anagramme de *Cherubino*. *ibid.*
Bracelli, *Jacques*, II. 80
Des Ecrivains de Gennes. *ibid.*
Bracholin, *Francesco*, Poëte Italien. V. 158
Surnommé d'ell' Api, & pourquoi. 159
Brasseur, *Philippe*, II. 104
Des Ecrivains de Haynaut. *ibid.*
Brebeuf, *de*, I. 209. III. 181
Poëte François, V. 248
Travailla pendant une fiévre maligne qui dura vingt ans.
Sa *Pharsale* est celui de ses Ouvrages qui a fait le plus de bruit. 249
En quoi ce Poëme a été loué. 249. 250
Ce qu'on y reprend. 252
De ses Entretiens solitaires. 253
De ses Epigrammes sur le fard. 254
De ses œuvres burlesques. *ibid.*

Bredembach, VII. 367
Breton, *Guillaume le*, Poëte Latin, IV. 259
Breval, le *Marquis de*, III. 124
Breving, *Jean*, VII. 185. 227
Brice *ou* Brixius, *Germain*, II. 283. III. 42. VII. 337.
Briet, *Philippe*, II. 113
Abregé de la vie des Poëtes Latins. *ibid.*
Brodeau, *Jean*, II. 301
Ses Commentaires sur les Epigrammes Grecques. *ibid.*
Fort loué. 302
Brosses, *Franc. Sanchez des*, II. 352. 574. 624.
Connu sous le nom de Sanctius, que Scioppius a illustré.. *ibid.*
Broukhusius, Poëte Latin, V. 337
A composé ses Vers en pleine mer. *ibid.*
Brower, *Christophe*, II. 398
Une connoissance des Auteurs Ecclésiastiques. *ibid.*
Bruccioli, *Antoine*, III. 194
Traducteur. *ibid.*
Bruchlerus, *Jean*, III. 323
Son Art Poëtique. *ibid.*
Brun, *Jean-Baptiste le*, II. 503
Six ans à éxaminer les Manuscrits de S. Paulin.
Brun, *Laurent le*, III. 309
De ses Regles de l'Art Poëtique. III. 309.
Poëte Latin, V. 261
Bruni, *Ant.* Poëte Italien, V. 143
Ses plaisirs l'empêchoient de revoir ses Ouvrages. *ibid.*
Brutus, VI. 325
Nom que les Anciens prenoient souvent. *ibid.*
Bubulcus, VI. 326
S'est fait appeller Turnebe. *ibid.*
Bucelin, *Gabriel*, II. 65
Dont les Titres fanfarons sont capables de dégouter le Lecteur. *ibid.*
Buchanan, *Georges*, Poëte Latin. IV.

On estime particuliérement sa Paraphrase sur les Pseaumes. 445
De ses quatre Tragédies. 446
De ses Satires. 448
Bucherus, *Gaspar*, VII. 337
Bucolica, *Anti-*, VII. 17 &c. 29. &c.
Budé, *Guillaume*, II. 282. 591
Né pour la gloire de son siécle. 607
Le plus savant de toute l'Europe. 608
Critiqué 609. 610. 611
Ses Réponses aux Critiques. 612. 613.
Paralléle de Budé & d'Erasme, 613. 614. 115. 616.
Appellé Paraphraste, & pourquoi, III. 42
De sa Jeunesse, VI. 205
Bullen, *Valentin*, VII. 186
Bumaldus, *Jean Ant.* II. 82
Burlay, *Gualther*, II 126
A une grande capacité pour l'Histoire & la Chronologie ibid.
Burlot, VI 223
Burta, *de*, VI. 176
Donna à quatorze ans *in folio* en Latin une Histoire universelle. ib.
Busée, *Jean*, VII 374 377
Il a donné des œuvres de quelques Auteurs avec des corrections. II. 380
Buschius, *Herman*, II 266
Sa composition approche de celle de Quintilien. ibid.
Bussieres, *Jean de*, Jésuite, Poëte Latin & François, V 317
Buxtorf, II 634 635
Eloge des Savans ibid.
Buxtorf le Jeune, VII 344

C

CABALE, mot pris pour un nom d'homme par un critique ignorant. I. 41
Cæcilius, Poete Comique. IV. 9
Trouvoit heureusement les sujets, & les traitoit bien. 10
Cæsius B.ssus, le premier rang après Horace, IV. 151
Cagnolo, *Belmonte*, Poete Italien, Ses Poésies sont mêlées de folie & de sagesse. V. 98
Calabre, *Pierre de*. V. 286
Calcagninus, *Cælius*, il se rendit ridicule par son titre inepte. II. 259
Caldera de Heredia, *Gaspar*, son *Theseus Climactericus peregrinus* VII. 310
Calderin, *Domice*, il a éclairci les obscurités des Poetes. Il se plaisoit aux contestations. II. 222
Calderon, Poete Espagnol, Comédien, qui avoit le talent de bien nouer & dénouer une intrigue. V. 306.
Calen, *Gervvener*, Imprimeur. I 383.
Calepin, *Ambroise*, Rossis le compare à ces geux du Parnasse. II. 545 &c.
Quantité prodigieuse d'éditions de son Dictionnaire. 547
Caligula, Empereur, fait une Oraison funebre, ayant encore la robe des enfans. VI. 14
Calixte, *Georges*, Auteur des Anti-Moguntines. VII. 103
Callidius Degonde, il a traité des Ecrivains des Pays-Bas. II. 101
Il étoit trop passionné & trop indiscret. 100
Callimachus, il avoit plus d'art & d'étude que d'esprit. III. 446
passoit pour Prince des Poëtes Elégiaques. 446
Callimaque, *Philippe*. VI. 287
Voyés la note.
Caloff *ou* Calovius, *Abraham*. VII.

97. 190
Son Anti Bohmius. 193
Un des Anti-Sociniens. 213
La fameuse dispute qu'il eut avec Crellius. 216
Calphurnius, *Tit.* Poete Bucolique. Méprisé par le Pere Rapin. IV. 203.
Calvin & Calviniste, *Anti*- Son Histoire. VII. 148. &c. 222. 223
Calvy de la Fontaine a donné trois déclamations de Beroalde. § VII. 354
Camaldule, *Ambroise*, III. 29
Son style est dur. 30
Camerarius, *Joachim*, II. 313
Les services qu'il a rendus à la République des Lettres, sont innombrables. 314
Camerarius, *Philippe*, ses *Heures successives*. II. 402
Camerarius, *Joachim*. III. 65
Approuvé généralement pour ses Traductions. 65. 66
Camoens, *Louis de*, Poete Portugais. IV. 440
Sa fortune & celle de son Poeme des *Lusiades*. 440. 441
Campanella, *Thomas*. III. 323
Devoroit les sciences dès sa jeunesse. VI. 117
Abregé de sa vie. 117. 118
Campanus, *Jean*, sa Traduction d'Euclide, pitoyable & pourquoi. III. 13
Camus, *Anti*, contre l'Evêque de Belley. VII. 224
Camus, *Jean-Pierre*, Evêque de Belley. Son Anti-Hermite, & son Anti Moine. VII. 228
Camusat, *Jean*, Imprimeur. I. 370
Cancer, *Jerôme*, Poete Espagnol, il n'avoit point d'égal dans l'art d'écrire des facéties. 232
Candale, *François de Foix de*, Traducteur d'Euclide. III. 81
Candidus, *December*, assés méchant Traducteur. III. 17
Cange, *Charles du*, regardé comme un homme extraordinaire. II. 486
Grand homme, mais humble & modeste. II. 558. 598
Caninius, *Ange*, il sembloit être né pour enseigner les Langues Orientales. II. 619
Canisius, *Henri*, ses *Leçons antiques*. II. 380
Cano, *Melchior*, fronde les contes vieilles & les erreurs populaires. 153
Canter, *Guillaume*. II. 318
Appellé le Critique poli. *ibid.*
Le Traducteur éxact. III. 68
Canter, *Theodore*. Frere de Guillaume. Scioppius prend son parti. II. 332
Au dessous de 20. ans il travailloit au Recueil de ses diverses Leçons. VI. 94
Canter, *Pierre*, & sa sœur, qui à dix ans paroissoient savoir toutes choses. VI. 60
Canuti, *Bertilus*. Ses Poesies font des passetems de sa jeunesse. V. 189
Capece, *Scipione*. Poete Latin. Il a tâché d'imiter Lucrece. IV. 378
Capella. II. 201
Mêle l'utile avec l'agréable. *ibid.*
Aimoit les Allegories. VI. 120
VII. 344
Capellus, *Anti-*, par Heribert de Rosweyde. VII. 215
Capi-Lupi, *Les quatre*, Poetes Latins. IV. 410
Caporali. *Cesar*. Poete Italien. V. 178
Il savoit contrefaire les manieres d'agir & de parler des autres. *ibid.*
Capreolus. VI. 325
Capritzius, *Pancrace*. Son Anti-Georgius. VII. 206
Caramuel, *Jean*. Il fut Soldat, devint Ingenieur, delà Evêque. II. 578
Geant monstrueux, & pourquoi. 579. 580

DES MATIERES.

Il fut élevé par un Maronite de Syrie. IV. 168
Les productions de son enfance. 169. 170
Anti-Caramuel. VII. 253. &c.
Cardan, de son Anti-Gorgias. VII. 19. &c. 355.
Catalogue de ses Ouvrages, *ibid*.
Cardone, *Iean-Baptiste de*, il a donné quatre Traités historiques. II. 149
Carion, *Iean*. Melanchthon son disciple mit le nom de son Maître pour lui faire honneur. VI. 374
Carmes: Leurs Ecrivains sont infectés de cet amour propre de Communauté. II. 68
Carmone, *Iean de*, Traducteur d'Avicenne. III. 20
Carmone, *Gerard de*: C'est le même, voyés § III. 35
Caro, *Annibal*. Sa mort. II. 307
Il a traduit *Virgile* d'une manière fort délicate. III. 183
Commandeur de Malthe, Poete Italien. IV. 418
Carrion, *Louis*. II. 336
Jaloux de la gloire de Lipse, il l'appelloit un Lezard. 337
Cartari, *Vincent*, a traduit les Fastes d'Ovide. III. 183
Casa, *Iean de la*, Poete Latin & Italien. IV. 395
En quoi repris. 396
Pourquoi il ne fut pas fait Cardinal. 398
Casa-nova, *Marc-Ant.* appellé Prince des Poetes Epigrammatiques de son tems. IV. 336
Casas, *Christophle de las*. Son Dictionaire est un livre de la derniére trempe. II. 678
Casaubon, *Emeri*. Différentes Notes sur l'Optat, sur *Diogene Laërce*, &c. II. 457
Casaubon, *Isaac*. II. 387
Tome VII.

Ses louanges. 387 &c.
Parloit mieux Latin que François. 388
Ses défauts. 389
Conçoit mieux la pensée d'un Auteur Grec, qu'il ne l'exprime. III. 91. VII. 225
Cappel prend sa défense après sa mort. *ibid.*
Son Anti-Baronius. 321
Case, *Iean de la*, I. 214
Ses avantages. *ibid.*
Casimir Sarbiewski, *Mathias*. Poete Latin. V. 169
Casman, *Othon*, un Sacramentaire. VII. 214
Casoni, *Le Cavalier*. Poete Italien. Son Théatre Poetique estimé. V. 45
Cassander, qui a travaillé à la paix de l'Eglise, s'appelle Fiedberg. VI. 398
Cassandre, *Georges*. Il a traduit la Rhétorique d'Aristote. III. 164
Cassiodore, Traducteur de l'Histoire Tripartite. III. 9
Castalione, *Ioseph*. Quand on apporta à Leyde ses diverses Leçons, on se mit à rire. II. 395
Castel, *Edmond*. Son fameux Lexicon. II. 637
Castelli, *Octavien*. Poete Italien. V. 173.
Il quitta les sacs & la plaidoirie pour donner une Comedie ou deux tous les ans. *ibid.*
Castelvetro, *Louis de*, II. 310
N'a commenté Aristote que pour le reprendre. *ibid.*
On a dit à propos de son ouvrage sur la Poetique d'Aristote, que dans son grand caquet Italien, il enseigne de belles choses. III. 291
Castillejo, *Christophle*. Poete Espagnol. Il avoit de l'inclination pour les vers de six syllabes. V. 15.

Hhh

TABLE GENERALE.

Caftricome, *Pancrace de.* Sa lifte des Auteurs d'Hollande eft fort maigre. II. 101
Cafuiftes fameux. I. 144
Cafuitifme. I. 122
Ses effets. *ibid.*
Catalogues, des Libraires affés mal faits. II. 134
Catalogues des Livres défendus dans les pays d'Inquifition. II. 28 &c.
Cartefius, *Anti-*, par Eccard Leichner. VII 278
Catarticon, *Anti-*, de Lærin Fifcher. VII. 306
Categories, *Anti-*, de Philippes Beroalde. VII. 354
Catherine, *Sainte*, favante. VI. 184
Caton le Cenfeur. IV. 34
Des Diftiques moraux qu'on lui attribue. 34. 35
De fa jeuneffe. VI. 201
Anti-Caton. VII. 10. 355
Caton, *Valérius*. Nous avons quelques Poefies de lui. IV. 54
Catoptron, *Anti-*, par un Philalethes. VII. 355
Catulle a excellé en Epigrammes, vers lyriques & élégiaques. IV. 45
Cauffin, *Nicolas*, Jéfuite. Un Critique. II. 108
Ceba, *Anfaldo*, a traduit les caractéres de Théophrafte. III. 195
Poete Italien. V. 76
De fon *Efther.* 77
Celio, *Gafpar*, Peintre & Poete Italien. V. 23
Poeme fur la prife de Rome. *ibid.*
Cellarius Defmalcalde, *Chriftophle*. Auteur d'Anti-Barbarus. VII. 353
Celfe, *Publius Juventius.* Il eût le furnom d'*Adolefcens.* VI. 26
Celtes, *Conrad Potucius.* Poëte Latin. IV. 307
Cenfeurs outrés. I. 10
Maltraités. 35. 36
Cenior, *Papyrius.* C'eft le nom que prit Charles Féramus. VI. 288
Cenforin. II. 197
On a dit que fon petit livre eft tout d'or. *ibid.*
Centons, *Des*, ou Rhapfodies. I. 241
Centurie, *Anti-*, Auteurs Anonymes. VII. 357
Ceratin, *Jacques*, plus favant que dix Moffellan. II. 282
Cerda, *Jean Louis de la*, homme d'une grande lecture. II. 416
Cerifante, *Marc Duncan de*, Poëte Latin. V. 212
Ses avantures. 212. 213
Plaifanterie de fon Teftament. 214
Cerify, *Germain Habert*. Sa Metamorphofe des yeux de Philis en Aftres. V. 233
Cerratus, *Paul.* Il parloit d'une Mouche auffi élegament comme d'un Heros. IV. 333
Cefar, *Jules.* Auteur de l'Anti-Caton. VII. 10. 11. 355
Cefarini, *Virginio.* Poëte Latin & Italien. Mort à 29. ans. V. 82
Ceftius Pius. Ciceron lui fait donner les étrivieres pour avoir cenfuré les Livres de fon pere. I. 35
Cethegus, *Marcus*, s'eft mis à l'étude dans un âge fort avancé. VI. 211
Chalcidius. Un des Interpretes de Platon. III. 8
Chalcondyle, *Demetrius*. Les mauvais traitemens de Politien le firent retirer à Milan. II. 604
Châluer, *Matthieu*, ou Calventius. III. 120
Champagne, *Jean.*
Champ, *Jacques de la.* Son travail fur Pline. II. 305
Sa Traduction d'Athenée. III. 85

DES MATIERES.

Chanoines Reguliers. II. 67
On attend l'Ouvrage du Pere du Molinet. ibid.
Chantecler, *De*. Sa grande érudition. III. 88
Chanut. Traducteur de Seneque. III. 75
Chapelain, *Jean*. Sa Consolation. I. 10
Fort lent à finir son Poëme de la Pucelle. 216
Poëte François, appellé d'abord le Prince des Poëtes. V. 278. VI. 364
De son Poëme de la Pucelle. 279 &c.
Charlemagne, rétablit l'étude des beaux arts. I. 171. VI. 372
Charisius, *Flavi*, Sosipater. Nous en avons cinq livres de Grammaire. II. 541
Charles le chauve. I. 171
Charlierius, *Jean*, a emprunté le nom de Gerson. VI. 362
Charondas, a changé son nom de le Caron en celui de *Charondas*. VI. 291
Charpentier. II. 670
Son Livre de l'excellence de la Langue Françoise contient une érudition fort exquise, & merite extremement d'être lû. ibid. III. 165
Il surpasse d'Ablancourt pour la justesse. ibid.
Chartreux. II. 70
Leurs Ecrivains parlent avec modestie. ibid.
Chastillon, *Le Comte de*, Poëte Latin & Italien. IV. 334
Checque, *Jean*. Infidele & malicieux dans la Traduction des Tactiques III 49
Cherille. I. 19
Chesne, *André du*, l'aîné. Sa Bibliothéque des Historiens. II. 90
Chevalier, *Antoine Raoul*. Sa Grammaire Hebraïque. II. 638
Chevreau, *Urbain*, ami particulier de Mr le Fevre de Saumur. II. 430
Chewney, *N*. Anti-Socinien. VII. 214
Chiabrera, *Gabriel*. Poëte Italien. V. 153
Ses Vers Lyriques estimés. 154. 155
Chiaramonti, *Scipione*. Auteur de l'*Anti-Philolaus*. VII. 292
Son Anti Tycho 20. ans après la mort de Tycho. 294
Chicanerie, *De la*. I. 54
Chiesa, *François della*, a fait un Catalogue des Ecrivains de Piemont. II. 83
Chiflet, *Pierre François*. Il a donné quelques monumens de l'Histoire de la premiere race de nos Rois. II. 475
Chine, *La*. Catalogue des Livres qu'on avoit transportés pour la premiere fois de la Chine. II. 137
Chioccus, *André*. Il a donné les Médecins de Verone. II. 81
Cholin, *Materne*, Imprimeur de Cologne. I. 383
Choppin, *René*, Anti-, en Latin Macaronique par N. Turlupin. VII. 257
Chouet, *Jacques*, Imprimeur. I. 377
Chrétien, *Florent*. Il étoit un fort beau génie. II. 341
Poëte Grec, Latin & François. V. 16. 17.
Né au septiéme mois de la grossesse de sa mere. VI. 290
Chrétien de Troyes, Poëte François. IV. 281
Christianus, *David*. Ses Anti-motifs. VII. 371
Christodulus. V. 266
Christologie, Anti-, par Isaac Froereisen. VII. 357

Hhh ij

Christophorson, *Jean*, dans ses Versions il ne suit que ses propres lumiéres. III. 54
Christosophie, *Anti*, par le Docteur Dannhower. VII. 357
Chronologistes François, les deux Scaligers Pere & Fils. I. 180
Chrysoloras, *Emmanuel*, infatigable à instruire ses Ecoliers. II. 001
Chrysostome, *S.*, avoit toujours un Aristophane sous le chevet de son lit. I. 86
Cacconius, *Pierre*, sembloit être tombé du ciel pour corriger & rétablir les Auteurs dans leur premier état. II. 320
On l'a appellé lui & Nugnez de Gusman, les deux yeux de l'Espagne, pour découvrir les Manuscrits, & pour en appercevoir les défauts. 321
Ses fautes. 321. 322
Les Livres de son cabinet recherchés, à cause des Notes savantes sur la critique, dont il avoit changé les marges. *ibid.*
Ciampoli, *Jean*, Poëte Italien, s'estimoit trop, & méprisoit trop les autres. V. 176
Ciceron, son Dialogue des Orateurs. I. 134. II. 108.
De son habileté dans sa jeunesse. VI. 12.
Cichou, *Anti-*, son Auteur est un Socinien. VII. 48. &c.
Cimbriacus, *Quintius Æmilianus*, Poete Latin, qui avoit beaucoup de gravité. IV. 322
Cingliens, *Anti-*, par Pierre Ebert, VII. 152
Cinna, Poete, neuf ans à faire un fort petit Livre. I. 213. IV. 57
Cinq-Arbres, *Jean de*, a passé pour un homme universel. II. 640 ¶
Un des Traducteurs d'Avicenne. III. 20
Ciofari, *Hercule*, Compatriote d'Ovide. II. 332
Cisteaux, Ecrivains d'un assés mauvais style. II. 66
Clairé, *Martin*, Jésuite, Poete Latin, difficulté qu'il a trouvé de reduire les Hymnes en Vers. V. 362
Claudien, le dernier des anciens Poetes, & le premier des nouveaux. IV. 222
Loué. 224
Anti-Claudien. VII. 224
Clavigni de sainte Honorine; de l'usage que l'on doit faire des Livres suspects. I. 201
Clavius : les Mathématiciens ont voulu lui faire son procés sur la reforme du Calendrier. I. 208
Clauser, *Conrad*, Traité de la nature des Dieux. III. 61
Clement, *Claude*, Jésuite. I. 201
Sa manière de bien dresser une Bibliothéque. Il se trouve beaucoup de fatras dans son ouvrage. II. 151
Clementinus, *Daniel*, Auteur d'une Ant-Apologie. VII. 351
Clenard, *Nicolas*, un grand nombre de Grammairiens ont corrigé sa Grammaire Grecque. II. 617
Cleophilus *Octavius*. VI. 288
Voyés la Dissertation dans les ¶
Cletus, *Aëtius*, Auteur de l'Anti-Paralogisme. VII. 374
Clichtoué, *Josse*, a fait ses études à Paris, Chanoine à Chartres. VII. 235
Climats, Les, contribuent quelque chose à la disposition des esprits. I. 187
Clopinel, *ou* Jean de Meun, Jacobin, Docteur en Théologie, Continuateur du Roman de la *Rose*. IV. 283
Cluto, *Anti-*, par Michel Walther. VII. 152
Coccejus, *Jean*, appellé l'Aigle des Gens de Lettres. II. 396

DES MATIERES.

Cocher, Auteur impudent. I. 56
Cochlée, *Anti-*, par Wolffgang. Musculus. VII. 51. &c.
Coëffeteau, *Nicolas*, sa Traduction de Florus. III. 121
Coignet, *Pierre du*, Auteur de l'Anti-Coton. VII. 62
Cointe, *Charles le*, Examen qu'il a fait des Actes historiques. II. 165
Colazon, *Anti-*, par Jean Hotman Sieur de Villiers. VII. 262
Colines ou Colinée, *Simon de*, Imprimeur. Il a épousé la veuve d'Henri Estienne. I. 364
Collatius, *P. Apollonius*, VI. 287
Colletet, *Guillaume*, son Manuscrit de la vie de nos Poëtes François, ce qu'il est devenu. ¶ II. 89
De ses Traités sur la Poësie. III. 300.
Poëte François. V. 240
De ses Cantiques spirituels 242 VI. 370
Colomiés, *Paul*, fort intelligent dans la connoissance des Livres. II. 20
Les principaux de ses Livres. 21, 95
Coluthus, Poëte Grec. IV. 243
Combefis, *François*. II. 470
Avoit une parfaite intelligence des Peres Grecs. 471
En a traduit un grand nombre de pièces. III. 104
Comenius, *Jean-Amos*, son *Janua Linguarum*. Combien d'éditions. II. 551
Comes, *Antonius Maria*, a changé son nom de Marc en celui de Maria. VI. 293
Sa Mere lui donna le nom de Maria par dévotion. ¶ 377
Comines, de quoi accusé par un Flamand. I. 179
Comire, *Jean*, Jésuite, Poëte Latin. De lui & du P. Rapin, Jésuite. V. 387. &c.

Commandin, *Frederic*, a fait plusieurs Versions d'anciens Mathématiciens. III. 68
Loué. 69
Commelin, *Jerôme*, Imprimeur habile en Grec & en Latin. I. 382
Compilations, *des*, sont des Ramas très-bizares. I. 240. &c.
Comte, *Noëlle* : sa Traduction d'Athenée est mauvaise. III. 71
Confederacy, *Anti-* : de la part des Episcopaux d'Angleterre dans le tems de la Ligue d'Ecosse. VII. 358
Conringius, *Herman* : Traité sur la composition d'une Bibliothéque. II. 151
Anti-Conringius. VII. 263
Histoire de Coringius. 264
Constantin, *Robert*, ses Notes manuscrites sur Pline. II. 354
Son Dictionnaire Grec est excellent. 595
Constantinople. Catalogue des Manuscrits venus de Constantinople. II. 137
Contarini, *Vincent*, il étoit enivré des Livres de Lipse. II. 397
Contes dévots & faux, ont fait à l'Eglise un tort très-considérable. I. 87
Contre-Assassin. Contre-Amour, &c. Livres. VII. 341
Couvenant, *Anti-*, contre cette fameuse Ligue d'Ecosse. VII. 358
Copernic, *Anti-*, d'un nommé Rolacchi. VII. 288
Coppenstein, *Anti-*, par Jean Himmelius. VII. 54. &c.
Coquæus, *Leonard*, son Histoire. VII. 238
Cordes, *Jean de*, le Catalogue de sa Bibliothéque. II. 146
Cordier, *Balthasar*, un des plus célébres Scholiastes. II. 422
Habile & heureux à traduire. III. 100.

H hh iij

Cordier, *Jean Martin*. Il a traduit aſſés bien Joſeph, &c. III. 221
Coripius, Grammairien. Un grand flateur & un petit Poëte. IV. 249
Cornæus, *Michel*. Anti-. VII. 56 226. & 100. 345
Cornarius, *Janus*. Appliqué à traduire les anciens Médecins. III. 52
Corneille, *Pierre*. De ſes Traités ſur l'Art Poëtique. III. 309
Poëte François. V. 324
Ses Ouvrages. 325
Louanges qu'on lui a données. 326. 327. 328
Critiques qu'on a fait de ſes Ouvrages. 329. &c.
De la Comedie de Melite. 337
De Clitaudre. 339
De la Veuve, de la Galerie du Palais, de la Suivante & de la Place Royale. 339
De Medée. 341
De l'Illuſion comique. *ibid.*
Du Cid. 342
D'Horace. 347
De Cinna. 348
De Pompée. 349
De Theodore. 350
Du Menteur & de ſa ſuite. 351
De Rodogune. 352
D'Heraclius. 353
D'Andromede. *ibid.*
De Dom Sanche d'Arragon. 354
De Nicomede. *ibid.*
De Pertharite. 355
De l'Oedipe. *ibid.*
De Sertorius. 356
De la Toiſon d'or & d'Othon. *ibid.*
De Sophoniſbe. 357
De ſes dernieres Pieces Dramatiques. 358
De ſes Poeſies dévotes. 359
Corneille *Thomas*. Poete François, Auteur de 20. Pieces. V. 396
Corneille Tacite, a gâté l'eſprit des Italiens ſur l'excès des Reflexions. I. 137

Cornelius Gallus. Ses ſix Elegies ſont très infames. IV. 59
Cornelius Nepos. IV. 142.
Cornificius, *La Sœur de*. S'eſt renduë habile de fort bonne heure. VI. 184
Coronide, *Anti-*, par Gaſpar Henri Marxen. VII. 358
Corradus, *Quintus Marius*. Toujours appliqué à l'embelliſſement de la Langue Latine. II. 568
Coſſart, *Gabriel*, a fait de petites Poëſies ſur les Conciles. II. 458 V. 314
Coſter, *Anti-*, par François Gomar. VII. 58
Cotelier, *Jean-Baptiſte*, homme de la probité de nos anciens. II. 494
A 12. ans expliqua la Bible en Hebreu, & le nouveau Teſtament en Grec. VI. 171
Coton, *Anti-*, par Pierre du Coignet. VII. 61
Cotta, *Jean*, Medecin. Son Ant-Apologie. VII. 351
Cotta, *Jean*. Poëte Latin. IV. 301
Ses Elegiaques ſont d'une ſi grande délicateſſe qu'on n'a ni la capacité ni l'eſperance de la pouvoir attraper. ¶ *ibid.*
Cottin, *Charles*, Poëte François, & Prédicateur. V. 364
Covarruvias, *Sebaſtien*. Son Treſor de la Langue Eſpagnole. II. 679
Coulomby. Explication curieuſe de ſon nom dans ¶ III. 124
Court, *De*, Savant dès ſa jeuneſſe. VI. 177
Courtot, *Le P*. Déguiſé ſons le nom de *Charitopolitain*. VI. 398
Couſin, *Louis*, excellent Traducteur. III. 169
Coutant, *Pierre*. Il a travaillé au S. Auguſtin. II. 492
Cramoiſy, *Sebaſtien*. Imprimeur. I. 369

DES MATIERES.

Craſſo, *Jules Paul.* Traducteur aſſés fidele & élegant. III. 64
Craſſo, *Laurent.* II. 26
Trop de bagatelles dans ſon hiſtoire des Poetes Grecs. 112
Craſſus, *Lucius*, grand &' fade louangeur. ¶ VI. 11
Craſſus, *Publius Licinius*, s'eſt mis à l'étude dans un age avancé. VI. 201
Craſton, *Jean.* Le premier qui a mis la main aux Lexicons Anonymes Grecs. II. 591
Cratinus, Poëte d'Athenes, a donné 21. Comedies. III. 411
Crellius, *Jean. Anti-.* VII. 202
Par Maître Jean Borſac, 203
Second Anti contre Crellius. 216
Creſpin, *Jean.* Imprimeur, qui d'Avocat ſe fit Imprimeur. I. 376
II. 593
Crinitus, *Pierre.* II. 109. 250
Pourquoi appellé Crinitus. 251
Poete Latin. IV. 308
Fait de grandes promeſſes & ne donne que des bagatelles. *ibid.*
Il meurt par un accident étrange. VI. 02
Criſe, *Anti.* Trois Anti ſous ce titre. VII. 145
Criſpe, *Jean-Baptiſte.* Son Ouvrage de Critique. II. 127
Critica, *Anti-.* Deux Anti ſous ce titre. Le premier du jeune Buxtorf. Le ſecond par Pierre Scriverius. VII. 314
Criticus, *Anti-.* VII. *ibid.*
Critiques François. I. 175
Critiques paſſionés. I. 58. 59. &c. Souvent la fantaiſie les conduit. II. 2. &c. 153. &c.
Critton ſavoit douze Langues dès ſon enfance. VI. 61
Autres habiletés. *ibid.*
Crocius, *Jean. Anti-.* Trois ſous ce titre. VII. 156
Crocius a donné l'Anti-Weigelius 198
Michel Cornæus a donné un *Anti-Crocius.* 226
Crocius, *Louis. Anti-.* VII. 154 211
Crock-berg, *Anti-*, par Himmelius, à qui on donnoit la qualité de Boureau. VII. 158
Crocus, *Cornelius.* II. 570
Croix, *la*, du Maine. Bibliotheque Françoiſe. II. 87
Crowæus, *Guillaume.* II. 59
De ſon Recueil alphabétique. *ibid.*
Cruceius, *Emeri.* II. 413
Anti-Crucejus. VII. 359
Cruceius, *L. Annibal*, a traduit le Roman d'*Achille Statius.* III. 69
Crucquius, *Jacques.* Ses notes ſur Horace. II. 400
Cruſca, *Academie della.* I. 215
II. 674
Anti-Cruſca. VII. 333
Cruſer, *Hermann.* Il a changé l'ordre des Vies de Plutarque dans ſa Traduction. III. 65
Cruz, *Louis de la*, Poete Latin. Il a choiſi des ſujets peux. V. 29
Cryptographie, ce que c'eſt. II. 530
Cueva, *Alphonſe de la*, Auteur du livre *Squitinio della liberta Veneta.* VII. 379
Cujas, *Jacques.* I. 208. II. 334
Anti-Cujas, par Claude le Gendre. VII. 264
Il a critiqué Zacharie Furneſter ſous le nom de *Mercator.* VI. 204
Cunæus, *Pierre.* III. 88
Cuper, *Gilbert.* Auteur loué par Mr Spanheim. II. 40
Cuyckius, *Anti-*, par Henri Boxhorn. VII. 73
Cydonius, *Demetrius*, ſerré, éxact, châtié & élégant. III. 15
Cyprien, *Saint.* II. 228
Son adreſſe à gauchir. *ibid.*
Cyriaque d'Ancone, dans ſa 25. année il étoit docte, & à 27. igno-

norant, fot & malhonneſte homme. ¶ II. 215.
Cyrille, Pere de l'Egliſe. II. 589

D

DACIER, *André*. III. 179 II. 501
Très-ſavant, très-fin Critique, & très-poli. 502
Dacier, *Madame*, ſes louanges. II. 500. Repriſe. 501
Dacquin, *Philippe*, ſon Dictionnaire Hébreu Chaldaïque eſtimé. II. 636
Dacrianus ſignifie *pleureur*. VI. 265 *Voyés la* ¶
Daillé ſe piquoit de fine Critique. II. 169
Dalechamp, *Jacques*, il a été trente ans à polir ſon Athénée. I. 217
Le tems qu'il employoit à ſes malades l'empêchoit de parfaire ſon Ouvrage. III. 85
Dampierre, *Jean de*, Avocat au Conſeil, puis Cordelier, Poëte Latin. Scaliger dit que ſes Poëſies ne ſentoient ni le froc, ni le Cloître, & les met au nombre des raretés & merveilles du monde. IV. 390
Daneau, *Lambert Anti-*. Gerlach en eſt l'Auteur. VII. 159 181. 194
Danet, *Pierre*. Ses deux Dictionnaires ont eu des Approbateurs & des Critiques. II. 554
Daniel, *Pierre de*, il avoit un talent pour connoître les Manuſcrits. II. 333
Dannois : Bartholin en a fait un Recueil. II. 104
Darnhawer. Auteur de l'Anti-Chriſtoſophie. VII. 357
Dante, *Alighcri*, Poëte Italien. IV. 265
Ses mœurs & ſon langage également purs 267
Fort allegorique. *ibid.*
De ſes Critiques 268. 269
VI. 155
Dauphins, Interpretes ou Scholiaſtes : le corps complet. II. 514 &c.
Dauſquey, *Claude*, il avoit une rare connoiſſance de la Langue Grecque. II. 411
Sa Traduction de 40. homélies de S. Baſile. III. 98
Davy, *ou* Dany *Nicolas*, blamé par la Croix du Maine d'avoir changé de nom. VI. 316
Debit des Livres, c'eſt un pur effet du caprice du Public. I. 291. &c.
Decalogue, *Anti-*, par Laurent Dript. VII. 359
December, *P. Candidus*, mauvais Traducteur. III. 17
Delfau, *François*, avoit commencé l'édition de S. Auguſtin. II. 467
Deltrio ; *Mart. Ant-*, il a travaillé ſur de mauvais Manuſcrits. II. 367
Habile dès ſa jeuneſſe. VI. 103
Demochares de Reſſons, ſon nom c'eſt de *Mouchy*. VI. 291
Demon, *Anti-*, par le Miniſtre Perreaud. ¶ VII. 290
Demoſthene s'eſt oublié. I. 93
Dempſter, *Thomas*, décrié parmi les gens de Lettres. II. 106
Forgeur de titres de Livres qui n'ont jamais paru. *ibid.*
Denys d'Halicarnaſſe. On doute ſi les Fragmens qu'on a ſous ſon nom ſont véritablement de lui. II. ✝
Ils contiennent la plus fine & la plus judicieuſe Critique. *ibid.*
Les principaux morceaux qui nous reſtent de ſes ouvrages. 4. 5. 15
Denys le Petit. III. 9
Loué

Loué par Mr Huet 10
Défintereffé, *Anti-*, une des piéces. du tems de Mazarin. VII. 266
Defmarets, *Jean.* de fes Traités fur l'Art Poëtique. III. 307
Defmarefts, *Samuel*, Miniftre, Auteur d'un Ant-Apologétique. VII. 351
Defpautere, *Jean.* Réfléxions fur fon Ouvrage. II. 561
Defportes, *Philippe*, Poëte François avoit acquis par fes Ouvrages dix mille écus de rente. I. 297
Rare & beau génie. V. 37
Maltraité par des Poëtes de fon tems, & pourquoi. 38
Excelloit en Elégies & Sonnets. 39
Méprifé par Malherbe. 40
Récompenfes étonnantes pour quelques unes de fes Poëfies. *ibid.*
Defpreaux, *Nicolas Boileau.* De fes Traités fur l'Art Poëtique. III. 30. *Voyés Boileau.*
Deftinée fâcheufe de ceux qui travaillent fur la Foi d'autrui II. 15
Deufingius, *Anti-.* VII. 302. 308
Devifes, que des Auteurs fe font donnés pour leur nom. VI. 462
Deutfchmam, *Jean*, Auteur de l'Anti-Crocius. VII. 158
Et d'un Anti-Socinien. 213
Diana, *Antonin*, fon Livre condamné dans l'*indice.* II. 54
Diatribes, *Anti-.* Quatre Traités fous ce titre. VII. 359. 360
Dictionnaires, leur Multitude devenue onereufe à la République des Lettres. II. 544. &c. 598. &c.
Didagma, *Anti-*, de Mr Scultet. VII. 360
Didyme, pris pour Auteur chimerique & fuppofé. II. 202
Quoiqu'aveugle dès l'âge de cinq ans, il devint fi habile, que fon érudition fut admirée pendant toute fa vie qui dura quatre-vingt-treize ans. VI. 33. 34

Diegue Gracian. III. 197
Diegue Garzia, de Rengifo, fon Art Poëtique. III. 322
Diegue Lopez d'Ayala. Plufieurs Traductions d'Ouvrages Italiens. III. 196
Diegue Lopez de Cortegana, fa Traduction de l'Ane d'or d'Apulée. III. 197
Diegue Lopez d'Eftramadoure. Plufieurs Traductions d'Auteurs Latins. III. 197
Diegue Lopez de Toledo a traduit les Commentaires de Cefar. III 198
Dietemberg, *Jean*, a traduit divers Traités des Peres de l'Eglife. III. 203.
Dieu, *Louis de*, fa Grammaire & autres ouvrages. II. 646
Diodore de Sicile employe trente ans à compofer fon Hiftoire. I. 213
Diogéne Laërce. Sans fon Livre, nous ignorerions d'excellentes chofes. I. 123
Il a pris des citations pour des Titres de Livres. 124
Diomede célébre Grammairien. II. 539
Dion Caffius a donné vingt-deux ans à la compofition de fon Hiftoire. I. 213
Diphile, il a fait cent Comédies. III. 442
Docteur, ce que fignifie ce Titre, & à qui on l'a donné. I. 108. &c.
Docteur irréfragable & la fontaine de vie. 110
Docteur Angélique. *ibid.*
Docteur Seraphique. *ibid.*
Docteur fubtil. *ibid.*
Docteur illuminé. 111
Docteur admirable. *ibid.*
Docteur folemnel. *ibid.*
Docteur univerfel. *ibid.*
Docteur folide. 112
Docteur abondant & riche. *ibid.*
Docteur très-fondé. *ibid.*

TABLE GENERALE

Docteur mis à l'enchere & au plus haut prix. *ibid.*
Docteur heureux. *ibid.*
Docteur éloquent. *ibid.*
Docteur infigne. *ibid.*
Docteur illuminé. *ibid.* & 114
Docteur aigu. *ibid.*
Docteur très-réfolu. *ibid.*
Docteur fingulier. *ibid.*
Docteur très-ordonné. *ibid.*
Docteur fuffifant. *ibid.*
Docteur fondé. *ibid.*
Docteur notable. *ibid.*
Docteur illibat & fans tache. *ibid.*
Docteur refplendiffant. *ibid.*
Docteur vénérable. *ibid.*
Docteur profond. *ibid.*
Docteur authentique. *ibid.*
Docteur très-Chrétien. *ibid.*
Docteur très-réfolu. 115
Docteur Evangelique. *ibid.*
Docteur très-Chrétien. *ibid.*
Docteur Extatique. *ibid.*
Docteurs choifis pour éxaminer les Livres. I. 20
Dolabellá, *Julius Pomponius*, c'eft Jean Sirmond. ¶ VI. 289
Dolcé, *Louis*. Nous avons de lui un grand nombre de Traductions Italiennes. III. 185
De fon Traité de la Poëfie Italienne. 322
Poëte Italien. IV. 424
Dolet, *Etienne*, Imprimeur. I. 372
Brulé à la Place Maubert. *ibid.*
La Juftice ne toucha point à fes Ecrits qui ne parloient point de Religion. II. 651
Nous avons de lui la traduction de deux Dialogues de Platon. III. 109
Poëte Latin & François IV. 379
Domenichi, *Louis*. On loue dans fes traductions la beauté du ftyle. III. 187
Dominicains, Leandre Alberti a écrit de leurs hommes illuftres. II. 70

Donat, *Ælius*, n'eft qu'un méchant ramaffeur. II. 198
Son Traité du Barbarifme. 540
Donat, *Alexandre*. Son Art Poetique. III. 296
Poëte Italien. V. 166
Donat, *Jerome*. Il a traduit Alexandre d'Aphrodife. II. 274. III. 34
Donat, *Marcel*, fort verfé dans les Antiquités Romaines. II. 346
Maltraité. 347
Doni, *Ant. Franc.* Sa Bibliothéque Italique. II. 77
Dorat, *Jean*. II. 331
Premier Poëte Lyrique de fon tems. I. 207
Poete Grec, Latin & François. IV. 472
Fin & délicat Critique. 473. VI. 321
Dotland, *Pierre*. Sa Bibliothéque des Carmes. II. 70
Dorfchæus, *Jean Georges*. Abregé de fon Hiftoire & de fa Vie. VII. 57
Anti-Dorfchæus. 227. &c.
Douza, *Jean*. Etant jeune garçon il donna fon Plaute. II. 342
Le pere, dont Scioppius fait l'éloge. 354
Douza, *Les deux*. Poetes Latins. V. 28
Les Ouvrages de leur jeuneffe. VI. 86
Dracontius. Son hexaemeron. Il parle fi fubtilement qu'on a beaucoop de peine à l'entendre. ¶ IV. 238
Draudius, *Georges*. II. 14
Sa Bibliothéque Claffique n'eft prefque qu'une compilation fort mal digerée des Catalogues des Foires de Francfort. *ibid.*
On l'a pourtant augmentée dans la derniére édition, 15
Driell, *Godefroi*, prêta fon nom à fon Maître Bufée. VI. 373 VII. 374

DES MATIERES.

Dript, *Laurent.* Auteur de l'Anti-Décalogue. VII. 359

Drome, *Anti-*, de Jean Piscator. VII. 361

Druides, étoient les Philosophes du Pays, les Jurisconsultes, &c. I. 156

Drusius, *Jean.* Le nom de Grammairien Divin. II. 396
Un des plus habiles dans l'Hebreu. 642

Duc, *Fronton du.* Il avoit un grand fond d'érudition. Ses Ouvrages II. 401

Dudinck, *Josse de*, a donné une idée superficielle des Bibliothéques. II. 151

Dulloa, *Alphonse.* Il a pris un plaisir singulier à la Langue Italienne. III. 191
Ses Ouvrages. *ibid.*

Dupleix, *Scipion*, a fait un Livre contre Vaugelas. II. 657

Durand Casellius, *Jacques ou Jean.* Ses diverses Leçons sont très-polies. II. 368

Dysse, Ministre, pourquoi maltraité. I. 21

E

Ebert, *Pierre.* Son *Anti-Cingliani Synopsis.* VII. 152

Ecclésiastiques, *Auteurs.* Le premier c'est Eusebe de Cesarée. II. 39. &c.

Eclaircissemens sur les premiers volumes III. 205. 206. &c.

Eckardt, *Henri.* Son Anti-Pelargus. VII. 173

Ecoles Episcopales, ont passé chés les Benedictins & se nommoient Ecoles Monachales. I. 170

Ecrivains de perdition. L'Italie appellée la Boutique fameuse de l'iniquité. I. 139

Edouard 6. Roi d'Angleterre. A l'âge de 8. ans il écrivoit des lettres en latin au Roi son pere. VI. 236

Eggenfeld, *Chrysostome.* V. 266

Egnatius, *Jean-Baptiste.* Traité qu'il a fait des Hommes illustres de Venise. II. 82
Robortel pensa être tué d'un coup de baïonnette pour avoir censuré ses Ouvrages. I. 36

Egyptiens, sont mysterieux. I. 126

Eisenberg, *Anti-*, par Christophle Kittelmans. VII. 161

Eisingrein, *Guillaume.* On se plaint de ce qu'il n'a pas apporté de soin dans son Ouvrage. II. 46

Elchirg, *Jean Abbé d'.* Son Anti-Doricheus. VII. 227

Elie Levite. R. II. 630
Quoiqu'il fut Juif, il n'a pas laissé d'enseigner les Chrétiens à Rome & à Venise. II. *ibid.*

Eloges impertinens, & titres ridicules de livres. I. 180

Eloquence des Gaulois & des François. I. 162

Elsius, *Philippes.* II. 68
Trop prévenu pour son Ordre dans son *Encomiasticon Augustinien.* II. *ibid.*

Elzeviers, *Les*, Imprimeurs. I. 395 { Bonaventure. Abraham. Louis. Daniel. }

Empedocle, regardé comme un simple versificateur par les Critiques III 403

Enclema, *Anti-*, de Jean Major Docteur Lutherien. VII. 301

Enfant très-habile devenu stupide. I. 203
De l'impatience de faire paroître les Enfans. VI. 194. &c.
Les Enfans peuvent se rendre très-savans. 3. 4. &c.

TABLE GENERALE

Enfant Italien, qui âgé environ de douze ans, répondoit sur toutes sortes de sciences. 191

Engagemens. Ils gênent souvent les Auteurs. I. 118. &c.

Enjedinus, *Anti-*, donné après la mort de l'Auteur. VII. 205

Ennius. IV. 3
Estimoit beaucoup ses Poësies & méprisoit celles des autres. *ibid.*
Ne faisoit des vers que quand il étoit dans le vin. 4
A le premier employé les vers héroïques chés les Romains. 5

Ennodius, rempli de pointes & de sentences. IV. 244. 245

Enseignes des Imprimeurs & des Libraires. I. 400. &c.

Eobanus, *Helius*. Poete Latin. IV. 362
Appellé l'Ovide & pourquoi. 263

Epimenide, de Crete, dont il ne nous reste plus rien. III. 385

Epiphane le Scoliaste a mal traduit Socrate, Sozomene & Theodoret. III. 8

Episcopius. *Nicolas*. Imprimeur. I. 379

Epitomes, *Des*, ordinairement mal faits. I. 241. &c.

Erasme, *Didier.* I. 198
Scaliger a prétendu qu'il avoit été Correcteur d'Imprimerie. 384
Sa Critique maltraitée par le Cardinal du Perron. II. 9
Quelques-uns l'accusent d'envie. *ibid.*
Jules Scaliger a écrit contre lui. *ibid.* & 173
Ce qu'on a dit pour & contre lui. 267. &c. 565. III. 39
Un modele des plus achevés pour la Traduction. *ibid.*
De sa version du nouveau Testament. 40
De sa Poesie. IV. 355
De sa jeunesse. VI. 204

Petrejus a pris Luther pour Erasme. VII. 349
Les Anti-Barbares d'Erasme. 352

Eratosthene. II. 185

Erberman, *Vite*. Son Antarctique. VII. 221
Son Anti Musée. 343

Erigene, *Jean Scot*. Sa Traduction des Oeuvres de S. Denys. III. 13

Erlard, *Georges*. Passe aujourd'hui pour Melchior Goldast. II. 393

Erneste, Landgrave de Hesse. V. 200

Ernstius, *Henri*, a fait le Catalogue de la Bibliothéque du Grand Duc de Florence. II. 142

Erotemata, *Ant'*, par Marc-Antoine Severin. VII. 362

Erotemes, livre, ce que c'est. I. 201

Erpen, *Thomas*. Sa Bibliothéque Arabique. II. 138
Sa Grammaire Arabe. 645
Son Dictionnaire Arabe. *ibid.*

Errico, *Scipion*. Poëte Italien, d'une grande facilité de style. V. 164

Erythræus, *Janus Nicius*, Son véritable nom Jean Vincent le Roux. II. 78

Escobar; *Cristoval de*, a changé son nom. VI. 289

Escobar, *Francois*. Il a traduit heureusement l'Aphthone. III. 49

Escouvette, *Frere André de l'*, étymologie de ce nom Bouffon. VII. 259

Escurial. II. 139

Espagnols. Leur caractére. I. 139. &c. II. 83. &c.
Anti-Espagnol. Piece Anonyme; cependant donnée par l'Auteur le plus connu. VII. 266

Essars, *Nicolas des*. III. 107
On a dit qu'il n'a pas beaucoup rongé de laurier au Parnasse. 108

Eftazo, *Achille*, un des plus excellens Critiques d'Espagne. II. 325
Estiennes, *Les*. Imprimeurs I. 358 &c.
Robert faisoit mettre souvent les feuilles qu'il imprimoit sur les quais, les ponts & autres places publiques de Paris, avec des affiches, par lesquelles il prioit de les corriger & promettoit récompense. 355
Son trésor de la Langue Latine est un Ouvrage immense. II. 549
Charles Estienne. Son Dictionnaire Latin & Grec. ¶ II. 592
Henri Estienne. Son Trésor Grec est un livre très-excellent. II. 344
Réduit à la mendicité. 594. 652
Différens sentimens sur ses Traductions. III. 86. 117 VI. 87
Sa passion pour les sciences. 88
Comment il fut élevé. *ibid.*
Estienne de Byzance. On prétend que son Ouvrage étoit une espéce de Dictionnaire. II. 587
Etudes, *Critiques des*. II. 170. &c.
Des Etudes tardives. VI. 198. 199
Etudier, *De la maniere de bien*. II. 173. 175. 176.
Etoile, *Claude de l'*, sieur du Saussay. Poëte François, Lisoit ses Ouvrages à sa servante. I. 41. & V. 217
Il critiqua si severement une Comedie qu'un Auteur lui avoit lue, que celui-ci en mourut de chagrin. 47
Il employoit un très long tems à composer ses Ouvrages. 215
Il travailloit à la chandelle ses fenêtres fermées en plein jour. V. 217
Evandro-Phylax, nom déguisé d'un Medecin de Brefce. VII. 351
Eubages ou Vates, s'addonnoient à l'Astrologie & à la Magie. I. 157

Eudoxe ou Eudocie, Impératrice. IV. 236
Evêques. Ils sont Juges naturels de la doctrine de l'Eglise. I. 18
Everard ou Eberard de Bethune. Auteur de l'Anti Hæresis. VII. 365
Eunapius de Sarde. Son style est obscur. Sa vie des Philosophes. II. 125
Eupolis, Poete Comique, noyé dans l'Hellespont, a fait 17. Comedies III. 411
Poete Grec. VI. 4
A 7. ans avoit composé 17. Comédies. 5
Euripide, Poete Grec. Il se plaignoit de ce qu'il étoit trois jours à faire trois vers. I. 213
Etranglé & déchiré par des chiens. III 412
Fort sententieux. 413. &c.
En quoi repris. 415. &c.
Accident que produisit la représentation d'une de ses Tragedies. 416
Eurydice, femme savante. Se résolut déja fort âgée d'apprendre les lettres, afin de se rendre capable d'instruire ses Enfans elle-même. VI. 201
S'est appliqué à développer la Philosophie cachée. II. 205
Eustathe. Il a traduit quelques Ouvrages de S. Basile. III. 9
Eustochie, femme savante, avoit su les Langues Hebraïque, Grecque & Latine de bonne heure. VI. 184
Examen des Livres, *De l'*. La necessité de le faire. I. 16
Examen des Esprits. Ce livre a excité beaucoup de curiosité. II. 172
Exegemata, *Ant*. Voyés sur le nom de l'Auteur. ¶ VII. 363
Exemples pernicieux, sur les Etudes trop avancées. VI. 185

Iii iij

TABLE GENERALE

Expilly, *Claude*, son Orthographe Françoise. II. 648
Extraits des Livres pour la plupart très mal faits. I. 240. &c.
Ezechiel, Juif, Poëte Grec. IV. 198

F

Fabio Clement. Nom déguisé. VI. 310
Fabretti, *Raphaël*, voyés l'explication du nom dans ¶ VI. 345
Fabri, *Honorat*, a publié quelques parties de sa Philosophie sous le nom de son Ecolier. VI. 373
Fabricius, *Georges*. De son Art Poëtique. III. 322
Poëte Latin. IV. 427
Est court sans être obscur. *ibid.*
Fabrot, *Charles Annibal*, son Dictionnaire sur quelques Auteurs de l'Histoire Byzantine. II. 598
Son édition des Basiliques. 510
Fabrini, il a commenté plusieurs Auteurs Latins. ¶ III. 184
Faerno, *Gabriel*, Poëte Latin voulut supprimer Phédre. IV. 414
Fail, *Noël du*. VI. 308
Faletti, *Jerôme*, premier Auteur du fameux Polyanthea. III. 195
Falcoma, *Proba*, Hortina Dame Romaine. Elle a donné des centons. IV. 218
Fanchelius, *Anti-*: L'ouvrage de Thaddée Hagecius, Médecin. VII. 302
Fanuccio *ou* Fanutius, *Thomas*, passe pour un babillard. II. 109
Auteur du Livre *de comparationibus Poëtarum* ¶ III. 284
Faret a traduit le Justin. III. 124
Faria de Sousa, *Emmanuel*, un des bons Traducteurs de la Langue Castillane. III. 200
Poëte Castillan. V. 214
Farinator, *Mathieu*, a employé 30

ans à son livre. I. 215
Farnabe, *Thomas*, II. 444
Fatio, savant dès sa jeunesse. VI. 177
Fauchet, *Claude*, Histoire des Poëtes François. II. 89
Très-docte & d'un travail infini. III. 119
Favoriti, *Augustin*, Poëte latin, un des poëtes de la Pléïade latine. V. 320
Faur de S. Jorry, *M. du*, homme savant & de probité. II. 348
Fay, *Du*, Auteur de l'Anti-Espagnol, VII. 206
Fécondité prodigieuse de plusieurs Auteurs. I. 221. &c.
Fedro, *ou* Phædrus, *Georges*, Auteur de l'*Anti-Catarticon*. VII. 366
Felice, *Constance*, habile dès sa jeunesse. VI. 67. 68
Feliciano, *Porfirio*, Poëte Italien. Il a composé quelques piéces sur le modéle de Petrarque. V. 56
Felicien, *Jean Bernardin*, Mr Huet dit qu'il a le style abondant jusqu'à regorger. III. 43
Fell, *Jean*, il a donné l'édition du S. Cyprien d'Oxfort avec Mr Pearson. II. 480
Felwinger, à l'âge de 23 ans publie l'Anti-Ostorodus. VII. 208
Femmes, elles passent pour être d'excellentes Critiques du langage. I. 42
Quelques femme ou filles qui ont eu de la réputation en Poësie. V. 456. &c.
Ferrari, *Octave*, ses Origines de la Langue Italienne. II. 674
Ferrarius, Benédictin, a fait des Commentaires d'Origénes sur S. Jean. III. 95
Ferrarois. Cordelier a donné les hommes illustres Ferrarois. II. 81

DES MATIERES.

Ferreto, Poete Latin. Vossius a donné la liste de ses Ouvrages. IV. 270
Ferri, *Jean*, VII. 368
Ferrinus, *Barthelemi*. VI. 319
Fessus Pompeius a fait l'Abregé de Valerius Flaccus. II. 535
Fevre, *Nicolas le*, Precepteur de Louis XIII. II. 383
  Critique fort Chrétien. *ibid.* 633
Fevre, *Tannegui le*, Sa vie des Poëtes Grecs. II. 112
  Hardi Critique. 460
  En traduisant corrige & rétablit les Originaux. III. 133
Fevre, *Anne le*, III. 178. 179
  De sa Dissertation sur la Poësie Dramatique. 320
Fewrborn, *Juste*, Auteur de l'Anti-Enjedinus. VII. 205
  Et de l'Anti Ostorodus. 207
Fichard, *Jean*, il a traduit la démonomanie de Bodin. II. 182. III. 203.
Fiera, *Jean-Baptiste*, Poete Latin. IV. 360
Filles savantes, *Des*. VI. 182.
Filz, sa méthode pour la Langue latine & Françoise. II. 672
Finck, *Gaspar*, a mis en lumiére l'Anti-Socolovius. VII. 113
  Il est aussi Auteur de l'Anti Goclenius. 161
Finé, *Orence*, il a traduit la Version Arabe d'Euclide. III. 48
Fischer, *Lavin*, Auteur du *Consilium Ant-Hypocondriacum*. VII. 306
Flaccus, *Verrius*, vingt Livres sur la signification des mots. II. 535
Flack, *Matthias*, Catalogue des témoins de la vérité. II. 46
Flaminius, ou Flaminio, *Marc-Ant.* Poëte Latin. Changement de nom. IV. 389 VI. 317
Flechier, *Esprit*, il a traduit la vie du Cardinal Commendon. III. 175

Fleuri, *Franc.* VI. 394
Florence, leurs Ecrivains. II. 142
Florentins, leurs Ecrivains. II. 80
Floridus Sabinus, *Franc.* Son Apologie pour la Langue latine. II. 133
Foesius, *Anutius*, il a traduit les œuvres d'Hippocrate. III. 83
Fogliette ou Foillette a fait les Eloges des illustres Liguriens. II. 80
Foires de Francfort. Les Catalogues sont remplis de titres imaginaires. II. 134.
Folengi, *Theophile*, Poëte Macaronique. IV. 375
  De la Poësie Macaronique. 376. 377. VI. 309
Fonseca, *Pierre de*, Inventeur de la science moyenne. III. 87
Fontaine, *Jean de la*, Poëte François, unique en son espéce. V. 412
  De ses Fables. 413
  De ses Contes. *ibid.*
  Pourquoi appellé le Papillon du Parnasse. 414
Fontana, *Publio*, Poëte Latin & Italien. Sa *Delphinide* estimée. V. 55
Fontanus, *Anti-*, de Jean Botsaccus. VII. 75
Forcadel, *Estienne*, Poëte François & Latin. IV. 428
Forer, *Le P.* Abregé de sa vie. VII. 236
  Son Anti-Anatomia. 347
Forer, *Anti-*, par Jean Ulric. VII. 76
  Petite Histoire sur sa barbe. Ses différens emplois. 77
Forster, *Jean*, l'ouvrage qu'il avoit entrepris étoit au-dessus de ses forces. II. 633
Fortunat, Poëte Chrétien, n'a pas fait scrupule d'employer les noms des Divinités fabuleuses du paganisme. IV. 251

Foullon, ichangea son nom en celui de *Gnapheus.* VI. 326
Fournier, *Guillaume.* II. 309
Fox de Morzillo, *Sebaſtien*, à dix-neuf ans il publia des Commentaires sur les *Topiques de Ciceron.* II. 292
Fracaſtor, *Jerôme*, de sa Poëtique. III. 288
  Poëte Latin, le meilleur après Virgile selon Jules Cesar Scaliger. IV. 391
  En quoi repris. 393. 394
Frachetta, *Jerôme*, il a traduit les œuvres de Lucrece. III. 184
Francifcains leurs Ecrivains. II. 72
Francius, *Pierre*, Poëte Latin, ses Epigrammes ne sont pas assés châtiées. V. 376.
Franco, *Nicolas*, Poete Satirique. IV. 385.
Franco-Gallia, *Anti*, Matharel en est l'Auteur. VII. 363
François. Leur caractére. Les anciens Poëtes François. I. 154. &c. II. 87. &c.
François-Auguſtin della chiefa. Son Catalogue des Ecrivains de Savoye. II. 83
Fra-Paolo prié par la République de Venife de répondre à un Ouvrage. VII. 379
Frederic II. Empereur. VI. 372
Freg *ou* Ferg, *Chriſtophle.* II. 141
Freher, *Marquard*, Cafaubon l'appelle la prunelle de son Pays. II. 391
Freiglus, *Jean-Thomas*. Son Pédagogue. II. 179
Freitagius, *Jean*, contre lequel on a donné l'Anti-Paraſceve. VII. 374
Freinſhemius, *Jean*, célébre par ses Supplemens. II. 449
Frelons, *les*, Imprimeurs. I. 374
Fris *ou* Crifius, *André*, Imprimeur. I. 396.

Fris, *Jean-Jacques*. Sa Bibliotheque des Auteurs. II. 128
Frifchlin, *Nicodeme*, son étrille avec laquelle il prétendoit frotter tous les autres. II. 573
  Poete Latin, comment sa Comédie de Rebecca fut récompensée. IV. 474. VI. 83
Frifons. I. 100
Frizon, *Leonard*, sa Critique sur les Poëtes. II. 115
  De son Traité du Poëme. III. 317
  Jéfuite, Poëte Latin. V. 403
Froben, *Jean*, Imprimeur, & Jerôme son fils. I. 378
Froereifen, *Iſaac*, Auteur de l'*Anti-Chriſtologie.* VII. 358
Fromond, *Libert*, son Traité du mouvement de la terre. VII. 286
Fronton appliqué à corriger les Verſions des autres. III. 95
Fruitier, *Luc*, il avoit une connoiſfance parfaite de toutes les sciences. II. 309
Frufius, *André*, Jéfuite Poëte Latin. II. 570. IV. 399
  Il apris la peine de purger Martial & les autres Poëtes laſcifs. *ibid.*
Fulgence Planciade, *Fab.* II. 540
Fulgence, *S.* VI. 376
Fulxe, *ou* Fouque, *Guill.* Auteur de l'Anti-Pronoſtique. VII. 375
Fullo, VI. 326
Fumées. VI. 309
Furetiere, *Antoine*, ses Poëſies. V. 455
Furius Bibaculus, Poëte railleur & médifant. IV. 53
Furſtemberg, *Ferdinand*, Poëte Latin. V. 321
  Témoignages magnifiques qu'on a rendu à ses vers. 322

G.

Gabrias. Pourquoi ainfi appellé

pellé ainsi. IV. 202
Gacès Brulé, loué par Fauchet. IV. 282
Gaddi, *Jacques*, Poëte Latin, les Savans prétendent que son ouvrage ne répond pas à son titre. II. 16
Gale, *Thomas*, Notes Critiques sur le *Iamblique*. II. 470
Galeotti, *Barthelemi*, Traité des Ecrivains de Boulogne. II. 81
Galesinus, *Pierre*, trop diffus. III. 75
Galien raillé par Moyse Rabin. I. 40
Ses Sylves sont aussi d'un grand prix. V. 233
Gallois, *Le*, son Traité des Bibliothéques. II. 152
Gallucci, *Tarquinio*, de ses Ouvrages sur la Poetique. III. 296
Galles, *le faux*, on sait ce qu'il lui est arrivé. I. 35
Gallus, *Cornelius*, tué de sa propre main. IV. 59
Gambara, *Laurent*, de son Traité de la Poësie. III. 323
Gand, *Henri de*, il a voulu faire une continuation à l'Ouvrage de Sigebert. II. 43
Garasse, *Anti-*, attribué à Pasquier. VII. 79
Garasse mort de la peste. 81
Garsias, *ou* Garcilasse, Poëte Espagnol. IV. 353
Inventeur d'une nouvelle forme de Poësie. 354
Garet, *Jean*, a corrigé les œuvres de *Cassiodore*. II. 491
Garnier, *Jean*. II. 146. 152
Systéme d'un Catalogue de Bibliothéque, en qualité de Critique. 166
En qualité de Grammairien. 472. 473
Garnier, *Robert*, Poëte François Tragique. IV. 480
Garzia, *Diegue*, ou Garcian, d'Alderete, Traducteur. III. 197
Garzoni, *Thomas*, sa place universel-

le de toutes les professions du monde. II. 179
Gascons ont l'esprit vif. I. 191
Gastorello, *Genesio Anti-*, par Jean-Baptiste Noceto. VII. 290
Gataker, *Thomas*, étoit un homme d'une lecture profonde & éxacte. II. 438
Godeau, Poete François. V. 300. &c.
De sa Paraphrase sur les Pseaumes. 304
Gaudin, *Jean*, son Dictionnaire François & Latin. II. 553
Gaulois, la légéreté de leur esprit. I. 156
Gaumian, *Gilbert*, grand Poete latin, son *Psellus* & son Roman d'*Eustathius*. V. 297
Question sur Godeau. 300
Gaza, *Theodore*, il a fait revivre les belles lettres en Italie. II. 223
Les louanges qu'il a mérité par sa Grammaire. 603
Fort loué III. 20. 21
Ce que Paul Jove dit de sa Traduction de Theophraste. 22
Gelais, *Mellin de Saint*, Poete Latin & François. IV. 383
On prétend qu'on lui doit le Sonnet. 384
Gelenius, *Sigismond*, Correcteur d'Imprimerie. I. 379
Il a ajusté tout à sa fantaisie. III. 45
Gelli, *Jean-Baptiste*, il a traduit quelques Apophthegmes. *Voyés la* ¶ III. 190
Gendre, *Claude le*, Auteur de l'Anti-Cujas. VII. 265
Genebrad, *Gilbert*, II. 641
Traduit l'Histoire de Joseph. III. 84. 117
Ses Ouvrages sur l'Ecriture sainte. *ibid.*
Gennade, de Marseille, envoya au Pape pour l'examiner. I. 24
Partial dans son Livre des Hom-

TABLE GENERALE

mes illustres. II. 42
Soupçonné de Semipelagianisme. 43
Genois, leurs Ecrivains. II. 80
Gensius, *Jacques*. II. 498
Gentilis, *Horatius*. VI. 289
Gentillet, *Innocent*, Auteur de l'Anti-Machiavel & l'Anti-Socinien. VII. 214. 269
Geographes François, les Sieurs Sanson. I. 180
Georgius, *Anti*, de Pancrace Capriteus. VII. 206
Gerberon, *Gabriel*, son Ouvrage sur le Pere *Anselme*. II. 485
Gerhard, *Jean*. Son *Patrologue* n'est pas traité favorablement par le Pere Labbe. II. 52
Un Anti-Paræus. VII. 169
Gerlach, *Estienne*, Anti-Danæus dont il est Auteur. VII. 159
Gerson, son Livre contre le Roman de la Rose. I. 200.
Est appellé Peregrinus. ¶ VI 265
Gesavite, *Anti-*, par Jean Mulmam. VII. 82
Gesner, *Conrad*, quoiqu'il y ait bien des fautes dans sa Bibliothéque, elle merite de l'estime. II. 10
Et pourquoi. 11
Ses abbréviateurs & continuateurs. 12. 13
Loué par Mr de Thou. 13
Fort continent. 304
Son Lexicon Grec est fort imparfait, & pourquoi. 593
A pris trop de licence dans toutes ses Traductions. III. 60
Ghilini, *Camille*. VI. 65
De l'habileté de sa jeunesse. 66
Ce que c'est que le larcin domestique dont on l'accusoit. *ibid.* 366
Ghilini, *Jerôme*, son Théatre des gens de Lettres. II. 26
Ghino, *Leonard*, il a traduit le Roman d'Heliodore. III. 185

Giffan, *Hubert* ou *Obert*, il étoit peu sédentaire. II. 369
Giffen, *Obert de*, il a traduit Homere. III. 90
Gilles, *Pierre*, trop hardi dans ses Traductions. III. 47
Giraldi, *Lilio Gregorio*. II. 110
Beaucoup de liberté, de verité, de doctrine & de jugement dans sa Critique. 292
Il a donné l'Histoire des Anciens Poëtes. III. 285
Girard, Conseiller, sa Traduction de Grenade. III. 159
Girolamo Graziani, *le Comte*, Poëte Italien. Sa conquête de Grenade. V. 243
Giry, *Louis*, éxact & severe Traducteur. III. 132
Giselin, *Victor*, ses Notes sur *Prudence*. II. 346
Giudici, *Jean*, il a traduit les Poëtes Provençaux. III. 192
Gloriofo, *J. Camille*, son Livre sur les trois étoiles. VII. 296
Glauberus, *Anti-*. VII. 303
Glossaires, leur utilité. II. 543
Goar, *Jacques*, ses Notes sur l'Eucologe. II. 510
Gobelin Personne, il a employé près de 29. ans à son Histoire. I. 213
Goclenius, *Rodolphe Anti*. VII. 161
Anti-Goclenius fait contre lui : son Anti-Prognostique. 375
Godefroy, *Denys*. II. 401
Godefroy, *Jacques*, il a été trente ans sur le Code Théodosien I. 215
On a aussi son Histoire de Philostorge. II. 408
Godeau, *Antoine*, Poëte, Historien, ses Eloges, ses Ouvrages. V. 298 299. 304
Gollius, son Lexicon Arabe. II. 138
Goltzius, *Hubert*, Imprimeur. I. 386.

DES MATIERES.

Gomar, *François*. Auteur de l'Anti-Coster. VII. 59

Gombaud, *Iean Ogier de*, Poëte François. De ses Épigrammes. V. 269

Gomberville, *Marin le Roi de*. Il a fait trop le difficile. II. 120
Poëte François. V. 268
Son Noël est un chef d'œuvre. *ibid*.

Gomesius Pereira. I. 214

Gomez, *Alvare*. Poete Latin. Son Poëme de la *Toison d'or*. IV. 359

Gomez, *Louis*, a aidé au Catalogue des Jurisconsultes. II. 133

Gongora, *Louis de*. Ses Oeuvres ne sont fautives que parce qu'elles sont postumes. I. 208
Poete Espagnol. V. 126
Satirique, bon Poete, connu seulement après sa mort. 128

Gontier, *Anti-*, par un Anonyme. VII. 84
Célébre du tems d'Henri. IV.

Gonzales de Godoy, *Pierre*. Traduit la Cour sainte du Pere Caussin en Espagnol. III. 201

Gordianus, *Claudius*. Il avoit pris le nom de son pere & grand pere. VI. 376

Gordien, Empereur. VI. 29

Gorgias, *Anti-*, par Cardan. VII. 19. 355

Gorris, *I. de*. Il a travaillé sur le Nicander. II. 319

Goulart, *Simon*, s'appliqua fort tard à l'étude. VI. 219

Goulu, *René*, a travaillé sur le Clenard. II. 623
A changé son nom. VI. 322

Gournay, *Marie le Iars de*. Elle a de l'entêtement pour les vieux mots. II. 654
Anti-Gournay. VII. 84

Goussainville, *Pierre de*. Son saint Gregoire le Grand. II. 475

Gracques, *La mere des*. VI. 184

Grævius, *Iean Georges*. II. 483

A voulu remedier aux abus qui se commettoient dans les Commentaires de *Vaeiorum*. *ibid*.

Gramma, *Anti-*, par Joannes Marianus. VII. 364

Grammaires Grecques, *Des*. Leur differens Auteurs. II. 599
Anti-Grammaire, inconnuë à Bailler. VII. 364

Grammairien, ce que signifie ce mot & à qui il a été donné. I. 100 101

Grammairiens. II. 106 &c. 195 &c. 533 &c. 536 &c. 544 &c. 560 &c. 582 &c. 626 &c. 632 &c. 646 &c.

Grammairiens Gaulois. I. 163

Gramannus ou Gramanus, *Anti-*, par le Chimiste Libarius. VII. 304

Grandin, Examinateur. I. 21

Grange, *Isaac de la*. Son Commentaire sur Prudence, & ses notes sur Juvenal. II. 395

Grant, *Edouard*. II. 593

Gratulation, *Anti-*, de J. Nassen. VII. 364

Gratius, ancien Poëte, il a donné le Poëme Cynegeticon. IV. 145

Gravina, *Pierre*. Poëte. Dissertation sur son nom ¶ IV. 332

Grawer, *Albert*. Auteur de l'Anti-Lubin. VII. 66. 169. 186

Graziani, *Girolamo*. Le Comte, Poëte Italien. V. 243

Grec, Qui le premier l'a imprimé ? I. 347

Grecs, *Les*, sont habiles. I. 129

Gregoire le Grand, *Saint*. maltraité. III. 16

Gregoire de Nazianze, *Saint*. IV. 210
N'a point recours aux Fables ni aux Divinités ridicules du Paganisme. 211

Gregoire de Tours critique hardiment les vers du Roi Chilperic. I. 45

Kkk ij

Grenade, *Louis de*, traduit par Girard. Son Echelle de S. Jean Climaque. I. 177. III. 198

Gretser, *Iacques*, Jésuite. Son livre sur le droit de défendre les livres dangereux. I. 200

Jettoit les livres en moule. VII. 67. 379

Anti-Gretser. 85

Grevin, *Iacques*, a traduit *Nicander*. III. 110

Poëte François & Latin. Une bonne partie de ses Poësies est périe avec lui. IV. 425

Bel esprit. 426

Plusieurs Poësies de sa jeunesse estimées. VI. 77

Grisio, *Salvator*. Auteur de l'Ant-Analyse. VII. 347

Griffes, *Les*, Imprimeurs. I. 373

Gronovius. { *Iean Federic*, le pere. *Iacques*, le fils. }

Jean Federic a donné ses Observations; le fils des Notes critiques. II. 463. 497

Du pere. L'Anti-Diatribe donné contre lui. VII. 359

Grosseur des Livres, *De la*. I. 217 &c. 235

Grossius, *Chrétien*, *Anti-*, par J. Breving. VII. 185. 227

Grossius, *Chrétien*. Sa vie. Marié deux fois, &c. VII. 185

Grossius, J. Auteur d'Anti-Primatus. VII. 375

Grotius, *Hugues*. II. 417

Habile également à tourner le Grec en Latin, soit en prose, soit en vers. III. 99.

Bon Poete Grec & Latin. V. 189. 190. 191

Poëte Latin à huit ans. VI. 119

A quatorze ans savoit parfaitement les Arts liberaux. 120

Present que lui fit Henri le Grand, 121

Détail de ses actions savantes. 122. 123. 124

Anti-Grotius, par de Mayer. VII. 162

Groulart, *Claude*, a traduit Lysias. III. 89

Grudé, sieur de la Croix du Maine, *François*. Sa Bibliothéque des Auteurs François. II. 87

Gruter, *Jean* ou *Janus*, appellé la colomne & l'appui des Lettres. II. 403

L'Anagramme de son nom. Poëte Latin. V. 99

Gryné, *Simon*, étoit un homme moderé. I. 190

Il n'est pas vrai qu'il ait travaillé sur Pline comme on le dit dans le *Scaligerana secunda*. II. 287. C'est un grand babillard. III. 43

Gualther, *Bernard*, Imprimeur. I. 383

Gualther ou Gautier Burley. De ses prétenduës découvertes. II. 126. 127

Gualterus, *Rhodolphus*, grand Traducteur. III. 78

Gualther, *Philippes*. De son Alexandreïde. IV. 260. 261.

Guarini, *Le Cavalier*. Poëte Italien. II. 218

De son *Pastor fido*. V. 60. 61. 62

Valla l'avoit préféré à Poge Florentin. *ibid*.

Guarino, *Alexandre*. III. 187

Guasco, *Annibal*. Poëte Italien. V. 73

Guelfucci, *Capoleo*. Poëte Italien. Son Poëme du *Rosaire de la sainte Vierge*. loué. V. 22

Guersens, *Caïus Julius de*. Poëte François & Latin. IV. 450

Guevare, *Louis Velez*. Poëte Espagnol. V. 193

Guidiccioni, *Lelio*. Poëte Latin & Italien. V. 134

DES MATIERES.

Guidotto Borghese, *Paul*. Peintre & Poete Italien, mort de faim & de misere. V. 21
Fait contre le Tasse le Poëme de la *Jerusalem ruinée*. *ibid*.
Singularité de ce Poëme. *ibid*.
Guijon. { *Jacques*. *Jean*. *André*. *Hugue*. } Poëte Latin. V. 58 Quatrefreres, tous distingués parmi les Savans de leur pays. *ibid*. ¶
Guillaume de Lubec, *Jean*. 323
Guillelmus, *Janus*, jeune Auteur. VI. 94
Guimenius. Ce qui a porté la Sorbonne à le condamner. I. 77
Guinisius, *Vincent*. Poete Latin. V. 222
Voyés la note de Chapelain. ¶ *ibid*.
Guinther, *Iean*. Son style est fort rude & fort sec. III. 64
Guiot, Moine Bénédictin, Auteur du Roman appellé la *Bible Guiot*. IV. 282
Pourquoi appellé ainsi. *ibid*.
Guisard, *Anti-*, par un Anonyme du tems de la Ligue. VII. 267
Gunthere, Poete Latin. Auteur du *Ligurin* merveilleux pour son tems. ¶ IV. 265
Gurges. VI. 322
Guyet. *François*. S'est appliqué particulierement à l'origine des deux Langues Grecque & Latine. II. 442
Gymnique, *Iean*. II. 383. 384

H

Haberkorn, *Pierre*. Abregé de sa vie. Auteur de l'Anti-Valerien. VII. 122
Son Anti-Walemburch. 128
Son Anti-Syncretiste. 191
Son Anti-Phocinieus. 211
Habert, Abbé de Cerisy, *Germain*. Poete François. V. 233
De sa *Metamorphose des yeux de Philis en Astres*. *ibid*.
Habert, *Philippe*. Poete François. V. 52
Son *Temple de la mort* estimé. *ibid*.
Hack, *François*. Imprimeur de Leyde. I. 306
Hæresis, *Anti-*, d'Everhard de Bethune. VII. 365
Haganæus ou Haganaw, *Melchior*, a traduit divers ouvrages de Lipse. III. 203
Hagecius, *Thaddée*, Auteur de l'Anti-Franchelius. VII. 302
Abregé de son Histoire. 303
Hailbronner, Auteur de l'Anti-Tanner. VII. 117
Abregé de sa vie. 118
Hallevard, *Jean*. II. 26
Il est parié dans sa *Bibliotheque curieuse*, d'une Lettre d'Alexandre le Grand, traduite par Cornelius Nepos, d'un Traité de Chimie composé par la Reine Cleopatre, &c. *ibid*.
Hallervord, *Jean*, a fait un supplément de Gesner. II. 13
Sa Bibliothéque curieuse. 26
Halley, *Antoine* & *Pierre*. Poetes Latins. L'un Professeur Royal à Caen, l'autre Professeur à Paris. V. 361
Hamartole, *Georges*. Signification de ce nom. Voyés la note. ¶ VI. 265
Hamel, *Du* Il a traduit la Galatée de Jean de la Case. III. 104
Hanckius, *Martin*. Il a donné un Recueil des Ecrivains des Antiquités Romaines. II. 123
Hannexen, *Menon*. Il a donné quelques Anti-. VII. 168. 181
Hantewille, *Iean de*. Poete Latin. IV. 256
Son *Architherene*, fort loué. 256. 257.

KKK iij

Harding, *Thomas.* C'est contre lui qu'à paru, l'*Ant Apologia.* VII. 349
Hardouin, *Iean.* Il exerce la Critique aujourd'hui avec beaucoup de capacité. II. 504
Harold, *Francois*, continuateur de Wadding. II. 72
Harpocration, *Valere.* Son Dictionnaire des mots des dix Orateurs de la Grece. II. 586
Harvée, *Anti-*, de Leichner. VII. 305
Harvet, *Israel*, *Anti-*, de J. Riolan. VII. 300
Havemans, *Michel.* Abregé de sa vie. VII. 192
Heauville, Abbé de Chante-Merle. V. 323
De son Catechisme en vers. *ibid.*
Hedouville. On le fait passer pour le premier Auteur des Journaux des Savans. VI. 371
Heinsius, *Jean*, a employé 30. ans à revoir son Virgile. I. 215
Heinsius, *Daniel.* II. 148. 150. 401. &c. III. 101.
De ses traités sur Horace. 298. V. 227. 228. 229. &c. VI. 138
Heinsius, *Nicolas.* Il désavoua à la mort tous ses Ouvrages, & témoigna le regret qu'il avoit de laisser après lui ce qu'il appelloit *monumens de sa vanité.* II. 471
On l'a appellé le Cigne de la Hollande & on lui a donné plusieurs autres louanges. 472. V. 262
Abregé de sa vie. *ibid.*
Helinand de Froimond de l'Ordre de Cisteaux, ancien Poete François. IV. 281
Heliot, *Nicolas.* Dans sa jeunesse on le promenoit par la France comme le prodige du quatorziéme siécle VI. 42
Henningue, *Pierre.* Imprimeur de Cologne. I. 383
Henoticon, *Anti-*, d'Est de la Boëtie. VII. 365
Henri de Gand a fait une continuation de Sigebert. II. 44
Henric-Petri, Imprimeur de Bâle, fort négligent. ¶ I. 382
Henri 8. Roi d'Angleterre. Il a employé la plume de son Domestique pour faire croire qu'il en étoit l'Auteur. VI. 372
Henri ou Errigo, *Scipion*, Auteur de l'Anti-Squitinio. VII. 379
Henriquez, *Chrysostome.* Son Phenix ressuscité. II. 66
Henschenius, *Godefroi*, est un des Bollandistes. II. 160
Herauld, *Didier.* L'utilité de ses *Adversaires* II. 398
Herbst, dit Oporin, *Iean.* Imprimeur de Bâle. Il corrigeoit lui-même. La mauvaise conduite de sa femme l'a ruiné. I. 381
Herlicius, *David*, Auteur de l'*Anti-Turcicus Miles.* VII. 279
Hermanncruser, a changé l'ordre des Vies de Plutarque. III. 65
Hermant, *Godefroi.* Il a donné plusieurs Vies de Peres de l'Eglise. II. 167
Il a travaillé à la Polyglotte de le Jay. 479
Ses remarques sont très solides & & très-importantes. III. 160
Herman, *Samson.* Auteur d'un Anti-Jésuite. VII. 94
Herman, *Hugues*, ou *Hugon* Poëte, il tombe & rampe fort bas. V. 131
Hermaphrodite, *Anti-*, J. Petit en est l'Auteur. VII. 336
Hermetiques, *Anti-*, de divers Médecins. VII. 366
Hermido Gajado, Poëte Latin. Mort à Rome à force de boire. ¶ IV. 304
Alexandre 7. a fait donner par Nicolas Antoine un témoignage favorable pour ce Poëte. IV. 304
Hermite, *Anti-*, de J. P. Camus. VII. 228

Hermites Auguftiniens. Philippe Elſſius en a donné la Bibliothéque. II. 68
ermogene de Tarſe oublia à 24 ans tout ce qu'il avoit ſçû. I. 203
Il avoit enſeigné la Rhétorique à 15. ans. VI. 187
Hermolaüs Barbarus. Eraſme l'appelle un homme divin. II. 243
Se mettoit peu en peine des paroles & des expreſſions. III. 30
Herod, Iean. V. 266
Herodien. Rien de plus poli que ſon Art de la Grammaire. II. 600
Herouval, Antoine. Il avoit une parfaite connoiſſance des Archives. II. 478
Herrera, De, a écrit d'une maniére féche & ſterile ſon Alphabet Auguſtinien. II. 68
Herrera, Ferdinand de, Poëte Eſpagnol, ſon ſtile eſt net & châtié. IV. 442
Hervagius, Iean. Imprimeur, avoit épouſé la veuve de Frober. ¶ I. 382.
Hervet, Gentien. Il a fait un grand nombre de Traductions. III. 75
Heſiode. On croit que les Ouvrages qu'on lui attribuë ſont ſuppoſés. III. 368
Jugemens ſur ſes Ouvrages. 369
Jugemens ſur ſon ſtyle. 370
Heſychius, mépriſé par Jules Scaliger, & eſtimé par ſon fils II. 585
Heyden, Iean. Traducteur de Pline. III. 203
Hierat, Anr. Imprimeur. I. 383
Hilaire, S. Pere de l'Egliſe. I. 166
Hill, Ioſeph. Il a ajouté 80. mille mots au Schrevelius. ¶ II. 596
Himmels, Iean. Auteur de l'AntiBecman. VII. 146
Himmelius, Iean. On l'appelloit le Boureau des Auteurs VII. 148
Il a fait l'Anti-Bergius. ibid.

Son Anti-Calvinianum. 149
Son Anti-Crock-Berg. 158
Son Anti Photiniens. 211
Hipponax. III. 385
Hiſtoriens, Des. II. 115. &c.
Hiſtoriens Gaulois & François, Des. I. 164. 178
Hittorp, Godefroi. Imprimeur, de Cologne. I. 383
Hiug, Rabbin Iuda, premier Grammairien Juif. II. 627
Hobbes, Thomas, à 12. ans il fit une Tragedie Latine. Abregé de ſa vie & de ſon hiſtoire. VI. 149
Hoë, Mathias, Auteur de l'AntiCalviniſticus. VII. 150
& de l'Anti-Poniatow.
Abregé de ſa vie. Il reçut onze mille écus de l'Empereur pour le traité de paix de Prague. 175
Hoëlzlin, Ieremie, un des Variorum. II. 445
Hoeſchelius, David. Il a procuré beaucoup de notes ſur divers Auteurs. III. 93
Nous lui devons divers Auteurs Grecs. II. 397
Le Catalogue de Mſſ. d'Auſbourg. II. 136
Hogelius, Zacharie. Son AntiPſeudirenicon, ſuppoſe un autre livre intitulé Pſeudirenicon. VII. 376
Hollandois, leur caractére. I. 149
Holſtenius, Lucas. Ses Opuſcules Geographiques & Critiques. I. 209
Ses Livres. II. 450
Sa Traduction de Porphyre. III. 102
Homere. Il s'eſt oublié. I. 93
Incertitude ſur ſa patrie. III. 330
Jugemens avantageux qu'on a portés de lui. 330. &c.
Les ſentimens qu'on lui attribuë. 336
De ſon autorité parmi les Juriſconſultes. 338

TABLE GENERALE

Jugemens defavantageux qu'on a portés de lui. 339. &c.
Jugement particulier de l'ordonnance de ſes Poëmes, de la fable & de l'action, 349. &c.
Jugement de la partie de ſes Poëmes qui regarde les mœurs, & les craćtéres de ſes perſonnages. 350
De ſes ſentimens, de ſes penſées & ſentences. 351
De ſon ſtyle & de ſes expreſſions. 352
Jugement ſur ſon Iliade en particulier. 340. &c
Jugement ſur ſon Odyſſée en particulier. 359. &c
Du peu de conſequence de ſes fautes. 363
Hiſtoire ou jugement hiſtorique de ſes Ouvrages. 364. &c.
De ſon nom. VI. 252
Anti-Homere, de Ptolem. Chennus. VII. 16
Hoofdius. Il a traduit en Flamand les Oeuvres de C. Tacite. III. 203
Hoornbeck, Iean, a donné un Anti-Socinien. VII. 313
Hôpital, Michel de l', Chancelier de France. IV. 429
De ſes Poëſies. ibid.
Horace, a été un excellent Critique. II. 109
De ſa Poëtique III. 281. &c.
A excellé dans le lyrique & dans le ſatirique. IV. 121
Jugemens généraux de ſes manières & de ſes ſentimens. 122. &c.
Jugemens ſur ſes Odes. 124. &c.
Jugement ſur ſes Satires. 128. &c.
Horman, Guill. Auteur de l'Anti-Boſſicon. VII. 332
Abregé de ſa vie. 333
Horn, Georges d'. Il n'avoit que 20. ans quand il donna ſon Hiſtoire Philoſophique. II. 129
Hortenſius, gendre de Catulle. I. 213. VI. 12.

De ſa fille ſavante. 184.
Hoſchius, Sidronius, Poëte Latin. V. 220
Eſtimé par le Pape Alexandre 7. 221
Hotman, François. II. 129. 334
Son Anti-Tribonien. VII. 280
Hottinger, I. Henri. Sa Bibliothéque Orientale. II. 64
Hoy, André. Ses quatre diſſertations touchant la Grammaire Grecques. Leur utilité. II. 622
Poëte Latin. Il a attrapé le caractére de Catulle. V. 23
Huarte, Jean. Son Examen des Eſprits, loué par les uns & cenſuré par les autres. II. 172
Huet, Pierre Daniel. Son Traité de la Tradućtion & ſon Hiſtoire d'Origene, fort eſtimés. II. 24
Sa Diſſertation ſur les Romans, pleine d'érudition. ibid. 485
Evêque & Poëte Latin. V. 405
Hugues, Herman. Poete Latin. V. 131
Huiſſeau, Miniſtre de Saumur. Dépoſé par le Synode d'Anjou. I. 21
Humfred, Laurent. Sa Verſion des trois Dialogues d'Origene. III. 79
Hunnius, Gilles. Il eſt Auteur de cinq Anti-. VII. 169
Hunnius, Nicolas. VII. 211
Hunnius, Ant. de Vall. Bullen. Sa mort en 1643. Un autre Helpicus Ulricus Hunnius. VII. 186
Huon de Meri, Poete François, Auteur du Roman de l'Ante-Chriſt. IV. 282
Huon de Ville-neuve, Poëte François, ancien Poëte cité par Faucher. IV. 282
Hurtado de Mendoza, Diego. Poëte Eſpagnol. On lui attribue Lazarille de Tormes. IV. 425

Hutten,

DES MATIERES.

Hutten, *Ulric*, Poete Latin. Il étoit vif & fort éloquent. IV. 335
Hutterus, *Leonard*, a donné un Anti-Paræus. VII. 169
Abregé de sa vie. 172
Huygens, *Constantin*. Poete Latin. Il étoit Secretaire des Commandemens du Prince d'Orange. ¶ V. 202
Hyde, *Th*. Sa Bibliothéque d'Oxford. II. 143
Hypatia, savante. Fille d'un habile Mathematicien. VI. 184
Hyperaspistes, *Anti-*, de Bredembach. VII. 366
Hypeaspistes, *Anti-*, de Jacques André. VII. 306
Hypocondriacum, *Anti-*, de Lævin Fischer. VII. 306

I

Jacob de S. Charles, *Louis*. Son Traité des belles Bibliothéques. II. 151
Trop crédule. *ibid*.
Jacob, *Louis*. Sa Bibliothéque Pontificale. II. 55
On attendoit sa Bibl. des Carmes 59
Jacobilli, *Louis*. Sa Bibliothéque d'Ombrie. II. 83
Jacobus Andreæ. Auteur de l'Anti-Gratulation. VII. 364
Jager, *Jean Gaspar*. Auteur de l'Ant-Arcticus. Jager veut dire Chasseur. VII. 221
James, *Thomas*. Catalogue des Mss. d'Oxford & de Cambridge. II. 135
Janseniane, *Anti-*, de Philippe Labbe. VII. 232
Jansenius, *Anti-*, l'un de Moraines, l'autre de Muller. VII. 88. 230
Januarius Fronto. *Quintus*. Explication de ses trois noms. ¶ VI. 289
Jarava, *Jean de*, Médecin Espagnol

& Traducteur. III. 200
Jayme ou Jacques Bartolomé, a traduit Suetone. III. 201
Ibicus, Poete Lyrique. Son enlevement de Ganymede. III. 383
Idelfonse, *S.* partial pour ceux de son pays. II. 43
Idiota, c'est le nom de Raimond Jordan. ¶ VI. 265
Jenson ou Janson, *Nicolas*, Imprimeur. I. 345
Passe pour le premier qui commença de polir & embellir l'Art d'Imprimerie. 346
Jerôme, *S.* I. 15
Il lisoit Plaute en sa derniere vieillesse. 86, II. 40. &c.
Paroît n'avoir pas eu pour S. Ambroise toute l'estime qu'il meritoit 41
C'est le plus saint des Traducteurs mais non pas le plus éxact. III. 2
Pourquoi ses Traductions ne sont pas éxactes. 3
Jesuites. Trois Auteurs Bibliothequaires. II. 72. &c
Anti-Jésuites. Sont cinq qui ont parus au jour contre la Societé. VII. 90. &c.
Jeu des masques d'Auteurs. VI 2
Ignace, *S.* a commencé à apprendre le Latin à 33. ans. Abregé du reste de son Histoire. VI. 214. &c.
Illyricus, *Matthias Flaccus*. Catalogue des témoins de la vanité. II. 40
Incognitus, c'est Michel Angriani. ¶ VI. 265
Index des Livres défendus, sont beaucoup multipliés depuis le Concile de Trente. I. 12
Indiens. Ils affectent les fictions. I. 127
Ingolstadt. Catalogue de Bibliotheque. II. 141
Joannes Secundus, Poete. IV. 356
Ses défauts. 357

TABLE GENERALE

Jodelle, *Etienne.* Poete François & Latin. IV. 431
Fut le premier qui donna en François la Tragedie & la Comedie en la forme ancienne. *ibid.*
En quoi repris. 432
Jon, *François du.* Ses Notes sur le Manilius. II. 349
Jona, *R.* Le plus célébre Grammairien Juif. II. 628
Jonghe, *Adrien.* III. 66
Prend souvent de travers le sens des Auteurs. *ibid.*
Jonin, *Gilbert.* Poete Grec & Latin. V. 152
Jonsius, *Jean.* Son Histoire des Philosophes. II. 129
Jordan, *Raimond,* a déguisé son nom sous celui d'*Idiota.* ¶ VI. 265
Joseph, *R.* Son Dictionnaire sous le titre de *Chaînes d'argent.* II. 631
Josse de Bade, Imprimeur, introduisit en France les caractéres ronds. I. 353
Joubert, *Laurent.* Sa Grammaire Françoise. II. 648
Jove, *Paul.* Il se vantoit d'avoir deux plumes, dont l'une étoit d'argent & l'autre de fer. I. 121 214
Jourdain, *Ant.* Ses Racines de la Langue Hébraique. II 636
Journal des Savans, Ses differens Auteurs. II. 33. &c.
Irenée, *S.* I. 166
Irenicon *Anti-* de Hutterus. VII. 375
Isidore, *S.* II. 43
Partial pour ceux de son pays. *ibid.*
Montre beaucoup d'habileté dans ses *Origines.* 202. 203. 543
Iske, *Joseph.* Son Ouvrage sur la guerre de Troye. IV. 258
Isocrate. Il étoit dix à quinze ans pour une seule Harangue. I. 213
Italiens, leur caractére. I. 135
Leur genie. II. 76. &c.
Judaïques, *Anti-,* de Hoornbœk. VII. 218

Ivellus, *Iean,* ou Iewels, Auteur d'un Anti-Apologie. VII. 349
Jugemens sur les Livres en général. 1. La liberté de juger. 2. Usage de cette liberté. 3. Difference de cette liberté. 4. Qualités necessaires. I. 1. &c.
Julien l'Apostat. VI. 235
Julien, Prefet du Pretoire, que l'on fait Auteur de la version des Novelles de Justinien. III. 8
Julius Pollux. Son *Onomasticon*; Ouvrage de Critique. II. 195
Juncus, Consul Romain d'une grande modestie. VI. 327
Junius, *Adrien.* Ses Notes sur plusieurs Auteurs. II. 317
Junius, *Isaac.* Auteur d'un Anti-Apologie. VII. 350
Juntes, *Les,* furent les principaux Imprimeurs de l'Italie. I. 352
Jurisconsultes, Gaulois & François, fort estimés. I. 166. 182
Jurisprudence. Les Auteurs qui en ont donné l'histoire. II. 132
Justiniani, *Michel.* Ses Ecrivains de Ligurie. II. 80
Justinien, *Fabien.* II. 14
Son *Index* seroit bon s'il n'étoit pas mauvais. *ibid.*
Son Catalogue de ceux qui ont travaillé sur l'Ecriture Sainte est plus utile qu'il n'est curieux. 51
Juvenal, Poete Latin Satirique, préferé à Horace par Jules Scaliger. IV. 184. 185
Pourquoi il fut disgracié. 188
Juvencus, Poete Chrétien & médiocre. IV. 206. 207

K

Keckerman, *Barthelemi.* Son systeme des sciences. II. 179
Effet de son mauvais goût. 379
Anti-Keckerman, de Schoff. VII. 163

Keddius, *Anti-*, de Reinboth. VII. 95
Keller, *le P.* c'est contre lui qu'a paru l'Anti - Philippique. VII. 375
Kiben, *Corneille*, Correcteur d'Imprimerie, chés Plantin. I. 388
Kimhi, *R. David*, le plus suivi de tous les Grammairiens Juifs. II. 629
Kinche, *Jean*, Imprimeur de Cologne. I. 383
Kirker, *Anti-*, d'Abrah. Calovius. VII. 97
Kirker, *Jean*, de Schragmuller. VII. 126
Kirtoff Auteur de l'Anti - Pistorius. VII. 109
Kissing, *Philippe*, Traducteur Allemand. III. 203
Kittelmanns, *Christophle*, Auteur de l'Anti - Eisenberg. VII. 161
Kollonitsch, *Leopold*, il a donné l'*Anti-Augustana Confessio*. VII. 380
Konigh, *Georges Mathias*, trop partial. II. 27
Il attribue à des Auteurs des Livres qu'ils n'ont point faits. *ibid.*
Kortholt, il a donné l'Anti - Salmasius & l'Anti - Baronius. VII. 178
Krellius, *Anti-*, d'un André dont on ne sait pas le surnom. VII. 165
Krepsius, *Jean*, Imprimeur de Cologne. I. 383
Kromayer, *Jerôme*, Auteur de l'Anti-Syncretiste. VII. 191
Kunad Auteur du *Constantinus Constantino oppositus*. VII. 382

L

L'Abbé, *Charles*, il avoit la main excellente pour bien écrire le grec. ¶ II.
Labbe, *Philippe*, son Recueil de Bibliothéques peut être très - utile. II. 17
On a voulu faire croire que sa *Bibliotheca nummaria* est de Selden. 18
Grand hiatus dans son *Mantissa supellectilis*, depuis le commencement de la lettre C. jusqu'à la fin de la lettre E. *ibid.* 19
Du Catalogue de ses œuvres. 19
Sa *Dissertation philologique & historique*, est un bel ouvrage. 57. 140. 458. 578. 658.
Sa Bibliothéque Anti-Jansenienne. VII. 233
Labenius, *Decius*, Chevalier Romain Poete, ses *Mimes*. IV. 52
Lælius, *La fille de*, très-savante dès le bas âge. VI. 184
Lætus, *C. Erasme Michaëlis*, Poëte Latin, il avoit une grande facilité pour faire des Vers. IV. 407
Laguna, *André de*, un des Commentateurs de Dioscoride. II. 301
Traducteur & Censeur des Traductions des autres. III. 58. 197
Lalli, *Jean-Baptiste*, Poete Burlesque, Italien. V. 19
Naudé croit que c'est son *Enéide Travestie*, qui a occasionné Scarron d'en faire autant en notre Langue. *ibid.*
On le disoit nourri par les Muses. VI. 104.
Lambecius, son Anti - Anicien est pour montrer le ridicule de son Adversaire. VII. 313
Lambeck, *Pierre*, son Catalogue de la Bibliothéque de l'Empereur. II. 140
Lambin, *Denys*, II. 311
Corrige, Ciceron avec trop d'audace. 312
A force de vouloir rendre ses périodes justes & quarrées, il a manqué d'éxactitude. III. 62

TABLE GENERALE

Lamoignon, *Mr le premier Préfident*, a purgé le Barreau, de plufieurs défauts. I. 193. VI. 223. &c.

Lamoignon, *Pierre de*, perfectionna fon efprit dès fon bas âge, par une étude continuelle. VI. 79
Se rendit habile dans toutes les Sciences. 80
Avoit une inclination particuliére pour la Mufique & pour l'Aftronomie. *ibid.*

Lampadius, *Anti-*, de Weber. VII. 165

Lampridius, *Benoît*, Poëte Grec & Latin. Ses Odes font graves & favantes. IV. 362

Lamy, *Bernard*, fes Entretiens fur les Sciences. II. 177

Lancelot; *Dom*, fes diférens Ouvrages. II. 580. 597. 625. 661. 677.

Lancinus Curtius, Poete Latin. IV. 292
Plaifant & dur. 293
De fes Vers *ferpentins*, *cancrins*, *cubiques*, &c. *ibid.*

Landino, *Chriftophle*, il a donné quelque chofe de Pline. III. 190

Langbaine, *Gerard*, fes courtes Notes fur Longin. II. 353

Langhe, *Jean de*, joint une fidélité fort rare avec une éloquence qui n'eft pas moindre, & une grande politeffe de ftyle. III. 50

Langus, *Jean*, Traducteur de quelques Peres. II. 50

Langius, *Charles*, le plus favant des Belges. II. 313

Lansbergius, *Philippe*, attaqué fous le titre d'Anti-Lansbergius. VII. 286

Lapus de Birague, ni fidéle, ni bon Latin dans fes Traductions. III. 17

Lafcaris, *Conftantin*, fa Grammaire Grecque. II. 505

Lafcaris, *Jean André*, Poete Grec & Latin. II. 252. 605. IV. 322

Latinité, gens qui ne vouloient pas lire la Bible en Latin, de peur de gâter leur belle Latinité. I. 86

Latino Latini, fa Bibliothéque facrée & prophane. II. 335

Laval, *de*, c'eft-à-dire, Mr le Duc de Luines. ¶ III. 157

Launoy, *Jean de*, fon Hiftoire du Collége de Navarre. II. 96
Hardi Critique. 164

Lauremberg, *Pierre*, VII. 301

Laurent, *Jacques*, fa Differtation pour oppofer à ce que Gretfer avoit dit de la tolerance des Livres des Gentils. &c. I. 201

Lautembach, *Conrad*, a traduit l'Hiftoire de Jofeph. III. 203

Leander Alberti. Son Ouvrage bigarré défagréablement de Latin & d'Italien. II. 70

Lectius, *Jac.*, fon édition des Epitres de Symmaque II. 367

Ledefma, *Alfonfe de*, Poëte Efpagnol, excelloit dans les inventions Metaphyfiques. V. 78

Leichner, *Eccard*. VII. 292
Auteur de l'Anti-Cartefius. 288
Auteur de 20. Differtations Anti-Péripatétiques, & de l'Anti-Harwée. *ibid.*

Leiva, *Francifque*, Auteur de l'Anti-Paradoxe. VII. 373

Lelandus, *Jean*, il a donné deux ouvrages fous le titre d'Anti-Philarchia. VII. 339

Lenglet, *Pierre de*, Poëte latin, fa délicateffe l'a empêché de publier un plus grand nombre de fes Poëfies. V. 402

Lenteur de quelques Auteurs à compofer leurs Ouvrages. I. 211

Lento, *Jofeph*, habile dès fa jeuneffe. VI. 105

Leon, *Louis de*, Poëte Efpagnol. IV. 481

Leon X. Pape, le Bembe donnoit des

DES MATIERES.

Ouvrages fous fon nom. VI. 372
Leon *ou* Leonis, *Anti-*, de J. Himmelius. VII. 98.
Leonard, *Lupercio*, Poëte, Nicolas-Antoine fait un grand éloge de fes deux freres. V. 224
Leonard, *Barthelemi*, Poëte. V. 224
Leonic, *Nicolas*, Traducteur éxact. III. 38
Leonicene, *Nicolas*, Traducteur de Galien, & de Dion Caffius. III. 37. 187
Leonida, *Fabio*, Poëte Latin & Italien. Il étoit d'une grande éxactitude jufqu'à corriger dix fois un Ouvrage. V. 142
Leopard, *Paul*, homme de beaucoup de lecture, très-judicieux, & très-heureux dans fes conjectures. II. 308
Lernutius, *Janus*, Poëte Latin, il eft froid, & infipide dans fes Epigrammes. V. 72
Lefine, *Anti-*, par un inconnu. VII. 368
Lettres fuppofées écrites par notre Seigneur Jefus-Chrift, par la fainte Vierge. I. 92
Lettres. Auteurs qui en ont traité. II. 528
Lettres capitales, *des*. 464
Leufthius, *Valentin*, Traducteur Alleman. III. 203
Leunclavius, *Jean*, il avoit une grande connoiffance du Grec. II. 336
Bon Traducteur. Il eut un grand démêlé avec Henri Eftienne. III. 80. 81
Lewis Vander-Bexen, Poete latin. IV. 486
Leyde, divers Catalogues fur les Langues Orientales. II. 138
Libanius, confolé. I. 10
Libavius, *André*, Auteur de l'Anti-Graman. VII. 300. 304
Libelle, *Anti-*, d'un Anonyme. VII. 369

Libraires, arbitres de la fortune des Livres. I. 239
Lebrixa, *Ant. de*, fes Ouvrages de Philologie. II. 260
Il attaqua tous les Grammairiens Efpagnols. 563
Il travailla au rétabliffement de fa Langue. 678
Liceti, *Fortunio*, né avant terme comme un Embryon pas plus grand que la paume de la main. VI. 135. 136
Elevé enfuite dans un four. *ibid.*
A vécu cependant près de quatre-vingts ans. 136
Les progrès qu'il fit dans les Sciences. 137
Licinius, *Marcus*, nom que Mr Ménage prit. VI. 288
Lieux communs, *Des*. I. 241
Liguriens. Fogliette en a donné les éloges des Illuftres. II. 80
Lilius, *Georgius*, il a fait l'éloge de quelques Anglois. II. 106
Lilius, *Guill.* Auteur de l'Anti-Boffique. II. 569. VII. 332
Limoufins, leur caractére. I. 190
Linacer, *Thomas*, un du Triumvirat pour traduire l'Ariftote. I. 214. III. 37
Fort lent à compofer. *ibid.*
Il a aimé mieux parler en Docteur qu'en Orateur. II. 568
Lindembroges, *les trois*, éloge que Mr Valois en fait. II. 411
Lingendes, *Jean de*, fes Ouvrages très-imparfaits pour avoir été donnés après fa mort. I. 210
Poete François. V. 172
Lipen, *Martin*, il cite dans fa Bibliothéque les Anti. II. 27. VII. 221
Lipfe, *Jufte*. II. 150
Diférens noms glorieux qui lui ont été donnés. 355
Autres louanges. 356. &c.

L ll ij

TABLE GENERALE

Ses défauts. 358. &c. 363
Son Tacite, est ce qu'il a fait de meilleur. 362. 575
Des préfages sur sa naissance. VI. 97.
Il fit un Poëme à neuf ans. 98
Lifer, *Polycarpe*, a donné l'Anti-Strena. VII. 379
Livres nouveaux, *Desseins & titres de*. VII. 133 &c.
Lizet, premier Président a écrit sur la Controverse. I. 89
Lobrowitz, *Caramuel de*, il a écrit sur l'Art Poëtique. III. 324
Locres, *Ferry de*, il a donné les Ecrivains d'Artois. II. 104
Lombert, il assujettissoit ses Auteurs comme il le vouloit. III. 175
Lomejer, *Jean*. 152
Longe-Pierre, *de*, sa modestie. II. 505. III. 182.
Poëte François. V. 453.
Savant dès sa jeunesse. VI. 177
Longin, souverain Critique. II. 6.
Ses Décisions en matières d'ouvrages passoient pour des Arrêts souverains. *ibid.*
Il ne nous reste de lui que le Traité du Sublime. 7
Longolius, singe ridicule. I. 10
Longueil, *Christophle de*, ses Phrases & ses pensées étoient de Ciceron. II. 258
Des Bâtards. VI. 56
Il fit dès sa jeunesse des progrès immenses dans les sciences. 57
Avoit une facilité admirable pour dénouer les difficultés. *ibid.*
De ses Recueils. *ibid.*
Lope, *Felix*, de sa Méthode Poëtique III. 295
Lopez, *Alphonse*, de son Art Poëtique. III. 322
Lopez, *Pierre*, Poëte Latin, il a donné six livres de la Poësie Philosophique. V. 74
Lorit Glarean, *Henri*, un homme universellement savant. II. 303
Lorris, *Guillaume de*, Poëte François, Auteur du Roman de la Rose. IV. 283
Lostal, *Pierre de*, Auteur du Soldat Suedois. VII. 279
Lotichius secundus, *Petrus*, Poëte Latin. IV. 408
Louis le débonnaire, suspendit le tems de la Barbarie des Lettres. I. 171
Louvois, *De*, savant dès sa jeunesse VI. 177
Louvre, les grands Ouvrages qui en sont sortis. II. 140
Lubin, *Eilhard*, il avoit de l'esprit & du jugement. II. 400
Anti-Lubin d'Albert Grawer. VII. 166. 186
Lucain, Poëte Epique, historique, beaucoup exposé à la censure des Critiques. IV. 154
De son genie pour la Poësie. 155
De la constitution de son Poëme & de sa Fable. 160. &c.
Des connoissances qui sont nécessaires ou étrangères à son Ouvrage. 162. 163
De son style. 164
Lucas, *Jean*, Poëte Latin. V. 403
Lucerna, *Anti*, d'un inconnu. VII. 369
Lucilius, *C.* Poëte satirique. IV. 37
Cru inventeur de la Satyre. *ibid.*
Formidable. 38
Lucius, *P.* Carme, il a copié l'Ouvrage de Bossius. II. 69
Lucius, *ou* Luick. VII 213
Lucrece, Poëte Philosophe. IV. 39. 40
En quoi on l'a repris. 41 &c.
Lumineus, *Cornelius*, de a Marck, Poëte. 9. Tragédies. V. 183
De Lunebourg, *Auguste*, sa Cryptographie. II. 551
Lupus, *ou* Chrétien Wolff, Hermite Augustinien. II. 167. 474
Luscinius, *Ottomanus*, il est trop

DES MATIERES.

enflé dans son style. III. 36
Lustres, *de quelques*. VI. 16. 17. 18. &c.
Luther, *Martin*, quelques Traductions de la Bible. III. 202
Anti-Luther, de Joss. Clichthovæus. VII. 233. &c.
Luthériens, *Anti-*, contre des Luthériens. VII. 184
Lycophron, la Traduction de Joseph Scaliger, aussi obscure que l'Original. III. 448
Lycosthéne, *Conrad*, entreprit un Abregé de Gesner. II. 12
Lyonnois ont été de très-grands Orateurs. I. 160
Lyser, *Polycarpe*. L'Anti-Steinius lui est attribué. VII. 180

M

Mabillon, *Jean*. II. 488
Louanges de ses Ouvrages. 489. 490
Macedo, *François de*, il a donné un Art Poetique sous le nom d'Asceta. ¶ III. 323. VI. 265
Macer, *Æmilius*. IV. 119
Machiavel, *Anti-*, d'Innoc. Gentillet. VII. 267
Macrobe appellé *la Corneille d'Esope*. II. 197
Macropædius, *Georgius*, Poete d'une facilité merveilleuse. IV. 402
Madelenet, *Gabriel*, Poete latin & François. V. 240
En quoi louable. 241
En quoi blamable. 248
Mæologique, *Anti-*, de Thomas Tigeon. VII. 370
Maffée Barberin, puis Urbain. 8 Pape, Poete latin & italien. V. 179
Maffeo Vegio, Poete latin. IV. 285
De ses Épigrammes & de son supplement de Virgile. 286
Magendie, il a donné son Anti-Baronius près de cent ans après la premiére édition des Annales. VII. 319
Maghetti, *Benedetto*, son Anti-Analyse. VII. 347
Magini, *Jean-Antoine*, traduit le Ptolomé en Italien. III. 192
Maigret, *Louis*, Grammairien François. II. 648
Maine, M' *le Duc du*, savant dès sa jeunesse. VI. 181
Major, *Jean*, Auteur de l'Anti-Enclema. VII. 361
Majoragius, *Marc-Ant.* son Anti-Paradoxes. VI. 262. 294. VII. 373
Maire, *Jean*, Imprimeur. I. 294
Mairet, Poete François, il a rencontré le goût des Dames. V. 226
De sa *Sophonisbe*. *ibid.*
A fait encore d'autres piéces qui n'ont point paru. *ibid.*
Il a commencé à 16. ans à donner sa premiere piéce. ¶ *ibid.*
Mazières, *Philippe de*, son Songe du Verger condamné. II. 31
Maistre, ce que signifie ce Titre & à qui il a été donné. I. 107. 108
Maistre, *le*, Orateur parfait. I. 177
Maistres des Requestes. Ils étoient autrefois Examinateurs des Livres. I. 20
Maistres, *des changemens de*, dans les Etudes. VI. 98
Malder, *Jean*, ses Anti-Synodiques. VII. 380
Malherbe, *François de*, il lisoit ses Ouvrages à sa servante. I. 41. II. 654
Mlle de Gournay appelloit sa Traduction du 33. liv. de Tite-Live un bouillon d'eau claire. III. 122
Poete François. V. 113
Pere de la Poesie Françoise. *ibid.*
Ses louanges. 114. &c.
Vantoit ses Vers. 120
Accusé de secheresse. 122

TABLE GENERALE

Préferoit Stace aux autres Poetes Latins. 123
Malignité des Critiques. I. 57
Malleville, *Claude de.* Poete Latin & François. V. 202
S'étoit adonné au Sonnet. 203
Mambrun, *Pierre.* De sa dissertation sur le poëme épique. III. 301
Poëte Latin, grand imitateur de Virgile. V. 245
Mandozio, *Prosper*, publia sa Bibliothéque Romaine. II. 79
Manelphe, *Jean*, Auteur de l'Anti-Paralogisme. VII. 374
Manilius, Poëte Astronome. IV. 145
Manso, Marquis de Ville, *Jean-Baptiste le*, Poëte Italien, homme extraordinaire. V. 150
Mantin, *Jacques*, un des Traducteurs d'Avicenne. III. 20
Mantouan, *Le.* I. 9. 205
Poëte Latin. IV. 324
Les vers de sa jeunesse sont ses meilleurs. 325. 326
Louable par sa pieté & par son zèle pour la Discipline Ecclesiastique. 327
Manuces, *Les*, Imprimeurs. I. 347. &c.
Alde. II. 342.
A 14. ans il fit un commentaire de l'orthographe. VI. 90. 318
Paul. Prince de la Latinité de son siécle. II. 315
C'est une chose incroyable de dire combien de milliers de fautes il a corrigé dans Ciceron avec un bonheur extraordinaire. 316. III. 195
Manuscrits, *Catalogue de.* II. 135
Marca, *Pierre de.* II. 163
Il est heureux que ses Manuscrits sont tombés entre les mains de Mr Baluze. I. 208
Ses Opuscules posthumes. 209
Marcel, *Anti-*, par Seldrus. VII. 99

Abregé de sa vie & de celle de Henri Marcelli. 101
Marcelli, *Henri.* VII. 101
Marcellus, *Nonius*, donné par Mr des Bordes. II. 528
Marcilly, *Theodore de*, haï de Scaliger. II. 392
Mare, *Anti-*, d'un inconnu. VII. 369
Mare, *Philibert de la*, de Dijon. Abregé de son Histoire. V. 59. ¶
Maresius, *Anti-*, de Puchesanus. VII. 106
Maresius, *Samuel.* Auteur de l'Anti-Apologétique. VII. 351
Marests, sieur de S. Sorlin, *Jean des*, Poete François. V. 286
Devenu Poete à l'instigation du Cardinal de Richelieu. *ibid.*
De son *Clovis.* 288. 289
Marests, *Samuel des*, Etymologie de Borborite. ¶ VI. 396
Maretti, *Fabio.* Sa Traduction des Metamorphoses d'Ovide. III. 184
Marguerin, Docteur de la Bigne. ¶ VI. 295
Maria, *ou* Marcus Antonius Flaminius. VI. 317. 318
Mariana, *Anti-, Iean*, a traduit son Histoire de Latin en Espagnol. III. 199. VII. 291
Marin de Roussel, *Le Cavalier.* Poete Italien. V. 84
De sa *Lyre* & de son *Adonis.* 85. &c.
Marin Ponce de Leon, *Gonsalo.* Sa Traduction de Theophane. III. 79
Marx, Cornelius Lumineus, *de la.* Poete latin, Auteur de dix Tragedies sacrées. V. 183
Maroles, *Michel de*, Son Catalogue des Livres d'Estampes. II. 149
Ses Eloges. III. 161
Critiqué. 162. &c.
Poete François. V. 291

Marot

Marot, *Clement.* Poëte François. IV. 369
Appellé le Poëte des Princes & le Prince des Poëtes de son tems. *ibid.*
Ses défauts. 370
Naïf dans son burlesque. 371
De sa version des Pseaumes. 372
On lui est redevable du Rondeau. 373
Marquiset, savant dès sa jeunesse. VI. 189
Marrianus, *Jean.* Son Anti-gramme. VII. 364
Marsille Ses surnoms. Célébre Academie Grecque formée. I. 157
Marcile Ficin. III. 33
Pour & contre lui. 33. 34
Marsilly, *Paul Antoine de.* III. 156
Marthe, *Charles de Sainte.* Poëte V. 81
Marthe, *Gaucher de Sainte,* plus éloquent qu'éxact Historien. II. 89
Marthe, *Abel de Sainte.* Poëte latin & françois. V. 81
Marthe, *Scevole de Sainte.* Poëte latin & françois. V. 79
Excelle dans la Poesie latine. 80
De ses Poemes du *Laurier* & de la *Loi Salique.* 81. VI. 94
Martial, Poete Latin, est un bon garant pour juger des Auteurs de son tems. I. 14
Répand avec abondance le sel & le fiel dans ses écrits. IV. 189
Ce qu'on peut dire de lui avec le plus d'équité. 190 &c.
Martianus Capella. IV. 251
Martianus, *Francois.* Son Anti-Paralogisme. VII. 374
Martignac, *Etienne.* Notes qu'il a ajoutées à la traduction d'Horace. II. 502
Son Terence, son Virgile & son Juvenal. III. 178
Martinez, *Pierre,* a enseigné publi-quement la Grammaire Hebraïque II. 640
Martini, *Jacques.* Auteur des Anti-Calvinianes. VII. 149. 211.
Martinius, *Mathias, Anti-.* Auteur de l'Anti-Nuthetumani. VII. 167 371
Martyr, *Anti-;* d'un Inconnu. VII. 101
Marulle, *Michel,* Poëte Grec & Latin. Differens Jugemens sur ses Ouvrages. IV. 320
Marxen, *Gaspar Henri.* Il a donné l'Anti-Coronide & l'Anti-Meyfart. VII. 358
Masius, *André.* Traducteur Syriaque. III. 62
Massenius, *Jacques.* III. 324
Poëte latin, maître de l'Art poëtique. V. 256
Massé, *Chrétien.* I. 214
Massias, *Olivier.* Orfévre d'Angoulême, Poëte françois. V. 188
Masson, *J. Papire.* Mr Baluze a rétabli tout ce qu'il avoit donné. II. 353
Matamore, *Alph. Garsias.* Il a écrit sur les Illustres d'Espagne. II. 83
Judicieux Critique. 84
Matharel, Avocat au Grand Conseil, Auteur de l'Anti-Franca-Gallia. VII. 363
Mathématiciens Gaulois & François. I. 164. 181
Mathématiques. Deux Auteurs qui ont donné un Recueil des Mathématiciens. II. 130
Mathias, *Chrétien.* VII. 211
Matthieu, *Toscan. J.* Appelé *Peplus Italiæ.* II. 77
Maturianus, *Francois.* II. 329
Maucroix. III. 166
De sa Traduction du pere Petau. 167
Maukisch, *Iean.* Il a fait l'Anti-Zwicker. VII. 15. 217
Maurice, *Gaspar.* Il a donné les

Anti-Calvinianes. VII. 149. 213
Maurus, *Mar. Vertranius*. Ses Notes sur Tacite. II. 292
Mauſſac, *Philippes Jacques de*, un des plus habiles Critiques de ſon ſiécle. II. 421
Mayer, Auteur de l'Anti-Grotius. VII. 162
Mayer ou Mejer, *Frederic*, *Anti-*, de J. Himmelius. VII. 102. 163
Maynard, *François*. Poëte François & Latin. V. 194
Avoit beaucoup de facilité, de clarté, d'elegance. *ibid.*
Ses Epigrammes ſont particulierement eſtimées. 195
Jugemens ſur quelques-unes. 198. 199. 200
Mayfart ou Meyfart, *Iean Mathias*. Auteur d'un Anti-Becan. VII. 36
Mayr, *Georges*. Sa Grammaire Hébraïque. II. 643
Mazzoni, *Jacques*. Habile Théologien dans ſa jeuneſſe après une étude de ſix mois. VI. 95
Médecins Gaulois & François. I. 165. 181
Les Auteurs qui ont écrit des Médecins. II. 131
Medinilla, *Jerôme Antoine*. Traducteur de l'Utopie de T. Morus. III. 201
Meetkerke, *Adolphe*. Ce qu'il a donné ſur la prononciation Grecque. II. 622
Meibomius, *Henri*. Poëte Latin. V. 84
Melanchthon, *Philippes*. Sa maniére de bien étudier. II. 173
Ramaſſeur de lieux communs. 300
III. 57
Poëte Latin. IV. 406
Fort ſtudieux dès ſa jeuneſſe. VI. 71
Melander, *Anti-*, de Laurent Forer. VII. 236
Melchior Cano, mort avant la fin de ſon Ouvrage. I. 210
Melema, *Anti-*, ou Anti-Meletema de J. Major. VII. 370
Meliſſus, Poete, fils de Balthaſar Schedius. VI. 378
Melwin, Auteur de l'Anti-Tami-Cami-Categorie. VII. 381
Mena, *Jean de*, premier Poëte Eſpagnol de notre connoiſſance. IV. 302
Ménage, *Gilles*. II. 477. 659
Louanges de deux de ſes Ouvrages. 659. 660
Reflexions ſur ſa *Requeſte des Dictionaires*. 660. 675
De ſon Art Poëtique. III. 301
Poete Grec, Latin, Italien & François. V. 365
Nommé bouche à douze fontaines. *ibid.*
Ses Poëſies imprimées grand nombre de fois. 366
Il diſoit, pour devenir bon Poëte, *liſés Virgile & mes vers*. 367
S'eſt critiqué lui-même. *ibid.*
Ses louanges. 368. &c.
Caractére de ſes Poëſies. 372. 373
De ſes Poëſies érotiques. 375
Auteur de l'Anti-Baillet. VII. 340. &c. 382. &c.
Menandre, III. 437. 438. 439
Poëte Grec. VI. 5
Chef de la nouvelle Comedie. *ibid.*
Menard, *Dom Hugues*. Sa grande connoiſſance ſur l'Hiſtoire Eccléſiaſtique. II. 445
Mendoza, *Ant. Hurtado de*. Poëte Eſpagnol. V. 166
Ses manieres plurent à Philippe 4. *ibid.*
Mendoze, *Ferdinand de*, tomba dans la démence par un excès d'application à l'étude. II. 158
Meneſtrier, *Claude François*, de ſon traité des repreſentations de théa-

DES MATIERES.

tre. III. 313
Menippus, *Anti-*, de Bucherus. VII. 337
Mentzer, *Balthazar*, Auteur de six Anti-. VII. 108. 154. 156. 167. 177. 179
Mercator, *Isidorus*. Ses Traductions passent pour des pieces supposées. ¶ III. 12
Mercier, *Jean le*. II. 312.
Professeur au College Royal. 313
Disciple de Vatable à qui il succeda. 638
Il étoit meilleur pour l'Hebreu que pour le Grec. III. 63
Mercier, *Josias le*, beau-pere de Saumaise, appellé ordinairement Mr *des Bordes*. II. 393
Ses louanges. *ibid.*
Traduction des Lettres d'Aristænete. III. 95
Mercier, *Nicolas*. De ses Traités de l'épigramme & de la poëtique. III. 300
Mercure-savant. Ouvrage qui a choqué Bayle. II. 38
Merigon, *Bertrand*. Professeur Royal à Paris. II. 623
MerlinCocaïe. Sa Latinité singuliere. VI. 209
Mersenne, homme crédule. I. 185
Merula, *Georges*. Il étoit fort médisant. II. 426
Il étoit fort estimé d'Erasme. III. 33
Mesmes, *Iean Baptiste*, a traduit son Apollonius sur un Manuscrit fautif. III. 47
Mesnardiere, *Hippolyte Iules Pilet de la*, Son Traité de la Poëtique. III. 303
Metacisme, ce que c'est. I. 16
Meursius, *Iean*. Son Athènes Hollandoise estimée. II. 103
Les Ouvrages de sa jeunesse. VI. 115
L'Anti-Critique que Pierre Scri-

verius a fait contre lui. VII. 344
Meyfart, *Anti-*, de Marxen. VII. 188
Meziriac, *Claude Gaspar Buchet de*. Ses Epitres d'Ovide en vers. II. 412
A donné son Diophante avec des Commentaires. III. 124
Poete Latin, Italien & François. V, 156
Micræsius, Auteur de l'Anti-Pré-Adamite. VII. 175
Micyllus, *Iacques*. Son art de faire des vers. III. 285
Milanesiens. On n'a rien de fort considerable sur leurs Ecrivains. II. 83
Milet, *Vite*. Traducteur de quelques Ouvrages de S. Augustin. III. 203
Milieu, *Anti*. Poete Latin, se croyant à l'article de la mort, il sacrifia près de vingt mille vers. V. 192
Millanges, *Simon*, Imprimeur. I. 377
Mimnermus, un des plus beaux génies de l'Asie. Voyés la note. ¶ III. 384
Minturne, *Ant. Sebastien*. III. 306
Ses six Livres du Poete. Voyés la note. ¶ 289
Mirande, *Pic de la*. VI. 44
Fit des progrès prodigieux dans toutes sortes de sciences. VI. 45. 46. 47
Misler, Auteur de l'Anti-Jésuite. VII. 95
Modestie dans les jugemens. I. 49
Modestus, *Veranius*, un des conciliateurs. VI. 300
Modius, *Francois*. Il a corrigé le Quinte-Curce, ce qui a donné de l'envie. II. 343
Moguntine, *Anti-*, de Georges Calixte. VII. 103

Mmm ij

Moine, *Pierre le*. De son Traité du Poëme épique. III. 306
Estimé de Mr de Rosteau. *ibid*.
Poëte François. V. 293
De son Poeme de S. Louis. 294. 295. 296

Moine, *Anti-*, par J. P. Camus. VII. 228

Moliere, *Jean Baptiste Poquelin*. V. 306
De son Tartuffe. 307. 313
Son éloge par le pere Bouhours. 308
Opinion de Bayle sur ses œuvres. 311
Bon Auteur & bon Acteur. *ibid*.
Sentiment de Despreaux sur ses pieces. 309. 310. 312.
Sur son Scapin. 312
De son Misanthrope. 313
Ce qu'on a critiqué. 313. 314

Moller, *Anti-*, ou Anti-Muller de Wolph. Herman. VII. 241

Molinæus, *Anti-*, de Laurent Forer. VII. 237

Molinet, *Claude du*. Ses Lettres d'Etienne de Tournay. II. 488

Molossus, *Tranquillus*, Poete n'étoit pas un Poete du commun. ¶ IV. 332

Moltzer, *Iacques*. Poete Latin. Pourquoi appellé Mycillus. IV. 402

Molza, *Francesco Mario*. Poete Latin & Italien. La piéce qu'il a faite sur le divorce d'Henri 8. est estimée. IV. 383

Mombritius, *Boninus*. Poete Latin. Il a fait un Poeme sur la Passion de Jesus-Christ. IV. 287

Monfuron, poete françois. V. 172

Monnoye, *Monsieur de la*, poete. Son Eloge. V. 454

Montaigu, *Richard de*. III. 98
Le pere Vavasseur lui trouve des solécismes. *ibid*.
Anti-Montaigu, de Leon Coquæus. VII. 200
Ses Anti-Diatribes. VII. 259

Montano, poete latin. Il a mis les pseaumes en vers latins. V. 18

Monte-major, *Georges de*. Poete Castillan. Son Chansonnier est loué. IV. 410

Montmaur. Les allusions sur son nom. VI. 394

Montreuil, *Iean de*, poete françois, assés estimé. V. 216

Moquot, *Etienne*, a travaillé sur le Clenard. II. 624

Moraines, *Antonin*. Auteur de l'Anti-Jansenius. VII. 230. 232

Morel, *Mr*. La Faculté ne trouve pas bon qu'il soit Examinateur des Livres qui concernent la Religion I. 21

Morels, *les*, Imprimeurs fameux de Paris. I. 368
Frederic Morel. II. 391
A beaucoup traduit. III. 94

Morets, *Les*. Imprimeurs. I. 391

Mornac, *Ant*. Poete. Le chemin du Parnasse lui étoit aussi connu que celui du Palais. ¶ V. 75

Mornæus, *Philippes*, *Anti-*, par Coquæus. VII. 238

Mortofen, *Daniel Georges*. De son Traité de la Poesie Allemande. III 325

Morton, *Anti-*, de Pricius. VII. 240

Morus, *Thomas*. Son Utopie estimée un chef d'œuvre. II. 266
Sa traduction de Lucien & ses Epigrammes. III. 39
Chancelier d'Angleterre, Poete Latin. IV. 353
Anti-Morus, d'un Inconnu. VII. 291. 337

Morzillo, *Sebastien Fox*. VI. 75
Fort savant dans sa jeunesse. 76. 77

Mosant, *Iacques*. poete latin. Son poeme sur le Coq. V. 305

Moschopulus, *Emanuel*. Son Lexi-

DES MATIERES.

con est assés bon. II. 590
Ils sont deux, l'oncle & le neveu. §. 602
Moschus, Poëte Bucolique, il se plaisoit à la galanterie champêtre. III. 453
Moselle, *Pierre de la*, habile dans le Grec & dans le Latin. II. 261
Moler, *Barthelemi*, son Trésor Bibliatrique. II. 132
Motifs, *Anti*, de David Christianus. VII. 371
Motin, Poëte François. On a vû de lui des Epigrammes assés divertissantes §. V. 132
Peu de feu. *ibid.*
Movius, *Gaspar*, Auteur de l'Anti-Crocius. VII. 157.
Moulin, *Pierre du*, il a fait l'Anti-Barbarie. VII. 237. 353
Mountague, *Richard*, 359
Mourgues, *le pere de*, de son Traité de la Poësie Françoise. III. 321
Moyse, considéré comme Poëte. III. 327. 328. 329
Mudzaert, *Denys*, Recueil des Ecrivains de Prémontré. II. 70
Mulhaüzen, *Jean de*, Auteur du *Speculum miseriarum*. VII. 83
Muller, *Jean*, Auteur de l'Anti-Jansenius. VII. 89. 230. 241
Mulman, *Jean*, il a donné l'Anti-Gesavite. VII. 82. 83
Multitude des Livres, *de la*, I. 217 &c.
C'est une conspiration pour accabler le genre humain. 218
Munckerus, *Thomas*, ses Notes sur les quatre Auteurs Fabulistes. II. 498.
Munster, *Sebastien*, sa version sur l'Hebreu de l'Ecriture sainte. III. 46
Munster, *Zacharie*, Traducteur de Tite-Live en Allemand. III. 203
Muret, *Marc-Antoine*, I. 177

Rien de plus abondant, ni de plus poli que ses diversesleçons. II. 325
Poëte Latin & François. IV. 453
Mus, *Decius*, allusion sur le nom de Rat. VI. 324
Musæus, *Anti-*, de Vit. Erberman. VII. 242
Musée, Grammairien, ses amours d'Hero & de Leandre. IV. 213
Mussato, *Albertino*, Poete Latin, ses Poesies sont après son Histoire. IV. 271
Musculus, *Vvolffgang*, Auteur de l'Anti-Cochlée. VII. 51
Abrégé de son Histoire. *ibid.*
Musurus, *Marc*, Archevêque, Poete Grec. IV. 328
L'on a dit que le chagrin de n'avoir pas été Cardinal avoit avancé sa mort §. *ibid.*
Mutio Aurelli, Poete Latin, il a observé avec scrupule toutes les régles des mesures & de la cadence. IV. 305.
On l'a trouvé mort avec sa mule au fonds d'un puits §. *ibid.*
Mutius. III. 11
Myle, *Arnaud de*, Imprimeur. I. 383
Myle, *Herman*, Imprimeur. I. 383
Mylius, *Georges*, *Anti-*, d'Adam Tanner. VII. 243

N

Nævius IV. 2
Sa Poësie étoit composée de vieux vers appellés *Saturniens*. 3
Nagelius, *Anti*, d'Arnold. VII. 138
Nannius, *Pierre*, Ses 10. livres de Mélanges. II. 296. III. 48
Naorgius, ou Kirchmaier, *Thomas*, Poëte Latin, Auteur de Judas Iscarioth. IV. 439
Nardi, *Jean*, son Commentaire sur Lucrece. II. 439

M mm iij

TABLE GENERALE

Narni. VI. 364
Naff, ou Nâffen, *Jean*, Auteur de l'Anti-Gratulation. VII. 364
Naudé, *Gabriel*, Bibliothécaire du Cardinal Mazarin. II. 129
Les Allemans se plaignent de lui. 130. 151. 162
Nauger, ou Navageri, *André*, Poëte Latin & Italien. IV. 365.
Neander, *Michel*, plusieurs petites Traductions du Grec. III. 83
Neapolitains. Toppius en a donné l'Histoire des Hommes illustres. II. 79.
Nemesien, son Poëme de la Chasse est assés estimé. IV. 204
Nephriticum, *Anti*, de Martin Pansa. VII. 366
Nerva explique le droit publiquement à 17. ans VI. 14. 15
Nevizan, *Jean*, Catalogue des illustres Jurisconsultes, II. 133
Nicaise, *Abbé*, sous le nom de *Canisius*, Anagramme. §. VII. 342
Nicandre III. 454
Pour & contre lui. 455
Nicas, que l'on croit Auteur du grand Etymologicon. Voyés §. II. 589
Nicius Erythræus, il a parlé des Ecrivains de son pays II. 15. 78
Déguisement de son nom, il se nommoit Joannes Victorius de Rossi. § *ibid.*
Nicodemo, *Leonard*, Il a donné les illustres de Naples. II. 79
Nicolaï, *Laurent*, le pere, sur les Anti-Jésuites. VII. 95
Nicole, sa maniére d'étudier Chrétiennement. II. 176
De sa Dissertation Latine sur les Epigrammes III. 310
Nigrinus, *Georges*, Auteur de l'Anti-Calvinisme VII. 151
Nigroni, *Jules* I. 201
Nivelle, *Sébastien*, Imprimeur illustre de Paris. I. 369
Nizolius, *Marius*, II. 548
Son Dictionaire Ciceronien. *ibid.*
Auteur de l'Anti-Barbare. VII. 352
Noceto, *Jean Baptiste* Jésuite. Il a donné l'Anti-Gastorello. VII. 291.
Nocette, *Jean-Baptiste*, I. 201
Noms. Critiques qui louent les ouvrages de ceux dont ils portent le nom. I. 62
Noms des Auteurs au commencement de leurs ouvrages. VI. 355. 356. &c.
Nonnus, Poëte Grec. IV. 233
Joseph Scaliger l'appelle Poëte fanatique & monstrueux. 234
Normands, leur génie. I. 189
Nortwegue, *Jean*, Sa Liste des Grammairiens n'est pas trop éxacte. II. 107
Notes. Auteurs qui en ont traité, savoir les *variorum*, les livres des Dauphins. II. 529
Nouvelles de la République des Lettres, *des*, II. 38
Nugnez de Guzman, *Ferdinand*, long-tems enseveli dans l'obscurité au milieu de son pays. II. 294
Nugnez, *Pierre-Jean*, sa Grammaire fort estimée pour le Grec. II. 621
Nuthetumene, *Anti-*, de Martinius. VII. 371

O

Obsopæus, *Vincent*, pitoyable Traducteur de Lucien. III. 89
Odyssée I. 205
Oecolampade. Quel nom Erasme lui donnoit §. VI. 295
Offembach, *Pierre*, a traduit l'Ornithologie d'Aldrovand en Allemand. III. 203
Officina Latinitatis II. 554
L'Auteur en est inconnu. *ibid.*
Ogier, *Charles*, Poëte Latin, sur-

nommé le Danois à cause de ses voyages. V. 227
Oldoino, *Augustin*, il a donné les Ecrivains de son pays II. 83
Olearius, *Godefroy*, Auteur de l'Anti Calviniste. VII. 150
Olmerio de Micheli. Explication de son véritable nom ¶. VI. 309
Olpitius, *Martin*, Poëte Latin & Allemand. V. 161
Passe pour le Prince des Poëtes Allemands en langue vulgaire. *ibid.*
Oppien, Poëte Grec, excelle dans les sentences & les paraboles. IV. 201.
Orateurs Gaulois & François. I. 161 177
Rhétoriciens sacrés. 208
Oresmieux, *Nicolas d'*, n'est pas le premier Traducteur François III. 105
Orientaux. Ils aiment les fictions & les mettent beaucoup en usage. I. 125
Origene. VI. 30
Reconnu par Saint Jerôme pour avoir été un grand homme dès sa première enfance. VI. 31
Abrégé de son Histoire. 31. 32. 33
Orleans, *Louis d'*, ses Notes sur Seneque rebutent le Lecteur. II. 368
Orthographe. Auteurs qui en ont traité. II. 525
Osiander, *Luc*, Auteur de l'Anti-Puccius, & de l'Anti-Sturmius. VII. 110. 181
Anti-Osiander de Lambert Daneau. 194
Un autre de Jean Sturmius. *ibid.*
Osius, *Felix*, surpris de la mort qui l'a empêché de donner la dernière main à son ouvrage. II. 408
Ossera, *Marquis d'*, a déguisé son nom. VI. 310
Ostorodus, *Anti-* de Just. Fewrborm VII. 207
Ostorodus, *Anti-*, de J. Paul Felwinger. VII. 207
Osterman, *du sieur*, Auteur de l'Anticrise ou Lantacrise. VII. 346
Oswald, *Erasme*, III. 71
a suivi les pensées de ses Auteurs d'assés loin. *ibid.*
Oswald, *Jean*, il a traduit la République de Bodin en Allemand. III. 203
Ouat-blé, *François*, il a tourné du Grec en Latin, la petite Physique d'Aristote. III. 44
Ovide. Jugement général de son génie & de ses écrits. IV. 134. &c.
Jugemens sur ses Métamorphoses. 136 &c.
Jugemens sur ses *Fastes*. 140
Jugemens sur ses Livres des *Tristes* & du *Pont*. 141 &c.
Jugemens sur ses Epitres appellées *Heroïdes*. 142
Jugemens sur ses Livres qui traitent de l'amour ou de l'art d'aimer. 143
Ouven, *David*, VII. 169
Owen, *Jean*, Poëte Latin. V. 64
Louanges de ses Epigrammes. *ibid.*
Leurs défauts. 65
Son Anti-Paræus. VII. 275
Oysel, *Jacques*, ses corrections sur Aulu-Gelle. II. 474

P

PACHYMERE, *Georges*, Poëte Grec. Ses vers sont si durs & si barbares que ce seroit un gain que de les perdre. IV. 254
Pacius de Berga, *Julius*, III. 98
Pacuvius, *Marcus*, Poëte Tragique. IV. 7
On lui attribuë de la grandeur. *ibid.*
Padouans, *les deux*, Ecrivains distin-

TABLE GENERALE

gués. II. 81
Pæanius, le Sophiste. III. 7
Sa Traduction d'Eutrope méprisée. *ibid.*
Pædo-Baptisme, *Anti* de J. Tombes. VII. 372
Paganinus Gaudentius. Son Traité touchant la suppression des Livres. I. 201.
Paganus, *Pierre*, Poëte enjoué, à son occasion mémoire de plusieurs Auteurs de plaisanterie ¶. IV. 436
Page, *Jean le*, sa Bibliothèque ne regarde nullement les Ecrivains Prémontrés. II. 70
Pagninus, *Santes*, son Thrésor de la Langue sainte. II. 632
Pajot, *Charles*, ses Dictionnaires & Apparats II. 553
Pays, *Les*, produisent souvent des préjugés I. 122
Pays-bas. Le Catalogue de leurs Auteurs. II. 101
Les Catalogues de leurs MSS. 139
Palearius, *Aonius*, Poete Latin, brulé à Rome pour avoir parlé contre l'Inquisition. IV. 417
Palingene, *Marcel*, Poëte Latin. IV. 335
Sentimens sur son Zodiaque de la vie humaine, *ibid.* 344
Palladius est comparé à un étranger enté sur les arbres du lieu natal. IV. 230
Palmerius, *Matthias*, le livre supposé d'Aristeas. III. 16
Palmier, *Jean Meller*, ses corrections sur Salluste. II. 400
Pamelius, *Jacques*, il a servi de modéle à plusieurs Savans. II. 330
Pancirol, *Guy*, il a donné 4. livres des illustres Interprétes des Loix. II. 132
Pannonius, *Ianus*, Evêque. On dit qu'il parloit comme un Romain du bon siécle. IV. 313
Pansa Médecin, *Martin*, Auteur de l'Anti-Nephritique, de l'Anti-Pestifere, de l'Anti-Phlebotomique, & de l'Anti-Podagrique. VII. 366
Pantaleon de Ribere, *Anastase* Poëte Espagnol. V. 171
Panvin, *Onuphre*, a donné un petit Traité des hommes illustres de Veronne II. 81
Panyasis. Il nous reste très-peu de fragmens de cet Auteur. III. 402
Papebroque, *Daniel*.
Un des Bollandistes de la Vie des Saints. II. 160
L'utilité de leur travail. 456
Papesse, *Anti-*, de Florimond de Raimond. VII. 322
Papianus, *Anti-*, anonyme VII. 273
Papinien, savant Jurisconsulte dès sa jeunesse. VI. 28
Appelé, Trésor des Loix & de tout le Droit Romain. *ibid.*
Papiste, *Anti-*, par des protestans. VII. 104
Pappus *Anti-*, de Jean Sturmius. VII. 195
Pappus, *Iean* Auteur de l'Anti Sturmius. VII. 181
Papyre Masson. I. 209
Paradoxes, *Anti-*, il s'en rencontre quatre de 4. Auteurs. VII. 373
Paræus, *David*, *Anti-*, il s'en trouve cinq de différens Auteurs. VII. 169. 274. & 374.
Paraenese, *Anti-*, de Nicolao Crasso. VII. 372
Paralogisme, *Anti-* de François Martianus. VII. 374
Parasceve, *Anti-*, de J. Sperlingius. VII. 374
Parent, *Anne*, habile dès sa jeunesse. VI. 94
Parrasio, *Giano*, cet homme étoit profondément savant. II. 263
Partenio Etiro, *Barthelemi*. III. 183

Le

DES MATIERES.

Le nom de Pierre l'Aretin. VI. 311

Pascal, ses œuvres posthumes ont eu besoin de la révision de l'Evêque d'Amiens. I. 209
N'eut point d'autre Maître que son pere. VI. 150
A onze ans il commença à s'appliquer à la science des sons, & pourquoi. 151
S'appliqua aux Mathématiques, quelques précautions que prît son pere pour l'en retirer. *ibid.*
Savoit Euclide à douze ans. 152
Détail de ses sciences. 153

Paschal, *Charles*, son Traité de l'Ambassadeur. VII. 262

Pasor, *Georges*, son Hesiode, l'utilité de cet Ouvrage ¶. II. 452

Pasquier, *Etienne*, Poëte Latin & François. V. 68
Des vers qui furent faits sur sa main & sa puce 69. 70
Son Anti-Garasse VII. 79 ¶

Passavant. Dissertation sur son nom ¶. VI. 389

Passerat, *Jean*, différens jugemens donnés à son sujet II. 350
Son Traité du rapport des lettres entre elles. 527
Poëte Latin & François V. 26
Son désintéressement. *ibid.*

Paravinité. 20

Patin, *Charles*, son Suetone commenté très-savant. II. 495

Patin, *Guy*, I. 205

Patisson, *Mamert*, Imprimeur, a épousé la veuve d'un des Etienne I. 305

Patrix de Caën, *Pierre*, V. 266

Patrizzi, *Francois*, III. 293
De son Histoire de la Poësie. *ibid.*

Patronimiques, maniére des anciens pour les former. VI. 375

Patru, *Olivier*, avoit le sens droit & le goût sûr. II. 165

Paul D'acre. Il a fait un abrégé de

Festus Pompeius. II. 535

Paul Emile, il a employé 30. ans à son Histoire de France. I. 214

Pauli, *Georges*, VII. 350

Pauli, *Pierre François*, Poëte Italien. V. 157

Paulin, *Saint*, IV. 158. 231
Dans ses vers douceur, force, sublimité, & brieveté sans obscurité. 232

Paulins V. 270

Paumier, *Jacques*, les éxereices qu'il a publiés sont très-utiles. II. 459

Pearson, *Jean*, ses Annales & la Vie de Saint Cyprien. II. 480

Pédanterie est le vice propre des mauvais Critiques, & des faux Savans. I. 51

Peguillon de Beaucaire, Auteur de l'Anti-Apologie. VII. 350

Petresc, *de*, son Histoire abrégée. VI. 108
A peine fut-il sevré, qu'on remarquoit en lui une attention surprenante à tout ce qu'il voyoit & entendoit. *ibid.*
Il étoit avide de tout savoir. 109
A l'âge de sept ans il demanda à son pere la direction d'un frere puisné qu'il avoit, l'obtint, & s'en acquita dignement. *ibid.*
Avoit de l'amour pour les antiquités. 111
Deux Inscriptions Latines qu'il fit à dix-neuf ans. 367

Pelage, Diacre, il a traduit la Vie des Peres des Deserts. III. 9

Pelargus, *Christophle*, Auteur de l'Anti-Apocrile. VII. 347

Pelargus, *Christophle*, Anti, du sieur d'Eckard. VII. 172. 347

Pelletier, *Jacques*, II. 548
De son Art poëtique. III. 291

Pelletier, *Pierre du*, poëte François. V. 292

Pelitier, *Guillaume*, II. 393
On croit que ceux de ses Ouvra-

ges qui n'ont point paru, sont tombés entre les mains des Corsaires Plagiaires. *ibid.*

Pelliſſon Fontanier, *Paul*, II. 91 Louanges de ſon Hiſtoire de l'Académie Françoiſe. *ibid.*

Péllini, *Pompée*, a traduit l'Ouvrage de J. Ant. Campano. III. 192

Pena, *Jean*, il a réparé les fautes de mauvais Traducteurs. III. 50

Pennot, *Gabriel*, ſa Bibliothèque des Ecrivains. II. 67. 625

Peregrinus, c'eſt Jean Gerſon ſous un nom déguiſé ſ. VI. 265

Perez, *Jean*, poëte Latin. Il a compoſé un poëme ſur la Madeleine. IV. 337

Perez de Chinchon, *Bernard*, Auteur de l'Anti-Alcoran. VII. 346.

Periander, *Gilles*, s'appelloit Ringman ſ. II. 100

Pericope, *Anti-* de God Driel. VII. 374.

Perion, *Joach.* ſon rapport de la Langue Grecque avec la Latine. II. 620

Il a fait un grand nombre de Traductions. III. 55

Peripatetique, *Anti-*, de Leichaer. VII. 291

Perrault, *Charles*, louanges de ſa Traduction de Vitruve. III. 173. 174. V. 446. 450. 451. 452

Perrault, *Claude*, ſon travail ſur Vitruve, II. 500

Perreaud, Auteur de l'Anti-Demon. VII. 290

Perrier, *Charles du*, poëte Latin. 393

A réuſſi dans le genre Lyrique. 394

Faute d'Imprimerie lui eſt injurieuſe dans le Dictionnaire de Richelet de Geneve. *ibid.*

Perron, *Cardinal du*, il a employé 25 ans à lire les Auteurs, II. 558 poëte François. V. 71

Perrot Archevêque, *Nicolas*, II, 218

Remarqués un plagianiſme paſſif à ſon égard. 219. 544

Ses Eloges III. 18

Caſaubon ne l'approuve pas. 19

Perſe, loué par ſa hardieſſe à critiquer Neron. I. 45

Poëte Satirique, chagrin, obſcur, fanfaron. IV. 151. 152

Traité de plagiaire. 153

Perſes, ils ſavent feindre & mentir agréablement. I. 127

Peſtiferum, *Anti-*, de Mart. Panſa, VII. 366

Petau, *Denys*, ſes louanges II, 436.

Trop aigre. 436. 437

Il a toujours rencontré heureuſement dans ſes Traductions. III. 101

Jéſuite, poëte Grec, Latin, & Hébreu V. 218

Quoiqu'il ne fût pas né poëte, il le devint par ſon érudition. *ibid.*

Ses vers à l'honneur de Sainte Geneviéve ſont ſes meilleurs. 219

Dans ſa plus tendre enfance il avoit une paſſion violente pour l'étude. VI. 125

Vers ſa dixiéme année, il faiſoit des vers avec une facilité admirable. 126

Petit, *Jacques*, II. 502

Petit, *Jean*, Auteur de l'Anti-Hermaphrodite. VII. 337

Petit, *Pierre*, II. 499

De ſon Traité de la fureur poëtique. III. 316

Médecin, philoſophe, & poëte Latin. V. 390

De la pleïade Pariſienne. *ibid.*

Petit, *Samuel*, II. 448

Petiteſſe des Livres, *de la*, I. 235 &c.

Petra, *Gabriel de*, parle ſouvent

DES MATIERES.

Grec en Latin. III. 92
Petræjus, Ecrivain des savans Chartreux. II. 70
Petrarque, *François*, restaurateur des belles Lettres. II. 207
Fort loué. 208. &c.
Poëte Latin & Italien. VI. 273
Plein de belles fictions poëtiques, & d'excellentes maximes. 274
Tomasini a fait ses éloges sous le titre de *Petrarque ressuscité.* 276
Jetta au feu ses premieres Poësies qui étoient des monumens de son premier libertinage. 277
Traité avec une sévérité inéxorable par Tassoni. 278
Petrone. Il avoit un goût excellent sur la Poësie. III. 283
Ce qui nous reste de lui n'est qu'un recueil indigeste. IV. 171
Espéce de Roman en forme de Satire. 174
Peyre, *de la,* Auteur de l'Anti-Babau. VII. 315
Peyrarede, *Jean de la,* Poete Latin. Ses Poesies Latines sont assés estimées. V. 239
Phavorin. Son Lexicon Grec qu'il dédia à Clement 7. ¶. II. 590
Phedre. De sa belle Latinité, & de l'utilité de sa Morale. IV. 147. 148. 149
Philadelphe. V. 266
Philalethes, *Eudoxus*, Auteur de l'Anti - Catoptron. VII. 351. 356
Philander, *Guillaume*, fanfaron dans sa préface, II. 300
Philarchia, *Anti*, d'un inconnu. VII 339
Philarches, *Anti*, de Lelandus. VII. 339
Philelphe, *François*, II. 224
Trop scrupuleux à l'égard des mots III. 23
Pere & fils Poetes, IV. Voyés ¶. 298. 299

Maltraité. 224. 225
Philemon. III. 441
Philippique, *Anti*, de Jacques Silvanus. VII. 375
Philolaüs, *Anti*, de Scipion Claramontius. VII. 292
Philologues, *des*, II. 191. 207
Philosophes, *des*, II. 123. &c.
Philosophes Gaulois & François I. 164. 180.
Philoxene, Poëte Grec, si obstiné à ne vouloir pas approuver les vers de Louis le Jeune. I. 44
Phlebotomicum, *Anti-*, de Martin Pansa, VII. 366
Phocylide. III. 383
Il a volé les vers de la Sibylle. 384.
Photiniens, *Anti-*, de divers Protestans, un de Scharffius. VII. 209
Photius, le plus savant homme de son siécle. II. 7
D'une prodigieuse lecture. *ibid.*
Les défauts de sa Bibliothéque. 8
Quelqu'un a cru qu'il y a plus d'un quart qui n'est pas de lui. *ibid.*
Phrynichus Arrhabius, son Dictionnaire sous le titre d'Apparat Sophistique. II. 582 &c.
Piau, *Pierre*, son nom changé en celui de Pius. VI. 323
Pibrac, *Guy du Faur*, Poëte François. IV. 450
Louanges de ses quatrains. 451
Pica, *Minutius*, noms des animaux que les Anciens portoient. VI. 322
Picards, leur caractére, gens laborieux qui par leur industrie se sont rendus illustres. I. 189
Lambin étoit Picard. 192
Piccolomini *Alexandre*, sa traduction de la Poetique d'Aristote III. 194
Pie, *Jean-Baptiste*, II. 288

Nnn ij

On fit une Comédie & une Eſtampe pour ſe moquer de lui & de ſon jargon. *ibid.*
Piedmontois. II. 83
Pielat Auteur de l'Anti-Grammaire. VII. 364
Pierius Valerianus, *Jo,* de B. Mentzer. II. 170
Pierius Urbanus, pourquoi mis en priſon. VII. 154
Pierre d'Abbeville, ſa Grammaire Turque. II. 647
Pigafetta, *Philippe,* traduit le Théâtre Geographique d'Ortelius. III. 192
Pighius, *Albert,* on a écrit contre lui l'Anti-Philarque. VII. 339
Pighius, *Eſtienne,* ſon Valere-Maxime. II. 353
Pignoria, *Laurent,* Antiquaire. II. 408
Pimenta, *Emmanuel,* Poete Latin, l'Ouvrage qu'il a fait ſur les Rois de Portugal. V. 28
Pincheſne, *Eſt. Mart. de,* Poete François, Diſciple de Mr Ménage. V. 395
Pindare, le plus célébre des neuf Poetes Lyriques. III. 390
Mal-à-propos comparé à David par Politien. 391
Diſſertation ſur ſes œuvres. 92. &c.
Pinedo, *Thomas,* ſes Notes ſur le Stephanus de Byſance. II, 469.
Pinelli, pere des Lettres de ſon tems. VI. 113
Pinet, *Ant. du,* Traducteur de Pline & Mathiole. III. 108
Pirckeimer, *Bilibald,* il obſerva la meſure & la cadence ſans ſcrupule. III. 38
Piſcator, *Jean, Anti,* Auteur de l'Anti-Drome, & cet Anti, eſt de Scribonius. VII. 293. 391
Piſides, *Georges.* IV. 252
Piſon, ſavant dès ſa jeuneſſe. VI. 186
Piſtorius, *Anti.,* de Conr. Vorſtius. VII. 106
Un autre de Balth. Mentzer. *ibid.*
Pithou, *Freres,* ſentoient de loin les bons Livres. II. 338
Claude, Pere, donna ſes Commentaires ſur Paterculе. VI. 94
Pitiſcus, *Barthelemi,* Auteur de l'*Anti-Roſarium.* VII. 377
Pitiſcus, *Samuel,* ſon Quinte-Curce, ſon Catulle. II. 505
Pitte, *Jean,* les Ecrivains d'Angleterre qu'il a donnés. II. 105
Plantin, *Chriſtophle,* Imprimeur, ſes caractéres étoient d'argent. I. 387
Il expoſoit en public ſes épreuves après les avoir bien examinées chés lui. 388
Appelé la prunelle & la perle des Imprimeurs. *ibid.*
Le Roi d'Eſpagne lui donna la qualité d'*Archi-Imprimeur.* 389
Planudes, *Maxime,* négligent & trop diffus dans ſes Traductions. III. 14
Poëte Grec. IV. 254
Platine, de ſa jeuneſſe. VI. 204
Platon, à quel âge il publia ſes Ouvrages. I. 204
N'étoit pas toujours favorable à la Poëſie. III. 271. &c.
De ſa jeuneſſe. VI. 200
De ſon nom. 252
Platon de Tivoli, il a traduit la Géometrie de Théodoſe. III. 45
Platon le Comique, Chef de la moyenne Comédie. III. 435
Plaute, Poëte Comique. On a dit qu'il avoit fait juſqu'à cent trente Comédies. IV. 11
Critique de ſon Amphytrion. 12
Son ſtyle & ſa maniére de dire des plaiſanteries lui ont donné de la réputation. *ibid.*
S. Jerôme aimoit à le lire. 13

Réfléxions sur la censure qu'Horace a fait de ses œuvres. I. 13. 14. 15. 16.
Paralléle de lui & de Terence. I. 16. 17. &c.
Pleïade. Ce que c'étoit. L'estime que l'on en faisoit. III. 447. V. 320. 321
Pleaïade Latine, ce que c'étoit. V. 222
Pline le jeune, composa à seize ans une Tragédie Grecque. VI. 21
Poccianec, il a fait le Catalogue des Ecrivains de sa ville. II. 80
Podagricum, *Anti*, de Mart. Pansa. VII. 366
Poësie Chrétienne, *de la*. V. 302
Poëtes, *des*. II. 109. &c.
Poëtes Hébreux. III. 227. &c.
Poëtes Grecs. III. 330. &c.
Poëtes François. V. 105
Poëtes Danois & Suedois. V. 112. 460
Poëtes Italiens. V. 101. 102. 103
Poetes des Pays-Bas. 106. 460.
Poetes Allemands. V. 107. 459
Poëtes Ecossois. V. 111
Poëtes Normands. V. 185. &c.
Poëtes Anglois. V. 461
Poëtes Gaulois & François, en ont produit de très-illustres. I. 163. 175
Poge, *Jean-Francois*. II. 216
Pogianus, *Julius*, il a traduit quelques Traités de S. Chrysostome. III. 69
Polaccus, *George*, Auteur de l'Anti-Copernic. VII. 288
Polanus, *Amant*, a fait l'Anti-Bellarmin. VII. 46
Politi, *Adrien*, sa Traduction de Corneille Tacite. III. 188
Politien, *Ange Basso*, il passoit pour une des merveilles de ce monde. II. 243. &c.
Loué & repris. III. 31. 32.
Poete Latin & Grec. IV. 294.

A douze ans faisoit en perfection toutes sortes de vers en Latin & en Grec. VI. 49. 50.
De sa mort. 51
Politiques, la Bibliographie politique. II. 129
Pollux, *Jules*, son Onomasticon par qui commenté. II. 584
Polonois, Imprimeur. I. 397
Auteurs qui ont parlé de leurs Ecrivains. II. 104
Polyander, J. VII. 213
Polydore Virgile, son Traité *de invent. rerum*. II. 295
Pomey, *François*, ses Dictionnaires & Grammaires. II. 553
Pompant, quatre freres. II. 322
Pomponius Lætus, étant fort indocile sur la Critique qu'on faisoit de ses Ouvrages, il en appelle au peuple. I. 42
Pierre Calaber connu sous le nom de Pomponius Lætus. II. 231
Dissertation de Mr de la Monnoye. 233
Changement de son nom. VI. 314
Pona, *S. Francesco*. VII. 369
Poniatow, *Christine Anti-*, de Hoe ab Heenegg. VII. 174
Pontac, *Arnaud de*. VII. 322
Pontan, *Jean-Jovien*, d'une Epitaphe satirique qu'on lui attribue. II. 116. 247. &c.
Pontanus, *Jacques*. II. 402. 575
Sentimens des Critiques partagés sur ses Traductions. III. 96
De ses Institutions Poetiques. 323
Pontanus, *Paul-Jovien*, IV. 309
Ses défauts en Poesie. 311
Pontanus, *Iean-Isaacius*, Poete Latin. V. 171
Popeliniere, *de la*, son Histoire des Histoires. II. 116
Porcachi, *Thomas*, il a traduit le Q. Curce en Italien. III. 189
Porcellius, Poete Latin, il faisoit ai-

fément des Vers fur le champ. IV. 272

Porcheres d'Arbaud, *François de*, Poete François. V. 173

Porphirius, *Publius Optatianus*, fes Vers lui procurerent la liberté. IV. 205

Portenare, *Ange*, Auteur de la félicité de Padouë. II. 81

Port Royal, la plupart étoient anonymes. II. 57. 162. III. 133, &c.

De quelques Traductions anonymes. 158

Portes, *Philippe des*, il jugeoit bien des autres & n'a rien donné. II. 155

Portius, *Gregorius*, Poete Italien, Grec & latin. V. 136

Pofidippe, il a donné trente Comédies Grecques. III. 442

Poffeffeur, Évêque d'Afrique, envoya au Pape fes Commentaires fur S. Paul pour les revoir. I. 24

Poffevin, *Antoine*. II. 13
Reputé Copifte par Voffius. 49
Se trompe fouvent dans les noms & dans les furnoms. *ibid.*

Poffin, *Pierre*, il a fait des corrections & des Notes fur un grand nombre d'Auteurs. II. 469

Poftel, *Guillaume*, fa Grammaire & Alphabet. II. 644
Ses Traductions des Langues Orientales. III. 73
De fa jeuneffe. VI. 212. 315

Pofthius, *Jean*, Poete Latin, Médecin: Voyés les délices des Poetes Alemans. IV. 455.

Poftumes, *des*. I. 205. &c.

Pouffine *ou* Pouffin, *Pierre*, les Hiftoriens de la Byzantine qu'il a donnés. III. 104

Poza a voulu perfuader qu'il n'y avoit point de fond à faire fur les Anciens. I. 77

Pozzo, *Jules del*, a donné les Jurifconfultes de Verone. II. 81

Pradon, poete françois. V. 444
Sa Tragedie de *Phedre* & d'*Hippolyte* eft celle de fes pieces qui a fait le plus de fracas. 445

Præ-Adamita, *Anti-*, de Micrælius. VII. 175

Praxagoras, de fes Ouvrages de jeuneffe. VI. 10

Precieufes, *Livres contre les*. II. 658

Précipitation des Auteurs : rarement réuffiffent. I. 202. 211

Précipitation dans les jugemens. I. 50

Pregitzes, Auteur de l'Anti-Forer. Il s'appelloit Jean Ulric. VII. 76

Préfaces, *Des*. I. 8. 9. &c.
Prejugés de l'âge. I. 200
Des Anonymes. 250
Du titre des Livres. 259

Preti, *Jerome*, poète italien. Il eft trop hardi dans fes expreffions. V. 97

Pricæus, *Jean*. Il a reçu un grand nombre d'éloges. II. 468

Pricius, Jéfuite, *Jean*. Auteur de l'Anti-Morton. VII. 240

Prieur, *Philippe le*. Son Cyprien & fon Tertulien. II. 468

Primatus, *Anti-*, de J. Groffius. VII. 375

Prin ou Prynne eut les oreilles coupées par la main du bourreau, & pourquoi. VII. 199

Prifcien. Son Ouvrage imprimé avec des caractéres finguliers. II. 542

Prix des Livres, eft arbitraire felon le gout du public. I. 289

Proba Falconia Hortina, poete chrétienne. IV. 218

Problémes, *Anti-*, d'un Inconnu. VII. 375

Prœmium, *Anti-*, de J. Sturmius. VII. 176

Prognoftiques, *Anti-*, de Guil. Fulke. VII. 375

DES MATIERES.

Properce, poëte latin. IV. 120
A bien pris le caractère de l'Elegie. ibid.
Soutient ses poësies par les fables & les traits d'histoire. ibid.
Doctrine douce & douceur docte dans ses vers. 121
Profateur, ce que c'est. VII. 8
Prosper, Saint, disert, subtil & profond. Son poëme traduit par Saci. ¶ IV. 236
Protocole, ce que c'est. VII. 3
Prudence, poete chrétien, mais plus chrétien que poëte. IV. 220
Prynne, Guillaume. Auteur de l'Anti-Arminien. VII. 199
Psellus, Michel. Poëte Grec. IV. 254
Ptolomée Chenne, Auteur de l'Anti-Homere. VII. 16
Publius Syrus, poete bouffon. IV. 52
Precius, Anti-, de Luc Osiander. VII. 110. 175
Puchesanus, Charisius. Il a donné l'Anti-Maresius. VII. 166
Pudens, poete romain à treize ans. VI. 15
Dissertation sur le tems auquel il a vécu. 16. &c.
Pulcharello, Constantin. poete latin. V. 56
Pulci, Le. poete italien. Dissertation sur le Pulci. ¶ IV 317
Pure, l'Abbé de, quelques Traductions qu'il a données. III. 165
Puteanus, Ericius. Ses differens Ouvrages. II. 83. 150. 416
Anti-Puteanus, d'un Inconnu. VII. 324
Putschius, Elie. Son Recueil de Grammairiens. II. 355
Puy, Mr du. I. 204
Jeune Auteur. VI. 94
Puy Herbaut. Ses trois livres touchant la condamnation des mauvais livres. I. 200

Pythagore. Son ramas de vers dorés. III. 387

Q

Quenstedt, Jean-André, fautif en Geographie, &c. II. 16
Quentel, Pierre. Imprimeur de Cologne. I. 383
Querenhi, Ant. poete latin & italien V. 140
Quesnel, Mr. Il a travaillé au Catalogue de Mr de Thou. II. 146
Quesnel, Pasquier. Ses louanges. 492. 493
Quevedo de Villegas, Dom François. Ses Traductions Espagnoles. III. 199
Poete Espagnol. V. 204
Quillet de Chinon, L'Abbé. poete latin. V. 285
De sa Callipedie. ibid.
Quinaut, Philippes. poete françois. V. 397
La qualité principale de ses poesies est la tendresse. 398
Riche en rimes. 399
De son Alceste. ibid.
Quintilien, loué de sa sincerité & de sa candeur. II. 6
Il en vouloit à Seneque. ibid. 108
Quintilien le fils. Des louanges que son pere lui donne. VI. 24. 25
Quintus. Un Allemand l'a appellé un Homere ressuscité. IV. 241 242
Quirinus. VI. 59
N'étant encore qu'un enfant, il proposa & soutint publiquement à Rome quatre mille cinq cens Theses. ibid.

R

Rab, Jésuite, Juste. Auteur d'un Anti-Diatribe. VII. 360

TABLE GENERALE

Rabbins, ils aiment les puerilités cabalistes. I. 125

Rabirius, C. Il n'en reste qu'un demi vers héxametre. § IV. 53

Rabus, *Iuste*. Auteur de l'Anti-Diatribe. VII. 360

Racan, *Le Marquis de*, poete françois. V. 283
De ses Odes sacrées. *ibid.*

Racine, *Iean*, poete françois. V. 421
Question si l'on doit conserver aux Heros de l'antiquité le caractére & les mœurs de leurs siécles, ou si l'on doit les ramener à nous. 422
Parallele de Corneille & de Racine. 425. jusqu'à 439
De sa *Thebaïde*. 439
D'*Alexandre le Grand*. 440
D'*Andromaque* & de *Britannicus*. *ibid.*
De *Berenice*, *Bajazet* & *Mithridate*. 441
D'*Iphigenie*. 442
De *Phedre*. 443

Raderus, *Matthieu*, on a dit qu'il n'avoit pas grand jugement. II. 410. III. 97

Raimond ou Ræmond, *Florimond*. Auteur de l'Anti-Papesse. VII. 323

Raimond de Pennaforti. VI. 412

Raimond Lulle a fait plus de quatre mille volumes. I. 27

Rainold. II. 168

Ramée, *Pierre de la*, Sa Grammaire latine II. 571
Son corps de Grammaire Grecque. 621
Inventeur d'une orthographe fort extraordinaire. 652
De sa jeunesse. VI. 211

Ramirez, *Laurent*. II. 447
Ses Commentaires sur Martial donné à treize ans. VI. 47

Rancé, *Bouthilier de*, Abbé de la Trape. vers l'âge de treize ans donna une nouvelle édition d'Anacreon avec des Remarques en grec. VI. 174

Rang donné aux Auteurs selon l'ordre & la suite des lettres de l'alphabet. I. 116. 117

Raphelengius ou Rafflenghen, *François*, Imprimeur. I. 392

Rapin, *Nicolas*, poete latin & françois. V. 50
Négligeant la rime il voulut introduire les vers mesurés comme ceux des latins. *ibid.*
Plusieurs poësies sur une piece. 50. 51. 379

Rapin, *René*. Jésuite. II. 21
Ses comparaisons des grands hommes dans quatre sortes de literature donnent une parfaite connoissance de tout ce qui a rapport à leur caractére. 22
Ses Reflexions sont savantes & solides. 23
Il a été critiqué par Gueret, par le pere Vavasseur & dans le Menagiana. *ibid.* 114. 122
De ses Ouvrages qui concernent l'art poetique. III. 311
Grand poete latin. Inscription glorieuse pour ce poete par notre Auteur. V. 379
De son caractére pour la poesie. 380
De ses Eglogues. 381
De ses poesies héroïques, élegiaques & lyriques. 382
De son poeme des Jardins. 383 &c.

Rhapsodies, donne un nom assés significatif. I. 241

Rathman, *Anti-*, de Bohm. VII. 176

Raynaud, *Theophile*. On dit qu'il est habile dans l'art de tricher & de chicanner. I. 55
En parlant des censeurs avec trop de liberté, il s'attira la censure de Rome

Rome. II. 56
Trop fatirique & fon ftyle trop obfcur à caufe de fes affectations. *ibid.*
Un des plus favans hommes de fon fiécle. *ibid.*
Razzi, *Seraphin*. Il a recueilli les Hommes Illuftres de fon Ordre. II. 71
Rabardeau, *Le pere*, qui a écrit contre l'*Optatus Gallus*. I. 56
Récompenfe des Livres. Elle a été en quelque occafion jufqu'à l'excès. I. 294. &c.
Recueils, *Des*, rarement font-ils bien éxecutés. I. 249. &c.
Reguier, *Mathurin*, poete françois & premier fatirique françois. V. 66
Regourd, *Alexandre*, le P. Auteur d'un Anti-Calvin. VII. 222
Reinboth, *Jean*. Auteur de l'Anti-Keddius. VII. 96
Reinh, un Anti Socinien. VII. 213
Reinefius, *Thomas*. Son Ouvrage fur les Infcriptions II. 446
Reinking, *Theodore*. On a fait contre lui un Anti-Decalogue. VII. 359
Reifer, *L. Ant.* Son Anti-Barclai, il a été banni pour fa Religion VII. 145
Remy, *Abraham*, poete latin. Son poeme épique de la Bourbonide. V. 201
Renaldini, *Charles*, de fa poetique. III. 321
Renaudiere, bon mot fur fon nez. VII. 15
Renouard, *Nicolas*. Sa traduction d'Ovide. III. 120
Réputation. Elle produit des préjugés bien avantageux. I. 60
Refcius, *Rutger*, Imprimeur. Un des premiers qui a imprimé le grec à Louvain. I. 385
Refende, *André de*, poete latin.

IV. 434
Changement de fon nom. VI. 289
Reuchlin, *Jean*, fameux Cabalifte. II. 258
Reufner, *Nicolas*, poete latin. Ses Oeuvres dans les délices d'Allemagne. V. 27
Rhemnius Fannius. Il a donné quelques Traités fur des fujets de Médecine. IV. 205
Rhenanus, *Beatus*, a remis l'Antiquité fur les pieds. II. 290
Rhétoriciens, & Orateurs, II. 108
Rhodoman, *Laurent*. Son Diodore de Sicile fort eftimé. II. 366
Poete grec & latin. Sa poefie grecque meilleure que fa latine. V. 42
Ribadeneyra, *Pierre de*. Sa vie des Saints. II. 72
Ribier. I. 209
Riccobon, *Antoine*. Son ufage de la Rhétorique d'Ariftote. II. 81. 346. III. 87
Richelet, *Pierre*. Son dictionaire françois d'un grand credit. II. 671
Richelieu, *Cardinal de*, poete françois. V. 174
Sa dépenfe exceffive pour la Tragi-Comedie de *Mirame*, à laquelle il avoit contribué. *ibid.*
Autres piéces de Theatre dont il a fourni les fujets. *ibid.*
Son chagrin contre Chapelain. *ibid.*
Des pieces des cinq Auteurs. 175
Sa paffion pour la poefie dramatique. *ibid.*
Sa jeuneffe. VI. 364
Richer, *Edme*. Son *Obftetrix Animorum*. II. 173
Richier de Rovigo ou Rhodigin, *Louis*. Le Varron de fon fiécle. II. 255
A joint la pieté avec la doctrine. 256

TABLE GENERALE

Rigaut, *Nicolas*, un peu libre à l'égard du S. Siege. II. 423
Ses Traductions estimées. III. 100
De quelques-uns de ses Ouvrages de jeunesse. VI. 127
Aimé & admiré de gens de considération. *ibid.*
Ringelberg, de sa jeunesse. VI. 208. &c.
Rinuccini, *Ottovio*, poete italien. V. 48
Inventa les Opera en Italie. 48. 49
Meurt dans la pieté 50
Riolans, *Les deux*. Auteurs de l'Anti-Harvetus ou Antarvet. VII. 301
Rittershuys, *Conrad*. Le grand nombre d'Ouvrages de sa façon. II. 386
Rivet, *André*, la passion & le préjugé l'ont souvent fait errer. II. 54
Rivius, *Iean*. Ses diverses corrections sur les Auteurs. II. 295
Robortel, *François*, maltraité par Sigonius, Scaliger, de Thou, & loué par Luisinius. II. 307
Robertson, *Guillaume*. Son travail sur le Schrevelius. II. 596
Rocca, *Ange*. Sa Bibliothéque Apostolique n'est qu'un simple Catalogue. II. 141
Rochemaillet, *René Michel de la*, poete latin. V. 239
Rocque, *S. G. de la*, poete françois. Ses poesies lui ont attiré l'estime de plusieurs poetes. V. 47
Rodeille, *Pierre*. Il a donné Martial & Horace. II. 505
Rodolphe, Distillateur, *Iean*, Chimiste contre lequel a paru l'Anti-Glauber. VII. 304
Rodriguez Cota, poete espagnol. IV. 302
De sa *Celestine*. 302. 303

Roger, *Iacques*, poete latin. Ses divertissemens de la jeunesse. IV. 361
Romains, leur caractére. Les Abeilles Urbaines. I. 132. II. 79
Roman, *Anti-*, de Charles Sorel. VII. 376
Roman, de la *Rose*. Ceux qui ont écrit contre. IV. 283
Romans, *L'art des*. Les François y réussissent. I. 176
Romanus, *Le faux*. On fait ce qu'il lui en a coûté. I. 35
Rondelet. Ses Oeuvres posthumes sont fort au dessous de sa réputation. I. 208
Ronsard, *Pierre*, effacé par Malherbe. I. 4
Poete François. IV. 456
Ses Ouvrages divisés en dix parties. *ibid.*
Ses louanges. 457. &c.
Ses défauts. 460. &c.
On a dit qu'il est le commencement & la matiere d'un poete. 461. &c.
Ses Hymnes sont ce qu'il a fait de meilleur. 465
De ses Odes. *ibid.*
De ses Sonnets. 466
De ses Eglogues. 467
De sa Franciade. 468
Rosarium, *Anti-*, de Pitiscus. VII 377
Rosen, Auteur des Anti-Turciques. VII. 218
Rosoy, *Claude Vitart*. III. 110
S'estimoit beaucoup & méprisoit les autres. 112
Rostius, *Georges*, Auteur de l'Anti-Crocius. VII. 157
Rosweide, *Heribert*, Auteur de l'Anti-Cappel. II. 160. 405. VII. 225
Rotrou, poete françois. V. 225
D'*Antigone*, sa meilleure piece *ibid.*

Rouere, ou du Rouvre, Cardinal, Jerôme de la, Poëte Latin. IV. 484
Archevêque de Turin, fit imprimer à l'âge de dix ans un Recueil de ses poësies. VI. 83
Rouille, ou Rouillius, *Guillaume le*, Imprimeur. I. 374
Roussel, *Iean*, Poëte Latin, il a fait l'Anti-Mariana. V. 185
Roux, *Iean Vincent* connu sous le nom de *Nicius Erythreus*. II. 78
Erreur de Menage ç. *ibid.*
Roy, *Louis le*, il a peu traduit. III. 70. 111
Roy, *le*, Abbé de Haute-Fontaine, passoit pour bon Traducteur. III. 168
Royale, *de l'Imprimerie*, les Livres qui en sont sortis. I. 399
Rubens, *Philippes*, frere de l'illustre peintre. II. 381
Rue, *Charles de la*, Jésuite, Poete Latin. V. 411
Ruelle, *Iean*, il a procuré les éditions d'Hippocrate, &c. II. 281
Accusé d'avoir fait plus de sept cens fautes dans sa version de Dion. III. 41
Rufin. III. 4
Attaque saint Jerôme, & lui donne prise en l'attaquant. 5
Hardi à retrancher, à augmenter, & à paraphraser à sa fantaisie ce qu'il a traduit. *ibid.*
Rufus, *Christophle*, Auteur des Anti-Exegemates. VII. 363
Rupert, *Christophle-Adam*, ses Observations sur Florus. II. 419
Rutilius de Vicenze, *Bernardin*. II. 132
Maltraite extrémement les Chrétiens. IV. 229
Ryer, *Pierre du*, aux gages des Imprimeurs. III. 128
Poete François. V. 235

S

SA, *Emmanuel*, il fut 40. ans à composer son petit Livre pour les cas de conscience. I. 217
Sabbataires, *Anti-*, par des non-Conformistes. VII. 119
Sabellicus, *Marcus-Antonius Cocceius*, VI. 287. 314
Sabin Evêque de Lodi, envoyoit ses Ouvrages pour les examiner. I. 27
Sabinus, *Franciscus Floridus*, II. 289
Sabinus, *Georges*, III. 323
Saci, *Isaac le Maistre de*, III. 148 &c.
Jugement sur sa Traduction de Terence. 153. 154
Jugement sur son Phedre. 155
Poëte François. V. 324
Sadeel, *Anti-*, de B. Mentzer. VII 176
Sadolet, *Iacques*, Cardinal, Poëte Latin. IV. 381
Sagon, *François*, VI. 308
Salas Bardillo, *Alphonse-Ierôme de*, Poete Espagnol. V. 134
Salmasius, *Anti-*, de Kortholt VII. 178
Salmon, *Iean*, Poete Latin IV. 400
Pour sa maigreur appelé Macrinus par le Roi François premier. *ibid.*
Salvador, *André*, Poete Italien, a fait d'excellens Opera. V. 96
Salviati, *Leonard*, son Ouvrage intitulé *Gli Avertimenti*, II. 677
Salvien, *Saint*, censuroit les Auteurs avec les enjouemens du style. I. 16. V. 206
Salvius, Evêque d'Alby, critique hardiment la Poësie du Roy Chilperic. I. 45
Sambucus, *Iean*, il a déterré & publié plusieurs Manuscrits II. 324

Sammonicus, *Q. Serenus*, Précepteur du jeune Gordien. IV. 199
Samson, *Herman*, Auteur de l'Anti-Jésuite. VII. 94
Sanctius, amitié pour Balthazar de Cespede. VI. 374
Sandé, *Christophle*, Auteur de la Bibliothéque Anti-Trinitaire. II. 63
Ses Remarques sur les Historiens de Vossius. 122
Sander, *Antoine*, ses trois Livres des Ecrivains de Flandres. II. 103
Ses Catalogues de Mss. 139
Sanderus, *Nicolas Anti-*, d'un inconnu. VII. 326
Sanderus, *Humfredus*, Auteur de l'Anti-Diatribe. VII. 360
Sannazar, *Jacques*, fut 20. ans à faire son Livre sur les couches de la Vierge. I. 214
Poete Latin & Italien. IV. 338
En quoi estimé. 339
En quoi repris. 340. 341. 342
A Sancto Joanne, *Angelus*, Auteur des Anti Paradoxes. VII. 375
Santes Pagninus, son travail sur l'Ecriture. I. 214
Santeuil, *Jean-Baptiste*, Poete Latin. V. 407
Son caractére de Poësie. *ibid.*
De ses Poësies sacrées. 408
Des profanes. 409
Sappho, bel esprit & trop galante. III. 378. 379. 380
Sarasin, *Jean François*, de son Traité de la Tragédie. III. 301.
Poëte François. V. 264
De quelques-unes de ses Poësies. 265
Il a de l'invention & de la facilité. 266
En quoi accusé. 267
Sarisbeti, *Jean*, sa *Polycratie* a été appelée, *tissu de Lambeaux d'or.* II. 204

Sarcxmasius, *Eubulus Theosdatus*, Auteur d'un Anti-Morus. VII. 272
Sarnelli, *Pompeo*, il composa son Poëme de sainte Anne étant enfant. VI. 173
Sarronides. I. 157
Satire, *Anti-*, de Tortoletto. VII. 378
Savaron, *Iean*, appelé l'ornement de l'Auvergne. II. 396
Savary, *Jacques*, Poëte Latin V. 305
Ses Poëmes de *la Chasse du liévre* sont estimés. *ibid.*
Saubert, *Iean*, Auteur de l'Anti-Smalcius. VII. 211
Savill, *Henri*, son Saint Jean Chrysostome a étonné. II. 399
Saumaise, *Claude de*, son repentir. I. 204
Fort loué. II. 425. 426 &c.
Ses défauts. 428. &c.
Abrégé de son Histoire. VI. 129. &c. 392
Savone, *Ierôme de*, la honte lui fit déguiser son nom. VI. 309
Sautel, *Pierre Iuste*, Poëte Latin. V. 260
Saussay, *André du*, Critique de mauvais goût. II. 91
Scaino, *Marc-Antoine*, il a traduit la Morale d'Aristote en Italien. III. 194
Scala, *Barthelemi*, II. 240
Son Latin est mauvais, mais il a eu une fille habile en Grec & en Latin. II. 240
Scaliger, *Ioseph le pere*, Critique passionné. I. 59
Sur le Scaligerana. II. 155. 156
Obscur. III. 89. 90
Eut d'abord l'esprit bouché & pesant. VI. 99
Sa Noblesse attaquée par Scioppius. *ibid.* §.

DES MATIERES.

Scaliger, *Ioseph-Iuste*, ses louanges II. 370
Ses défauts. 374
Scaliger, *Iules-Cesar*, il critique fort judicieusement. II. 110
Son fils l'a critiqué. 111
Appelé Divinité humaine. 296
Parallele des deux Scaligers II. 298. 567. III. 57
De sa Poëtique. 286. &c.
Des Poësies de Jules Cesar & de Joseph Juste. IV. 403
De sa jeunesse. VI. 206. 393
Scamacea, *Hortense*, a donné 50. Tragédies ¶ sous le nom de Mario la Farina VI. 373
Scapula, *Iean*, Domestique d'Etienne. II. 596. &c.
Scarron, *Paul*, Poëte François. V. 257
Ce qu'on a pensé du style burlesque. 258
De son génie pour ce style. 259
Scaurus, *M. & P. Terentius*, ce qu'il a donné de l'Orthographe. II. 537
Schaumer, *J. c.* Auteur d'un Anti-Socinien. VII. 213
Scharffius, *I.*, Auteur des Anti-Calvinianes, & Anti-Photiniens. VII. 149. 211
Schedius, *Paul Melissus*, Poëte Latin & Allemand. V. 24
Excelle en vers Lyriques. 25
Scheelstrate, *Emmanuel*, ses Antiquités Ecclésiastiques. II. 167
Schegkius, *Iacques*, Anti-Auteur de l'Anti-Simonius. VII. 306. 309
Schertzer, *Iean-Adam*, il a composé trois Anti. VII. 149
Schilichtingius, *Ionas*. V. 266
Auteur d'un Anti-Apologie. VII. 351.
Schmidt, *Erasme*, son Commentaire sur Pindare. II. 411
Scholastique, ce que signifie ce titre, & à qui il a été donné. I. 102 &c.
Scholiastes Grecs & Latins, les meilleurs & les plus estimés. II. 188. &c.
Scholier, *Pierre*, Poëte Latin. V. 144
Schott, *André*, sa Traduction de Photius. II. 84. 108. 406. III. 97
Schopff, *André*, ou Scoppfer, Auteur de l'Anti Kerckerman. VII. 164
Schragmuller, *Iean Conrad*, il a donné l'Anti-Kircher. VII. 97
Schram, *David*, Auteur de l'Anti-Pistorius. VII. 106
Schofferus, *Iean*, Poëte Latin. On admiroit la netteté de l'expression dans ses pensées IV. 455
Schrevelius, *Cornelius*, son Lexicon & ses Continuateurs. II. 451
Schroeder, *Iean*, Auteur de l'Anti-Billichius. VII. 146. 301
Schuler, dit G. Sabinus, *Georges* Poëte Latin. III. 409
Schweichkhart, *Jean*, a traduit en Allemand les Oeuvres de saint Gregoire le Grand. III. 203
Scoppa, *Luc I.*, II. 382. 567
Scioppius, *Gaspar*, Censeur haï. I. 35. II. 107. 130
Appellé Cynique, & pourquoi. 164. 452. 453
Ses louanges. 454. 577
Savant, fier & farouche. VI. 124.
A seize ans il publia des Livres dignes de l'admiration des vieillards. *ibid.* 392
Anti-Scioppius par Theod. Berenicus. VII. 279. 313
Scot, *Alexandre*, II. 623
Scotin, Chef des Anti-Photiniens. VII. 210
Scribonius, *Guillaume Adolphe*, Auteur de l'Anti-Piscator. VII.

O oo iij

Scripturiftes, *Anti*, des Fanatiques d'Angleterre. VII. 119
Scriverius, *Pierre*, Auteur de l'Anti-Critique. VII. 344
Scuderi, *Georges de*, de fon Traité du Poëme Epique. III. 306. V. 270. &c.
Scultet de l'Anti-Didoma. VII. 360
Second, *Jean*, Poëte délicat & élégant dès sa douziéme année. VI. 63
Sedegno, *Jean*, III. 200
Sedulius. IV. 237
Seidelius, *Bruno*, Poëte Latin. IV. 439
Segni, *Bernard*, III. 194
Segni, *Pierre*, III. 195
Segrais, *de*, III. 18. ou 181. & V. 400. 401
Seigneur de la Motte, Capucin. VII. 232
Selden, *Jean*, ses Livres critiques. II. 401
Seldius, *Jean-Chriftophle*, VII. 100
Auteur de trois Anti. 150
Semplicius, *Hugues*, ses Ecrivains de Mathématique. II. 130
Seneque le Philosophe. I. 134
Seneque le Tragique, VI. 166
Parle bien, mais non pas naturellement. 168
On y trouve des sentimens merveilleux de Politique, de Morale, & de détestation du crime. 170
Sépulveda, *Jean Genès de*, Traducteur d'Aristote. III. 61
Serranus, ou de Serre, *Jean*, rien de plus pompeux & de plus magnifique que son style, rien de plus plat & de plus simple que son Latin. III. 70
Serre, *Jean de*, Auteur de l'Anti-Barbare. VII. 93
Servet. I. 144
Servius Sulpitius se trompe quelquefois en différentes maniéres. II. 200
De sa jeunesse. VI. 201
Severe Empereur, fit des Déclamations publiques à dix-huit ans. VI. 28. 29
Severin, *Marc-Antoine*, Auteur des Anti-Erotemates, & de l'Anti-Peripatiade. VII. 362
Severinus, *Marcus Aurelius*, il a donné un Anti-Peripatias, VII. 291
Sevin, *Nicolas*, un Commentaire sur l'Oraison de Demosthenes. II. 424
Seybold, *Jean-Georges*, il a donné l'Anti-Barbare. VII. 352
Seyfrid, *Jean*, Auteur du Livre sous le titre d'*arbor aniciana*. VII. 313
Seyffel, *Claude de*, a rendu ses Auteurs obscurs. III. 107
Siberus, *Adam*, Poete Latin. IV. 443
Sibylles, *Iugemens sur les*, III. 372 373
Sidoine Apollinaire. III. 239
Ne fit plus de vers depuis qu'il fut Evêque. 241
Siene, *Antoine de*, sa Bibliothéque des hommes illuftres de son Ordre. II. 71
Sigebert fait paroître trop de passion en faveur des Empereurs contre les Papes. II. 43
Sigonius, *Charles*, ses Jugemens sur les Auteurs. II. 119
A mis des Ouvrages sous le nom de son Disciple. VI. 374
Silius Italicus, Historien qui a voulu faire le Poëte. IV. 177
Slichting, *Ionas*, Auteur de l'Anti-Cichou. VII. 48
Silvanus, *Iacques*, a donné l'Anti-Philippique. VII. 375
Silvaticus, *Iean Baptifte*, II. 83
Silvius, *François de le Boë*, *Anti-*,

DES MATIERES.

d'Ant. Deusingius. VII. 302. 308

Simeoni, *Gaspar*, Poëte Latin & Italien. V. 206

Simon, *Richard*, courte Analyse de son Histoire critique de l'Ancien Testament. II. 60

Simonide, ridiculement scrupuleux dans le choix de ses termes. Exemples. III. 388

Simonius, *Simon*, Auteur de l'Anti-Schegkius. VII. 306

Simonius, *Anti*, de Jac. Schegkius. VII. 178. 306. 309

Sirmond, il a donné les Anti-Tristans. I. 205. VII. 328. 378

Sixte de Sienne, *François*, homme d'une lecture prodigieuse & d'une industrie tout-à-fait extraordinaire. II. 47
L'Inquisition Romaine mécontente de sa *Bibliothéque sainte*. ibid.
Anti-Sixte. VII. 112

Smalcius, *Valentinus*, *Anti-*, par J. Cloppenbourg. VII. 211
Un autre de J. Saubert. 212

Smidelin, Auteur des Hyperaspistes. VII. 367

Socin, *Fauste*, Auteur de l'Anti-Wujeck. I. 186. VII. 130
Anti-Socin & Socinien. cinq ou six Auteurs. 213

Sociniens, affectation de douceur & d'honnêteté qui les ont rendus plus pernicieux. I. 198

Socolovius, *Anti-*, de Sebastien Finck, VII. 113

Socrate, ses Censeurs haïs. I. 35
De sa jeunesse. VI. 200

Soldat, *Anti-*, d'un inconnu. VII. 279

Sosinus, *C. Iulius*, il est appelé le singe de Pline. II. 196

Solis, *Dom Ant. de*, Poëte Espagnol, plein de rencontres burlesques. V. 277

Sommaires, *des*, sont ordinairement imparfaits. I. 240. &c.

Songe du Verger, son véritable Auteur. Voyés §. II. 31

Songe du vieil Pelerin, son Auteur est Philippe de Maisieres §. II. 32.

Sophiste, ce que signifie ce titre, & à qui il a été donné. I. 96. &c.

Sophistique, *Anti-* de Tristan. VII. 378

Sophocle, ce qu'il ajouta à la Tragédie. III. 404
Estimé de plusieurs savans. 405. 406
En quoi repris. 407

Soprani, *Raphaël*, sur les illustres de son pays. II. 80

Sorel, *Charles*, I. 201
Ses deux Ouvrages de Critique méprisés. II. 93. 94. 121. 658
Des Ouvrages de son enfance. VI. 167. VII. 376

Sosipater Charisius, *Flavius*, instructions sur la Grammaire. II. 541

Sotwel, *Nathanaël*, Bibliothécaire Jésuitique. II. 74. 75

Spach, *Israël de*, Catalogue de Philosophes, de Médecins, &c. II. 128

Spanheim, *Ezechiel*, III. 168
Illustre par son rare savoir. II. 495

Spanheim, *Frederic*. II. 138. VII. 213
Bibliothécaire de Leyde. II. 138

Spelman, *Henri*, I. 209. II. 556
Ne commença d'étudier qu'à cinquante ans. VI. 219

Spelta, *Antoine-Marie*, Poëte Latin. V. 138

Spera, *Pierre Ange*, Auteur d'un Centon Virgilien sur la Passion. II. 107

Sperlingius, *Iean*, a donné l'Anti-Parasceve. VII. 374

TABLE GENERALE

Spinofa, *Benitez de*, fon miférable Livre fur l'Ecriture fainte, s'appelle, *Tractatus Theologico Politicus*, il a été traduit fous ces trois titres. Voyés les Notes ¶. 337
La clef du Sanctuaire.
Cérémonies fuperftitieufes des Iuifs.
Réflexions curieufes d'un efprit défintéreffé. II. 63

Spizelius, *Theophil*, fon *feliciffimus Literatus*, & fon *infelix Literatus*. II. 171

Sponde, *Jean de*, fon edition d'Homere n'eft pas trop eftimée, II. 352

Sprecchi, *Pompeo*, Auteur de l'Anti-Abfinthium. VII. 366

Squitinio, *Anti-*, de Scip. Errico. VII. 378

Stace, loué par Jules Scaliger. IV. 193
Ses défauts. 194 &c.

Stanley, *Thomas*, fon Æfchyle très-eftimé. II. 457

Stapleton, *Anti-*, de Guillaume Whittaker. VII. 113

Starovolfki, *Simon*, fes Ecrivains Polonois. II. 104

Stecker, *I.* 150

Steganographie, ceux qui en ont écrit II. 530. 531

Stegmanus, *Anti-*, de J. Borfack. VII. 178. 215

Steinius, *Paul, Anti-*, de deux Auteurs différens. VII. 179

Stella, *Iules Céfar*, favant dès fa jeuneffe. VI. 190
Poëte Latin V. 163

Stella, *Louis*, à quinze ans entendoit toutes fortes d'Auteurs Grecs fans aucun fecours. VI. 74

Stengelius, Auteur de l'Anti-Tortor. VII. 250

Sterck, *Iean*, fa manière d'étudier II. 174

Sternac, *Sebaftien*, gendre de Rodecki Imprimeur de Pologne. I. 397

Stefichore. III. 377

Stewechius, *Godefc*, fes Notes fur Vegece, Frontin, Apulée, Arnobe. 368

Stigelius, *Jean*, Poete François & Latin, il a donné des Epithalames, &c. IV. 415

Stigliani, *Thomas*, Poëte Italien, de fon *Chanfonnier*, & de fon nouveau monde. V. 160

Style. Comparaifon de celui des Auteurs Chrétiens & des Auteurs profanes. I. 84

Stoa, J. Franc. Quintianus, Poëte Latin, peu eftimé. IV. 314
Il quitta fon nom de famille qui étoit Conti. ¶ *ibid.*

Stobée, *Jean*, Ecrivain fort utile. II. 201

Stophonius, *Bernardin*, Poete Latin. V. 73

Strada, *Famiano.* III. 324

Strebæus, *Jean Louis.* III. 46

Streinn, *Richard*, habile dès fa jeuneffe. VI. 91
Auteur de l'Anti-Anicien. VII. 313. 314

Strena, *Anti-*, de Jac. Gretfer. VII. 379

Strozza, *Hercule*, pere & fils, Poëtes. IV. 300. VI. 55.

Strozzi, *Jules*, Poete Italien. V. 215

Strozzi, *Frederic*, Traducteur de Thucydide. III. 186

Strozzi, *Nicolas*, Poete Italien. V. 216

Struppius, Médecin. VII. 381

Struthius, *Jofeph*, Traducteur de Galien. III. 63

Struckius, *Jean Guill.* fon ouvrage fur les Antiquités Romaines II. 369

Sturmius, *Jean.* II. 332
Anti-Sturmius d'Ofiander & Auteur de trois Anti. VII. 180. 195. 176

Sueiro, *Emmanuel.* III. 199

Suetone, ce qu'il avoit fait fur la Grammaire

DES MATIERES.

Grammaire. II. 106
Suffridius, Petri, Seize Decades des Ecrivains de son pays. II. 100
Suidas, son Lexicon est une compilation de plusieurs autres Dictionnaires. II. 587
Sulpice Severe. I. 58
Sulpitia Poète Satirique. IV. 198
Superbe, *Augustin*, les Auteurs de Ferrare. II. 81
Supposition de noms. VI. 241. &c.
Surintendant, ce que c'est en Allemagne. VII. 45
Sutor *ou* Dom Corduanier, Chartreux, *Pierre*, il a donné l'Anti-Apologie. VII. 349
Swert, *François*, son Athènes Belgique, il n'a pas su se défendre. II. 102
Sylburge, *Frederic*, très-habile dans les Humanités. II. 341
Sa Grammaire Grecque très-estimée. 622
Symmaque. I. 58
Il a porté le nom de son Oncle. VI. 376
Syncretisme, ce que c'est. VII. 189
Anti-Syncretisme des Luthériens. 380
Syncretiste, *Anti-*, des Luthériens. VII. 189
Synesius, il étoit exempt de cet air de la Philosophie païenne. IV. 212
Synodales, *Anti*, d'Amesius. VII. 380
Synodiques, *Anti-*, de Malder. VII. 380
Synonymes, espéce de marque dont se sont servis quelques Auteurs. VI. 395
Pris par maniére de modestie. 405
Systême des Sciences. II. 178

T

Tabourot, Allusion sur les armes de la famille. ¶ VI. 308
Tallemant, sa Traduction des Vies de Plutarque louée. III. 167
Talmud, plein de Fables. I. 125
Tambourelli, *Darius*, il a donné ses Ouvrages sous le nom de son Ecolier. VI. 375
Tami-Cami-Categoria, *Anti-*, de Melwin. VII. 381
Tanner, *Adam Anti*, Auteur de l'Anti-Mylius de Guill. Hunnius & un autre. VII. 116. 244
Tansillo, *Louis*, Poete Italien, de sa piéce du Vandangeur. IV. 470
Tartaglia, *Nicolas*, Traducteur d'Euclide & d'Archimede. III. 193
Tasse, *Torquato Tasso* le. V. 1
Reconnu pour le premier Poete Italien. 2
Ses Ouvrages. *ibid.*
Eloges de la *Jérusalem délivrée*. 2. &c.
Défauts qu'on y a trouvés. 6. 7. 8
De l'Apologie qu'il en fit contre les Censeurs. 8
De son *Aminte*. 10
De sa Tragédie de *Torismond*. 11
De son Poëme de *Rinaldo*. *ibid.*
Son Poeme des *sept jours* est le plus sérieux de ses Ouvrages. *ibid.*
Meurt étant prêt de recevoir à Rome la Couronne & le Laurier pour ce Poeme. *ibid.*
Avoit une véritable fureur Poetique. 11. 12
A quoi on l'attribue. 13
De son Traité de la Poesie Italienne. IV. 292
Tassoni, *Alexandre*, Poete Italien. Jugemens sur son Poeme du *seau enlevé*. V. 145
Taubmann, *Frederic*, Poete Latin il a eu la hardiesse de forger des mots nouveaux. V. 63
Tauman, *Frederic*, Paré l'appelle un grand Apollon. II. 385
Taxander, *Val. Andr*. Catalogue des Ecrivains d'Espagne. II. 85
Techniques *ou* Artistes Grammairiens

II. 521. &c.
Tectander, *Joseph*, Traducteur de Galien. III. 63
Tellez, *Gabriel*, a fait paroître ses Comédies sous le nom de Tyrso de Molina. VI. 310
Tenneuil, *Samuel*, nous en avons un fragment de Stephanus. II. 498
Terence, *P.* de l'ordonnance & de la forme de ses Fables. IV. 23. 24
De sa Morale. 25. 26
De son style & de sa diction. 27 &c.
Il a substitué le nom de Lelius & de Scipion. VI. 242
Terentianus Maurus, son Art Poëtique estimé. III. 283
Bon Poëte Lyrique. IV. 198.
Terlaine, ce que c'est. VII. 221
Tertullien a changé la robe au manteau. VI. 262
Testi, *le Comte Fulvio*, Poëte Italien, Prince des Poetes Lyriques d'Italie. V. 129
Traite les matiéres sérieuses d'une maniére plaisante & les plaisantes d'une maniére serieuse. 131
Tetti, *Scipion*, un essai d'une Bibliothéque Neapolitaine. II. 139
Il a employé plusieurs années à son petit Traité des Apollodores. I. 214
Texte de S. Ambroise alteré & par qui. I. 375.
Textor, *Ravisius*, ou Jean le Tissier. II. 264
Sa Grammaire. 569
Sa corne d'abondance, très commode. *ibid*.
Thebains, leur caractére. I. 129
Theocrite, sa Muse est rustique. III. 443
Theodoric, Roi des Ostrogots, il prenoit le nom de sa maison. VI. 372
Theognis, sa Morale est pernicieuse. III. 389. 890

Théologien, ce que signifie ce Titre, & à qui il a été donné. I. 95
Theophile Antécesseur, ce qu'il a fait sur Justinien. III. 9
Theophile, Poëte François, plus d'esprit que de jugement dans ses Ouvrages. V. 135. 136.
Theophile, *Anti-*, de H. Alby. VII. 244
Theophraste de son nom, comme il la changé. VI. 253
Theseus, *Anti-*, d'un Inconnu. VII. 310.
Thiard, *Pontus de*, Poete François. V. 35
Quitta la Poesie étant Evêque. 36
Buvoit beaucoup de vin, sans en être incommodé. 36. 37
Thomas, *S.* maltraité. I. 11
De sa jeunesse. VI. 203
Sa Famille. VII. 314
Thomassin, *Louis*, de sa méthode d'étudier & d'enseigner Chrétiennement & solidement les Poetes. I. 201 III. 314
Thory, dit le Maistre du pot cassé de Bourges, *Geofroy*, Imprimeur. I. 367
Les Traductions qu'il a faites. III. 109
Thou, *le Président de*, la préséance que les Etrangers lui ont donnée. I. 179
Catalogue de la Bibliothéque de Mr de Thou. II. 144. 159
Poëte Latin. V. 71
Son Histoire & Abregé de sa vie VI. 220. 221. 222
Thucydide, il employa 27. ans à limer & polir son Histoire. I. 212
Thysius, *Ant.* Nous avons quelques *Variorum* de lui. II. 456
Tibere, Empereur fait une Oraison funebre à neuf ans. VI. 13
Tibulle, Poëte Latin, habile dans le genre Elegiaque. IV. 132
Tigeon, *Thomas*, Auteur de l'Anti-

DES MATIERES.

Mæologique. VII. 370
Tilemann, *Frederic*, son discours Philologique. II. 117
Tiletan, *Jean-Louis*, Imprimeur de Bourges. I. 367
Tillémont, *Sebastien le Nain de*, son Histoire Ecclésiastique. II. 168
Tinto, *Franc.* sa Liste des Ecrivains de Veronne. II. 81
Tite-Live, les Critiques qu'il a trouvés. I. 120
Titres bizarres de quelques Livres. I. 261. &c.
Titres, *des*, des Livres. I. 259. &c.
Titres d'honneur, donnés aux Auteurs. I. 94
Titus Alexander, *Voyés les Notes sur ce nom.* ¶ VI. 287
Tollius, *Cornel.* son Dialogue sur le malheur des Savans. II. 170
Tollius, *Jac.* son Ausone *de Variorum.* II. 462
Tomasini, ses Hommes illustres Italiens. II. 15. 77
Ses Catalogues des Manuscrits de Padouë. 136
Sa Triple Grammaire. 672
Tombes, *Jean*, a donné l'Anti-Pædo-Baptisme. VII. 372
Toppi, *Nicolo*, les Ecrivains de Naples. II. 79
Torche, *Abbé de*, Poëte François. V. 455
Torre, *François de la*, accusé de fausseté, puis justifié. II. 154 324
Beaucoup de ses Traductions estimées. III. 76
Torrentius. II. 337
Tortoletto, *Barthel.* Auteur de l'Anti-Satire. VII. 376
Tortor, *Matthæus Tortus*, *Anti.* de Stingelius. VII. 249
Tournebœuf, ou Turnebes, *Adrien*, Imprimeur. I. 366 II. 305. &c. Fort loué. ibid. III. IV. 416: 59. VI. 326

Tournes, *les de*, Imprimeur. Ils ont composé quelques Livres. I. 376
Toussain, *Jacques*. II. 593
Traducteurs, *des*. III. 1. 2. &c.
Traducteurs François. 105. &c.
Traducteurs des Poetes en Vers François. 180
Traducteurs Italiens. 183
Traducteurs Espagnols. 196
Traducteurs Allemans. 202
Traductions Françoises, Paralléle de celle des Etrangers avec les nôtres. I. 174
Tragus, *Hieronymus.* VI. 325
Transactions Philosophiques. Journaux d'Angleterre. II. 36
Trapezontin, *le*, tous les Jugemens que les Savans en ont porté. III. 24. 25. 26. 27. 28
Trebizonde, *Georges de*, bizarre & chagrin. II. 229
Tribonien, *Anti-*, de François Hotman. VII. 280
Trichet du Fresne, *Raphael*, Catalogue de sa Bibliothéque. II. 143
Trimastix, *Anti-*, de Struppius. VII. 381
Trinitaires, *Anti-*, des Sociniens & Arminiens. VII. 119
Trissino, *Jean-Georges*, Poete Italien, Grec & Latin. IV. 386
Deux libertés qu'il se donna dans ses Poesies. 387
Tristan, l'Hermite, Poëte François. V. 237
Mariamne, sa meilleure piéce. 238
Tristan de S. Amant, Auteur de l'Anti-Sophistique. VII. 378
Tristan, *Jean*, *Anti-*, de Jacques Sirmond. VII. 328
Tritheia, *Anti-*, de Baumgart. VII. 381
Tritheme, *Jean*, Abbé fort laborieux. II. 44
On l'accuse à tort de mauvaise foi. ibid.

P pp ij

Il ne faut pas faire grand fond sur
 sa Critique. 45
Reprend les déréglemens de la
 la Cour de Rome avec trop de
 liberté. 65. 99
Trocifal, *Marquis de*. VI. 365
Tryphiodore, Poëte Grec, son Poëme sur la prise de Troie. IV. 244
Turcicus, *Anti-*, de Heslicius. VII.
 279
Turlupin, *Nicodeme*, Auteur de
 l'Anti-Choppin. VII. 258
Turner, *Guillaume*, Imprimeur. I.
 396
Tursellin, *Horace*, Traducteur des
 Lettres de S. François Xavier. III.
 87
Tycho, *Anti*, de Scipion Claramontius. VII. 294
Tyrso de Molina. VI. 310
Tzetzes, *Jean*, Poete Grec. IV.
 253
Tzetzes, *Isaac*, son Histoire mêlée
 en 13. Chiliades, vers libres. II.
 206

V

Vadianus, *Ioach*. Remarques
 sur le *Pomponius Mela*. II. 291
Vaillant de Guesslis, *M*. Il a travaillé sur Virgile. II. 331
Vair, *Guill. du*, distingué par son
 style. Il a traduit quelques Orai-
 sons de Demosthene. III. 121
Valdez, *Iean*. I. 144
Valere, *André*. Un des beaux corps
 de Bibliothéque qui ait paru. II.
 102
Valere, *Pierre de*. Il a changé son
 nom de Valere en Valerianus. VI.
 291
Valerien, *Anti-*, par P. Haberkorn.
 VII. 121
Valerius, *Cornelius*. Son Encyclopédie des Arts. II. 178
Valerius Flaccus. IV. 181

Ses expressions sont dures. *ibid*.
Fort loué par Barthius. 182.
 183
Ce qu'on reprend en lui. 183
Valla, *Georges*. II. 263. III. 38
Valla, *Laurent*. II. 219. 560
Peu fidele. III. 19
Fort loué. 220
Fort mordant. 221
Valois, l'aîné, *Henri*, excellent
 Critique. II. 164
Son Ammien Marcellin. 464
Sa traduction des Historiens Ecclé-
 siastiques. III. 103
Valois, *Adrien*. Il a fait des Obser-
 vations sur l'Ammien Marcellin de
 son frere. II. 486
Valvasone, *Erasme*, a traduit le
 Stace en Italien. III. 184
Vander-Linden, *I. Antonides*. Un
 Recueil des Médecins illustres. II.
 131
Vander-Seerre, *Chrysost*. Son Re-
 cueil sur les Prémontrés. II. 70
Varchi, *Benedetto*, a traduit de Se-
 neque & de Boëce la consolation.
 III. 195
Varen, *Auguste*, Auteur de l'Anti-
 Calvinisme. VII. 151. 214
Varet, Grand-Vicaire de l'Archevê-
 que de Sens. ¶ II. 176
Variorum, des Livres ainsi appellés.
 Le Catalogue complet. II. 445.
 510. &c.
Varron, *M. Terentius*. Ce qu'il a
 donné sur la Latinité. II. 186
Sa Literature universelle. 533
Varrons, poëte italien. IV. 419
Varus, *Quintilius* ou *Quintlus*. Il
 faut prendre garde de confondre
 les deux Varus. ¶ IV. 54
Varus, *La femme de*, a été en répu-
 tation d'être savante. VI. 184
Vascosan, *Michel de*, Imprimeur.
 I. 364
Vasquez. VI. 373
Vastel, Carme. Il a entrepris la dé-

fense de Jean Patriarche de Jerusalem. I. 63
Vatable. VI. 374
Vates, confondus avec les Druides. I. 157
Vatican, Imprimerie du. I. 398. II. 141
Vavasseur, François, Jésuite. II. 19
Judicieux critique, très-disert, de grand esprit & de beaucoup d'érudition. ibid.
Il est admirable dans son livre, de ludicra dictione. ibid.
Soupçonné d'avoir écrit contre Antoine Godeau Evêque de Grasse. 20
A écrit contre le pere Rapin. 113. 578
De son Traité de l'Epigramme. III. 308
Poete Latin. V. 319
De son Ouvrage sur Job. 320
Vaugelas, Claude Favre de, a été trente ans à sa traduction de Quinte-Curce. I. 215
Ses Remarques sur la Langue Françoise. II. 654
Jugemens sur sa traduction de Q. Curce. III. 125
Vayer, De la Mothe le. I. 205
Homme de jugement & de bon sens. II. 230. 657
Vega, Lopez de, poete comique espagnol. V. 147
Il a écrit en vers la valeur de cinq cens trente deux mille neuf cens pages in folio, entre autres dix huit cens Comedies, quatre cens pieces dramatiques, ou Actes Sacramentels. ibid.
Passe pour le pere de la Comedie Castillane. 148
Tout étoit comique en lui, pensées, paroles, gestes, postures, visage. ibid.
Ses loüanges. 149
Ses défauts. 150
Faisoit souvent une piece de Théatre par jour. 151

Savant dès sa jeunesse. VI. 105
Velius, Gaspar Ursinus, poete latin. Ses Silves. Ses Elegies. Sa mort. ¶ IV. 359
Venator, Anti-, de Martin Béer. VII. 124
Venitiens. Leurs Ecrivains par qui recueillis. II. 82
Verdier le jeune, Du. II. 13
Sa Critique appellée déclamation de jeune homme. 14. 87
Verdizotti, Jean Marie. Il a traduit les vies des Peres des deserts. III. 190
Vergara. Sa Grammaire Grecque approuvée. II. 618
Verin, Michel. De ses Distiques. VI. 47
Verjus, L'Abbé, étant très-jeune, s'applique à la danse & au luth. 154. 155
A douze ans sçavoit juger des génies & des differens styles. ibid.
Veronnois. Leurs Ecrivains. II. 81
Verins, Les deux. Voyés les notes. ¶ IV. 289
Verzoza, Jean, poete latin. On lui a donné le premier rang d'après Horace. IV. 436
Vialardi. VII. 368
Viaud, Theophile. Voyés Theophile. VI. 323
Victorius, Pierre. Il a fait des Ouvrages de petits sujets fort grands. II. 306
Avoit annobli la pedanterie. 326
III. 78
Vida, Marc Jerôme. De son Art poetique. III. 289
Poete latin. IV. 420
De ses vers à soye. 421
De ses Echecs. ibid.
Vienne, leurs Ecrivains. II. 140
Vigenere, Blaise de. Sa Traduction de Tite-Live & ses savantes notes. III. 18
Viger, François. Il a traduit Eusebe

N n n iij

TABLE GENERALE

de la préparation Evangelique.
III. 99
Vigile. I. 213
Vigil, *Fabius*. VI. 287
Vignes, *Pierre des*. VI. 372
Vignon, *Eustache*, Imprimeur fameux de Geneve. I. 377
Villadamor. Villosa contre Villadamor. VII. 382
Villani, *Nicolas*, poete latin & italien. VII. 378
Villalpando, *Dom Iacinte*, fit imprimer sous le nom de Fabio Clement la vie de sainte Elizabeth. VI. 310
Villareal, *Emmanuel Fernandès de*, Auteur de l'Anti-Caramuel. VII. 255
Villiers, *Jean Hotman de*. Son traité de la dignité d'Ambassadeur. VII. 262
Villiers, *Pierre Abbé de*, poete françois. V. 447
De son art de prêcher. 447. 448
Villosa, contre Villadamor. VII. 382
Vinette, *Elie*. C'étoit un des fameux Philologues de son siécle. II. 329
Vintemille, *Jacques de*, Traducteur de Xenophon. Comment il s'est justifié. III. 110
Virgile de Tapse, pour mieux faire recevoir ses Ouvrages, les mit sous les grands noms de S. Athanase & de S. Augustin. I. 92
Virgile, poete latin. IV. 61. 62
Du dessein & de l'éxecution de son Eneïde. 63. &c.
De la Fable & du Heros de l'Eneïde. 70. &c.
De la matiere & de l'action de l'Eneïde. 74. &c.
De la forme & de la narration de l'Eneïde. 79. &c.
Des mœurs & des caractéres marqués dans l'Eneïde. 83. &c.

Des sentimens & de la morale de Virgile. 92. &c.
De son style & de son expression. 94. &c.
Abregé de la comparaison que les Critiques ont coutume de faire entre Homere & Virgile. 99. &c.
Comparaison de leur dessein. 102.
Comparaison de leur Fable. 104
Comparaison de l'action & de la matiere de leurs poemes. 105
Comparaison de la forme & de la narration de leurs poemes. 107
Comparaison des mœurs ou caractéres des poemes, & des sentimens des deux poetes. 108. &c.
Comparaison de leur expression & de leur style. 114. &c.
Des Eglogues & des Georgiques de Virgile. 110. &c.
Visch, *Charles de*. Sa Bibliothéque est le meilleur Recueil des Ecrivains de son Ordre. II. 66
Vitelli, Traducteur de l'Agriculture de Constantin. III. 193
Vitré, *Antoine*. Imprimeur, a imprimé sa grande Polyglotte. I. 370
Il a effacé l'impression d'Hollande. 400
Vitulus, *Pomponius*. VI. 323
Vitus de Bering, Danois. Son Art poetique. III. 323
Vivès, *Louis*. Son Traité de la maniere de bien étudier. II. 153. 173. 283
Il étoit un des Triumvirs de son siécle. On donnoit l'esprit à Budé, la parole à Erasme, & le jugement à Vivès. 284. 566
Vlacq, *Adrien*, Imprimeur-Libraire de la Haye. I. 396
Ulloa de Tauro, *Louis d'*, poete espagnol facetieux. V. 215
Voët, *Gisbert*. Accusé par Descartes d'avoir changé de nom. II. 138
Son Catalogue des Livres Orien-

DES MATIERES.

taux. VI. 373
Voiture, *Vincent de*, poete françois, latin, italien & espagnol. V. 207
Auteur d'un nouveau genre de poesie. *ibid.*
Il badine agréablement. 209
En quoi on le reprend. 210
Volterre ou Volaterran, *Raph.* II. 251
A donné dans la badinerie & la bagatelle. 252
Galimatias dans ses Traductions. III. 35
Volusius. I. 213
Vorstius, *Conrad.* Auteur des Anti-Apodixes, de l'Anti-Bellarmin, de l'Anti-Pistorius. VII. 105. 348
Vorstius, *Iean Anti-*, de Cocus. VII. 183
Vossius, *Les.* Ses œuvres postumes ne lui font point d'honneur. I. 209. II. 108. 111. 117. 118. 409. 420. 481. 551. 557. 576. 624. III. 90. 297. 324. Sa jeunesse. VI. 173
Voute, *Iean*, poete latin. 358
Ursinus, *Fulvius.* Ses notes sur Ciceron, sur Virgile & sur d'autres. II. 347
Ursinus, *Zacharias*, poete grec & latin. Ses vers plaisent aux Savans. IV. 449
Ursin, *Ioachim.* Auteur de l'Anti-Jésuite. VII. 93
Ursus, *Aurelius*, poete latin. Le Pape Urbain 8. faisoit gloire d'avoir appris la poesie de lui. V. 70
Ussel, *Toussains d'*, poete latin. IV. 487
Usserius, *Iacques*, faisoit des Controverses publiques dès l'âge de dix-huit ans. II. 169. 443. VI. 149
Wadding, *Luc de.* Son Livre des Ecrivains de l'Ordre de S. François. II. 72

Waghenaer, *Pierre de.* Son Recueil des Ecrivains des Premontrés des Pays-bas. II. 70
Wagnerech, *Anti-*, de Bebelius. VII. 125
Waldis, *Burgard*, a traduit l'Esope en Allemand. III. 203
Walembourg, *Anti-*, deux Auteurs, savoir, d'Arndius & de Haberxorn. VII. 127
Wallius, *Iacques*, Jésuite, poete latin. Il a fait trois espéces de vers, des héroiques, des élegiaques & des lyriques. V. 360
Walther, *Michel.* Auteur de l'Anti-Cluto. VII. 152
Wangnereck, *Henri*, Jésuite. Auteur de l'Anti-Dorschæus. VII. 227
Wagnereck, *Anti-*, par Babelius & par Wildersohn. VII. 125
Weber, *Ananie.* Auteur de l'Anti Calvinismus. VII. 151
Weber, *Iean.* Auteur de l'Anti-Lampadius. VII. 166
Wechels, *Les.* Imprimeurs. I. 366
Weigelius, *Valentin*, chef de Secte ou espéce d'enthousiaste. VII. 88
Weigelius, *Anti-*, de Crocius. VII. 197
Weitzius, *Iean*, un des plus renommés Philologues de son tems. II. 415
Welser, *Marc.* Il a publié des Actes de quelques Martyrs. II. 393
Whittacker, Auteur de l'Anti-Stapleton. VII. 114
Wieck, *Iacques, Anti-*, de François Socin. VII. 128
Wildersohn, Auteur de l'Anti-Wagnere. K. VII. 125
Willichius, *Erasme*, Auteur de l'Anti-Zwinglio-Calvinien. VII. 83
Willius, *Balthazar, Anti-*, de Havemans. VII. 191
Willot, *Henri.* Son Livre des Ecrivains de l'Ordre de S. François. II. 72

TABLE GENERALE DES MATIERES.

Wion, *Arnold*, a travaillé avec Tritheme sur les Ecrivains Bénédictins. II. 65

Vulcanis, *Bonaventure.* Scioppius en fait concevoir une grande idée. II. 379
Il a traduit un grand nombre d'ouvrages. III. 92

Vultejus, *Henri*, *Anti-*, de God. Antonius. VII. 282

Vultejus, *Juste.* Il a traduit Elien, Dion. III. 44

Wolfgan de Freymon, *J.*, l'édition la plus ample de son Livre. II. 133

Wolfgang Herman. VII. 242

Wolphang Musculus, portrait plaisant de cet Auteur. III. 58

Wolphius, *Jerôme.* II. 319
Ses traductions fort estimées. III. 72

Wower, *Jean.* Scaliger disoit que c'étoit le plus habile de son tems. On a confondu les deux Wowers. Voyés, ¶ II. 381

X.

Xilander, *Guill.* travailloit vîte pour gagner du pain. II. 318
Pourquoi fautif. III. 202

Ximenez de Aillon, *Diegue ou Jacques*, poëte espagnol castillan. IV. 443

Ximenes Paton, *Barthel.* Son Livre de l'Orthographe Latine & Espagnole est fort utile. II. 679

Y.

Yveteaux, *Des*, poëte françois du tems de Louis XIII. V. 172

Z

Zacharie de Lisieux. C'est le Pere Yves Capucin, Auteur du Gyges Gallus & non Zacharie. VI. 390

Zacharie Furnester. Son déguisement. ¶ VI. 264

Zacharie, Pape, n'a pas eu assés d'égard à la ponctuation. III. 10

Zamoyeski, *Jean.* VI. 92
D'un Ouvrage qui porte son nom. 93

Zarate, *Francois Lopez de*, poete espagnol, consideré comme le premier poete d'Espagne. V. 238

Zeillers, *Martin.* Il a donné deux volumes d'Historiens Geographes. II. 122

Zembert, *Barthel.* Traducteur d'Euclide. III. 36

Zeuxis, illustre par ses Tableaux. I. 211

Zileste, *Jean-Baptiste*, un des Auteurs du Catalogue des Jurisconsultes que Wolfgang a donné. II. 133

Zoïle, Critique passionné & médisant. I. 34

Zucci, *Barthelemi.* Traducteur de Justin en Italien. III. 189

Zuniga, *Diegue Lopez.* Il a acquis de la réputation par ses Remarques critiques. II. 287

Zuviker, *Daniel*, *Anti-*, de Maukisch. VII. 216

Zwingle, Auteur des Anti-boles. VII. 354

Zwinglio-Calvinianus, *Anti-*, de Willichius. VII. 183

Fin de la Table generale des Matieres.

Corrections des fautes survenuës dans l'impression des Notes sur le Tome VII.

Pag.	Lig.	Col.	Fautes	Corrections
10	2		*Sur ces mots du texte :* Je n'en ai point encore pu trouver de plus anciens que les deux *Anti-Catons.*] Il auroit pû, s'il avoit bien cherché, trouver un *Anti* plus ancien de trois cens ans que celui-là, savoir l'*Anti-Laïs*, comédie du Poëte Epicrate, citée en deux endroits du 13. livre d'Athénée & rapportée par Suidas au mot Επικρατης.	
229	2	B	*Jean-Pirre*	*Jean Pierre*
263	2	A	Κολάζιον	Κολάζων
——	6	—	témoignoit	témoignât
316	9	—	*Vulgari*	*vulgari*
320	9	—	Guide.	guide.
337	6	—	*Cordigera,*	*Chordigera,*
——	5.6	B	Francford	Francfort

APPROBATION.

J'AI lu par ordre de Monseigneur le Garde des Sceaux les Oeuvres imprimées de feu Mr Adrien Baillet en 1685. 1688. 1689. & intitulées : *Les Jugemens des Savans sur les principaux Auteurs. Des Enfans devenus célèbres par leurs Etudes. Des Auteurs déguisés. Et des Satires personnelles, Traité historique de celles qui portent le titre d'Anti.* L'utilité que l'on retire de la lecture de ces divers Traités qui sont devenus très-rares, & qui renferment beaucoup d'érudition & une infinité de recherches, n'est pas moins grande que la réputation que l'Auteur s'est acquise dans la Republique des Lettres, ayant puisé dans les sources d'une riche & ample Bibliothéque appartenante à l'un des plus illustres & des plus doctes Magistrats du Royaume qui l'honoroit de sa protection. Ainsi j'ai cru qu'une nouvelle édition de ces mêmes Traités seroit très-profitable pour le Public & pour tous les Savans. Ce 13. Novembre 1719. *Signé* MOREAU DE MAUTOUR.

Approbation du Censeur Royal.

J'Ai lû, par ordre de Monseigneur le Chancelier, les *nouvelles Notes Critiques sur les Jugemens des Savans de Baillet*; & elles m'ont paru d'autant plus dignes de voir le jour, qu'en corrigeant quantité de méprises dans le texte de cet Auteur souvent peu éxact, elles en rendront la lecture beaucoup plus utile au Public.

J'ai lû aussi la *Préface de l'Auteur des Notes*, & *l'Abregé de la Vie de Mr Baillet*, où je n'ai rien trouvé qui puisse en empêcher l'impression.

Fait à Paris, ce 15. Fevrier 1722. *Signé*, BURETTE.

PRIVILEGE DU ROY.

LOUIS, PAR LA GRACE DE DIEU ROY DE FRANCE ET DE NAVARRE : A nos amez & feaux Conseillers, les Gens tenans nos Cours de Parlement, Maiftres des Requeftes ordinaires de notre Hoftel, Grand Confeil, Prevoft de Paris, Baillifs, Sénéchaux, leurs Lieutenans Civils, & autres nos Jufticiers qu'il appartiendra : SALUT. Notre bien amé PIERRE PRAULT, Libraire à Paris ; nous a fait remontrer qu'il auroit entrepris de faire imprimer *les Ouvrages de Mr Baillet contenant les Jugemens des Savans, les Satires perfonnelles, les Auteurs déguifés & les Enfans célébres*, augmentés d'un grand nombre de corrections & d'augmentations tirées des Manufcrits de l'Auteur, & dont il souhaiteroit donner au public. Mais comme il ne peut faire imprimer lefdits Ouvrages sans s'engager à de très grands frais, il nous a très-humblement fupplié de vouloir bien, pour l'en dédommager, lui accorder nos Lettres de privilege sur ce neceffaires. A ces caufes voulant favorablement traiter ledit Expofant & lui donner moyen de faire imprimer lefdits Ouvrages, qui ne peuvent être que très-utiles pour l'avancement des Sciences & des Belles-Lettres : Nous lui avons permis & permettons par ces Prefentes, de faire imprimer lefdits Livres intitulés les Ouvrages de Mr Baillet, contenant les Jugemens des Savans, les Satires perfonnelles, les Auteurs déguifés & les Enfans célébres, avec les augmentations & corrections du même Auteur, en tels volumes, forme, marge, caractéres, conjointement ou féparément & autant de fois que bon lui femblera, & de les vendre, faire vendre & débiter par tout notre Royaume pendant le temps de douze années confécutives, à compter du jour de la date defdites Prefentes : Faifons defenfes à toutes fortes de perfonnes de quelque qualité & condition qu'elles puiffent être d'en introduire d'impreffion étrangere dans aucun lieu de notre obéiffance; Comme auffi à tous Libraires, Imprimeurs & autres, d'imprimer, faire imprimer, vendre, faire vendre, débiter ni contrefaire lefdits Ouvrages ci-deffus fpecifiés en tout ni en partie, ni d'en faire aucuns Extraits fous quelque pretexte que ce foit d'augmentation, correction, changement de titre ou autrement sans la permiffion expreffe & par écrit dudit Expofant ou de ceux qui auront droit de lui, à peine de confifcation des exemplaires contrefaits, de fix mille livres d'amende contre chacun des contrevenans, dont un tiers à Nous, un tiers à l'Hoftel-Dieu de Paris, l'autre tiers audit Expofant, & de tous dépens, dommages & interefts ; à la charge que ces Prefentes feront enregiftrées tout au long fur le Regiftre de la Communauté des Libraires & Imprimeurs de Paris, & ce dans trois mois de la date d'icelles ; que l'impreffion de ces Livres fera faite dans notre Royaume & non ailleurs en bon papier & en beaux caractéres, conformement aux Reglemens de la Librairie ; & qu'avant que de les expofer en vente les manufcrits ou imprimés qui auront fervi de copie à l'impreffion defdits Livres feront remis dans le même état où l'Approbation y aura été donnée, ès mains de notre très-cher & feal Chevalier Garde des Sceaux de France, le fieur de Voyer de Paulmy Marquis d'Argenfon, Chancelier & Garde des Sceaux de notre Ordre Militaire de S. Louis : & qu'il en fera enfuite remis deux éxemplaires de chacun dans notre Bibliothèque publique, un dans celle de notre Chateau du Louvre, & un dans celle de notre très-cher & feal Chevalier Garde des Sceaux de France, Chancelier & Garde des Sceaux de notre Ordre Militaire de S. Louis, le fieur de Voyer de Paulmy Marquis d'Argenfon : le tout à peine de nullité defdites Prefentes, du contenu defquelles vous mandons & enjoignons faire jouir ledit Expofant ou fes ayant caufe pleinement & paifiblement, fans souffrir qu'il leur foit fait aucun trouble ou empêchement. Voulons que la copie defdites Prefentes qui fera imprimée tout au long au commencement ou à la fin defdits Livres foit tenuë pour deuement fignifiée, & qu'aux copies collationnées par l'un de nos amez & feaux Confeillers & Secretaires foi foit ajoutée comme à l'Original. Commandons au premier notre Huiffier ou Sergent de faire pour l'execution d'icelles tous actes requis & neceffaires, fans demander autre permiffion, & nonobftant clameur de Haro, Charte Normande & Lettres à ce contraires : Car tel eft notre plaifir. Donné à Paris le vingt-quatriéme jour du mois de Novembre l'an de grace mil sept cens dix-neuf & de notre Regne le cinquiéme.

   Par le Roy en fon Confeil,
          De S. Hilaire.

Regiftré fur le Regiftre IV. *de la Communauté des Libraires & Imprimeurs de Paris, page* 532. n°. 570. *conformément aux Reglemens & notamment à l'Arreft du Confeil du* 13. *Aouft* 1703. *A Paris le* 27. *Novembre.* 1719.

    De Laulne, Syndic.

  Le fieur *Prault* a affocié au prefent Privilege les fieurs *Moette, Le Clerc* & *Couftelier,* pour chacun un quart. Fait à Paris le 6. Decembre 1719. figné Prault.

  Et ledit fieur *Couftelier* a cedé un huitiéme audit Privilege à *Jacques Chardon*, fuivant l'accord fait entre eux le 5. Mai. 1721.

Regiftré fur le Regiftre IV. *de la Communauté des Libraires & Imprimeurs de Paris*, page 728. *conformément aux Reglemens & notamment à l'Arreft du Confeil du* 13. *Aouft* 1703. *A Paris le* 14. *Mai* 1721.

          De Laulne, Syndic.

Contraste insuffisant

NF Z 43-120-14

www.ingramcontent.com/pod-product-compliance
Lightning Source LLC
Chambersburg PA
CBHW050605230426
43670CB00009B/1273